Die Chronik-Bibliothek des 20. Jahrhunderts

Hilke Dening

Chronik 1930

Tag für Tag in Wort und Bild

Chronik Verlag

Abbildungen auf dem Schutzumschlag
(oben links beginnend)
Rheinlandräumung: Die französische Trikolore wird eingeholt
»Mahatma« Gandhi (Pfeil) beim Salzsammeln am Golf von Cambay
SPD-Wahlplakat zur Reichstagswahl am 14. September
Der Vorsitzende der DNVP, Alfred Hugenberg
Haile Selassie I., Kaiser von Äthiopien
Marlene Dietrich (l.) als »Lola-Lola« im »Blauen Engel«
Werbeplakat für die erstmals ausgetragene Fußball-Weltmeisterschaft in Uruguay

Chefredakteur: Dr. Dirk Bavendamm
Redaktion: Manfred Brocks; Stefan Bergmann (Text), Traute Schürmann-Baetzel (Bild)
Fachautoren: Brigitte Beier (Kultur), Dr. Ingrid Loschek (Mode), Felix R. Paturi (Wissenschaft und Technik), Jochen Rentsch (Musik)
Anhang: Ludwig Hertel, Bernhard Pollmann, Karl Adolf Scherer
Herstellung: Barbara Reppold-Hinz, Annette Retinski
Gesamtherstellung: Mohndruck Graphische Betriebe GmbH, Gütersloh

Leihgeber für Zeitungen und Zeitschriften: Institut für Zeitungsforschung, Dortmund

ISBN 3-570-14030-X

Inhalt

Der vorliegende Band aus der »Chronik-Bibliothek des 20. Jahrhunderts« führt Sie zuverlässig durch das Jahr 1930 und gibt Ihnen – aus der Sicht des Zeitzeugen, aber vor dem Hintergrund des Wissens von heute – einen vollständigen Überblick über die weltweit wichtigsten Ereignisse in Politik und Wirtschaft, Kultur und Sport, Alltag und Gesellschaft. Sie können das Jahr in chronologischer Folge an sich vorüberziehen lassen, die »Chronik 1930« aber auch als Nachschlagewerk oder als Lesebuch benutzen. Das »Chronik«-System verbindet eine schier unübersehbare Fülle von Artikeln, Kalendereinträgen, Fotos, Grafiken und Übersichten nach einheitlichen Kriterien und macht damit die Daten dieses Bandes mit jedem anderen Band vergleichbar. Wer die »Chronik-Bibliothek« sammelt, erhält ein Dokumentationssystem, wie es in dieser Dichte und Genauigkeit nirgends sonst zu haben ist.

Hauptteil (ab Seite 8)

Jeder Monat beginnt mit einem Kalendarium, in dem die wichtigsten Ereignisse chronologisch geordnet und in knappen Texten dargestellt sind. Sonn- und Feiertage sind durch farbigen Druck hervorgehoben. Pfeile verweisen auf ergänzende Bild- und Textbeiträge auf den folgenden Seiten. Faksimiles von Zeitungen und Zeitschriften, die im jeweiligen Monat des Jahres 1930 erschienen sind, spiegeln Zeitgeist und herausragende Ereignisse.
Wichtige Ereignisse des Jahres 1930 werden – zusätzlich zu den Eintragungen im Kalendarium – in Wort und Bild beschrieben. Jeder der 311 Einzelartikel dieses Bandes bietet eine in sich abgeschlossene Information. Die Pfeile des Verweissystems machen auf Artikel aufmerksam, die an anderer Stelle dieses Bandes ergänzende Informationen zu dem jeweiligen Thema vermitteln.
688 teils farbige Abbildungen und grafische Darstellungen illustrieren die Ereignisse und Entwicklungen des Jahres 1930 und werden damit zu einem historischen Kaleidoskop besonderer Art.
Hinter dem Hauptteil (auf S. 212) geben originalgetreue Abbildungen einen Überblick über alle Postwertzeichen, die im Jahr 1930 im Deutschen Reich neu ausgegeben wurden.

Übersichtsartikel (ab Seite 22)

19 Übersichtsartikel, am blauen Untergrund zu erkennen, stellen Entwicklungen des Jahres 1930 zusammenfassend dar.
Alle Übersichtsartikel aus den verschiedenen Jahrgangsbänden ergeben – zusammengenommen – eine sehr spezielle Chronik zu den jeweiligen Themenbereichen (z. B. Film von 1900 bis 2000).

Anhang (ab Seite 213)

Der Anhang zeigt das Jahr 1930 in Statistiken und anderen Übersichten. Ausgehend von den offiziellen Daten für das Deutsche Reich, Österreich und die Schweiz, regen die Zahlen und Fakten zu einem Vergleich mit vorausgegangenen und nachfolgenden Jahren an.
Für alle wichtigen Länder der Erde sind die Staats- und Regierungschefs im Jahr 1930 aufgeführt und werden wichtige Veränderungen aufgezeigt. Die Zusammenstellungen herausragender Neuerscheinungen auf dem Buchmarkt sowie der Premieren auf Bühne und Leinwand werden zu einem Führer durch das kulturelle Leben des Jahres.
Das Kapitel »Sportereignisse und -rekorde« spiegelt die Höhepunkte des Sportjahres 1930.
Internationale und deutsche Meisterschaften, die Entwicklung der Leichtathletik- und Schwimmrekorde sowie alle Ergebnisse der großen internationalen Wettbewerbe im Automobilsport, Eiskunstlauf, Fußball, Gewichtheben, Pferde-, Rad- und Wintersport sowie im Tennis sind wie die Boxweltmeister im Schwergewicht nachgewiesen.
Der Nekrolog enthält Kurzbiographien von Persönlichkeiten, die 1930 verstorben sind.

Register (ab Seite 232)

Das *Personenregister* nennt – in Verbindung mit der jeweiligen Seitenzahl – alle Personen, deren Namen in diesem Band verzeichnet sind.
Werden Personen abgebildet, so sind die Seitenzahlen kursiv gesetzt. Herrscher und Angehörige regierender Häuser mit selben Namen sind alphabetisch nach den Ländern ihrer Herkunft geordnet.
Wer ein bestimmtes Ereignis des Jahres 1930 nachschlagen möchte, das genaue Datum oder die Namen der beteiligten Personen aber nicht präsent hat, findet über das spezielle *Sachregister* Zugang zu den gesuchten Informationen.
Oberbegriffe und Ländernamen erleichtern das Suchen und machen zugleich deutlich, welche weiteren Artikel und Informationen zu diesem Themenfeld im vorliegenden Band zu finden sind. Querverweise helfen bei der Erschließung der immensen Informationsvielfalt.

Das Jahr 1930

Der Abzug der letzten alliierten Besatzungstruppen aus dem Rheinland am 30. Juni 1930 markiert für das Deutsche Reich den Abschluß einer vom verlorenen Weltkrieg geprägten Epoche. Die Feiern im gesamten Reich anläßlich dieser »Rheinlandbefreiung« sind Ausdruck der Hoffnung vieler auf Normalität, nachdem im vergangenen Jahrzehnt die noch junge Weimarer Republik immer wieder durch wirtschaftliche und politische Krisen erschüttert worden ist. Mit der Unterzeichnung der Haager Schlußakte im Januar, Voraussetzung für die Rückgabe des Rheinlandes, verpflichtet sich das Deutsche Reich allerdings zu hohen Reparationszahlungen an die Sieger des Weltkrieges: Eine positive Entwicklung der deutschen Wirtschaft wird dadurch auf Jahrzehnte hinaus in Frage gestellt.

Gleichzeitig wirkt sich die im Oktober 1929 durch den New Yorker Börsenkrach ausgelöste weltweite Wirtschaftskrise immer stärker auf das Deutsche Reich aus: Zahlreiche Banken- und Unternehmenszusammenbrüche sowie nachfolgende Massenentlassungen berauben viele Deutsche ihrer wirtschaftlichen Existenzgrundlage. Die enormen Kosten für die Unterstützung von über drei Millionen Arbeitslosen bringen das Reich, die Länder und die Gemeinden an den Rand des Ruins.

Im Zeichen der Wirtschaftskrise nimmt die politische Radikalisierung zu. Viele Menschen führen ihre wirtschaftliche Notlage auf das Versagen des parlamentarischen Systems zurück und schenken den Parolen der antidemokratischen Parteien Glauben, die einen nationalistischen autoritären Führerstaat oder die klassenlose Gesellschaft als Patentrezept anpreisen. Besonders NSDAP und KPD tragen durch ihre oft gewalttätigen Auseinandersetzungen zur Aufheizung des innenpolitischen Klimas bei.

Die Schwächen der 1919 geschaffenen Verfassung erleichtern den antidemokratischen Kräften ihre systemzerstörende Arbeit. Besonders die in der Verfassung festgelegte starke Stellung des Reichspräsidenten entwickelt sich zu einem Problem: Sie setzt eine Persönlichkeit voraus, die den demokratischen Geist der Verfassung zur Richtschnur ihres Handelns macht. Der seit 1925 amtierende greise Reichspräsident Paul von Hindenburg ist jedoch den Traditionen des Kaiserreiches verhaftet und folgt den Eingebungen seiner antidemokratisch eingestellten Berater. Unter Ausnutzung aller in der Verfassung vorgesehenen Kompetenzen gelingt es ihm nach dem Sturz der Regierung unter Reichskanzler Hermann Müller (SPD), dem Reichstag ein Kabinett »von seinen Gnaden« aufzuzwingen, das sich nicht mehr auf eine Parlamentsmehrheit, sondern auf das Notverordnungsrecht des Reichspräsidenten stützt. Dieses erste »Präsidialkabinett« unter Heinrich Brüning (Zentrum) übergeht bei der Durchsetzung seiner unpopulären Maßnahmen den Reichstag und ignoriert damit seine parlamentarische Kontrollfunktion. Die Parteien reagieren darauf mit zunehmender Aggressivität, so daß eine konstruktive Arbeit im Reichstag allmählich unmöglich wird. Aus Angst vor einer Abwanderung ihrer Wähler sind nur noch wenige Politiker zu Kompromissen mit anderen Parteien bereit. Eine demokratische Mehrheitsregierung, die sich auf eine Parteienkoalition stützt, rückt damit in weite Ferne.

Der Nutznießer der allgemeinen politischen Krise ist vor allem die NSDAP, die ihre Kritik am Parlamentarismus mit aggressivem Antisemitismus und Antikommunismus verbindet: Im Januar gelingt ihr durch die Berufung Wilhelm Fricks zum Minister für Inneres und Volksbildung in Thüringen erstmals eine Beteiligung an einer Landesregierung. Bei den Reichstagswahlen am 14. September erringt sie 107 Sitze. Sie ist damit hinter der SPD zweitstärkste Fraktion.

Auch in anderen Ländern Europas und Asiens bereitet die weltweite wirtschaftliche Krise den Nährboden für rechtsgerichtete Bewegungen: Die österreichische Heimwehr bekennt sich im sog. Korneuburger Eid zu einem autoritär strukturierten Führerstaat nach faschistischem Vorbild, in Japan kommt der zunehmende Antiparlamentarismus breiter Bevölkerungskreise in einem Attentat auf Ministerpräsident Juko Hamaguchi zum Ausdruck, in Finnland fordert die sog. Lapuabewegung von der Regierung das sofortige Verbot aller kommunistischen Aktivitäten und die Abschaffung des parlamentarischen Systems.

Die Massenflucht sowjetischer Bauern in das westliche Ausland macht 1930 die Weltöffentlichkeit auf die Sowjetunion aufmerksam. Die Menschen fliehen vor der Schreckensherrschaft des mit diktatorischen Vollmachten regierenden Staats- und Parteichefs Josef W. Stalin: Im Rahmen der Kollektivierung der Landwirtschaft befiehlt er im Februar die Enteignung und Deportation der Kulaken (Großbauern), die sich der Zusammenfassung ihrer Betriebe zu genossenschaftlichen Produktionsstätten widersetzen. Überall in der UdSSR wird daraufhin eine beispiellose Menschenjagd – sowohl auf die Kulaken als auch auf alle anderen mißliebigen Personen – veranstaltet, der insgesamt mehrere Millionen Menschen zum Opfer fallen.

Ein weltweites Medienecho findet auch der rasch wachsende Widerstand der indischen Unabhängigkeitsbewegung gegen die Kolonialregierung Großbritanniens. Zu den populärsten Führern dieser Bewegung gehört Mohandas Karamchand »Mahatma« Gandhi, der mit seiner Kampagne des gewaltlosen Widerstandes auf das Unrecht der Ausbeutung seines Landes durch die britischen Kolonialherren aufmerksam macht. Großbritannien reagiert auf Gandhis Aktionen, deren Höhepunkt 1930 der sog. Salzmarsch ist, mit Repressionsmaßnahmen: Gandhi und andere Führer der Unabhängigkeitsbewegung werden inhaftiert.

Obwohl die wirtschaftliche und politische Entwicklung in den meisten Ländern den Nationalismus aufflammen läßt, werden auf internationaler Ebene Versuche fortgesetzt, zu einer besseren Zusammenarbeit über die Grenzen hinweg zu kommen. Der wichtigste Ansatz in dieser Richtung ist 1930 die Denkschrift, mit der Frankreichs Außenminister Aristide Briand zur Gründung einer »europäischen Staatenunion« aufruft. Gleichzeitig sehen sich die Regierungen vieler Länder jedoch zu protektionistischen Maßnahmen gezwungen. So erlassen die USA mit dem Smoot-Hawley-Tariff ein Zollgesetz, das die US-Unternehmen radikal gegen ausländische Konkurrenz abschirmen soll. Es ruft besonders in Europa Protest und Verbitterung hervor, weil damit der größte Markt der Welt für europäische Exporte verschlossen wird.

Das Jahr endet mit düsteren Perspektiven: Die Zahl der Arbeitslosen im Deutschen Reich erreicht mit 4,3 Millionen ihren vorläufigen Höhepunkt. Viele Zeitgenossen ahnen bereits, daß den »Goldenen Zwanzigern« – im Deutschen Reich ab 1924 eine Phase wirtschaftlicher Scheinblüte und hochentwickelten Kulturlebens – keine »Goldenen Dreißiger« folgen werden.

Hilke Dening

◁ *Nach dem Abzug der letzten französischen Besatzungstruppen aus dem Rheinland am 30. Juni läßt in einer Karikatur der satirischen Zeitschrift »Kladderadatsch« die »Triko-Loreley« ihre blau-weiß-roten Hüllen fallen, um wieder die deutschen Farben überzustreifen.*

Januar 1930

Mo	Di	Mi	Do	Fr	Sa	So
		1	2	3	4	5
6	7	8	9	10	11	12
13	14	15	16	17	18	19
20	21	22	23	24	25	26
27	28	29	30	31		

1. Januar, Neujahr

Bei seinem Neujahrsempfang in Berlin fordert Reichspräsident Paul von Hindenburg »politische Freiheit und wirtschaftliche Entfaltungsmöglichkeit« für das Deutsche Reich. Nur so könnten die Deutschen die ihnen zugeteilte »Aufgabe im Kreis der Nationen erfüllen«. → S. 13

Neuer Bundespräsident der Schweiz wird Jean-Mary Musy. Er löst Robert Haab ab und ist nach 1925 zum zweiten Mal Bundespräsident.

In Lahore endet der sog. Allindische Kongreß mit einer Rede des Führers der indischen Unabhängigkeitsbewegung, Mohandas Karamchand »Mahatma« Gandhi. Vor rund 2800 Delegierten fordert Gandhi, die Durchsetzung der indischen Unabhängigkeit von der britischen Kolonialherrschaft unter allen Umständen gewaltlos voranzutreiben. → S. 17

Im Deutschen Reich tritt die Erhöhung der Beiträge zur Arbeitslosenversicherung von 3,0 auf 3,5% in Kraft. Grund für die Erhöhung ist der Anstieg der Arbeitslosenzahl auf 1 899 000 zum Ende des Jahres 1929. → S. 13

Die Deutsche Reichsbahn teilt mit, daß sie Ende 1929 mit 412 Mio. Zugkilometern und 61 500 Wagen den Vorkriegsstand des Jahres 1913 nahezu wieder erreicht habe.

In Großbritannien erscheint die erste Nummer der kommunistischen Tageszeitung »Daily Worker«. Die bürgerliche Presse sieht darin einen Bruch einer sowjetischen Zusicherung, sich jeder politischen Propaganda in Großbritannien zu enthalten.

Die Nacht zum 1. Januar verläuft im Deutschen Reich insgesamt ruhig. Das trockene und milde Wetter gibt vielen Menschen Gelegenheit, die Feuerwerke zum Jahreswechsel im Freien zu beobachten. → S. 13

2. Januar, Donnerstag

In China führt die sog. Nanking-Regierung, die in den Händen der Nationalchinesischen Volkspartei Kuomintang (KMT) ist, eine Gewaltentrennung durch. Der seit 1928 regierende Präsident Chiang Kai-shek behält die Leitung der Zivilgewalt inne, Yen Hsi-schan übernimmt von ihm den Oberbefehl über die Streitkräfte.

Léon Daudet, einer der einflußreichsten Vertreter der rechtsradikalen französischen »Action française«, darf auf Erlaubnis der Regierung in Paris aus dem belgischen Exil nach Frankreich zurückkehren. → S. 17

Um der zunehmenden Radikalisierung in der öffentlichen Verwaltung zu begegnen, fordert Reichsinnenminister Carl Severing (SPD), »daß in Zukunft Angehörige von Parteien und Organisationen, die offen erklären, das heutige Regierungssystem mit Gewalt beseitigen zu wollen, als Beamte weder neu angestellt, noch bestätigt werden sollen.«

3. Januar, Freitag

In Den Haag wird die Zweite Haager Konferenz über die deutschen Reparationszahlungen für den Weltkrieg eröffnet. Anwesend sind Vertreter des Deutschen Reiches, Belgiens, Großbritanniens, Frankreichs, Griechenlands, Italiens, Japans, Polens, Portugals, Rumäniens, der Tschechoslowakei und Jugoslawiens. Die Verhandlungen dauern bis zum → 20. Januar (S. 14).

4. Januar, Samstag

Reichswehrminister Wilhelm Groener (parteilos) spricht in einem Privatbrief an Gerold von Gleich davon, daß General Kurt von Schleicher eine Konzeption für eine »Präsidialregierung« erarbeite, in der die Regierung ausschließlich von Reichspräsident Paul von Hindenburg abhängig sei. Wie viele nationalkonservative Politiker seiner Zeit glaubt Schleicher, das parlamentarische System müsse zur Bewältigung der aktuellen Probleme durch eine autoritäre Regierungsform ersetzt werden.

5. Januar, Sonntag

In Moskau beschließt das Zentralkomitee (ZK) der KPdSU, die Kollektivierung der Landwirtschaft durch zusätzliche Hilfsmaßnahmen für den Aufbau von Kolchosen (Kollektivwirtschaften) voranzutreiben. Die Errichtung von Kolchosen war vom KPdSU-Parteitag schon 1929 vorgesehen worden.

6. Januar, Montag

In Berlin-Moabit beginnt die Hauptverhandlung gegen die sog. Tscherwonzenfälscher (Tschwerwonez = russisches Goldstück oder Geldnote). Hauptangeklagte sind zwei georgische Nationalisten, die geplant hatten, durch die Verbreitung von falschen Noten die sowjetische Währung zu unterhöhlen und damit das Sowjetregime zu stürzen. Der Prozeß gegen die Fälscher dauert bis zum → 8. Februar (S. 37).

Im Internationalen Arbeitsamt in Genf tritt die internationale Kohlenkonferenz zusammen, die vom Völkerbund ins Leben gerufen wurde. Ihre Aufgabe ist es, Grundlagen für die Regelung der Arbeitszeit und der Lohnverhältnisse in den Kohleindustrien der Mitgliedsländer auszuarbeiten. Konferenzteilnehmer sind das Deutsche Reich, Österreich, Frankreich, Großbritannien, Belgien, die Niederlande, Spanien, die Tschechoslowakei und Polen.

7. Januar, Dienstag

In Tel Aviv, im britischen Mandatsgebiet Palästina, gründen David Ben Gurion und Isaac Ben Zwi die Arbeiterpartei Israels (Mapai). → S. 17

Der britische Postminister Hastings Bertrand Lees-Smith eröffnet die erste öffentliche Bildtelegrafie-Linie zwischen Berlin und London. → S. 25

Die Zeitschrift »Weltbühne« veröffentlicht eine Diskussion der Journalisten Martha Maria Gerke und Rudolf Arnheim über die Gefahren und Auswirkungen des Rundfunks. → S. 26

In Weimar wird der 150. Jahrestag der Eröffnung des Weimarer Schauspielhauses feierlich begangen.

Drei Frankfurter Juweliere kaufen den Reliquienschatz des Hauses Braunschweig-Lüneburg, den sog. Welfenschatz. Sie verhindern damit, daß die Kunstgegenstände an ausländische Interessenten veräußert werden. → S. 24

In Davos beginnen die II. Akademischen Welt-Winterspiele, an denen Studenten aus 15 Nationen teilnehmen. Die Spiele enden am 12. Januar.

8. Januar, Mittwoch

Reichssparkommissar Friedrich Ernst Moritz Saemisch fordert in einem Gutachten das Land Thüringen auf, »entbehrliche Vermögenswerte zu verkaufen, um die hohen Schulden des Landes abzubauen«. Die meisten Länder des Deutschen Reiches haben mit großen Finanzproblemen zu kämpfen, da die Steuereinnahmen ständig zurückgegangen sind (→ 18. 2./S. 34).

Im Beisein von Vertretern aus Adel, Diplomatie und Klerus sowie von Ministerpräsident und Duce Benito Mussolini werden in Rom Kronprinz Umberto von Italien und Prinzessin Maria José von Belgien getraut. → S. 26

In Berlin wird eine Ausstellung der Werke des deutschen Bildhauers Ernst Barlach eröffnet, der am 2. Januar 60 Jahre alt geworden ist. Barlach, der hauptsächlich Holzplastiken ausstellt, ist ein wichtiger Vertreter des Expressionismus.

Der schweizerische Pilot Walter Mittelholzer überfliegt als erster den höchsten Gipfel Afrikas, den 5895 m hohen Kibo, der zum Massiv des Kilimandscharo gehört. → S. 24

9. Januar, Donnerstag

Unter der musikalischen Leitung des Komponisten findet im Kölner Opernhaus die Uraufführung der Operette »Das Spielzeug ihrer Majestät« von Josef Königsberger statt.

10. Januar, Freitag

Im polnischen Parlament, dem Sejm, hält Ministerpräsident Kazimierz Bartel eine mehrstündige Programmrede, in der er ankündigt, daß die Regierung eine verfassungsmäßige Zusammenarbeit mit dem Sejm anstrebe. Seit 1926 wird Polen unter weitgehender Mißachtung des Parlaments autoritär regiert. Beherrschende Figur ist Marschall Józef Klemens Piłsudski, der dem Kabinett Bartel als Kriegsminister angehört (→ 15. 3./S. 53).

11. Januar, Samstag

In Portugal tritt das Kabinett unter Ministerpräsident Arturo Ivens Ferraz zurück. Anlaß sind Meinungsverschiedenheiten zwischen Ferraz und Wirtschaftsminister António de Oliveira Salazar. → S. 17

Eine arktische Kältewelle im Norden der Republik China fordet Hunderte von Todesopfern.

12. Januar, Sonntag

Im Kleinen Theater in Leningrad wird die Oper »Die Nase« des sowjetischen Komponisten Dmitri D. Schostakowitsch uraufgeführt und vom Publikum stürmisch gefeiert.

13. Januar, Montag

Auf der Zweiten Haager Konferenz zur Regelung der deutschen Reparationszahlungen für den Weltkrieg kommt es zu Streitigkeiten innerhalb der deutschen Delegation. Reichsbankpräsident Hjalmar Schacht lehnt die Teilnahme der Reichsbank an der Bank für Internationale Zahlungen in Basel (BIZ) ab. Er will damit seinen grundsätzlichen Widerstand gegen die Reparationsvereinbarungen demonstrieren (→ 20. 1./S. 14; 7. 3./S. 51).

Im Deutschen Reich beginnt der Winterschlußverkauf. → S. 25

Bei einem schweren Wintersturm auf den Britischen Inseln kommen 36 Menschen ums Leben.

14. Januar, Dienstag

In seiner Wohnung in Berlin-Friedrichshain wird der SA-Sturmführer Horst Wessel beim Überfall eines kommunistischen Rollkommandos niedergeschossen. Am → 23. Februar stirbt er an seinen Verletzungen (S. 36).

15. Januar, Mittwoch

In Hamburg beginnt die Einschiffung von insgesamt 380 deutsch-russischen Bauernfamilien nach Brasilien. Die Bauern hatten die UdSSR aus Angst vor der dort vorangetriebenen Zwangskollektivierung verlassen (→ 1. 2./S. 40).

16. Januar, Donnerstag

In Berlin verbietet der preußische Innenminister Albert Grzesinski (SPD) für ganz Preußen Demonstrationen und Versammlungen unter freiem Himmel. Damit sollen gewalttätige Auseinandersetzungen verhindert werden, zu denen es bei Kundgebungen rechts- und linksgerichteter Organisationen in den vergangenen Wochen gekommen ist. → S. 19

Der Senat der Münchner Technischen Hochschule erklärt einen Beschluß des Allgemeinen Studentenausschusses (AStA) für unwirksam, eine Zulassungsbeschränkung für jüdische Studierende einzuführen. Der AStA hatte im Sommer 1929 auf Betreiben nationalsozialistischer Studenten einen entsprechenden Antrag gestellt.

Die französische Zeitschrift »L'Illustration« widmet wie zahlreiche andere europäische Illustrierte der Eröffnungssitzung der Zweiten Haager Konferenz am 3. Januar ein Titelblatt. Die Regelung der Reparationszahlungen des Deutschen Reiches für den Weltkrieg – das zentrale Thema der internationalen Konferenz – soll den Frieden in Europa langfristig sichern helfen.

Avec ce numéro, LA PETITE ILLUSTRATION contenant
LA BELLE MARINIÈRE, pièce en trois actes de M. Marcel Achard.

88e ANNÉE — No 4532

L'ILLUSTRATION

11 JANVIER 1930

LOUIS BASCHET, Secrétaire général. RENÉ BASCHET, Directeur. GASTON SORBETS, Rédacteur en chef.

LA PREMIÈRE RÉUNION DE LA NOUVELLE CONFÉRENCE DE LA HAYE (3 JANVIER)

On peut reconnaître, à droite, de dos à la tribune présidentielle, vide, et tournant la tête vers l'opérateur, M. Snowden et MM. Loucheur, Chéron, Briand, Tardieu et M. Jaspar ; un peu plus en avant, tout à fait à droite, assis à une petite table, M. Philippe Berthelot. — *Phot. Keystone. — Voir l'article page 41.*

In Berlin treffen sich Fachärzte zu einem Erfahrungsaustausch über die sog. Papageienkrankheit (Vogelkrankheit). In den letzten Wochen waren in mehreren europäischen Ländern und in den USA Menschen an der Infektionskrankheit gestorben. → S. 24

In Berlin wird in der Inszenierung von Gustaf Gründgens die Dramatisierung von Vicki Baums Roman »Menschen im Hotel« uraufgeführt.

17. Januar, Freitag

Im Badischen Landtag in Karlsruhe befürwortet Innenminister Josef Wittemann (Zentrum) eine Vereinigung Badens und Württembergs zu einem Staat. → S. 20

In Österreich gründet der Landbund republikanische Bauernwehren. Sie sollen ein Gegengewicht zu der immer einflußreicheren antidemokratischen Heimwehr unter Bundesführer Richard Steidle bilden, die sich zu faschistischen Grundsätzen bekennt.

Die Durchfahrt zweier sowjetischer Kriegsschiffe durch die Dardanellen, die das Mittelmeer mit dem Schwarzen Meer verbinden, ruft international Protest hervor. Die Meerenge ist seit dem Lausanner Frieden von 1923 für Kriegsschiffe gesperrt. → S. 16

Eine Kältewelle im US-amerikanischen Westen und Mittelwesten fordert über hundert Todesopfer. In Chicago werden Temperaturen von –37 °C, in Montana werden bis zu –55 °C gemessen.

18. Januar, Samstag

In Essen findet ein von 1142 Delegierten aus dem Ruhrgebiet besuchter Bezirkskongreß der kommunistischen Revolutionären Gewerkschaftsopposition statt. Während des Kongresses kommt es in mehreren Revierstädten zu Demonstrationen gegen Hunger und wachsende Arbeitslosigkeit.

Vertreter der Stadt Köln und des US-amerikanischen Automobilunternehmens Ford unterzeichnen in Köln einen Vertrag über die Errichtung einer großen Automobilfabrik (→ 2. 10./S. 179).

Leopold Jessner, Intendant des Berliner Staatstheaters und des Schillertheaters, tritt nach anhaltender Kritik an seiner Arbeit und seiner Person von seinem Amt zurück. → S. 26

Im Freiburger Stadttheater findet ein Austausch-Gastspiel des Straßburger Stadttheaters statt, das erste offizielle Gastspiel eines französischen Theaterensembles auf deutschem Boden nach dem Weltkrieg.

Im Düsseldorfer Opernhaus zeigt die deutsche Choreographin und Tänzerin Mary Wigman zum ersten Mal ihr Tanzopus »Schwingende Landschaft«.

19. Januar, Sonntag

Die »Frankfurter Zeitung« berichtet über eine Hungersnot in China. Allein im Norden des Landes sollen dabei bisher zwei Mio. Menschen ums Leben gekommen sein. → S. 18

In Libyen, das seit dem italienisch-türkischen Krieg von 1911–12 eine Kolonie Italiens ist, schlagen italienische Truppen einen Aufstand von Nomadenstämmen nieder.

Walther Brügmann leitet die Uraufführung der Oper »Das Leben des Orest« von Ernst Křenek in Leipzig.

Die Deutschen Winterkampfspiele in Krummhübel im Riesengebirge enden nach einwöchiger Dauer. Walter Glaß aus Klingenthal gewinnt das Skispringen. → S. 27

20. Januar, Montag

In Den Haag endet die Zweite Haager Konferenz zur Regelung der deutschen Reparationszahlungen für den Weltkrieg mit der Unterzeichnung der sog. Haager Schlußakte. → S. 14

21. Januar, Dienstag

In London wird die Flottenkonferenz über die Abgrenzung der Interessen der Seemächte eröffnet, die bis zum → 22. April (S. 70) dauert. Teilnehmer sind Großbritannien, USA, Frankreich, Italien, Japan, Australien, Kanada und Indien. → S. 16

Der japanische Kaiser Hirohito löst das Parlament in Tokio auf, um den Weg für Neuwahlen freizumachen. Die Regierung unter Juko Hamaguchi hatte zuletzt keine ausreichende Mehrheit.

Der Allgemeine Deutsche Automobil-Club (ADAC) gibt auf seiner Hauptversammlung in Würzburg bekannt, daß die Mitgliederzahl 1929 um 34 000 auf 118 000 Mitglieder gestiegen ist. → S. 25

Bei der Eröffnung der Tischtennis-Weltmeisterschaften in Berlin unterliegt Deutschland im Eröffnungsspiel Österreich. In der Finalrunde wird Ungarn am 24. Januar vor Schweden zum vierten Mal Weltmeister.

22. Januar, Mittwoch

Das Reichskabinett billigt die Ergebnisse der Zweiten Haager Konferenz über die deutschen Reparationszahlungen (→ 20. 1./S. 14).

In einem Erlaß des Reichswehrministeriums werden NSDAP und KPD als Parteien bezeichnet, die eine »gewaltsame Zerschlagung des heutigen Staates und die Diktatur ihrer Partei« anstrebten. Die Truppenkommandeure seien daher verpflichtet, innerhalb der Reichswehr gegen jegliche Sympathiebekundungen für eine der Parteien vorzugehen (→ 16. 1./S. 19).

Deutsche Truppen beginnen bei Kehl am Rhein mit dem Abbruch von Festungswerken. Der Abbau der Befestigungen war im Versailler Vertrag von 1919, der den Weltkrieg beendete, festgelegt worden.

Der US-amerikanische Admiral Richard Evelyn Byrd schließt seine 1. Antarktisexpedition ab, zu der er 1928 aufgebrochen war. Vom Flugzeug aus hat er dabei einen Großteil der Antarktis kartographiert (→ 10. 3./S. 58).

23. Januar, Donnerstag

In der neuen thüringischen Koalitionsregierung unter Ministerpräsident Erwin Baum (Landbund) übernimmt Wilhelm Frick (NSDAP) das Ministerium für Inneres und Volksbildung. Frick ist damit der erste nationalsozialistische Minister im Deutschen Reich. → S. 20

24. Januar, Freitag

Der Preußische Landtag in Berlin verlängert die Einführungsfrist für das rheinisch-westfälische Umgemeindungsgesetz bis zum 1. August 1930. Die umfangreichen Neuerungen, die das am 29. Juli 1929 verabschiedete Gesetz beinhaltet, sind bislang noch nicht vollständig verwirklicht worden. → S. 20

In einem Beleidigungsprozeß zwischen Adolf Hitler und der »Münchner Telegrammzeitung« werden beide Parteien zu einer Geldstrafe von 400 RM verurteilt. In mehreren Artikeln hatte die Zeitung behauptet, Hitler habe den bayerischen Kronprinz Rupprecht bedroht. Hitler hatte seinerseits die Zeitung öffentlich als »Mistblatt« beschimpft.

25. Januar, Samstag

Der Völkerbund ruft in einer Depesche Bolivien und Paraguay zu Verhandlungen auf. Beide Staaten werfen sich gegenseitig vor, den seit Jahren schwelenden Grenzkonflikt um das Gran-Chaco-Gebiet zu schüren. Bei einem Feuergefecht zwischen Grenzsoldaten waren am 18. Januar mehrere Menschen ums Leben gekommen.

In Königsberg wird das Stück »Heute Abend wird aus dem Stegreif gespielt« des italienischen Dichters Luigi Pirandello uraufgeführt.

26. Januar, Sonntag

Mit dem überall in Indien gefeierten symbolischen »Unabhängigkeitstag« beginnt eine neue Kampagne des zivilen Ungehorsams der indischen Unabhängigkeitsbewegung gegen die britische Kolonialmacht (→ 1. 1./S. 17).

In New York wird eine Bittschrift um Abrüstung veröffentlicht, die von 200 000 US-amerikanischen Frauen unterzeichnet wurde. Die Bittschrift, die der Londoner Flottenkonferenz (→ 21. 1./S. 16; 22. 4./S. 70) überreicht werden soll, fordert wirksame Flottenabrüstung als ersten Schritt zum Frieden.

In Paris verschwindet unter mysteriösen Umständen der Führer der in Frankreich lebenden Exilrussen, General Kutjepow. → S. 17

Am Kölner Opernhaus wird die Oper »Galatea« des deutschen Komponisten Walter Braunfels uraufgeführt.

Die Österreicherin Fritzi Burger gewinnt die Europameisterschaft im Eiskunstlaufen. → S. 27

Die Viererbob-Weltmeisterschaften im schweizerischen Caux enden mit dem Sieg von Bob Italien I vor Schweiz II und Deutschland II. → S. 27

27. Januar, Montag

In den USA veröffentlichte Statistiken belegen einen Anstieg der Todesfälle durch Alkoholismus um 600% seit dem Beginn der Prohibition (Verbot von Herstellung, Transport und Handel mit Alkoholika) vor zehn Jahren.

28. Januar, Dienstag

In Madrid tritt der spanische Ministerpräsident und Diktator Miguel Primo de Rivera y Orbaneja zurück. → S. 16

Der Reichstag nimmt in dritter Lesung mit 240:215 Stimmen das Zündwaren-Monopolgesetz an. → S. 21

Die zwölf aus der DNVP ausgetretenen Mitglieder des Reichstags proklamieren im Preußischen Herrenhaus in Berlin die Gründung der Volkskonservativen Vereinigung, die sich als Partei der bürgerlichen Mitte versteht. Vorsitzender wird der ehemalige Marineoffizier Gottfried Reinhold Treviranus.

29. Januar, Mittwoch

Der Vierakter »Der Verräter Gottes« des deutschen Schriftstellers Franz Anton Dietzenschmidt wird am Ulmer Stadttheater uraufgeführt.

30. Januar, Donnerstag

In der UdSSR beschließt das Zentralkomitee (ZK) der KPdSU Maßnahmen zur Liquidierung der Kulakenwirtschaft (Großbauernwirtschaft) und zur Durchsetzung der Kollektivwirtschaft. Im Zuge dieser Maßnahmen werden bis Mitte des Jahres 1930 über 320 000 Bauernbetriebe in der UdSSR »entkulakisiert« (→ 1. 2./S. 40).

Adolf Grimme (SPD) wird als Nachfolger von Carl Heinrich Becker (parteilos) preußischer Kultusminister. → S. 21

31. Januar, Freitag

In Berlin verhaftet die Polizei in einem Lokal 76 Teilnehmer einer kommunistischen Versammlung und beschlagnahmt mehrere Waffen.

Der thüringische Ministerpräsident und Finanzminister Erwin Baum (Landbund) spricht sich gegen die Annahme der Beschlüsse der Zweiten Haager Konferenz vom → 20. Januar (S. 14) aus. Die darin festgelegten Reparationsforderungen an das Deutsche Reich seien zu hoch und daher nicht tragbar.

Das Wetter im Monat Januar

Station	Mittlere Lufttemperatur (°C)	Niederschlag (mm)	Sonnenscheindauer (Std.)
Aachen	6,2 (1,8)	38 (72)	– (51)
Berlin	2,2 (–0,4)	42 (43)	– (56)
Bremen	4,5 (0,6)	24 (57)	– (47)
München	–0,2 (–2,1)	31 (55)	– (56)
Wien	0,4 (–0,9)	9 (40)	– (56)
Zürich	1,8 (–1,0)	33 (68)	66 (46)

( ) Langjähriger Mittelwert für diesen Monat
– Wert nicht ermittelt

Werbeplakat für die Eiskunstlauf-Europameisterschaften der Damen und Paare in Wien, die am 25. und 26. Januar stattfinden: Siegerin der ersten europäischen Titelkämpfe für Damen wird die mehrfache österreichische Meisterin Fritzi Burger.

Start in die 30er Jahre mit wirtschaftlichen Problemen

Zu Beginn des neuen Jahrzehnts sieht sich das Deutsche Reich mit schwerwiegenden wirtschaftlichen Problemen konfrontiert. Auch in anderen Industrieländern mehren sich nach dem Bankenkrach in New York am 25. Oktober 1929 die Anzeichen für eine bevorstehende ökonomische Krise.

Das Deutsche Reich ist von der weltweiten Depression – neben den USA – besonders betroffen, da es seit Inkrafttreten des Dawesplans 1924 von ausländischen Krediten und Anleihen abhängig ist. Dieser Plan verknüpfte die deutsche Zahlung von Reparationen an die Siegermächte des Weltkrieges mit der Gewährung großzügiger Kredite, insbesondere aus den USA, an deutsche Banken. Ein grundsätzliches Problem ist dabei, daß den Banken die Gelder etwa zur Hälfte nur kurzfristig zur Verfügung gestellt worden waren, diese sie jedoch großenteils als langfristige Anleihen weitergaben. Als nun – schon einige Monate vor dem Aktiensturz in New York – die weiteren Kredite aus den USA ausblieben, brachen eine Reihe kleinerer deutscher Banken zusammen.

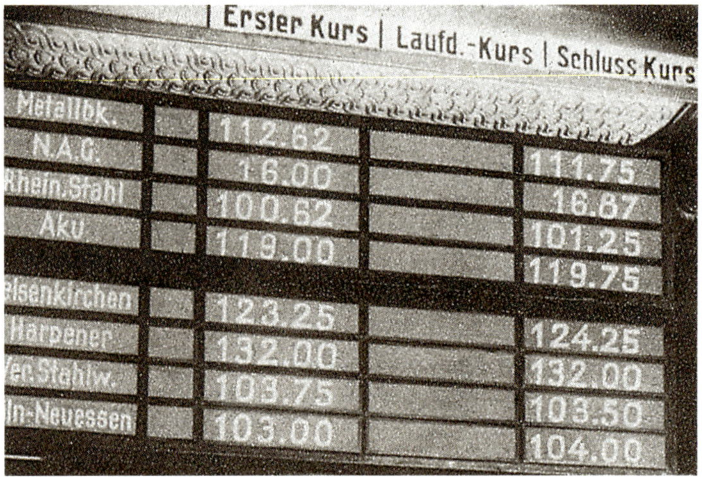

Elektrische Börsenkurstabelle, auf der jederzeit der aktuelle Aktienkurs abgelesen werden kann, hier für deutsche Kohleunternehmen

Hungernde Arbeitslose stehen in San Francisco um ein Stück Brot an.

Auch die akute Finanzkrise des Reiches und der Kommunen, z. B. der Reichshauptstadt Berlin, zum Jahreswechsel 1929/30 ist die Folge ausbleibender Gelder aus dem Ausland. Auf Reichsebene kommt es in diesem Zusammenhang zu einem schweren Konflikt zwischen der Regierung der großen Koalition unter dem Sozialdemokraten Hermann Müller auf der einen und Reichsbankpräsident Hjalmar Schacht auf der anderen Seite: Wegen Steuerausfällen und unvorhergesehener Kredite an die Arbeitslosenversicherungsanstalt (Arbeitslosenzahl zum Jahresende 1929: 2,9 Millionen) war die Regierung auf einen Überbrückungskredit von mindestens 250 Mio. Reichsmark angewiesen. Der Reichsbankpräsident polemisierte – wie die vereinigte Rechte aus DNVP, Stahlhelm und NSDAP – gegen die Neuordnung der Reparationen im Youngplan vom August 1929, der die deutsche Wirtschaft zu stark belaste. Neben den wirtschaftlichen Belastungen führen auch diese innenpolitischen Konflikte zu einer Verunsicherung der deutschen Bevölkerung und zu einem weiteren Vertrauensschwund für das parlamentarische System.

Sucht nach Zerstreuung – die »Goldenen Zwanziger«

Trotz wirtschaftlicher Krisensymptome und erkennbarer Anzeichen für den baldigen Untergang der ersten parlamentarischen Demokratie in Deutschland herrscht insbesondere in der Schicht des großstädtischen Bürgertums zum Ausgang der »Goldenen Zwanziger Jahre« das Bewußtsein vor, in einer Zeit dauerhafter politischer und wirtschaftlicher Stabilität zu leben. Eine florierende Kultur- und Unterhaltungsindustrie, die sich bemüht, alle Wünsche nach Anregung und Zerstreuung zu erfüllen, trägt dazu bei, die Auseinandersetzung mit den realen Problemen in den Hintergrund zu drängen. Die bürgerliche Presse rezensiert ausführlich die neuesten Theaterinszenierungen, sie diskutiert die Architektur des Bauhauses, stellt Ausstellungen mit Werken surrealistischer und konstruktivistischer Maler vor und öffnet ihre Feuilletonspalten kultur- und gesellschaftskritischen Autoren wie Walter Benjamin, Ernst Bloch und Kurt Tucholsky. Zum Vergnügen für ein Millionenpublikum entwickelt sich der Tonfilm; populäre Musik- und Hörspielsendungen erreichen über den Rundfunk immer mehr Hörer. Hintergrund der allgemeinen Sucht nach Zerstreuung ist die politische und wirtschaftliche Entwicklung im Deutschen Reich nach dem Weltkrieg: Den politischen Wirren in der Anfangsphase der Weimarer Republik und der großen Inflation ist seit 1924 eine Phase der Stabilisierung gefolgt – die meisten Menschen wollen nun die Errungenschaften des Wohlstandes genießen.

Die humroristische Zeitschrift »Fliegende Blätter« karikiert den Rundfunk als neues Fabeltier.

Tanzen nach den Jazzrhythmen einer »Negerband« gehört in den 20er Jahren zum Lebensgefühl.

Eine »Simplicissimus«-Karikatur zeigt Berlins Theaterintendanten (Mitte: Max Reinhardt).

Finanznot durch mehr Arbeitslose

1. Januar. Im Rahmen des Sparprogramms für das Jahr 1930 erhöht die Reichsregierung den Beitrag zur Arbeitslosenversicherung, den Arbeitnehmer und Arbeitgeber jeweils vom Bruttoarbeitslohn an die in Finanznot geratene Reichsanstalt für Arbeitsvermittlung und Arbeitslosenversicherung zu zahlen haben, von 3,0 auf 3,5%.
Die Beitragserhöhung, die bis zum 30. Juni befristet ist, wird notwendig, nachdem die Zahl der Arbeitslosen 1929 auf 1 899 000 gestiegen war. Sie liegt damit weit über der Zahl von 1 400 000 Erwerbslosen, für deren Unterstützung die Reichsanstalt bei ihrer Gründung 1927 ausgestattet wurde. Bereits der strenge Winter von 1928/29 mit seiner hohen Arbeitslosenzahl hatte die Reichsanstalt in Zahlungsschwierigkeiten gebracht. Aus diesem Grunde mußte das Reich am Ende des Haushaltsjahres 1928, also am 31. März 1929, ein Darlehen aufnehmen, um das Defizit von 349,1 Mio. RM abzudekken. Durch die Beitragserhöhung soll die Reichsanstalt schuldenfrei gemacht werden.

Ruhiger Beginn des neuen Jahres

1. Januar. Die Feiern zum Jahreswechsel im Deutschen Reich finden bei mildem und trockenem Wetter statt. Fast im gesamten Reichsgebiet liegen die Temperaturen über 0°C. Das neue Jahr beginnt, ohne daß die Polizei zu größeren Einsätzen ausrücken muß; radikale politische Gruppen hatten Kundgebungen angekündigt und es waren Ausschreitungen befürchtet worden.
Die »Frankfurter Zeitung« schildert die Atmosphäre in Berlin zum Jahreswechsel: »Als die Uhr 12 geschlagen hatte, erreichte der Trubel seinen Höhepunkt, und während nach alter Sitte in den Gastwirtschaften, Restaurants und Hotelhallen für eine Minute das Licht erlosch, während die Musik in vielen Restaurants das Lied »Wir treten zum Beten« intonierte, erklangen draußen in der Nacht die ersten Böllerschüsse, die ersten Raketen stiegen gen Himmel, die Menschen ... riefen sich in den allgemeinen Tumult hinein ihre Glückwünsche für das kommende Jahr zu.«

Hoffnung auf eine friedliche Zukunft

1. Januar. Zu den wichtigsten Themen der Neujahrsansprachen europäischer Politiker gehört die für 1930 erwartete endgültige Ausarbeitung und Ratifizierung des Youngplanes. Der aus dem Jahr 1929 stammende erste Entwurf dieses Planes legt die künftigen Reparationszahlungen des Deutschen Reiches an die Siegermächte des Weltkrieges und die Räumung des seit 1920 von französischen Streitkräften besetzten Rheinlandes fest (→ 20. 1./S. 14).

In seiner Neujahrsrede spricht Reichskanzler Hermann Müller (SPD) die Hoffnung aus, daß die Zweite Haager Konferenz, auf der die Reparationsfrage geregelt werden soll, zur Völkerverständigung beitragen werde:

»Im Mittelpunkt unserer politischen Arbeit stand im vergangenen Jahre das Ringen um die endgültige Gestaltung der für Deutschland durch den verlorenen Krieg zu tragenden Lasten. In langwierigen Verhandlungen haben die deutschen Sachverständigen in Paris ein Ergebnis herbeigeführt, das Gegenstand schwieriger internationaler Verhandlungen auf der Haager Konferenz gewesen ist ... Wir hoffen, daß das Ergebnis der Verhandlungen, die in den nächsten Tagen das Werk der Sachverständigen und die Arbeiten der ersten Haager Konferenz zum Abschluß bringen sollen, dem Frieden und einer wahren Verständigung der Völker dienen wird. Im Zusammenhang mit der vorgesehenen Erleichterung unserer Lasten hat die Reichsregierung eine Reichsfinanzreform in Angriff genommen und dazu die Grundzüge eines umfassenden Programms vorgelegt. Durch die bereits gesetzlich festgelegte Schuldentilgung, die in dem beschlossenen Umfang entschlossen durchgeführt werden muß, werden in Ausmaß und Tempo dieser Reform Änderungen an dem ursprünglichen Plane eintreten müssen. Jede Finanzreform, die diesen Namen wirklich verdient, muß auf einem in Einnahme und Ausgabe ausgeglichenen Reichshaushalt beruhen, der auch die Kasse des Reiches von Belastungen befreit, die aus der Vergangenheit auf sie drücken. Die Erledigung dieser Aufgaben wird nach Abschluß der Haager Verhandlungen die vordringlichste Sorge der Reichsregierung sein. Gesunde Finanzen sind eine Vorbedingung politischer Freiheit. Die Regierung bedarf zu der Lösung dieser und anderer Aufgaben aber nicht nur des Vertrauens des Reichstages, sondern auch der tätigen Mitarbeit aller Kräfte deutschen Geistes und deutscher Arbeit. Das deutsche Volk hat seit dem Kriegsende unter den schwierigsten Verhältnissen seine Friedenswirtschaft wieder aufgebaut und ihr erneut Weltgeltung verschafft. Es hat [zudem] das Gefüge des Staates gesichert ... Daraus schöpfen wir das Vertrauen zu einem durch nichts zu brechenden Lebenswillen des deutschen Volkes. Darauf beruht unser ... Glaube an den weiteren Wiederaufstieg unseres Reiches und Volkes!«

Reichspräsident Paul von Hindenburg geht in seiner Ansprache zum neuen Jahr auf die Belastung der deutschen Wirtschaft durch die Reparationszahlungen ein, die ihr mit den für das Jahr 1930 geplanten Verträgen auferlegt werden:

»Ein schicksalsschweres Jahr liegt hinter uns.
Im Völkerbund und auf internationalen Kongressen haben die Staatsmänner aller Länder in harter Arbeit die Probleme zu meistern gesucht, von deren Lösung die Gestaltung der Völkerbeziehungen abhängt ...
Das deutsche Volk hegt die Zuversicht, daß die Arbeit des letzten Jahres mit Erfolg im neuen fortgesetzt werden wird. Schwere Lasten sind uns auferlegt. Deutschland kann aber seine Aufgaben im Kreise der Nationen nur dann erfüllen, wenn es politische Freiheit und wirtschaftliche Entfaltungsmöglichkeit hat.«

Der französische Botschafter de Margerie hebt anläßlich des Neujahrsempfangs im Palais des deutschen Reichspräsidenten, Paul von Hindenburg, das Streben aller Völker nach Frieden hervor:

»In dem soeben abgelaufenen Jahre haben wir die schwierigsten neuen Probleme zur Beratung kommen sehen, von denen in Europa und der übrigen Welt Ruhe und Sicherheit abhängt, ohne die sich die Menschheit nicht mit Erfolg der Arbeit widmen könnte, die doch für jeden von uns Lebensgesetz und Lebensfreude ist. An gutem Willen hat es nirgends gefehlt, und heute ... vereinigen wir uns in berechtigten Hoffnungen ...«

Der britische Premierminister James Ramsey MacDonald (Labour Party) fordert politische Parteien und Organisationen seines Landes in seiner Neujahrsbotschaft zu verstärkter Zusammenarbeit bei der Bewältigung der wirtschaftlichen Probleme auf:

»Mit dem 1. Januar beginnt nicht nur ein neues Jahr, sondern auch ein neues Jahrzehnt. Die Jahre von 1919 bis 1929 waren für das britische Volk mühsam und schwierig, und ich hoffe, daß das neue Jahrzehnt, an dessen Anfang wir jetzt stehen, eine Dekade des fortschreitenden Wiederaufbaus und einer soliden Wirtschaftslage sein wird. Lange mußten wir mit Schwierigkeiten kämpfen, die durch den Weltkrieg verursacht wurden, und wir haben diese Aufgabe immer noch nicht bewältigt. Es ist ein gutes Zeichen, daß unsere erste Tat in diesem Jahr die Durchführung einer Konferenz sein wird, deren Ziel die Abrüstung und die Sicherung des Friedens sein wird [Londoner Flottenkonferenz]. Aber ich frage mich, ob wir alle genug zusammenarbeiten. Der Zusammenhalt aller nationalen Kräfte ist erforderlich, damit wir ... unsere ererbte Stellung auch in Zukunft behaupten können.«

Deutsches Reich muß bis 1988 an Alliierte zahlen

20. Januar. In Den Haag endet die Zweite Haager Konferenz mit der Unterzeichnung der sog. Haager Schlußakte durch die Vertreter des Deutschen Reiches und der Siegermächte des Weltkrieges. Damit ist die finanzielle Abwicklung der vom Deutschen Reich zu zahlenden Reparationen abschließend geregelt.

Das Haager Abkommen basiert auf dem 1929 unter der Leitung des US-amerikanischen Geschäftsmanns Owen D. Young ausgearbeiteten Youngplan und legt die Gesamtsumme der deutschen Reparationszahlungen auf 34,5 Mrd. RM fest. Das Deutsche Reich verpflichtet sich, diese Summe in jährlichen Raten bis einschließlich 1988 abzuzahlen. Die Abwicklung der Reparationszahlungen wird von der Bank für Internationalen Zahlungsausgleich (BIZ) überwacht, die für diesen Zweck von den Beteiligten in Basel gegründet wird (→ 22. 4./S. 71).

Neben diesen finanz- und wirtschaftspolitischen Fragen regelt die Haager Schlußakte auch die Rheinlandräumung und legt fest, daß die französischen Besatzungstruppen am → 30. Juni 1930 die noch besetzten Teile dieses Gebietes verlassen müssen (S. 106). Außerdem werden weitere Beschränkungen der deutschen Souveränität aufgehoben. Dazu gehört u. a. das Ausscheiden der alliierten Mitglieder aus den Führungsgremien der Reichsbank und der Reichsbahn, deren Aufgabe es bisher war, eine regelmäßige Zahlung der Reparationen durch eine Kontrolle dieser Institutionen sicherzustellen.

Während der Verhandlungen kommt es mehrmals zu Streitigkeiten zwischen den Konferenzteilnehmern. So wehrt sich z. B. die deutsche Delegation erfolgreich gegen britische und französische Bestrebungen, die Reparationszahlungen des Deutschen Reiches zu erhöhen. Diskutiert wird auch die Frage, ob in die Haager Schlußakte eine Klausel aufgenommen werden soll, die es Frankreich erlaubt, bei Nichteinhaltung des Abkommens wieder in das Rheinland einzumarschieren. Die deutsche Delegation unter Außenminister Julius Curtius (DVP) und dem Minister für die Besetzten Gebiete, Joseph Wirth (Zentrum), kann in Geheimverhandlungen die Durchsetzung dieser französischen Forderungen verhindern.

Zu einer Krise kommt es in Den Haag, als der deutsche Reichsbankpräsident Hjalmar Schacht sich weigert, den Konferenzbeschlüssen zuzustimmen. Die deutsche Delegation umgeht Schachts Veto durch die Ankündigung, die notwendige Beteiligung der Reichsbank an den Haager Beschlüssen durch ein Gesetz nach Konferenzende sicherzustellen.

Der Verlierer bezahlt den Krieg

Nach dem Weltkrieg mußten das besiegte Deutsche Reich und seine Verbündeten Friedensbedingungen akzeptieren, die von den Alliierten im Sinne einer Bestrafung gedacht waren. Die alliierten Sieger sahen im Deutschen Reich den alleinigen Verursacher des Krieges und forderten daher von diesem eine Wiedergutmachung der Schäden, die ihnen durch den Krieg entstanden waren. Diese »Reparationen« umfassen nicht nur die Kosten für die Kriegsmaschinerie, sondern auch die im gesamten zivilen Bereich der gegnerischen Länder entstandenen Schäden.

Vertragsunterzeichnung in Den Haag: Reichsaußenminister J. Curtius (4. v. l.)

Reparationsforderungen vom Waffenstillstand bis Youngplan

Die Frage der Reparationszahlungen, die das zentrale Thema der Zweiten Haager Konferenz ist, spielt eine entscheidende Rolle in der Geschichte der Weimarer Republik und im Europa der 20er Jahre.

Die ersten Reparationsforderungen der alliierten Siegermächte des Weltkrieges wurden bereits mit dem Waffenstillstandsvertrag vom 11. November 1918 gestellt. Die alliierte Reparationspolitik war zunächst von einer fehlenden Rücksichtnahme der Alliierten auf die wirtschaftlichen Möglichkeiten des Deutschen Reiches gekennzeichnet. Der Verlierer des Weltkrieges, der mit dem Art. 231 des Versailler Vertrages vom 28. Juni 1919 auch als Alleinschuldiger des Krieges bezeichnet wird, sollte bestraft werden. Insbesondere das stark zerstörte Frankreich wollte mit hohen Reparationsforderungen sicherstellen, daß vom Deutschen Reich nie wieder eine Kriegsgefahr ausgehen würde. Die Reparationsforderungen (1920 forderten die Alliierten 269 Mrd. Goldmark) führten zu einem Niedergang der deutschen Wirtschaft, dessen Höhepunkt 1923 mit der Inflation erreicht wurde.

Die galoppierende Geldentwertung leitete einen Wandel in der alliierten Reparationspolitik ein. Von nun an versuchten Sieger und Besiegte, die Reparationsproblematik gemeinsam zu lösen. Die Alliierten waren zu der Einsicht gekommen, daß langfristige Zahlungen vom Deutschen Reich nicht zu erwarten waren, solange die deutsche Wirtschaft durch zu hohe Forderungen geschwächt wurde. Großbritannien und Frankreich waren auf kontinuierliche Zahlungen der Deutschen angewiesen, weil sie mit diesem Geld ihre eigenen Schulden begleichen mußten, die sie im Weltkrieg bei den USA gemacht hatten. Die Regierung in Washington sah zudem in einem wirtschaftlich gefestigten Deutschen Reich einen Abnehmer für US-Produkte.

Das Ergebnis der Bemühungen, die Reparationssumme den wirtschaftlichen Möglichkeiten des Deutschen Reiches anzupassen, war der »Dawesplan« von 1924, der die jährlichen Reparationszahlungen auf durchschnittlich 2,5 Mrd. Goldmark festsetzte. Da sich aber herausstellte, daß auch diese Forderungen unerfüllbar waren, erfolgte 1929 mit dem »Youngplan« eine Überarbeitung des Reparationsprogrammes.

Drei Politiker, die an der Regelung der deutschen Reparationszahlungen beteiligt sind, hier in London nach der Unterzeichnung des »Dawesplans« 1924: (V. l.) Frank Billings Kellog, Owen D. Young und Charles Gates Dawes

Linke und Rechte gegen Haager Akte

20. Januar. Die Ergebnisse der Zweiten Haager Konferenz werden im Deutschen Reich keineswegs einhellig begrüßt. Die Kommunistische Partei wertet die dem Deutschen Reich bis in das Jahr 1988 auferlegten Reparationszahlungen als Ausdruck des »Bestrebens der Großindustrie, das deutsche Proletariat auszubeuten«. Rechtsgerichtete Gruppierungen protestieren dagegen, daß die Erfüllung der Reparationszahlungen von den Alliierten zur Bedingung für einen Truppenabzug aus dem Rheinland gemacht wurde. Die Angriffe richten sich dabei nicht nur gegen die Politik der deutschen Regierung, sondern auch gegen das parlamentarische System der Weimarer Republik.

Auch bei den Regierungen der deutschen Länder regt sich Widerstand gegen die Haager Schlußakte. So fordert z. B. Erwin Baum (Landbund), Ministerpräsident der rechtsgerichteten Regierung Thüringens, am 31. Januar, daß sein Land im Reichstag gegen die Haager Abmachungen stimmen solle. Adolf Hitler, der Parteivorsitzende der NSDAP, ruft im »Illustrierten Beobachter« das deutsche Volk zum Widerstand gegen die Beschlüsse der Haager Konferenz auf, die er abfällig als »Versklavungsedikt« bezeichnet. Aus der Zustimmung der Delegierten der deutschen Regierung zur Haager Schlußakte spreche für ihn »der Geist, der uns seit zwölf Jahren regiert und der so lange regiert, bis die nationalsozialistische Bewegung dem deutschen Volk einen anderen Willen und diesem Willen einen anderen Ausdruck gibt.«

Reichskanzler Müller (4. v. l.) berät mit dem Kabinett die Haager Beschlüsse.

Gespräche bei Kaffee und Zigarre

Auf der Zweiten Haager Konferenz diskutieren die Delegierten der beteiligten Nationen nicht nur im Rahmen der Vollversammlung und verschiedener Ausschüsse über die Reparationsfrage, sondern sie treffen sich auch unter Ausschluß der Öffentlichkeit, um in entspannter Atmosphäre schwierige Probleme zu erörtern. Nach einem guten Essen, bei Kaffee und Zigarre, werden Themen angesprochen, die in dieser Offenheit im Plenum nicht zur Sprache kommen. Auf diese Weise werden auch Meinungsverschiedenheiten beigelegt, die im Verlauf der Haager Konferenz zwischen der französischen und der deutschen Delegation auftreten. Die Bildserie entsteht bei einem Essen, das Außenminister Julius Curtius am 15. Januar in einem Den Haager Hotel zu Ehren der französischen Delegation gibt. Anwesend ist u. a. der französische Ministerpräsident André Tardieu (Abb. o. l., 4. v. l.).

Der britische König Georg V. hält zur Eröffnung der Londoner Flottenverhandlungen eine Ansprache, die im Rundfunk übertragen wird.

Begrenzung der Seestreitkräfte soll den Frieden weltweit sichern

21. Januar. *In London eröffnet der britische König Georg V. eine Flottenkonferenz, deren Ziel es sein soll, die Seerüstung der fünf größten Flottenmächte der Welt (USA, Großbritannien, Frankreich, Japan und Italien) zu begrenzen. In den vergangenen Jahren verursachte das Wettrüsten der großen Nationen, insbesondere bei den Seestreitkräften, erhebliche internationale Spannungen. Die Erinnerung an den Weltkrieg, dem eine Phase der internationalen Hochrüstung im Bereich der Seestreitkräfte vorausging, trägt zur Verhandlungsbereitschaft bei. König Georg V. spricht in seiner Eröffnungsrede die Hoffnung aus, daß die Konferenz zur Sicherung des Weltfriedens beitragen möge. Die Verhandlungen, bei denen u. a. die Abgrenzung der Herrschaftsgebiete Großbritanniens und Japans in Ostasien geklärt werden soll, endet am → 22. April (S. 70) mit einem Abkommen, das die Rüstung der stärksten Seemächte begrenzt.*

UdSSR-Provokation an den Dardanellen

17. Januar. Zwei sowjetische Kriegsschiffe passieren vom Mittelmeer kommend die Dardanellen-Meerenge, die das Ägäische Meer mit dem Schwarzen Meer verbindet. Die britische Regierung und ihre Verbündeten reagieren auf diesen Vorfall mit Protestnoten bei der Regierung in Moskau und dem Völkerbund, weil die Dardanellen seit dem Lausanner Frieden von 1923 neutralisiert und damit für die Durchfahrt von Kriegsschiffen gesperrt sind. Außerdem hat die Sowjetunion das Passieren ihrer Schiffe nicht vorher bei der Meerengenkommission angemeldet und damit diese von den Alliierten 1920 eingerichtete Kontrollinstitution ignoriert.

Der Vorfall ist Ausdruck der Rivalität zwischen der Sowjetunion und Großbritannien um die Vorherrschaft über die Dardanellen und das Schwarze Meer. Die Sowjetunion möchte sich als Anrainerstaat des Schwarzen Meeres den Zugang zum Mittelmeer sichern. Großbritannien will dagegen als Mitglied der Meerengenkommission die Kontrolle über den strategisch wichtigen Schiffahrtsweg behalten. Als Uferstaat des Schwarzen Meeres hat die UdSSR jedoch das Recht, dort Kriegsschiffe zu stationieren.

Ende der Ära des spanischen Diktators Primo de Rivera

28. Januar. In Madrid reicht der spanische Ministerpräsident und Diktator Miguel Primo de Rivera y Orbaneja seinen Rücktritt ein.

Seitdem Rivera am 9. Februar 1929 eine Militärrevolte in Valencia von Regierungstruppen niederschlagen ließ, hatte er im Kreuzfeuer der öffentlichen Kritik gestanden. Angriffe auf die Regierung des Diktators kamen vor allen Dingen von seiten der spanischen Presse. Im September 1929 entwarf Rivera deshalb bereits Pläne für die Bildung einer Übergangsregierung, die ihn ablösen sollte. Die Weigerung führender spanischer Militärs Ende des Jahres, ihn noch länger zu unterstützen, gab schließlich den Ausschlag für Riveras Rückzug von der Macht. Sein Nachfolger wird General Dámaso Berenguer, der die spanische Verfassung, die Rivera 1923 abgeschafft hatte, wenigstens teilweise wieder in Kraft setzen will.

Rivera hatte 1923 im Einvernehmen mit Spaniens König Alfons XIII. gegen die parlamentarische Regierung geputscht, die Verfassung aufgehoben und ein Militärdirektorium gebildet. 1925 wurde die Militärregierung in ein ziviles Kabinett unter seiner Präsidentschaft umgewandelt. Der Diktator duldete keine politische Opposition und orientierte seine Regierungsweise am faschistischen Regime in Italien.

Primo de Rivera (l.) mit König Alfons XIII. in dessen Arbeitszimmer; der König hatte den Diktator zuletzt auch nicht mehr unterstützt.

Spaniens neuer Regierungschef Berenguer (l.) mit Primo de Rivera

Rechtsradikaler Daudet begnadigt

2. Januar. Léon Daudet, Vertreter der rechtsradikalen, royalistischen »Action française«, kehrt nach drei Jahren politischem Exil in seine französische Heimat zurück.

Der Schriftsteller und Journalist Léon Daudet (* 16. 11. 1867, Paris) bekämpft mit seinen Schriften die parlamentarische Demokratie in Frankreich. Als überzeugter Antisemit und Monarchist hat er sich der rechtsradikalen Bewegung »Action française« angeschlossen.

1922 war Léon Daudet maßgeblich am Sturz des damaligen französischen Ministerpräsidenten Aristide Briand beteiligt. Fünf Jahre später wurde er wegen seiner Angriffe auf die französische Regierung in der Tageszeitung »L'action française« zu einer mehrmonatigen Freiheitsstrafe verurteilt. Nach einer spektakulären Befreiungsaktion von Parteigenossen konnte er jedoch wenig später nach Belgien fliehen. Auch nach seiner Rückkehr nach Frankreich unterstützt er mit seinen monarchistischen und antisemitischen Schriften die staatsfeindlichen Ziele der »Action française«.

Arbeiterpartei für Israel gegründet

7. Januar. Im britischen Mandatsgebiet Palästina gründen David Ben Gurion und Isaac Ben Zwi die israelische Arbeiterpartei Mapai. Die neue Partei soll die verschiedenen sozialistischen Richtungen des Zionismus vereinigen, dessen Ziel die Gründung eines jüdischen Staates in Palästina ist.

Der Mitbegründer der Mapai, David Ben Gurion (* 16. 10. 1886, Plonsk/Polen), wanderte 1906 nach Palästina aus. Dort arbeitete er zunächst als Landarbeiter und engagierte sich früh in der jüdischen Arbeiterbewegung. Seit 1921 ist er Generalsekretär der von ihm mitgegründeten Gewerkschaft Histadrut (Foto von 1946).

1917 war den Juden von seiten Großbritanniens das Recht eingeräumt worden, sich in Palästina eine »nationale Heimstätte« zu schaffen. Daraufhin stieg in den 20er Jahren die Zahl der jüdischen Einwanderer in das von den Briten verwaltete Palästina stark an. Vor allen Dingen die aus der Sowjetunion ausgewanderten Juden brachten sozialistisches Gedankengut mit. Diese Ideen bilden die ideologische Grundlage für die neugegründete Mapai.

Finanzminister stürzt Regierung

11. Januar. In Lissabon tritt die portugiesische Regierung unter Ministerpräsident Arturo Ivens Ferraz zurück. Begründet wird dieser Schritt mit Meinungsverschiedenheiten zwischen dem Ministerpräsidenten und Finanzminister António de Oliveira Salazar.

Der portugiesische Finanzminister António de Oliveira Salazar (* 28. 4. 1889, Santa Comba Dão) war, bevor er sich in der Politik engagierte, Professor für Volkswirtschaft an der Universität von Coimbra.

Hintergrund der Regierungskrise ist die dauernde katastrophale Wirtschaftslage Portugals, das unter Unproduktivität und Auslandsverschuldung leidet; 1926 hatte das portugiesische Militär aus diesem Grund die letzte republikanische Regierung gestürzt und einen autoritären Staat errichtet. Der 1928 zum Finanzminister berufene Salazar hat sich seither zur beherrschenden politischen Figur neben Staatspräsident General António Oscar de Fragoso Carmona entwickelt.

Rätsel um Verbleib von General Kutjepow

26. Januar. In Paris verschwindet ein Führer der in Frankreich lebenden Exilrussen, General Kutjepow, auf mysteriöse Weise. Die Pariser Tageszeitung »Matin« vermutet, daß Kutjepow von Agenten der sowjetischen Geheimpolizei entführt worden ist. Für Hinweise, die zur Klärung des Verschwindens von Kutjepow führen, haben die Exilrussen rund 500 000 Francs (83 000 RM) als Belohnung ausgesetzt.

Das Verschwinden des Führers der Exilrussen, General Kutjepow, erregt in der Pariser Presse großes Aufsehen; Nachforschungen der Polizei bleiben ohne Ergebnisse.

Nach der Oktoberrevolution in Rußland von 1917 waren viele Gegner der neuen Machthaber aus ihrer Heimat geflohen und haben sich in Paris zu einer engen Gemeinschaft zusammengeschlossen. Doch auch hier sind sie nicht vor dem Zugriff der sowjetischen Regierung sicher. Die politische Staatspolizei verfolgt Regimegegner auch im Ausland.

Gewaltlos gegen die britische Macht

1. Januar. In der indischen Stadt Lahore endet die Sitzung des Allindischen Kongresses mit der Annahme der Strategie eines gewaltlosen Vorgehens der indischen Unabhängigkeitsbewegung gegen die britische Kolonialherrschaft.

Damit wird die Widerstandsform des »zivilen Ungehorsams«, die u. a. von Mohandas Karamchand »Mahatma« Gandhi und seinen Anhängern verfochten wird, maßgebend für die weiteren Aktionen der Unabhängigkeitsbewegung. Gandhis Strategie wendet sich grundsätzlich gegen die Anwendung von Gewalt. Er ist der Auffassung, daß die Unabhängigkeit Indiens nur durch eine Stärke zu erlangen ist, »die aus Wahrheit, Liebe und Gewaltlosigkeit geboren ist.«

Die Kampagne Gandhis sieht u. a. vor, daß die Inder die Zahlung von Steuern verweigern, die ihnen die britische Kolonialregierung auferlegt hat (→ 6. 4./S. 68). Außerdem sollen die gesetzgebenden Körperschaften, die von den Briten eingerichtet wurden, boykottiert werden.

In seiner Schlußansprache vor den 2800 Delegierten, die seit dem 29. Dezember 1929 in Lahore tagen, beschwört Gandhi die Versammlung, von Gewaltmaßnahmen abzusehen. Er wendet sich damit gegen den Plan, die Unabhängigkeit mit einem bewaffneten Aufstand zu erkämpfen.

Mohandas »Mahatma« Gandhi inmitten seiner Anhänger in Delhi, während einer Propagandareise für die Unabhängigkeit seines Landes

Indiens Kampf um die Unabhängigkeit

Seit der Mitte des 19. Jahrhunderts steht Indien unter britischer Kolonialherrschaft. Es wird von einem britischen Generalgouverneur, dem sog. indischen Vizekönig, regiert. Die Konstituierung des Allindischen Nationalkongresses 1885 markierte den Beginn der indischen Unabhängigkeitsbewegung. Britische Reformversuche, insbesondere die Teilung Bengalens 1905, führten zu Unruhen in ganz Indien. Nach dem Weltkrieg kam es im Rahmen des passiven Widerstandes der Inder gegen die britische Herrschaft immer wieder zu schweren Konflikten. Innerhalb der Unabhängigkeitsbewegung wächst mit der unnachgiebigen Haltung der Briten die Bereitschaft zur Anwendung von Gewalt.

2 Millionen Chinesen verhungern!

Zwischen Nanking und Peking liegen die dichtbevölkerten Provinzen Ho-nan und Shan-si. Regsamkeit und dennoch Armut waren hier immer zu Hause. Nun hat der Bürgerkrieg, der zu einem Machtstreit diktaturlüsterner Generäle entartet ist, hier grauenvoll gewüstet. Die Felder blieben unbestellt aus Mangel an Saatgut. So herrschen jetzt Mangel und Hunger. Hunderttausende sind schon verhungert. Ja, auf zwei Millionen wird bereits die Zahl der Todesopfer geschätzt. Ganze Städte liegen entvölkert. Sich selbst, sein Weib, seine Kinder verkauft der darbende Bauer in Sklaverei, um dem Hungertode zu entgehen. Fast nichts kann die Regierung tun, der Not zu steuern, wenig nur die Missionen. Glücklich, wer ihre Hilfsstationen erreicht! Glücklicher noch, wer rechtzeitig dem Hungergebiet entflohen! Denn — Taten des Kannibalismus werden bereits berichtet, vom Leichenfraß zu schweigen. Unsere Bilder geben trotz ihrer Gräßlichkeit nur eine schwache Vorstellung von dem entsetzlichen Elend, das hier herrscht, nicht als Folge einer Naturkatastrophe, sondern des Bürgerkrieges, für den unsere Radikalinskis schwärmen.

J. H.

Links: Zaungäste des Lebens. Hungernde Chinesen warten abteilungsweise eingepfercht auf die Verteilung von Lebensmitteln.

Sterbende Chinesen, die auf den Straßen von Saratsi mit östlichem Fatalismus den Tod erwarten.

Photos: The New York Times

Links: Ein Opfer des Hungers. Ein Chinese, der auf der Flucht aus dem Hungergebiet am Wegrand sterbend zusammengebrochen ist.

Unten: Frauen mit Kindern vor einer Suppenausgabestelle der amerikanischen Mission.

Ein noch halbwegs Gesunder trägt eine verhungernde Greisin zur Hilfsstation.

»China braucht die Hilfe der Welt«

19. Januar. *Die »Frankfurter Zeitung« macht ihre Leser mit den Worten »Die ganze Welt muß aufhorchen, die ganze Welt muß helfen« auf die schwere Hungersnot in China aufmerksam.*

Nach den Berichten einer internationalen Hilfsorganisation seien, so die Zeitung, im Norden Chinas bereits zwei Millionen Menschen verhungert. Wenn nicht schnell Hilfe geleistet würde, müßten bis zum Juni noch weitere zwei Millionen Chinesen sterben. Verschärft wird die Hungersnot noch durch einen besonders harten Winter in Chinas Norden. Bei Temperaturen unter −30 °C erfrieren viele Menschen, weil kaum noch Brennstoffe vorhanden sind.

Am schwersten betroffen ist die Provinz Schensi am Mittellauf des Hwangho. Hier wurde die Hungersnot durch die seit 1927 anhaltenden Mißernten verursacht. Zusätzlich verschärft wird die Lage in Nordchina durch die bürgerkriegsähnlichen Auseinandersetzungen zwischen rivalisierenden Militärmachthabern (→ 4. 4./S. 72).

Obwohl die chinesische Nationalregierung unter der Führung von Chiang Kai-shek ihre Macht inzwischen festigen konnte, sind die Hilfsmaßnahmen für die Bevölkerung nur unzureichend; so scheitert z. B. der Transport der wenigen Hilfsgüter, die von der Regierung bereitgestellt werden, am Fahrzeugmangel und völlig unzureichenden Verkehrsverbindungen. Nur ein Bruchteil der so dringend von der Bevölkerung benötigten Nahrungsmittel, Brennstoffe und Medikamente erreicht sein Ziel.

Die »Frankfurter Zeitung« bezeichnet die Lage in China als »Kulturschande für alle« und wendet sich insbesondere an den Völkerbund in Genf um Hilfe: »Wäre es also für den Völkerbund nicht wirklich an der Zeit, eine große weltumfassende Hilfsorganisation ins Leben zu rufen und wegen des Weiterbestehens des chinesischen Bürgerkrieges, der ja das für die fürchterlichen Zustände verantwortliche Grundübel ist, an das Gewissen des chinesischen Volkes zu appellieren?«

◁ Über die Not in China berichtet in großer Aufmachung auch der deutsche »Illustrierte Republikanische Beobachter«.

Gesetzliche Maßnahmen gegen radikale Aktivitäten

16. Januar. In Berlin verbietet der preußische Innenminister Albert Grzesinski (SPD) in einem Runderlaß an alle Polizeibehörden Versammlungen unter freiem Himmel für ganz Preußen. Die Verordnung soll verhindern, daß die öffentliche Sicherheit weiterhin durch blutige Auseinandersetzungen gefährdet wird, zu denen es in den vergangenen Wochen bei Demonstrationen links- und rechtsgerichteter Organisationen gekommen ist.

So lieferten sich z. B. am 8. Januar Kommunisten, die an einem Trauerzug teilnahmen, und Polizisten im Südosten Berlins eine Straßenschlacht. In Hannoversch-Minden werden am 22. Januar zwanzig Personen bei einer Schlägerei zwischen Nationalsozialisten und Mitgliedern des Reichsbanners Schwarz-Rot-Gold, einem der SPD nahestehenden Kampfverband, verletzt.

Seitdem eine Verlängerung des »Republikschutzgesetzes« am 27. Juni 1929 an der notwendigen Zweidrittelmehrheit im Reichstag scheiterte, verlagern rechte und linke Parteien ihre Auseinandersetzungen immer häufiger auf die Straße. Das Gesetz zum Schutz der Republik war am 22. Juli 1922 unter dem Eindruck des politischen Mordes an dem damaligen Außenminister Walther Rathenau entstanden; es ermöglichte der Polizei ein schnelles Eingreifen, wenn gegen politische Gruppierungen der Verdacht auf Vorbereitung einer staatsfeindlichen Aktion vorlag. Mit dem Gesetz konnten Vereinigungen und Versammlungen untersagt und Druckschriften, z. B. Flugblätter, beschlagnahmt werden.

Die steigende Zahl der Arbeitslosen und das Unbehagen der Bevölkerung über die oft undurchschaubaren Verhältnisse im Vielparteiensystem der Weimarer Republik läßt den Zulauf zu links- und rechtsradikalen Parteien und ihren Kampforganisationen wachsen. KPD, NSDAP und die Deutschnationale Volkspartei locken ihre Mitglieder mit scheinbar klaren Perspektiven. Dabei finden sie nicht nur Anhänger unter Arbeitslosen, sondern auch unter Schülern, Studenten, Angestellten, Beamten und Soldaten.

Am 5. Februar berichtet die »Vossische Zeitung« über weitere Maßnahmen des preußischen Innenministers Grzesinski gegen radikale Parteien. Diesmal wendet er sich gegen Kommunisten und Nationalsozialisten im Öffentlichen Dienst. In zwei Runderlassen wird Anhängern dieser Parteien sowie Angehörigen anderer staatsfeindlicher Organisationen, die Bestätigung als leitende Beamte verweigert. Die Mitglieder dieser Organisationen dürfen in Zukunft u. a. nicht mehr Oberbürgermeister, Bürgermeister oder Gemeindevorsteher werden.

Auch innerhalb der Reichswehr versuchen die radikalen Parteien, durch gezielte Agitation Anhänger zu gewinnen. Um Offiziere und Soldaten vom »Parteienhader« der Republik fernzuhalten, mahnt Reichswehrminister Wilhelm Groener (parteilos) daher die Truppenkommandeure in einem Erlaß vom 22. Januar: »Die Nationalsozialisten wie die Kommunisten wollen die Zertrümmerung des Bestehenden mit allen Mitteln der Gewalt ... Fern von diesen Extremen hat die Reichswehr ihren Weg zu suchen. Sie kann sich nicht auf phantastische Pläne, unklare Hoffnungen, tönende Schlagworte einlassen. Auf ihr ruht eine ungeheure Verantwortung für den Fortbestand des nationalen Staates.«

Grzesinskis Versammlungsverbot

»Die verfassungsgemäß gewährleistete Versammlungsfreiheit ist in den letzten Tagen und Wochen von radikalen Organisationen zu schweren Störungen der öffentlichen Sicherheit mißbraucht worden.

Die Vorgänge haben den Beweis geliefert, daß Versammlungen und Umzüge unter freiem Himmel unter den bestehenden Verhältnissen eine unmittelbare Gefahr für die öffentliche Sicherheit bedeuten. Aufgrund des Art. 123, Abs. 2, der Reichsverfassung werden daher alle Versammlungen unter freiem Himmel einschließlich aller Umzüge für das Gebiet des Freistaates Preußen verboten.

Von dem Verbot werden nicht betroffen gewöhnliche Leichenbegängnisse, die keinerlei demonstrativen Charakter tragen, die hergebrachten Umzüge der Hochzeitsgesellschaften, kirchliche Prozessionen, Wallfahrten und Bittgänge. Ausnahmen des Verbots behalte ich mir im Einzelfalle vor, soweit es sich um Veranstaltungen handelt, die nicht nur unbedenklich, sondern auch im öffentlichen Interesse erwünscht sind ...

Gegen Versuche ungeachtet des Verbots Versammlungen unter freiem Himmel oder Umzüge zu veranstalten, ersuche ich [die Ordnungskräfte], mit allen zur Verfügung stehenden polizeilichen Mitteln rücksichtslos einzuschreiten.«

◁ Auf der Tagung des Deutschen Studentenverbandes sprechen sich die Delegierten für eine Verteidigung der Weimarer Verfassung aus; die 150 Delegierten vertreten insgesamt 28 000 politisch gemäßigte Studenten aller Universitäten.

▽ ◁ Versammlungen unter freiem Himmel, wie diese von der KPD organisierte Veranstaltung, sind von nun an in Preußen verboten.

▽ Uniformierte Nationalsozialisten bei einem Umzug in Berlin; nicht selten enden solche Aufmärsche mit Schlägereien. Die Nationalsozialisten verfolgen dabei die Taktik, durch Verbreitung von Angst an Einfluß zu gewinnen.

Die neue thüringische Regierung (v. l.): Bauer, Kästner, Fürth, Baum, Marschler, Frick, Port

Wilhelm Frick erster NSDAP-Minister

23. Januar. Im thüringischen Landtag in Weimar wird Wilhelm Frick (NSDAP) als Innen- und Volksbildungsminister vereidigt. Er ist der erste nationalsozialistische Minister in einem Staat des Deutschen Reiches. Die zentrale Stellung Fricks im Kabinett von Ministerpräsident Erwin Baum (Landbund) ermöglicht es ihm, aus der Ministerposition heraus das bestehende parlamentarische System, dessen Umsturz erklärtes Ziel der NSDAP ist, mit gesetzgeberischen Mitteln zu bekämpfen.

Die Nationalsozialisten hatten bei den Wahlen zum thüringischen Landtag im Dezember 1929 mit sechs von 53 Sitzen eine Schlüsselposition eingenommen und gemeinsam mit der Deutschnationalen Volkspartei (DNVP), der Deutschen Volkspartei (DVP), dem Landbund und der Wirtschaftspartei eine Regierungskoalition gebildet.

Bei der Aussprache über die von der Koalition aufgestellte Regierungsliste wird der neue Innenminister Frick (NSDAP) von SPD und KPD heftig angegriffen. Vor allem die Verfassungstreue des neuen thüringischen Innenministers wird angezweifelt. Frick hatte im November 1923 an dem von Adolf Hitler (NSDAP) geplanten Putsch gegen die Reichsregierung teilgenommen und war 1924 vom Münchner Volksgericht wegen Beihilfe zum Hochverrat zu 15 Monaten Festungshaft verurteilt worden.

Trotz der von sozialdemokratischer Seite geäußerten Befürchtung, Frick werde seinen Eid auf die Verfassung sehr bald wieder vergessen, erhält er bei seiner Wahl 22 von 26 Stimmen. Der Führer der NSDAP, Adolf Hitler, bezeichnet die Wahl Fricks in der nationalsozialistischen Zeitschrift »Illustrierter Beobachter« als Zeichen des »staunenswerten Emporstiegs« der nationalsozialistischen »Bewegung«.

Da Frick als Innenminister u. a. für die Besetzung der Stellen innerhalb der thüringischen Landespolizei zuständig ist, kann die NSDAP diese Institution zu einem Instrument ihrer staatsfeindlichen Bestrebungen machen. Die zunehmende Zahl von nationalsozialistischen Polizeibeamten führt im Laufe des Jahres zu Konflikten zwischen Frick und der Reichsregierung (→ 19. 3./S. 52). Auch als Bildungsminister geht Frick ganz im Sinne seiner Partei vor. Der neue Minister sorgt dafür, daß nationalsozialistische Propaganda Eingang in den Unterricht an Thüringens Schulen findet.

Der neue thüringische Innen- und Volksbildungsminister Wilhelm Frick, am 12. März 1877 in Alsenz/Pfalz geboren, ist promovierter Jurist und war bis zu seiner Wahl im bayerischen Staatsdienst tätig. Frick kam früh mit der NSDAP in Berührung. Er nahm 1923 an dem von Adolf Hitler organisierten Putschversuch gegen die Reichsregierung teil.

Ruhr-Umgemeindung geht langsam voran

24. Januar. In Berlin verlängert der preußische Landtag die Einführungsfrist des rheinisch-westfälischen Umgemeindungsgesetzes bis zum 1. August 1930. Die umfangreichen Neuerungen, die das am 29. Juli 1929 verabschiedete Gesetz beinhaltet, konnten in den Kommunen bislang noch nicht vollständig verwirklicht werden.

Das Umgemeindungsgesetz bildet den Schlußpunkt der kommunalen Neugliederung des rheinisch-westfälischen Industriegebietes, die schon in den zwanziger Jahren in Angriff genommen wurde. Die rasch anwachsenden Bevölkerungszahlen und der Ausbau von Industrieanlagen in den Revierstädten machen eine Erweiterung der städtischen Gebiete notwendig, um neue Siedlungs- und Industrieflächen zu schaffen.

Gegen die Zusammenlegung der Gemeinden regt sich vor allem in kleineren Orten Widerstand. So wehrt sich u. a. die linksrheinisch gelegene Stadt Hamborn gegen eine Zusammenfassung mit der Stadt Duisburg. Der Duisburger Oberbürgermeister Karl Jarres kann sich jedoch mit dem Hinweis auf die engen wirtschaftlichen Verflechtungen der Duisburger Industrie mit dem linksrheinischen Umland durchsetzen. Als Zugeständnis an die Hamborner erhält das neue Gebilde zunächst den Namen »Duisburg-Hamborn«.

Baden will Einheit mit Württemberg

17. Januar. Im Badischen Landtag in Karlsruhe befürwortet Innenminister Josef Wittemann (Zentrum) eine Vereinigung Badens und Württembergs zu einem Staat.

Das badische Zentrum sieht in diesem Zusammenschluß einen wichtigen Schritt zu einer »vernünftigen Gliederung« des Reiches. Wie viele andere kleine Länder des Deutschen Reiches hofft auch das hochverschuldete Baden, seine Finanznot (→ 18.2./S. 34) durch eine Vereinigung mit einem größeren Land beheben zu können. Seit 1918/19 gibt es Bestrebungen, die beiden Länder mit dem preußischen Regierungsbezirk Hohenzollern zu vereinigen. Die Zentrums-Bestrebungen werden jedoch vorerst nicht verwirklicht (erst 1952 erfolgt der Zusammenschluß).

Preußens neuer Kultusminister Grimme engagiert sich vor allem für eine »entschiedene Schulreform«.

Adolf Grimme wird Kultusminister

30. Januar. Der preußische Ministerpräsident Otto Braun (SPD) ernennt den Pädagogen Adolf Grimme (SPD) zum Kultusminister. Grimme tritt die Nachfolge des parteilosen Carl Heinrich Becker an, der einen Tag vorher nach fünfjähriger Amtszeit zurückgetreten ist.

Hintergrund des Ministerwechsels sind die gescheiterten Bemühungen Brauns, die bisherige Regierungskoalition aus SPD, Deutscher Demokratischer Partei (DDP) und Zentrum durch Einbeziehung der Deutschen Volkspartei (DVP) zu erweitern. Während der Verhandlungen mit der DVP um die Verteilung der Ministerposten hatte die SPD-Fraktion die Forderung erhoben, das Kultusministerium einem Parteimitglied zu übergeben.

»Religiöser Sozialist« Grimme

Der neue preußische Kultusminister Adolf Grimme bemühte sich 1928/29 als Ministerialrat im preußischen Kultusministeriumm besonders um die Reform des autoritären preußischen Schulsystems. Die Zentrumszeitung »Tremonia« schreibt anläßlich der überraschenden Ernennung des erst 40jährigen »religiösen Sozialisten«: »Auch die Frage, ob er seine rasche Karriere nicht so sehr seiner Eigenschaft als Sozialdemokrat als vielmehr seinen Leistungen verdankt, müssen wir vorerst unbeantwortet lassen.«

Reichstag verabschiedet Zündholzmonopol

28. Januar. Der Reichstag verabschiedet mit 240:215 Stimmen in dritter Lesung das Zündwaren-Monopolgesetz. Damit erhält der schwedische Zündwarenkonzern Svenska Tändsticks AB (STAB) das Monopol für den Verkauf von Zündwaren im Deutschen Reich.

Als Gegenleistung gewährt die von Ivar Kreuger geleitete STAB dem Deutschen Reich eine Anleihe von umgerechnet 500 Mio. RM. Die Anleihe hat eine Laufzeit von 50 Jahren bei einem Zinsfuß von 6%.

Im einzelnen sieht der bereits am 26. Oktober 1929 vom Reich und der STAB unterzeichnete Vertrag den Zusammenschluß aller deutschen Zündwarenhersteller mit dem STAB-Konzern zu einer Gesellschaft vor. Diese erhält das Monopol auf den Ankauf aller produzierten Zündhölzer, auf deren Weiterverkauf sowie deren Ein- und Ausfuhr. Die STAB, die so nicht nur über ein Handelsmonopol verfügt, liefert dabei 65% der Produktion, die übrigen Hersteller zusammen den Rest. Zwei Reichskommissare wachen über die korrekte Einhaltung der gemeinsamen Abmachungen.

Die Vergabe des Monopols ist der Endpunkt eines jahrelangen Konzentrationsprozesses bei der Produktion von Zündwaren. Der schwedische Konzern, der den deutschen Herstellern technisch und vor allem finanziell überlegen ist, hatte 1926 mit dem Aufkauf deutscher Zündwarenfabriken begonnen und beherrscht seit 1929 den deutschen Markt. Für das Reich ergibt sich durch die Vergabe des Monopols die Gelegenheit, dringend benötigte Geldmittel, z. B. zur Sanierung des Reichshaushaltes und der Arbeitslosenversicherung, zu günstigen Bedingungen aufzunehmen.

Die Deutschnationale Volkspartei (DNVP) und die Kommunistische Partei Deutschlands (KPD) wenden sich scharf gegen das Gesetz. Redner der DNVP werfen Finanzminister Paul Moldenhauer (DVP) die Auslieferung der deutschen Wirtschaft an einen ausländischen Großkapitalisten vor. Nach Ansicht der KPD verrät die Vergabe des Monopols an »Blutsauger« Kreuger die Interessen der »Masse des Volkes«.

»Zündholzkönig« Ivar Kreuger

Der am 2. März 1880 in Kalmar geborene schwedische Industrielle Ivar Kreuger gründete 1908 zusammen mit Paul Toll die AB Kreuger & Toll und 1917 die Svenska Tändsticks AB (STAB). Der Kreuger-Konzern mit seinen zahlreichen Tochtergesellschaften beherrschte schon bald rund Dreiviertel des Weltmarktes für Zündwaren. Seit 1925 bemüht sich Kreuger, dessen Unternehmen nur über eine geringe Eigenkapitalbasis verfügt, finanzielle Engpässe durch gewagte Finanzspekulationen zu überwinden.

Streichholzschachteln des 19. und 20. Jahrhunderts aus schwedischer Produktion; Zündwaren jeglicher Art werden im Deutschen Reich in Zukunft nur noch vom Kreuger-Konzern vertrieben.

Essen und Trinken 1930:

Wirtschaftskrise zwingt auch Haushalte zu Sparsamkeit

Die schlechte Wirtschaftslage im Deutschen Reich zwingt immer mehr Menschen zur Sparsamkeit auch beim Einkauf von Nahrungsmitteln. Trotz sinkender Lebensmittelpreise können sich viele Menschen kaum noch lebensnotwendige Nahrungsmittel leisten. Die wachsende Arbeitslosigkeit macht den Hunger in den Familien der unteren Bevölkerungsschichten zu einer alltäglichen Erscheinung.

Die Lebenshaltungskosten sind zwar im Vergleich zum Jahr 1929 gesunken, doch viele Familien müssen mit erheblich weniger Geld auskommen. Die Arbeitslosenzahlen steigen im Deutschen Reich von 1 899 000 (1929) auf 3 076 000 (Ende 1930) an. Zudem müssen diejenigen, die eine Arbeitsstelle haben, mit weniger Geld rechnen, da Lohnkürzungen 1930 keine Seltenheit sind.

Vor allen Dingen in den kinderreichen Arbeiterfamilien führt die Arbeitslosigkeit des Hauptverdieners zu großen Engpässen in der täglichen Ernährung. Das Geld reicht meist nur für die Grundnahrungsmittel. Wer kein Arbeitslosengeld mehr erhält, sondern von der kommunalen Wohlfahrt oder von der Krisenfürsorge leben muß, ernährt sich hauptsächlich von Brot und Kartoffeln. Allenfalls kann er sich noch Margarine und Malzkaffee leisten. Den größten Hunger der Armen stillen oftmals die Notküchen, die von Wohlfahrtsorganisationen eingerichtet werden und kostenlos eine warme Mahlzeit am Tag für Mittellose ausgeben.

Aber auch dort, wo noch ein Einkommen vorhanden ist, bleiben Fleisch, Weizenmehl und Butter unerschwinglich. So muß z. B. ein Facharbeiter mit einem Stundenlohn von 1,02 RM für ein Kilogramm Rindfleisch über zwei Stunden arbeiten, für ein Kilogramm Butter, die im Vergleich zum Vorjahr immerhin um 14,4% billiger geworden ist, über drei Stunden. Der Pro-Kopf-Jahresverbrauch von Fleisch, der in den Arbeiterfamilien ohnehin sehr gering war, geht 1930 von 70,85 kg auf 69,65 kg zurück.

Auch in den Familien von Beamten und Angestellten muß gespart werden, weil Gehaltskürzungen den Etat für Lebensmittel erheblich eingrenzen. Die seit der Mitte der 20er anhaltende Vorliebe der Konsumenten für ausländische Lebensmittel geht zurück, doch nicht selten werden immer noch diese Produkte wegen ihrer hohen Qualität gekauft. Die Vorliebe für ausländische Ware, nicht nur in bessergestellten Schichten, begründet die Hausfrau Margarete Caemmerer in der »Vossischen Zeitung«: »Das Wirtschaftsgeld der deutschen Hausfrau ist heute so knapp bemessen, daß sie nur Qualitätswaren einkaufen kann. Sie hat zu wenig Geld zur Verfügung, um sich auf das Risiko eines großen Abfalls einlassen zu können. Beim Einkauf ausländischen Obstes zum Beispiel ist sie sicher, daß die Birnen nicht mulsch sein werden.«

Ein wesentlicher Grund für die Beliebtheit ausländischer Produkte liegt in ihrem ansprechenden Äußeren. So sieht z. B. das in den Läden angebotene holländische Geflügel appetitlicher und frischer aus als deutsche Hühner, Enten und Tauben; Verbraucher kritisieren, daß Züchter und Händler bei Schlachtung und Transport des Geflügels nicht die erforderliche Sorgfalt walten lassen. Die aus Dänemark kommenden Eier werden wegen ihrer gleichmäßigen Größe und ihrer Frische bevorzugt, die bei deutschen Eiern nicht immer gewährleistet ist. Erst seit kurzem gibt es im Deutschen Reich Richtlinien für Staffelung, Kennzeichnung und Verpakkung von Eiern.

Die deutsche Landwirtschaft hat immer größere Schwierigkeiten, für ihre Produkte einen angemessenen Preis zu erzielen. Dies liegt weniger am Absinken der inländischen Nachfrage, sondern an der landwirtschaftlichen Überproduktion der letzten Jahre und an der wachsenden Konkurrenz auf dem Weltmarkt. Insbesondere die Roggenproduzenten klagen über den Preisverfall. Der Preis von Roggenmehl ist im deutschen Großhandel von 26,94 RM (1929) für 100 kg Roggenmehl auf 24,33 RM (1930) gesunken. Durch eine großangelegte Werbekampagne erhoffen sich die Landwirte eine Steigerung des Absatzes. So werden rund 200 000 sog. Roggenfibeln an Schulkinder verteilt; in Bäckerläden erhalten Kunden Gratisproben Roggenbrot und auf hunderten von Plakaten wird für den Verzehr von Roggenprodukten geworben. Ginge es nach den Roggenproduzenten, sollte jeder Deutsche 400 g Roggenbrot (ungefähr acht Scheiben) am Tag verzehren.

Der allgemein gesunkene Lebensstandard wirkt sich auch auf den Alkoholkonsum aus. Der jährliche Pro-Kopf-Verbrauch von Bier geht von 90,0 l (1929) auf 74,7 l zurück. Das gleiche gilt für teurere Alkoholika, wie Brannt- und den Schaumwein. Während 1929 der Wein wie schon in den vorhergegangenen Jahren von hervorragender Qualität war, gilt der Wein des Jahres 1930 unter Fachleuten als schlechter Jahrgang. Aber nicht nur im Deutschen Reich fällt die Weinernte für die Winzer enttäuschend aus, auch im übrigen Europa bleibt sie hinter den Erwartungen der Weinproduzenten zurück.

Auf dem Dach eines Berliner Restaurants am Potsdamer Platz verschafft sich die Küchenbelegschaft mit leichter Gymnastik frische Luft und ein wenig Bewegung als Ausgleich für die harte Arbeit in der Großküche.

Werbung für Kindernahrung: »Babys erkennen ihre Marke«

In der Lebensmittelwerbung sind Kinder ein beliebtes Motiv.

Margarine ist ein preisgünstiger und nahrhafter Brotaufstrich.

Kinderernährung oft mangelhaft

In vielen deutschen Familien, die von Arbeitslosigkeit betroffen und auf Arbeitslosenunterstützung angewiesen sind, zeigen gerade die Kinder Mangelerscheinungen. Die vitamin-, eiweiß- und mineralstoffarme Nahrung macht den Nachwuchs appetitlos und anfällig für Kinderkrankheiten.

Oft müssen Kinder von Arbeitslosen ohne Frühstück zur Schule gehen, viele erhalten noch nicht einmal eine warme Mahlzeit am Tag. Ihr Speiseplan setzt sich aus Tee, Wassersuppe, Kartoffeln, Brot und mit Wasser gekochtem Grießbrei zusammen. Nur selten wird er durch Milch ergänzt, die von staatlichen, privaten oder kirchlichen Fürsorgeorganisationen gespendet wird.

Die Leipziger »Illustrirte Zeitung« empfiehlt ihren Lesern zum Fünfuhrtee »Bananenschaum und Honigküchlein mit Schokoladenguß«.

Essen am „laufenden Band". Aufnahmen aus einem Speisehaus in Amerika.

Die Kellnerin: „Wollen Sie hier essen?" Ich: „Ja natürlich."

Die Kellnerin: „Dann müssen Sie sich ein Tablett holen!"

Essen am laufenden Band in Amerika

Unser Mitarbeiter Dr. Erich Salomon weilt gegenwärtig in den Vereinigten Staaten. Hier berichtet seine Kamera über ein „Bediene-dich-selbst-Restaurant".

Die Gäste holen sich ein Tablett und ein Besteck in einer Serviette.

Die Speisen sind so angeordnet, daß zunächst Vorgerichte auf dem Büfett stehen, dann Suppen, Zwischengerichte, Fisch, Fleisch und Gemüse, Salate, Kompotte, Nachtisch usw. Zum Schluß Kaffee, Tee, Milch und andere Getränke, alles mit Preisen versehen. Kalte Speisen nimmt man sich selbst, warme Gerichte, die ständig bereitstehen, werden von den Köchen und Köchinnen hinter den Tischen aufgelegt. Aufn.: Dr. Erich Salomon.

Das Bemerkenswerteste des „Bediene-dich-selbst-Restaurants" ist die Kassiererin am Ende des Weges, der an den Büfetts vorbeiführt. Mit einem Blick umfaßt sie die Gerichte, die auf dem Tablett stehen, addiert die Beträge im Kopf und gibt dem Gast einen Zettel über den Gesamtbetrag. Man geht hierauf mit dem Tablett an einen der Tische. (Nach dem Essen wird das gebrauchte Geschirr von Kellnerinnen abgeräumt.)

Die »Berliner Illustrirte Zeitung« berichtet über die Ausbreitung von Selbstbedienungsrestaurants in den Vereinigten Staaten.

Salzstangenverkäufer auf dem Weg zur Arbeit; in deutschen Großstädten werden frische Salzstangen für einen Groschen verkauft.

»Welfenschatz« bleibt im Deutschen Reich

7. Januar. Drei Frankfurter Juwelierfirmen kaufen in Frankfurt den Reliquienschatz des welfischen Hauses Braunschweig-Lüneburg, den sog. »Welfenschatz«. Der Schatz mit Werken überwiegend kirchlicher Kunst des 11. bis 15. Jahrhunderts war einige Wochen zuvor von Herzog Ernst August von Braunschweig-Lüneburg zusammen mit der Rokoko-Gartenanlage in Hannover-Herrenhausen der Stadt Hannover für 10 Mio. RM zum Kauf angeboten worden. Die Stadt hatte jedoch wegen der zu hohen Unterhaltungskosten für die Gärten abgelehnt.

In der Presse wurden daraufhin Befürchtungen laut, der Schatz würde für 10 Mio. US-Dollar (ca. 42 Mio. RM) ins Ausland verkauft. Das Eingreifen der deutschen Juweliere, die über die Kaufsumme Stillschweigen bewahren, sichert den Verbleib der Kunstgegenstände im Deutschen Reich. In der »Frankfurter Zeitung« wertet der Generaldirektor der Frankfurter Museen, Georg Swarzenski, den Vorgang als ein »in der Geschichte des Kunsthandels beispielloses Ereignis«.

Zu den künstlerischen Hauptwerken des Schatzes zählen das Welfenkreuz und die beiden Kreuze der Markgräfin Gertrud von Braunschweig aus dem 11. Jahrhundert. Das bedeutendste Stück ist das große Kuppelreliquiar in Gestalt eines byzantinischen Zentralbaus. Weitere kostbare Reliquienbehälter vervollständigen die Sammlung.

Den Namen »Welfenschatz« trägt die Reliquiensammlung, weil sie fast ausschließlich auf Stiftungen des fränkischen Adelsgeschlechtes der Welfen zurückgeht. Einen großen Teil der Kunstwerke stiftete einer der bedeutendsten welfischen Herzöge, Heinrich der Löwe (um 1129 – 1195). Er war es auch, der den Bau des Braunschweiger Domes begann, in dem der Schatz ab 1218 aufbewahrt wurde. Im 17. Jahrhundert wurde der »Welfenschatz« vom Braunschweiger Domkapitel an die hannoversche Linie des Welfenhauses abgetreten und in der Schloßkirche von Hannover aufbewahrt. 1803 brachten seine Besitzer ihn aus Angst vor den französischen Truppen Napoleons I., die sich anschickten, ganz Europa zu erobern, nach Großbritannien. König Georg V. von Hannover nahm die Kunstschätze mit in sein Wiener Exil, nachdem sein Land 1866 im Deutschen Krieg von Preußen annektiert worden war. Dort wurde der Schatz für kurze Zeit im österreichischen Museum für Kunst und Industrie ausgestellt. Seitdem ist der kostbare Welfenschatz der Öffentlichkeit nicht mehr zugänglich.

Herausragende Stücke des Welfenschatzes (v. l.): Kopf-Reliquiar des heiligen Blasius, »Löwenfuß«-Kreuz und Kuppelreliquiar

Papageienseuche fordert Todesopfer

16. Januar. Im Bakteriologischen Institut in Berlin-Charlottenburg treffen sich Fachärzte, um ihre Erfahrungen mit der sog. Papageienkrankheit (Vogelkrankheit/Ornithose) auszutauschen. In den letzten Wochen waren im Deutschen Reich, in Frankreich und den USA mehrere Menschen an der Papageienkrankheit gestorben.

Die Ornithose, eine akute Infektionskrankheit, befällt besonders Papageien und Sittiche, aber auch andere Vögel und Hausgeflügel. Auf den Menschen durch Kontakt mit erkrankten oder erregertragenden gesunden Tieren übertragen, löst sie Lungenentzündungen aus, die in vielen Fällen tödlich verlaufen.

Anfang 1929 war in Argentinien ein Ornithose-Epidemie ausgebrochen. Die argentinischen Papageien- und Sittichzüchter exportierten daraufhin ihre Tiere zu Niedrigstpreisen, so daß die Krankheit wenige Monate später in den USA, in Europa und Nordafrika über 400 Todesopfer forderte. Im Hamburger Hafen werden seit dem Auftreten der Krankheit im Deutschen Reich alle eingeführten Vögel auf den Ornithose-Erreger untersucht; bei Verdacht auf Erkrankung wird Quarantäne verhängt.

Mittelholzer überfliegt den Kilimandscharo-Gipfel Kibo

8. Januar. Der schweizerische Pilot Walter Mittelholzer überfliegt mit seinem Flugzeug »Switzerland« den höchsten Gipfel Afrikas, den 5895 m hohen Kibo, der zum Massiv des Kilimandscharo gehört. Bei der Erstüberfliegung des südostafrikanischen Vulkanmassivs macht Mittelholzer Fotografien des Gipfels, die in den folgenden Wochen in westeuropäischen Illustrierten veröffentlicht werden und großes Aufsehen erregen.

Mittelholzer, Chefpilot und Direktor der schweizerischen Luftverkehrsgesellschaft Ad Astra, war einige Tage zuvor in der Schweiz zu einer Jagdexpedition nach Britisch-Ostafrika aufgebrochen. Begleitet wird er u. a. von Baron Rothschild. Schon 1926/27 hatte Walter Mittelholzer einen Flug über den afrikanischen Kontinent unternommen. Mit einer »Merkur«-Maschine des deutschen Flugzeugkonstrukteurs Claude Dornier legte er in zweieinhalb Monaten die 20 000 Flugkilometer lange Strecke von Zürich über den Victoriasee nach Kapstadt zurück. Sein Flug mit dem auf Schwimmer gesetzten Flugzeug wurde weltweit als Sensation der Fliegerei gefeiert.

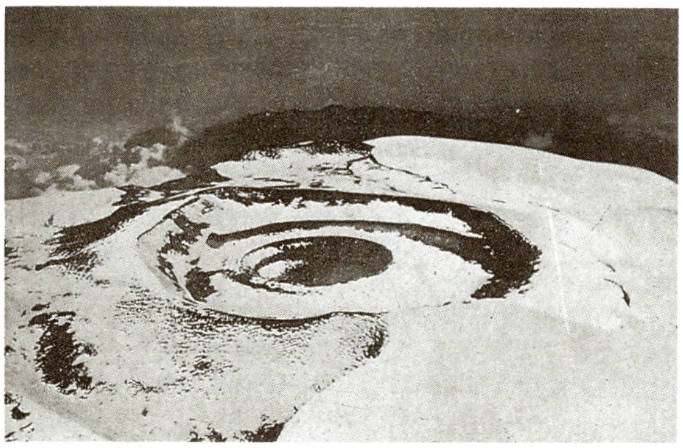

△ Luftaufnahme des Piloten Walter Mittelholzer vom Gipfel des Kibo; der Durchmesser des Kraters, den Mittelholzer aus etwa 6200 m Höhe fotografiert, beträgt rund 300 m.

◁ Der Pilot, Fotograf und Schriftsteller Walter Mittelholzer genießt seit seinem Afrika-Flug 1926/27 so große Popularität, daß seine Flüge mit Plakaten angekündigt werden.

ADAC verzeichnet Mitgliederzuwachs

21. Januar. Auf der Hauptversammlung des Allgemeinen Deutschen Automobilclubs (ADAC) in Würzburg wird bekanntgegeben, daß die Mitgliederzahl des Vereins im vergangenen Jahr um 34 000 auf 118 000 gestiegen ist. Das rasche Wachstum des Automobilclubs spiegelt die Zunahme des motorisierten Individualverkehrs im Deutschen Reich wider. Die 1903 als »Deutsche Motorradfahrer-Vereinigung« (DMV) in Stuttgart gegründete Interessenvereinigung wurde 1911 in ADAC umgetauft, da die Mehrzahl der Mitglieder zu dieser Zeit auf PKW umgestiegen war. 1913 hatte der ADAC bereits rund 20 000 Mitglieder, die 100 000-Marke wurde vor einem Jahr überschritten.
Ziele des ADAC sind die Förderung des Automobiltourismus und des Motorsports sowie die Interessenvertretung der motorisierten Bürger in allen Bereichen des alltäglichen Verkehrslebens, insbesondere gegenüber staatlichen Stellen.
Im Deutschen Reich gibt es 1930 rund 500 000 PKW, die Zuwachsrate gegenüber 1929 beträgt 15,7% (rund 70 000 PKW). Seit 1914 hat sich der PKW-Bestand damit mehr als versechsfacht.

Bildübermittlung durch Telegrafie

7. Januar. Mit der Übermittlung einer Fotografie des britischen Postministers Hastings Bertrand Lees-Smith von London nach Berlin wird die erste Bildtelegrafieverbindung zwischen beiden Ländern eingeweiht. Lees-Smith und der deutsche Postminister Georg Schätzel drükken in Telegrammen ihre Hoffnung aus, daß der Kontakt zwischen beiden Staaten durch die Telegrafenanlage intensiviert werde.
Die Anlage, mit der Bilder und Schriftstücke in zwanzig Minuten von Großbritannien nach Berlin übermittelt werden können, ist für jedermann zugänglich. In der jeweiligen Sendeanlage wird die Vorlage mit einem Lichtstrahl abgetastet. Die durch Helligkeitsunterschiede entstehenden Spannungsschwankungen können telegrafisch übermittelt und mit einem Empfangsgerät in eine Kopie der Vorlage umgewandelt werden.

Künstlerisch gestaltetes Plakat für die französische »Große Woche der Stoffe« von Eric de Coulon

13. Januar. Im Deutschen Reich beginnt mit der Eröffnung des Winterschlußverkaufs ein von Geschäftsleuten nicht erwarteter Ansturm der Käuferschaft auf die herabgesetzten Waren.
Bis zum 25. Januar locken Kaufhäuser und Einzelhändler Kunden mit Preisnachlässen, die z. T. mehr als 30% betragen. So wirbt das Dortmunder Kaufhaus der Geschwister Jordan mit einem umgewandelten Zitat aus einem Kinderbuch von Wilhelm Busch für seinen Ausverkauf von Stoffen und Kleidung: »Max und Moritz diese zwei, eilten flugs zu uns herbei, Ritsche, Ratsche eins-zwei-drei, schnitten jeden Preis entzwei«.
Damen-Wintermäntel sind in diesem Jahr schon ab 6,90 RM zu haben, Wollkleider ab 4,95 RM. Für 2,95 RM werden Damen-Pullover und Bettücher angeboten.
In allen größeren Städten des Deutschen Reiches beherrscht – trotz der allgemein schlechten Wirtschaftslage – geschäftige Hektik den Schlußverkauf. Mancherorts müssen Kaufhäuser vorübergehend geschlossen werden, weil Verkaufsräume und Treppenhäuser überfüllt sind.

Winterschlußverkauf in einem Berliner Kaufhaus; die Geschäfte wollen ihre Lager für die erwarteten Sommerwaren freiräumen.

Prinzessin Maria José, jüngstes Kind des belgischen Königspaares

Kronprinz Umberto, einziger Erbe des italienischen Herrscherhauses

Italienisch-belgische Königshochzeit im römischen Quirinalpalast

8. Januar. *In der Paulinischen Kapelle des Quirinalpalastes in Rom werden Kronprinz Umberto von Italien und die belgische Prinzessin Maria José feierlich getraut. Anwesend sind u. a. der italienische Ministerpräsident und Duce Benito Mussolini, ausländische Diplomaten, Vertreter des römischen Klerus sowie Mitglieder des europäischen Hochadels, darunter König Boris III. von Bulgarien. Der Korrespondent der »Frankfurter Zeitung« beschreibt die Atmosphäre während der Zeremonie: »Auf zwei . . . Tribünen hatte die aus ganz Italien angekommene Hofgesellschaft und die Diplomatie Platz genommen. Die ersten Reihen waren den Damen reserviert, die alle in tiefem Decolleté erschienen waren . . . Es funkelten die Diademe auf den Köpfen und die Stirnbänder, . . . in den Reihen der Herren die scharlachroten Uniformen der Malteserritter.«*

Streit um das neue Medium Rundfunk

7. Januar. In der Zeitschrift »Weltbühne« führen die beiden Journalisten Martha Maria Gerke und Rudolf Arnheim unter dem Stichwort »Das Ende der privaten Sphäre« eine Diskussion über die Gefahren des neuen Mediums Rundfunk. Die Diskussion spiegelt die aktuellen Meinungsverschiedenheiten von Kulturschaffenden, Politikern und Journalisten über die möglichen Auswirkungen des Radios wider.

Gerke meint, der Rundfunk mit seinen bisher unbekannten Möglichkeiten zur Verbreitung von Meinungen verstärke eine Tendenz zur Vergesellschaftung der Privatsphäre: »Da ist der Rundfunk, durch den nicht mehr ein paar Hundert oder selbst Tausend Besucher eines Theaters das gleiche Erlebnis haben, sondern der Tag für Tag, Abend für Abend, Zehntausende, Hunderttausende von Hörern zum gleichen Programm zwingt«. Im Gegensatz dazu verweist Arnheim auf die Chancen des neuen Mediums: Wenn es richtig eingesetzt werde, könne es den Bürgern auf breiter Basis Kultur nahebringen. Anstatt die Gefahr einer Normierung des Kulturlebens und einer Monopolstellung der neuen Unterhaltungszentralen des Rundfunks abstrakt zu beklagen, müsse es zu einer Solidaritätsbewegung der Empfänger zugunsten einer Verbesserung des Programmangebots kommen.

Intendant Jessner scheitert am Berliner Staatstheater

18. Januar. Der Intendant des Berliner Staatstheaters und des Schillertheaters, Leopold Jessner, tritt von seinem Amt zurück. Sein Nachfolger wird der Intendant der Berliner Kroll-Oper, Ernst Legal. Unmittelbarer Anlaß für Jessners Schritt ist die vernichtende Kritik an der Aufführung des Boxerstücks »Harte Bandagen« von Ferdinand Reyher.

Der Sozialdemokrat Jessner wurde 1919 zum Leiter der staatlichen Bühnen in Berlin berufen und vollzog gleich mit seiner ersten Inszenierung (Friedrich von Schillers »Wilhelm Tell«) eine Abkehr vom klassisch-unpolitischen Hoftheater. Es kam zu Tumulten antirepublikanischer Zuschauer, die das Stück als Bekenntnis zur parlamentarischen Demokratie verstanden.

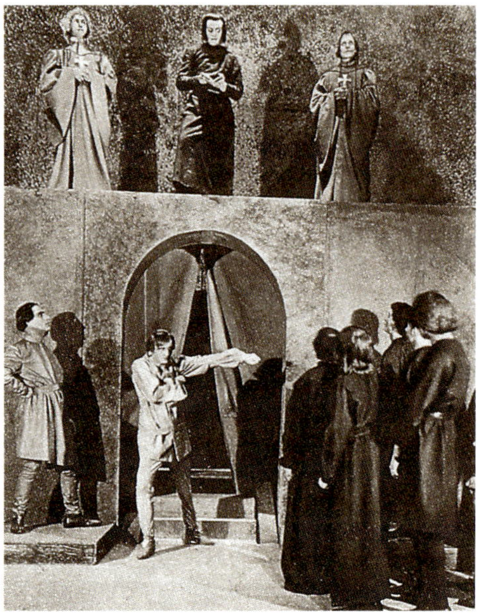

Die dritte große Inszenierung Jessners in Berlin nach »Wilhelm Tell« und »Der Marquis von Keith« war 1920 Shakespeares »Richard III.«; Jessner konzentrierte sich im Sinne des expressionistischen Theaters auf die Zusammenfassung der Aspekte des Stoffes, in diesem Fall auf das Thema »Karriere«. Räumlich wurde diese Sichtweise in der schlichten, antinaturalistischen Ausgestaltung der Bühnenbauten umgesetzt, in deren Mittelpunkt eine Treppe stand. Die »Jessner-Treppe« fand in den folgenden Jahren zahlreiche Nachahmer.

Auch die folgenden Inszenierungen Jessners, die sich durch formale Strenge, karge Bühnenbilder und den Verzicht auf vordergründige Effekte auszeichneten, waren von politischem Engagement geprägt. Zu der Kritik von rechts kamen später Vorwürfe von linken und liberalen Rezensenten, er weiche angesichts dieser Angriffe in eine unpolitische Haltung aus.

Max Reinhardt lehnt das Angebot, den Posten Jessners zu übernehmen, ab. Die Staatstheater werden zunächst dem Chef der Berliner Staatsoper, Heinz Tietjen, als Generalintendanten unterstellt. Dieser kann Ernst Legal dazu bewegen, die Intendanz des Staatlichen Schauspielhauses und des Schiller-Theaters zu übernehmen.

Der Berliner Eisschnelläufer Barwa läuft Rekord über 500 m (48,8 sec).

Winterkampfspiele bei mehr als 10 °C

19. Januar. Nach einwöchiger Dauer gehen in Krummhübel (Riesengebirge) die deutschen Winterkampfspiele zu Ende.
Diese Veranstaltung wurde 1922 erstmals in Garmisch-Partenkirchen ausgetragen, nachdem das Deutsche Reich zusammen mit den Mittelmächten Österreich-Ungarn infolge der Beteiligung am Weltkrieg nicht zu den Olympischen Spielen 1920 in Antwerpen eingeladen worden war. Die Winterkampfspiele sollten deutschsprachigen Sportlern aus aller Welt als Alternative zur Olympiateilnahme dienen.
Die Wettbewerbe in Krummhübel (heute: Karpacz) leiden unter extremen Temperaturschwankungen. Vor allem die Wettbewerbe im Eisschnellauf, Eishockey und Eiskunstlauf müssen immer wieder verschoben bzw. ganz abgebrochen werden; das Bobfahren kann überhaupt nicht gestartet werden.
Auch das am Schlußtag ausgetragene Skispringen steht im Zeichen der Witterung: Bei Temperaturen von 10 °C müssen Schanze und Auslauf über Nacht mit Schnee präpariert werden. Mit Weiten von 33,5 und 38,5 m belegt der Klingenthaler Walter Glaß den ersten Rang vor Erich Recknagel (Thüringen, 30 und 37 m) und Gustav Müller (Bayrisch-Zell, 31,5 und 36,5 m). Im 15-km-Langlauf siegt der Deutsche Meister Gustav Müller in 55:18 min mit mehr als drei Minuten Vorsprung vor der Konkurrenz.

Italienischer Viererbob gewinnt WM-Titel

26. Januar. Die Viererbob-Weltmeisterschaft im schweizerischen Caux endet mit dem Sieg von Bob Italien I (Zanietta, Biasini, Dorini, Rossi) vor Schweiz II und Deutschland II.
Nach zwei von vier Läufen hatte noch der Bob Deutschland I mit Werner Zahn als Pilot auf dem zweiten Rang gelegen. Dabei stellte Zahn mit 2:.47,71 min einen neuen Bahnrekord auf. Im vierten Lauf muß er aber nach einem Sturz ausgangs der letzten Kurve alle Hoffnungen auf den Titel begraben. Der im Endklassement auf dem dritten Rang plazierte Bob Deutschland II, der von Grau gesteuert wird, unterliegt mit einer Gesamtzeit von 11:36,95 nur um 30/100 sec den Schweizern im Kampf um die Silbermedaille.
Für den erst 1923 gegründeten Internationalen Fachverband FIBT (Fédération Internationale de Bobsleigh et de Tobogganing), der seinen Sitz in Mailand hat, ist es bereits die vierte Weltmeisterschaft im Bobfahren, da in den Olympiajahren 1924 und 1928 der olympische Wettbewerb gleichzeitig eine WM stattfand. 1927 und 1928 war der große Bobschlitten übrigens mit einer fünfköpfigen Mannschaft besetzt.
Bei den Titelkämpfen in der Schweiz wird von den nationalen Bobverbänden für die nächste Weltmeisterschaft 1931 im thüringischen Oberhof auch ein Zweierbob-Rennen vereinbart.

Der Viererbob Deutschland II, der im schweizerischen Caux nur knapp hinter dem Bob Schweiz II die Silbermedaille gewinnt; die Viererbob-Weltmeisterschaft wird auch im Rundfunk übertragen.

Fritzi Burger siegt bei der Eislauf-EM

26. Januar. *Vor 6500 Besuchern gehen im Wiener Eisstadion die Europameisterschaften im Eiskunstlauf der Damen und Paare zu Ende.*
Im Damenwettbewerb dominiert die mehrfache österreichische Meisterin Fritzi Burger die Konkurrenz und sichert sich den Titel vor Ilse Hornung (Österreich) und der Schwedin Vivi-Anne Hultin.
Beim Paarlaufen, an dem insgesamt nur sieben Paare aus drei Ländern teilnehmen, fällt den Punktrichtern die Entscheidung schwerer: Nach spannendem Wettkampf setzt sich das ungarische Paar Olga Orgonista/Sandor Szalay vor ihren Landsleuten Emilie Rotter/Laszlo Szollas durch. Die ersten europäischen Titelkämpfe für Damen finden nicht zuletzt deshalb statt, weil die Weltmeisterschaften in diesem Winter erstmals in Übersee (New York) ausgetragen werden.

▷ Fritzi Burger (Österreich) gewinnt die erste Eislauf-Europameisterschaft der Damen.

Literatur 1930:

Gesellschaftliche Probleme im Brennpunkt des Interesses

Eine Reihe von Büchern, die 1930 im deutschsprachigen Raum erscheinen, setzen sich mit der jüngsten deutschen Geschichte und der politischen Gegenwart auseinander. Überraschend klar werden in manchen Werken bereits die Gefahren und ihre Ursprünge benannt, die den Bestand der Weimarer Republik bedrohen.

Im Bemühen um eine massenwirksame, verständliche Literatur bewegen sich einige Autoren in realistischen Traditionen, andere nähern sich journalistischen oder an der Montagetechnik des Films orientierten Darstellungsformen an.

Großes Thema der Literatur bleiben der Weltkrieg und die unmittelbare Nachkriegszeit. Ludwig Renn (eigtl. Arnold Friedrich Vieth von Golßenau) läßt seinem 1928 veröffentlichten antimilitaristischen Roman »Krieg« 1930 als Fortsetzung das Werk »Nachkrieg« folgen, in dem er die innenpolitischen Konflikte der Jahre 1918 bis 1921 schildert. Der Held beider Bände, der ehemalige Gefreite und Vizefeldwebel Ludwig Renn (der Autor hat sich selbst nach ihm benannt), scheidet aus der Armee aus und geht zur Sicherheitspolizei. Während des rechtsgerichteten Kapp-Putsches 1920 weigert er sich, auf streikende Arbeiter zu schießen und legt mit seinem Trupp die Waffen nieder. Am Ende des Romans quittiert er den Dienst und beschließt, sich der extremen Linken anzuschließen.

Ernst Glaeser, der ebenfalls 1928 mit einem Antikriegsroman, »Jahrgang 1902«, hervorgetreten ist, veröffentlicht 1930 das Buch »Frieden«. Im Mittelpunkt der Handlung stehen Jugendliche, die während des Krieges ihre Lebensperspektive verloren haben, sich aber trotz ihrer kritischen Distanz zur Gesellschaft um eine Wiedereingliederung bemühen. Die Gefahren, die der jungen Weimarer Demokratie von Seiten nationalistischer, militaristischer und völkischer Kreise, aber auch bereits von der nationalsozialistischen Bewegung drohen, sind Thema einiger Neuerscheinungen. In »Der ewige Spießer« von Ödön von Horváth geht es um den Typ des unpolitischen Kleinbürgers, der durch seine egoistische Haltung den aufkommenden antidemokratischen Kräften das Handwerk erleichtert, ohne dabei selbst ein schlechtes Gewissen zu haben. Einen neuen Typ des Kleinbürgers, der in scheinmoderner Verkleidung tanz-, sport- und technikbegeistert die neuentstehende Schicht der großstädtischen Angestellten prägt, beschreibt auch Siegfried Krakauer: 1930 erscheint unter dem Titel »Die Angestellten. Aus dem neuesten Deutschland« die Buchausgabe einer Serie soziologischer Reportagen des Autors. In einer Montage aus Gesprächen, Zitaten, Beobachtungen und Analysen versucht Krakauer aufzuzeigen, daß sich die Angestellten ähnlich wie die Arbeiter objektiv in einer ökonomischen Abhängigkeit befinden, während sie gleichzeitig den

Erfolgsautor Hermann Hesse

Von Hermann Hesse erscheint 1930 im S. Fischer Verlag die Erzählung »Narziß und Goldmund« (Abb.: Schutzumschlag, gestaltet von Hans Meid). Auch in seinem neuesten Buch, dessen Handlung in einem mittelalterlichen Kloster beginnt, geht es dem überaus erfolgreichen deutschen Schriftsteller um ein zeitlos gültiges Thema: Anhand der Freundschaft zwischen dem asketischen Mönch Narziß und dem künstlerisch begabten Goldmund gestaltet er den ewigen Gegensatz zwischen väterlicher Rationalität und mütterlichem Gefühl.

Prominente Literaten beim Wiener Festbankett (v. l.): Richard Beer-Hofmann, Ehrengast Arnold Zweig, Arthur Schnitzler, Felix Salten

Österreichische Schriftsteller ehren Arnold Zweig mit Festbankett

In Wien findet aus Anlaß des Besuches des deutschen Schriftstellers Arnold Zweig ein Festbankett statt, an dem namhafte österreichische Literaten teilnehmen. Zweig ist im In- und Ausland vor allem mit der Veröffentlichung seines Romans »Der Streit um den Sergeanten Grischa« (1927) bekannt geworden. Er setzte sich darin u. a. kritisch mit Fragen staatlicher Moral- und Rechtsvorstellungen auseinander. Zu den Gästen des Banketts zählt auch der bekannte Wiener Schriftsteller Arthur Schnitzler, der seit seinem Roman »Der Weg ins Freie« (1908) mit Essays zu politischen Themen hervortrat.

Robert Musil, Autor des Romans »Der Mann ohne Eigenschaften«

Der Lyriker A. Wildgans wird 1930 Chef des Wiener Burgtheaters.

Träumen und Idealen des Mittelstandes nachhängen. Dadurch werde eine Solidarisierung von Arbeitern und Angestellten verhindert und die Möglichkeit vergeben, politischen Einfluß auszuüben.
Einen aufklärerischen Anspruch hat auch der Roman »Erfolg« von Lion Feuchtwanger. Seine Hauptfigur, der Schriftsteller Tüverlin – er trägt autobiographische Züge Feuchtwangers – kämpft mit seinen Freunden darum, einen aus politischen Gründen zu einer Haftstrafe verurteilten Münchener Museumsdirektor zu rehabilitieren. Anhand dieser Rahmenhandlung, der ein tatsächlicher Vorfall zugrundeliegt, gelingt es Feuchtwanger mittels einer virtuosen Darstellungstechnik – Erzählung, Kommentar, Essay, Reportage wechseln einander ab –, ein Panorama des politischen und gesellschaftlichen Lebens in München während der Jahre 1921 bis 1924 zu entwerfen. Ein Schwerpunkt ist die Herausarbeitung des Gegensatzes zwischen dem Land Bayern und dem Reich sowie die Erklärung der Entstehung des Faschismus in Deutschland.
Eine Kritik am Irrationalismus seiner Epoche formuliert auch der Wiener Robert Musil in seinem – unvollendet gebliebenen – Roman »Der Mann ohne Eigenschaften«, dessen erster Teil 1930 erscheint. Musil nutzt das historische Milieu der österreichisch-ungarischen Monarchie am Vorabend des Weltkrieges, um einen »besonders deutlichen Fall der modernen Welt« aufzuzeigen. Seine Perspektive ist jedoch nicht die des engagierten linksbürgerlichen, politischen Aufklärers, sondern die des distanziert Beteiligten, sein Mittel ist das der Ironie. Das falsche Bewußtsein der kulturellen Oberschicht der Donaumonarchie wird in der minuziösen Schilderung der Vorbereitung der »Parallelaktion« entlarvt: Parallel zum bevorstehenden 30jährigen Regierungsjubiläum des Deutschen Kaisers Wilhelm II. im Jahre 1918 soll in Österreich-Ungarn das 70jährige Regierungsjubiläum von Kaiser Franz Joseph I. gefeiert werden. An den Planungen nimmt auch Ulrich, der »Mann ohne Eigenschaften«, teil, der einen sozial entwurzelten, daher »eigenschaftslosen« modernen Intellektuellen verkörpert.
(Siehe auch Übersicht »Neuerscheinungen« im Anhang.)

Von dem Österreicher Alexander Lernet-Holenia erscheint 1930 der Roman »Die nächtliche Hochzeit«.

△ Die US-amerikanische Schriftstellerin Helen Keller, die seit ihrem zweiten Lebensjahr taubstumm und blind ist, wird am 27. Juni 1930 50 Jahre alt.

◁ Die »Vossische Zeitung« veröffentlicht den Roman »Der Weg zurück« von Erich Maria Remarque, Verfasser des Weltbestsellers »Im Westen nichts Neues«.

Alfred Döblin steht seit Erscheinen von »Berlin Alexanderplatz« (1929) im Licht der Öffentlichkeit.

Februar 1930

Mo	Di	Mi	Do	Fr	Sa	So
					1	2
3	4	5	6	7	8	9
10	11	12	13	14	15	16
17	18	19	20	21	22	23
24	25	26	27	28		

1. Februar, Samstag

In Moskau verordnet die sowjetische Regierung unter dem Parteivorsitzenden Josef W. Stalin die Enteignung und Ausweisung der Kulaken (Großbauern) aus Gegenden mit Genossenschaftsbetrieben (Kolchosen). → S. 40

In Berlin beginnt die 5. Grüne Woche, die internationale Ausstellung für landwirtschaftliche Produkte, auf einer Ausstellungsfläche von über 55 000 m². Im Mittelpunkt der diesjährigen Landwirtschaftsmesse stehen technische Verfahren zur Bodenverbesserung (Meliorationswesen).

In Frankfurt findet die Uraufführung von Arnold Schönbergs Oper »Von Heute auf Morgen« unter der musikalischen Leitung von Hans Wilhelm Steinberg statt. Die Regie führt der Österreicher Herbert Graf.

2. Februar, Sonntag

Reichsinnenminister Carl Severing (SPD) eröffnet in Braunschweig das »Forschungsinstitut für Erziehungswissenschaften«. Aufgabe des Instituts ist die wissenschaftliche Untersuchung des Erziehungsprozesses und eine Verbesserung der Lehrerausbildung im Deutschen Reich.

Das erste Lauberhornrennen geht mit zwei schweizerischen und einem britischen Sieg in Wengen (Schweiz) zu Ende. → S. 43

3. Februar, Montag

Mit dem Ziel, ganz Indochina von der französischen Kolonialherrschaft zu befreien, wird in Hongkong die Kommunistische Partei Vietnams gegründet. Unter den Gründungsmitgliedern ist auch Ho Chi Minh. → S. 41

In den USA tritt William Howard Taft als Vorsitzender des Obersten Gerichtshofes zurück. Taft steuerte als Oberster Bundesrichter einen liberal-konservativen Kurs. Sein Nachfolger wird am 13. Februar der Republikaner Charles Evans Hughes, der sich als US-amerikanischer Außenminister zwischen 1921 und 1925 u. a. für weltweite Rüstungsbeschränkungen eingesetzt hatte.

Zum ersten Mal gelingt es in Indien Angehörigen der Kaste der Unberührbaren (Paria), in ein Lokalparlament in Bengalen gewählt zu werden. Die Parias, die im Hinduismus auch als Unberührbare bezeichnet werden, leben als verachtete Außenseiter in der Gesellschaft der Hindus.

Ein schweres Erdbeben auf Neuseeland fordert 800 Menschenleben, 66 000 Personen werden obdachlos.

Das Leipziger Städtische Schauspielhaus bringt unter der Regie von Detlef Sierck Bernhard Blumes Drama »Im Namen des Volkes« zur Uraufführung.

Unter der musikalischen Leitung des Dirigenten Eugen Jochum werden in Duisburg Günther Raphaels »Variationen über eine schottische Volksweise« uraufgeführt.

4. Februar, Dienstag

Der preußische Innenminister Albert Grzesinski (SPD) verfügt, daß Mitglieder staatsfeindlicher Parteien und Organisationen keine leitenden Positionen in der Kommunalverwaltung mehr einnehmen dürfen. Die Verordnung richtet sich insbesondere gegen Nationalsozialisten und Kommunisten (→ 16. 1./S. 19).

Die Reichsbank senkt den Diskontsatz (von 6,5 auf 6%) und den Lombardsatz (von 7,5 auf 7%). Diese wirtschaftspolitische Maßnahme ermöglicht es den Banken, zinsgünstige Kredite zu vergeben. Damit folgt die Reichsbank der internationalen Entwicklung, durch Zinssenkungen den Geldumlauf zu erhöhen.

5. Februar, Mittwoch

Das Reichskabinett tritt unter dem Vorsitz von Reichskanzler Hermann Müller (SPD) für einen ersten Etatberatung für das laufende Jahr zusammen. Der Haushaltsplan soll u. a. eine Finanzhilfe für die hochverschuldeten Länder und Gemeinden enthalten.

Der Reichsrat, die Vertretung der deutschen Länder bei Gesetzgebung und Verwaltung des Reiches, genehmigt den Youngplan. Dabei setzt sich die Mehrheit des Reichsrates über einen bayerischen Vertagungsantrag hinweg, um eine schnelle Verwirklichung der Reparationspläne zu ermöglichen (→ 20. 1./S. 14).

Im Deutschen Reich beginnt der Verkauf des neuen »Opel 1930«.

6. Februar, Donnerstag

In Rom unterzeichnen der österreichische Bundeskanzler Johannes Schober (Schoberblock) und der italienische Ministerpräsident und Duce, Benito Mussolini, einen Freundschafts- und Schiedsgerichtsvertrag. → S. 37

In einer Sitzung des Mecklenburg-Strelitzschen Landtages plädiert Staatsminister Kurt Artur Freiherr von Reibnitz (SPD) für einen Anschluß des Landes an Preußen, weil das kleine Land seine Finanznotlage nicht allein überwinden könne (→ 18. 2./S. 34).

In New York wird die siebzehnjährige Norwegerin Sonja Henie Eiskunstlauf-Weltmeisterin. → S. 43

7. Februar, Freitag

Reichsfinanzminister Paul Moldenhauer (DVP) legt den Fraktionsführern und Steuerexperten der Regierungsparteien (DVP, DDP, BVP, Zentrum und SPD) sein Finanzprogramm für das Jahr 1930 vor; es sieht eine Steuererhöhung vor, die für das Reich Mehreinnahmen von 370 Mio. RM bedeutet.

Die Opiumkommission des Völkerbundes in Genf beschließt eine weltweite Begrenzung der Produktion von Rauschgift. Es soll nur noch soviel Rauschgift hergestellt werden, wie für medizinische Zwecke benötigt wird. → S. 37

8. Februar, Samstag

Die französische Nationalversammlung in Paris billigt die Vorlage der Regierung unter André Tardieu (Radikalsozialist) zur Einführung einer allgemeinen Sozialversicherung in Frankreich mit 315 gegen 267 Stimmen.

Papst Pius XI. veröffentlicht in Form eines offenen Briefes eine Anklageschrift gegen die Christenverfolgung in der Sowjetunion (→ 16. 2./S. 40).

Der Prozeß gegen die Fälscher der russischen Tscherwonez-Noten wird überraschend eingestellt, die Angeklagten werden freigesprochen. Das Gericht geht davon aus, daß die Täter nicht aus eigennützigen, sondern aus politischen Motiven gehandelt haben. → S. 37

Der thüringische Innen- und Volksbildungsminister Wilhelm Frick (NSDAP) verfügt, daß Erich Maria Remarques Roman über den Weltkrieg »Im Westen nichts Neues« (1929) in keiner Schule des Landes mehr gelesen werden darf. Das Werk wird als »pazifistisch-marxistische Propaganda« bezeichnet (→ 23. 1./S. 20).

Die politische Komödie »Napoleon greift ein«, in der sich der deutsche Dramatiker Walter Hasenclever mit reaktionären Zeiterscheinungen auseinandersetzt, wird in Frankfurt am Main uraufgeführt. In den Hauptrollen sind Lydia Busch und Martin Kosta zu sehen.

9. Februar, Sonntag

In Nanking tritt der Außenminister der Nationalregierung, Wang Ch'ung-hui, zurück, nachdem ihm die Regierung Kompetenzüberschreitungen beim Abschluß des sowjetisch-chinesischen Protokolls am 22. Dezember 1929 vorgeworfen hat. Das Vertragswerk von Chaborowsk beinhaltet u. a. ein Abkommen über die Ost-China-Bahn, die eine Verbindung zwischen den mandschurischen Städten Tsitsikar und Harbin mit der sowjetischen Hafenstadt Wladiwostok herstellt.

Der estnische Staatspräsident Otto Strandmann besucht Polen, um mit dem polnischen Ministerpräsidenten Kazimierz Bartel über eine politische und wirtschaftliche Zusammenarbeit zwischen den beiden osteuropäischen Staaten zu beraten. → S. 41

Das Finale der internationalen Deutschen Hallentennis-Meisterschaften in Bremen gewinnt inm fünf Sätzen der Schwede Carl Oestberg gegen den Deutschen Frenz. → S. 43

Im Berliner Sportpalast siegt die deutsche Eishockey-Nationalmannschaft 2:1 im Endspiel der Europameisterschaft gegen die Schweiz. → S. 43

Bei einem Wettrennen zwischen einem Flugzeug, einem Motorrad und einem Automobil auf dem zugefrorenen Eibsee in Bayern siegt der deutsche Flieger Ernst Udet. Automobilrennfahrer Hans Stuck geht als letzter durch das Ziel. → S. 43

10. Februar, Montag

Rektor und Senat der Universität Köln beschließen das vorläufige Verbot der Kölner Hochschulgruppe des Nationalsozialistischen Deutschen Studentenbundes (NSDStB) bis zum Abschluß eines Disziplinarverfahrens. Bei einer NSDStB-Versammlung am 7. Februar wurden Hochschullehrer und jüdische Studenten tätlich angegriffen.

Der bisherige päpstliche Nuntius im Deutschen Reich, Kardinal Eugenio Pacelli (später Papst Pius XII.), wird Kardinalstaatssekretär des Papstes. Zu Pacellis neuen Aufgaben gehört u. a. die Beratung des Papstes in politischen Fragen.

11. Februar, Dienstag

Der Reichstag nimmt die Debatte über den Youngplan zu den deutschen Reparationszahlungen auf. Außenminister Julius Curtius (DVP) betont die wesentlichen politischen und finanziellen Verbesserungen gegenüber dem Dawesplan, der seit 1924 galt (→ 20. 1./S. 14).

Gustav Hartung legt die Leitung des Berliner Renaissance-Theaters nieder. Wegen der finanziellen Krise mußten schon sechs Bühnen in der Reichshauptstadt schließen.

Im Hafen von New York wird das deutsche Passagierschiff »München« durch einen Brand völlig zerstört. → S. 42

12. Februar, Mittwoch

In Kolumbien wird der Liberale Enrique Olaya Herrera zum Staatspräsidenten gewählt. Olaya tritt sein Amt am 7. August an.

Nachdem die Leitung der Opel-Werke in Rüsselsheim Mitglieder des Betriebsrates entlassen hat, kommt es auf dem Werksgelände zu Krawallen von Belegschaftsmitgliedern. Die Unruhen werden durch Einsatz von Polizei beendet.

13. Februar, Donnerstag

In Berlin wird der »Reichsverband der Deutschen Landwirtschaftlichen Genossenschaften – Raiffeisen e. V.« gegründet. Dieser einheitliche Genossenschaftsverband soll mit Hilfe eines sanierten und rationalisierten Genossenschafswesens zur Verbesserung der Lage der notleidenden Landwirtschaft beitragen. Ins Präsidium wird u. a. Andreas Hermes gewählt.

14. Februar, Freitag

Auf dem Württembergischen Städtetag in Stuttgart protestieren die Städte gegen einen Gesetzentwurf der Landesregierung unter Eugen Bolz (Zentrum), der nach Ansicht der Städtevertreter große Gemeinden ungleich mehr belastet als die kleinen Kommunen.

Die illustrierte Münchner Kulturzeitschrift »Jugend« widmet ihre Ausgabe vom 15. Februar dem feucht-fröhlichen Treiben des Karnevals. Das Titelblatt »warnt« anschaulich vor den »Gefahren« der närrischen Zeit.

In Kalkutta legt der Führer der indischen Unabhängigkeitsbewegung, Mohandas Karamchand »Mahatma« Gandhi, dem Arbeitsausschuß des Allindischen Kongresses einen Aktionsplan vor, in dem er u. a. die Steuerverweigerung der Inder gegenüber der britischen Kolonialmacht in bestimmten Distrikten Indiens befürwortet (→ 1. 1./S. 17; 6. 4./S. 68).

15. Februar, Samstag

Der thüringische Minister für Volksbildung, Wilhelm Frick (NSDAP), enthebt den Weimarer Schulleiter Dr. Siefert des Amtes, weil dieser seinen Schülern die Mitgliedschaft in dem rechtsgerichteten Jugendbund »Adler und Falken« verboten hat. Siefert berief sich bei seinem Verbot auf die staatliche Schulordnung, die nicht wahlmündigen Schülern die Mitgliedschaft in politischen Vereinigungen untersagt (→ 23. 1./S. 20).

Die Regierung der Sowjetunion beschließt, die Warenbörsen und Fondsabteilungen abzuschaffen. Die Devisen- und Wertpapierkurse werden von nun an durch die Staatsbank der Sowjetunion festgelegt. Damit ist ein weiteres privatwirtschaftliches Element in der Sowjetunion beseitigt (→ 1. 2./S. 40).

Der österreichische Kultusminister Heinrich Ritter von Srbik gibt einen »Erlaß über die neue Nationalhymne« heraus. Danach soll bei offiziellen Anlässen ausschließlich die von Josef Haydn komponierte »Kaiser-Hymne« mit einem Text von Ottokar Kernstock gesungen werden. Srbik reagiert mit seinem Erlaß auf ausländische Kritik, der Text der Nationalhymne erinnere immer noch an die im Jahre 1918 aufgelöste Donaumonarchie.

In Saint Louis wählt der US-amerikanische Tennisverband William Tatem (»Big Bill«) Tilden zum zehnten Mal hintereinander zum besten Tennisspieler der Vereinigten Staaten. Tilden gewann 1920 als erster US-Amerikaner in Wimbledon. Er gilt seitdem weltweit als die herausragende Persönlichkeit des »weißen Sports« (→ 5. 7./S. 137).

16. Februar, Sonntag

Auf einer Pressekonferenz in Moskau wendet sich das Oberhaupt der russisch-orthodoxen Kirche, der Metropolit Sergius, gegen den Vorwurf ausländischer Zeitungen, in der Sowjetunion würden die Christen vom Staat verfolgt. → S. 40

Unter der Regie von Leopold Jessner wird im Staatlichen Schauspielhaus Berlin das Stück »Die Südpolexpedition des Kapitäns Scott« des deutschen Schriftstellers Reinhard Goering uraufgeführt (→ 18. 1./S. 26).

17. Februar, Montag

In Paris tritt die Regierung des radikalsozialistischen Ministerpräsidenten André Tardieu nach einer Abstimmungsniederlage im Parlament zurück. Der Rücktritt hat zur Folge, daß Außenminister Aristide Briand seine Arbeit auf der Londoner Flottenkonferenz vorzeitig abbrechen muß. → S. 41

In Genf beginnt die sog. Zollfriedenskonferenz des Völkerbundes, an der u. a. Vertreter von 26 europäischen Staaten teilnehmen. Wichtigstes Ziel der Konferenz ist der langfristige Abbau internationaler Handelsschranken. Die Konferenz geht am 24. März mit der Unterzeichnung einer Zollkonvention zu Ende (→ 24. 3./S. 52).

Reichspräsident Paul von Hindenburg lehnt es ab, seine Zustimmung zu den Gesetzen über die deutschen Reparationszahlungen zu verweigern. Der Vorsitzende der deutschnationalen Volkspartei (DNVP), Alfred Hugenberg, und ihr Fraktionsvorsitzender im Reichstag, Ernst Oberfohren, hatten bei einer Audienz in Berlin versucht, ihn zu diesem Schritt zu bewegen (→ 20. 1./S. 14; 3. 4./S. 74).

18. Februar, Dienstag

Ein Erlaß des preußischen Innenministers Albert Grzesinski (SPD) und des Finanzministers Hermann Höpker-Aschoff (Staatspartei) schreibt eine verstärkte Kontrolle der kommunalen Finanzwirtschaft in Preußen vor. Kredite dürfen von Städten und Gemeinden künftig nur dann aufgenommen werden, wenn sie auch von den örtlichen Kreditausschüssen genehmigt worden sind. → S. 34

Die sächsische Landesregierung unter Ministerpräsident Wilhelm Bünger (DVP) wird durch einen Mißtrauensantrag der Kommunistischen Partei Deutschlands (KPD) und der Nationalsozialistischen Deutschen Arbeiterpartei (NSDAP) gestürzt. Die Regierung war wegen ihrer positiven Haltung zum Youngplan in die Kritik geraten (→ 20. 1./S. 15).

In Warschau unterzeichnen deutsche und polnische Regierungsvertreter einen Vertrag über die Regelung der Roggenausfuhr beider Staaten. Das Abkommen soll einen Konkurrenzkampf der beiden Staaten um den Roggenexport in die skandinavischen Länder verhindern. → S. 41

19. Februar, Mittwoch

Da der französische Außenminister Aristide Briand wegen der Regierungskrise in Paris zurückgerufen wurde, wird die Londoner Konferenz über internationale Flottenabrüstung bis zum 26. Februar vertagt (→ 21. 1./S. 16; 17. 2./S. 41).

20. Februar, Donnerstag

Reichsfinanzminister Paul Moldenhauer (DVP) wird durch das Reichskabinett ermächtigt, die Zölle für Kaffee und Tee ab 5. März zu erhöhen. Pro Doppelzentner erhöht sich der Zoll für gebrannten Kaffee von 173 auf 300 und für Tee von 220 auf 350 Reichsmark.

In der Dortmunder Tageszeitung »Tremonia« macht der Kölner Oberbürgermeister Konrad Adenauer (Zentrum) auf die finanziellen Schwierigkeiten der Städte und Gemeinden aufmerksam. Er appelliert an die Reichsregierung, die Kommunen finanziell stärker zu entlasten. → S. 35

Die Leitung der Gutehoffnungshütte AG in Oberhausen beantragt beim Regierungspräsidenten der preußischen Provinz Rheinland in Düsseldorf wegen der schlechten Absatzlage die Entlassung von 2000 Bergarbeitern.

21. Februar, Freitag

In Paris bildet Camille Chautemps (Radikalsozialist) eine neue französische Regierung. An der Koalition sind neben den Radikalsozialisten die Parteien der gemäßigten bürgerlichen Linken beteiligt (→ 17. 2./S. 41).

Der italienische Ministerpräsident und Duce, Benito Mussolini, erläßt eine Amnestie für inhaftierte deutschsprachige Südtiroler. Die deutschsprachigen Südtiroler wehren sich gegen eine Italienisierung ihres Landes, das nach dem Weltkrieg an Italien fiel. Die Amnestie wird als eine erste positive Auswirkung des österreichisch-italienischen Freundschaftsvertrages vom → 6. Februar gewertet (S. 37).

Das Verkehrsministerium der Nationalchinesischen Republik und die Deutsche Luft-Hansa schließen in Nanking einen Vertrag über die Gründung einer transkontinentalen Postlinie zwischen dem Deutschen Reich und dem Fernen Osten. → S. 42

22. Februar, Samstag

Der österreichische Bundeskanzler Johannes Schober (Schoberblock) trifft zu einem Staatsbesuch in Berlin ein. Im Verlauf seiner Gespräche mit Reichskanzler Hermann Müller (SPD) kommt es zur Einigung über einen deutsch-österreichischen Handelsvertrag, der am 12. April unterzeichnet wird.

Auf einer Ausstellung der Kommunistischen Interessengemeinschaft für Arbeiterkultur werden das Bild »Christus mit der Gasmaske« und weitere Werke des Malers George Grosz beschlagnahmt. Gegen Grosz wird Anklage wegen »Beschimpfungen von Einrichtungen der christlichen Kirche« erhoben. Der Prozeß vor dem Zweiten Strafsenat des Reichsgerichts beginnt am 27. Februar und endet am → 3. Dezember (S. 210).

Im Folkwangmuseum in Essen wird die erste geschlossene Ausstellung des Bauhauses, der 1919 von dem deutschen Architekten Walter Gropius in Weimar gegründeten Hochschule für Gestaltung, eröffnet. Sie stellt die pädagogische und produktive Organisation der seit 1925 nach Dessau verlegten Hochschule dar und wird durch Bilder und Fotos von dort lehrenden Künstlern wie Paul Klee und Lyonel Feininger ergänzt.

23. Februar, Sonntag

In Berlin erliegt der Nationalsozialist Horst Wessel einer Schußverletzung, die ihm bei einem Überfall eines kommunistischen Rollkommandos am 14. Januar zugefügt wurde. Wessel ist der Dichter des nach ihm benannten »Horst Wessel-Liedes« (»Die Fahne hoch«) und wird von den Nationalsozialisten nach seinem Tod zum Märtyrer der »Bewegung« stilisiert. → S. 36

Die Schülerzahl pro Volksschulklasse wird vom Berliner Magistrat von 34 auf 36 erhöht. Dadurch können in Berlin 387 Lehrkräfte entlassen werden. Viele Städte im Deutschen Reich versuchen mit ähnlichen Sparmaßnahmen, ihre Haushalte zu entlasten (→ 18. 2./S. 34).

24. Februar, Montag

Der Landtag des deutschen Freistaates Schaumburg-Lippe lehnt in dritter Lesung den Antrag der Landesregierung unter Heinrich Lorenz (SPD) auf Anschluß des Landes an Preußen ab. Der Anschluß sollte die Finanznöte des kleinen Landes beseitigen.

Faisal I., König des Irak, und Abd Al Asis Ibn Saud, König der Hedschas (Teil Saudi-Arabiens), unterzeichnen in Basra einen Friedens- und Freundschaftsvertrag, der die jahrelange Feindschaft beider Königreiche beenden soll.

25. Februar, Dienstag

Die erst seit dem 21. Februar amtierende französische Regierung unter dem radikalsozialistischen Ministerpräsidenten Camille Chautemps muß zurücktreten, weil sie im Parlament keine Mehrheit findet. Der Vorgänger Chautemps, André Tardieu, wird erneut mit der Bildung der Regierung beauftragt (→ 17. 2./S. 41).

26. Februar, Mittwoch

Auf einer Konferenz mit den Führern der malaysischen Sektion der chinesischen Nationalpartei Kuomintang (KMT) kündigt der neue britische Gouverneur für die malaysischen Staaten, Sir Geil Clementi, an, daß er in Zukunft öffentliche Aktivitäten der KMT wie z. B. Versammlungen verbieten will.

Der Ski-Weltverband beschließt in Oslo die Einführung von internationalen Wettkämpfen in den alpinen Ski-Disziplinen Abfahrts- und Slalomlauf. Bisher wurden in diesen Disziplinen nur Wettkämpfe auf nationaler Ebene ausgetragen (→ 2. 2./S. 43).

27. Februar, Donnerstag

Der II. Parteitag der Kommunistischen Partei (KP) Ungarns findet bei Moskau statt. In Ungarn, das von dem Reichsverweser Miklós Horthy autoritär regiert wird, ist die Partei verboten.

28. Februar, Freitag

Überraschend tritt in Berlin der preußische Innenminister Albert Grzesinski (SPD) zurück. Grzesinski, der wegen seines Privatlebens von der rechtsradikalen Presse angegriffen wurde, gibt als Rücktrittsgrund seine angeschlagene Gesundheit an. → S. 35

Das Wetter im Monat Februar

Station	Mittlere Lufttemperatur (°C)	Niederschlag (mm)	Sonnenscheindauer (Std.)
Aachen	1,8 (2,1)	18 (59)	– (74)
Berlin	0,3 (0,4)	5 (40)	– (78)
Bremen	1,0 (0,9)	11 (48)	– (68)
München	–3,1 (–0,9)	19 (50)	– (72)
Wien	–0,4 (0,6)	47 (41)	– (81)
Zürich	0,4 (0,2)	18 (61)	95 (79)

( ) Langjähriger Mittelwert für diesen Monat
– Wert nicht ermittelt

Der nationalsozialistische »Illustrierte Beobachter« berichtet im Februar über die Wahlen in Japan. Dabei vergleicht er die Art des japanischen Wahlkampfes, aus dem die Regierungspartei Minseito siegreich hervorgeht, mit Wahlkämpfen im Deutschen Reich.

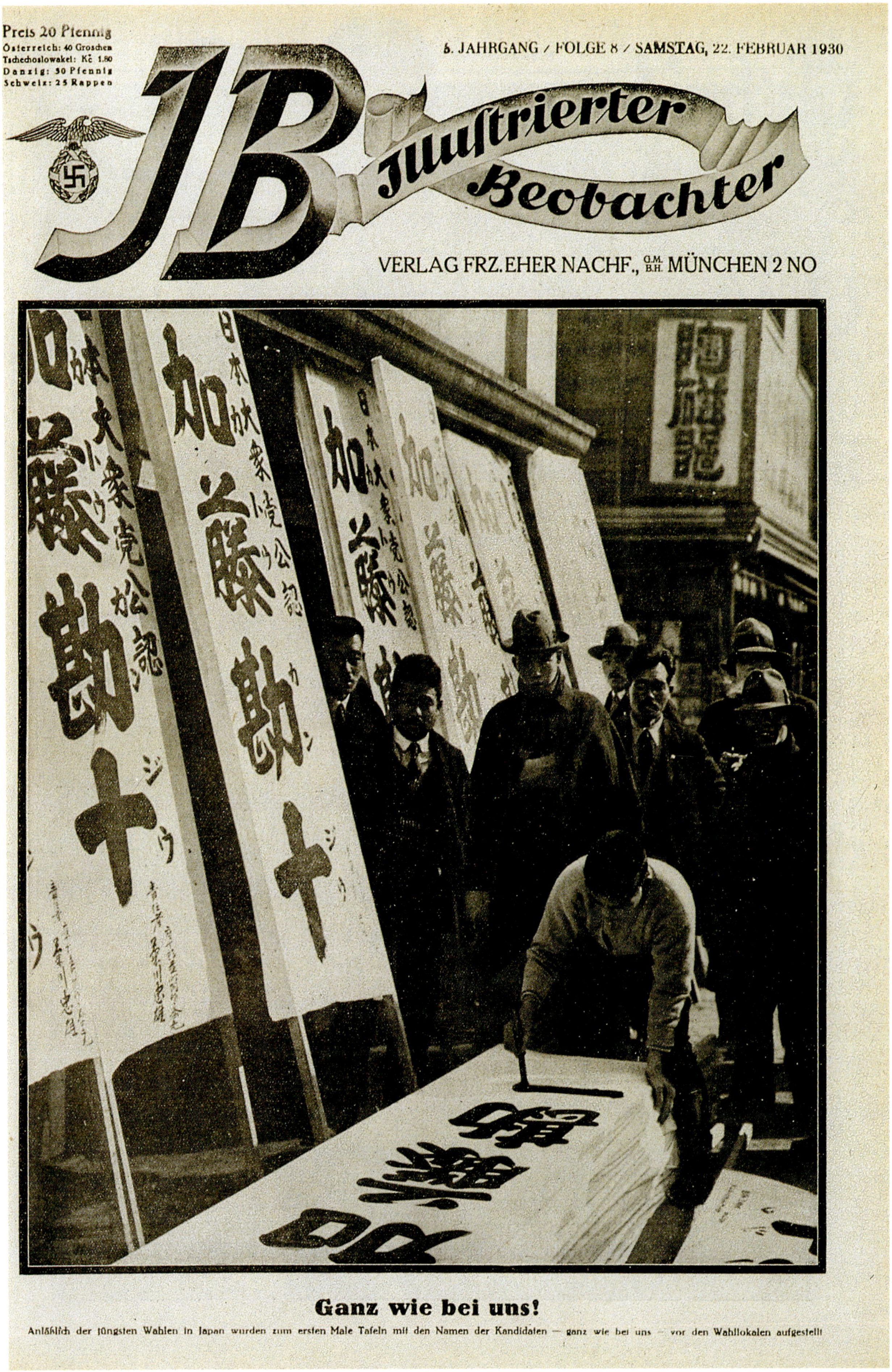

Preis 20 Pfennig
Österreich: 40 Groschen
Tschechoslowakei: Kč 1.80
Danzig: 30 Pfennig
Schweiz: 25 Rappen

6. JAHRGANG / FOLGE 8 / SAMSTAG, 22. FEBRUAR 1930

IB Illustrierter Beobachter

VERLAG FRZ. EHER NACHF., G.M.B.H. MÜNCHEN 2 NO

Ganz wie bei uns!

Anläßlich der jüngsten Wahlen in Japan wurden zum ersten Male Tafeln mit den Namen der Kandidaten — ganz wie bei uns — vor den Wahllokalen aufgestellt

Preußens Regierung zwingt Gemeinden zu Sparsamkeit

18. Februar. Mit einem gemeinsamen Runderlaß legen der preußische Innenminister Albert Grzesinski (SPD) und der Finanzminister Hermann Höpker-Aschoff (Staatspartei) fest, daß die Kreditaufnahme von Städten und Kommunen in Preußen künftig von staatlichen Ausschüssen genehmigt werden muß. Die Regierung will mit dieser Maßnahme verhindern, daß die Gemeinden sich weiterhin unkontrolliert verschulden können.

Seitdem der Börsenkrach in New York am 25. Oktober 1929 eine weltweite Wirtschaftskrise ausgelöst hat, verzeichnen die Gemeinden im Deutschen Reich wachsende Belastungen durch Zahlungen von Fürsorgeunterstützung und sinkende Steuereinnahmen aufgrund von Konkursen und Firmenzusammenbrüchen. Viele Kommunen sind dadurch in so große Finanznot geraten, daß sie laufenden Verpflichtungen nicht mehr nachkommen können; im Glauben, daß die Wirtschaftskrise nur kurze Zeit anhalten werde, nehmen die z. T. hoch verschuldeten Städte weitere Kredite auf, um zahlungsfähig zu bleiben.

Gegen dieses Vorgehen richtet sich der Erlaß der Landesregierung, die eine weitere Verschuldung der Kommunen nun unterbinden will; sie schränkt die Selbstverwaltung der Gemeinden ein. Kurzfristige Kredite, die innerhalb von sechs Monaten zurückgezahlt werden müssen, dürfen von den Kreditausschüssen nur dann genehmigt werden, wenn die Gemeinde nachweisen kann, daß eine Rückzahlung bei Fälligkeit der Anleihe gewährleistet ist. Die Erschwerung der Kreditaufnahme soll die Kommunen zu einer sparsameren und vorsichtigeren Etat- und Kreditpolitik zwingen. Statt Finanzprobleme mit der Aufnahme von Krediten zu lösen, sollen die Kommunen stärker als bisher bei allen ihren Ausgaben sparen.

Die Kosten für die Wohlfahrtspflege, d. h. für die Unterstützung von Erwerbslosen, Kriegsbeschädigten, Witwen und Waisen, bilden eine besonders große Belastung für die Etats der Kommunen. Dazu kommen Verpflichtungen, die noch aus den Jahren nach der Inflation von 1923 stammen. In dieser Zeit modernisierten viele Kommunen mit kurzfristigen Auslandsanleihen ihre Infrastruktur, die wegen der schlechten wirtschaftlichen Situation des Deutschen Reiches nach dem Weltkrieg vernachlässigt worden war. Insbesondere in den Städten wurden u. a. Straßen, Versorgungsanlagen, Verwaltungsgebäude und vor allem Wohnungen errichtet. Die Schulden, die in dieser Zeit gemacht wurden, sind von vielen Gemeinden noch nicht zurückgezahlt worden. Angesichts der weltweiten Wirtschaftskrise ziehen ausländische Gläubiger nun ihre Kapitalien aus dem Deutschen Reich ab, die sie vielfach in Form von Anleihen mit kurzen Kündigungsfristen angelegt hatten.

Bei der Lösung ihrer Finanzprobleme gehen die Städte unterschiedlich vor: Die Preußen angegliederte Stadt Wiesbaden, deren Etat im Haushaltsjahr 1929 einen Fehlbetrag von 3,5 Mio. RM aufwies, sucht bei der preußischen Landesregierung um einen Lastenausgleich für die Wohlfahrtsleistungen von 10 Mio. RM nach. Die Stadt Eisenach erhöht die Preise für die Gas-, Wasser- und Elektrizitätsversorgung, um ihre Schulden von 1,25 Mio. RM abzutragen; der Eisenacher Straßenbahntarif wird z. B. von 15 auf 20 Pfennig heraufgesetzt. Die Stadt Frankfurt, die mit 48 Mio. RM verschuldet ist, beschließt eine Einstellungs- und eine begrenzte Beförderungssperre in der öffentlichen Verwaltung, weil sie für das Jahr 1930 mit einem Defizit von 3 465 000 RM rechnet. In Bonn droht der Stadtverordnetenversammlung der Verlust des Rechts, den Haushaltsetat selbständig festzulegen (Zwangsetatisierung), wenn sie nicht den Vorstellungen der Finanzverwaltung folgt und die Gemeindegrundsteuer sowie die Gewerbesteuer erhöht. Auch in Köln fordert die Finanzverwaltung von der Stadtverordnetenversammlung die Erhöhung der Gewerbesteuern. Köln mußte sein Haushaltsjahr 1929 mit einem Fehlbetrag von 11,8 Mio. RM abschließen.

Kölns Oberbürgermeister Konrad Adenauer (Zentrum) regt daher in der Dortmunder Tageszeitung »Tremonia« vom 20. Februar eine Überprüfung der deutschen Sozialgesetzgebung an und ruft die Städte gleichzeitig zu mehr Sparsamkeit bei der der Fürsorgeunterstützung auf: »Für die kommunale Wohlfahrtspflege selbst aber gilt angesichts der Finanznot als oberstes Gesetz und dringende Notwendigkeit: sparsame und umsichtige Verwertung der öffentlichen Mittel, die Steuergelder der Bürgerschaft sind. Das bedeutet keineswegs mechanischen Abbau der Fürsorgeleistungen, sondern sinnvolle Anwendung rationeller Methoden mit dem doppelten Ziel: Ausschaltung aller Personen aus der Fürsorge, die nicht hilfsbedürftig sind, aber ausreichende Hilfe für die wirklich Hilfsbedürftigen ...«

Verschuldete Hauptstadt Berlin

Die Stadtkasse Berlins ist durch Fürsorgezahlungen für rund 450 000 Arbeitslose besonders stark belastet. Um das hohe Haushaltsdefizit zu senken, das 1929 bereits 400 Mio. RM betrug, greift die Stadtverwaltung im Januar zu rigorosen Sparmaßnahmen; u. a. werden in Berliner Behörden Stellen gestrichen und zahlreiche Angestellte entlassen. Außerdem steigen die Preise bei den öffentlichen Dienstleistungsunternehmen wie der städtischen Verkehrsgesellschaft; für eine Monatsfahrkarte muß ein Berliner, der täglich von einem Vorort in das Zentrum der Stadt pendelt, im Januar 1930 statt der bisher üblichen 10,50 RM 17 RM bezahlen.

Ende 1929 hatte die preußische Staatsaufsicht verhindert, daß Berlin einen US-amerikanischen Kredit in Höhe von 300 Mio. RM aufnahm. Die Neuverschuldung der Stadt sollte begrenzt werden, um eine völlige Zahlungsunfähigkeit zu verhindern. Stattdessen erhielt Berlin von einem deutschen Konsortium unter der Leitung der preußischen Staatsbank einen Überbrückungskredit für unaufschiebbare Zahlungen. Der Kredit war an die Bedingung geknüpft, daß die Stadt mit Sparmaßnahmen ihren Schuldenberg abbaut.

▷ Die Zeitschrift »Kladderadatsch« karikiert Preußens Eingriff in Berlins Schuldenpolitik.

An der Grenze der Wohlfahrtspflege.

Die Sozialetats der Städte.

Vom Oberbürgermeister der Stadt Köln,
Dr. K. Adenauer,
Präsident des Preußischen Staatsrats.

Oberbürgermeister Dr. Adenauer, Köln, stellt der Wohlfahrts-Korrespondenz zu ihrem fünfjährigen Bestehen den folgenden Beitrag zur Verfügung:

Um die Gesamtlage der kommunalen Wohlfahrtspflege mit einem Satz zu kennzeichnen: die Sozialetats der Gemeinden sind die in ihrem Ausmaße erschreckenden Verlustlisten im Kampf des deutschen Volkes und der deutschen Wirtschaft um ihre Existenz Dieses gewaltige Ringen wird in erster Linie ausgetragen auf den Schultern der Gemeinden, die — unmittelbar oder mittelbar — in den letzten Jahren immer mehr zum

Lastenträger der niedergehenden wirtschaftlichen Konjunktur,

der außenpolitischen Verpflichtungen und der deutschen Sozialgesetzgebung wurden.

Die zwangsläufige Abhängigkeit der kommunalen Wohlfahrtspflege und ihres Fürsorgeaufwands von der wirtschaftlichen, sozialen und politischen Gesamtlage Deutschlands, ihre sich immer mehr zuspitzende Rolle als tragische Figur dieses Dramas, in der ihr fast alle Lasten zugeschoben werden, ist in ganzer Schwere ersichtlich, wenn man die soziale Struktur der Hilfsbedürftigen überprüft. Es handelt sich nicht wie vor dem Kriege um ein paar Tausende von alten gebrechlichen Personen, Witwen und unmündigen Kindern, deren Versorgung die Gemeinde in Erfüllung einer gesetzlichen Verpflichtung aber auch in Anerkenntnis einer Solidarhaftung übernahm;

es handelt sich heute vorwiegend um die nach Zehntausenden zählenden Opfer wirtschaftlicher und politischer Krisen,

die in wirtschaftlich normalen Zeiten niemals auf öffentliche Hilfe angewiesen wären: um Kleinrentner, Sozialrentner, selbständige Handwerker und Gewerbetreibende, deren Betriebe sich nicht mehr halten konnten, vor allem aber um die arbeitsfähigen Erwerbslosen jeder Altersstufe und aller Berufe, soweit sie keinen Anspruch auf die Arbeitslosenversicherung haben

Die letzte Gruppe ist zahlenmäßig am stärksten und bedeutet, da sie sich meist aus Familienvätern mit mehreren Kindern zusammensetzt, die stärkste finanzielle Belastung der Haushaltspläne der Wohlfahrtspflege. Inbezug auf einen sehr großen Teil dieser Wohlfahrtsämter darf sowohl vom Gesichtsfeld gemeindlich-fiskalischer Interessen wie auch vom fürsorgerischen Gesichtspunkt die Frage aufgeworfen werden, ob ihre Einbeziehung in die kommunale Wohlfahrtspflege zu Recht besteht. Die Opfer der Inflation, die unverschuldet um die Früchte ihrer Arbeit oder ihres Besitzes gekommen sind, verlangen schon seit Jahren statt der individuellen fürsorgerischen Betreuung, die angesichts der wirtschaftlichen Lebensführung dieser Personengruppe meist unnötig ist, die Versorgung durch das Reich in Form einer Rente.

Ebenso fragwürdig ist die Eingliederung der Erwerbslosen in die Fürsorge, die im Vollbesitz ihrer Arbeitskraft

ohne persönliches Verschulden aus dem Wirtschaftsprozeß ausgestoßen wurden. Die Unterstützung durch die Versicherung entspricht den besonderen Verhältnissen und Bedürfnissen dieser Gruppe mehr als die Fürsorge, deren Methoden auf einen im ganz anderen Sinne hilfsbedürftigen Personenkreis zugeschnitten sind. Es kommt hinzu, daß die Wohlfahrtserwerblosen durch die Herauslösung aus der Versicherung auch der Arbeitsvermittlung ferner rücken und darum oft monatelang, ja jahrelang aus öffentlichen Mitteln unterstützt werden.

Gewiß: mit der Frage nach der Organisationsform und der Trägerschaft der Wohlfahrtspflege ist das Problem nicht gelöst:

es bleibt das Problem der Menschen,

insbesondere der großen Reservearmee der arbeitsfähigen Erwerbslosen, deren wartende Stellung vor den geschlossenen Toren einer beengten Wirtschaft nicht durch organisatorische Umstellungen innerhalb der Wohlfahrtspflege geändert wird, sondern einzig und allein durch Beschaffung von Arbeit und Erwerbsmöglichkeiten, die wiederum eng verknüpft ist mit den allgemeinen Fragen des Kapitalmarktes, der Kreditwirtschaft und nicht zuletzt der außenpolitischen Verpflichtungen Deutschlands. Die Bemühungen der deutschen Städte um Heranziehung von Arbeitsgelegenheiten ist darum nicht so sehr eine Prestigefrage als die notwendige Folgerung aus der Tatsache, daß 1/5, 1/7, ja sogar 1/6 der städtischen Bevölkerung aus öffentlichen Mitteln unterstützt werden.

Für die kommunale Wohlfahrtspflege selbst aber gilt angesichts der Finanznot als oberstes Gesetz und dringende Notwendigkeit:

sparsame und umsichtige Verwertung der öffentlichen Mittel, die Steuergelder der Bürgerschaft sind.

Das bedeutet keineswegs mechanischen Abbau der Fürsorgeleistungen, sondern sinnvolle Anwendung rationeller Methoden mit dem doppelten Ziel: Ausschaltung aller Personen aus der Fürsorge, die nicht hilfsbedürftig sind, aber ausreichende Hilfe für die wirklich Hilfsbedürftigen in einer Form, die geeignet ist, den Selbsthilfewillen der Unterstützten anzuregen und sie in den Stand zu setzen, sich den Lebensbedarf selbst zu beschaffen.

Artikel des Kölner Oberbürgermeisters Konrad Adenauer in der Zeitung »Tremonia«; Adenauer fordert darin Finanzhilfe für die Städte.

Konrad Adenauer: Gezielte Ausgabenpolitik gegen Arbeitslosigkeit

20. Februar. *Der Kölner Oberbürgermeister Konrad Adenauer (Zentrum) verlangt in der Dortmunder Tageszeitung »Tremonia« von der Reichsregierung eine stärkere Beteiligung am kommunalen Fürsorgewesen. Seit Ausbruch der Weltwirtschaftskrise von 1929 würden Städte und Gemeinden durch die Zahlung von Fürsorgeunterstützung an Erwerbslose zunehmend belastet. Im Gegensatz zur preußischen Regierung, die durch verstärkte Kontrollen die Gemeinden zu strikter Sparsamkeit zwingen will (→ 18. 2./S. 34), propagiert Adenauer daher eine gezielte Ausgabenpolitik: Die Kommunen sollen z. B. durch Arbeitsbeschaffungsmaßnahmen den »Selbsthilfewillen der Unterstützten« zugunsten der Gesamtwirtschaft anregen.*

Nach öffentlichen Angriffen resigniert Innenminister Grzesinski.

Grzesinski legt sein Amt nieder

28. Februar. In Berlin tritt der preußische Innenminister Albert Grzesinski (SPD) zurück. Der Politiker begründet den Schritt mit seinem schlechten Gesundheitszustand. Nachfolger Grzesinskis wird der Oberpräsident der Provinz Sachsen, Heinrich Waentig (SPD).

Der neue preußische Innenminister Waentig (SPD) wurde am 21. März 1870 in Zwickau geboren. Seine bisherige politische Rolle beschreibt die »Vossische« Zeitung: »Der neue Innenminister . . . ist in den politischen Kämpfen der letzten zehn Jahre nie stark in den Vordergrund getreten.«

Hintergrund für den Rücktritt Grzesinskis waren Angriffe der nationalsozialistischen Presse, aber auch von sozialdemokratischen Parteifreunden, die sich gegen das Privatleben des Innenministers richteten; vor allem wurde kritisiert, daß Grzesinski seit Jahren mit einer Frau zusammenlebte, ohne von seiner Ehefrau geschieden zu sein. Zu diesen persönlichen Schwierigkeiten kamen noch berufliche Mißerfolge; u. a. zeigten Grzesinskis Maßnahmen zur Bekämpfung des zunehmenden politischen Radikalismus, mit denen er vor allem die öffentlichen gewalttätigen Auseinandersetzungen rechts- und linksextremer Gruppierungen eindämmen wollte (→ 16. 1./S. 19), nur wenig Wirkung.

NSDAP schlachtet Horst Wessels Tod aus

23. Februar. In Berlin stirbt der Nationalsozialist Horst Wessel an den Folgen einer Schußverletzung. Die Führung der NSDAP schürt in der Folgezeit den Personenkult um Wessel, den Verfasser des »Horst-Wessel-Liedes« (»Die Fahne hoch«).

Der 22jährige SA-Sturmführer und ehemalige Jurastudent war am 14. Januar in seiner Berliner Wohnung überfallen worden. Da Albrecht »Ali« Höhler, der den tödlichen Schuß auf Wessel abgab, und zwei weitere Mittäter der KPD angehören, ging die Polizei zunächst von einem politisch motivierten Verbrechen aus. Im Laufe der Ermittlungen stellte sich jedoch heraus, daß die Hintergründe des Verbrechens wesentlich komplizierter waren: Wessel wohnte zusammen mit einer ehemaligen Prostituierten als Untermieter in der Großen Frankfurter Straße 62 in Berlin-Friedrichshain; mit seiner Vermieterin befand er sich wegen Mietschulden in Streit. Die Hauswirtin, Witwe eines KPD-Mitgliedes, wandte sich daher an Albrecht Höhler mit der Bitte, Wessel eine »proletarische Abreibung« zu erteilen. Militante KPD-Mitglieder, zu denen Höhler zählt, warteten schon lange auf einen Anlaß, Wessel auszuschalten, da es ihm wiederholt gelungen war, Parteigenossen für die SA anzuwerben.

Die NSDAP gestaltet die Beerdigung Wessels zum Politikum: Mit großem Pomp und unter Teilnahme von mehreren hundert SA-Leuten wird Wessel beigesetzt. Starke Polizeikräfte begleiten den Trauerzug, der auf dem Weg zum Friedhof immer wieder von KPD-Demonstranten mit Steinwürfen angegriffen wird.

Als Hauptredner bei den Trauerfeiern versucht der Berliner Gauleiter der NSDAP, Joseph Goebbels, Wessel religiös zu verklären: Wessel sei ein »Christussozialist« gewesen, der andere »durch sein Opfer erlöst« habe. Abschließend sagt Goebbels: »Und du wirst auferstehen.«

Auch in den Presseorganen der NSDAP wird Wessel als »Freiheitskämpfer« und »Blutzeuge für das Dritte Reich« gefeiert. In breit angelegten Bildreportagen, die Wessel bei Aufmärschen und Versammlungen zeigen, wird der Tote weit über seine tatsächliche Bedeutung in der Partei hinaus als zentrale Persönlichkeit der SA dargestellt.

In den folgenden Jahren wird Wessel in der nationalsozialistischen Berichterstattung und der Propaganda der NS-Führung zum »Märtyrer der nationalsozialistischen Bewegung« stilisiert. Der Kult um die Person des Ermordeten gipfelt in der Übernahme des Horst-Wessel-Liedes als zweiter Nationalhymne während des Dritten Reiches.

NSDAP-Prominenz bei der Trauerfeier für Wessel (1. R. v. l.): Göring, Goebbels und Dreher; dahinter (grüßend) für den Stahlhelm: August W. von Preußen

Mitglieder der SA und Vertreter der studentischen Sektion der NSDAP halten Totenwache am Sarg Horst Wessels.

Horst Wessel wird von der NSDAP als Held gefeiert.

Helden der Partei werden gemacht

Der Berliner SA-Sturmführer Horst Wessel, der von dem KPD-Mitglied Albrecht »Ali« Höhler ermordet worden ist, wird von der NSDAP-Führung zum »Märtyrer« hochstilisiert. Damit schafft sich die Partei eine Identifikationsfigur, die den Zusammenhalt innerhalb der NSDAP stärken soll.

Das Bild, das die NSDAP-Propaganda nach seinem Tod von Wessel entwirft, stellt ihn als einen »asketischen, selbstlos für die Partei kämpfenden Helden« dar, der sein Leben schließlich »für die Partei opfert«. Wessels Verstrickung ins Berliner Unterwelt- und Prostituiertenmilieu wird verschwiegen.

Ähnlich wie Horst Wessel werden später noch andere »Blutzeugen der Bewegung« für Propagandazwecke benutzt: So basiert z. B. der Film »Hitlerjunge Quex«, in dem die Hitlerjugend als Ersatzfamilie verherrlicht wird, auf dem authentischen Mord an einem Hitlerjungen.

Die Stilisierung von Helden ist nur ein Mittel, mit der die NSDAP-Propaganda versucht, für die Partei ein unverwechselbares Profil und eine eigene Geschichte zu konstruieren. Es tritt bald hinter die systematische Entwicklung des Führerkults um Adolf Hitler und der nationalsozialistischen Feierlichkeitsrituale zurück.

»Tscherwonzenfälscher« freigesprochen

8. Februar. In Berlin endet der Prozeß gegen zwei Georgier und sechs Deutsche, die beschuldigt wurden, im Deutschen Reich sowjetische Geldscheine (sog. »Tscherwonez«-Noten) gefälscht und in Umlauf gebracht zu haben, mit dem Freispruch aller Angeklagten. Das Gericht beruft sich bei seinem Urteil auf das Amnestiegesetz vom 13. Juli 1928 für politisch motivierte Straftaten, die vor 1928 verübt wurden.

Die beiden georgischen Angeklagten, Schalwa Karunidze und Vasilius Sadathieraschwili, sind Anhänger der georgischen Freiheitsbewegung, die sich gegen die Angliederung Georgiens an den sowjetischen Staat wendet. Das Land war 1921 von der sowjetischen Roten Armee besetzt worden und hatte seine Unabhängigkeit verloren. Mit den gefälschten Tscherwonez-Noten wollten die Freiheitskämpfer, unterstützt von anti-kommunistisch eingestellten Deutschen, die sowjetische Währung schädigen; sie hofften, die sowjetische Führung würde über eine so ausgelöste Wirtschaftskrise stürzen und Georgien seine Unabhängigkeit erlangen.

Der Plan konnte jedoch nicht zu Ende geführt werden, weil einer der deutschen Helfer, der Ingenieur Leonhard Becker, 1927 verhaftet wurde, nachdem er etwa 400 falsche Tscherwonez-Scheine für 2300 RM verkauft hatte. In einem Verhör verriet Becker der Polizei seine Komplizen.

△ Der Gerichtssaal in Berlin-Moabit; auf der linken Seite ist die Angeklagtenbank, rechts sitzen Presse und Prozeßbeobachter.

◁ Die beiden angeklagten Geldfälscher Sadathieraschwili (l.) und Karunidze nach ihrem glücklichen Freispruch

»Verschwörer von kleinerem Format«

Die »Frankfurter Zeitung« kommentiert einen Tag nach dem Urteilsspruch im »Tscherwonzenprozeß«, der in der deutschen Öffentlichkeit großes Aufsehen erregt hatte, den Plan der georgischen Geldfälscher:

»Die in der Hauptsache jugendlichen Angeklagten, die sich jetzt vor dem Schöffengericht in Moabit zu verantworten hatten, haben sich bestenfalls als Verschwörer kleineren Formats erwiesen, als Abenteurernaturen, denen jeder Maßstab für die Möglichkeiten einer praktischen Durchführung ihrer Pläne gefehlt hat. Denn das Sowjetregime mit Hilfe einer Tscherwonzenfälschung zu stürzen, dabei vor allem Georgien wieder die Freiheit zu schenken . . . dazu wäre doch wohl die Herstellung von Milliarden von Tscherwonzen nötig gewesen. Man kann sich schwer vorstellen, daß der Verschwörerkreis, der jetzt hier vor Gericht stand, die praktische Durchführung eines solchen Geldfälschungsplanes auch nur einen Augenblick lang ernsthaft überlegt hat. So war der Horizont der Angeklagten von bescheidenen Maßen und ihre Verteidigung lief denn auch darauf hinaus, daß sie über alle Überlegungen nur das eine Ziel im Auge gehabt hätten . . . einen Befreiungskampf für Georgien . . . durchzuführen.«

Freundschaft zwischen Rom und Wien

6. Februar. In Rom unterzeichnen der österreichische Bundeskanzler Johannes Schober und der italienische Ministerpräsident und Duce, Benito Mussolini, einen Freundschaftsvertrag. Beide Länder verpflichten sich darin u. a., bei Streitigkeiten künftig den Schiedsspruch des Internationalen Gerichtshofes in Den Haag zu akzeptieren.

Schober hatte einen Tag zuvor Mussolini das Große Verdienstkreuz der österreichischen Republik überreicht; er bedankte sich damit für Mussolinis Einsatz zugunsten Österreichs bei den alliierten Beratungen über weitere Reparationsleistungen Österreichs.

Der Vertragsabschluß wird in beiden Ländern als ein wichtiger Schritt zur Normalisierung der Beziehungen zwischen den ehemaligen Weltkriegsgegnern bezeichnet. Während die Regierung in Wien sich von dem Abkommen hauptsächlich wirtschaftliche Vorteile verspricht, bezweckt das faschistische Regime Italiens, seinen Einfluß im Donauraum auszudehnen.

J. Schober (l.) und B. Mussolini nach der Vertragsunterzeichnung in Rom

Völkerbund gegen Rauschgifthandel

7. Februar. Die sog. Opiumkommission des Völkerbundes mit Sitz in Genf nimmt einstimmig einen Beschluß zur Begrenzung der weltweiten Rauschgiftproduktion an. Um den illegalen Rauschgifthandel international wirksam bekämpfen zu können, soll nur noch soviel Opium hergestellt werden, wie zu wissenschaftlichen und medizinischen Zwecken benötigt wird.

Die Kommission begründet ihre Entscheidung mit mangelnden Erfolgen bei der Bekämpfung internationaler Rauschgiftkriminalität. In den europäischen Staaten ist der Rauschgift-Konsum insbesondere in materiell besser gestellten Kreisen zu einer weitverbreiteten Modeerscheinung geworden.

Wirtschaft 1930:

Weltweite Krise trifft deutsche Wirtschaft besonders hart

Die durch den New Yorker Börsenkrach vom 25. Oktober 1929 ausgelöste Weltwirtschaftskrise wirkt sich in diesem Jahr auf Industrie, Handel und öffentliche Finanzpolitik in ganz Europa aus: Die direkten Folgen für das Deutsche Reich sind Massenentlassungen, Konkurse, öffentliche und private Finanznot sowie eine zunehmende Krise der Landwirtschaft. Nach Gesamtverlusten von rund 50 Mrd. US-Dollar (200 Mrd. RM) durch den Börsenkrach in den USA ziehen US-amerikanische Geldgeber ihre Kredite aus Europa ab; in einer Kettenreaktion müssen daraufhin zahlreiche Unternehmen mit geringem Eigenkapital, die mit Geldern aus den USA gearbeitet haben, verkauft werden; die Hochkonjunktur der zweiten Hälfte der 20er Jahre in Europa, die von solchen Unternehmen getragen wurde, basierte weitgehend auf US-amerikanischen Krediten. Mit den zahlungsunfähigen Firmen brechen zugleich mehrere beteiligte Banken zusammen. Gleichzeitig treibt US-Präsident Herbert Clark Hoover durch die Unterzeichnung eines neuen Zollgesetzes am 17. Juni die jahrealte bedrohliche Entwicklung eines weltweiten Protektionismus weiter voran: Die sog. Smoot-Hawley Tariff Bill soll durch drastische Erhöhungen der Zölle auf bestimmte Bodenschätze, chemische Erzeugnisse sowie Textilien und Agrarprodukte die angeschlagenen US-Produzenten schützen. Für die exportorientierten europäischen Länder wird damit der Absatz ihrer Produkte in den USA schwieriger.

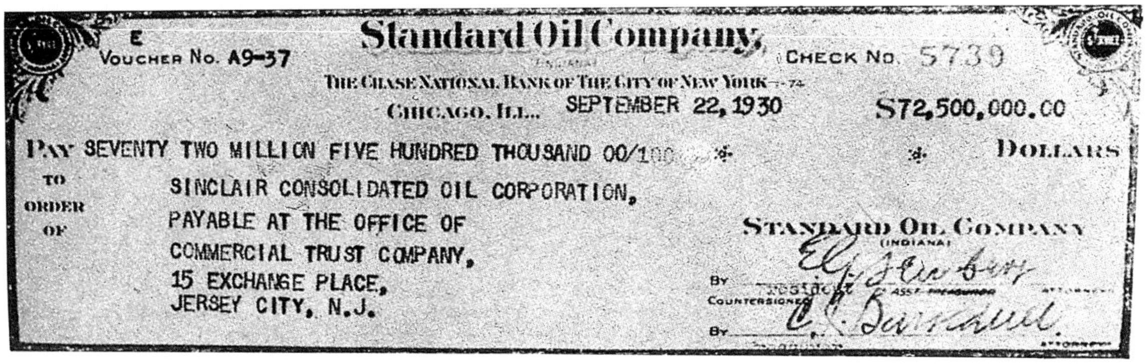
Standard Oil Company (Indiana)
Voucher No. A9-37 — Check No. 5739
The Chase National Bank of The City of New York
Chicago, Ill... September 22, 1930 — $72,500,000.00
Pay Seventy two million five hundred thousand 00/100 Dollars
to order of Sinclair Consolidated Oil Corporation, payable at the office of Commercial Trust Company, 15 Exchange Place, Jersey City, N.J.
Standard Oil Company (Indiana)
By
Countersigned
By

Firmenaufkäufe in den USA: Scheck der Standard Oil über 72,5 Mio. US-Dollar (290 Mio. RM) für Sinclair Oil

Das Deutsche Reich wird von dieser Entwicklung besonder hart in Mitleidenschaft gezogen: Mit bereits 1,6 Mio. Arbeitslosen im Oktober 1929, mit Fehlbeträgen in den öffentlichen Haushalten fast in Milliardenhöhe ist kaum Spielraum vorhanden, einen Konjunktureinbruch unbeschadet zu überstehen. So übersteigt die Arbeitslosigkeit im Januar die Grenze von 3 Mio. und steigt nach einem kurzfristigen Absinken in den Sommermonaten auf den Jahreshöchststand von 4,38 Mio. im Dezember.

Schon vor Beginn der weltweiten Wirtschaftskrise stand der deutsche Binnenmarkt unmerklich im Zeichen einer Depression, so daß der internationale Konjunkturabschwung hier besonders katastrophale Folgen hat: Die Investitionen, die den Motor der Volkswirtschaft bilden, waren z. B. im Bereich der Neubauten von Produktionsanlagen und bei der Ausstattung der Industrie mit Maschinen bereits zwischen 1927 und 1928 um 10,2% zurückgegangen. Grund dafür war die Stagnation der öffentlichen und privaten Ausgaben für Verbrauchs- und Konsumgüter seit 1927, da der Nachholbedarf in der Folge der Inflation zu Beginn der 20er Jahre Ende 1926 weitgehend gedeckt war.

Die Wirtschaftskrise stellt sich 1930 zunächst als eine Krise der Bauwirtschaft dar, weil besonders die öffentliche Hand die oft mit ausländischen Krediten finanzierten Bauvorhaben drastisch einschränken muß. Insgesamt werden im Rechnungsjahr 1930 für den Neubau von Straßen, Wasserwegen und Wohnungen von öffentlicher Seite rund 1 Mrd. RM weniger ausgegeben als 1929. Fast ein Drittel der Arbeitslosen kommt Mitte des Jahres aus Bauberufen.

Die Produktion der deutschen Industrie geht 1930 gegenüber dem Vorjahr auch insgesamt zurück: So werden z. B. im Ruhrkohlebergbau, einem Stützpfeiler der deutschen Schwerindustrie, rund 16,4 Mio. t Steinkohle weniger gefördert als 1929, fast 40 000 Bergleute verlieren ihre Arbeitsplätze.

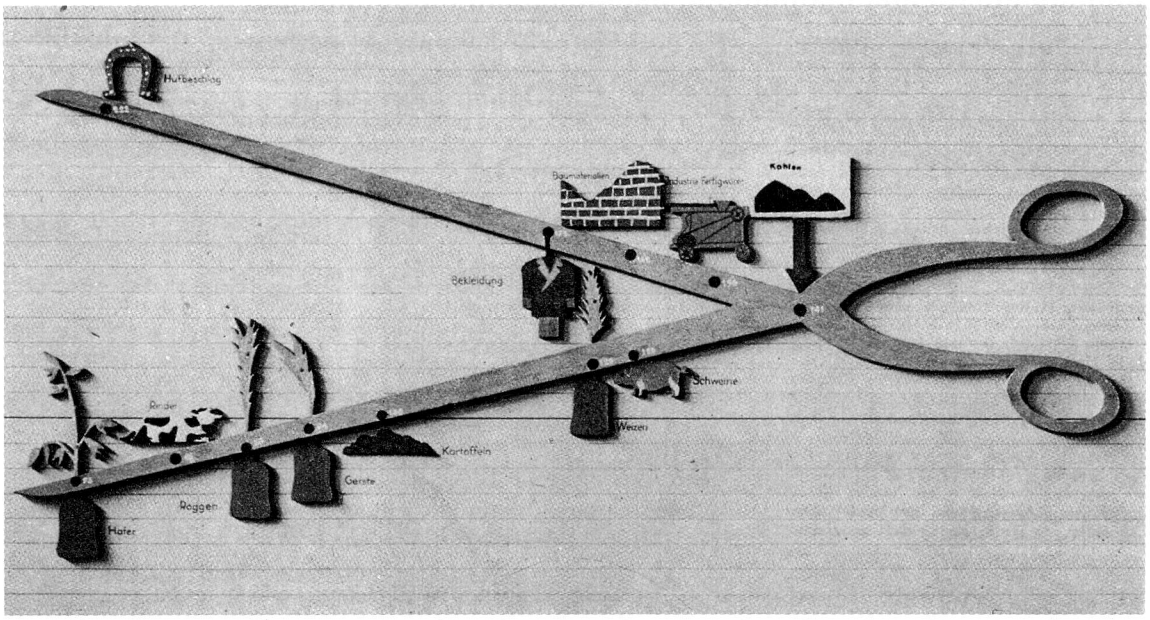

Die »Preisschere 1930« illustriert das Dilemma der deutschen Bauern: Die Preise für die benötigten industriellen Produkte steigen, während die Erlöse für manche Agrarprodukte sogar unter den Index von 1913 gefallen sind.

Landwirte bangen um ihre Existenz

Die Weltwirtschaftskrise bringt auch für die deutsche Landwirte große Probleme mit sich: Durch das Überangebot von Agrarprodukten auf dem Weltmarkt fallen die Preise. Vielen Landwirten droht der finanzielle Ruin: Sie haben erst nach Ende der Inflation im Jahre 1923 damit begonnen, mit Krediten ihren Maschinenpark zu modernisieren und Neubauten anzulegen, da ihre Anlagen nach dem Weltkrieg veraltet waren. Nun können sie kaum die Zinsen bezahlen.

Die höchsten Preisrückgänge sind 1930 bei Roggen zu verzeichnen, der zusammen mit Hafer auf rund zwei Dritteln der deutschen Getreideanbaufläche gepflanzt wird: 1929 wurden 190 RM für 1 t Roggen gezahlt, 1930 sind es nur noch 162 RM.

Illustrierte Republikanische Zeitung. Nr. 8 120 / Nr. 8 121

Wirtschaftskrise!

Für „Ihn" gibt es keine Wirtschaftskrise, und „von der Qual des gefangenen Adlers", den Hermine in seinen Augen sehen will, spürt man nichts in diesem schmunzelnden Gesicht.

Deutschland wird seit Jahren von einer auf- und abwärts flutenden Wirtschaftskrise bedroht, die sich in den Wintermonaten naturgemäß verschärft. Zwar wird die scharfe Krise, in der wir uns zurzeit befinden, mitbestimmt durch eine durch alle Länder gehende Weltwirtschaftskrise, schuld aber sind nicht zum mindesten die Mängel des Systems! Wir sahen in den letzten Jahren, mit welcher Leichtfertigkeit eine Wirtschaft, die den Krieg noch längst nicht überstanden hat, Neugründungen und Vergrößerungen der Anlagen vornahm. Man vergaß die gesunden kaufmännischen Prinzipien, das Angebot der Nachfrage anzugleichen. Die Unternehmer und Spekulanten überschätzten die Kaufkraft des ausgebeuteten Volkes bei weitem, man baute nicht von Grund auf ein neues Haus; man errichtete nur glänzende Fassaden – und diese glänzenden Fassaden bröckeln jetzt. Sie stürzen noch nicht zusammen, trotzdem es – so paradox es klingt – manche Wirtschaftsführer ganz gern sähen; sie bröckeln nur! Die Bauindustrie ist in Not – aber sie ist hauptsächlich in Not geraten durch verfehlte Spekulation. Sie ist in Not geraten, weil die Bauherren statt Wohnungen Vergnügungspaläste errichteten, von einer Pracht, die wir uns eben nicht leisten können, weil sie ihr Geld nicht langsam auf gesunder Basis arbeiten lassen, sondern in kürzester Zeit Riesengewinne einheimsen wollten. Und genau so liegt es in den meisten anderen Industrien: es wurden Autos am laufenden Band hergestellt, die ausreichten für die Automobilisierung ganz Europas, die aber viel zu viel waren für das verarmte Deutschland; die Konfektion stellte sich auf einen Massenkonsum ein, der bei vorsichtiger Schätzung nie erreicht werden konnte – und die Folge sind Konkurse über Konkurse, ganze Häuser stehen leer, weil die unsinnigen Mieten, die verlangt werden, von keinem soliden Geschäft angelegt werden können. Die Herren Unternehmer wollten sich nicht einrichten, [illegible]ten ihre Ausgaben nicht den Einnahmen an[illegible], wollten nicht Kapital bilden, sondern auf [illegible] leben – und wenn sie eigenes Geld haben, [illegible] schnell damit ins Ausland! Eitel Friedrich, [illegible] edle Hohenzollernsproß, hat gezeigt, wie es [illegible] wird, und es ist ein Witz der Geschichte, [illegible] im Jahre 1921 ein Hohenzoller wegen Ver[illegible] gegen das Kapitalfluchtgesetz zu 3000 Mark Geldstrafe verurteilt worden ist. Wie schwer muß das Vergehen gewesen sein, daß ein deutsches Gericht einen Hohenzollern bestrafte. Immerhin ist es ein Zeichen der politischen Wandlung, daß ein Herr von Gottesgnaden überhaupt verurteilt werden konnte. Wenn es den Unternehmern schlecht geht, so wissen sie ganz genau, wo sie sparen können: Sie werfen mit einigen, meist mißverstandenen Schlagwörtern um sich, rufen „Rationalisierung" und „Fusion" und – setzen die Arbeiter auf die Straße! „Die Krise kommt mir sehr gelegen", soll ein führender Industriebaron aus Anlaß der Reparationsverhandlungen gesagt haben, und um diesen Ausruf geht jetzt ein Prozeß. – Ob der Ausspruch nun wirklich gefallen ist oder nicht, es denken viele Kapitalisten so, und zwar die allergrößten, die Herren der Mammutunternehmen und der Riesenbanken: Fort mit den Kleinen, die die Krise nicht überstehen, her mit den alles regierenden Trusts! Ob dabei die Arbeitnehmer verhungern oder nicht – ihnen ist das gleichgültig. Das Heer der Arbeitslosen wächst ins Gigantische – und welches Mittelchen haben die Herren von rechts hierfür: Abbau der Erwerbslosenunterstützung! Sie wollen aus der Krise eine Panik machen, sie wollen die Massen zur Verzweiflung treiben, sie wollen Kommunisten züchten, weil sie genau wissen, daß die ihre Geschäfte besorgen – um dadurch um so ungestörter im trüben fischen zu können. Das alles ist aber eine recht einseitige Rechnung – die Arbeiter und Angestellten haben in ihren Gewerkschaften eine Macht, die es mit den Trusts aufnehmen kann: den Krisenmachern stellt sich der gesunde Teil des deutschen Volkes entgegen, und der wird dafür sorgen, daß, wenn das Faule auch bröckelt, die lebensfähigen Betriebe über diese Wirtschaftskrise hinwegkommen!

Grekow.

Rechts: Betrogene Sparer drängen sich vor verkrachten Banken.

Unten: Jetzt erkennt mancher – oft zu spät – den Wert der gewerkschaftlichen Organisation.

Rechts: Wieder keine Stellung für mich!

Links: Leute, die aus der Krise ein Geschäft machen wollen, bieten sich als Konkursspezialisten an. Sie wollen also an der Pleite noch verdienen.

Jagd nach Brot: Hunderte von Erwerbslosen warten auf die Ausgabe des Arbeitsmarktes.

Eine Industrie, die keine Krise kennt, aber trotz dieser Großgewinne über „unerhörten Steuerdruck" jammert. Hier ist für den Finanzminister noch etwas zu holen.

Unten, Mitte und oben links: Geschäftsräume stehen infolge sich häufender Konkurse leer; für Wohnungen sind diese Räume wegen der enormen Mieten nicht verwendbar!

Oben und im Kreis: Herr Neureich lombardiert seinen Sekt, der arme Mann versetzt seinen Trauring.

Fehlspekulation zwingt zur Einstellung begonnener Bauten.

Im Kreis: Arbeitslose ohne Obdach nächtigen im Wartesaal.

Eitel Schieberich, auch ein Arbeitsloser, der aber nicht an Selbstmord denkt!

Auch in Handel und Gewerbe wirkt sich – mit einer zeitlichen Verzögerung – die zunehmend schlechtere Auftragslage und die schwindende Kaufkraft der Bevölkerung aus: Die Zahl der Konkurse im Deutschen Reich steigt 1930 auf 22 700, 4500 mehr als im Vorjahr.

Die Reichsregierung unter Reichskanzler Heinrich Brüning (Zentrum) steht der beginnenden Wirtschaftskrise relativ hilflos gegenüber: Brüning vertritt im Sinne der vorherrschenden liberalen Wirtschaftsauffassung die Ansicht, daß es sich bei dem Konjunkturabschwung um eine zyklische Krise handele, der erfahrungsgemäß ein Wiederaufschwung folge. Staatliche Maßnahmen, z. B. Steuersenkungen, um in diesen als natürliche Reinigung verstandenen Prozeß einzugreifen, lehnt er ab. Die Politik der Reichsregierung ist daher darauf ausgerichtet, durch Sanierung des Reichshaushalts ihren Teil zur Gesundung des Marktes beizutragen ohne weitreichende Maßnahmen zur Bekämpfung der Arbeitslosigkeit und der Finanznot.

△ Automobilwerk der Daimler-Benz AG in Sindelfingen, wo das Unternehmen den Karosseriebau konzentriert hat: In Gaggenau und Untertürkheim werden PKW und Nutzfahrzeuge produziert. Die Automobilfirma hat auch mit den Folgen der Weltwirtschaftskrise zu kämpfen. Ein Viertel der Jahresproduktion von 7820 Pkw und Lkw steht auf Halde.

△△ Die »Illustrierte Republikanische Zeitung« beschäftigt sich in einer Reportage mit den Folgen der Wirtschaftskrise für die Bevölkerung.

◁ Moderner Kalkofen im Neandertal bei Düsseldorf; der hier gewonnene Branntkalk wird als Grundstoff in der Bauindustrie verwendet. Mit der wirtschaftlichen Krise dieser Branche müssen auch Zulieferunternehmen ihre Produktion einschränken und Arbeitskräfte entlassen.

»Liquidierung der Kulaken« eingeleitet

1. Februar. Die sowjetische Regierung unter Parteichef Josef W. Stalin verordnet die Enteignung und die Deportation der sog. Kulaken (Großbauern). Damit soll der Weg für eine rasche Zwangskollektivierung der sowjetischen Landwirtschaft frei gemacht werden.

Stalin, der seit 1927 als unumschränkter Diktator an der Spitze der UdSSR steht, will mit der gewaltsamen Kollektivierung mehrere Ziele erreichen:

- ▷ Parallel zur forcierten Industrialisierung des Landes sollen landwirtschaftliche Großbetriebe geschaffen werden, die in der Lage sind, die Versorgung der schnell wachsenden Industriestädte sowie die Herstellung von Agrarprodukten für den Export zu gewährleisten
- ▷ Dem Kommunistischen Grundsatzprogramm entsprechend wird die Kollektivierung in der UdSSR nun wieder vorangetrieben, nachdem sie wegen der schlechten wirtschaftlichen Lage zwischen 1921 und 1929 durch die sog. Neue Ökonomische Politik (NEP) unterbrochen worden war
- ▷ Die rund 2 Mio. Kulaken stellen eine der letzten relativ selbständigen Bevölkerungsgruppen der UdSSR dar; die Großbauern, die das ihnen überlassene Land zur Ernährung ihrer Familien nutzen, setzen den Kollektivierungsplänen der Moskauer Führung massiven Widerstand entgegen; sie sollen nun unter die Herrschaft der Partei gezwungen werden.

Auf dem XV. Parteitag der KPdSU im Dezember 1927 war bereits die radikale Kollektivierung der Landwirtschaft sowie der beschleunigte Aufbau einer eigenen Industrie beschlossen worden; dennoch sah der Ende 1928 angenommene erste Fünfjahresplan für die gesamte Volkswirtschaft die Kollektivierung von höchstens 20% der Bauernhöfe bis 1933 vor. Im Sommer 1929 entschloß sich die Parteiführung unter dem Eindruck unzureichender Produktionserfolge und verfehlter Planziele jedoch zu einer Politik der »Flucht nach vorn«: Um den geplanten Umbruch der Wirtschafts- und Gesellschaftsordnung zu beschleunigen, wurden der laufende Fünfjahresplan auf vier Jahre verkürzt und die Produktionsvorgaben drastisch erhöht. Gleichzeitig wurde die Verfolgung der Kulaken eingeleitet.

In einer Resolution des Zentralkomitees der KPdSU vom 17. November 1929 wurden die Kulaken zunächst kriminalisiert: »Gleichzeitig mit der Verstärkung des direkten und offenen Kampfes der Kulakenschaft gegen die Kollektivierung, der bis zum direkten Terror geht (Morde, Brandstiftungen, schädliche Tätigkeit), greifen die Kulaken immer häufiger zu getarnten ... Formen des Kampfes ..., dringen in die Kolchosen ... ein, um sie von innen zu zersetzen ...« Stalin rief wenig später, am 27. Dezember 1929, in einer Rede vor Agrarfachleuten zur »Liquidierung der Kulaken als Klasse« auf. Am 5. Januar 1930 gestand dann das Zentralkomitee der Partei den Durchführungsorganen vor Ort das Recht zu, zur Beschleunigung des Aufbaus von Kolchosen (Kollektivwirtschaften) »von der Politik der Einschränkung der Ausbeutungstendenzen des Kulakentums zur Politik der Liquidierung des Kulakentums als Klasse überzugehen.«

In den folgenden Monaten beginnt überall im Land eine gnadenlose Jagd auf die Kulaken. Da aus der Anweisung der Parteiführung nicht hervorgeht, welche Bauern Kulaken sind und welche nicht, wird die Verfolgung auf alle Kollektivierungsgegner ausgedehnt – mehrere Mio. Menschen werden ermordet.

In den folgenden Jahren kommt es in den Hauptanbaugebieten für Getreide zu einer großen Hungersnot mit mehreren Mio. Toten, da die Kollektivierung durch ungenügende Vorbereitung und Mangel an geschultem Personal zu einem rapiden Produktionsabfall führt.

Russische Bauernfamilie, die vor der Kulakenverfolgung der sowjetischen Führung ins Ausland geflüchtet ist, nach ihrer Ankunft in Hamburg

Helferinnen versorgen Bauern, die per Zug aus der UdSSR eintreffen

Kulaken, die ihren gesamten Besitz zurücklassen mußten

Demonstranten in Moskau mit Ikonen aus geplünderten Kirchen

UdSSR: Christen werden verfolgt

16. Februar. Das Oberhaupt der russisch-orthodoxen Kirche, der Metropolit Sergius, weist auf einer Pressekonferenz in Moskau Berichte der Auslandspresse zurück, in der UdSSR würden Christen verfolgt.

Wörtlich erklärt der Metropolit u. a.: »In der Sowjetunion gab es und gibt es keine Religionsverfolgung ... Manche Kirchen werden tatsächlich geschlossen, doch wird ihre Schließung nicht auf Veranlassung der Behörden, sondern auf Wunsch der Bevölkerung und in manchen Fällen sogar auf Beschluß der Gläubigen vorgenommen.«

Tatsächlich wird im Rahmen der allgemeinen Zwangskollektivierung, die durch den Beschluß des Zentralkomitees vom → 1. Februar (S. 40) beschleunigt werden soll, auch die Verfolgung der verschiedenen Religionsgemeinschaften verschärft. Besonders die russisch-orthodoxe Kirche, ehemals Staatskirche und die weitaus größte Religionsgemeinschaft in der UdSSR, ist davon betroffen. Konkrete Maßnahmen zur Unterdrückung der Religionen sind die Schließung der Kirchen, die Benachteiligung und Bedrohung Gläubiger sowie die Drangsalierung und Vertreibung der Geistlichen. Metropolit Sergius wurde selbst auf dem Höhepunkt der ersten Phase der Religionsverfolgungen 1925 inhaftiert und erst nach einer Loyalitätserklärung gegenüber dem sowjetischen Staat nach zwei Jahren Gefangnis wieder freigelassen.

Frankreich wieder ohne stabile Regierung

17. Februar. Das französische Mitte-Rechtskabinett unter dem radikalsozialistischen Ministerpräsidenten André Tardieu tritt nach einer Abstimmungsniederlage von 281:286 zurück. In Abwesenheit des erkrankten Ministerpräsidenten hatte Finanzminister Henri Chéron anläßlich einer eher unbedeutenden Auseinandersetzung über die Steuergesetzgebung im Parlament die Vertrauensfrage gestellt.

Seit dem Rücktritt von Ministerpräsident Raymond Poincaré am 26. Juli 1929 ist in Frankreich keine stabile Regierungsmehrheit zustande gekommen. Basis für Poincarés Regierungen in den Jahren 1922 – 1924 und 1926 – 1929 waren seine erfolgreiche Politik bei der Stabilisierung der französischen Wirtschaft sowie seine harte Haltung gegenüber dem Deutschen Reich in der Reparationsfrage (→ 20. 1./S. 14). Im Parlament konnte sich Poincaré auf die sog. Nationale Union stützen, eine Mitte-Rechtsmehrheit unter Mitarbeit der liberalen Radikalsozialisten.

Als Tardieu am 2. November 1929 nach einer nur dreimonatigen Regierung unter Aristide Briand die Amtsgeschäfte des Ministerpräsidenten übernahm, war es ihm nicht gelungen, die liberalen Radikalsozialisten, denen er selbst angehört, zur Stützung seiner Regierung zu bewegen. Die von ihm propagierte »Politik des Wohlstandes« fand keine ausreichende Unterstützung. Außerdem hatte sich die innenpolitische Situation in Frankreich gegenüber der Amtszeit Poincarés verändert: Anders als z. B. das Deutsche Reich ist Frankreich noch nicht in den Sog der durch den New Yorker Börsenkrach vom 25. Oktober 1929 ausgelösten Weltwirtschaftskrise geraten und alte politische Gegensätze zwischen den Abgeordneten der Rechten und der linken Mitte sind wieder aufgebrochen. Dabei spielen die Radikalsozialisten eine besondere Rolle; als die eigentlichen Liberalen innerhalb der französischen Parteienlandschaft haben sie sich in den vergangenen Jahren sowohl mit den Sozialisten als auch mit den rechten Parteien verbündet. Eine wichtige Rolle spielt bei den Radikalsozialisten die Unabhängigkeit der Abgeordneten vom Fraktionszwang: So stammen z. B. 106 der 286 gegen Tardieu abgegebenen Stimmen von Radikalsozialisten.

Am 21. Februar bildet der Radikalsozialist Camille Chautemps ein neues Kabinett; Tardieu lehnt die Teilnahme daran ab. Bereits am 25. Februar zerbricht die Regierung an inneren Streitigkeiten. Die Regierungskrise kann aber auch nicht überwunden werden, als Tradieu am 2. März erneut das Amt des Ministerpräsidenten übernimmt.

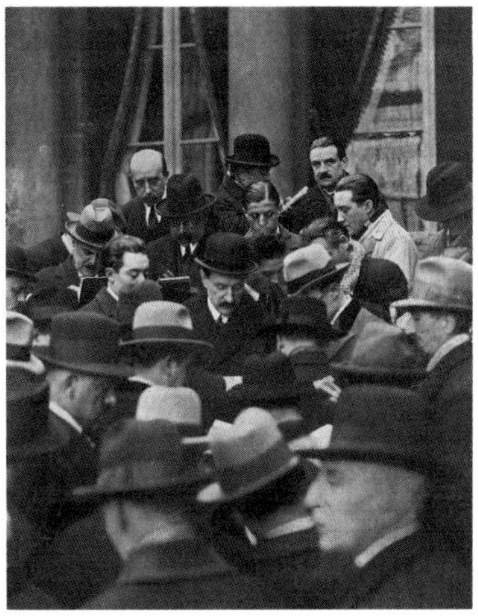

Der neue Ministerpräsident Chautemps, umringt von Journalisten

Tardieu (2. v. r.) nach seinem Rücktritt vor dem Elysée-Palast

Estlands Präsident in Polen gefeiert

9. Februar. Der estnische Staatspräsident Otto Strandmann trifft zu einem zweitägigen Staatsbesuch in Polen ein. Im Vordergrund der Gespräche mit der polnischen Regierung unter Ministerpräsident Kazimierz Bartel steht die von beiden Staaten gewünschte politische und wirtschaftliche Annäherung.

Polen und Estland bemühen sich seit Jahren um eine gemeinsame Politik. 1922 war jedoch die vor allem von Polen vorangetriebene »Baltische Liga«, mit der Polen seine Position gegenüber dem Deutschen Reich stärken wollte, fehlgeschlagen: Nachdem Polen bereits mit Estland und Lettland Freundschaftsverträge geschlossen hatte, scheiterte das Vertragswerk, weil der dritte baltische Staat, Litauen, dem Beitritt nicht zustimmte.

Hintergrund der Absage Litauens war politischer Druck der Sowjetunion, die alle Einigungsbemühungen seiner Nachbarn als Bedrohung ihrer Grenzen einschätzte, insbesondere weil sich die drei baltischen Staaten erst nach dem Weltkrieg ihre Unabhängigkeit von der UdSSR ertrotzt hatten.

Die polnische Presse betont die Herzlichkeit des Empfangs für Staatspräsident Strandmann: Die Empfangszeremonien seien vergleichbar mit dem Zeremoniell bei Königsbesuchen.

KP Vietnams gegen Kolonialherrschaft

3. Februar. In Hongkong wird unter dem Vorsitz Ho Chi Minhs die Kommunistische Partei Vietnams gegründet. Das Hauptziel der Kommunisten ist die Befreiung Vietnams und ganz Indochinas von der französischen Kolonialherrschaft.

Bereits seit 1929 bestanden in den drei Provinzen Vietnams, Tonkin, Annam und Kotschinchina, kommunistische Organisationen, die jedoch voneinander abweichende Vorstellungen über die Vorgehensweise und den Zeitplan beim Kampf gegen die Franzosen hatten. Die Einigung in Hongkong erfolgt auf ausdrückliche Anweisung der Zentrale der Dritten Kommunistischen Internationale (Komintern) in Moskau.

Die Kommunisten konzentrieren ihre Aktivitäten in Vietnam auf die unzufriedenen Kleinbauern, die rund 90% der Gesamtbevölkerung des Landes stellen. Seit Beginn der französischen Kolonialherrschaft im Jahre 1863 hat sich die Ausbeutung der Kleinbauern durch Großgrundbesitzer verschärft: Die Pächter müssen rund 40% der Ernte an die Großgrundbesitzer abführen.

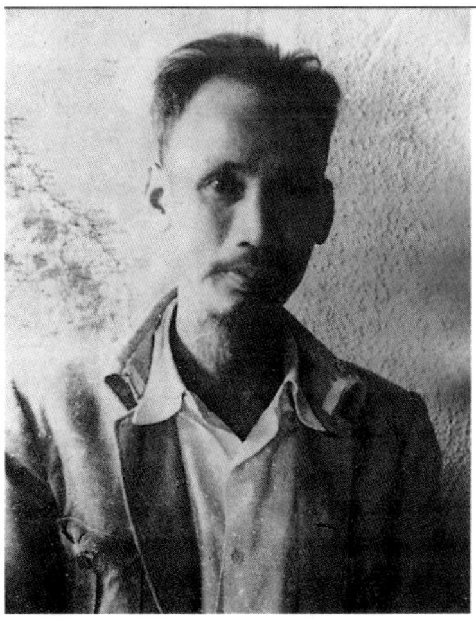

Freiheitskämpfer Ho Chi Minh

Ho Chi Minh wurde am 19. Mai 1890 in Kim Liên geboren. 1911 fuhr er als Schiffsjunge nach Europa und arbeitete seit 1915 als Journalist in Paris. 1920 war er Gründungsmitglied der KP Frankreichs. 1923 wurde er wegen seiner politischen Tätigkeit des Landes verwiesen und studierte daraufhin in Moskau. Von dort ging er 1925 als KP-Funktionär nach China. Als Funktionär der Dritten Kommunistischen Internationale war er 1928/29 in Europa und Thailand tätig, bis er die KP Vietnams 1930 mitbegründet.

Roggenexport mit Polen abgestimmt

18. Februar. In Warschau wird der deutsch-polnische Roggenvertrag unterzeichnet. Damit wollen beide Staaten ihr Konkurrenzverhältnis beim Export von Roggen in die skandinavischen Länder überwinden.

Das Mengenverhältnis des vom Deutschen Reich und Polen gemeinsam zu exportierenden Roggens beträgt 60:40. Zur Abwicklung des gesamten Exports und zur Überwachung der Mengenverhältnisse sowie der vereinbarten Preise wird eine deutsch-polnische Handelsgesellschaft eingerichtet, bei der die deutschen und polnischen Exporteure ihre Exportmengen anmelden müssen. Der Vertrag ist die Folge rapide sinkender Weltmarktpreise für landwirtschaftliche Erzeugnisse durch eine weltweite Überproduktion.

Luft-Hansa-Linien bis nach Fernost

21. Februar. Vertreter der Deutschen Luft-Hansa und des Verkehrsministeriums der Nationalchinesischen Republik in Nanking unterzeichnen einen Vertrag über die Gründung einer gemeinsamen Fluggesellschaft. Die »Eurasian Aviation Corporation« soll den Luftposttransport zwischen dem Deutschen Reich und dem Fernen Osten übernehmen. 1931 nimmt die Gesellschaft den Flugbetrieb auf.

Die Luft-Hansa, die sich bemüht, Flugpostlinien vom Deutschen Reich in alle Kontinente einzurichten und auszubauen, nimmt am 18. Mai in enger Zusammenarbeit mit der südamerikanischen Fluggesellschaft »Sindicato Condor Ltd.« und der Reederei Hapag auch eine Postverbindung nach Südamerika auf. Im gleichen Monat wird die Balkanstrecke nach Istanbul eröffnet, auf der Luftpostsendungen innerhalb von 24 Stunden von Berlin über Wien, Belgrad und Sofia nach Istanbul transportiert werden können.

Die brennende »München« an einem Kai im New Yorker Hafen; durch die 24stündigen Löscharbeiten, bei denen mehrere Feuerwehrboote eingesetzt werden, sind Hafenbecken, Hafenbahn und ein Teil der Dockanlagen blockiert.

Brand zerstört Luxusdampfer »München«

11. Februar. Auf dem Passagierdampfer »München« bricht kurz nach seiner Ankunft im Hafen von New York ein Brand aus, der das Schiff vollkommen zerstört. Der Dampfer (13 483 Bruttoregistertonnen) des Norddeutschen Lloyd war kurz zuvor aus Bremerhaven eingetroffen.

Während der Löscharbeiten auf der »München« kommen zwei Menschen ums Leben, die 267 Passagiere und die Mannschaft konnten sich noch in Sicherheit bringen. Der Gesamtschaden wird auf 6,5 Mio. US-Dollar (26 Mio. RM) beziffert.

Heartfields Fotomontagen wenden sich auch gegen die Sozialdemokratie, z. B. die SPD-Zeitung »Vorwärts« (l.), den britischen Premierminister MacDonald (M.) und den preußischen Ministerpräsidenten Braun (r.).

John Heartfields Fotomontagen als Waffe im Kampf der Klassen gegen den Kapitalismus

Die »Arbeiter-Illustrierte Zeitung«, die wichtigste kommunistische Zeitschrift während der Weimarer Republik, die unter der Leitung von Willi Münzenberg Auflagen bis zu 300 000 erreicht, veröffentlicht ab 1930 regelmäßig in jedem Heft eine Fotomontage von John Heartfield (eigtl. Helmut Herzfeld). Heartfield, eines der ersten Mitglieder der 1919 gegründeten Kommunistischen Partei Deutschlands (KPD), versteht seine Fotomontagen, die verschiedene Fotos und einen Schlagworttext miteinander kombinieren, als Waffe im politischen Kampf. Ausgehend von der These, daß die bloße mechanische Wiedergabe der Wirklichkeit diese verschleiere und verfälsche, will er mit seinen »künstlerisch gestellten«, zusammenmontierten Bildern das kapitalistische System entlarven und eine möglichst breite Oppositionsfront dagegen mobilisieren.

Spannendes Finale beim Hallentennis

9. Februar. Am Schlußtag der Internationalen Deutschen Hallentennis-Meisterschaften in Bremen besiegt der Schwede Carl Oestberg in einem spannenden Endspiel seinen deutschen Gegner Frenz in fünf Sätzen 6:4, 3:6, 4:6, 6:3, 6:2.
Der Schwede überzeugt vor allem durch seine schnellen Aufschläge, die von Frenz nur selten returniert werden können.
Mit Oestberg gewinnt zum vierten Mal hintereinander ein Skandinavier das Turnier, nachdem in den letzten drei Jahren der Däne Petersen siegreich war.
Bei den Damen sind die Zuschauer von den Leistungen der Finalistinnen enttäuscht. Hilde Krahwinkel, Nr. 10 der Weltrangliste, setzt sich gegen Ellen Hoffmann (beide Deutschland) klar mit 7:5 und 6:0 in einem Spiel ohne große Höhepunkte durch. An der Seite von Peitz sichert sich Krahwinkel auch die Doppel-Meisterschaft gegen Strawson/Hemmant (Großbritannien).

Sonja Henie siegt bei der Eislauf-WM

6. Februar. Zum vierten Mal seit 1927 gewinnt die Norwegerin Sonja Henie bei den Eiskunstlauf-Weltmeisterschaften in New York den Titel bei den Damen. Ebenso überlegen siegt der Österreicher Karl Schäfer in der Herrenkonkurrenz. Paarlauf-Weltmeister wird das französische Ehepaar Andrée und Pierre Brunet-Joly.

Slalomsieger Ernst Gertsch (Schweiz) bei seiner Siegfahrt am Lauberhorn, wo 1930 erstmals dieser alpine Skiwettbewerb ausgetragen wird

Freiluftspiel der Eishockey-EM in Chamonix zwischen Frankreich und Belgien (2:0); wegen Tauwetter wird die EM später nach Berlin verlegt.

Erstes Skirennen am Lauberhorn

2. Februar. Im schweizerischen Wengen (Berner Oberland) geht das erste Lauberhornrennen für Skifahrer zu Ende. Überraschend siegen zwei Einheimische: Christian Rubi in der Abfahrt und Ernst Gertsch im Slalom. Der Kombinationssieg geht an den Briten Bill Bracken.
Das Skilaufen ist in den letzten Jahren in den Alpenlänern populär geworden: 1928 fanden in St. Anton (Österreich) zum ersten Mal Arlberg-Kandahar-Rennen statt, 1929 die ersten von der Fédération Internationale de Ski (FIS) anerkannten Spiele. Die 1924 gegründete FIS plant für 1931 die ersten alpinen Weltmeisterschaften.

Deutscher Sieg bei Eishockey-EM

9. Februar. Durch einen 2:1-Endspielsieg gegen die Schweiz sichert sich die deutsche Eishockey-Nationalmannschaft im Berliner Sportpalast die Europameisterschaft.
Mit Siegen gegen England, Polen und Ungarn hat sich das deutsche Team in Chamonix-Mont-Blanc für das Europa-Finale qualifiziert. Das Turnier mußte wegen Tauwetters in der Schweiz nach Berlin verlegt werden. Vor 8000 Zuschauern können Gustav Janecke und Erich Römer die schweizerische Führung noch in den 2:1-Endstand für Deutschland umwandeln. Am nächsten Tag unterliegen die Deutschen im WM-Finale gegen Kanada mit 1:6.

Die Sieger der Einzelwettbewerbe in New York: Henie (l.) und Schäfer

Wettrennen zu Lande und in der Luft

9. Februar. Am dritten Tag der Wintersporttage in Garmisch-Partenkirchen kommt es auf dem zugefrorenen Eibsee zu einem Vergleichsrennen zwischen einem Flugzeug, einem Motorrad mit und einem Motorrad ohne Beiwagen sowie einem Automobil.
Dabei siegt der Flieger Ernst Udet, der vier Runden mehr als die Kraftfahrzeuge (acht Runden) zu absolvieren hat, mit einer Durchschnittsgeschwindigkeit von 154 km/h überlegen vor Gschwilm (Motorrad ohne Beiwagen). Den vierten Platz belegt Hans Stuck.

Udet überfliegt das Ziel auf dem Eibsee; das Rennen findet großes Interesse.

Musik 1930:

Neue Formen der Musik finden beim Publikum wenig Anklang

Das Musikschaffen im Jahr 1930 ist geprägt von unterschiedlichen Neuansätzen und der Weiterentwicklung vorhandener Strömungen und Traditionen. Die Auseinandersetzung mit der eigenen jüngeren Geschichte und der Gegenwart geben der Musik zusätzlich neue Impulse.

Ein wegweisender Höhepunkt des Jahres ist die Uraufführung der Oper »Aufstieg und Fall der Stadt Mahagonny«. Kurt Weill schrieb die Musik und Bertolt Brecht das Libretto zur Oper über eine Stadt, in der es kein größeres Verbrechen gibt, als kein Geld zu haben. In der Musik dominieren, anders als in der 1928 uraufgeführten »Dreigroschenoper«, Elemente der Oper. Die Partitur ist für ein großes Orchester angelegt, und neben den für die »Dreigroschenoper« typischen Songs finden sich ausstrahlungskräftige Arien. Eines der bekanntesten Lieder der Oper ist der »Alabama-Song«. Das Publikum reagiert auf die provozierende Kritik der Oper am System des Kapitalismus vielfach mit Entrüstung.

Der russische Komponist Dimitri D. Schostakowitsch, dessen erste große Oper »Die Nase« im Januar in Leningrad uraufgeführt wird, stellt ebenfalls erhebliche Anforderungen an sein Publikum. Schostakowitsch macht nicht die Musik zum Mittelpunkt seines Werkes, sondern die ironisch-groteske Geschichte von einem Major, der beim Rasieren seine Nase verliert und sich auf die Suche nach ihr macht. Das Orchester wird dabei meist dazu eingesetzt, Alltagsgeräusche vom Pferdegetrappel bis zum Schaben eines Rasiermessers nachzuahmen.

Zwei weitere Uraufführungen stoßen beim Publikum nicht auf ungeteilte Zustimmung, sind aber Beispiele für die Bemühungen, in der Musik vorhandene Stilelemente aufzunehmen und weiterzuentwickeln. Darius Milhauds Oper »Christoph Colomb« wird am 5. Mai 1930 in Berlin unter der Leitung von Erich Kleiber uraufgeführt. Der französische Komponist kleidet die kompliziert aufgebaute Handlung um den großen Entdecker in eine polytonale und rhythmische Musik, findet bei der Kritik damit jedoch wenig Zustimmung. Die Brünner Uraufführung der Oper »Aus einem Totenhaus« des 1928 verstorbenen tschechischen Komponisten Leos Janácek findet dagegen mehr Resonanz. Das Werk nach Aufzeichnungen des russischen Dichters Fjodor M. Dostojewski handelt vom Leben in einem sibirischen Gefangenenlager Mitte des 19. Jahrhunderts. Janácek will mit seiner Komposition, die viele Elemente der slawischen Musik aufnimmt, wachrütteln und aufmerksam machen auf Unterdrückung und Unmenschlichkeit.

Die traditionsreichen Wagner-Festspiele in Bayreuth werden in diesem Jahr von zwei Todesfällen überschattet, die von der Musikwelt nicht nur im Deutschen Reich mit Betroffenheit aufgenommen werden. Am 1. April stirbt Cosima Wagner, die Frau von Richard Wagner, die nach dem Tod des Komponisten 1883 die Bayreuther Festspiele 23 Jahre geleitet hatte. Vier Monate später, am 4. August, stirbt Siegfried Wagner, Sohn von Richard und Cosima Wagner, der die Leitung in Bayreuth 1908 übernommen hatte. Die Fortsetzung der Festspiele »auf dem grünen Hügel« ist danach kurz in Frage gestellt, doch sichert die Witwe Siegfried Wagners, Winifred, durch die Übernahme der Leitung deren Bestand.

Bei den diesjährigen Festspielen in Bayreuth steht vor allem der italienische Dirigent Arturo Toscanini im Mittelpunkt des Interesses. Er leitet die Aufführung von »Tristan und Isolde« und die Neuinszenierung der Oper »Tannhäuser«. Das Publikum feiert Toscanini, der seit 1927 das New York Philharmonic Orchestra leitet, mit stürmischen Ovationen.

Szene aus der Křenek-Oper »Leben des Orest«: (v. o.) K. A. Neumann, L. Dörwald, P. Beinert, M. Dannenberg

Alban Berg (sitzend) mit G. Maikl, J. v. Manowarda, H. Wiedemann (v. l.) bei der Premiere seines »Wozzeck«

Szene aus der Oper »Christoph Colomb« in der Berliner Staatsoper: Kolumbus (7. v. l.) beim König von Spanien

Formen- und Kompositionsvielfalt spiegeln sich 1930 auch in Konzertwerken. Unter der Leitung des Komponisten Maurice Ravel wird in Paris die Konzertfassung des »Bolero« uraufgeführt und vom Publikum stürmisch gefeiert. 1928 hatte das als Ballett konzipierte Werk bereits Premiere. Ähnliches Aufsehen wie der »Bolero« erregt Igor Strawinskis »Psalmensinfonie«, die am 13. bzw. 19. Dezember in Brüssel und Boston zur Uraufführung kommt. Strawinski widmet sein Werk für großes Orchester und vierstimmigen Chor dem Boston Symphony Orchestra, das 1930 sein 50jähriges Bestehen feiert.
Der britische Dirigent Adrian Boult gründet im Sommer 1930 in London das Sinfonieorchester der britischen Rundfunkanstalt British Broadcasting Corporation (BBC). Boult, der in Leipzig bei Arthur Nikisch studierte, hatte sich seit 1915 als Leiter der Konzerte der Royal Philharmonic Society und des Birmingham City Orchestra nicht nur in Großbritannien einen Namen gemacht. Ein Schwerpunkt seiner Arbeit mit dem neuen BBC-Orchester ist die Bearbeitung zeitgenössischer Werke u. a. von Komponisten wie Béla Bartók, Igor Strawinski, Arnold Schönberg und Sir Edward Elgar.
Die Folgen der Weltwirtschaftskrise wirken sich 1930 auch im Musikleben aus. Öffentliche Zuschüsse für kulturelle Zwecke werden gestrichen, Spielpläne eingeschränkt, Aufführungsstätten geschlossen. Das kulturelle Schaffen beschränkt sich zusehends auf die Großstädte, wo das Publikum angesichts wachsender existentieller Unsicherheiten und Nöte wenig Verständnis für künstlerische Experimente zeigt.
Musizieren und Singen in den Familien oder im kleinen Freundeskreis erfreut sich wachsender Beliebtheit. Menschen, die sich den Besuch einer Oper oder eines Konzertes nicht mehr erlauben können, pflegen nun das eigene Musizieren. Diesem Bedürfnis kommen auch politische Organisationen nach, die »gesellige Liederabende« oder – nach dem Vorbild der Sowjetunion – »Musik-Olympiaden« veranstalten. Auch die deutschen Kommunisten propagieren die Kollektivierung der Musik, die nicht länger kulturelles Gut der »herrschenden Klasse« sein dürfe.
(Siehe auch Übersicht »Uraufführungen« im Anhang).

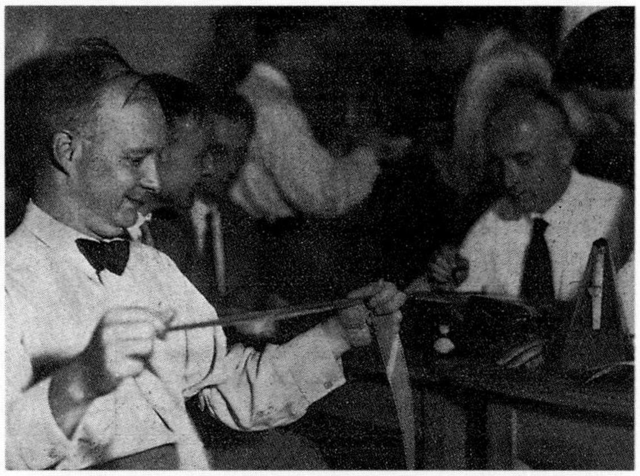

◁ ◁ Arturo Toscanini wird auf seiner diesjährigen Europa-Tournee vom Publikum begeistert gefeiert.

◁ Paul Hindemith ist seit 1927 als Lehrer für Komposition an der Berliner Musikhochschule tätig.

◁ ◁ Arnold Schönberg hat mit seinen expressiven Kompositionen die moderne Kunstmusik geprägt.

◁ Alban Berg, Vertreter des Expressionismus, legt seinen Werken einen architektonischen Plan zugrunde.

◁ ◁ Darius Milhaud bezieht Elemente der Unterhaltungsmusik und des Jazz in seine Kompositionen ein.

◁ Willem Mengelberg, Spezialist für Gustav Mahler, ist allgemein für seine strenge Orchesterführung bekannt.

◁ ◁ Ernst Křenek bringt im Januar in Leipzig die von ihm komponierte Oper »Leben des Orest« zur Uraufführung

◁ Wilhelm Furtwängler hat durch seine Interpretationen von Werken des 19. Jahrhunderts Weltruf erlangt.

März 1930

Mo	Di	Mi	Do	Fr	Sa	So
					1	2
3	4	5	6	7	8	9
10	11	12	13	14	15	16
17	18	19	20	21	22	23
24	25	26	27	28	29	30
31						

1. März, Samstag

Reichspräsident Paul von Hindenburg empfiehlt bei einer Audienz in Berlin den Fraktionsführern von Zentrum (Heinrich Brüning) und Deutscher Volkspartei (Wilhelm Scholz), einem Notopfer für die Arbeitslosenversicherung zuzustimmen. Besonders die DVP hat sich bisher gegen eine Erhöhung der Versicherungsbeiträge ausgesprochen (→ 27. 3./S. 50).

Joseph Wirth, Reichsminister für die besetzten Gebiete, eröffnet in Berlin die Ausstellung »Rheinische Kunst« mit einer Rundfunkübertragung durch den Sender Berlin (→ 7. 4./S. 81).

2. März, Sonntag

Der sowjetische Staats- und Parteichef Josef W. Stalin wendet sich in der Parteizeitung »Prawda« unter der Überschrift »Erfolgstaumel« gegen Ausschreitungen bei der Durchführung der Kollektivierung der Landwirtschaft und warnt die Parteimitglieder vor »Übereifer« (→ 1. 2./S. 40).

In Paris stellt André Tardieu (Radikalsozialist) sein Regierungskabinett vor, das 18 Minister und 16 Unterstaatssekretäre umfaßt. Aristide Briand bleibt Außenminister (→ 17. 2./S. 41).

In Santo Domingo, der Hauptstadt der Dominikanischen Republik, nimmt der Nationalkongreß den Rücktritt des Präsidenten Horacio Vásquez entgegen und bestellt Rafael Estrella Urena zum provisorischen Nachfolger (→ 15. 3./S. 53).

Der englische Romanschriftsteller, Lyriker und Essayist David Herbert Lawrence stirbt in Frankreich im Alter von 44 Jahren. D. H. Lawrence erregte in Großbritannien u. a. mit seinem Roman »Lady Chatterley und ihr Liebhaber« (1928) Aufsehen; er darf wegen seiner freizügigen Darstellung nur in einer gekürzten Fassung erscheinen.

In Frankfurt am Main verliert die deutsche Fußball-Nationalmannschaft ein Länderspiel gegen Italien 0:2.

3. März, Montag

Eine Überschwemmungskatastrophe im Süden Frankreichs fordert mehr als 2000 Tote. → S. 63

In den rheinischen Karnevalshochburgen finden die Rosenmontagszüge statt. Das sommerliche Wetter lockt Hunderttausende von Karnevalisten auf die Straßen. → S. 59

Die internationale Wintersportwoche in Oslo endet mit dem 50-km-Skilanglaufwettbewerb auf dem Holmenkollen. Bei nebligem Wetter siegt der Schwede Sven Utterström mit 3:53:14. Der einzige deutsche Läufer, Otto Wahl, legt die 50 km in 4:33:36 zurück.

4. März, Dienstag

Nach einem Wahlkampf, der von blutigen Unruhen geprägt war, siegt bei den Präsidentenwahlen in Brasilien der Kandidat der konservativen Konzentration (Concentração Conservativa) Júlio Prestes über Getúlio Dornelles Vargas, Mitglied der Aliança Liberal (→ 3. 10./S. 183).

Ein Urteil des Berliner Kammergerichtes erklärt eine Eheschließung für ungültig, weil die Ehefrau ihrem Mann vor der Hochzeit nicht alle ihre Liebhaber vor der Ehe genannt hatte. → S. 59

5. März, Mittwoch

Das Reichskabinett unter Reichskanzler Hermann Müller (SPD) einigt sich über das Finanzprogramm für das Jahr 1930. Die Lücke in der Arbeitslosenversicherung soll durch eine Anhebung des Beitragssatzes von 3,5 auf 3,75% für Arbeitnehmer und Arbeitgeber gedeckt werden (→ 27. 3./S. 50).

6. März, Donnerstag

Großadmiral Alfred von Tirpitz (* 19. März 1849, Küstrin) stirbt in Ebenhausen. Tirpitz, ab 1911 Großadmiral, war vor dem Weltkrieg mitverantwortlich für die Aufrüstung der deutschen Flotte und die daraus resultierende Rivalität mit Großbritannien. Von 1924 bis 1928 war er Reichstagsabgeordneter der Deutschnationalen Volkspartei.

Im Rahmen des sog. Weltkampftages gegen Hunger und Arbeitslosigkeit, zu dem kommunistische Parteien in mehreren Ländern aufgerufen haben, kommt es bei Demonstrationen in Berlin, New York, London, Paris und anderen Städten zu blutigen Auseinandersetzungen zwischen Demonstranten und der Polizei. → S. 52

Die Deutsche Luft Hansa kündigt an, ab 1. April einen Lufttaxi-Verkehrsdienst anzubieten, bei dem Privatpersonen Flugzeuge chartern können. Der Preis pro geflogenem Kilometer soll für eine einmotorige Maschine 1,10 Reichsmark betragen.

7. März, Freitag

Reichsbankpräsident Hjalmar Schacht tritt wegen unüberbrückbarer Differenzen mit der Reichsregierung von seinem Amt zurück. Zwischen der Reichsregierung und Schacht kam es zu schweren Meinungsverschiedenheiten über die Regelung der deutschen Reparationszahlungen. Schachts Nachfolger wird Hans Luther (DVP), der von 1923 bis 1925 Finanzminister und 1925/26 Reichskanzler war. → S. 51

Die sowjetische Regierung gibt bekannt, daß deutsche Kolonisten in Transkaukasien von der Liquidierungskampagne gegen die Kulaken (Großbauern) ausgenommen werden (→ 1. 2./S. 40). Die meisten deutschen Einwanderer waren unter der Zarin Katharina II., der Großen, in der zweiten Hälfte des 18. Jahrhunderts nach Rußland gekommen.

8. März, Samstag

Im Alter von 73 Jahren stirbt in den USA der 27. Präsident der USA und Oberste Bundesrichter, William Howard Taft.

Der spanische Außenminister Jacobo F. J. Falcó Portocarrero y Osorio, Herzog von Alba, verweigert dem im Exil lebenden russischen Kommunisten Leo Trotzki die Einreise nach Spanien. Trotzki, der 1929 die Sowjetunion wegen seiner Kritik an Stalins Politik verlassen mußte, kämpft auch im Exil gegen den sowjetischen Parteichef.

Die siebentägige Frühjahrsmesse in Leipzig geht zu Ende. Deutlich spürbar für die Aussteller waren die Auswirkungen der Weltwirtschaftskrise auf die Auftragsentwicklung. → S. 56

9. März, Sonntag

Die irakische Regierung unter Nadschi Bey as-Suwaidi tritt zurück, weil die britische Kolonialmacht sich nicht damit einverstanden erklärt hat, daß britische Beamte und Sachverständige aus der irakischen Verwaltung entlassen werden. Nachfolger wird am 23. März der frühere Minister für Landesverteidigung General Nuri Pascha al Sa'id.

Als Skandal empfinden Teile des Leipziger Publikums die Uraufführung der Oper »Aufstieg und Fall der Stadt Mahagonny« von Bertolt Brecht und Kurt Weill. Einige Theaterkritiker sehen in dem neuen Brecht-Stück einen Vorstoß zur »Abschaffung der Kunstgattung Oper«. → S. 62

10. März, Montag

Gegen 55 angeblich konterrevolutionäre Intellektuelle beginnt in Charkow (UdSSR) ein Prozeß wegen antisowjetischer Propaganda. Den Angeklagten wird außerdem vorgeworfen, sie hätten eine Revolte für einen unabhängigen ukrainischen Staat vorbereitet.

Der österreichische Regisseur Max Reinhardt inszeniert in Berlin Ferdinand Bruckners neues Stück »Die Kreatur«. In den Hauptrollen sind u. a. Rudolf Forster und Lucie Höflich zu sehen.

Nach einer mehr als einjährigen Antarktisexpedition erreicht der US-amerikanische Polarforscher Richard Evelyn Byrd den neuseeländischen Hafen Dunedin. → S. 58

11. März, Dienstag

Der New Yorker Polizeichef Grover Whalen startet eine Kampagne gegen Kommunisten. 300 mutmaßliche Mitglieder der Kommunistischen Partei, deren Namen er in New York zwölf Vertretern großer Industrieunternehmen der Stadt übergibt, werden entlassen.

In Ulm werden drei Reichswehroffiziere verhaftet, die beschuldigt werden, nationalsozialistische Propaganda im Heer verbreitet zu haben (→ 25. 9./S. 160).

12. März, Mittwoch

Mit 270 zu 192 Stimmen billigt der Reichstag in Berlin den Youngplan; am 13. März gibt auch Reichspräsident Paul von Hindenburg seine Zustimmung. Damit verpflichtet sich das Deutsche Reich zu Reparationszahlungen bis einschließlich 1988 (→ 20. 1./S. 14).

Der indische Freiheitskämpfer Mohandas Karamchand »Mahatma« Gandhi bricht mit etwa 70 ausgewählten Begleitern von Ahmedabad ans Meer nach Dandi auf, wo er durch Auflesen von Salzkristallen das britische Salzmonopol verletzt (→ 6. 4./S. 68).

13. März, Donnerstag

Anläßlich der Unterzeichnung des vom Reichstag beschlossenen und vom Reichsrat gebilligten Youngplanes ruft Reichspräsident Paul von Hindenburg das deutsche Volk auf, den Plan, der die Reparationszahlungen des Deutschen Reiches bis in das Jahr 1988 festlegt, zu akzeptieren. Er bedeute wirtschaftlich und politisch für das Deutsche Reich den Fortschritt (→ 20. 1./S. 14).

Der Astronom Clyde William Tombaugh, ein Forscher des Lowell-Observatoriums in Flagstaff (US-Bundesstaat Arizona), gibt die Entdeckung eines neunten Planeten im Sonnensystem bekannt, der später »Pluto« genannt wird. → S. 57

In Berlin wird der Operettenfilm »Zwei Herzen im Dreivierteltakt« uraufgeführt. Die Filmmusik schrieb der Österreicher Robert Stolz.

14. März, Freitag

Die britische Regierung veröffentlicht in London einen Bericht über den Bau eines Kanaltunnels zwischen Großbritannien und Frankreich, der zu dem Schluß kommt, daß der Bau des Tunnels für die britische Wirtschaft vorteilhaft wäre. Das Projekt wird wegen der hohen Kosten und technischer Schwierigkeiten jedoch nicht verwirklicht.

Der erste Tonfilm der schwedischen Schauspielerin Greta Garbo »Anna Christie« hat in den USA Premiere. → S. 63

Der Tonfilm »Die letzte Kompanie« von Kurt Bernhardt wird in Berlin uraufgeführt. In den Hauptrollen sind Conrad Veidt und Karin Evans zu sehen.

15. März, Samstag

In Polen tritt die Regierung unter Ministerpräsident Kasimierz Bartel zurück, nachdem der eigentliche Machthaber, Kriegsminister Józef Klemens Piłsudski, Bartel seine Unterstützung versagt hat. Nachfolger Bartels wird am 29. März Valerius Slawek. → S. 53

In Haiti kündigt ein von US-Präsident Herbert Clark Hoover (Republikaner) eingesetzter »Ausschuß zur Klärung der innenpolitischen Lage« an, daß nach Ablauf der Amtszeit von Präsident Joseph Louis Borno am 15. Mai Eugène Roy kommissarisch das Amt übernehmen werde. → S. 53

Auf der Titelseite ihrer Rosenmontagsausgabe vom 3. März 1930 reißt die satirische Zeitschrift »Simplicissimus« bereits ein wichtiges Thema des bevorstehenden politischen Aschermittwochs an: Das Sparprogramm von Finanzminister Paul Moldenhauer (DVP). Der darin enthaltene »Steuerplan«, verkörpert durch einen Kater, läßt die eben noch so närrischen »Jekken« ernüchtert die Flucht ergreifen.

Stuttgart, 3. März 1930
Preis 60 Pfennig
34. Jahrgang Nr. 49
SIMPLICISSIMUS
Aschermittwoch
(Wilhelm Schulz)
„Rette sich, wer kann! Der Moldenhauersche Steuerplan kommt!“

Stefan Zweigs Tragikomödie »Das Lamm des Armen« wird an sieben Bühnen gleichzeitig uraufgeführt, u. a. in Hannover, Prag und Lübeck. In Hannover hat das Stück unter der Regie von Georg Altmanns großen Erfolg.

16. März, Sonntag

Bei einer öffentlichen Kundgebung in Berlin zerreißen Vertreter rechtsgerichteter Jugend- und Studentenbünde die Gesetzestexte zum Youngplan über die deutschen Reparationszahlungen. Die Berliner Demonstration ist eine Reaktion auf die Unterzeichnung und Rechtfertigung der Gesetze durch Reichspräsident Paul von Hindenburg am 13. März (→ 20. 1./S. 15).

Der frühere spanische Ministerpräsident und Diktator Miguel Primo de Rivera y Orbaneja stirbt im Alter von 60 Jahren an einem Schlaganfall in Paris. Rivera war am → 28. Januar (S. 16) von seinem Amt zurückgetreten, nachdem er den Rückhalt beim Militär und die Unterstützung des spanischen Königs verloren hatte.

In Moskau wird das satirische Drama »Das Schwitzbad« von Wladimir W. Majakowski unter der Regie von Karl Theodor Kasimir Meyerhold uraufgeführt. Das expressionistische Theaterstück in sechs Akten setzt sich mit der neuen Schicht der Parteifunktionäre (»rote Bourgeoisie«) in der Sowjetunion kritisch auseinander. → S. 62

17. März, Montag

Bei einer Razzia in der bulgarischen Hauptstadt Sofia werden mehrere makedonische Revolutionäre festgenommen. Den Verhaftungen ging eine Welle von Attentaten durch Makedonier voraus. Die makedonische Unabhängigkeitsbewegung kämpft um eine Zusammenlegung makedonischer Gebiete, die zu Jugoslawien und Bulgarien gehören, zu einem selbständigen Staat.

Polnische und deutsche Regierungsvertreter unterzeichnen in Warschau einen Vertrag über die Handelsbeziehungen beider Länder. Zwischen dem Deutschen Reich und Polen ist es wegen der Getreidezölle in den vergangenen Monaten mehrfach zu Unstimmigkeiten gekommen (→ 18. 2./S. 41).

Die Equitable Trust Company, die Chase National Bank und die Interstate Trust Company schließen sich in New York zu einer der größten Banken der Welt zusammen. → S. 56

Der Potsdamer Regierungspräsident Momm tritt von seinem Amt zurück, nachdem bekannt wird, daß eine Serie von Einbrüchen und Diebstählen in seinem Amtssitz von seiner Frau verübt wurden. Aus der Wohnung Momms waren u. a. Tafelleuchter und Tafelsilber im Gesamtwert von rund 4700 RM verschwunden.

Der US-amerikanische Gangsterboß Al Capone wird in Philadelphia aus dem Gefängnis entlassen, wo er eine einjährige Haftstrafe wegen illegalen Waffenbesitzes verbüßt hatte (→ 18. 4./S. 73).

18. März, Dienstag

Der Reichstag in Berlin nimmt mit einer Mehrheit von über 100 Stimmen in dritter Lesung das Republikschutzgesetz an, das ein wirksameres Vorgehen der Polizei und der Justizbehörden gegen staatsfeindliche Bestrebungen gewährleisten soll. Das Gesetz tritt am 25. März in Kraft (→ 16. 1./S. 19).

Reichspräsident Paul von Hindenburg unterzeichnet das Gesetz über die Liquidationsabkommen, das die Entschädigung deutscher Staatsbürger regelt, deren Besitz im Ausland von den dortigen Regierungen während des Weltkrieges enteignet wurde. Das Deutsche Reich verzichtet u. a. auf Besitzansprüche in Polen in Höhe von ca. 2 Mrd. RM, dafür sieht Polen von der Enteignung 12 000 deutschstämmiger Bauernfamilien auf ihrem Gebiet ab.

Das hessische Staatsministerium in Darmstadt veröffentlicht einen Erlaß, der den Verfassungseid auch für Beamtenanwärter obligatorisch macht. Damit soll Radikalen der Weg in den Staatsdienst erschwert werden (→ 16. 1./S. 19).

Die französische Rheinlandkommission verbietet in Wiesbaden die Aufführung des Stücks »Affäre Dreyfus« von Hans Rehfisch und Wilhelm Herzog. Das Stück behandelt einen Justizskandal um den französischen Offizier Alfred Dreyfus, der um die Jahrhundertwende zu einer der schwersten innenpolitischen Krisen der französischen Dritten Republik führte.

19. März, Mittwoch

Die Reichsregierung sperrt die Reichszuschüsse für die thüringische Landespolizei, weil die Landesregierung Nationalsozialisten in der Landespolizei fördert. → S. 52

In einer öffentlichen Erklärung nehmen mehrere Schulleiter Weimarer höherer Schulen Stellung gegen den thüringischen Innen- und Kultusminister Wilhelm Frick (NSDAP). Frick hob einen Erlaß der Schulleiter auf, der Schülern die Teilnahme an Kundgebungen gegen den Youngplan verboten hatte.

Im englischen Woking stirbt Großbritanniens früherer konservativer Premier- und Außenminister Arthur James Balfour im Alter von 81 Jahren. Balfour hatte u. a. 1917 den Zionisten britische Hilfe bei der Gründung einer »nationalen Heimstätte« in Palästina zugesagt.

Der US-Senat verabschiedet einen Gesetzentwurf, der den Import von »unmoralischer« Literatur stoppen soll, darunter Werke von Aristophanes, Jean-Jacques Rousseau und William Shakespeare. Die Entscheidung darüber, welche Werke indiziert werden, sollen von US-Bezirksgerichten gefällt werden.

20. März, Donnerstag

Im Rahmen eines umfassenden Finanzierungs- und Ausbauprogrammes nimmt das Rheinisch-Westfälische Elektrizitätswerk (RWE) bei der US-amerikanischen National City Company einen Kredit über 20 Mio. US-Dollar (rd. 84 Mio. RM) mit einer Laufzeit von 25 Jahren auf. Im Geschäftsjahr 1929 hatte das RWE hohe Gewinne zu verzeichnen.

21. März, Freitag

In Berlin eröffnet die Reichspost die drahtlose Telefonverbindung zwischen dem Deutschen Reich und Brasilien.

22. März, Samstag

In Mannheim beginnt der zweitägige Parteitag der rechtsliberalen Deutschen Volkspartei (DVP) mit einem politischen Referat des Vorsitzenden Ernst Scholz. Die Delegierten sprechen sich mehrheitlich für einen Verbleib ihrer Partei in der Regierungskoalition aus (→ 27. 3./S. 50).

Der Börsenverein des deutschen Buchhandels veranstaltet im gesamten Deutschen Reich den »Tag des Buches« mit zahlreichen Veranstaltungen u. a. zur Leseförderung bei Jugendlichen. → S. 62

In Berlin wird erstmalig die Oper »Maschinist Hopkins« von Max Brandt aufgeführt. Kurt Singer inszeniert das Stück. Musikalischer Leiter ist Fritz Stiedry.

Baconin Borzacchini (Italien) gewinnt den erstmals ausgetragenen Grand Prix von Tripolis auf einem 4-Liter/16-Zylinder-Maserati.

23. März, Sonntag

Die französische Regierung gibt bekannt, daß sie bis zum → 30. Juni ihre Truppen aus dem Rheinland zurückziehen werde (S. 106). Dies ist eines der wichtigsten Ergebnisse der Zweiten Haager Konferenz (→ 20. 1./S. 14).

24. März, Montag

In San Francisco im US-amerikanischen Bundesstaat Kalifornien kritisiert der Bankier und Manager Owen D. Young, der auf der Haager Konferenz die Grundlagen für die Regelung der deutschen Reparationsleistungen legte, die jetzige Ausgestaltung des Vertrags. Er ist der Meinung, daß durch die vereinbarten Zahlungsbedingungen die Inflation im Deutschen Reich angeheizt werde (→ 20. 1./S. 14).

Mit der Unterzeichnung einer Zollkonvention geht in Genf die europäische Zollfriedenskonferenz zu Ende, die am 17. Februar begonnen hatte. → S. 52

25. März, Dienstag

Das US-amerikanische Repräsentantenhaus stimmt dem Reparationsabkommen mit dem Deutschen Reich zu. Die USA haben zwar an den Verhandlungen um den Youngplan (→ 20. 1./S. 14) teilgenommen, der aber nicht die deutschen Zahlungen an die Vereinigten Staaten beinhaltet; über diese Frage ist bislang noch keine Einigung erzielt worden.

Auf seiner Jungfernfahrt von Bremerhaven nach New York erobert der Schnelldampfer »Europa« das »Blaue Band« für die schnellste Überquerung des Nordatlantiks. → S. 59

Die Reedereien Hapag und Norddeutscher Lloyd schließen sich mit einem Aktienkapital von je 160 Mio. RM zu einer Arbeits- und Interessengemeinschaft auf 50 Jahre zusammen. → S. 56

26. März, Mittwoch

Per Funksignal von seiner Jacht im italienischen Genua schaltet der Erfinder des Funkgeräts, Guglielmo Marchese Marconi, die Beleuchtung des Rathauses der australischen Stadt Sydney ein. Anlaß des Experimentes ist die Elektrotechnische Ausstellung von Neusüdwales in Sydney.

27. März, Donnerstag

Nach unüberwindbaren Differenzen zwischen den Koalitionspartnern tritt die Reichsregierung unter Hermann Müller (SPD) zurück. Heinrich Brüning (Zentrum) wird von Reichspräsident Paul von Hindenburg mit der Bildung einer neuen Regierung beauftragt. → S. 50

28. März, Freitag

Vor dem Berliner Amtsgericht kommt es in einem Beleidigungsprozeß, den der ehemalige Kaiser Wilhelm II. gegen die »Berliner Morgenpost« anstrengte, zu einem Vergleich. Die Zeitung hatte behauptet, der Kaiser habe wegen persönlicher Beziehungen Wehraufträge an die Essener Firma Krupp erteilt. Diese Behauptung muß nach dem Vergleich zurückgenommen werden.

29. März, Samstag

Im thüringischen Landtag in Weimar wird das von Innenminister Wilhelm Frick (NSDAP) eingebrachte Ermächtigungsgesetz verabschiedet. Das Gesetz soll der Landesregierung Vollmachten für eine Umorganisierung der Staatsorgane und für tiefgreifende Sparmaßnahmen erteilen.

In Berlin wird das musikalische Lustspiel »Meine Schwester und ich« von Ralph Benatzky uraufgeführt.

30. März, Sonntag

Reichskanzler Heinrich Brüning (Zentrum) stellt sein neues Kabinett in Berlin vor. → S. 51

31. März, Montag

In London beginnt eine britisch-ägyptische Konferenz, in deren Mittelpunkt die Räumung des Niltales durch die Briten steht. Großbritannien hat zwar 1922 seine Kolonialherrschaft über Ägypten aufgehoben, sich jedoch die Landesverteidigung und die Kontrolle über den Sueskanal vorbehalten.

Das Wetter im Monat März

Station	Mittlere Lufttemperatur (°C)	Niederschlag (mm)	Sonnenscheindauer (Std.)
Aachen	6,2 (5,5)	34 (49)	– (125)
Berlin	4,1 (3,9)	37 (31)	– (151)
Bremen	4,4 (4,0)	22 (42)	– (117)
München	4,6 (3,3)	43 (46)	– (142)
Wien	6,5 (4,9)	63 (42)	– (135)
Zürich	5,6 (4,2)	74 (69)	118 (149)

( ) Langjähriger Mittelwert für diesen Monat
– Wert nicht ermittelt

Das Titelbild der Halbmonatsschrift »Figaro« läßt bei vielen Anhängern der Freikörperkultur-Bewegung schon im März Vorfreude auf wärmere Sommerzeiten aufkommen. Die Fotos, die der »Figaro« bei der Zusammenstellung seiner Titelblatt-Collagen verwendet, sind häufig von renommierten Fotografen der Weimarer Republik, wie z. B. Max Lorenz-Nielsen.

Parteienstreit zwingt Regierung Müller zum Rücktritt

27. März. In Berlin tritt die letzte auf eine parlamentarische Mehrheit gestützte Regierung der Weimarer Republik zurück. Die von Reichskanzler Hermann Müller (SPD) geführte Große Koalition aus SPD, Zentrum, Deutscher Volkspartei (DVP), Deutscher Demokratischer Partei (DDP) und Bayerischer Volkspartei (BVP) ist gescheitert, weil sich die Fraktionen über haushaltspolitische Fragen nicht einigen konnten. Am 30. März wird der Fraktionsvorsitzende der Zentrumspartei, Heinrich Brüning, von Reichspräsident Paul von Hindenburg zum neuen Reichskanzler berufen.

Das Kabinett Brüning
In Berlin stellt Reichskanzler Heinrich Brüning sein Kabinett vor: (stehend v. l.) Gottfried R. Treviranus (besetzte Gebiete), Johann V. Bredt (Justiz), Adam Stegerwald (Arbeit), Paul Moldenhauer (Finanzen), Theodor von Guérard (Verkehr); (sitzend v. l.) Joseph Wirth (Inneres), Hermann R. Dietrich (Vizekanzler und Wirtschaft), Heinrich Brüning, Julius Curtius (Äußeres), Georg Schätzel (Post). Weitere Minister der Reichsregierung (nicht abgebildet) sind Martin Schiele (Landwirtschaft und Ernährung) und Wilhelm Groener (Reichswehr).

Das neue Kabinett unter Heinrich Brüning ist vom Wohlwollen des Reichspräsidenten abhängig, weil es sich auf keine Mehrheit im Reichstag stützen kann. Unter der Leitung des neuen Reichskanzlers entwickelt sich das Regierungssystem der Weimarer Republik immer mehr von einer repräsentativen Demokratie zu einem bürokratischen Obrigkeitsstaat, der vom Reichspräsidenten und der Armee getragen wird.

Anlaß für den Rücktritt der Regierung Müller ist die kompromißlose Haltung, in der sich SPD und DVP bei der Frage gegenüberstehen, wie das Reich die stetig steigenden Kosten für die Arbeitslosenversicherung (1929/30 671,2 Mio. RM) finanzieren soll: Die SPD lehnt im Interesse der Arbeitnehmer und der Erwerbslosen eine Senkung der Leistungen der Arbeitslosenversicherung ab, wie sie von der DVP gefordert wird. Die DVP dagegen weigert sich wegen der zusätzlichen Belastung für die Arbeitgeber der von der SPD vorgeschlagenen Erhöhung der Versicherungsbeiträge zuzustimmen. Ein Einigungsvorschlag des Zentrums, der eine Erhöhung der Arbeitslosenversicherung aufschob und eine Senkung der Sozialleistungen nicht ausschloß, wurde zwar von der DVP angenommen, von der SPD jedoch abgelehnt; die Sozialdemokraten sehen in einer möglichen Senkung der Leistungen eine Gefährdung der sozialen Sicherung der Arbeiter. Der Reichsregierung, die durch den Parteienstreit handlungsunfähig geworden war, blieb schließlich nur noch der Rücktritt.

Die Große Koalition unter Hermann Müller war am 28. Juni 1928 nach langwierigen Verhandlungen zusammengetreten. Rechtsstehende Mitglieder der DVP und des Zentrums hatten sich geweigert, mit den Sozialdemokraten zusammenzuarbeiten. Konflikte um innen- und sicherheitspolitische Fragen, u. a. um den von der SPD abgelehnten Bau des sog. Panzerkreuzers A, schränkten die Bewegungsfreiheit der Regierung bereits Ende 1928 ein. Nur auf außenpolitischem Gebiet gab es keine wesentlichen Meinungsverschiedenheiten. Die Regelung der Reparationszahlungen, die das Deutsche Reich nach dem Weltkrieg an die Siegermächte aufgrund des »Youngplans« (→ 20. 1./S. 14) zu leisten hatte, wurde zur wesentlichen Aufgabe der Großen Koalition. Mit der Verabschiedung der Youngplan-Gesetze am 12. März 1930 war jedoch der Vorrat an Gemeinsamkeiten innerhalb der Koalition erschöpft. SPD und DVP konnten sich bei den wirtschafts- und sozialpolitischen Problemen auf keinen gemeinsamen Standpunkt einigen.

Umstrittene Sozialpolitik sprengt die Große Koalition

Die Parteien der Großen Koalition aus SPD, DVP, DDP, BVP und Zentrum, die am 28. Juni 1928 ihre Regierungsarbeit unter Reichskanzler Hermann Müller (SPD) aufnahm, verband vor allem das gemeinsame politische Ziel, die deutschen Reparationszahlungen neu zu regeln. Als die Weltwirtschaftskrise das Deutsche Reich Ende 1929 vor schwerwiegende sozial- und wirtschaftspolitische Probleme stellte, kam es innerhalb der Koalition zu Konflikten, die mit dem Rücktritt der Regierung enden.

▷ 4. 12. 1929: Reichskanzler Müller informiert die Reichsminister und Reichsbankpräsident Hjalmar Schacht über die akute Finanzkrise des Reiches, die einen Überbrückungskredit unumgänglich mache

▷ 6. 12. 1929: Reichsbankpräsident Schacht greift in einem Memorandum die Finanzpolitik der Reichsregierung an

▷ 14. 12. 1929: Der Reichstag spricht der Regierung zwar mit 222 gegen 156 Stimmen das Vertrauen aus, doch enthalten sich mehrere Abgeordnete der Regierungsparteien der Stimme oder stimmen mit Nein

▷ 19. 12. 1929: Ein deutsches Bankenkonsortium unter der Führung der Reichsbank und die Regierung einigen sich auf die Gewährung eines Überbrückungskredites für das Reich

▷ 20. 12. 1929: Reichsfinanzminister Rudolf Hilferding (SPD) tritt auf Drängen Hjalmar Schachts zurück, nachdem er, ohne die Reichsbank zu informieren, mit einer US-Bank über einen Überbrückungskredit (mindestens 250 Mio. RM) für das Reich verhandelt hatte

▷ 1. 1. 1930: Im Rahmen des wirtschaftlichen Sofortprogramms der Reichsregierung werden die Beiträge zur Arbeitslosenversicherung von 3% auf 3,5% erhöht (→ 1. 1./S. 13)

▷ 20. 1. 1930: Mit der Haager Schlußakte werden die Reparationszahlungen, die das Deutsche Reich an die Siegermächte zu leisten hat, geregelt

▷ 7. 2. 1930: Reichsfinanzminister Paul Moldenhauer legt den Fraktionsführern der Regierungsparteien sein Finanzprogramm für das Jahr 1930 vor, das Steuererhöhungen von 370 Mio. RM vorsieht

▷ 5. 3. 1930: Das Kabinett beschließt mit dem Haushaltsplan für 1930 eine Beitragserhöhung zur Arbeitslosenversicherung von 3,5 auf 3,75%

▷ 7. 3. 1930: Reichsbankpräsident Schacht tritt wegen Meinungsverschiedenheiten mit der Reichsregierung über die Durchführung der Reparationsregelungen zurück (→ 7. 3./S. 51)

▷ 26. 3. 1930: Die DVP lehnt eine von der SPD geforderte Erhöhung der Beiträge zur Arbeitslosenversicherung auf 4% ab

▷ 27. 3. 1930: Ein Kompromißvorschlag des Zentrums wird zwar von der DVP angenommen, von der SPD aber verworfen. Reichskanzler Hermann Müller erklärt daraufhin den Rücktritt seiner Regierung.

Reichskanzler Heinrich Brüning

Brüning will ohne Reichstag regieren

30. März. Mit der Vorstellung des Kabinetts unter Reichskanzler Heinrich Brüning nimmt eine Regierung die Arbeit auf, die lediglich auf das Vertrauen von Reichspräsident Paul von Hindenburg gestützt ist. Sie verfügt nicht über eine stabile Mehrheit im Reichstag.

Hindenburg und seine Berater, u. a. General Kurt von Schleicher, unterstützen das »Präsidialkabinett« Brüning, das die Einführung autoritärer Institutionen in die Weimarer Verfassung für notwendig hält; u. a. will es eine politische und militärische Erstarkung des Deutschen Reiches erreichen sowie die Wiedereinführung der Monarchie bei gleichzeitiger Schwächung des Parlaments.

Politisches Nahziel Brünings ist die Sanierung des Staatshaushaltes durch radikale Ausgabenkürzungen und Steuererhöhungen. Der neue Reichskanzler ist Volkswirtschaftler und gilt als Finanz- und Steuerexperte; seit 1924 ist er Reichstagsabgeordneter des Zentrums, seit 1929 führt er die Fraktion seiner Partei.

Als Gegner der Interessenpolitik der Parteien ist Brüning bereit, unpopuläre Maßnahmen auch gegen den Willen des Reichstages durchzusetzen, indem er von dem Notverordnungsrecht des Reichspräsidenten Gebrauch macht. Dieses Recht, festgelegt im Artikel 48 der Weimarer Verfassung, ermächtigt Hindenburg, anstelle von Gesetzen Verordnungen zu erlassen, wenn die »öffentliche Sicherheit und Ordnung erheblich gestört oder gefährdet« ist.

Schacht zieht Konsequenz aus Dauerzwist

7. März. In Berlin gibt Reichsbankpräsident Hjalmar Schacht seinen Rücktritt bekannt. Hintergrund sind die Meinungsverschiedenheiten zwischen Schacht und der Reichsregierung über den am → 20. Januar (S. 14) in Den Haag unterzeichneten Youngplan. Neuer Reichsbankpräsident wird am 3. April Hans Luther (parteilos).

Schacht hatte in den vergangenen Monaten mehrfach versucht, seine Vorstellungen über die Regelung der Reparationszahlungen des Deutschen Reiches sowie über die Finanzpolitik angesichts der Wirtschaftskrise gegen die Reichsregierung durchzusetzen. Höhepunkt war dabei sein Protest gegen die Bestimmungen des Youngplans auf der Zweiten Haager Konferenz: Schacht warf der Regierung vor, die von ihm ausgehandelten Bedingungen durch zu weitgehende Konzessionen an die Siegermächte zu verschlechtern; als Leiter der deutsche Delegation hatte er am ersten Entwurf des Youngplans mitgewirkt, jedoch bereits die am 31. August 1929 auf der Ersten Haager Konferenz verabschiedete zweite Fassung abgelehnt. Auf der Zweiten Haager Konferenz gelang es der Reichsregierung nur mit Hilfe eines Gesetzes (»Lex Schacht«), das Veto des von der Regierung unabhängigen Reichsbankpräsidenten zu umgehen und den Abbruch der Verhandlungen zu verhindern.

Schacht vertritt grundsätzlich die Ansicht, daß die wirtschaftliche Notlage des Reiches, die seit dem New Yorker Börsenkrach vom 25. Oktober 1929 immer bedrohlichere Ausmaße annimmt, nur mit Hilfe einer autoritären Regierung wirksam bekämpft werden könne: Jegliche weitere Verschuldung im Ausland müsse vermieden und der Finanzhaushalt des Reiches durch Einsparungen im sozialen Bereich stabilisiert werden.

Zu einer Kraftprobe mit der sozialdemokratisch geführten großen Koalition unter Reichskanzler Hermann Müller kam es schon Ende 1929: In einem am 6. Dezember veröffentlichten Memorandum kritisierte Schacht mehrere Zusatzprotokolle des Youngplanes und führte damit eine innenpolitische Krise herbei, die vom Kabinett nur mit Mühe behoben werden konnte. Zugleich machte sich der Reichsbankpräsident indirekt zum Helfer der politischen Rechten, die sein Memorandum für ihre großangelegte Kampagne gegen den Youngplan benutzten.

Ende Dezember 1929 gelang es Schacht, seine finanzpolitischen Vorstellungen in einem Fall gegen den Willen der Reichsregierung durchzusetzen: Er weigerte sich, der Aufnahme eines US-amerikanischen Kredites zuzustimmen, der von Reichsfinanzminister Rudolf Hilferding (SPD) ohne Rücksprache mit der Reichsbank ausgehandelt worden war; der Kreditvertrag kam nicht zustande, und Hilferding mußte zurücktreten.

Die »Frankfurter Zeitung« vom 8. März wertet Schachts Rücktritt als einen weiteren gezielten Angriff gegen die Regierungskoalition unter Reichskanzler Hermann Müller: »In diesem Augenblick kann der Rücktritt des Reichsbankpräsidenten nur wirken als ein starker politischer Schlag gegen die Stellung der Regierung und ihre nächsten politischen Absichten.«

Hjalmar Schacht tritt aus Protest gegen die Reparationsregelungen des Youngplans zurück.

Hans Luther, der bereits von 1925 bis 1926 Reichskanzler war, wird neuer Reichsbankpräsident.

DNVP-Vorsitzender Alfred Hugenberg (am Rednerpult) kritisiert die Reparationsregelung vor dem Reichstag mit ähnlichen Argumenten wie Schacht.

Szene am »Weltkampftag« der Kommunisten in Berlin; Polizeikräfte werden in PKW herbeigefahren, um mit der Räumung der Straßen zu beginnen.

»Weltkampftag« der Kommunisten gegen Hunger und Arbeitslosigkeit

6. März. *In Berlin, New York, London, Paris und anderen Städten im In- und Ausland kommt es im Rahmen des sog. Weltkampftages gegen Hunger und Arbeitslosigkeit zu Massendemonstrationen. Die meist kommunistischen Demonstranten, die sich blutige Auseinandersetzungen mit der Polizei liefern, folgen mit ihren Aktionen einem Aufruf der Dritten Kommunistischen Internationale in Moskau. Nach anfänglicher Zurückhaltung beginnt die Polizei in Berlin nachmittags mit der systematischen Räumung von Plätzen und Straßenzügen: 105 der insgesamt rund 1000 an verschiedenen Kundgebungen beteiligten Demonstranten werden festgenommen, 30 Personen werden verletzt, ein Mann erliegt seinen Verletzungen. Die größte Demonstration wird aus New York gemeldet: Dort löst die Polizei einen »Hungermarsch« von rund 4000 Personen gleich zu Beginn unter Einsatz berittener Beamter auf; zahlreiche Demonstranten und mehrere Polizisten werden verletzt.*

Reichsgelder für Thüringen gesperrt

19. März. Reichsinnenminister Carl Severing (SPD) kündigt in einem offenen Brief an die Regierung Thüringens die Sperrung der Reichszuschüsse für die thüringische Landespolizei an, deren Etat zu neun Zehnteln mit Reichsgeldern bestritten wird. Severing will mit dieser Zahlungssperre verhindern, daß der neue Bildungs- und Innenminister in Thüringen, Wilhelm Frick (NSDAP), die Landespolizei zu einem Instrument der staatsfeindlichen nationalsozialistischen Organisation ausbaut (→ 23. 1./S. 20).

Die thüringische Landesregierung verteidigt am 20. März das Verhalten Fricks, der seit Februar nicht mehr auf Anfragen und Anweisungen der Reichsregierung reagiert und sein Amt dazu benutzt, die Position der NSDAP innerhalb Thüringens auszubauen. Seit dem Amtsantritt Fricks am → 23. Januar (S. 20) häufen sich die Meldungen über eine Säuberung der thüringischen Polizei von republikanisch gesinnten Beamten und der gezielten Einstellung und Beförderung von Nationalsozialisten in den Staatsdienst.

Am 16. April hebt das Reich die Zahlungssperre für Thüringen auf, nachdem die Landesregierung erklärt hat, daß künftig keine Nationalsozialisten in die Polizei aufgenommen werden sollen.

Anfangserfolg beim Abbau europäischer Zölle in Genf

24. März. In Genf geht die sog. Zollfriedenskonferenz zu Ende. Nur elf der 24 teilnehmenden europäischen Staaten, darunter das Deutsche Reich, Österreich, die Schweiz, Frankreich, Belgien und Großbritannien, unterzeichnen die ausgehandelte Zollkonvention; die anderen Konferenzpartner sehen darin einen Eingriff in ihre Zollautonomie. Auf der seit dem 17. Februar tagenden Konferenz sollte eine gesamteuropäische Einigung über den Abbau der Zollschranken erzielt werden; der seit Jahren in fast allen europäischen Ländern spürbare Trend, inländische Produzenten durch die Verhängung hoher Zölle auf ausländische Konkurrenzprodukte zu schützen, droht sich durch die Wirtschaftskrise zu verstärken.

Gemäß der Zollkonvention dürfen bestehende Handelsverträge bis zum 31. April 1931 nicht gekündigt werden; Abänderungen in der Zwischenzeit dürfen lediglich eine Herabsetzung der Zölle betreffen.

Die Regelung wird von den Unterzeichnerstaaten als ein Anfangserfolg für einen weiteren Zollabbau gewertet. Allerdings sind vor allem osteuropäische Länder wie Polen, die bei landwirtschaftlichen Produkten mit dem Deutschen Reich und anderen westlichen Ländern auf dem europäischen Markt konkurrieren, der Konvention nicht beigetreten (→ 18. 2./S. 41).

Zollkontrolle am deutschen Zollamt in Vaelserquartier bei Aachen an der deutsch-holländischen Grenze: Die Zollfriedenskonferenz in Genf wird von vielen Teilnehmern als ein erster wichtiger Schritt zu einer wirtschaftlichen Vereinigung Europas angesehen.

Washington schlichtet Streit auf Haiti

15. März. In Port-au-Prince gibt der von US-Präsident Herbert Clark Hoover eingesetzte »Ausschuß zur Klärung der innenpolitischen Lage Haitis« das Ergebnis seiner Verhandlungen mit den zerstrittenen politischen Gruppierungen des Karibikstaates bekannt.

▷ W. Cameron Fordes (2. v. l.), Vorsitzender des »Ausschusses zur Klärung der innenpolitischen Lage Haitis«

▽ Aufmarsch in Santo Domingo bei der Amtseinführung des von den USA gestützten Präsidenten Estrella Urena

Danach übernimmt der Bankier Eugène Roy am 15. Mai vom amtierenden Präsident Joseph Louis Bornó provisorisch die Präsidentschaft mit der Verpflichtung, so schnell wie möglich Präsidentschaftswahlen durchzuführen.
Haiti wird seit 1915 von US-Marineinfanteristen besetzt gehalten, nachdem sich die Rivalität zwischen der schwarzen und der mulattischen Bevölkerungselite zu einem dauernden blutigen Machtkampf ausgeweitet hatte; seither ist das Land zunehmend in politische und wirtschaftliche Abhängigkeit von den Vereinigten Staaten geraten.
Auch an der Einigung auf den Übergangspräsidenten Roy waren die USA beteiligt: Auf Vorschlag eines von US-Präsident Hoover eingesetzten Ausschusses haben sowohl Präsident Bornó, dessen Amtszeit ausläuft, als auch die haitianische Opposition eine Liste mit möglichen Präsidentschaftskandidaten vorgelegt. Da Eugène Roy als gemäßigter Politiker gilt, wurde er von Bornó als Übergangspräsident akzeptiert, obwohl er auf der Liste der Opposition stand.
Auch im Nachbarstaat Haitis, der Dominikanischen Republik, die von 1916 bis 1924 von US-Truppen besetzt war, wird der Machtkampf zwischen Präsident Horacio Vásquez und Rafael Estrella Urena auf Druck der USA entschieden: Am 2. März übernimmt Urena die Präsidentschaft.

USA sehen sich als Polizei des Kontinents

Die Einmischung der USA in die Innenpolitik zahlreicher lateinamerikanischer Staaten ist eine dauernde Komponente der US-Außenpolitik. Sie basiert auf dem bereits 1823 von US-Präsident James Monroe verkündeten politischen Grundsatz, keine weitere Kolonisation der Europäer auf dem amerikanischen Kontinent zu dulden (Monroe-Doktrin); unter Präsident Theodore Roosevelt (1901 – 1909) übernahmen die USA endgültig die Funktion des Polizisten in der gesamten Region.
Nachdem die Vereinigten Staaten im spanisch-US-amerikanischen Krieg 1898 Spanien als Kolonialmacht ausgeschaltet hatten, begannen sie, ihren politischen und wirtschaftlichen Einfluß in Mittelamerika auszudehnen. US-amerikanische Konzerne wie die »Standard Oil Company«, die sich in den USA eine Monopolstellung erkämpft hatten und nach neuen Investitionsmöglichkeiten suchten, fanden in den südlichen Anrainerstaaten ausreichende Möglichkeiten für weitere wirtschaftliche Aktivitäten. Die US-amerikanischen Regierungen seit Roosevelt sicherten durch ihre Politik diesen Expansionsdrang ab; sie betrachteten dabei die von ihnen praktizierte Mischung aus politisch-wirtschaftlichem Druck und – falls nötig – militärischer Intervention als eine zivilisatorische Mission zugunsten der betroffenen Staaten.
Noch vor dem Bau des Panamakanals (1906 – 1914) sicherte Roosevelt durch den Hay-Varilla-Vertrag von 1903 den USA die Kontrolle über diesen wirtschaftlich wichtigen Schiffahrtsweg. 1917, 1918 und 1925 intervenierten US-Marineinfanteristen in Panama, um den US-amerikanischen Einfluß zu festigen. Ebenso wie in Haiti (1915 bis 1934) und in der Dominikanischen Republik (1916 bis 1924) bestimmten die USA die Geschicke der Länder in der gesamten Region.

Valerius Slawek wird am 29. März neuer Ministerpräsident in Polen.

Liberalisierung in Polen gescheitert

15. März. Das polnische Kabinett unter Ministerpräsident Kasimierz Bartel tritt zurück. Bartel, der erst am 29. Dezember 1929 das Amt des Regierungschefs übernahm, hat sich seither vergeblich um eine Liberalisierung des innenpolitischen Klimas bemüht.

Graue Eminenz: J. K. Piłsudski
Marschall Jósef Klemens Piłsudski, Kriegsminister im Kabinett von Ministerpräsident Kasimierz Bartel, ist der eigentliche starke Mann in Polen. 1926 hatte er einen Staatsstreich durchgeführt, um die politische und wirtschaftliche Instabilität Polens durch Errichtung eines autoritären Staates zu überwinden. 1928 legte er aufgrund wachsender Opposition das Amt des Ministerpräsidenten nieder, hält aber als Kriegsminister weiterhin die Macht in Händen.

Einer seiner Versuche, eine Zusammenarbeit zwischen Regierung und Opposition zu ermöglichen, war das Gesetz vom 30. Januar 1930, das Übergriffe auf Regimegegner unterbinden sollte, zu denen es seit dem Staatsstreich von Marschall Jósef Klemens Piłsudski immer wieder gekommen war. Am 1. Februar rief die Opposition dennoch zum Sturz der Regierung auf. Piłsudski drängte Bartel daraufhin zu einem härteren Vorgehen und versagte ihm wenig später seine Unterstützung.

Versicherungen bieten den Autofahrern »Kasko«-Schutz an.

Die Haftpflicht soll den Verkehrsteilnehmer absichern.

Fußgänger leben gefährlich

Die wachsende Zahl von Kraftfahrzeugen macht das Verkehrsgeschehen in den Großstädten für Fußgänger immer gefährlicher. Um zu vermeiden, daß Fußgänger die Straßen an unübersichtlichen Stellen überqueren, richten die Stadtverwaltungen Fußgängerüberwege und Ampeln ein.
In den USA müssen Fußgänger, die sich nicht an die Verkehrsregeln halten oder unachtsam über die Straße gehen und so einen Unfall verursachen (sog. »jaywalkers«), mit Geldbußen und Verwarnungen rechnen.

Die Straßen von New York sind in der Mittagszeit häufig durch den Autoverkehr lahmgelegt.

Markierter Fußgängerüberweg in Stuttgart

USA: Weiße Linien begrenzen Fußgängerzonen.

An vielen Schulen in den USA werden Schülerlotsen ausgebildet, die dafür sorgen, daß ihre Altersgenossen die Straßen gefahrlos überqueren können.

◁ Passagiere auf dem britischen Flughafen in Croyden auf dem Weg zu einer Maschine der Fluggesellschaft »Imperial Airways«, die für einen Überseeflug bereit steht; im Gegensatz zu den meist überfüllten Bahnhöfen herrscht auf Flughäfen wie in Croyden noch »entspannte Ruhe« (»The Illustrated London News«), da sich nur wenige eine Flugreise leisten können.

▽ Das Flugstreckennetz der Luftfahrtgesellschaft »Deutsche Luft Hansa AG« reicht bis weit über die Grenzen des Deutschen Reiches hinaus. Am 5. Mai wird auch ein Luftpostdienst auf der Balkanstrecke Wien – Budapest – Belgrad – Sofia – Istanbul eröffnet. Die Postlaufzeit zwischen Berlin und Istanbul beträgt damit insgesamt nur 24 Stunden.

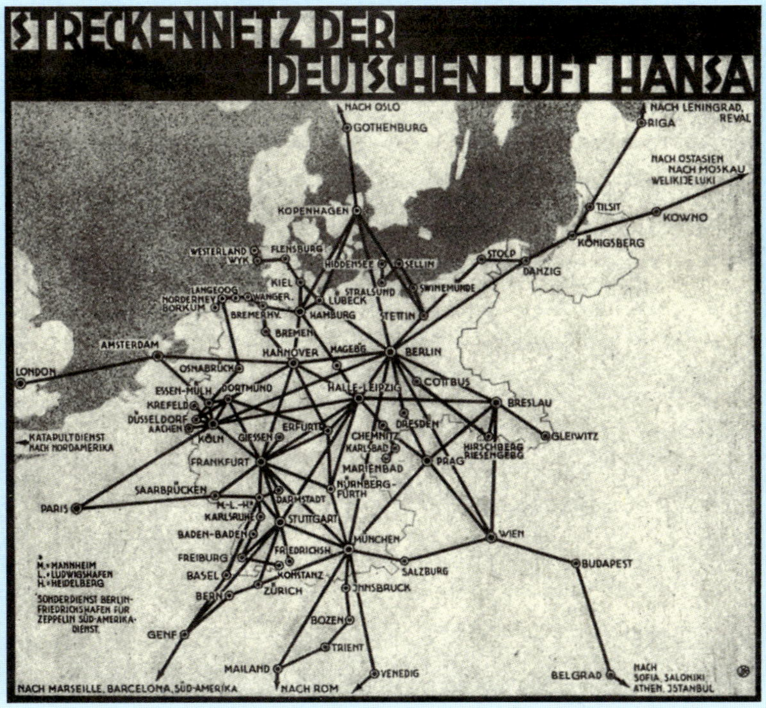

Verkehr 1930:

Ausbau von Straßen- und Luftverkehr wird vorangetrieben

Die Entwicklung zum modernen Massenverkehr, die bereits in den vergangenen Jahren begonnen hat, setzt sich auch in diesem Jahr fort: Rasch steigende Zulassungen bei PKW und LKW besonders in den westlichen Industrieländern gehen einher mit den Bemühungen in der Luftfahrt, das Netz der Fluglinien weiter auszudehnen. Für die Deutsche Reichsbahn verstärkt der intensivere Einsatz von Kraftfahrzeugen als Transportmittel die Konkurrenz auf dem Gebiet des Personen- und Gütertransports.

Die wachsende Zahl von PKW – allein im Deutschen Reich steigt die Zahl der PKW von 433 205 (1929) auf 501 254 (1930) um 15,7% – hat zur Folge, daß Kraftfahrzeuge zunehmend das Straßenbild beherrschen und von immer mehr Menschen täglich als Fortbewegungsmittel benutzt werden. Viele Autofahrer treten den Automobilclubs bei, die ihren Mitgliedern zahlreiche Servicedienste, u. a. Pannenhilfe, bieten und sich für die Anpassung des Verkehrssystems an die Bedürfnisse des Automobilverkehrs einsetzen. 1930 haben der Allgemeine Deutsche Automobil-Club (ADAC) und der Automobilclub von Deutschland (AvD) zusammen bereits über 130 000 Mitglieder.

Der wachsende Straßenverkehr wirkt sich auch auf die Verkehrspolitik von Reich und Ländern aus. Eine strengere Regelung des Verkehrs und der Aus- und Umbau des 280 000 km langen deutschen Straßennetzes werden in Angriff genommen. So regeln beispielsweise in Berlin seit 1930 Ampelanlagen den Straßenverkehr.

Im Luftverkehr werden die Bemühungen fortgesetzt, durch den Ausbau des Flugnetzes und den Bau von größeren und leistungsfähigeren Maschinen, das Flugzeug als Verkehrsmittel auch für Fernreisende attraktiv zu machen. Ein Resultat dieser Bemühungen ist die Konstruktion des Riesenflugbootes Do-X, das maximal 70 Passagiere aufnehmen kann und 1930 seinen ersten Transatlantikflug unternimmt (→ 5. 11./S. 198). Das erweiterte Flugnetz macht einen Ausbau der Flugsicherheit erforderlich: Zur Ortung der Flugzeuge sind im Deutschen Reich 13 Peilstellen installiert; fünf Wetterflugstellen in Berlin, Hamburg, Darmstadt, München und Königsberg melden täglich das Flugwetter.

Die zunehmende Konkurrenz der LKW im Güterverkehr ist ein Grund für wirtschaftliche Probleme der Reichsbahn. 1930 werden auf dem Schienenweg mit 399,5 Millionen t 17,8% weniger Güter transportiert als im Vorjahr. Der LKW bietet gegenüber der Bahn den Vorteil, daß er das Transportgut ohne Umladen direkt zum Abnehmer der Waren bringen kann.

Durch den Aufbau eines überregionalen Versorgungsnetzes für Strom und Gas im Deutschen Reich verliert die Bahn weitere wichtige Kunden; die für Industriezwecke benutzte Kohle muß vielfach nicht mehr zu den einzelnen Werken gebracht werden, deren Versorgung übernehmen zentral gelegene Kraftwerke.

Die Bahn wird zudem durch den Bau von Kanälen, wie z. B. des 1930 eröffneten Lippe-Seitenkanals, von der Binnenschiffahrt als Zulieferer von Massengütern zum Rhein und zur Nordsee verdrängt.

Rede von Lloyd-Präsident Heineken (stehend) vor der Generalversammlung der Reederei, die den Zusammenschluß mit Hapag befürwortet

Hapag und Norddeutscher Lloyd bilden Interessengemeinschaft

25. März. *In Hamburg geben die beiden deutschen Schiffahrtsunternehmen Hapag (Hamburg-Amerikanische-Packetfahrt-Actien-Gesellschaft) und Norddeutscher Lloyd in einer gemeinsamen Erklärung ihren Zusammenschluß zu einer Interessengemeinschaft bekannt. Der auf 50 Jahre geschlossene Vertrag soll die Vorteile einer Fusion bringen – vor allem Einsparungen durch gemeinsame Organisation und Abwicklung des Schiffsverkehrs – ohne daß die in Hamburg bzw. Bremen angestammten Unternehmen ihre Standorte und ihre Namen aufgeben müssen. Grundlage der Gemeinschaft ist die absolute Gleichberechtigung der Firmen, die einen gemeinsamen Vorstand erhalten: Gewinne und Verluste werden gleichmäßig verteilt.*

Leipziger Messe im Zeichen der Krise

8. März. In Leipzig endet die siebentägige Frühjahrsmesse, bei der die Folgen des New Yorker Börsenkrachs am 25. Oktober 1929 für Anbieter und Interessenten deutlich spürbar waren. Allgemein liegen die Geschäftsergebnisse unter den Abschlüssen früherer Jahre.

Positiv werden von Ausstellern die überraschend hohen Bestellungen aus dem europäischen Ausland bewertet, die größere Einbrüche bei den Verkaufszahlen verhindern. Im Gegensatz zu vorangegangenen Jahren kamen Interessenten überwiegend aus dem Ausland, vor allem aus Frankreich, den Niederlanden und Großbritannien.

Nachgefragt wurden besonders Produkte aus Porzellan, Glas und Leder, die bislang nur von wenigen Ausstellern angeboten wurden.

Da die Messeanlagen in Leipzig fast 50 Wochen im Jahr ungenutzt sind, plant die Messeleitung, die Baumesse, die bisher ein Teil der Frühjahrsmesse war und elf Ausstellungstage umfaßte, künftig als Dauerausstellung einzurichten.

Alljährlich werden auf der Leipziger Frühjahrsmesse auch technische Neuheiten gezeigt: Mit der neuentwickelten Transport-Schwebebahn können Arbeiter die oft langen Wege durch Fabrikhallen bequem überwinden. Die Leipziger Messe, entstanden um 1165 und eine der bedeutendsten internationalen Messen, hat sich während des 19. Jahrhunderts allmählich von einer Waren- zu einer Mustermesse weiterentwickelt.

Großbanken-Fusion gegen Finanznot

17. März. In New York werden die Fusionsverhandlungen der Equitable Trust Company, der Chase National Bank und der Interstate Trust Company zum Abschluß gebracht. Das als Chase National Bank weitergeführte Unternehmen ist mit Kapital und Reserven von insgesamt 2,8 Milliarden US-Dollar (rund 11,2 Mrd. RM) neben der National City Bank of New York das größte Bankhaus der Welt.

In den USA setzt sich damit der Trend zum Zusammenschluß großer Geldinstitute fort, der bereits im Sommer 1929 einsetzte: Mit dem Nachlassen der Konjunktur einige Monate vor dem großen New Yorker Börsenkrach am 25. Oktober 1929 wuchs bei den großen Banken die Bereitschaft, durch Zusammenschlüsse den zu befürchtenden Kapitalverlusten entgegenzuwirken. So entstand z. B. mit der Übernahme der National Bank of Commerce durch die Guaranty Trust Company of New York eine neue Großbank; 1930 wird zudem durch mehrere Fusionen die von Italien aus dirigierte Bank of America gegründet, mit 1,16 Mrd. US-Dollar (rund 4,7 Mrd. RM) Kapital und Reserven die viertgrößte Bank der Vereinigten Staaten.

Nach dem Börsenkrach sind in den USA viele Banken zahlungsunfähig geworden oder von Zahlungsunfähigkeit bedroht. Der wichtigste Grund dafür ist, daß die US-Banken in den Jahren der Hochkonjunktur seit 1922 immer mehr Kredite für Spekulationsgeschäfte an Börsenmakler vergeben haben; Ende 1929 waren durchschnittlich 35% aller Kredite Börsenkredite. Die einzige Sicherheit dafür, die mit den Krediten erworbenen Aktien und Wertpapiere, wurden durch den Zusammenbruch der Börse großenteils wertlos und die Schuldner damit zahlungsunfähig.

Auch im Deutschen Reich gab es bereits Jahre vor dem New Yorker Börsenkrach Bemühungen der großen Banken, ihre Spekulationsgeschäfte an den Börsen durch Fusionen besser abzusichern. So schlossen sich 1922 die Nationalbank für Deutschland und die Bank für Handel und Industrie zusammen. Solche Fusionen sind notwendig, weil viele Banken wegen zu geringem Eigenkapital keine großen Verluste ihrer Schuldner auffangen können.

Pluto als neunter Planet des Sonnensystems entdeckt

13. März. Forscher des Lowell-Observatoriums in Flagstaff (US-Bundesstaat Arizona) melden die Entdeckung des neunten Planeten des Sonnensystems.

Der Stern ist mit 5900 Millionen km rund 40mal so weit von der Sonne entfernt wie die Erde; gemäß seiner relativ geringen Helligkeit wird er der 15. Größenklasse zugerechnet. Am 26. Mai erhält er von seinen Entdeckern den Namen Pluto, dessen Anfangsbuchstaben die Initialen des Observatoriumgründers Percival Lowell wiedergeben.

Unter der Leitung von Clyde William Tombaugh hatte ein Team von Wissenschaftlern im Juli 1929 begonnen, mit einem speziell für die Sternwarte konstruierten Teleskop und einer Weitwinkelkamera von rund 33 cm Durchmesser den Himmel systematisch abzusuchen. Am 18. Februar wurde Pluto auf zwei Fotoplatten als schwacher Lichtpunkt sichtbar. Seine Entdeckung wird jedoch erst am 13. März, dem 149. Jahrestag der Entdeckung des Uranus, bekanntgegeben.

Die Existenz eines neunten Planeten war bereits zu Beginn des 20. Jahrhunderts aufgrund von Berechnungen der Astronomen Percival Lowell und William H. Pickering vermutet worden, ließ sich jedoch nicht nachweisen. Nur durch aufwendige technische Apparaturen war eine Positionsbestimmung des Planeten möglich.

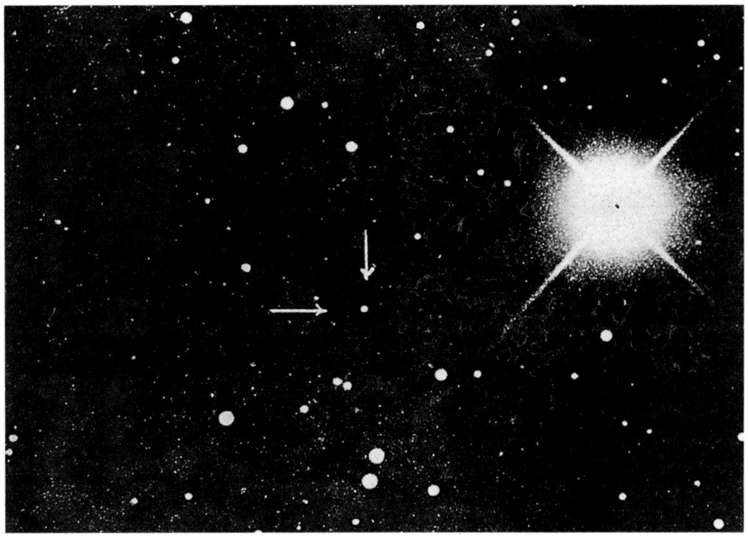

△ Das erste Foto des neuen Planeten (mit Pfeilen gekennzeichnet) neben dem Planetoiden Delta Geminorum

◁ »Mögen sie noch so viele Planeten entdecken – unser beider Macht bleibt doch unerschüttert!«; Kriegsgott Mars zur Liebesgöttin Venus im »Simplicissimus«

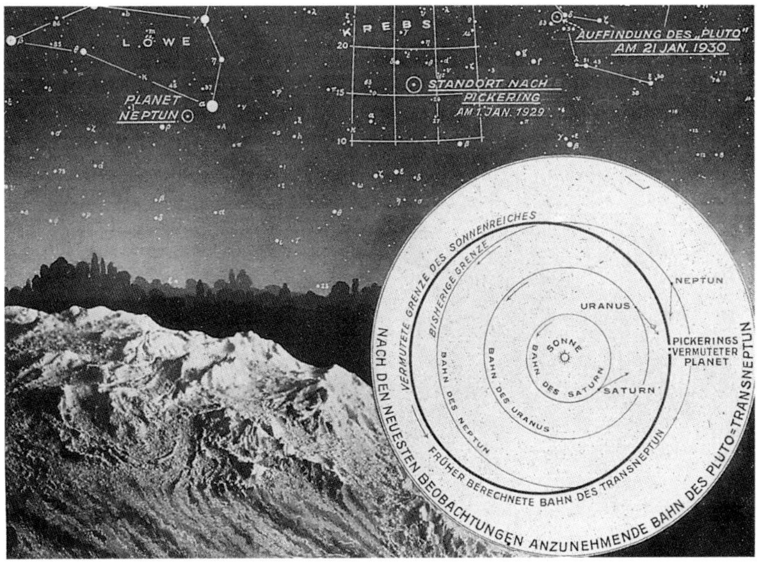

Eine Grafik in der »Illustrierten Zeitung« zeigt die bisher errechnete Position des Planeten Pluto und seine vermutete Umlaufbahn um die Sonne.

Groß-Teleskop in Berlin-Treptow, das auf den Pluto ausgerichtet wird

Erfolg mit Weitwinkelkamera

Mit dem Nachweis der Existenz des Pluto ist die seit der Mitte des 19. Jahrhunderts betriebene Suche nach dem neunten Planeten jenseits des Neptun abgeschlossen.

Nachdem die mit bloßem Auge sichtbaren Planeten Merkur, Venus, Mars, Jupiter und Saturn schon seit Jahrhunderten bekannt waren, ermöglichten erst im 17. Jahrhundert technische Neuentwicklungen wie die Erfindung des Fernrohrs genauere Beobachtungen des Sternenhimmels. Mit einem Spiegelteleskop entdeckte Wilhelm Herschel 1781 bei einer »Himmelsdurchmusterung« den Uranus. Unerklärliche Abweichungen dieses Planeten von seiner Bahn ließen auf die Einwirkung eines weiteren Planeten schließen. 1846 errechneten Johann Gottfried Galle und Heinrich Louis d'Arrest die Position des Neptun.

Mit der Entdeckung des Neptun konnten die Bahnabweichungen des Uranus nicht erschöpfend erklärt werden, zumal auch die Bahnbewegung des Neptun Unregelmäßigkeiten aufwies. Die Suche nach einem noch weiter von der Sonne entfernten Planeten blieb zunächst erfolglos. Der US-amerikanische Forscher David Peck Todd versuchte 1877/78 mit einem 66-cm-Spiegelteleskop und 400- bis 600facher Vergrößerung in klaren Nächten den unbekannten Planeten zu orten, konnte ihn aber nicht ausmachen, da er fälschlicherweise angenommen hatte, Pluto müsse die bei Planeten übliche sog. Scheibchenform aufweisen.

Neben zahlreichen Theorien von der Existenz mehrerer Himmelskörper jenseits aller Forschungsmöglichkeiten errechneten die US-Forscher William H. Pickering und Percival Lowell zu Beginn des 20. Jahrhunderts mit unterschiedlichen Methoden das Vorhandensein eines »transneptunischen Planeten« im gleichen Himmelsgebiet. Der fotografische Nachweis gelang ihnen hingegen nicht. Kurz vor seinem Tod 1916 veranlaßte Lowell in seinem Observatorium in Flagstaff/Arizona den Bau einer aufwendigen Weitwinkelkamera, die Clyde William Tombaugh technisch verbesserte; mit ihrer Hilfe entdeckte er den Pluto.

Byrd kehrt nach 453 Tagen aus der Antarktis zurück

10. März. Der US-amerikanische Admiral und Polarforscher Richard Evelyn Byrd landet mit seiner Begleitmannschaft nach einer 453tägigen Antarktisexpedition im neuseeländischen Hafen Dunedin, wo er von einer begeisterten Menschenmenge begrüßt wird.

Byrd hatte im Oktober 1928 mit großzügiger finanzieller Unterstützung der US-amerikanischen Industriellen Ford und Rockefeller auf dem Ross Eisschelf seinen Stützpunkt »Little America« errichtet. Von hier aus unternahm er mit seiner dreimotorigen Maschine zahlreiche Flüge, um bisher unerforschte Gebiete kartografisch zu erfassen. Er entdeckte mehrere Gebirgszüge von über 4000 m Höhe und nannte das dahinter liegende Gebiet nach seiner Frau Marie Byrd's Land. Am 29. November 1929 überflog er als Navigator mit drei Mitgliedern seiner Expedition als erster den Südpol. Für die Gesamtstrecke von rund 2500 km zum Pol und zurück benötigte er knapp 19 Stunden. Mit dieser Leistung knüpfte er an seinen Erfolg vom 9. Mai 1926 an, als er nach eigenen Angaben als erster Mensch mit einem Flugzeug den Nordpol überquerte, drei Tage vor der Pol-Überquerung durch Roald Amundsen und Umberto Nobile in einem Luftschiff.

Der Wettlauf zum Südpol

Zu Beginn des 19. Jahrhunderts wurde die Antarktis von verschiedenen Seefahrern durch Zufall entdeckt, doch bestand zunächst kein Interesse an ihrer Erforschung. Lediglich Wal- und Robbenfänger wagten sich in die eisigen Südmeere vor. Die erste Expedition in das Innere des Südpolargebiets unternahm 1907 bis 1909 der Brite Ernest H. Shakleton. Nationales Prestige bestimmte 1911/12 den Wettlauf des Norwegers Roald Amundsen und des Briten Robert F. Scott zum Südpol. Amundsen erreichte ihn vier Wochen vor Scott, der auf dem Rückweg umkam. In den folgenden Jahren ließ das öffentliche Interesse an der Polarforschung nach, obwohl Forscher aus zahlreichen Ländern sich an der Erschließung der Antarktis beteiligten. Erst der Einsatz von Flugzeugen durch George H. Wilkins, der 1928 die Westantarktis überflog, ließ weitere Endeckungen wahrscheinlich werden.

Am Ende des langen arktischen Winters hissen Byrd und seine Mitarbeiter im Lager »Little America« die US-Flagge.

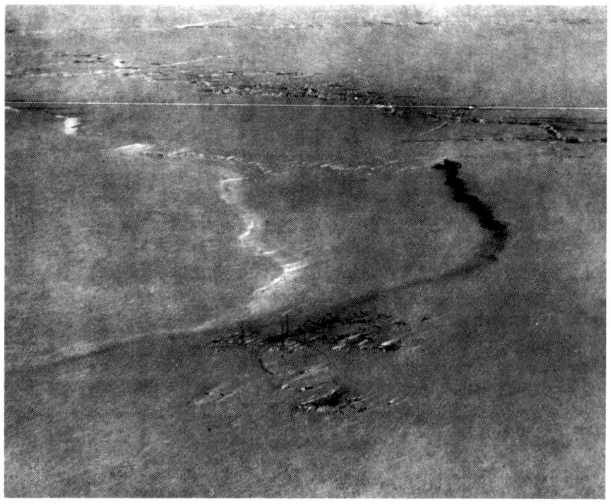

Luftaufnahme des Lagers »Little America«, das für Byrds Expeditionen zwei Winter lang Ausgangsbasis war.

◁ Der Polarforscher und Konteradmiral Richard E. Byrd (3. v. r.) spricht zu den Mitgliedern seiner Expedition; der 41jährige US-Amerikaner hatte 1924 mit den Vorbereitungen für die Erforschung von Nord- und Südpol vom Flugzeug aus begonnen, nachdem er eine Expedition nach Westgrönland geleitet hatte. Nach seinem von Fachleuten angezweifelten Flug über den Nordpol 1926 versuchte Byrd, seinen Ruf zu verbessern; er gehörte zu den Beratern von Charles A. Lindbergh bei dessen Transatlantikflug 1927 und flog einen Monat später selbst mit drei Mitarbeitern in 42 Stunden von den USA nach Frankreich. 1929 überflog er den Südpol.

Bizarre Schönheit bei extremen Minustemperaturen: Aufeinandergetürmtes Packeis in der Walfisch-Bai

Temperaturen um – 60 °C verhindern das Fliegen im Winter. Im Frühling werden die Flugzeuge vom Schnee befreit.

»Europa« gewinnt »Blaues Band«

__25. März.__ Der deutsche Schnelldampfer »Europa« trifft nach seiner Atlantiküberquerung in einer Rekordzeit von 4 Tagen, 16 Stunden und 48 Minuten in New York ein. Damit erringt er das »Blaue Band«, das vorher die »Bremen«, das Schwesterschiff der »Europa«, getragen hatte.

Die »Europa« war am 19. März in Bremerhaven gestartet und hatte zwei Tage später Cherbourg passiert, wo die Rekordstrecke zum Ambrose-Feuerschiff vor New York beginnt. Trotz schlechter Wetterverhältnisse, die streckenweise verlangsamte Fahrt erforderlich machten, erreichte das 49 746 BRT große Schiff eine Durchschnittsgeschwindigkeit von 27,91 Knoten gegenüber 27,72 Knoten der »Bremen«.

Zum vierten Mal erringt ein deutsches Schiff das »Blaue Band«, das seit 1838 von der Regierung Großbritanniens für die schnellste Überquerung des Atlantischen Ozeans verliehen wird.

◁ Der deutsche Schnelldampfer »Europa« beim Start seiner Rekordfahrt in Bremerhaven

Karnevalisten feiern Rheinlandräumung

3. März. Bei strahlendem Sonnenschein finden am Rosenmontag in den Städten des Rheinlands die traditionellen Umzüge der Karnevalsvereine statt.

Thematischer Schwerpunkt aller Züge ist die bevorstehende endgültige Räumung des Rheinlands durch die alliierten Truppen (→ 30. 6./S. 106). Aber auch die Finanznot der Länder und Gemeinden (→ 18. 2./S. 34) und andere regionale Themen werden karikiert.

Der Rosenmontagszug in Mainz fällt in diesem Jahr besonders prunkvoll aus; bei den Karnevalsveranstaltungen im Vorjahr waren so große Überschüsse erzielt worden, daß in diesem Jahr sogar die Garden neu eingekleidet werden konnten. Im Vorfeld der Züge hatte es von sozialistischen und kommunistischen Gruppen Proteste gegeben. So hatte die »Vereinigung sozialistischer Polizeibeamter« in Köln den Vorschlag gemacht, alle Karnevalsveranstaltungen zugunsten Arbeitsloser ausfallen zu lassen.

Daß der diesjährige Karneval von politischen Themen bestimmt wird, kommt auch auf einer Sonderseite der »Illustrierten Republikanischen Zeitung« zum Ausdruck: Die Streitigkeiten der Rechtsparteien um Alfred Hugenberg, die Ernennung Wilhelm Fricks zum thüringischen Innenminister sind ebenso Anlaß zum Spott wie das Auftreten von Reichsbankpräsident Schacht bei der Zweiten Haager Konferenz.

Ehe-Annullierung wegen Liebhabern

4. März. Das Kammergericht in Berlin annulliert in zweiter Instanz eine acht Monate zuvor geschlossene Ehe mit der Begründung, die angeklagte Frau habe ihrem Mann vor der Eheschließung verschwiegen, daß sie vor der Hochzeit bereits vier Liebhaber gehabt habe.

Mit seinem Urteil folgt das Gericht einer Eheanfechtungsklage des Ehemanns. Zur Begründung wird ausgeführt, daß es unerheblich sei, ob auch der Ehemann voreheliche Liebesverhältnisse gehabt habe. Nach den »geltenden sittlichen Anschauungen« könne ein Mann ohne Schmälerung seines Ansehens mehrere voreheliche Liebesverhältnisse haben. Für eine Frau könne hingegen nur ein »ernsthaftes« Liebesverhältnis eine Entschuldigung für vorehelichen Geschlechtsverkehr sein: Im vorliegenden Fall verweise jedoch die Häufigkeit der Liebesverhältnisse auf eine mangelnde »geschlechtliche Beherrschung« der beklagten Frau.

Kunst 1930:

Vielfalt der Stile und große Schaffenslust

Die Kunstszene an der Wende zu den 30er Jahren ist durch eine außerordentliche Vielfalt und Produktivität gekennzeichnet. Während Expressionismus und Dada-Kunst bereits als »altmodisch« gelten, leben kubistische Einflüsse fort, und die Abstrakten, wie Wassily Kandinsky oder Piet Mondrian, gehören weiterhin zur Avantgarde. Neben die Neue Sachlichkeit, die vor allem im deutschsprachigen Raum das Bild bestimmt, ist von Frankreich ausgehend der Surrealismus getreten.

Der spanische Künstler Pablo Picasso, einer der Begründer des Kubismus, jener Richtung, die den im Bild dargestellten Gegenstand aus geometrischen Formelementen zusammensetzt, malt in den Jahren 1928 bis 1930 eine ganze Reihe von Frauenbildnissen aus kombinierten Vorder- und Seitenansichten, 1930 z. B. »Sitzende Badende«. Picasso benutzt zu dieser Zeit das Formenvokabular dieses Stils bereits souverän, verwendet jedoch außerdem die Mittel des klassizistischen Realismus und expressionistische Stilelemente.

Ebensowenig einer Richtung eindeutig zuzuordnen ist Paul Klee, Lehrer am Staatlichen Bauhaus in Dessau, der mit seinen Bildern aus »paradoxer Perspektive« an Picasso erinnert, aber auch vom Surrealismus beeinflußt ist. Abstraktion und Gegenständlichkeit sind in seinem Werk, das sich durch transparente Farbintensität und häufig durch eine amüsant-heitere Note auszeichnet, in einem besonders sensiblen Gleichgewicht.

Heiter, zugleich lyrisch-träumerisch, wirken auch die Aquarelle des – ebenfalls am Bauhaus in Dessau tätigen – deutsch-US-amerikanischen Malers Lyonel Feininger. Die prismatische Aufsplitterung in seinen Bildern ist 1930 bereits weitgehend von einer ruhigeren, großflächigeren Gestaltungsweise abgelöst. 1929 bis 1931 entsteht eines der Hauptwerke des Malers, der sich vorwiegend architektonischen Themen widmet, mit den elf Stadtansichten im Auftrag der Stadt Halle, u. a. »Ostchor des Domes zu Halle«.

Die Stilrichtung der Neuen Sachlichkeit, die sich Mitte der 20er Jahre in Kontrast zum gefühlsgeladenen Expressionismus mit einer nüchtern-distanzierten, eher harten Darstellungsweise in der deutschen Kunstszene durchgesetzt hat, ist in ihren vielfältigen Ausprägungen weiterhin lebendig. Die »veristische« Variante, die eine genaue Wiedergabe der Realität leisten will, zeichnet sich teilweise jedoch durch einen scharfen, fast karikaturistisch verzerrenden, sozialkritischen Blick auf die Epoche aus. Diese Richtung verkörpert neben George Grosz vor allem Otto Dix, der seit 1929 an seinem Triptychon »Der Krieg« arbeitet. Die Werke von Georg Schrimpf, Alexander Kanoldt und Christian Schad (»Die Freundinnen«, 1930), die ebenfalls zur »Neuen Sachlichkeit« gehören, werden dagegen eher durch eine strenge und kühle, auf jegliche Interpretation verzichtende Abbildung sozialer Wirklichkeit bestimmt. Parallelen zum Stil dieser Maler finden sich bei den US-amerikanischen Künstlern Edward Hopper und Grant Wood.

Zur 1924 von dem Kunsttheoretiker André Breton offiziell konstituierten surrealistischen Bewegung, die Elemente von Traum, Übersinnlichem und Unbewußtem mit Realitätsfragmenten verbindet, zählen neben Salvador Dalí auch René Magritte, Joan Miró, Yves Tanguy und Max Ernst. Die von Ernst geschaffenen Collagen und Assemblagen konzentrieren sich vor allem auf die charakteristischen Motive Wald und Vogel. 1930 führt Ernst mit dem suggestiven Bild »Loplop stellt Loplop vor« den sog. »obersten Vogel« namens Loplop – eine Art persönliches Phantom – in sein künstlerisches Werk ein.

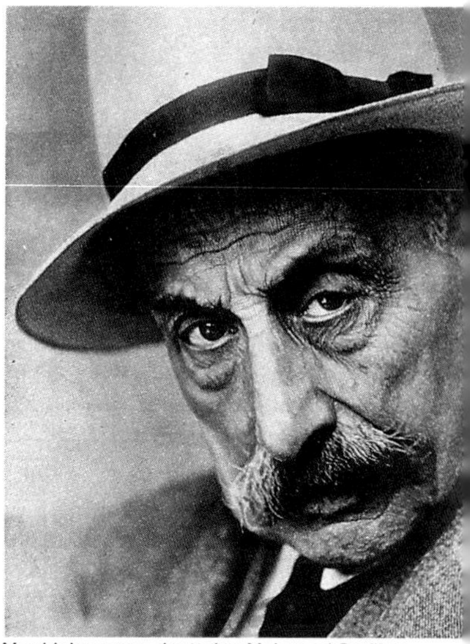

Max Liebermann, deutscher Maler und Grafiker

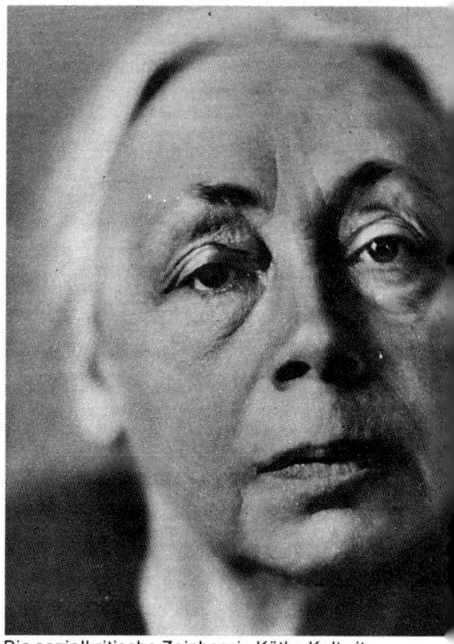

Die sozialkritische Zeichnerin Käthe Kollwitz

Der deutsche Bildhauer Rudolf Belling (hier mit Sohn) schafft seit 1927 Werke, die der Neuen Sachlichkeit zugeordnet werden.

Henri Matisse, Begründer des Fauvismus, der sich durch grelle, plakative Farben und eine flächige Malweise auszeichnet

Der Bildhauer Ernst Barlach (r.), bekannt durch seine expressiven Plastiken, im Gespräch mit seinem Pariser Kollegen Aristide Maillol

Otto Dix, hier in der Maske des Gauklerkönigs auf dem Akademieball in Dresden, will mit seinen Bildern die Epoche entlarven.

»Komposition mit gelbem Fleck«, Gemälde des Niederländers Mondrian, 1930

Mondrians Rechtecke in Gelb, Blau und Rot

Der Niederländer Piet Mondrian, Mitbegründer der Bewegung De Stijl, arbeitet in Paris an der Vervollkommnung der von ihm begründeten Stilrichtung des Neoplastizismus. Dieser Stil, dem sich Mondrian nach konventionellen Anfängen ab 1917 zuwandte und den er auch theoretisch erläuterte, ist durch völlige Abstraktion und die Beschränkung auf die gerade Linie, das Rechteck sowie die drei Primärfarben Rot, Gelb, Blau sowie die drei primären Nichtfarben Weiß, Grau und Schwarz gekennzeichnet. Die Rechtecke verbindet ein Gerüst schwarzer Linien zu einer durchorganisierten Fläche.

Paul Klee, »Versiegelte Dame«, Aquarell 1930; der Künstler hat, obwohl beeinflußt von seinen Kollegen am Bauhaus – Feininger, Kandinsky und Schlemmer – ein Werk erarbeitet, das sich keiner Richtung zuordnen läßt.

Die deutsche Bildhauerin und Grafikerin Renée Sintenis beschäftigt sich in ihren Arbeiten hauptsächlich mit Tierfiguren. Ihre Plastiken arbeitet sie weitgehend in Bronze, Terrakotta oder Silberguß, ihre grafischen Werke bestehen meist aus Holzstichen oder Radierungen.

◁ »American Gothic«, Gemälde (1930, Chicago Art Institute); der US-amerikanische Maler Grant Wood hat darin seine Schwester und seinen Zahnarzt porträtiert. Beeinflußt von der niederländischen und deutschen realistischen Schule des 15. und 16. Jahrhunderts sowie von der Neuen Sachlichkeit, stellt Wood in einem strengen, stilisierten Realismus mit satirischer Absicht Menschen aus seiner provinziellen Umwelt dar.

Skandal um neue Oper von Brecht/Weill

9. März. Bei der Uraufführung der Oper »Aufstieg und Fall der Stadt Mahagonny« von Kurt Weill/Bertolt Brecht in Leipzig kommt es zu Tumulten im Zuschauerraum.

Die neue Gemeinschaftsarbeit von Brecht/Weill spielt, wie die 1928 uraufgeführte »Dreigroschenoper«, im Milieu der Gangster, Huren und Außenseiter, ist jedoch in der politischen Aussage und in den Gestaltungsmitteln radikalisiert.

Brecht und Weill schildern das Schicksal des Holzfällers Jim Mahoney in der verrufenen Stadt Mahagonny; hier gibt es kein größeres Verbrechen, als kein Geld zu haben. Die Zügellosigkeit der Bewohner Mahagonnys kostet Jim schließlich das Leben und führt die Stadt in den Untergang.

Es ist Brechts Absicht zu zeigen, wie das kapitalistische System an seinen eigenen Widersprüchen zugrunde geht. Er bedient sich dazu nicht der spannungserzeugenden Mittel des Illusionstheaters, sondern bemüht sich durch die Reihung von Situationen mit kommentierenden Einlagen um politische Aufklärung. Weills Musik verbindet Elemente von Bänkelgesang und Jazz, an die Stelle der Combo in der »Dreigroschenoper« ist ein Sinfonieorchester getreten.

Die Zuschauer bei der Leipziger Premiere sind empört, nicht zuletzt weil Brecht und Weill mit traditionellem Opernverständnis brechen: Es wird nicht mehr der schöne Schein dargestellt, sondern das Geschehen spiegelt die Wirklichkeit wider. Die »Zeitschrift für Musik« kommentiert: »Halloh, meine sauberen Herren Brecht und Weill, Ihre Tage dürften wohl ebenfalls gezählt sein wie die Ihrer Abschaumstadt Mahagonny! Setzte es doch bei der Uraufführung dieses denkbar üblen, hundsgemeinen und vor allem künstlerisch impotenten Stücks einen derart ehrlichen, prächtigen Theaterskandal ...«

Das Finale der Oper: Ein Demonstrationszug mit Parolen wie »Für die Freiheit der reichen Leute« erregt den Protest des Leipziger Publikums.

Ironische Kritik an Sowjet-Bürokraten

16. März. Im Moskauer Meyerhold-Theater wird das Drama »Das Schwitzbad« von Wladimir W. Majakowski uraufgeführt. Inszeniert wurde die Satire um die sowjetische Bürokratie von Karl Theodor Kasimir Meyerhold.

Das Stück erzählt von der Erfindung einer Zeitmaschine und dem Umgang sowjetischer Funktionäre mit diesem Gerät. Dabei wird im Rahmen einer Diskussion die sowjetische Bürokratie unverhohlen kritisiert.

Knapp einen Monat nach der Uraufführung, die von der sowjetischen Parteiführung heftig angegriffen wird, begeht Majakowski in Moskau Selbstmord. Er war bei den kommunistischen Machthabern u. a. schon wegen seiner satirischen Komödie »Die Wanze« (1928) in Ungnade gefallen. Seitdem waren die Arbeitsmöglichkeiten des überzeugten Kommunisten eingeschränkt. Auch der Regisseur Meyerhold sieht sich zunehmend Angriffen des Stalin-Regimes ausgesetzt. Seine bisher führende Rolle als Theateravantgardist kann er deshalb nicht behaupten.

Diskussionen über eine zeitgemäße Jugendliteratur

22. März. Der vom Börsenverein des deutschen Buchhandels veranstaltete »Tag des Buches« 1930 steht unter dem Motto »Jugend und Buch«.

In den Kulturzeitschriften des Deutschen Reichs wird seit einigen Jahren eine heftige Debatte über eine zeitgemäße Jugendliteratur geführt, an der sich namhafte Kritiker wie Wolf Zucker, Walter Benjamin und Ernst Bloch beteiligen. Die »Literarische Welt« gibt aus Anlaß des »Tages des Buches« eine Sondernummer über »Kinderbücher und Jugendschriften« heraus und veröffentlicht eine Umfrage unter Prominenten über den stärksten Bucheindruck ihrer Kindheit.

Während die in der Tradition der »Jugendschriftenbewegung« stehenden Pädagogen – etwa Wilhelm Fronemann im »Bücherwurm« vom März 1930 – an der Vorstellung festhalten, daß es Aufgabe der Jugendliteratur sei, die Entfaltung des »inneren Menschtums« voranzutreiben und die jungen Menschen zugleich an sog. »wertvolle« Literatur heranzuführen, brechen andere eine Lanze für Bücher wie die Abenteuerromane Karl Mays, dessen literarisches Werk wenige Jahre zuvor noch als trivial und für die Jugend verderblich eingestuft worden ist.

Ein neues Genre der Jugendliteratur mit gewitzten Großstadtkindern als Helden hat Erich Kästner geschaffen, dessen 1928 veröffentlichter Roman »Emil und die Detektive« ein großer Erfolg geworden ist.

Eines der erfolgreichsten Kinderbücher aus der Weimarer Zeit ist »Die Häschenschule«, ein Bilderbuch, illustriert von Fritz Koch-Gotha, mit Versen von Albert Sixtus. Von dem 1923 erstmals verlegten Bändchen erscheint 1930 die 14. – 15. Auflage im 161. – 180. Tausend. Koch-Gothas zweites Werk, »Waldi. Ein lustiges Dakkelbuch« (1930), ist nicht so erfolgreich.

Der »Tag des Buches« wird 1930 zum zweiten Mal begangen. Dieser Aktionstag, mit dem der Börsenverein des deutschen Buchhandels die Lesekultur fördern und das Buch gegen die neuen Medien verteidigen will, soll künftig alljährlich am 22. März, dem Todestag des Klassikers der deutschen Literatur, Johann Wolfgang von Goethe, stattfinden.

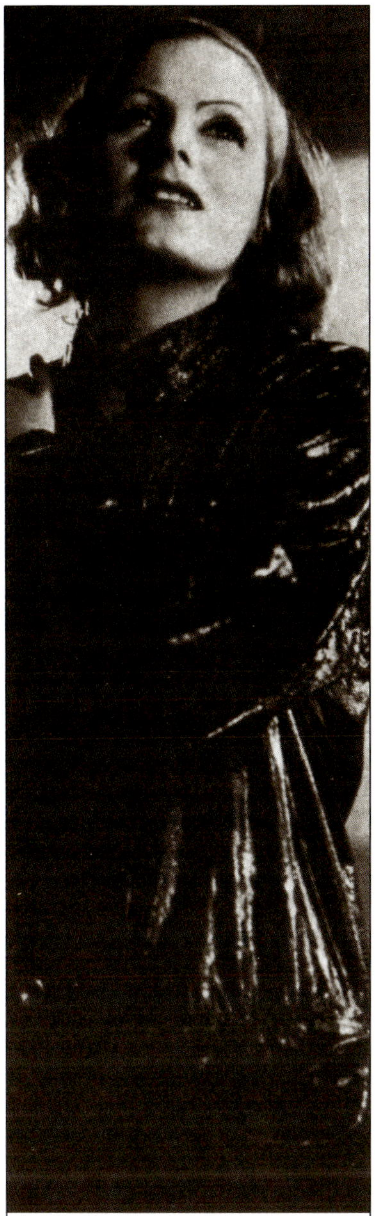

Greta Garbo als »Anna Christie«

Sprechende Garbo

14. März. *In den USA hat der erste Tonfilm der schwedischen Filmdiva Greta Garbo (eigtl. Greta Lovisa Gustafsson) Premiere. Es ist die Verfilmung des Bühnenstücks »Anna Christie« von Eugene O'Neill. Die Kritik nimmt den neuen Film begeistert auf, in dem die Garbo wiederum den Typ der unnahbaren Frau verkörpert, die von einem unheilvollen Schicksal betroffen ist. Der Übergang vom Stumm- zum Sprechfilm, der vielen Schauspielern Mühe bereitet, gelingt Greta Garbo ohne Probleme, da sie über eine geheimnisvoll-dunkle, zugleich aber klare Stimme verfügt, die mit ihrer sinnlichen Mimik korrespondiert.*

Hochwasser verwüstet Süden Frankreichs

3. März. In Südfrankreich kommt es infolge einer plötzlichen Schneeschmelze zu einer Überschwemmungskatastrophe, bei der über 2000 Menschen getötet werden.

Die Wasserpegel der Flüsse aus den Pyrenäen und dem Zentralmassiv sind um sechs bis neun Meter gestiegen. Die Flut setzte dabei so plötzlich ein, daß keinerlei Vorsorgemaßnahmen ergriffen werden konnten. Ganze Ortschaften werden durch die schnell steigenden Fluten von der Außenwelt abgeschnitten. Erste Versuche, den vom Wasser eingeschlossenen Menschen zu helfen, scheitern an der starken Strömung. Die Stadt Perpignan am Têt und ihr Umland ist weitgehend überschwemmt; Straßen und Eisenbahnlinien sind zerstört, Fernmeldeeinrichtungen nicht mehr zu benutzen. Die Einwohner haben sich auf die Dächer ihrer Häuser geflüchtet. Sie werden von der Armee mit Lebensmitteln, Decken und Medikamenten versorgt.

Am 10. März veröffentlicht die »Frankfurter Zeitung« einen Bericht über das von der Flut schwer zerstörte Toulouse: »Bisweilen ist ein Haus von oben bis unten zerspalten und läßt einen grausigen Querschnitt sehen, über dem ein Bett, eine Tür, ein wehender Fenstervorhang hinausragt. Treppen schweben frei in der Luft und brechen jäh ins Nichts ab, Fußböden des Erdgeschosses sind von der in den Keller gedrungenen Flut hochgewölbt, als seien sie aus Blech.«

Das französische Parlament bewilligt am 7. März einen Notstandskredit von 100 Mio. Francs (ca. 16,5 Mio. RM) für das Katastrophengebiet. Die Gelder sollen zunächst die größte Not der Menschen lindern.

Doch nicht nur Frankreich wird im Frühjahr von einer Naturkatastrophe heimgesucht. Weltweit fordern extreme Wetterlagen Todesopfer. In Südengland und London kamen am 13. Januar bei einem schweren Sturm mit Windgeschwindigkeiten von 160 km/h 36 Menschen ums Leben. Anfang Januar waren die Bewohner in Teilen der US-amerikanischen Rocky Mountains nach Schneefällen von der Umwelt abgeschnitten. Eine Kältewelle mit Temperaturen von –55 °C, die zur gleichen Zeit den Westen und den Mittelwesten der USA heimsuchte, forderte über 100 Tote.

△ Auch die Flüsse des französischen Zentralmassivs überfluten ganze Landstriche; der Ort Reyniés am Tarn ist fast völlig zerstört.

◁ In vielen Städten ist die Wasserversorgung unterbrochen; Wagen der Straßenreinigung versorgen die Bewohner nun mit Trinkwasser.

Innenraum der Kathedrale von Agen an der Garonne; auch Kunstgegenstände und wertvolle Gemälde werden Opfer der Wassermassen, die große Teile der südwestlichen Regionen Frankreichs überschwemmen.

April 1930

Mo	Di	Mi	Do	Fr	Sa	So
	1	2	3	4	5	6
7	8	9	10	11	12	13
14	15	16	17	18	19	20
21	22	23	24	25	26	27
28	29	30				

1. April, Dienstag

Der neugewählte Reichskanzler Heinrich Brüning (Zentrum) gibt im Reichstag seine Regierungserklärung ab. Für den Fall, daß das Parlament nicht mit seiner Regierung kooperiert, droht der Kanzler mit Auflösung des Abgeordnetenhauses. (→ 3. 4./S. 74)

In Essen kündigt das Aufkaufkonsortium der Großeisenkonzerne die endgültige Stillegung der Betriebe des Stahlwerkes Becker AG an. Am 12. April einigen sich die Betriebsleitung und die Belegschaft jedoch darauf, den Betrieb nur teilweise stillzulegen.

In Kopenhagen bricht der deutsche Forscher Alfred Wegener zu einer Grönlandexpedition auf, die das grönländische Inlandeis und das Klima erkunden soll. Das Inlandeis bedeckt 1,834 Mio. qkm Grönlands und ist bis zu 3400 m dick (→ 26. 11./S. 199).

Im Berliner Ufa-Palast wird der Film »Der blaue Engel« mit Marlene Dietrich, Emil Jannings und Hans Albers uraufgeführt. Die Regie des Filmes nach dem Roman »Professor Unrat« von Heinrich Mann führt der in den USA lebende Josef von Sternberg. → S. 80

In Bayreuth stirbt die Witwe des Komponisten Richard Wagner, Cosima Wagner, im Alter von 92 Jahren. Nach dem Tod des Komponisten 1883 übernahm sie bis 1906 die künstlerische und organisatorische Leitung der Bayreuther Festspiele. → S. 80

2. April, Mittwoch

In Addis Abbeba stirbt die äthiopische Kaiserin Zäuditu. Die Kaiserin hat seit 1916 zusammen mit dem Regenten Täfäri Mäkwännen das nordafrikanische Land regiert. Der westlichen Einflüssen aufgeschlossene Regent wird am → 2. November (S. 194) als Haile Selassie I. zum Kaiser gekrönt.

3. April, Donnerstag

Im Reichstag wird ein Mißtrauensantrag von SPD und KPD gegen die neue Reichsregierung unter Heinrich Brüning (Zentrum) mit 252 gegen 187 Stimmen abgelehnt. Eine Überraschung ist die Unterstützung der Deutschnationalen Volkspartei (DNVP) für die Regierung. → S. 74

In Großbritannien wird die »Kohlenbill« der Labour-Regierung unter James Ramsey MacDonald in dritter Lesung mit 277 gegen 234 Stimmen angenommen. Die Regierung hofft, durch die Verkürzung der Arbeitszeit und die Einführung von Förderquoten neue Arbeitsplätze in der britischen Kohleindustrie zu schaffen. → S. 71

Im thüringischen Landtag wird ein Mißtrauensantrag, den die SPD gegen den nationalsozialistischen Innen- und Bildungsminister Wilhelm Frick gestellt hat, mit 25 Stimmen der Rechtsparteien gegen 25 Stimmen der Sozialdemokraten, Kommunisten und Demokraten abgelehnt. Die SPD wirft Frick den Mißbrauch seiner Ämter vor (→ 23. 1./S. 20).

Der deutsche Theaterregisseur Erwin Piscator übernimmt zusammen mit seiner Schauspielgruppe, dem sog. Piscatorkollektiv, das Berliner Wallner-Theater. Piscator versucht, u. a. mit Hilfe von mehrgeschossigen Spielflächen sowie Foto- und Filmprojektionen, neue Formen des modernen Theaters zu entwikkeln. → S. 81

4. April, Freitag

Der österreichische Nationalrat nimmt das Gesetz zum Schutz der Arbeits- und Versammlungsfreiheit (Antiterrorgesetz) an. Das Gesetz richtet sich vor allem gegen die bewaffneten Selbstschutzorganisationen der Parteien, die besonders seit 1929 die Öffentlichkeit durch gewalttätige Aktionen beunruhigen (→ 18. 5./S. 92).

Der Oberbefehlshaber der chinesischen Nordtruppen, General Yen Hsi-schan, erklärt in Peking der Nationalregierung der Republik China unter Chiang Kaishek den Krieg. Diese Kriegserklärung bildet den Höhepunkt der Auseinandersetzungen zwischen dem Norden und dem Süden Chinas. Yen strebt die Errichtung einer selbständigen nordchinesischen Regierung an. → S.72

5. April, Samstag

König Albert I. von Belgien unterzeichnet ein Gesetz, das die Flämisierung der Universität Gent einleitet. Das Gesetz kommt der flämischen Minderheit in der belgischen Bevölkerung entgegen, die ihre Sprache und Kultur gegenüber der französisch sprechenden, wallonischen Mehrheit bewahren wollen.

In Gießen findet in Anwesenheit des hessischen Ministerpräsidenten Bernhard Adelung die Einweihung der Heilstätte Seltersburg statt, des ersten Sanatoriums für Kehlkopftuberkulose im Deutschen Reich.

Der Fernsprechverkehr zwischen dem Deutschen Reich und Moskau wird in Berlin eröffnet. Gespräche von Pressevertretern aus Moskau werden jedoch durch die sowjetische Regierung untersagt, da alle Nachrichten aus der Sowjetunion der Zensur unterliegen.

6. April, Sonntag

In der indischen Stadt Dandi beginnt der Führer der indischen Unabhängigkeitsbewegung Mohandas Karamchand »Mahatma« Gandhi nach einem 300 km langen Marsch, dem sog. Salzmarsch, mit der Salzgewinnung. Er verstößt damit gegen das von den Briten beanspruchte Salzmonopol. → S. 68

Bei einer Volksabstimmung in der Schweiz nehmen die Stimmberechtigten eine Revision des schweizerischen Alkoholgesetzes an, das den Verkauf von Kartoffel- und Obstschnaps unter ein staatliches Alkoholmonopol stellt und hoch besteuert.

7. April, Montag

Das Reichskabinett nimmt die Debatte über das Agrarprogramm von Ernährungsminister Martin Schiele (DNVP) auf, der mit seinem Programm der unter Absatzschwierigkeiten leidenden deutschen Landwirtschaft helfen will.

In Wiesbaden zeigt der Nassauische Kunstverein die Frühjahrsausstellung »Deutsche Kunst unserer Zeit« mit Arbeiten deutscher Künstler u. a. von Max Liebermann und Oskar Schlemmer. → S. 81

In Monte Carlo gewinnt der Franzose René Dreyfus in 3:41:02,6 h auf Bugatti den Großen Preis von Monaco. Die zwei deutschen Teilnehmer, Ernst Günther Burggaller (Bugatti) und Hans Stuck (Austro-Daimler) mußten vorzeitig aufgeben. → S. 81

8. April, Dienstag

Parteivorstand und Parteivertretung der Deutschnationalen Volkspartei (DNVP) sprechen Alfred Hugenberg als dem Parteivorsitzenden einstimmig das Vertrauen aus. Hugenbergs Stellung wurde am → 3. April (S. 74) erschüttert, als der Politiker sich mit seiner regierungsfeindlichen Haltung innerhalb der DNVP-Fraktion im Reichstag nicht durchsetzen konnte.

9. April, Mittwoch

Das lettische Parlament wählt seinen Vizepräsidenten, Albert Kviesis, zum neuen Staatspräsidenten. Kviesis wird Nachfolger von Gustav Zemgals. Er ist Abgeordneter des Lettischen Bauernbundes.

In Berlin wird die 50. Vollversammlung des deutschen Industrie- und Handelstages von ihrem Präsidenten Franz von Mendelssohn eröffnet. Im Mittelpunkt des Kongresses, an dem auch Wirtschaftsminister Hermann Robert Dietrich (DDP) teilnimmt, stehen die wachsenden Schwierigkeiten der deutschen Wirtschaft angesichts der weltweiten Krise.

10. April, Donnerstag

Im Reichstag beginnt die zweite Lesung der Deckungsvorlagen zur Finanzierung der Arbeitslosenversicherung. Der Plan des Reichskanzlers Heinrich Brüning (Zentrum), die Industrie steuerlich zu entlasten, wird von der SPD heftig angegriffen (→ 30. 3./S. 51).

11. April, Freitag

Der frühere österreichische Bundeskanzler Ignaz Seipel legt sein Amt als Parteiführer der Christlichsozialen Partei (CP) u. a. wegen Meinungsverschiedenheiten mit seinen Parteigenossen nieder. Seipel, der u. a. mit der Heimwehr, einer rechtsgerichteten Frontkämpfervereinigung, gegen die sozialdemokratische Opposition agitierte, ist mit seinem anti-marxistischen Kurs in seiner Partei auf Widerstand gestoßen.

In London veröffentlicht die Zeitung »Daily Express« als erste Tageszeitung täglich einen Überblick über das Fernsehprogramm. → S. 78

12. April, Samstag

Der thüringische Innen- und Volksbildungsminister Wilhelm Frick (NSDAP) erläßt eine Verfügung gegen die »Negerkultur«, mit der er gegen »fremdrassige Einflüsse« auf die deutsche Kultur vorgehen will (→ 23. 1./S. 20).

In Berlin wird ein deutsch-österreichischer Handelsvertrag unterzeichnet. Der Vertrag sieht u. a. Erleichterungen für den Import österreichischer Industrieerzeugnisse ins Deutsche Reich vor. Reichsaußenminister Julius Curtius (DVP) beurteilt den Vertrag als einen Schritt auf dem Weg zur Vereinigung beider Länder.

Die Oper »Aus einem Totenhaus« von Leos Janácek wird im Brünner Nationaltheater uraufgeführt. Der am 12. August 1928 verstorbene Janácek hat sich bei der Komposition des Werkes auf eine von ihm entwickelte Theorie der Sprachmelodie gestützt.

Auf der Themse bei London gewinnt der Universitätsachter von Cambridge das traditionelle jährliche Ruderwettrennen gegen Oxford. Für Cambridge ist es der achte Sieg in Folge.

13. April, Sonntag

In Den Haag schließt die Internationale Konferenz zur Kodifizierung des Internationalen Rechts des Völkerbundes mit der Unterzeichnung einer Schlußakte, die u. a. einen Staatsangehörigkeitsvertrag beinhaltet.

In New York demonstrieren Frauen gegen das Verbot von Herstellung, Transport und Verkauf alkoholischer Getränke (sog. Prohibition), das in den USA seit 1920 per Bundesgesetz verhängt ist (→ 18. 4./S. 73).

Die Berliner Städtischen Elektrizitätswerke (Bewag) erhalten von dem New Yorker Bankhaus Dillon, Read & Co einen Kredit über 15 Mio. US-Dollar (rd. 62,8 Mio. RM). Die Stadt Berlin benötigt im Rahmen der Sanierungsmaßnahmen ihres Finanzhaushaltes diese Anleihe zur Sicherstellung der öffentlichen Versorgung (→ 18. 2./S. 34).

Der italienische Autorennfahrer Tazio Nuvolari gewinnt in Italien das Automobilrennen »1000 Meilen von Brescia« auf Alfa Romeo. Mit einer Durchschnittsgeschwindigkeit von 100,45 km/h verbessert Nuvolari gleichzeitig den Streckenrekord, der bisher bei 90 km/h lag.

14. April, Montag

Der Reichstag verabschiedet in dritter Lesung mit nur vier Stimmen Mehrheit die neuen Steuergesetze und das Agrarprogramm der Reichsregierung. Erhöht werden u. a. die Umsatz- und die Biersteuer sowie einige Zölle.

Aus Anlaß des fünfjährigen Amtsjubiläums des deutschen Reichspräsidenten Paul von Hindenburg am 26. April zeigt die britische Zeitschrift »The Illustrated London News« ein Porträt des hochbetagten Feldmarschalls auf ihrem Titelblatt. Hindenburg, hier in seinem Arbeitszimmer, hat im März in seiner Funktion als Reichspräsident ein neues Kabinett unter Heinrich Brüning (Zentrum) berufen, das von seinem Wohlwollen abhängig ist, weil es über keine Mehrheit im Parlament verfügt.

THE ILLUSTRATED LONDON NEWS

REGISTERED AS A NEWSPAPER FOR TRANSMISSION IN THE UNITED KINGDOM AND TO CANADA AND NEWFOUNDLAND BY MAGAZINE POST.

SATURDAY, APRIL 26, 1930.

GERMANY'S VETERAN CHIEF OF STATE COMPLETES FIVE YEARS OF OFFICE: PRESIDENT VON HINDENBURG—A NEW PORTRAIT.

President von Hindenburg, who was eighty-two on October 2 last, has recently completed five years as head of the German State, for it was on April 20, 1925, that he was elected to the Presidency in succession to the first holder of that office, the late President Ebert. President von Hindenburg is held in high respect and veneration by the German people. On the occasion of his eightieth birthday, in 1927, there was established, by public subscription, the Hindenburg Fund for the relief of persons in distress owing to the war. The total amount given from the fund has been 2,300,000 marks (£115,000). Two English biographies of the President have lately appeared, one by Mrs. Watson, and the other entitled "Hindenburg," by F. A. Voigt and Margaret Goldsmith, published by Faber and Faber.

B

In der indischen Stadt Allahabad wird Jawaharlal Nehru, der Präsident des Allindischen Kongresses, verhaftet. Nehru hatte den sog. Salzmarsch Mohandas Karamchand »Mahatma« Gandhis unterstützt (→ 6. 4./S. 68). → S. 69

Der russische Dichter Wladimir W. Majakowski begeht in Moskau Selbstmord. Majakowski war Mitbegründer des russischen Futurismus, der den Bruch mit Traditionen und die Umgestaltung aller Bereiche der Kultur und des öffentlichen Lebens fordert.

15. April, Dienstag

Bei der Reichsanstalt für Arbeitslosenversicherung sind 2 937 000 Arbeitssuchende gemeldet. Sie werden im Durchschnitt mit 81 RM im Monat unterstützt.

16. April, Mittwoch

Regierungsvertreter von Großbritannien und der Sowjetunion unterzeichnen in London einen Handelsvertrag, der u. a. der Sowjetregierung das Recht einräumt, in Großbritannien eine Handelsvertretung einzurichten. Seit der Oktoberrevolution 1917 hatte es zwischen beiden Staaten keine normalen Handelsbeziehungen mehr gegeben.

17. April, Donnerstag

Im Konflikt zwischen dem Reich und Thüringen um nationalsozialistische Angehörige der thüringischen Landespolizei gibt das Reichsinnenministerium nach, als die thüringische Landesregierung versichert, keine Nationalsozialisten mehr in die Landespolizei aufzunehmen. Reichsinnenminister Joseph Wirth (Zentrum) hebt die Sperre über die Polizeikostenzuschüsse für Thüringen auf (→ 19. 3./S. 52).

In Dessau legt der Ministerpräsident des Freistaats Anhalt, Heinrich Deist (SPD), dem Landtag den Abschlußbericht über das vergangene Haushaltsjahr vor. Mit einem Überschuß von knapp 1 Mio. RM bildet Anhalt die Ausnahme unter den übrigen meist hochverschuldeten deutschen Ländern. → S. 75

18. April, Karfreitag

China und Großbritannien unterzeichnen in Nanking ein Abkommen, das die Rückgabe des Territoriums des britischen Konzessionshafens von Wei-hai-wei (Schantung) an die chinesische Zentralregierung ohne Gegenleistung vorsieht. Der Hafen war von China 1898 an Großbritannien verpachtet worden.

In der indischen Stadt Chittagong kommt es zu schweren Ausschreitungen von Anhängern des Führers der indischen Unabhängigkeitsbewegung Mohandas Karamchand »Mahatma« Gandhi gegen die britische Kolonialmacht. Seit dem Ende von Gandhis Salzmarsch haben die britischen Kolonialbehörden mehr als 150 Inder verhaftet (→ 6. 4./S. 68).

In Chicago schließen die beiden rivalisierenden Bandenchefs Al(fonso) Capone (»Narbengesicht«) und »Bugs« Moran ein Abkommen, das die Stadt in zwei Interessenssphären teilt und etwaige Kämpfe zwischen den Mitgliedern der beiden Banden vermeiden soll. Die Polizei steht dem verbrecherischen Treiben der Gangstersyndikate weitgehend machtlos gegenüber. → S. 73

19. April, Samstag

Die deutschen Weizen- und Gerstenzölle werden zum Schutz der ostdeutschen Landwirtschaft von 12 RM auf 15 RM je Doppelzentner erhöht. Mit dieser Maßnahme soll der Absatz deutscher Erzeugnisse auf dem inländischen Markt gefördert werden.

In Berlin wird der Film »Das lockende Ziel« von und mit dem britischen Sänger österreichischer Abstammung Richard Tauber uraufgeführt. Regie führte Max Reichmann, die Musik schrieb Paul Dessau.

20. April, Ostersonntag

Beim kommunistischen Reichsjugendtag in Leipzig kommt es zu Krawallen. Dabei werden mehrere Demonstranten und Polizisten getötet. Die politische Radikalisierung im Deutschen Reich führt immer häufiger zu blutigen Auseinandersetzungen zwischen radikalen Organisationen beider Flügel und der Polizei (→ 16. 1./S. 19).

Der Essener Gruga-Park, der anläßlich der Großen Ruhrländischen Gartenbau-Ausstellung 1929 angelegt wurde, wird als Eigentum der Stadt Essen der Öffentlichkeit übergeben. → S. 75

21. April, Ostermontag

In der sowjetischen Stadt Charkow geht ein politischer Prozeß gegen ukrainische Intellektuelle zu Ende. Die Hauptangeklagten, denen eine »gegenrevolutionäre Verschwörung« zur Last gelegt wird, werden zu Haftstrafen von zehn Jahren verurteilt. Das Moskauer Regime unter Josef W. Stalin verfolgt politische Gegner und Andersdenkende, die zur Abschreckung in öffentlichen Verfahren meist zu langjährigen Haftstrafen verurteilt werden.

Charles Lindbergh, der 1927 als erster im Alleinflug den Atlantik überflog, stellt einen neuen Geschwindigkeitsrekord für die Strecke von Los Angeles nach New York auf. Für die rund 4000 km lange Strecke benötigt der US-amerikanische Flieger 14:45 Stunden.

22. April, Dienstag

Mit der Vertragsunterzeichnung durch die Delegation Großbritanniens, Japans, Frankreichs, Italiens und den USA endet die seit drei Monaten andauernde Londoner Flottenkonferenz. Mit einer Begrenzung der Flottenrüstung sollen internationale Spannungen abgebaut werden. → S. 70

Mit 39 gegen 34 Stimmen beschließt der US-Senat in Washington die Aufhebung der sog. nationalen Ursprungsklausel, die bisher die Anteile der Nationalitäten an der Einwandererzahl festgesetzt hat. → S. 73

Auf der ersten, noch nicht offiziellen Sitzung der Bank für Internationalen Zahlungsausgleich (BIZ) wird Pierre Quesnay, der Direktor der Bank von Frankreich, zum Generaldirektor der neugeschaffenen Institution gewählt. Die BIZ ist u. a. für die Abwicklung der Reparationszahlungen des Deutschen Reiches (→ 20. 1./S. 14), zuständig. → S. 71

23. April, Mittwoch

Das Provinzialschulkollegium von Berlin und Brandenburg verurteilt in einer Verfügung an die Schulbehörden die Aufhetzung Jugendlicher gegen die demokratische Staatsform der Weimarer Republik. Damit wendet sich das Kollegium vor allem gegen die Agitation kommunistischer und nationalsozialistischer Jugendorganisationen.

Die Behörden der Türkei veranstalten am zehnten Jahrestag des Zusammentritts der türkischen »Großen Nationalversammlung« in Ankara einen »Tag der Kindersouveränität«. → S. 79

24. April, Donnerstag

Das französische Parlament in Paris nimmt mit 547 zu 29 Stimmen das Gesetz über die Sozialversicherung an, das u. a. eine Alters-, Kranken- und Invalidenversicherung für Arbeitnehmer einführt.

Lion Feuchtwangers Komödie »Wird Hill amnestiert?« wird im Staatlichen Schauspielhaus in Berlin uraufgeführt. Die Regie führt Leopold Jessner (→ 18. 1./S. 26).

Die älteste Tochter des italienischen Ministerpräsidenten und Duce, Benito Mussolini, Edda Mussolini, heiratet in Rom Galeazzo Ciano, Graf von Cortellazzo. → S. 73

25. April, Freitag

Der Parteivorstand der Deutschnationalen Volkspartei (DNVP) unter Alfred Hugenberg fordert von der Regierung Sofortmaßnahmen zur Rettung der Landwirtschaft. Vielen deutschen Landwirten droht die Versteigerung ihrer Betriebe, weil sie ihre Schulden aufgrund der sinkenden Nachfrage nach landwirtschaftlichen Produkten nicht zurückzahlen können.

Die preußische Regierung erläßt neue Bestimmungen zum Tierschutz u. a. über Versuche am lebenden Tier (Vivisektion); danach dürfen diese Versuche nur noch in Ausnahmefällen durchgeführt werden. → S. 75

Das erste deutsche Postflugzeug landet in Konstantinopel (Istanbul). Die deutsche Luft Hansa baut durch Verträge mit Ländern, die für das Deutsche Reich von besonderem Interesse sind, ihr Streckennetz ständig aus (→ 21. 2./S. 42).

26. April, Samstag

König Albert I. von Belgien eröffnet die »Internationale Ausstellung für Kolonialwesen und Schiffahrt« in Antwerpen, mit der die Feierlichkeiten zum hundertjährigen Bestehen des Staates Belgien eingeleitet werden. → S. 71

Um 6.02 Uhr startet das deutsche Luftschiff »Graf Zeppelin« mit 13 Fluggästen an Bord von Friedrichshafen zum ersten Friedensflug eines Zeppelins über London, wo es am Nachmittag um 17.15 Uhr landet.

Im Londoner Wembley-Stadion wird der Fußballclub FC Arsenal London durch einen 2:0-Sieg gegen Huddersfield Town erstmals englischer Cup-Sieger. → S. 81

27. April, Sonntag

Das preußische Landwirtschaftsministerium verbietet das Tragen politischer Schülerabzeichen in den Landwirtschaftsschulen. Anlaß ist die zunehmende Beteiligung von Schülern an republikfeindlichen Organisationen, die zu Unruhen in den Schulen führen.

In Oberammergau wird in Gegenwart des bayerischen Ministerpräsidenten Heinrich Held (BVP) und des Münchner Kardinals Michael von Faulhaber das erweiterte Passionstheatergebäude eingeweiht. → S. 79

28. April, Montag

In Paris werden die Verträge über die Ostreparationen von den Vertretern Großbritanniens, Frankreichs, Italiens, Rumäniens, der Tschechoslowakei, Jugoslawiens und Ungarns unterzeichnet. Die Verträge regeln die Reparationen, die von den osteuropäischen Bündnispartnern des Deutschen Reiches im Weltkrieg an die Siegermächte zu zahlen sind.

Im US-Staat Kalifornien ist eine totale Sonnenfinsternis zu beobachten. → S. 79

29. April, Dienstag

Das erste Interview der Fernsehgeschichte gibt die britische Schauspielerin Peggy O'Neil einem Zeitungsjournalisten in Southampton (→ 11. 4./S. 78).

Die niederländische Königin Wilhelmina eröffnet in der Hafenstadt IJmuiden die größte Schleuse der Welt. → S. 78

Berlins populärste Einbrecher, die Gebrüder Franz und Erich Saß, werden bei einem vermeintlichen Einbruch von der Polizei verhaftet. → S. 75

30. April, Mittwoch

Aus dem Direktorium der Reichsbank scheiden die sieben ausländischen Mitglieder aus, deren Aufgabe seit 1924 die Absicherung der deutschen Reparationszahlungen war. Die Neuregelung der Reparationen durch den Youngplan (→ 20. 1./S. 14) sieht keine ausländische Kontrolle der Reichsbank mehr vor.

Das Wetter im Monat April

Station	Mittlere Lufttemperatur (°C)	Niederschlag (mm)	Sonnenscheindauer (Std.)
Aachen	9,3 (8,8)	75 (63)	– (178)
Berlin	9,4 (8,3)	35 (41)	– (193)
Bremen	9,1 (8,2)	41 (50)	– (185)
München	7,8 (8,0)	144 (59)	– (173)
Wien	10,6 (9,6)	63 (54)	– (173)
Zürich	9,5 (8,0)	168 (88)	143 (173)

( ) Langjähriger Mittelwert für diesen Monat
– Wert nicht ermittelt

Die seit 1891 erscheinende spanische Zeitschrift »Blanco y Negro« (»Weiß und Schwarz«) paßt die Gestaltung ihrer Titelbilder dem Zeitgeschmack an: Die Illustration des Künstlers Valerigh orientiert sich in Farbe und Form am Stil des Art deco.

Gandhis Salzmarsch eröffnet Widerstandskampagne

6. April. Zum Abschluß des 24tägigen sog. Salzmarsches beginnt der Führer der indischen Unabhängigkeitsbewegung, Mohandas Karamchand »Mahatma« Gandhi, in Dandi am Golf von Cambay mit der Salzgewinnung. Durch diesen bewußten Verstoß gegen das von der Kolonialmacht Großbritannien in Anspruch genommene Salzmonopol eröffnet Gandhi eine neue Kampagne des gewaltlosen Widerstandes zur Erlangung der nationalen Souveränität für Indien.

Der Boykott des Salzmonopols, mit dem Großbritannien den Salzverkauf in Indien beherrscht, soll die Kolonialregierung zum Einlenken zwingen, nachdem sie die Forderung der indischen Unabhängigkeitsbewegung nach nationaler Selbstbestimmung noch nicht erfüllt hat. Der Indische Nationalkongreß, 1885 von indischen Nationalisten als Volksvertretung konstituiert, hatte unter dem Vorsitz von Jawaharlal Nehru daher am 31. Dezember 1929 beschlossen, für die vollständige Unabhängigkeit Indiens und den Austritt aus dem britischen Empire zu kämpfen. Die indische Bevölkerung wurde aufgefordert, sich an Aktionen des zivilen Ungehorsams, wie der Mißachtung des Salzmonopols, zu beteiligen.

Gandhi, dem die Leitung der Aktionen übertragen wurde (→ 1. 1. / S. 17), prangerte daraufhin in einem Brief an den britischen Vizekönig in Indien, Edward Frederick Lindley Wood Halifax, 1. Baron Irwin, die Salzsteuer stellvertretend für andere soziale Ungerechtigkeiten in seinem Land an. Er rechnete vor, daß die Ärmsten seiner Landsleute aufgrund der erhobenen Salzsteuer im Jahr drei Tageseinkommen allein für das Salz aufzuwenden hätten und dies nur, »um eine Fremdverwaltung zu stützen, welche nachweislich die teuerste der Welt« sei. »Auf den Knien« bat Gandhi den Vizekönig, solche Tatsachen zu erwägen und den indischen Forderungen nachzugeben, da er sich sonst gezwungen sehe, die Vorschriften des Salzgesetzes zu übertreten.

Da eine entsprechende Reaktion ausblieb, brach Gandhi am 12. März von Ahmedabad, rund 450 km nördlich von Bombay, auf und setzte sich mit 78 Begleitern südwärts in Marsch. Etwa 300 km legten die Wanderer in 24 Tagen zurück. Ihr Weg führte durch festlich geschmückte Dörfer, wo sie begeistert empfangen wurden. Auf mehrere tausend war die Schar angewachsen, als sie Dandi erreichte. Mit Spannung verfolgte die internationale Presse das Geschehen und berichtete täglich aus Indien.

Am frühen Morgen des 6. April ist der Höhepunkt des Marsches erreicht: Gandi taucht ins Meer und hebt danach vor Tausenden seiner Anhänger am Ufer eine winzige Menge Salz auf. Dies ist die symbolische Aufforderung zum Boykott der monopolisierten Regierungsläden und für die Salzgewinnung in eigener, d. h. indischer Regie.

In den folgenden Wochen beginnen viele Bauern, sich ihr Salz selbst zu bereiten, und in den Städten wird unversteuertes Salz verkauft. Fast 250 000 Menschen nehmen in diesen Tagen an Versammlungen teil, in denen Nehru für den nationalen Befreiungskampf wirbt mit den Worten: »Wer nicht für uns ist, ist ein Rebell gegen sein eigenes Land!«

Etwa 230 km nördlich von Bombay besetzen 2500 Menschen die Darshana-Salzwerke bei Surat. Getreu Gandhis Maxime der unbedingten Gewaltlosigkeit setzt sich keiner der Demonstranten zur Wehr, als Polizeibeamte mit Schlagstöcken auf sie einschlagen.

Als sich die Bewegung in den folgenden Tagen auf das ganze Land ausdehnt, läßt der britische Vizekönig Massenverhaftungen vornehmen: Rund 60 000 Widerständler füllen die Gefängnisse. Jawaharlal Nehru wird am 14. April verhaftet. Aus Furcht vor einer Diskreditierung Großbritanniens auf internationaler Ebene sieht die Regierung in London von einer Festnahme Gandhis zunächst ab. Am 4. Mai wird jedoch auch er ins Gefangnis eingeliefert. Die letzte Botschaft an seine Anhänger lautet: »Eine Handvoll Salz in der Faust eines Mannes der Gewaltlosigkeit ist zum Symbol der Ehre Indiens geworden.«

△ Der indische Unabhängigkeitskämpfer Mohandas Karamchand »Mahatma« Gandhi (Pfeil) und seine Anhänger am Morgen des 6. April in dem Dorf Dandi am Golf von Cambay. Um 6.30 Uhr eröffnet Gandhi mit seinem symbolischen Akt der Salzgewinnung die Kampagne zivilen Ungehorsams.

◁ Gandhi (l.) informiert sich in der Presse über den Verlauf seiner Kampagne und über die Reaktionen der britischen Kolonialregierung, die ein Pressegesetz aus dem Jahr 1910 zur Unterdrückung umstürzlerischer Schriften wiederbelebt hat.

Britische Macht gerät ins Wanken

April. Die ersten Reaktionen in der britischen Öffentlichkeit auf die Aktionen des zivilen Ungehorsams in Indien sind zurückhaltend bzw. von Verwirrung geprägt. Die Labour-

Edward Frederick Lindley Wood Halifax, 1. Baron Irwin, Vizekönig in Indien, macht keine Konzessionen an die indische Unabhängigkeitsbewegung. Der Titel »Vizekönig« wurde 1858 für den britischen Generalgouverneur in Indien eingeführt.

Regierung unter Premierminister James Ramsey MacDonald, die Indien den Status eines Dominions (selbstregierendes Herrschaftsgebiet) gewähren will, ist handlungsunfähig, weil die starke Opposition aus Konservativen und Liberalen die Zustimmung verweigert. Mit zunehmender Ausweitung der Bewegung ändert sich die Beurteilung der Widerstandsaktion, die von Politikern aller Parteien zunächst nicht ernstgenommen wurde: »Der Marsch Gandhis ist nach Ansicht der Inder nicht so lächerlich, wie es bei oberflächlicher Betrachtung den Anschein hat« (»The Times«, 7. 4.). Die Inhaftierung Gandhis, dessen Autorität in den Augen der Kolonialregierung beängstigende Ausmaße annimmt, erscheint als letztes Mittel, die ins Wanken geratene Macht der Kolonialherren zu festigen.

Kongreßpräsident Nehru verhaftet

14. April. Der Präsident des Indischen Nationalkongresses, Jawaharlal »Pandit« Nehru, wird in Allahabad (Bundesstaat Uttar Pradesh) verhaftet und wegen Übertretung des Salzgesetzes zu sechs Monaten Gefängnis verurteilt. Nehru hatte die von Gandhi geleitete Aktion gegen das britische Salzmonopol organisatorisch unterstützt. Nach Bekanntwerden dieser Festnahme kommt es in allen größeren Städten Indiens zu Unruhen.

Nehru gilt als engster Vertrauter Gandhis, der allerdings nicht in allen Fragen mit dem populären Führer der indischen Unabhängigkeitsbewegung einer Meinung ist.

Gewaltlosigkeit als politisches Kampfmittel

Der »Salzmarsch« ist nicht die erste Kampagne zivilen Ungehorsams, die der Führer der indischen Unabhängigkeitsbewegung Mohandas Karamchand »Mahatma« Gandhi organisiert. Nachdem Mahatma (Sanskrit: »dessen Seele groß ist«) Gandhi 1906–1913 in Südafrika eine Bürgerrechtskampagne für seine indischen Landsleute geleitet hatte, griff er am 6. April 1919 zum ersten Mal in den Freiheitskampf seines Heimatlandes ein. Aus Protest gegen die sog. Rowlatt Bill, auf deren Basis die britischen Kolonialbehörden in Indien jegliche der Opposition verdächtigen Personen inhaftieren konnten, rief er die Nation zum Generalstreik auf. Als es in mehreren Städten, vor allem in der Stadt Amritsar, dem religiösen Zentrum der Sikhs, zu blutigen Ausschreitungen kam, brach Gandhi den Streik ab und fastete zur Buße drei Tage lang. 1922 scheiterte Gandhi mit einer weiteren Kampagne, die sich gegen die Absetzung des türkischen Sultans als Oberhaupt der gesamten islamischen Welt richtete. Der Hindu Gandhi wollte durch seine Teilnahme an dieser Bewegung auch in der moslemischen Bevölkerung Indiens für seine Ziele werben.

In der Folgezeit zog er sich zurück und verfaßte mehrere Schriften zur Verbreitung seiner Ideen vom gewaltlosen Widerstand.

Die inneren Beweggründe von Gandhis Lehre sind eher religiöser als politischer Natur. Ihre Wurzeln finden sich vor allem in dem religiös-philosophischen Lehrgedicht Bhagawadgita, einem heiligen Text des Hinduismus. Daneben verarbeitete er Gedanken der Bergpredigt. Die geistige Kraft seines gesamten Denkens und Tuns bezeichnet Gandhi als Satjagraha, als die »Stärke, die aus Wahrheit, Liebe und Gewaltlosigkeit geboren ist«. Aufgrund dieser Grundhaltung entfalte der Mensch eine unüberwindliche Kraft, die es ihm erlaube, allein gegen die ganze Welt zu stehen und den Gegner durch Einsicht zu überwinden.

Als Mittel des politischen Handelns befürwortet Gandhi Formen des bürgerlichen Ungehorsams wie die Verweigerung der Mitarbeit gegenüber Behörden. Für bewußte Gesetzesübertretungen nimmt Gandhi auch Gefängnisstrafen in Kauf: »Der wahre Weg höchster Seligkeit liegt darin, ins Gefängnis zu gehen und die Leiden und Entbehrungen dort im Interesse seines Landes und seiner Religion zu ertragen.« Zur Überwindung der menschlichen Unzulänglichkeit wie auch als Mittel des politischen Kampfes propagiert Gandhi das Fasten.

Gandhis wirtschaftspolitischer Grundsatz lautet: »Was man nicht selbst herstellen kann, ist entbehrlich.« Mit dieser Ablehnung westlicher Zivilisation verbindet sich eine Besinnung auf die kulturellen Eigenarten Indiens.

Gandhi beim Spinnen: Spinnrad und Webstuhl werden zum Symbol des indischen Kampfes auch um die wirtschaftliche Unabhängigkeit.

Karikatur im »Simplicissimus«: »Unsere Waffen sind verschieden, Mr. Gandhi – aber einer von uns muß ja schließlich siegen!«

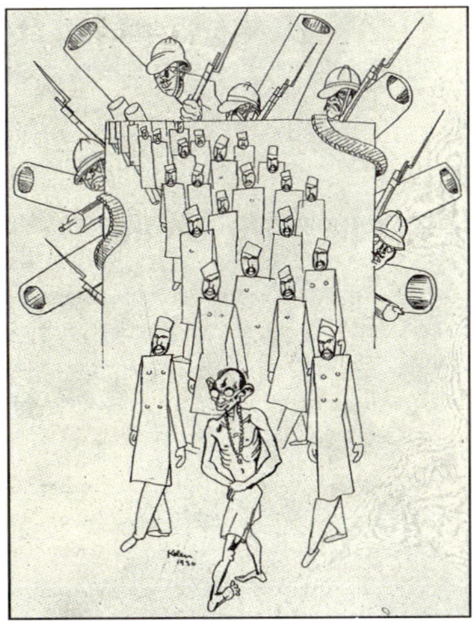

»Schau nicht zurück, Gandhi, sonst verwandelst du dich selbst in eine Salzsäule!« warnt der Karikaturist der Essener »Wochenschau«.

Die Satirezeitschrift »Kladderadatsch« stellt Gandhi als völlig unbeeindruckt gegenüber der Waffengewalt Großbritanniens dar.

Flottenkonferenz ohne wirksame Abrüstungsregelung

22. April. Die Londoner Flottenkonferenz endet nach dreimonatiger Dauer mit der Unterzeichnung eines Vertrages, in dem die Seemächte USA, Großbritannien, Japan, Frankreich und Italien eine Begrenzung ihrer Flottenrüstung vereinbaren (→ 21. 1. / S. 16).

Wichtigster Bestandteil des Vertragswerkes ist ein Abkommen zwischen den USA, Großbritannien und Japan, das die Gesamttonnagezahlen der Schiffstypen Kreuzer, Zerstörer und U-Boote begrenzt. Italien und Frankreich unterzeichnen diese Übereinkunft jedoch nicht und verhindern so, daß der Vertrag langfristig wirksam werden kann. Sie sind lediglich zu dem Zugeständnis bereit, bis 1936 auf den Bau von Schlachtschiffen zu verzichten.

Als der britische Premierminister James Ramsey MacDonald (Labour Party) die Regierungen der vier anderen Staaten am 7. Oktober 1929 zu einer internationalen Konferenz über Seerüstung nach London einlud, hatte er eine weitergehende als die nun erreichte Regelung beabsichtigt: Sein Ziel war der Abbau der Spannungen, die durch die fortgesetzte Aufrüstung zur See u. a. zwischen Japan, USA und Großbritannien entstanden waren. Außerdem will er durch eine Rüstungsbegrenzung den britischen Staatshaushalt entlasten, da die Mittel für Ausbau und Unterhalt der Kriegsflotte nur noch unter großen Schwierigkeiten bereitzustellen sind.

Die Verhandlungen in London sind jedoch von Anfang an durch das kompromißlose Festhalten an nationalen Einzelinteressen gekennzeichnet; die Teilnehmerstaaten wollen den Spielraum ihrer eigenen Flottenpolitik nicht durch eine Übereinkunft einengen; so können sich die Delegationen u. a. nur auf eine Begrenzung der Gesamttonnage in einzelnen Schiffskategorien einigen und nicht auf die Festlegung exakter Schiffszahlen, die international überprüfbar wären. Dieser Kompromiß ermöglicht es den Unterzeichnerstaaten, frei darüber zu entscheiden, ob sie eine kleine Zahl schwerer Kriegsschiffe oder eine größere Zahl kleinerer und wendiger Schiffe in Dienst stellen.

Die Verhandlungen in London werden u. a. belastet von französisch-italienischen Gegensätzen: Frankreich fordert Großbritannien und die USA zum Abschluß eines militärischen Beistandspaktes auf, ehe ein Abkommen über die Flottenbegrenzung ausgehandelt wird. Die französische Regierung sieht die Stellung ihres Landes im Mittelmeerraum bedroht, seit das faschistische Regime Italiens damit begonnen hat, seine Flotte auszubauen und die Präsenz eigener Seestreitkräfte in dieser Region zu verstärken.

Die Konferenz von London ist ein weiterer Versuch, die Aufrüstung der Kriegsflotten weltweit zu begrenzen. Nach den Erfahrungen des Weltkrieges, dem ein internationaler Rüstungswettlauf zur See vorausgegangen war, bemühen sich die Großmächte, insbesondere die USA und Großbritannien, um eine Übereinkunft mit den wichtigsten Seenationen. Sie verfolgen dabei nicht zuletzt eigene Interessen, da sie ihre Vormachtstellung als Seemächte festigen wollen. Bei der Washingtoner Konferenz von November 1921 bis Februar 1922 war bereits eine Übereinkunft der auch in London vertretenen Staaten erzielt worden; u. a. wurde der Neubau großer Kriegsschiffe untersagt und das Stärkeverhältnis der Seestreitkräfte geregelt. Diese Vereinbarung war aber angesichts neuer Technologien, die es ermöglichten, kleine und effektive Kriegsschiffe zu bauen, die den Großkampfschiffen in vielen Bereichen überlegen waren, nicht mehr ausreichend.

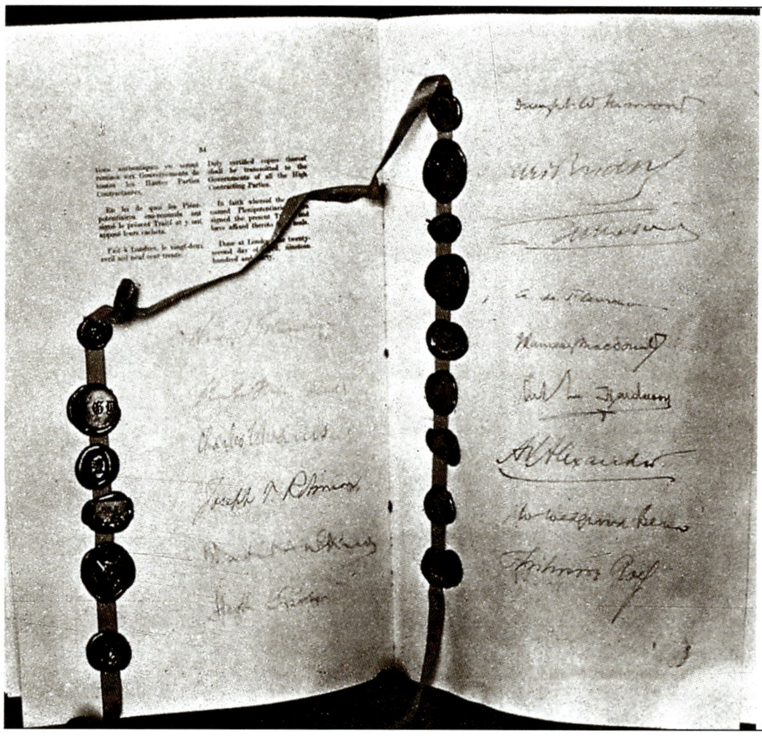

Das Londoner Flottenabkommen
Am 22. April um 12.40 Uhr wird der Londoner Flottenvertrag (Abb.) von den Delegationen der USA, Frankreichs, Großbritanniens, Italiens und Japans unterzeichnet. Das Dokument faßt die Ergebnisse der seit dem → 21. Januar tagenden Konferenz zusammen (S. 16) und regelt die Flottenaufrüstung der fünf beteiligten Mächte bis zum 31. Dezember 1936. Der Vertrag enthält u. a. einen Dreimächte- und einen Fünfmächtepakt. Der Dreimächtevertrag setzt für die Flotten der USA, Großbritanniens und Japans exakte Zahlen für Gesamttonnage der Schiffstypen Kreuzer, Zerstörer und U-Boote fest. Im Fünfmächtevertrag verzichten die unterzeichnenden Staaten bis 1936 auf den Bau von Schlachtschiffen. Außerdem kommen sie überein, U-Boote nur noch bis zu einer Größe von 2000 t zu bauen.

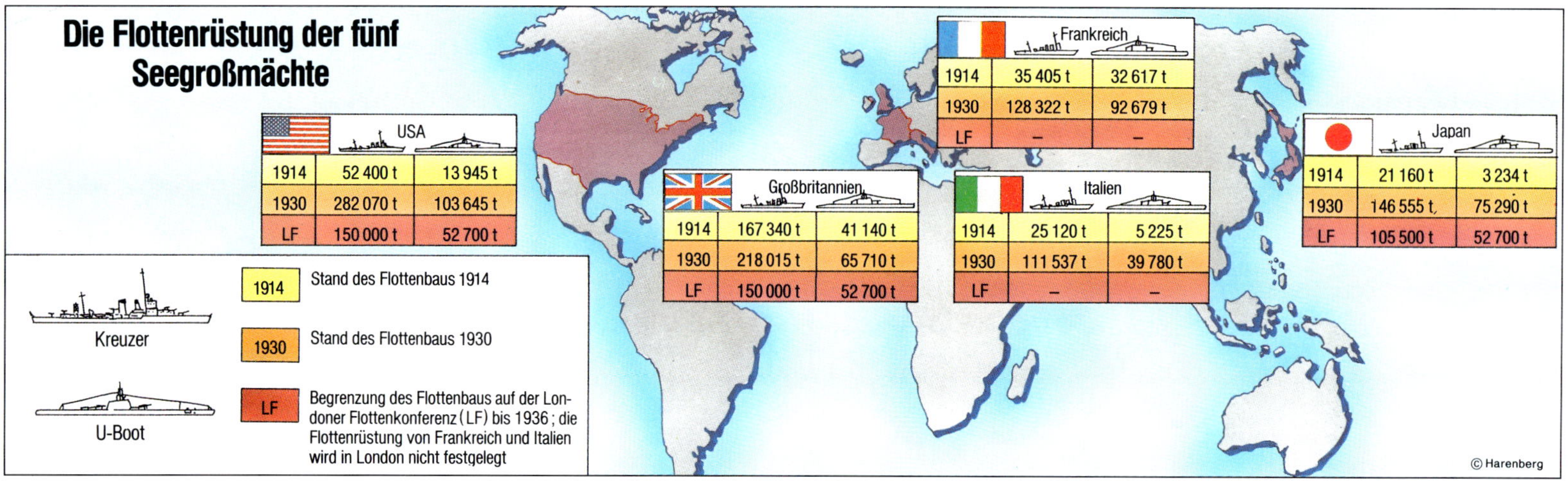

Die Flottenrüstung der fünf Seegroßmächte
USA
1914 | 52 400 t | 13 945 t
1930 | 282 070 t | 103 645 t
LF | 150 000 t | 52 700 t
Großbritannien
1914 | 167 340 t | 41 140 t
1930 | 218 015 t | 65 710 t
LF | 150 000 t | 52 700 t
Frankreich
1914 | 35 405 t | 32 617 t
1930 | 128 322 t | 92 679 t
LF | – | –
Italien
1914 | 25 120 t | 5 225 t
1930 | 111 537 t | 39 780 t
LF | – | –
Japan
1914 | 21 160 t | 3 234 t
1930 | 146 555 t | 75 290 t
LF | 105 500 t | 52 700 t
Kreuzer
U-Boot
1914 Stand des Flottenbaus 1914
1930 Stand des Flottenbaus 1930
LF Begrenzung des Flottenbaus auf der Londoner Flottenkonferenz (LF) bis 1936; die Flottenrüstung von Frankreich und Italien wird in London nicht festgelegt
© Harenberg

Kampfflugzeug nach dem Start vom britischen Flugzeugträger »Eagle«: Erste Versuche mit diesem Schiffstyp machten die USA 1911.

Das US-amerikanische U-Boot »V 5« bei einem Manöver. Die »V 5« kann eine Höchstgeschwindigkeit von 17 Knoten (ca. 31,5 km/h) erreichen.

Das deutsche Kriegsschiff »Köln« gehört zur Kategorie der leichten Kreuzer. Der Einsatz von hochwertigem, leichten Stahl spart beim Bau Gewicht.

Gesetz zum Schutz von Arbeitsplätzen

3. April. Das britische Unterhaus in London verabschiedet mit 277 zu 234 Stimmen die »Kohlenbill«, ein Gesetz, das eine Verkürzung der Arbeitszeit und die Einführung von Förderquoten für den britischen Bergbau vorsieht. Die Labour-Regierung unter Premierminister James Ramsey MacDonald will mit dem Gesetz neue Arbeitsplätze im Bergbau und eine Verbesserung der Absatzchancen für britische Kohle auf dem Weltmarkt schaffen.

Die britische Industrie, insbesondere die exportorientierte Schwerindustrie, verzeichnet seit dem New Yorker Börsenkrach im Oktober 1929 wachsende Absatzschwierigkeiten. Die Unternehmer reagieren darauf mit Rationalisierungsmaßnahmen, die wiederum Massenentlassungen zur Folge haben. Das britische Arbeitsministerium registriert Anfang April 1,1 Mio. Arbeitslose, 32% mehr als im Vorjahr. Die Regierung will mit der »Kohlenbill« eine weitere Entlassungswelle verhindern, die ihres Erachtens die innere Sicherheit gefährden würde.

Frankreich stellt Direktor der BIZ

22. April. Der Direktor der Bank von Frankreich, Pierre Quesnay, wird auf der ersten, noch nicht offiziellen Sitzung der Bank für Internationalen Zahlungsausgleich (BIZ) zum Generaldirektor gewählt. Die Bank soll als Treuhänder bei den internationalen Finanzgeschäften im Zusammenhang mit den Reparationszahlungen fungieren.

Die Gründung der BIZ war bei der Zweiten Haager Konferenz beschlossen worden (→ 20. 1. / S. 14). Nach Abschluß der Ratifizierung des Youngplanes durch die nationalen Regierungen sind die Teilnehmerstaaten Belgien, Italien, Frankreich, Großbritannien, Japan und Deutsches Reich durch ihre Notenbankpräsidenten in Basel vertreten; die US-Interessen nimmt ein Bankenkonsortium wahr.

Reichsbankpräsident Hans Luther protestiert vergeblich gegen die Wahl eines Franzosen zum Generaldirektor, da er darin einen Verstoß gegen die vereinbarte Gleichstellung des Deutschen Reiches und Frankreichs in der BIZ sieht.

Jahrhundertfeier in Belgien

26. April. Der belgische König Albert I. eröffnet in Antwerpen die »Internationale Ausstellung für Kolonialwesen und Schiffahrt«. Die Ausstellung bildet den Auftakt der Feierlichkeiten zum hundertjährigen Bestehen des unabhängigen belgischen Staates.

Auf dem 73 Hektar großen Ausstellungsgelände sind nahezu alle Staaten Europas, aber auch Japan und Persien mit eigenen Pavillons vertreten. Gezeigt werden u. a. Industrieprodukte, technische Erzeugnisse, aber auch künstlerische Arbeiten aus den Teilnehmerländern. Für das Deutsche Reich präsentieren sich u. a. die Hansestädte Hamburg und Bremen mit einem gemeinsamen Stand; die »Vossische Zeitung« beschreibt diesen Ausstellungsbeitrag: »Sehr dekorativ die breite Querwand der Empfangshalle mit den Wappen der Städte ... rechts und links eingerahmt durch die weißroten Fahnen der beiden Häfen ... Hübsch die bewegliche Meereskarte, auf der die Schiffe, automatisch betrieben, von einem Kontinent zum anderen eilend, die Verflochtenheit der Weltwirtschaft versinnbildlichen sollen.«

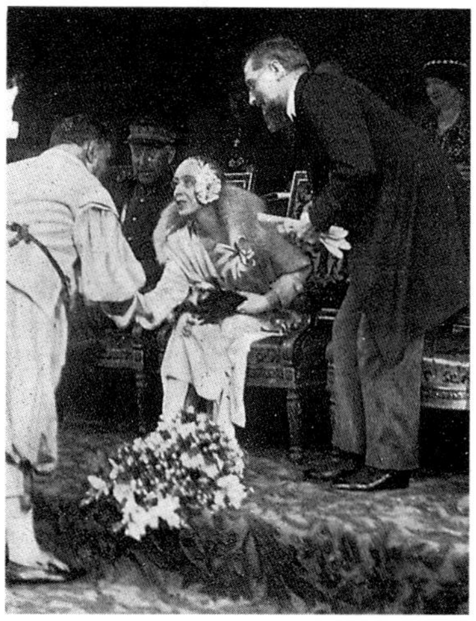

Das belgische Königspaar (r.) begrüßt einen Belgier in Landestracht.

In Belgien finden in diesem Jahr eine ganze Reihe von Großveranstaltungen statt; sie erinnern an die Gründung des belgischen Staates am 4. Oktober 1830. Das Land erkämpfte damals durch einen Aufstand seine Unabhängigkeit von den Niederlanden.

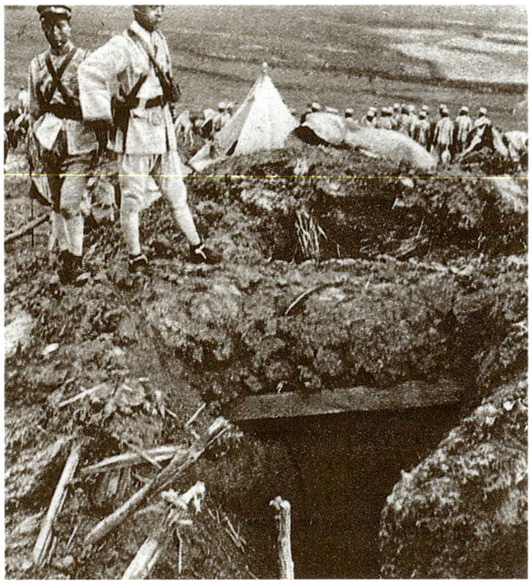

Soldaten der Nordtruppen begutachten einen Unterstand der Nankinger Regierungstruppen.

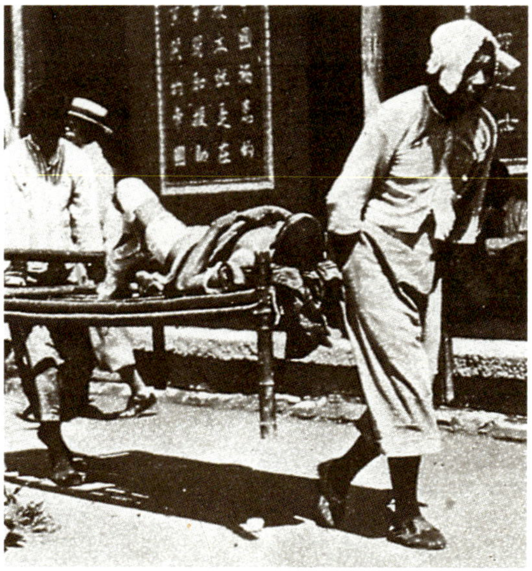

Ein verwundeter Soldat der Nordtruppen wird von Sanitätern ins Lazarett transportiert.

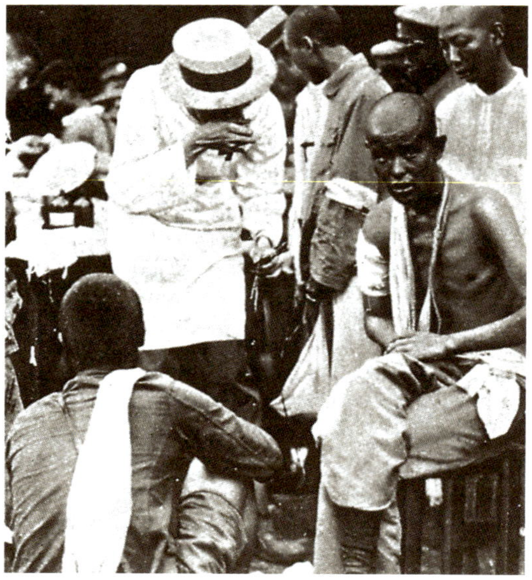

Die medizinische Versorgung ist ungenügend, Verwundete werden oft im Freien behandelt.

Generale bedrohen Chiang Kai-shek

4. April. In Peking erklärt der Oberbefehlshaber der chinesischen Nordtruppen, General Yen Hsi-schan, der Nationalregierung unter Präsident Chiang Kai-shek in Nanking den Krieg. Yen Hsi-schan will im Norden eine von Nanking unabhängige Republik errichten.

Am 16. April beginnt die sog. Strafexpedition Yens mit rund 200 000 Mann gegen Chiang Kai-shek. Yen wird von General Feng Yuxiang unterstützt, der sich bereits 1929 von der Nationalregierung losgesagt hat. Seither steht der ehemalige Kriegsminister Feng mit fast 300 000 Mann in den Provinzen Shensi und Kansu. Die Nankinger Truppen (rund 150 000 Mann) werden zunächst auf das Südufer des Gelben Flusses zurückgedrängt, gehen aber bereits wenige Wochen später zu einer erfolgreichen Gegenoffensive über; bis zum Jahresende können sie dank ihrer besseren Ausbildung und Bewaffnung den Widerstand der Nordtruppen entscheidend schwächen.

Auslöser für das neuerliche Aufbrechen der Rivalitäten zwischen den chinesischen Militärführern sind die Bemühungen Chiang Kai-sheks, seine dominierende Rolle in der Nankinger Staatsführung und der von ihm geführten Nationalpartei (Kuomintang) auszubauen. So beschuldigen ihn die abtrünnigen Generale, er habe einen großen Teil der Staatseinkünfte sowie zusätzlich aufgenommene Kredite zum Ausbau und für die Ausrüstung seiner Truppen verwandt.

Feng und Yen können sich bei ihrem Feldzug gegen Chiang Kai-shek auf eine allgemeine Unzufriedenheit in der chinesischen Bevölkerung stützen: Chiang hat seine Herrschaft in den zwei Jahren seit seiner Machtübernahme zu einer Militärdiktatur ausgebaut; sein ursprüngliches Hauptziel, eine umfassende Landreform, wurde nicht verwirklicht, weil Chiang die Unterstützung der chinesischen Großgrundbesitzer nicht verlieren will. Auch die vom Gründer der Kuomintang, Sun Yat-sen, beabsichtigte Einführung der Demokratie steht nicht in Aussicht.

Allerdings haben auch Chiang Kai-sheks Widersacher, Yen und Feng, keine wirkliche politische Alternative anzubieten: In den von ihnen besetzten Gebieten herrschen sie mit Terror und Gewalt; von der weitgehend bäuerlichen Bevölkerung erpressen sie Geld und Nahrungsmittel zur Unterhaltung ihrer Heere. Die beiden Generale gehören zur Gruppe der sog. Warlords, Heerführer, die seit Gründung der Republik China im Jahr 1912 durch ihre Selbständigkeitsbemühungen immer wieder zum Aufflammen des Bürgerkrieges beigetragen haben.

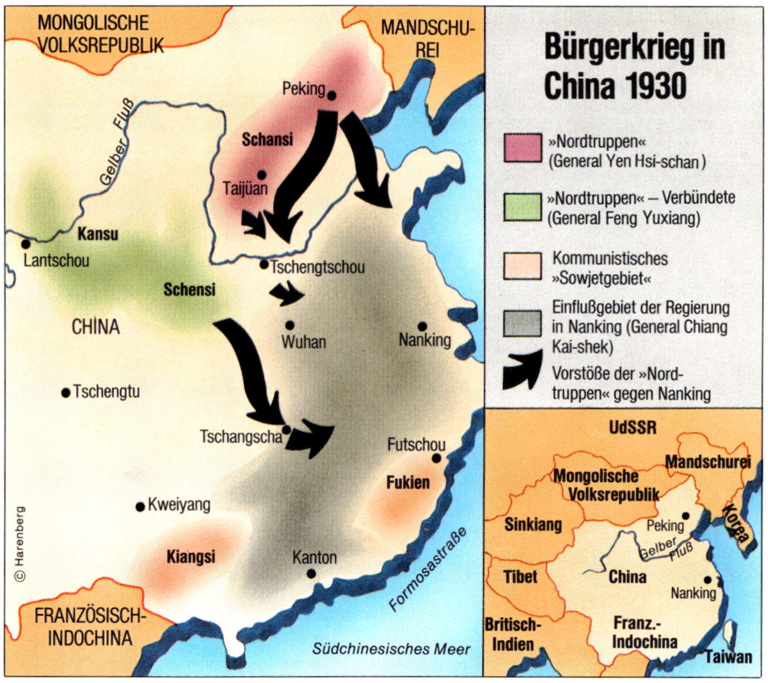

Kampf um die Macht nicht entschieden

Seit Abschaffung des Kaisertums und der Gründung der Republik China im Jahr 1912 hat sich noch keine der um die Macht kämpfenden Gruppen dauerhaft durchsetzen können. Der erste Präsident der Republik, General Yüan Shih-k'ai, errichtete 1913 eine Militärdiktatur. Sein Hauptwidersacher war der Führer der 1912 gegründeten Nationalen Volkspartei (Kuomintang/KMT), Sun Yatsen; er strebte eine parlamentarische Demokratie an. Nach Yüans Tod 1916 zerfiel China in von Militärcliquen und ihren Privatarmeen beherrschte Regionen. Ab 1922 bemühte sich Sun Yat-sen in einem Bündnis mit der 1921 gegründeten Kommunistischen Partei Chinas (KPCh) um den Aufbau einer schlagkräftigen Armee, mit der eine Zentralregierung durchgesetzt werden sollte. Mit seinem Tod 1925 spaltete sich die KMT in einen linken und einen rechten Flügel, dessen Führung Chiang Kai-shek übernahm. Nach zwei Jahren Feldzug gegen die regionalen Militärmachthaber und der Wiedervereinigung der KMT durch Ausschluß der Kommunisten wurde Chiang 1928 in Nanking zum Präsidenten der Republik gewählt, dessen Macht jedoch ständig bedroht wird.

Gangster teilen Chicago unter sich auf

18. April. In Chicago unterzeichnen die beiden Gangsterbosse Al(fonso) Capone (»Narbengesicht«) und »Bugs« Moran ein »Friedensabkommen«. Damit wird das Gebiet der Stadt zwischen ihren beiden rivalisierenden Banden aufgeteilt: Capone erhält den Westen und das Zentrum der Stadt als Operationsgebiet, während Moran sich mit seiner Bande auf den nördlichen Teil Chicagos beschränkt.

Capone und Moran beherrschen in Chicago neben ihrer Haupterwerbsquelle, dem Alkoholschmuggel und -verkauf, das illegale Glücksspielgeschäft sowie das Prostitutionsgewerbe. Allein Capone soll Schätzungen der US-amerikanischen Presse zufolge einen Jahresumsatz von 60 Mio. US-Dollar (rund 240 Mio. RM) haben.

Seit Mitte der zwanziger Jahre sind die organisierten Gangsterbanden in Großstädten wie New York und Chicago zu einer Bedrohung der öffentlichen Ordnung geworden. Durch Einschüchterung, Bestechung von Polizei und Verwaltung sowie Mord kontrollieren sie ganze Städte. Hintergrund dieser Entwicklung ist die sog. Prohibition, das Verbot von Herstellung, Transport und Verkauf alkoholischer Getränke, das 1920 bundesweit verhängt wurde. Gangsterbanden übernahmen sofort den Handel mit Spirituosen, deren Konsum trotz des Verbots drastisch gestiegen ist.

◁ *Anläßlich des zehnten Jahrestages der Einführung der Prohibition in den USA am 16. Januar 1920 karikiert die Satirezeitschrift »Kladderadatsch« den Widerspruch zwischen dem US-amerikanischen Freiheitsideal und dem landesweiten Alkoholverbot. 1929 wurden 80 000 US-Bürger wegen Verstößen gegen das Alkoholverbot bestraft.*

▽ *Gangsterboß Al Capone auf seiner Luxusjacht: Capone, am 17. Januar 1899 in Neapel geboren und aufgewachsen in den Slums von New York, kam 1920 nach Chicago; als Mitglied der Bande von John Torrio stieg er wegen seiner Brutalität rasch auf und wurde Nachfolger Torrios.*

US-Senat schränkt Einwanderung ein

22. April. In Washington beschließt der US-Senat mit 39 gegen 34 Stimmen die Aufhebung der sog. nationalen Ursprungsklausel im Rahmen der allgemeinen Einwanderungsbeschränkungen; damit wurde bislang die Zahl der Einwanderer aus einzelnen Ländern festgelegt.

Mit dem Beschluß soll vor allem die Zuwanderung aus lateinamerikanischen Staaten begrenzt werden, die seit Ende 1929 zugenommen hat; die wirtschaftlich von den USA abhängigen Staaten Lateinamerikas haben besonders unter den Folgen des New Yorker Börsenkrachs vom 25. Oktober 1929 zu leiden. In großer Zahl strömen Menschen aus diesen Ländern in die Vereinigten Staaten in der Hoffnung, Arbeit zu finden.

Die Aufhebung der nationalen Ursprungsklausel gibt den US-amerikanischen Behörden die Möglichkeit, Einwanderungswillige nach Belieben auszuwählen.

Schon in den vorangegangenen Jahren gab es in den USA immer wieder Bemühungen, bestimmte Nationalitäten von der Einwanderung auszuschließen. 1921 (850 000 Immigranten) wurde zunächst die jährliche Einwanderungsquote auf rund 300 000 gesenkt. 1924 schloß die Neufassung der Einwanderungsbestimmungen u. a. die Immigration von Asiaten praktisch aus; vor allem Japaner wurden als rassisch nicht integrierbar betrachtet.

Italienische Faschistenführer verheiraten ihre Kinder

24. April. In Rom werden Edda Mussolini, die älteste Tochter von Ministerpräsident und Duce, Benito Mussolini, und Galeazzo Ciano, Graf von Cortellazzo, kirchlich getraut.

Die Heirat festigt die persönlichen Bande zwischen beiden Familien, die schon lange politisch verbunden sind: Der Vater Galeazzos, Costanzo Ciano, ist seit 1924 Verkehrsminister; als Kampfgefährte Mussolinis in der Partito Nationale Fascista (PNF) hatte er 1922 am Marsch auf Rom teilgenommen, in dessen Folge Mussolini am 30. Oktober 1922 zum Ministerpräsidenten Italiens ernannt wurde.

Galeazzo Ciano, der nach der Heirat mit Edda Mussolini rasch Karriere macht und 1936 als Mussolinis Protegé mit 33 Jahren italienischer Außenminister wird, arbeitet seit 1925 im diplomatischen Dienst; nach Stationen in Rio de Janeiro und Peking ist er Angehöriger der italienischen Botschaft beim Heiligen Stuhl in Rom.

Das Brautpaar, Edda Mussolini und Galeazzo Ciano, Graf von Cortellazzo (vorne links) bei der Trauung

Benito Mussolini (Mitte) und seine Frau Rachele (ganz links) beim Hochzeitsempfang in ihrer Villa in Rom

DNVP-Schwenk rettet Regierung Heinrich Brünings

3. April. Der Reichstag lehnt einen Mißtrauensantrag von SPD und KPD gegen die Regierung unter Reichskanzler Heinrich Brüning (Zentrum) mit 252 zu 187 Stimmen ab. Als Retter für das von Brüning erst am → 30. März gebildete Minderheitskabinett (S. 51) tritt die von Alfred Hugenberg geführte Deutschnationale Volkspartei (DNVP) auf, deren Mitglieder geschlossen für die Regierung stimmen.

Innerhalb der DNVP war es vor der Abstimmung zu heftigen Auseinandersetzungen zwischen rechten und gemäßigten Parteimitgliedern gekommen. Hugenberg, der dem rechten Parteiflügel angehört, hatte die Reichsregierung stürzen wollen, weil er und seine rechten Parteifreunde Brünings konservative Politik für zu gemäßigt hielten. In langen parteiinternen Diskussionen konnte er diesen Plan jedoch nicht durchsetzen, da etwa ein Drittel der 73 DNVP-Reichstagsabgeordneten mit der Regierung kooperieren wollen und die Partei auseinanderzubrechen droht. Die gemäßigt konservativen DNVP-Abgeordneten unterstützen Ernährungsminister Martin Schiele (DNVP), der auf Wunsch des Reichspräsidenten Paul von Hindenburg in das Kabinett Brüning berufen wurde und die Interessen der von der Wirtschaftskrise besonders betroffenen deutschen Landwirtschaft vertritt.

Die »Frankfurter Zeitung« urteilt über das Scheitern Alfred Hugenbergs in seiner eigenen Partei: »Für die Deutschnationalen und ihren Führer Hugenberg ist der 3. April 1930 ein schwarzer Tag erster Ordnung. Er hat die Unfähigkeit des Führers sichtbar gemacht und ihm zum Hohn auch noch den Spott eingetragen.«

Schon vor der Abstimmung über den Mißtrauensantrag hatte Reichskanzler Brüning für den Fall einer Niederlage seiner Regierung angekündigt, daß er auch nach der Auflösung des Reichstages mit Hilfe des Notverordnungsrechtes des Reichspräsidenten Hindenburg weiterregieren werde. Auch wenn es für seine Politik keine Mehrheit gebe, will Brüning u. a. rigorose Sparmaßnahmen zur Sanierung des Etats durchsetzen.

DNVP-Landwirtschaftsminister Martin Schiele (3. v. l.) verfolgt auf der Regierungsbank die Debatte.

Reichskanzler Heinrich Brüning (Zentrum) verliest am 1. April im Reichstag seine Regierungserklärung.

Hugenberg mobilisiert Massenmedien gegen Demokratie

Der Vorsitzende der Deutschnationalen Volkspartei (DNVP), Alfred Hugenberg, ist einer der einflußreichsten Vertreter der antirepublikanischen Rechten im Deutschen Reich. Er verfügt über ein weitverzweigtes Medienimperium (sog. »Hugenberg-Konzern«), das er systematisch in den Dienst seiner republikfeindlichen Grundhaltung stellt. Die nationalistischen Parolen der Hugenberg-Presse erreichen ein breites Publikum und tragen dazu bei, daß rechtsradikale Gruppierungen, vor allem die Nationalsozialisten, eine wachsende Anhängerschaft finden.

Hugenberg hat schon früh die Bedeutung der Presse als Instrument politischer Propaganda erkannt. Bereits vor dem Weltkrieg begann er mit dem Aufbau seines Pressekonzerns, der den Interessen der westdeutschen Montanindustrie und der deutschnationalen Politik dienen sollte; durch freundschaftliche Verbindungen zu Verwaltung, Agrarorganisationen und Wirtschaft erhielt Hugenberg u. a. Führungspositionen in Großunternehmen wie der Essener Friedrich Krupp AG. Nach 1918 nutzte er die wirtschaftliche Notlage, in die viele kleine, auflagenschwache Zeitungen gekommen waren, zu einer großangelegten Aufkaufaktion. Auch Zeitungen, die sich nicht im Besitz des Konzerns befinden, sind oftmals auf dessen Dienste angewiesen, weil sie sich keine teure und aufwendige Nachrichtenbeschaffung leisten können.

Pressezar Alfred Hugenberg

Alfred Hugenberg (DNVP) wurde am 19. Juni 1865 in Hannover geboren. 1890 gründete er den Alldeutschen Verband, der für eine offensive deutsche Kolonialpolitik eintrat. Als Jurist und Volkswirtschaftler stieg Hugenberg im Staatsdienst bis zum Geheimen Finanzrat auf. 1909 wurde der Finanzfachmann Vorsitzender des Direktoriums der Essener Krupp AG. 1918 bei Krupp ausgeschieden, widmete sich Hugenberg intensiv dem Aufbau eines eigenen Pressekonzerns und der Politik. Seit 1928 ist er Parteivorsitzender der rechtsgerichteten DNVP. Seit 1929 kooperiert er auch mit der NSDAP.

Seit 1919 wird Hugenbergs Medienimperium von einem Zwölf-Männer-Gremium, der »Wirtschaftsvereinigung zur Förderung der geistigen Wiederaufbaukräfte«, geleitet; sie kontrollieren u. a.:

- ▷ Die Allgemeine Anzeigen AG (ALA), die als Werbeagentur für die Schwerindustrie Anzeigenaufträge an Zeitungen und Zeitschriften mit der Auflage einer politisch rechtsstehenden Berichterstattung vergibt
- ▷ Den Scherl-Verlag, u. a. mit den Tageszeitungen »Berliner Lokal-Anzeiger« und »Der Tag«
- ▷ Die Nachrichtenagentur »Telegraphen Union«, die Nachrichten und Korrespondentenberichte an Zeitungen verkauft
- ▷ Die »Mutuum Darlehens AG«, durch die Hugenberg mittels finanzieller Beteiligungen Einfluß auf andere Verlage gewinnt
- ▷ Die »Universum-Film-Aktiengesellschaft« (Ufa), die vor allem Wochenschauen und Spielfilme produziert.

Freistaat Anhalt erzielt Überschuß

17. April. Der Ministerpräsident des Freistaats Anhalt, Heinrich Deist (SPD), legt dem Landtag in Dessau den Abschlußbericht über das vergangene Haushaltsjahr vor. Danach konnte der Staat Anhalt einen Überschuß von knapp 1 Mio. RM erzielen. Während fast alle deutschen Länder infolge der weltweiten Wirtschaftskrise hoch verschuldet sind, gelang es der Regierungskoalition aus SPD und Deutscher Demokratischer Partei (DDP) in Anhalt u. a. durch gesetzgeberische Eingriffe die Zahl der Konkurse und der Arbeitslosen in Grenzen zu halten.
Anhalt zählt zu den kleinsten deutschen Staaten; mit einer Fläche von rund 2300 km^2 nimmt es knapp ein Hundertstel der Fläche Preußens ein. Die Wirtschaft des Landes wird getragen vom Abbau reichhaltiger Braunkohle- und Kalivorkommen sowie von einer ausgedehnten Zukkerfabrikation. Darüber hinaus sind insbesondere in der Landeshauptstadt Dessau bedeutende Maschinenfabriken beheimatet wie die Junkers Motorenbau GmbH.

Zwei große Wasserbecken mit einer hoch aufsteigenden Fontäne sind in die großzügig angelegte Gartenlandschaft des Essener Gruga-Parkes integriert.

Essener strömen in den neueröffneten Gruga-Park zum Osterspaziergang

20. April. *Am Ostersonntag wird in Essen der Gruga-Park wiedereröffnet. Das Gelände, auf dem vom 29. Juni bis zum 13. Oktober 1929 die Große Ruhrländische Gartenbau-Ausstellung (Gruga) stattfand, ist nun eine Park- und Freizeitanlage, in dem sich die Essener Bevölkerung erholen kann.*
Im vergangenen Jahr waren rund 2 Mio. Besucher in die Industriestadt an der Ruhr gekommen, um die Gruga zu besichtigen. Unter ihnen waren Reichspräsident Paul von Hindenburg, der Schriftsteller Gerhart Hauptmann und der Schauspieler Willy Fritsch.
Der Gruga-Park, zu dessen größten Attraktionen die Dahlien-Arena und die Pflanzungen seltener exotischer Gehölze zählen, war in zweijähriger Arbeit von rund 800 Arbeitslosen auf einem sumpfigen Gelände in unmittelbarer Nähe zum Essener Messegelände errichtet worden. Die Ausstellungsgesellschaft hatte von der Stadt Essen einen Kredit in Höhe von 1 Mio. RM erhalten; als Gegenleistung gingen die gesamten Anlagen nach dem Ende der Ausstellung in den Besitz der Stadt Essen über. In den folgenden Wochen strömen Tausende von Besuchern in die Gruga.

Einschränkungen für Tierversuche

25. April. Durch einen Erlaß der drei preußischen Ministerien für Volkswohlfahrt (Heinrich Hirtsiefer, Zentrum), Wissenschaft, Kunst und Volksbildung (Adolf Grimme, SPD) sowie Landwirtschaft, Domänen und Forsten (Heinrich Steiger, Zentrum) werden die Tierschutzbestimmungen für Preußen verschärft.
Die neuen Bestimmungen erlauben nur noch Versuche an lebenden Tieren »zu ernsten Forschungen im Interesse der Verhütung und Heilung menschlicher und tierischer Erkrankungen«. Die sog. Vivisektionen dürfen nur noch von geschulten Kräften vorgenommen werden, und im Hochschulbereich sollen Filmaufnahmen die Wiederholung von Untersuchungen ersetzen.
Die preußische Regierung reagiert mit ihrem Erlaß auf Forderungen des Deutschen Tierschutzvereins, der die große Zahl der Tierversuche an Universitäten und Forschungsinstituten sowie deren »inhumane Durchführung« in zahlreichen Eingaben als »schwere Tierquälerei« angeprangert hatte.

Geschickte Aussagen helfen Saß-Brüdern

29. April. In Berlin werden die polizeilich bekannten Gebrüder Erich und Franz Saß bei einem versuchten Einbruch festgenommen. Die Brüder stehen u. a. im Verdacht, im vergangenen Jahr bei einem spektakulären Tresoreinbruch in die Berliner Disconto-Gesellschaft eine große Menge Wertpapiere entwendet zu haben.
Der Besitzer eines Tabakgeschäftes in der Flemmingstraße 1 hatte nachts verdächtige Geräusche im Keller gehört und die Polizei verständigt. Nach einer Verfolgungsjagd durch die Kellergewölbe des Wohnblocks werden die beiden Gauner festgenommen.
Ungeklärt bleibt für die Ermittlungsbehörden der Zweck des von den Brüdern in die Kellerwand des Hauses Flemmingstraße 1 geschlagenen Loches, das in den Schornstein mündet. Die Brüder geben lediglich zu Protokoll, ein Versteck für »bestimmte Papiere und Pässe« gebraucht zu haben; das Haus mit seinen zwei Eingängen von verschiedenen Straßen her sei dafür besonders gut geeignet.
Am 26. Mai werden Erich und Franz Saß wegen Hausfriedensbruch und Sachbeschädigung zu je einem Monat Gefängnis verurteilt. In der Berliner Öffentlichkeit wird das milde Urteil mit Interesse aufgenommen. Die Brüder, die der Polizei schon mehrfach entwischten oder durch verwirrende Aussagen schärfere Urteile vermieden, erfreuen sich in Berlin vielfacher Sympathien.

Franz (xx) und Erich (x) Saß vor Gericht: Wegen ihrer geschickten Aussagetaktik kann ihnen die Staatsanwaltschaft keinen Einbruch nachweisen.

Bildungswesen 1930:

Schule leidet unter Sparzwang

Die Folgen der Weltwirtschaftskrise, die durch den New Yorker Börsenkrach vom 25. Oktober 1929 ausgelöst wurde, machen sich 1930 auch im deutschen Bildungswesen bemerkbar. Die immer schwieriger werdende finanzielle Lage des Reichs, der Länder und der Städte führt zu Einsparungen u. a. beim Lehrpersonal, bei der Unterhaltung und dem Neubau von Schulgebäuden und der Lehrmittelbeschaffung. Zusätzliche Schwierigkeiten bringt das Anwachsen radikaler Jugendverbände mit sich, deren Anhänger oftmals versuchen, ihre Vorstellungen an den Schulen mit Gewalt gegen politisch Andersdenkende durchzusetzen.

Wegen der z. T. hohen Verschuldung wird in den öffentlichen Verwaltungen zunächst in Bereichen wie dem Bildungswesen gespart. Im Haushaltsplan für 1930/31 hat die Reichsregierung nur noch 4,7 Mio. RM für den Schuletat vorgesehen, das sind 800 000 RM weniger als im Vorjahr. Vor allem in den Großstadtschulen verschlechtern sich die Unterrichtsbedingungen durch die Einsparungspolitik dramatisch; so protestiert die Berliner Lehrerschaft am 15. Januar 1930 in einem öffentlichen Aufruf gegen den Sparbeschluß des Magistrats für das Schulwesen; u. a. sehen die Pläne der Berliner Verwaltung vor:

▷ Schließung zahlreicher kleinerer Schulen und die Zusammenfassung der Schüler in zentral gelegenen Lehranstalten
▷ Entlassung von 387 Lehrern
▷ Erhöhung der Schülerzahl in den unteren Klassen der höheren Schulen auf 50 Kinder pro Klasse
▷ Rigorose Einschränkungen bei der Lehrmittelbeschaffung.

Die Schulen haben jedoch nicht nur mit wachsenden finanziellen und personellen Problemen zu kämpfen, besorgt beobachten Lehrer und Schulleiter die zunehmenden politischen Aktivitäten rechts- und linksradikaler Jugendorganisationen an den Schulen.

Schülerverbände, wie z. B. die nationalsozialistische Jugendorganisation »Adler und Falke«, bieten den Jugendlichen ein umfassendes Freizeitangebot, u. a. Zeltlager und Wanderungen. Im Rahmen dieser Aktivitäten werden den Schülern dann die politischen Ziele der Gruppierungen nahegebracht. Das Gefühl, einer verschworenen Gemeinschaft anzugehören, bewirkt, daß viele Jugendliche bereit sind, sich innerhalb der Organisation unterzuordnen und den klaren, einfachen Parteiparolen bedingungslos zu folgen.

In Thüringen führt der Versuch eines Weimarer Schulleiters, seinen Schülern den Beitritt in den rechtsgerichteten Jugendbund »Adler und Falke« zu verbieten, zum Konflikt mit dem nationalsozialistischen Bildungs- und Innenminister Wilhelm Frick. Frick unterstützt die antidemokratischen Schülerbünde, die ihren Überzeugungen an den Schulen oftmals mit Gewalt Nachdruck verleihen, indem sie mit Gummiknüppeln und Schlagstökken gegen politisch Andersgesinnte vorgehen.

Der Berliner Oberstudiendirektor Paul Hildebrandt greift dieses Problem am 29. Januar in der »Vossischen Zeitung« auf und schildert die Ziele der konkurrierenden rechts- und linksextremistischen Jugendverbände: »Beide Parteien – so kann man ja wohl bei dem engen Anschluß an die Fraktionen sagen – verfolgen ein und denselben Zweck: Die Diskreditierung des Staates; sie wollen die Jugend davon überzeugen, daß sämtliche Einrichtungen dieser Republik, namentlich die Schule, aber auch die Parteien, die wirtschaftliche Ordnung, die Beamtenschaft, kurz alle Lebensäußerungen des Staates bis ins letzte hinein ›verdreckt‹ . . . sind.«

Um ein weiteres Anwachsen der Anhängerschaft der radikalen Organisationen zu verhindern, schlägt er ebenso wie der Deutsche Lehrerverband eine intensivere politische Aufklärung der Schüler im Unterricht vor. Hildebrandt ergänzt diese Empfehlung durch den Rat, an den Schulen eine Schülerselbstverwaltung einzurichten und damit der Jugend die Möglichkeit zu geben, sich im eigenen »Schulstaat«, dem sie angehören, als verantwortliche »Politiker« zu betätigen. Nur durch die politische Praxis im eigenen Alltag werden sie, so Hildebrandt, Demokratie lernen.

Der erste Schultag wird den Erstklässlern mit einer Schultüte versüßt. So manche Schultüte ist in diesem Jahr jedoch nicht sehr reichlich gefüllt.

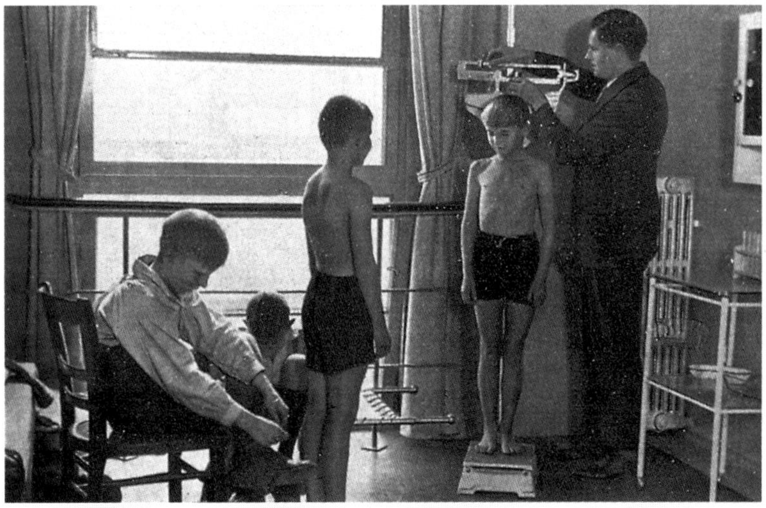

Im Arztzimmer werden die Schüler gemessen und gewogen. Viele Schüler leiden 1930 an Unterernährung, weil zu Hause am Essen gespart wird.

Wasch- und Duschraum in einem Berliner Lyzeum: Mit dem Bau großzügig angelegter Schulräume haben sich viele Gemeinden übernommen.

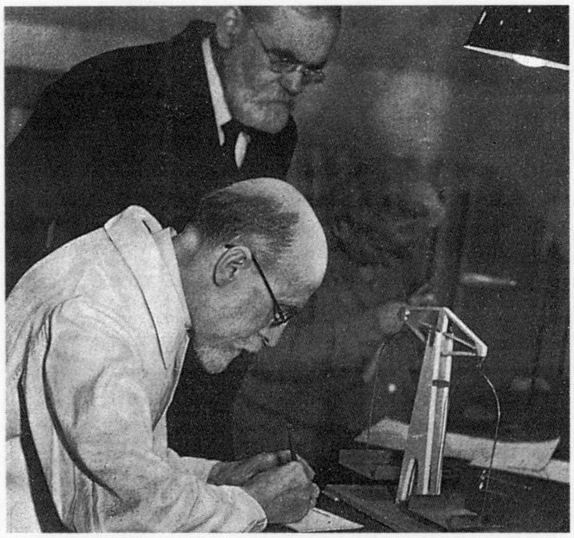

Ein Werkunterrichtslehrer übt unter Anleitung Herstellung und Eichung einer Präzisionswaage.

Berliner Schüler suchen sich Bretter für Skier aus, die sie im Werkunterricht selbst anfertigen sollen.

Werken soll den Praxisbezug stärken

Der Werkunterricht, der die handwerklichen und gestalterischen Fähigkeiten der Schüler fördern soll, setzt sich an immer mehr Schulen als fester Bestandteil des Lehrplans durch. So wird das Fach »Werken« 1930 nach dem Vorbild der praxisorientierten Volksschulen auch an den höheren Schulen Preußens eingeführt, um die Schüler mit der industriellen Arbeitswirklichkeit vertraut zu machen. Die preußischen Lehrer, die dieses Fach unterrichten wollen, müssen spezielle Kurse besuchen, die ihnen das notwendige technische und handwerkliche Wissen für den praxisnahen Werkunterricht vermitteln sollen.

Berliner Studenten bei einer Kundgebung vor der Universität; rechtsgerichtete Studentenverbände finden unter den Studierenden immer mehr Anhänger.

Vor dem »Schwarzen Brett« des Studentenwerks drängen sich Hochschüler, die bei dieser Selbsthilfeorganisation Unterstützung suchen.

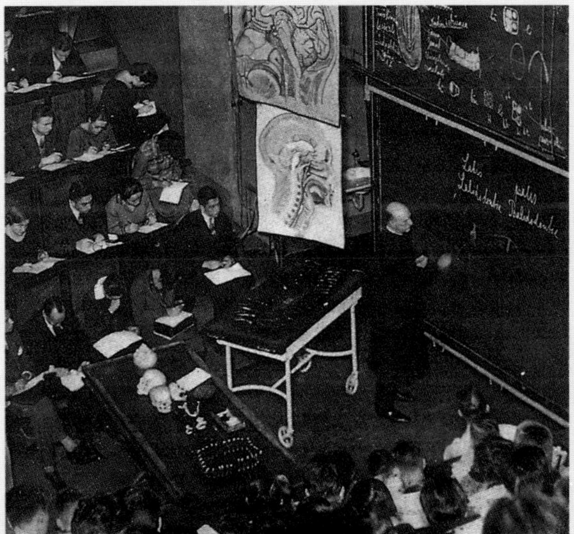

Im anatomischen Hörsaal verfolgen Medizinstudenten eine Vorlesung über den Aufbau des Körpers.

Radikalisierung der Studenten durch Bildungsmisere

Die Situation deutscher Studenten ist, wie im gesamten Bildungswesen, von den Folgen der schweren wirtschaftlichen Krise geprägt. Über 80% der Studierenden müssen ihren Lebensunterhalt selbst verdienen, da ihre Eltern nicht mehr in der Lage sind, sie ausreichend zu unterstützen. Nur noch wenige der rund 100 000 immatrikulierten Studenten erhalten einen ausreichenden »Monatswechsel«.

Viele Studenten wenden sich an das »Studentenhilfswerk«, eine studentische Selbsthilfeorganisation. Hier erhalten sie Unterstützung bei der Suche nach einer Arbeit oder nach einem billigen Zimmer. Da die Lage auf dem Arbeitsmarkt aber von Firmenschließungen und Massenentlassungen gekennzeichnet ist, finden sich auch immer weniger Stellen für arbeitswillige Studenten.

Auch die Ausbildung an den Universitäten verschlechtert sich zusehends. Die meisten Hochschulen im Deutschen Reich sind überfüllt; 1930 verzeichnen sie eine Zunahme der Studentenzahlen um knapp 100% gegenüber dem Jahr 1914. Wegen der Stelleneinsparungen beim Lehrpersonal fallen Vorlesungen und Seminare aus, und die angebotenen Veranstaltungen sind oft überfüllt. Zudem haben Studienabsolventen auf dem Arbeitsmarkt kaum Aussicht auf eine Arbeitsstelle, die ihrer Ausbildung entspricht. Viele Studenten sind angesichts dieser Umstände sehr empfänglich für die Agitation rechtsradikaler Studentenbünde, wie dem Nationalsozialistischen Deutschen Studentenbund (NSDStB). Vor allem die Rechtsorganisationen verstärken ihre Propaganda-Arbeit an den deutschen Hochschulen. So erringt der NSDStB bei den Wahlen zum Allgemeinen Studentenausschuß (ASTA) an neun deutschen Universitäten die absolute Mehrheit.

Luftaufnahme der neuen Schleuse in IJmuiden

Größte Schleuse der Welt eingeweiht

29. April. *In der niederländischen Hafenstadt IJmuiden wird die größte Schleuse der Welt eingeweiht. Mit einem Knopfdruck öffnet Königin Wilhelmina die Schleusentore und gibt das Wasserhebewerk an der Mündung des Nordseekanals, der IJmuiden mit Amsterdam und dem Ijsselmeer verbindet, für den Verkehr frei.*

In IJmuiden, das zu Velsen gehört, befindet sich die größte Hafenanlage der Niederlande; u. a. für den Export der in der Provinz Nordholland hergestellten Produkte der Eisen- und Stahlindustrie und für die wachsenden Anforderungen der Fischerei mußte eine tiefere Fahrrinne geschaffen werden, die auch für Großschiffe befahrbar ist.

Ausrichtung eines Harpuniergeschützes für Wale

Ein Flugzeug sucht das Meer nach Walen ab.

Wale durch moderne Fangmethoden bedroht

April. *In Berlin tagt im Auftrag des Völkerbundes ein Sachverständigenkomitee über Maßnahmen zum Schutz der Wale. Durch neue Fangmethoden sind manche Walarten fast ausgerottet worden.*

Im Gegensatz zur traditionellen Waljagd mit kleinen Booten und Harpunen, die geschleudert wurden, benutzen Walfänger jetzt Harpunierkanonen, die den Wal über große Entfernung zielsicher treffen; eine Sprengladung im Kopf der Harpune explodiert dann im Inneren des Tieres. Die getöteten Wale werden sofort an Bord verarbeitet. 40 solcher in der Antarktis operierenden Fabrikschiffe aus verschiedenen Ländern haben das Fangergebnis in einem Jahr um mehr als 30% erhöht.

Wettkampf der Systeme hemmt Fernsehentwicklung

11. April. Der in London erscheinende »Daily Express« veröffentlicht als erste Tageszeitung ein Verzeichnis des Fernsehprogramms. Die Rundfunkgesellschaft British Broadcasting Corporation (BBC) hatte am 30. September 1929 mit der täglichen Ausstrahlung von Fernsehsendungen begonnen.

Im Gegensatz zu Großbritannien werden im Deutschen Reich noch keine regelmäßigen Fernsehprogramme ausgestrahlt, da noch verschiedene Übertragungssysteme in der Erprobung sind.

Bei der 5. Großen Deutschen Rundfunkausstellung 1928 war das von Dénes von Mihály mit Unterstützung der Reichspost erarbeitete Fernsehsystem vorgestellt worden. Das Bild wurde in einer Größe von 4x4 cm über 900 Punkte auf 30 Zeilen übertragen. Technisch aufwendiger war die gleichzeitig von August Karolus bei Telefunken entwickelte Technik, die das Fernsehbild auf 96 Zeilen auflöste und mit Hilfe eines Spiegelrades auf 75x75 cm projizieren konnte. Beide Verfahren basierten auf dem mechanischen System der Nipkowschen Scheibe, einer Scheibe mit spiralförmig angeordneten Löchern, die sich vor dem Bildobjekt dreht und seine Konturen Punkt für Punkt abtastet. Der schottische Ingenieur und Fernsehpionier John Baird hatte mit einer Weiterentwicklung der Nipkowschen Scheibe u. a. Fernsehbilder von den Britischen Inseln zur Ostküste der Vereinigten Staaten übertragen.

Obwohl durch die Initiative des Reichskommissars für Rundfunk, Hans Bredow, 1929 die erste Fernsehnorm (30 Zeilen, 12,5 Bildwechsel pro Sekunde) verabschiedet wurde, können sich die Arbeitsgruppen um Mihály, Karolus und Baird nicht auf eine gemeinsame Forschungsrichtung einigen. Fortschritte brachten 1929 nur die Entwicklung der Fernsehkamera durch Mihály und die Einrichtung des ersten Tageslicht-Fernsehsenders in Berlin.

Zeitungskommentatoren beobachten die Entwicklung des Fernsehens mit Ungeduld; die Fortschritte auf diesem Gebiet seien zu gering, die Qualität der Bilder zu schlecht.

Wiedergabegerät, mit dem Fernsehbilder auch einem größeren Publikum vorgeführt werden können

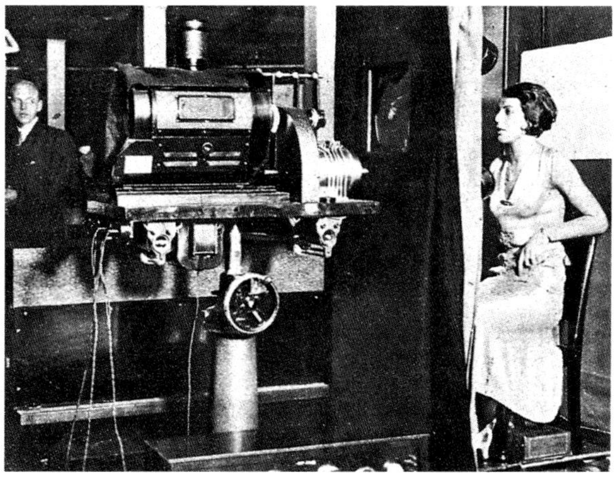

Apparat zur Aufnahme von Bild und Ton; die Reichspost experimentiert mit der neuen Fernsehtechnik.

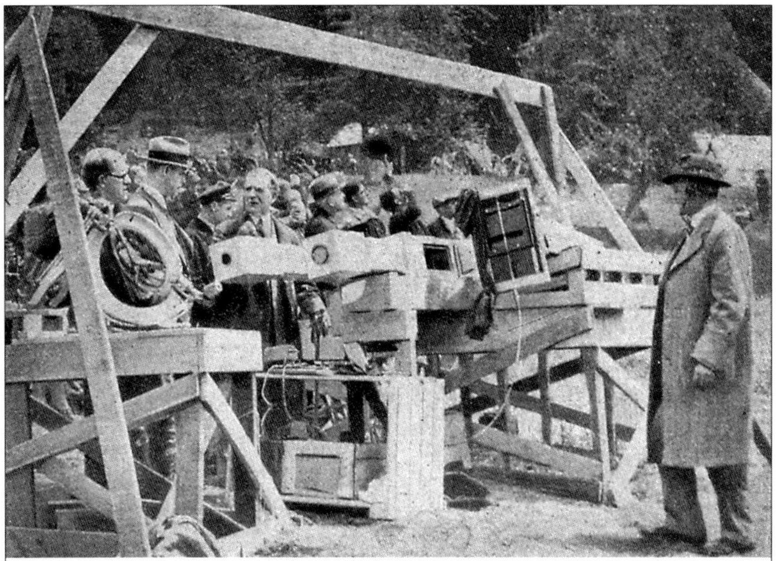

Wissenschaftler haben kurz vor der Sonnenfinsternis eine Spezialkamera aufgebaut.

Astronomen erforschen Sonnenfinsternis

28. April. *Um 11 Uhr vormittags ist über dem US-Bundesstaat Kalifornien eine Sonnenfinsternis zu beobachten. Ein Astronomenteam der Lick-Sternwarte hatte in dem Ort Camptonville eine Beobachtungsstation eingerichtet, um dieses Naturschauspiel zu beobachten.*

Für Astronomen ist die Beobachtung einer totalen Verfinsterung der Sonne, die durch den zwischen Erde und Sonne stehenden Mond verdeckt wird, eine Besonderheit. Sie versuchen deshalb, mit hohem technischen Aufwand den kurzen Moment der totalen Finsternis von rund einer Sekunde fotografisch festzuhalten, um weitere wissenschaftliche Erkenntnisse über dieses Phänomen zu gewinnen.

Ein zwölfjähriger Junge übernimmt für einen Tag den Amtssitz eines Gouverneurs.

Kinder regieren für einen Tag die Türkei

23. April. *Am zehnten Jahrestag des Zusammentritts der türkischen »Großen Nationalversammlung« in Ankara veranstalten die Behörden des Landes den »Tag der Kindersouveränität«. Für einen Tag übernehmen Kinder die Ämter von Gouverneuren, Stadtpräfekten, Polizeidirektoren und andere wichtige Positionen.*

Die türkische Führung unter Mustafa Kemal Pascha (später Kemal Atatürk) versucht, mit solchen Veranstaltungen für ihr Reformprogramm zur Begründung eines modernen, europäisch-orientierten Nationalstaats zu werben. Weite Teile der Bevölkerung sind in islamischen Traditionen verhaftet und stehen den Reformen ablehnend gegenüber.

Neue Bühne für die Passionsspiele in Oberammergau

27. April. In Gegenwart des bayerischen Ministerpräsidenten Heinrich Held (BVP), des bayerischen Innenministers Karl Stützel (BVP), des Münchner Kardinals Michael von Faulhaber und anderer geistlicher Würdenträger wird in Oberammergau das erweiterte Passionstheater eingeweiht. Die alte Bühne, die sog. Pinn, war auf Wunsch der bayerischen Regierung durch einen Neubau ersetzt worden; das neue Theater bietet zudem 5200 Menschen Platz, rund 1000 mehr als bisher.

Kardinal Faulhaber, der die kirchliche Einsegnung des Gebäudes vornimmt, betont die besondere Bedeutung der Aufführung, zu der sich die Oberammergauer durch ein Gelübde nach dem Pestjahr 1633 verpflichteten: »Der Schatten des Kreuzes fällt auf diese Bühne, die mehr als andere Bühnen die Welt bedeutet. Ihr seid Sendboten mit der Botschaft des Kreuzes. Die Zuschauer werden aufs neue empfinden, welche Fundgrube dramatischen Stoffes das Evangelium ewig bleibt. Hier wird das Evangelium nicht bloß vorgelesen oder vorgesungen, hier wird es vorgespielt und vorgelebt . . . Wenn wir das Passionsspiel nicht hätten, wir müßten es neu schaffen in dieser Zeit, in der trostlose Seelen Trost und Lebensmut brauchen.«

Das neu errichtete Bühnenhaus ist durch einen strengen architektonischen Aufbau gekennzeichnet. Die Bühnenfront, die in klare Flächen und Silhouetten gegliedert ist, soll nicht von der eigentlichen Handlung der Passion ablenken. Mit dieser Umgestaltung des Theaterbaus, der vorher durch ein Stilgemisch des 19. Jahrhunderts geprägt war, und mit neuen, farblich aufeinander abgestimmten Kostümen will der Oberammergauer Spielleiter, Georg Johann Lang, die Passionsspiele grundlegend reformieren.

Anläßlich der Einweihung des Bühnenbaues des Oberammergauer Passionstheaters werden auch die Aufführungen neu inszeniert. Festspielleiter Johann Georg Lang befreit die Darstellung vom Pathos; obwohl seine Inszenierung zunächst kritisiert wird, kommen 400 000 Besucher zu den insgesamt 81 Vorstellungen.

Jubel um die Dietrich im »Blauen Engel«

1. April. Im Berliner Ufa-Palast wird der Film »Der blaue Engel« von Josef von Sternberg uraufgeführt; Hauptrollen spielen Marlene Dietrich (eigtl. Maria Magdalena von Losch) und Emil Jannings.
Der Film mit den Friedrich-Hollaender-Liedern »Ich bin die fesche Lola« und »Ich bin von Kopf bis Fuß auf Liebe eingestellt« wird von Kritik und Publikum gleichermaßen gefeiert. Zum großen Star avanciert Marlene Dietrich, die über Nacht weltberühmt wird. Der Kritiker Herbert Ihering beschreibt ihren Auftritt im »Blauen Engel«: »Sie singt und spielt fast unbeteiligt, phlegmatisch. Aber dieses sinnliche Phlegma reizt auf ... Alles ist Film, nichts Theater.«
Die literarische Vorlage für den Film lieferte der Roman »Professor Unrat« von Heinrich Mann. Obwohl Sternberg die sozialkritischen Aspekte des Romans weitgehend vernachlässigte, zeigte sich Mann nach einer Voraufführung beeindruckt: »Gerade ein wirklicher Roman ist nicht ohne weiteres verfilmbar ... Er muß richtig gedreht werden. Das ist hier meines Erachtens auch geschehen.«

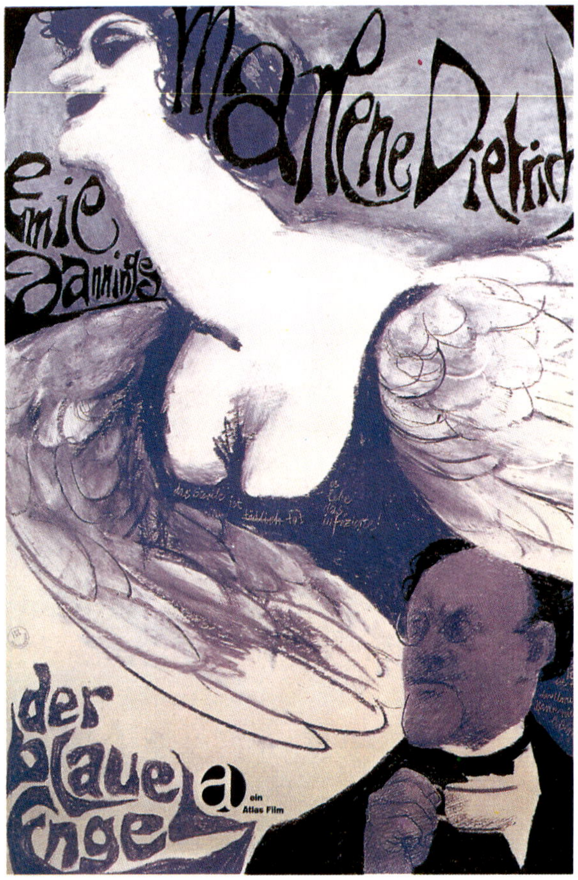

Mit »Der blaue Engel« (Abb.: Filmplakat) wird Marlene Dietrich fast über Nacht zum internationalen Star. Zylinderhut, schwarze Seidenstrümpfe, teilweise nackte Beine, vor allem aber ihre rauchige Stimme lassen sie in der Rolle der Sängerin Lola zum Sinnbild gefährlich-lockender Erotik werden. Regisseur Josef von Sternberg hatte sie gegen den Widerstand der Ufa-Gewaltigen als Hauptdarstellerin durchgesetzt und sie zur »Femme fatale« stilisiert.

Welterfolg für deutschen Film
»Der blaue Engel«, für den die Ufa Emil Jannings (r., mit Marlene Dietrich am Premierenabend) aus Hollywood zurückgeholt hat, ist der erste deutsche Tonfilm mit internationalem Erfolg. Das Werk von Regisseur Josef von Sternberg überzeugt vor allem durch die atmosphärisch dichte Bildkomposition der tragischen Charakterstudie, für die er auf Mittel des Stummfilms zurückgreift, wie verwinkelte Perspektiven und kontrastreiche Ausleuchtung.

Cosima Wagner, die »Herrin von Bayreuth«, stirbt

1. April. Im Alter von 92 Jahren stirbt in Bayreuth Cosima Wagner, die Witwe des Komponisten Richard Wagner und ehemalige Leiterin der Bayreuther Festspiele.
Cosima, Tochter des Komponisten Franz Liszt und von Marie Gräfin d'Agoult, war ab 1857 mit Hans von Bülow und ab 1870 mit dem Komponisten Richard Wagner verheiratet. Aus ihrer zweiten Ehe stammen zwei Kinder, Eva und Siegfried.
Nach dem Tod Richard Wagners 1883 übernahm Cosima die Leitung der Bayreuther Opernfestspiele. Sie führte das Werk ihres Gatten fort und hielt sich in den Inszenierungen genau an die Anweisungen, die Richard Wagner zu seinen Lebzeiten gegeben hatte.
Unter ihrer Leitung erhielten die Bayreuther Festspiele den Nimbus des Herausragenden, sie etablierten sich als wichtiges gesellschaftliches und kulturelles Ereignis der Musikwelt. Während Richard Wagner in Bayreuth lediglich den »Ring des Nibelungen« und den »Parsifal« inszeniert hatte, setzte sie nach und nach weitere Musikdramen ihres verstorbenen Mannes auf den Spielplan: »Die Meistersinger von Nürnberg« (1888), »Tannhäuser« (1891), »Lohengrin« (1894) und »Der Fliegende Holländer« (1901). 1906 gab sie aus gesundheitlichen Gründen die Festspielleitung ab, hatte jedoch weiterhin bedeutenden Einfluß auf das Geschehen in Bayreuth.
Cosima Wagner führte zeit ihres Lebens einen umfangreichen Briefwechsel, der ein Dokument von kulturhistorischem Wert ist; u. a. tauschte sie Meinungen und Gedanken mit ihrem Schwiegersohn, dem Kulturphilosophen und Rassentheoretiker Houston Stewart Chamberlain, und dem Philosophen Friedrich Nietzsche aus. Ihre letzten Lebensjahre verbrachte sie weitgehend zurückgezogen von der musikbegeisterten Öffentlichkeit, die sie aber weiterhin als die eigentliche »Herrin von Bayreuth« betrachtete.

Ein Bild aus glücklichen Tagen: Cosima (3. v. l.) und Richard Wagner (5. v. l.) haben einige ihrer Freunde in ihrem Bayreuther Domizil um sich versammelt.

C. Wagner und ihr Sohn Siegfried (l.), der kurze Zeit nach ihr stirbt

Piscator inszeniert Stück über § 218

3. April. Der Regisseur Erwin Piscator eröffnet mit einer Aufführung von »§ 218 – Frauen in Not« von Carl Credé im Wallner-Theater in Berlin seine neue Bühne.
Nachdem sein zweites »proletarisches Theater« bereits nach der ersten Inszenierung im Herbst 1929 gescheitert war, rief Piscator die Schauspieler zur Gründung eines Kollektivs auf. Fünf Mitglieder seines Ensembles beteiligten sich finanziell an dem Projekt und studierten das Credé-Stück ein, zu dem Piscator mit dem Dramaturgen Felix Gasbarra eine Rahmenhandlung verfaßte; das Publikum konnte am Ende der Aufführung selbst über den § 218 abstimmen. Die Premiere fand im November 1929 in Berlin statt; bis zur Übernahme des festen Hauses wurde auf Tournee gespielt.
Nach 50 Aufführungen verläßt das Piscator-Kollektiv wegen materieller Auseinandersetzungen mit dem Besitzer vorübergehend das Theater und geht erneut auf Tournee. Dabei werden seine Aufführungen häufig verboten, u. a. vom NSDAP-Minister Thüringens, Wilhelm Frick.

Zeppelin besucht Wembley-Stadion

26. April. *Vor mehr als 90 000 Zuschauern, darunter König Georg V., gewinnt Arsenal London im Wembley-Stadion das englische Pokal-Endspiel gegen Huddersfield Town 2:0.*
Nach 16 Minuten geht der nur von wenigen Experten favorisierte FC Arsenal durch ein Tor von Alex James in Führung. Der 28jährige schottische Nationalspieler, vor Saisonbeginn für eine Transfersumme von 9000 Pfund von Preston North End gekauft, dirigiert das Spiel der Londoner.
Nach dem Seitenwechsel verflacht die Begegnung mehr und mehr, ehe Londons Mittelstürmer Lambert kurz vor Spielschluß zum 2:0-Endstand einschießt.
Zu einem Zwischenfall kommt es, als während des Spiels das deutsche Luftschiff »Graf Zeppelin« über dem Stadion auftaucht, das nicht nur die Zuschauer vom Geschehen auf dem Platz ablenkt, sondern auch mehrere Spieler.

◁ »Graf Zeppelin« über dem mit 90 000 Zuschauern besetzten Wembley-Stadion

Kunstausstellungen ziehen Publikum an

7. April. In Wiesbaden eröffnet der Nassauische Kunstverein die Ausstellung »Deutsche Kunst unserer Zeit«. Gezeigt werden Werke von dreißig zeitgenössischen Künstlern, u. a. von Paul Klee, Max Liebermann, Lovis Corinth, Max Slevogt und Oskar Schlemmer. In diesem Frühjahr finden in nahezu allen Großstädten des Deutschen Reiches trotz der wirtschaftlich angespannten Lage Kunstausstellungen statt, die bei einem großen Publikum reges Interesse finden.
Viele Ausstellungsorganisatoren sind dazu übergangen, Werkschauen unter einem Themenschwerpunkt zusammenzustellen. So widmen sich allein im Monat März zwei Ausstellungen in Berlin ausschließlich der westdeutschen Kunst. Die »Frankfurter Zeitung« kommentiert am 7. April diese auch von ihr beobachtete Entwicklung: »Die Ausstellungen suchen Themen. Man traut dem Erfolg nicht mehr, wenn Bilder ohne ein Merkwort versammelt sind.«

René Dreyfus gewinnt in Monte Carlo

7. April. Auf dem 3,180 km langen Stadtkurs von Monte Carlo starten 17 Fahrzeuge zum Großen Automobilpreis von Monaco, der 1929 erstmals ausgetragen wurde.
Mit dabei sind auch die beiden Deutschen Hans Stuck (Austro-Daimler) und Ernst Günther Burggaller (Bugatti) sowie der österreichische Graf Max Arco-Zinneberg (Mercedes-Benz). Sie scheiden ebenso vorzeitig aus wie die meisten anderen: Nur fünf Rennfahrer (alle auf Bugatti) bringen ihren PS-starken Wagen nach 100 mörderischen Runden sicher über den Zielstrich.
Vom Start weg fährt der Franzose Louis Chiron an der Spitze. Dann holt sein Landsmann René Dreyfus mächtig auf. Bei diesem spannenden Duell wird mehrmals der Rundenrekord verbessert, zuletzt von Dreyfus auf 2:07 min (90,140 km/h). In der 86. Runde muß Chiron wegen eines Kupplungs-Defekts an die Boxen, Dreyfus überholt und hat im Ziel knapp 22 sec (nach 3:41:02,6 h) Vorsprung. Der französische Fahrer Guy Bouriat hat als Dritter schon gut acht Minuten Rückstand.

Szene vom Großen Preis von Monaco, der in Monte Carlo ausgetragen wird; auf dem engen Kurs von 3,180 km Länge führt das Rennen mitten durch den Stadtkern von Monte Carlo; der Grand Prix zieht in diesem Jahr Tausende von Schaulustigen an die Côte d'Azur.

Architektur 1930:

Bedarfsgerecht und billig

»Das Neue Bauen ist eine Tatsache geworden«, so faßt der Architekt Ludwig Mies van der Rohe 1930 die Entwicklung der Architektur des vergangenen Jahrzehnts zusammen. Tatsächlich erfährt das sog. Neue Bauen, die wesentlich von deutschen Architekten mitgestaltete avantgardistische Architektur, besonders in diesem Jahr internationale Anerkennung, z. B. auf den großen Ausstellungen des Deutschen Werkbundes in Paris und Stockholm.

Die Ziele des Neuen Bauens sind bereits vor dem Weltkrieg, bei der Gründung des Deutschen Werkbundes, einer Vereinigung von Künstlern, Fabrikanten, Handwerkern und Pädagogen, 1907 in München formuliert worden: Die Werkbündler wollen »der guten Form wieder auf allen Gebieten ihr Recht verschaffen« und »eine echte Zusammenarbeit der besten Künstler und Handwerker mit Industrie und Handel herbeiführen«.

Im Mittelpunkt des Neuen Bauens steht 1930 die Schaffung von Wohnbauten, die den individuellen Bedürfnissen der Bewohner optimal entsprechen. Durch die Verwendung serienmäßig hergestellter Bauteile sollen die neugebauten Mietwohnungen so kostengünstig sein, daß sie für weite Bevölkerungsgruppen erschwinglich sind.

Dieses Verständnis von Architektur als sozialer Aufgabe wird im Deutschen Reich insbesondere im Umkreis des Bauhauses vertreten, der 1919 in Weimar gegründeten und 1925 nach Dessau übergesiedelten Hochschule für Gestaltung. Führende Vertreter des Bauhauses meinen zudem, durch funktionalistische Bauweise, die auf überflüssigen Zierart verzichtet und die Gestaltung der Gebäude an ihrem Zweck ausrichtet, die Lebensgestaltung des Menschen im Sinne einer größeren Klarheit, Transparenz und Vernünftigkeit positiv beeinflussen zu können.

Obwohl sich in Frankreich und in den USA mit dem Art deco parallel zum Neuen Bauen ein neuer ornamentaler Stil etabliert hat, erfährt besonders die Bauhaus-Architektur 1930 höchste internationale Anerkennung. Bei der Werkbund-Ausstellung im Grand Palais in Paris erregt Bauhausgründer Walter Gropius mit dem Entwurf eines zehnstöckigen Appartementhauses großes Aufsehen. Die gelungene Werkbund-Ausstellung in Stockholm, die sich vor allem der gewerblichen Produktion von Möbeln widmet, trägt – nicht zuletzt dank der farbenfrohen, lustigen Gestaltung des Ausstellungsgeländes durch Erik Gunnar Åsplund – entscheidend dazu bei, das Neue Bauen auch in den skandinavischen Ländern zu verbreiten.

Werkbund-Ausstellung 1930 in Stockholm, gestaltet von Erik Gunnar Åsplund

Konzentrisch angeordnete Wohnblocks einer Siedlung des Architekten Hubert Rötter in der Nähe von Leipzig

Großsiedlungen haben Konjunktur

Seit Mitte der 20er Jahre entstehen in mehreren Städten des Deutschen Reichs Großsiedlungen in serieller Bauweise. Die größte Bautätigkeit in diese Richtung weist jedoch Berlin unter dem seit 1926 amtierenden Stadtbaurat Martin Wagner auf.

Die Hufeisensiedlung in Berlin-Britz, die 1925–27 nach Entwürfen von Bruno Taut gebaut worden ist, wird 1930/31 erweitert. Dieses Großwohnprojekt umfaßt bis zum Ende des Jahres 1964 Wohnungen, davon 679 in Einfamilienhäusern. Die Berliner Siemensstadt, mit deren Bau unter der Leitung von Hans Scharoun 1929 begonnen wurde, soll Wohnraum für rund 1800 Familien und Einzelpersonen schaffen.

Das Chrysler Building (M.), eingerahmt vom Channin Building (l.) und dem Gebäude der »New York News«

Chrysler Building im Stil des Art deco

Die New Yorker Hochhaus-Architektur am Übergang der 20er zu den 30er Jahren ist vom Art-deco-Stil beeinflußt, der sich durch seine ornamentalen, dekorativen Formen vom funktional geprägten Stil des »Neuen Bauens«, wie er in Europa vorherrschend ist, deutlich absetzt. Das Chrysler Building von William van Alen, das nach dreijähriger Bauzeit 1930 vollendet wird, weist insbesondere an der Spitze mit den auf gestuften Halbkreisen angeordneten, silberglänzenden Dreiecken Elemente des Art deco auf. Es kommt mit seiner Verbindung von technischem Gigantismus und historisierenden Stilelementen, vor allem aber mit seinen Anklängen an Kino- und Tanzpaläste dem Massengeschmack entgegen.

Das Gebäude, ein Prestigebau für den Automobilkonzern Chrysler Corporation, ist mit einer Höhe von 320 m – bei 77 Stockwerken – das höchste der Welt. Es weist zudem als eines der ersten Hochhäuser rostfreien Stahl bei der Außenverkleidung auf. Das ebenfalls 1928 begonnene Empire State Building soll mit seinen 381 m das Chrysler Building van Alens allerdings noch deutlich überragen.

Shellhaus in Berlin-Tiergarten von Erich Fahrenkamp

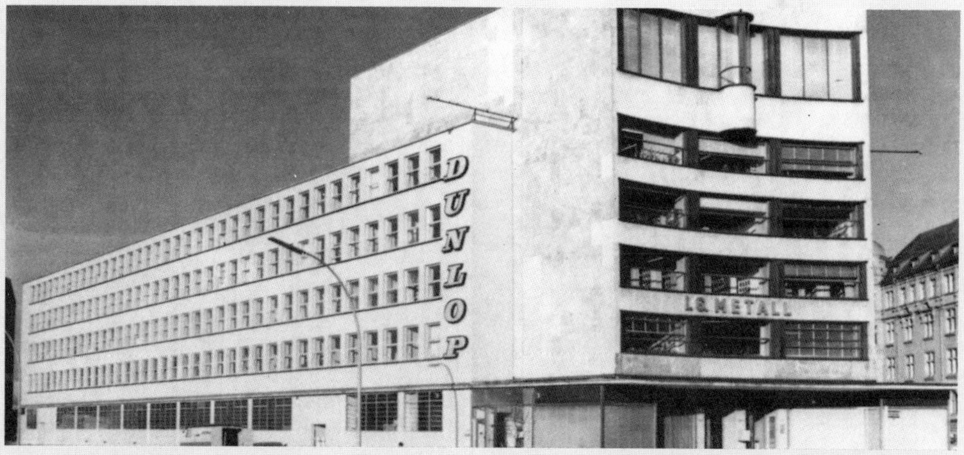

Haus des Metallarbeiterverbandes, Entwurf von Mendelsohn in Zusammenarbeit mit Rudolf Reichel

Erich Mendelsohn – Funktion und Dynamik im Gleichgewicht

Einer der herausragenden Architekten des Deutschen Reichs ist der 1887 geborene Erich Mendelsohn, der vor allem durch seine öffentlichen Bauten – Kaufhäuser, Kinos usw. – hervorgetreten ist. Angeregt durch Reisen, die ihn u. a. in die USA und in die Sowjetunion geführt haben, bemüht er sich in seiner Baugestaltung um eine Versöhnung von Funktion und Dynamik oder auch – wie er es programmatisch formuliert – um die Verbindung des »triebhaft Religiösen Rußlands« mit der »unproblematischen Tatkraft Amerikas«. Das 1929/30 im Auftrag der Gewerkschaften errichtete Haus des Metallarbeiterverbandes in Berlin ist ein herausragendes Beispiel für sein Architektur-Konzept.

Mai 1930

Mo	Di	Mi	Do	Fr	Sa	So
			1	2	3	4
5	6	7	8	9	10	11
12	13	14	15	16	17	18
19	20	21	22	23	24	25
26	27	28	29	30	31	

1. Mai, Maifeiertag

Im gesamten Deutschen Reich verlaufen die Feiern zum 1. Mai ruhig. Die Polizei meldet am Abend, daß es nirgendwo zu den von ihr erwarteten Zusammenstößen gekommen ist.

In der Sowjetunion wird die Turkestan-Sibirische Eisenbahn (Turksib) eröffnet. Sie verbindet auf einer Länge von 1442 km die westsibirischen Industriezentren mit den mittelasiatischen Baumwollgebieten. → S. 95

In New York wird der Tonfilm »Im Westen nichts Neues« nach dem Roman des deutschen Schriftstellers Erich Maria Remarque uraufgeführt. Der Film von Regisseur Lewis Milestone schildert die Schrecken des vergangenen Weltkrieges. → S. 98

2. Mai, Freitag

Im Reichstag beginnt die erste Lesung des Haushalts für 1930 mit einer Rede von Reichsfinanzminister Paul Moldenhauer (DVP), in der er den Fehlbetrag des zu verabschiedenden Haushalts auf 360 Mio. RM einschätzt. Um das Haushaltsdefizit in Grenzen zu halten, schlägt Moldenhauer die Zusammenlegung von Reichsbehörden und die Senkung der Einkommen von Beamten vor.

In Baden-Baden geht der 5. allgemeinärztliche Kongreß für Psychotherapie zu Ende, der unter dem Thema »Zwangsneurose« steht. Zum stellvertretenden Vorsitzenden der Gesellschaft für Psychotherapie wird der schweizerische Psychoanalytiker Carl Gustav Jung gewählt (→ 25. 9./S. 164).

3. Mai, Samstag

Bei einem Wirbelsturm über dem zu Japan gehörenden südlichen Teil der Insel Sachalin und der Insel Hokkaido kommen Hunderte von Menschen ums Leben. Viele japanische Fischer waren auf See von dem Unwetter überrascht worden.

4. Mai, Sonntag

In Bernau bei Berlin wird die Bundesschule des Allgemeinen Deutschen Gewerkschaftsbundes (ADGB) eröffnet, deren Aufgabe die wirtschafts- und sozialpolitische Weiterbildung des Gewerkschaftsnachwuchses ist.

Im Berliner Wallnertheater wird eine Vormittags-Sondervorstellung von »§ 218«, einem zeitkritischen Stück des deutschen Schriftstellers und Gynäkologen Carl Credé, vor Anwälten, Richtern und Vertretern von Ministerien und der Presse gegeben. Über das Für und Wider des § 218, der einen Schwangerschaftsabbruch unter Strafe stellt, wird in der deutschen Öffentlichkeit seit einigen Jahren heftig diskutiert.

In Zürich schlägt die deutsche Fußballnationalmannschaft die Schweizer Elf vor 25 000 Zuschauern 5:0.

5. Mai, Montag

Auf dem Weg nach Bombay wird der Führer der indischen Unabhängigkeitsbewegung Mohandas Karamchand »Mahatma« Gandhi wegen seines »Feldzugs der Gehorsamsverweigerung«, der sich gegen die britische Kolonialherrschaft richtet, verhaftet (→ 6. 4./S. 68).

In Madrid lassen die spanischen Behörden die Universität schließen. Medizinstudenten hatten mit der Parole »Tod dem König! Tod dem Räuber!« gegen die Politik von Alfons XIII. demonstriert, wobei es zu gewalttätigen Auseinandersetzungen mit der Polizei kam. Die Studenten warfen dem König vor, die Herrschaft des am → 28. Januar (S. 16) zurückgetretenen Militärdiktators Miguel Primo de Rivera y Orbaneja und dessen Verstöße gegen die Verfassung gebilligt zu haben.

In Berlin erteilt das Reichspatentamt das 500 000. Patent. Inhaber des Erfindungsschutzes für »Elektromagnetische Überstromschalter« sind die Berliner Siemens-Schuckertwerke AG. → S. 94

Die Deutsche Luft Hansa eröffnet den planmäßigen Luftpostdienst auf der Balkanstrecke Wien – Budapest – Belgrad – Sofia – Istanbul. Der Posttransport zwischen Berlin und Istanbul beträgt 24 Stunden (→ 21. 2./S. 42).

In der Berliner Staatsoper wird die Oper »Christoph Columbus« des französischen Komponisten Darius Milhaud uraufgeführt. Während die Oper selbst kein überragender Erfolg wird, lobt die Presse die musikalische Leitung des österreichischen Dirigenten Erich Kleiber.

6. Mai, Dienstag

Japan erkennt Chinas Zollautonomie an. Die Kontrolle über die Ein- und Ausfuhrzölle wurde bisher von ausländischen Mächten, u. a. von Großbritannien, verwaltet. Nun bekommt die chinesische Nationalregierung unter Chiang Kaishek die finanziellen Mittel zur Modernisierung von Handel und Verkehr und zum Aufbau eines schlagkräftigen Heeres in die Hand.

In Dresden wählt der sächsische Landtag den bisherigen Präsidenten des Staatsrechnungshofes Walter Schieck (parteilos) zum neuen Ministerpräsidenten. Schieck soll ein parteiunabhängiges Beamtenkabinett bilden. Die Parteien des sächsischen Landtages hatten sich seit dem Sturz der Regierung unter Wilhelm Bünger (DVP) am 18. Februar auf keinen neuen Ministerpräsidenten einigen können.

7. Mai, Mittwoch

Im belgischen Parlament in Brüssel kommt es zu heftigen Auseinandersetzungen um die Frage, ob sich Soldaten in der belgischen Armee weigern können, Befehle in französischer Sprache entgegenzunehmen. Der Streit ist Ausdruck einer Zuspitzung des Konfliktes zwischen der flämischsprachigen Bevölkerungsmehrheit und der französischsprachigen Minderheit.

Der österreichische Theaterregisseur Max Reinhardt übernimmt von der I. G. Farbenindustrie AG die Mehrheit der Aktien an der Terra-Film-Gesellschaft. Unter seiner Leitung soll die Filmgesellschaft in Zukunft vor allem Opernfilme produzieren (→ 29. 5./S. 98).

Das erste Wuppertaler Musikfest wird mit der Uraufführung der Oper »Die Richterin« eröffnet, die Hermann Grabner komponiert hat. Die musikalische Leitung hat Franz von Hoesslin. Der Komponist Grabner ist u. a. wegen seiner 1924 erschienenen Schrift »Allgemeine Musiklehre« bekannt.

8. Mai, Donnerstag

Auf Einladung der US-amerikanischen Carnegie-Stiftung reisen 14 europäische Journalisten für zwei Monate in die Vereinigten Staaten. Mit der gezielten Ansprache von Pressevertretern will die Stiftung einen Beitrag zum besseren Verständnis für die Vereinigten Staaten in Europa leisten.

Erdsenkungen bringen in Vienenburg im Nordharz mehrere Häuser zum Einsturz. Die Polizei muß ganze Stadtviertel absperren. → S. 95

Im südlichen Schwarzwald fallen die Temperaturen an den Eisheiligen auf –5 °C. Innerhalb von drei Tagen fallen über 10 cm Schnee.

9. Mai, Freitag

Als letzter Staat nach Großbritannien, Belgien und Frankreich ratifiziert Italien den Youngplan, der die deutschen Reparationsleistungen festlegt. Damit treten am 17. Mai seine Bestimmungen in Kraft. Der Vertrag sieht u. a. vor, daß die alliierten Besatzungstruppen das von ihnen seit über zehn Jahren verwaltete Rheinland am → 30. Juni (S. 106) räumen (→ 20. 1./S. 14).

In der US-amerikanischen Stadt Sherman (Texas) stecken Weiße ein Gerichtsgebäude in Brand, um die Auslieferung eines gefangenen Farbigen zu erreichen, der beschuldigt wird, eine weiße Frau angegriffen zu haben. → S. 92

Nach Erhebungen des Deutschen Städtetages sind mehr als 25% der Arbeitslosen, die von Ländern und Gemeinden finanziell unterstützt werden, Dauererwerbslose. → S. 91

Der ungarische Choreograph und Tanzpädagoge Rudolf von Laban, der bislang u. a. Ballettdirektor und Gründer eines eigenen Kammertanztheaters in Hamburg war, wird als Ballettdirektor an die Berliner Staatsoper berufen.

10. Mai, Samstag

Max Liebermann eröffnet die Frühjahrsausstellung der Preußischen Akademie der Künste in Berlin. Im Mittelpunkt der Ausstellung stehen Werke des Malers Ludwig Knaus (→ 7. 4./S. 81).

Im Berliner Grunewald-Stadion endet das Fußball-Länderspiel Deutschland gegen England 3:3. → S. 99

11. Mai, Sonntag

In ganz Frankreich wird das Fest der Jungfrau von Orléans gefeiert; unter ihrer Führung hatte am 8. Mai 1429 das französische Heer die von englischen Truppen belagerte Stadt Orléans befreit.

12. Mai, Montag

Das sowjetische Handelskommissariat verordnet die Rationierung von Konsumgütern. Massenbedarfsartikel wie Nähgarn und Seife sind nur noch auf Karten zu haben. Während die sowjetische Regierung vor allem die Herstellung schwerindustrieller Produkte fördert, entstehen bei der Versorgung mit wichtigen Gebrauchsgütern Engpässe (→ 1. 2./S. 40).

13. Mai, Dienstag

In London erklärt eine Delegation palästinensischer Araber die Verhandlungen mit der britischen Regierung, die seit 1920 Palästina als Völkerbundsmandat verwaltet, für gescheitert. Die Briten hatten die arabische Forderung abgelehnt, eine weitere Einwanderung von Juden nach Palästina sofort zu verbieten. → S. 93

Rund 3000 südpfälzische Weinbauern protestieren vor dem Bezirksamt in Germersheim gegen das Verbot der Reichsregierung, Hybridenreben anzubauen. → S. 95

Im Deutschen Theater in Berlin wird anläßlich des 25jährigen Intendantenjubiläums von Max Reinhardt das Stück »Phaea« von Fritz von Unruh uraufgeführt (→ 29. 5./S. 98).

Der norwegische Polarforscher, Zoologe und Diplomat Fridtjof Nansen (* 10. 10. 1861) stirbt in Lysaker bei Oslo. Nansen hatte u. a. 1888 als erster Mensch das grönländische Inlandeis durchquert.

14. Mai, Mittwoch

Die »Frankfurter Zeitung« berichtet, daß der deutsche Dirigent Wilhelm Furtwängler in einem Brief an den Vorstand des Wiener Philharmonischen Orchesters seinen Entschluß bekannt gegeben hat, die Leitung der Wiener Philharmonischen Konzerte niederzulegen. Furtwängler begründet seine Entscheidung mit künstlerischer Überlastung.

15. Mai, Donnerstag

Nachdem in Bulgarien die Koalitionsverhandlungen um eine neue Regierung gescheitert sind, setzt Zar Boris III. durch einen Erlaß (Ukas) eine neue Regierung unter dem bisherigen Ministerpräsident Andreas Ljaptschew (Demokratische Eintracht) ein.

In der Berliner Stadtverordnetenversammlung kommt es bei einer Debatte

Die Illustrierte »Die Wochenschau« zeigt auf ihrem Titelbild am 11. Mai den Bariton Theodor Scheidl in der Hauptrolle der Oper »Christoph Colomb« von Darius Milhaud. Die am 5. Mai in der Berliner Staatsoper aufgeführte Oper gehört zu den wichtigsten Musikereignissen des Jahres 1930. Für den 49jährigen Scheidl zählt der Part des Columbus zu den Höhepunkten seiner bisher glanzvollen Karriere, die 1910 mit seinem Debut an der Wiener Volksoper begann.

Die Wochenschau

Nr. 19
11. Mai 1930
20 Pf.

Westdeutsche Illustrierte Zeitung des General-Anzeigers der Stadt Wuppertal

Christoph Columbus in einer modernen Oper

Aufn. New York Times

Theodor Scheidl sang die Titelrolle in der Uraufführung von Milhaud-Claudels Oper „Christoph Columbus" in der Berliner Staatsoper

über den Youngplan (→ 20. 1./S. 14), der die deutschen Reparationszahlungen festlegt, zu einem Handgemenge zwischen Abgeordneten der Nationalsozialisten (NSDAP), der Deutschnationalen und der Sozialdemokraten.

16. Mai, Freitag

In Dresden wird das Deutsche Hygiene-Museum eröffnet, das der gesundheitlichen Aufklärung dienen soll. Architekt des im monumentalen Stil gestalteten Museums ist Wilhelm Kreis, seit 1926 Professor an der Technischen Hochschule und der Kunstakademie Dresden in Sachsen.

Bei einem Großbrand in der norwegischen Hafenstadt Bergen am Byfjord entsteht ein Schaden von umgerechnet 5,6 Mio. RM. Mehr als 150 Familien verlieren ihre Bleibe. → S. 95

17. Mai, Samstag

Der Youngplan zur Regelung der deutschen Reparationen tritt in Kraft. Entsprechend seinen Bestimmungen ordnet der französische Ministerpräsident André Tardieu die Räumung des noch von Frankreich besetzten Rheinlandes an (→ 30. 6./S. 106).

Der französische Außenminister Aristide Briand übermittelt den 27 europäischen Mitgliedstaaten des Völkerbundes ein Memorandum über die Gründung einer europäischen Union. → S. 88

Die US-amerikanischen Behörden starten eine landesweite »Erziehungs-Kampagne« für Autofahrer. Allein in der Stadt New York wurden im Jahr 1929 bei schweren Autounfällen 1332 Menschen getötet.

Der aus Österreich stammende deutsche Ingenieur Maximilian Valier verunglückt in Berlin bei Raketenversuchen tödlich. → S. 94

18. Mai, Sonntag

Rund 800 Delegierte der rechtsgerichteten sog. Heimwehr Österreichs schwören im niederösterreichischen Korneuburg einen Eid auf ein faschistisches Programm, das u. a. gegen die parlamentarische Demokratie als Regierungsform agitiert und eine starke Staatsführung propagiert. → S. 92

In Berlin fordert der Schriftsteller Thomas Mann auf dem Kongreß der Paneuropäischen Union ein vereinigtes Europa. Es bilde die Grundlage für die kulturelle Weiterentwicklung der europäischen Völker. → S. 89

19. Mai, Montag

In Südafrika erhalten die Frauen der weißen Bevölkerungsschicht das Wahlrecht.

Auf der Insel Java fordert der Ausbruch des Vulkans Telemojo 45 Menschenleben. Große Schlammassen hatten sich über die am Fuß des Berges liegende Ortschaft Likasan ergossen und sie völlig zerstört.

20. Mai, Dienstag

Mit 50 Stimmen der Kommunisten, Sozialdemokraten und Nationalsozialisten gegen 46 Stimmen der übrigen Parteien wird der sächsische Landtag, der erst am 12. Mai 1929 gewählt worden war, aufgelöst. Neuwahlen werden für den 22. Juni angesetzt (→ 22. 6./S. 108).

Mehrere Großunternehmen im rheinisch-westfälischen Industrierevier kündigen Massenentlassungen an: Die Gelsenkirchener Bergwerks AG will 250 Arbeitern kündigen, die Hamborner Zeche Friedrich Thyssen 1200 Beschäftigten.

In Paris wird die Ausstellung des Deutschen Werkbundes eröffnet. Der Berliner Architekt Walter Gropius baute die deutsche Abteilung auf. Die Ausstellung zeigt erstmals seit dem Weltkrieg in Paris deutsche Baukunst, Innenarchitektur und Formgestaltung.

21. Mai, Mittwoch

Der Senat der Freien Stadt Danzig bittet den Hohen Kommissar des Völkerbundes, den Italiener Manfredi Conte di Gravina, um Vermittlung bei einem Streit zwischen der Stadt und dem Staat Polen. Danzig fühlt sich in seiner wirtschaftlichen Existenz durch die Konkurrenz des benachbarten polnischen Hafens Gdingen bedroht. → S. 92

22. Mai, Donnerstag

Der französische Oberkommissar von Syrien, Henri Ponsot, löst das syrische Parlament auf und erläßt eine neue Verfassung. Mit diesem Eingriff in das syrische Regierungssystem macht Frankreich deutlich, daß es nicht gewillt ist, syrischen Forderungen nach mehr Selbstbestimmung nachzugeben.

Das Reich rechnet für den Reichshaushalt 1930 mit einem Fehlbetrag von über 1 Mrd. RM; dieser Betrag setzt sich zusammen aus geschätzten Mindereinnahmen von 500 Mio. RM und Mehrausgaben für Arbeitslosenversicherung und Krisenfürsorge von mehr als 700 Mio. RM.

Die französischen Besatzungsbehörden lösen im Rheinland die Sureté, den französischen Geheimdienst, auf. Er soll gemeinsam mit den französischen Besatzungstruppen bis zum → 30. Juni (S. 106) das Rheinland räumen.

23. Mai, Freitag

Mit 270 zu 129 Stimmen lehnt der Reichstag die Finanzierung der ersten Baurate für das Panzerschiff B im Rahmen des Etats für 1930 ab. → S. 90

Die Verwaltung der Mansfeld AG in Eisleben kündigt der gesamten Belegschaft im Kupferbergbau zum 31. Mai. Arbeiter, die mit einem 15prozentigen Lohnabbau einverstanden sind, können jedoch weiterarbeiten.

In Berlin wird der Film »Cyankali« uraufgeführt. Regie führt Hans Tintner. Als Vorlage für das Lichtspiel diente das gleichnamige Bühnenstück von Friedrich Wolf, das für das Recht auf Abtreibung bei einer sozialen Notlage der Mutter eintritt. Im Deutschen Reich steht der Schwangerschaftsabbruch unter Strafe (→ 2. 7./S. 131).

Der Antikriegsfilm »Westfront 1918« von Regisseur Georg Wilhelm Pabst wird im Berliner Capitol-Kino uraufgeführt. Der Film schildert die Schrecken des Grabenkampfes im Weltkrieg (→ 1. 5./S. 98).

24. Mai, Samstag

Bei einem Zwischenfall an der deutsch-polnischen Grenze bei Marienwerder werden ein polnischer Grenzbeamter getötet und ein Deutscher verletzt. Der Vorfall verstärkt die antipolnische Haltung rechtsgerichteter Kreise im Deutschen Reich, die von Polen die Rückgabe der nach dem Weltkrieg erhaltenen deutschen Gebiete fordern. → S. 89

In Düsseldorf verhaftet die Polizei den Massenmörder Peter Kürten. → S. 95

Eine Umfrage der US-amerikanischen Zeitschrift »Reader's Digest« zeigt, daß mehr als 50% der Amerikaner die Rücknahme des gesetzlichen Verbots von Alkoholverkauf und -konsum begrüßen würden. In den USA ist die Herstellung, der Transport und der Verkauf von Alkohol seit 1920 verboten.

Die Britin Amy Johnson beendet ihren Alleinflug von London nach Australien, der 20 Tage gedauert hat. → S. 96

25. Mai, Sonntag

Das deutsche Luftschiff »Graf Zeppelin« erreicht nach der Überquerung des Südatlantiks die brasilianische Stadt Rio de Janeiro. Der Zeppelin war am 18. Mai in Berlin zu seiner ersten Südatlantiküberquerung gestartet und hat als erstes Luftschiff den Äquator überquert.

26. Mai, Montag

Reichsinnenminister Joseph Wirth (Zentrum) erhebt vor dem Staatsgerichtshof Klage gegen das Land Thüringen wegen der Schulpolitik des nationalsozialistischen Bildungs- und Innenministers Wilhelm Frick. Frick hatte u. a. Schulgebete eingeführt, in denen die Schüler zum Widerstand gegen die Demokratie ermutigt werden.

27. Mai, Dienstag

In Berlin schließt das Deutsche Reich mit der Türkei einen Handelsvertrag ab, der dem Deutschen Reich u. a. Zollermäßigungen von 10 bis 30% einräumt. Zu den deutschen Exportprodukten gehören u. a. Eisenwaren, elektrotechnische und optische Apparate sowie pharmazeutische Erzeugnisse.

Die Reichsregierung beschließt den sog. »Notopferplan«; danach müssen alle diejenigen Einkommensbezieher, deren Arbeitsplatz nicht gefährdet ist, zehn Prozent mehr Steuern bezahlen. Diese Mehreinnahmen sollen den Reichshaushalt entlasten.

In Prag wird der Hellseher Jan Erik Hanussen in einem Prozeß von dem Verdacht des Betrugs freigesprochen, da eine wissenschaftliche Klärung der Qualität von Hanussens hellseherischen Fähigkeiten nicht möglich sei. → S. 94

In Heidelberg wird das Kaiser-Wilhelm-Institut für medizinische Forschung eröffnet. Angeregt wurde der Bau des Instituts von der 1911 gegründeten Kaiser-Wilhelm-Gesellschaft zur Förderung der Wissenschaft (heute Max-Planck-Gesellschaft; → 18. 7./S. 131).

28. Mai, Mittwoch

Rund 140 Delegierte aus 25 Ländern nehmen in Wien an der Eröffnung des Internationalen Frauenkongresses teil. Die Veranstaltung, auf der u. a. Fragen wie das Frauenwahlrecht und internationale Friedenspolitik beraten werden, dauert bis zum 6. Juni. → S. 93

Der italienische Dirigent Arturo Toscanini nimmt nach seinem zweiten Berliner Konzert zusammen mit den Dirigenten Bruno Walter, Erich Kleiber, Otto Klemperer und Wilhelm Furtwängler an einem Galasouper teil.

29. Mai, Christi Himmelfahrt

Die Siebengebirgsflug-GmbH veranstaltet auf dem Flugplatz Hangelar bei Bonn die erste deutsche Damen-Kunstflugmeisterschaft. Am Start ist u. a. Elly Beinhorn, eine der bekanntesten deutschen Sportfliegerinnen der 30er Jahre. → S. 99

30. Mai, Freitag

Der US-amerikanische Rennfahrer Jim Arnold gewinnt das 500-Meilen-Rennen von Indianapolis auf einem Summen-Miller.

In Berlin wird die 28. Session des Internationalen Olympischen Komitees (IOC) eröffnet. Die deutschen IOC-Mitglieder legen der Versammlung die Bewerbung Berlins für die Olympischen Spiele 1936 vor. → S. 99

31. Mai, Samstag

Joseph Goebbels, Reichstagsabgeordneter der Nationalsozialistischen Partei, wird wegen Beleidigung des Reichspräsidenten Paul von Hindenburg zu 800 RM Geldstrafe verurteilt. → S. 90

Bei der Aufführung des Theaterstücks »Heute abend wird aus dem Stegreif gespielt« von Luigi Pirandello im Berliner Lessing-Theater kommt es zu Tumulten im Publikum. → S. 98

Der US-amerikanische Automobilkonzern Ford senkt wegen wachsender Absatzschwierigkeiten seine Autopreise. Der billigste Wagen namens »Tudor« kostet jetzt 3850 RM.

Das Wetter im Monat Mai

Station	Mittlere Lufttemperatur (°C)	Niederschlag (mm)	Sonnenscheindauer (Std.)
Aachen	12,1 (12,8)	83 (67)	– (205)
Berlin	13,2 (13,7)	72 (46)	– (239)
Bremen	12,1 (12,8)	76 (56)	– (231)
München	11,9 (12,5)	197 (103)	– (217)
Wien	14,1 (14,6)	47 (71)	– (173)
Zürich	12,0 (12,5)	182 (107)	141 (207)

( ) Langjähriger Mittelwert für diesen Monat
– Wert nicht ermittelt

Das führende US-amerikanische Modemagazin »Vogue« reizt mit seinen zeitgemäß-elegant gestalteten Titelbildern die modebegeisterten Leserinnen zum Blättern an: Auf der Ausgabe vom 14. Mai wird mit einer im Art-deco-Stil gezeichneten Illustration die asymmetrische Hutform der Modesaison 1930 vorgestellt.

Frankreichs Außenminister fordert Einigung Europas

17. Mai. Frankreichs Außenminister Aristide Briand legt den 27 europäischen Mitgliedstaaten des Völkerbundes ein Memorandum vor mit dem Titel »Organisation eines Systems eines europäischen Staatenbundes«.

Briand schlägt in seiner Schrift ein Bündnis zwischen den Staaten Europas vor. Zu den Zielen dieser europäischen Union gehören u. a.:

▷ Wirkungsvolle Konfliktregelung bei Meinungsverschiedenheiten

▷ Schaffung eines einheitlichen Wirtschaftsraumes u. a. durch die Aufhebung der innereuropäischen Zollschranken

▷ Begründung einer europäischen Solidarität, die u. a. eine gegenseitige Unterstützung in Krisenfällen beinhaltet.

Dieser Plan, den Briand bereits am 5. September 1929 auf der zehnten Völkerbundsversammlung in Genf vorgestellt hat, soll jetzt von den europäischen Staaten geprüft und diskutiert werden. Viele Regierungen fürchten jedoch, bei einer europäischen Einigung nationale Interessen aufgeben zu müssen. Großbritannien steht der Schaffung einer europäischen Union besonders skeptisch gegenüber; die Regierung in London befürchtet, daß sich ein solcher Zusammenschluß nachteilig auf Handelsbeziehungen zu den britischen Kolonien auswirken werde. Im Deutschen Reich werden Briands Pläne von der Presse wohlwollend begrüßt; so schreibt die »Vossische Zeitung«: »Die wirtschaftlichen Notwendigkeiten verlangen eine Sprengung der Landesgrenzen für die Oekonomie innerhalb Europas. Die nationalen Zölle sind nicht bloß die schwersten Hindernisse für eine fruchtbare Ausgestaltung nationalen Zusammenlebens, sondern sie bilden letztlich den tiefsten Grund für die fortschreitende Verarmung Europas.«

Die satirische Zeitschrift »Kladderadatsch« karikiert die Bemühungen des französischen Außenministers Aristide Briand zur Gründung einer europäischen Union: Briand als griechischer Herdengott Pan, vor dessen Plänen eindringlich gewarnt wird (l.), und Briand als Oberlehrer, der die »unartigen« europäischen Staaten zu erziehen versucht (r.).

»Europäische Organisation als Element des Fortschritts«

17. Mai. Das Memorandum des französischen Außenministers Aristide Briand zur europäischen Einigung soll mögliche Bedenken der 27 europäischen Mitgliedstaaten des Völkerbundes gegen die angestrebte Union beseitigen. Briand hebt in seinem Entwurf u. a. die wirtschaftlichen Vorteile einer Einigung hervor und betont, daß der neue europäische Zusammenschluß nicht mit dem Völkerbund konkurrieren werde:

»Niemand zweifelt heutzutage daran, daß der Mangel an Zusammenhalt in der Gruppierung der materiellen und moralischen Kräfte Europas praktisch das ernsteste Hindernis für die Fortentwicklung und die Wirksamkeit aller politischen und rechtlichen Institutionen darstellt, auf die man die ersten Anfänge einer weltumspannenden Organisation des Friedens zu gründen sucht. Diese Zersplitterung der Kräfte beschränkt in Europa nicht minder bedenklich die Möglichkeiten für eine Erweiterung des Wirtschaftsmarktes, die Intensivierungs- und Verbesserungsversuche auf dem Gebiet der industriellen Produktion und dadurch auch alle Garantien gegen die Krisen auf dem Arbeitsmarkt, welche Quellen politischer und sozialer Schwankungen sind. Die Gefahr einer solchen Zerstückelung wird noch vermehrt durch die große Ausdehnung der neuen Grenzen (mehr als 20 000 Kilometer Zollschranken), die durch die Friedensverträge geschaffen werden mußten, damit den nationalen Bestrebungen in Europa Genüge getan wurde.

Selbst das Wirken des Völkerbundes, auf dem eine um so schwerere Verantwortlichkeit lastet, als er universal ist, könnte in Europa auf ernste Hindernisse stoßen, wenn dieser territorialen Zerstückelung nicht baldigst ein Ausgleich in Gestalt einer Solidarität gegenübergestellt würde, die es den europäischen Nationen ermöglicht, sich endlich der geographischen Einheit Europas bewußt zu werden und im Rahmen des Völkerbundes eine jener Abmachungen für bestimmte Gebiete zu treffen, die in der Völkerbundssatzung in aller Form empfohlen wird.

Es handelt sich keineswegs [darum,] eine europäische Gruppe außerhalb des Völkerbundes zu schaffen, sondern im Gegenteil darum, die europäischen Interessen unter der Aufsicht und im Geiste des Völkerbundes miteinander in Einklang zu bringen, und zwar dadurch, daß in das Universalsystem des Völkerbundes ein umgrenztes und darum nur um so wirksameres System eingefügt wird. Die Verwirklichung einer europäischen Bundesorganisation würde sich stets an den Völkerbund anschließen als ein Element des Fortschritts, das zu der von ihm vollbrachten Leistung hinzukommt und aus dem auch die außereuropäischen Nationen Nutzen ziehen könnten …

Der europäische Verband würde weit davon entfernt sein, eine neue Instanz für die Regelung von Rechtsstreitigkeiten zu bilden; er könnte … höchstens gebeten werden, in rein beratender Weise seine guten Dienste zu leisten, wäre aber nicht befugt, Einzelfragen sachlich zu behandeln, für deren Regelung die Völkerbundssatzung … Verfahren vorgesehen hat.«

Thomas Mann für die »Paneuropa«-Idee

18. Mai. Auf dem Kongreß der Paneuropäischen Union in Berlin fordert der Schriftsteller Thomas Mann die Schaffung eines vereinigten Europas als Grundlage für die kulturelle Weiterentwicklung der europäischen Völker.

Mann, der sich 1926 der von Richard Nicolas Graf Coudenhove-Kalergi gegründeten Paneuropäischen Bewegung angeschlossen hat, erklärt: »Europa, das ist eine gesellschaftliche und rationale Idee, es ist die Zukunft, es ist das väterliche Prinzip, es ist Geist. Solange die Völker fürchten . . ., daß sie ihre Seele verraten, indem sie Europa bejahen, weil nämlich Geist und Seele unversöhnliche Gegensätze seien – solange wird Europa nicht sein.«

Die Veröffentlichung des Europa-Memorandums des französischen Außenministers Aristide Briand (→ 17. 5./S. 88) wird von fast allen Kongreßteilnehmern als erster Schritt zur Bildung eines europäischen Staatenbundes begrüßt. Widerspruch regt sich jedoch von britischer Seite. So erklärt der ehemalige Kolonialminister Großbritanniens, Leopold Ch. Amery, daß sein Land sich der Union nicht anschließen könne, da es bereits zu »Panbritannien« gehöre und ein britischer Anschluß weder »Paneuropa« noch Großbritannien förderlich sei.

△ Die Teilnehmer des Paneuropäischen Kongresses hören Ida Roland (r.) zu, der Frau des Begründers der Paneuropäischen Bewegung.

◁ Auf dem Paneuropa-Kongreß: (v. l.) Thomas Mann, Ida Roland, ihr Ehemann, Coudenhove-Kalergi, und M. Nintschitsch

Wegbereiter einer politischen Union

Die Paneuropa-Bewegung wurde 1923 von Richard Nicolas Graf Coudenhove-Kalergi gegründet. Ihr Ziel ist der Zusammenschluß der europäischen Staaten zu einem politisch-wirtschaftlichen Zweckverband sowie die Sicherung des Friedens. Die Idee einer Paneuropa-Union entstand kurz nach dem Weltkrieg, als deutlich wurde, daß die vom Krieg geschwächten europäischen Staaten ihre politische Führungsposition in der Welt an die aufsteigenden Mächte USA und Sowjetunion abgeben mußten.

Coudenhove-Kalergi und seine Anhänger glauben, mit einer Einigung Europas könne die politische und kulturelle Entwicklung der europäischen Staaten neuen Auftrieb gewinnen. In seinem Buch »Paneuropa« erläutert Kalergi seine Idee: »Noch ist Europa das qualitativ fruchtbarste Menschenreservoir der Welt. Die aufstrebenden Amerikaner sind Europäer, die in ein anderes politisches Milieu verpflanzt sind. Nicht die Völker Europas leiden an Altersschwäche – sondern nur ihr politisches System.«

Schußwechsel an der deutsch-polnischen Grenze

24. Mai. An der deutsch-polnischen Grenze bei Marienwerder kommt es zu einer Schießerei zwischen deutschen und polnischen Grenzbeamten, bei der ein Pole getötet und ein Deutscher verletzt wird.

Nach Presseberichten dringen zwei polnische Grenzer in die deutsche Paßkontrollstelle ein; als deutsche Beamte sie festnehmen wollen, kommt es zu dem Schußwechsel, an dem sich weitere Polen beteiligen, die über die Grenzlinie Schüsse auf das Gebäude abfeuern. Die Regierungen Preußens und Polens setzen zwei Tage später eine Kommission ein, die den Hergang klären soll. Als sich herausstellt, daß die Schießerei Höhepunkt einer Spionageaktion war, werden die Untersuchungen sofort eingestellt.

Die deutsche Presse, insbesondere rechtsorientierte Zeitungen, berichten in großer Aufmachung über den Grenzzwischenfall. Seit das Deutsche Reich durch den Versailler Friedensvertrag von 1919 größere Gebiete an Polen abtreten mußte, verstärken derartige Vorkommnisse die bestehende antipolnische Haltung in großen Teilen der deutschen Bevölkerung.

Auf Regierungsebene hat jedoch trotz des Mißtrauens eine erste Annäherung stattgefunden. Sowohl die polnische Führung als auch die Regierung in Berlin suchen eine Zusammenarbeit besonders in Wirtschaftsfragen. So schlossen beide Staaten am → 18. Februar (S. 41) einen Vertrag über den gemeinsamen Export von Roggen. Eine Kooperation war notwendig geworden, weil beide Staaten auf dem Weltmarkt so stark konkurrierten, daß große Wettbewerbsverluste drohten.

Trotz der Zusammenarbeit ist in Polen das Mißtrauen gegenüber dem Deutschen Reich groß. Das autoritäre Regime des Marschalls Jósef Klemens Piłsudskis, der Polen von zwei starken Nachbarn, dem Deutschen Reich und der Sowjetunion, bedroht sieht, baut seine Armee aus. Dies wiederum schürt die antipolnische Stimmung im Deutschen Reich, das Polen der latenten Kriegstreiberei beschuldigt.

Deutsche Paßkontrollstelle an der polnischen Grenze bei Marienwerder, wo sich deutsche und polnische Beamte eine Schießerei lieferten

Reichstag verschiebt Panzerschiffbau

23. Mai. Der Reichstag lehnt mit 270 gegen 129 Stimmen die Bewilligung der ersten Baurate für das Panzerschiff B in Höhe von 100 000 RM im Rahmen des Reichsetats für 1930 ab. Der Bau des Panzerschiffes B, das überaltertes Kriegsmaterial in der deutschen Flotte ersetzen soll, wird damit aufgrund der anhaltenden Finanzmisere hinausgezögert.
Widerstand gegen die Bewilligung der Gelder für den Bau des Panzerkreuzers hatte sich vor allem in den Linksparteien SPD und KPD geregt. So betont der sozialdemokratische Abgeordnete Eggerstedt in einer Rede vor dem Reichstag: »Wir bejahen die Wehrmacht, bejahen die Marine und wissen auch, daß die Marine Schiffe haben muß, wir können aber nicht zugeben, daß Millionen für ein Panzerschiff bewilligt werden sollen, in einer Zeit, in der uns die Mittel fehlen, den Arbeitslosen die notwendigsten Existenzmittel zu gewähren.«

Die satirische Zeitschrift »Kladderadatsch« karikiert die vom Reichstag beschlossene Einschränkung der deutschen Flottenrüstung. Der in der Zeitschrift abgebildete deutsche Panzerkreuzer ist nicht mit den üblichen Geschützen, sondern mit »Friedenslautsprechern« ausgerüstet.

Im Verlauf der Reichstagsdebatte verzichtet Reichswehrminister Wilhelm Groener (parteilos) zwar ausdrücklich auf die erste Baurate für den Panzerkreuzer B, kündigt jedoch an: »Die jetzige Reichsregierung wird den Beschluß der vorigen Reichsregierung durchführen und mit dem Etatvoranschlag für 1931 ein Programm vorlegen, in dem für eine Reihe von Jahren die Ersatzbauten der Marine festgelegt sind und in dem auch der Ersatzbau der Linienschiffe vorgesehen ist. In diesem Programm soll auch eine erste Rate für den Bau des Panzerschiffes B enthalten sein.«
1928 war es bereits wegen der Bewilligung der ersten Rate für den Bau des Panzerschiffs A in Höhe von 9,3 Mio. RM zu einer scharfen innenpolitischen Kontroverse gekommen. Das Reichskabinett beschloß zwar am 10. August 1928 den Bau des umstrittenen Panzerschiffs. Bei der Abstimmung im Reichstag am 16. November 1928 wurden der sozialdemokratische Reichskanzler Hermann Müller und die drei SPD-Minister jedoch von ihrer Fraktion gezwungen, gegen den Bau zu stimmen. Mit den Stimmen der Mitte- und Rechtsparteien wurde ein Baustopp damals jedoch verhindert.

Flottenbegrenzung seit Versailles

In den Bestimmungen des Versailler Friedensvertrages von 1919 ist der Höchststand der deutschen Flotte im Artikel 190 festgelegt.
Dem Vertrag entsprechend darf das Deutsche Reich sechs Linienschiffe (schwerste Kriegsschiff-Klasse), sechs kleine Kreuzer, zwölf Zerstörer und zwölf Torpedoboote unterhalten (Artikel 181). Der Bau und der Besitz von U-Booten ist dem Reich nicht gestattet.
Die Siegermächte legten gleichzeitig fest, daß es dem Deutschen Reich verboten ist, weitere Kriegsschiffe zu bauen oder zu erwerben, außer zum Ersatz der in Dienst befindlichen Einheiten. Die Schiffe der deutschen Marine dürfen erst nach einer festgelegten Frist ersetzt werden; die schweren Linienschiffe nach 20 Jahren, Zerstörer und Torpedoboote jedoch bereits nach 15 Jahren.
Das Panzerschiff B gehört zu einer Serie von neuentwickelten Kriegsschiffen, die veraltete deutsche Linienschiffe nach und nach ersetzen sollen.

Mildes Urteil für Beleidigung des Reichspräsidenten

31. Mai. Joseph Goebbels, Reichstagsabgeordneter und Propagandaleiter der NSDAP, wird in Berlin zu einer Geldstrafe von 800 RM wegen Beleidigung des Reichspräsidenten Paul von Hindenburg verurteilt. Goebbels hatte in dem nationalsozialistischen Wochenblatt »Der Angriff« Hindenburg vorgeworfen, er sehe tatenlos zu, wie die deutsche Bevölkerung durch die Reparationsregelungen des Youngplanes »geknebelt« werde (→ 20. 1./S. 14). Außerdem schrieb Goebbels, Hindenburg vertraue gänzlich auf »jüdisch-marxistische Ratgeber«.
Die Berliner Staatsanwaltschaft fordert für die »Verunglimpfung und Verächtlichmachung der Persönlichkeit des Reichspräsidenten in der denkbar perfidesten Form« eine Gefängnisstrafe von neun Monaten.
Da das Gericht in den meisten Anklagepunkten den Tatbestand der Beleidigung nicht erfüllt sieht, verhängt es gegen Goebbels nur eine Geldstrafe und läßt die beanstandeten Exemplare der Zeitschrift einziehen. Goebbels wird nach der Urteilsverkündung von seinen Anhängern begeistert gefeiert, die NS-Presse bezeichnet das Urteil als »formelle Niederlage des Systems«.
Während des Verfahrens kam es mehrfach zu Ausschreitungen im Gerichtssaal. Zunächst hatte die Verteidigung gegen einen Richter und einen Schöffen einen Befangenheitsantrag wegen jüdischer Abstammung gestellt. Als Goebbels seine Vorwürfe in einer ausufernden Rede verteidigte, jubelten ihm seine Anhänger aus dem Zuschauerraum zu; auf den Strafantrag des Staatsanwaltes reagierten sie mit Protestgeschrei, so daß der Richter mit der Räumung des Saales drohte.

Joseph Goebbels wird beim Verlassen des Gerichtes von seinen Anhängern begeistert gefeiert. Sein Angriff auf Hindenburg war Bestandteil der Propagandakampagne der Nationalsozialisten gegen die Haltung der demokratischen Parteien in der Frage der Reparationen.

Arbeitslose, die bei einer Lumpensammlung helfen; sie erhalten dafür Essen und ein Taschengeld.

Gepfändete Möbel, aufgestapelt zur Besichtigung vor einer Pfandleihe, wo sie zwangsversteigert werden

Arbeitslose suchen ihr Glück im Spiel an der Straßenecke, obwohl Glücksspiele verboten sind.

»Stullenbörse« in Berlin, Umschlagplatz für Bettelgut aller Art

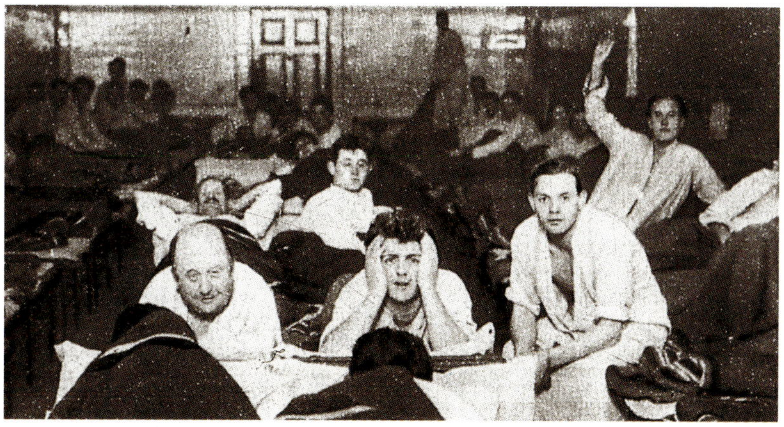

Schlafsaal im Berliner Obdachlosenasyl »Palme«: Karitative Einrichtungen sind überfüllt mit Arbeitslosen, Fürsorgeempfängern und Bettlern.

Schwestern eines Klosters geben einmal am Tag eine warme Mahlzeit aus.

Arbeitslosigkeit stürzt Hunderttausende ins Elend

9. Mai. Der Deutsche Städtetag veröffentlicht eine Untersuchung, wonach 25% der Arbeitslosen, die von Ländern und Gemeinden finanzielle Unterstützung erhalten, dauererwerbslos sind. Ihr Anteil an der Gesamtzahl der Arbeitslosen ist gegenüber 1927 um 9% gestiegen.

Die Zahl der Arbeitslosen im Deutschen Reich steigt 1930 im Jahresdurchschnitt auf 3 076 000, 1929 waren es noch 1 899 000; gegenüber 1921 hat sich die Erwerbslosenzahl nahezu verzehnfacht.

Nachdem sich bereits seit Mitte der zwanziger Jahre erste Anzeichen einer Wirtschaftskrise bemerkbar machten, wurden Industrie und Handel durch den Zusammenbruch der New Yorker Börse am 25. Oktober 1929 hart getroffen. Durch den Abzug ausländischer Kapitalien nach dem Börsenkrach verloren viele Unternehmen die finanzielle Basis. Firmenschließungen und Entlassungen waren die Folge.

Das deutsche Sozialversicherungssystem ist auf das schnelle Anwachsen der Arbeitslosenzahlen nicht eingerichtet. Die 1927 gegründete Reichsanstalt für Arbeitsvermittlung und Arbeitslosenversicherung verfügt lediglich über eine finanzielle Ausstattung für die Versorgung von 800 000 Arbeitslosen (→ 1. 1./S. 13). Während die Arbeitslosenzahlen von Monat zu Monat ansteigen, streiten sich im Reichstag die Parteien um eine Erhöhung der Beiträge zur Arbeitslosenversicherung ohne Aussicht auf eine schnelle Lösung (→ 27. 3./S. 50).

Arbeiter und Angestellte, die ihren Arbeitsplatz verlieren, erhalten zunächst Unterstützungszahlungen aus der Arbeitslosenversicherung. Die Dauer der Unterstützung richtet sich nach der Dauer der Erwerbstätigkeit, die Zahlungen betragen höchstens vier Fünftel des letzten Verdienstes. Nach dieser Frist erhalten Arbeitslose eine Krisenunterstützung, die zu 80% vom Reich und zu 20% von den Gemeinden getragen wird. Wenn dieser Anspruch ausläuft, sind sie auf Zahlungen aus der Gemeindefürsorge angewiesen, die in vielen Fällen nicht reichen, um eine Familie zu ernähren.

Auch in anderen Industriestaaten wie Großbritannien und den Vereinigten Staaten wachsen die sozialen Probleme, da die Zahl der Arbeitslosen infolge des Börsenkrachs sprunghaft steigt.

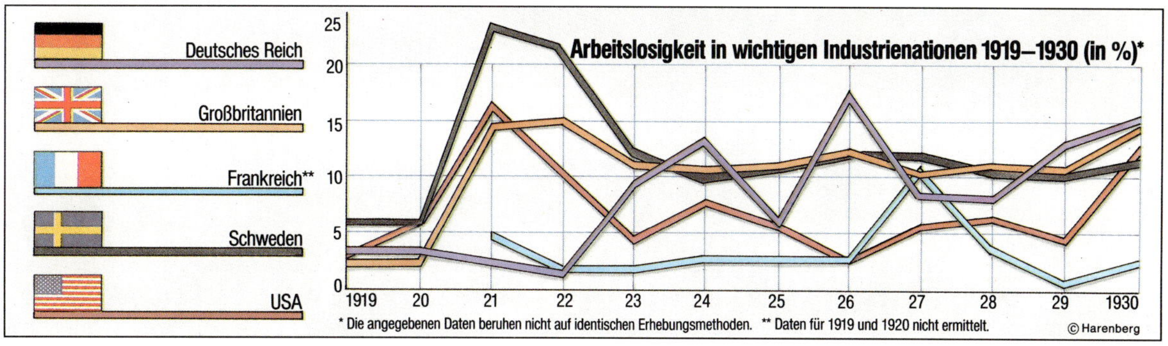

Heimwehr-Aufmarsch in Wien: Polizeiketten (l.) sollen Auseinandersetzungen mit Heimwehr-Gegnern verhindern.

Heimwehr will Sturz der Demokratie

18. Mai. Im niederösterreichischen Korneuburg findet eine Delegiertenversammlung der rechtsgerichteten sog. Heimwehr statt. Die rund 800 Abgesandten aus ganz Österreich nehmen als Programm den von Bundesführer Richard Steidle vorgelegten sog. Korneuburger Eid an. Der Eid beinhaltet eine scharfe Absage an die parlamentarische Demokratie und ein Bekenntnis zu den Grundsätzen des Faschismus.

Unter dem Leitsatz »Wir wollen Österreich von Grund auf erneuern« heißt es im »Korneuburger Eid« u. a.: »Wir wollen den Volksstaat des Heimatschutzes ... Wir wollen nach der Macht im Staate greifen und zum Wohle des gesamten Volkes Staat und Wirtschaft neu ordnen ... Wir verwerfen den westlich-demokratischen Parlamentarismus und den Parteienstaat! Wir wollen an seine Stelle die Selbstverwaltung der Stände setzen und eine starke Staatsführung ... Wir kämpfen gegen die Zersetzung unseres Volkes durch den marxistischen Klassenkampf und liberalkapitalistische Wirtschaftsgestaltung ... Jeder Kamerad fühle ... sich als Träger der neuen deutschen Staatsgesinnung ... Er erkenne die drei Gewalten: Den Gottesglauben, seinen harten Willen, das Wort seiner Führer!«

Die während der Auflösung des Habsburgerreiches am Ende des Weltkrieges enstandenen Heimwehren haben sich zunehmend politisiert: Seit Sommer 1927 liefern sie sich immer wieder bewaffnete Kämpfe mit politischen Gegnern.

Danzig sucht Hilfe gegen Polens Druck

21. Mai. Der Senat der Freien Stadt Danzig ruft den Hohen Kommissar des Völkerbundes, den Italiener Manfredi Conte di Gravina, um Vermittlung an; die Konkurrenz für Danzigs Hafen durch den polnischen Nachbarhafen Gdingen gefährdet nach Ansicht des Senats die wirtschaftliche Existenz der Stadt.

Danzig, das nach dem Weltkrieg aus dem Deutschen Reich ausgegliedert und zur Freien Stadt unter dem Schutz des Völkerbundes erklärt wurde, hat seit Beginn der Wirtschaftskrise Ende 1929 zunehmend mit wirtschaftlichen Problemen zu kämpfen. Verschärft wird die Situation, da Gdingen, das seit 1924 über einen modernen Seehafen verfügt, einen wachsenden Anteil am Ostseehandel an sich zieht.

In der Note an den Völkerbund beruft sich der Danziger Senat auf eine auch von Polen anerkannte Entscheidung des Völkerbundes vom September 1921. Danach wurde Polen verpflichtet, die Kapazitäten des Danziger Hafens voll auszunutzen.

Polen hatte nach dem Weltkrieg der Sonderstellung Danzigs in der Hoffnung zugestimmt, die ehemalige Hauptstadt Westpreußens vom deutschen Einfluß abschotten zu können. Seit Mitte der zwanziger Jahre versuchte die polnische Regierung, Danzig durch wirtschaftliche Abschnürung politisch unter Druck zu setzen.

Schwarzer fällt in Texas der Lynchjustiz zum Opfer

9. Mai. In der texanischen Stadt Sherman wird der farbige Untersuchungsgefangene George Hughes von Weißen gelyncht. Er wurde beschuldigt, eine weiße Frau tätlich angegriffen zu haben.

Eine Menge von rund 250 Personen hatte zunächst versucht, das Gerichtsgebäude zu stürmen, in dem der Gefangene untergebracht war. Die zahlenmäßig kleine lokale Polizeitruppe gab Warnschüsse ab und setzte Tränengas gegen die vorstürmende Menge ein; der Gefangene war inzwischen in den Tresorraum des Gerichtsarchivs eingeschlossen worden. Beim zweiten Ansturm der Menge zog sich die Polizei jedoch zurück, da sie Anweisung hatte, nicht scharf zu schießen.

Nach einem vergeblichen Versuch, das Gebäude mit Dynamit zu sprengen, setzt die Menge es in Brand, und der Schwarze kommt in den Flammen ums Leben.

In den folgenden Tagen wird die Polizei der Stadt durch 225 Mann der Nationalgarde verstärkt, da Weiße Brandanschläge auf die Wohnhäuser von Farbigen verüben.

Seit dem Ende des Sezessionskrieges (1861 – 1865), in dem die Südstaaten, die für die Aufrechterhaltung der Sklaverei kämpften, unterlagen, sind dort mehrere tausend farbige US-Amerikaner durch Lynchmorde ums Leben gekommen.

Der farbige Arbeiter George Hughes (M.) nach seiner Festnahme vor dem Gerichtsgebäude von Sherman

Die Menschenmenge hat das Gerichtsgebäude angesteckt, der Farbige Hughes kommt in den Flammen ums Leben.

Londoner Palästina-Gespräche gescheitert

13. Mai. In London scheitern Verhandlungen zwischen Vertretern der in Palästina lebenden Araber und der britischen Regierung. Großbritannien nimmt seit 1920 im Auftrag des Völkerbundes das Mandat zur Verwaltung Palästinas wahr.

Beunruhigt durch die Einwanderung von rund 80 000 Juden nach Palästina seit 1921, fürchten die dort ansässigen Araber, die Juden könnten einen eigenen Staat errichten. Zahlreiche gewalttätige Auseinandersetzungen der arabischen Bevölkerung mit den Juden waren die Folge. Die palästinensischen Forderungen an die britische Regierung umfaßten daher u. a. einen sofortigen Stop der Einwanderung von Juden nach Palästina und ein allgemeines Verbot, Land an Juden zu verkaufen. Die britische Regierung gestand der arabischen Delegation jedoch lediglich zu, nach Prüfung der Sachlage vor Ort »gewisse konstitutionelle Änderungen« vorzunehmen. Daraufhin erklären die Araber die Verhandlungen für gescheitert.

Großbritannien ist durch das Palästina-Mandat des Völkerbundes verpflichtet, die Errichtung einer nationalen Heimstätte für das jüdische Volk zu fördern. Gleichzeitig soll es dafür sorgen, »daß nichts getan werden soll, was die bürgerlichen und religiösen Rechte bestehender nichtjüdischer Gemeinschaften in Palästina beeinträchtigen könnte«.

Demonstration arabischer Bewohner Palästinas in Jerusalem gegen den weiteren Zuzug von Juden und die britische Untätigkeit; um Ausschreitungen zwischen Juden und Palästinensern zu verhindern, schirmt ein großes Aufgebot an Sicherheitskräften den gesamten Demonstrationszug ab.

Juden und Araber im Dauerkonflikt

Der jüdisch-arabische Konflikt in Palästina hat seine Wurzeln im Altertum. Nach der Eroberung Judäas (Palästina) durch die Römer 63 v. Chr. und der Zerstörung Jerusalems 70 n. Chr. sowie der anhaltenden Verfolgung der jüdischen Bevölkerung in den folgenden Jahrzehnten waren die Juden großenteils aus dem Land verdrängt. Ab 634 eroberten die Araber das Gebiet; neben den Christen wurden die Juden zu einer geduldeten Minderheit.

Nach ersten jüdischen Zuwanderungen im 18. Jahrhundert verstärkte sich im 19. Jahrhundert weltweit der Wunsch der Juden, in ihre Heimatländer zurückzukehren; er mündete in die Bewegung des Zionismus, die unter der Führung Theodor Herzls seit 1897 die Errichtung eines jüdischen Nationalstaates in Palästina vorantrieb. Während der britischen Eroberung des Landes 1917/18 führte die sog. Balfour-Deklaration (1917) die den Juden britische Hilfe bei der Gründung einer Heimstatt in Palästina zusagte, zu dauernder Unruhe unter den Arabern. Sie sehen ihr durch Generationen erworbenes Heimatrecht in Palästina bedroht.

Kongreß der internationalen Frauenverbände in Wien

28. Mai. In Wien wird der Internationale Frauenkongreß eröffnet, der bis zum 6. Juni dauert. Rund 140 Delegierte aus mehr als 25 Ländern nehmen daran teil.

Im Mittelpunkt der Diskussionen steht die Frage, wie weltweit das allgemeine Stimmrecht für Frauen durchgesetzt werden kann. Breiten Raum nehmen auch Diskussionen ein, wie einer Mißachtung der Frauen z. B. durch Mädchenhandel und erniedrigende Darstellung in Büchern und Filmen entgegengewirkt werden kann. Weitere Themenschwerpunkte sind sozialen Fragen gewidmet wie dem Problem der Kinderarbeit, der Versorgung unehelicher Kinder und der Rückführung jugendlicher Ausreißer. Auf Sonderforen wird über internationale Zusammenarbeit beraten.

In der Frage des Frauenstimmrechts können sich die größten Frauenverbände, der »Weltbund für Frauenstimmrecht« und der »Internationale Frauenbund«, nicht auf ein gemeinsames Vorgehen einigen: Beide wollen getrennt, aber in enger Abstimmung die rechtliche Gleichstellung der Frauen auf internationaler Ebene vorantreiben.

Überschattet wird der Kongreß vom Tod der Mitbegründerin der deutschen Frauenbewegung, Helene Lange, die am 13. Mai in Berlin im Alter von 82 Jahren gestorben ist.

Einige der prominenten Vertreterinnen auf dem Internationalen Frauenkongreß in Wien: Ishbel Maria Marchioness of Aberdeen (7. v. l.) setzt sich besonders für sozialpolitische Ziele ein; ganz rechts die deutsche Frauenrechtlerin Alice Salomon

Modelle der Patente werden unter großem Verwaltungsaufwand im Reichspatentamt gesammelt und 16 Jahre lang aufbewahrt.

Zur Überprüfung der Erfindungen wird eine Bibliothek mit 300 000 Bänden benötigt.

500 000 patentierte Erfindungen seit 1877

5. Mai. Das Reichspatentamt in Berlin erteilt das 500 000. Patent. Anmelder des Patentes für den sog. Elektromagnetischen Überstromschalter sind die Berliner Siemens-Schuckertwerke AG.

Das deutsche Patentgesetz datiert aus dem Jahr 1877. Bereits vorher waren in einzelnen deutschen Staaten, z. B. in Preußen (1815), Gesetze erlassen worden, die Erfindern Rechtsanspruch auf ihre Entwicklungen gewährten.

Die Ausbildung eines allgemeinen Patentwesens vollzog sich in der Periode zwischen 1750 und 1850, die von einer Fülle technischer Neuerungen gekennzeichnet war; sie ging einher mit der Verwissenschaftlichung der Technik u. a. durch den Aufbau eines technisch orientierten Ausbildungssystems mit technischen Fach- und Hochschulen. Erste Patentgesetze wurden z. B. in den USA (1790), Frankreich (1791), Österreich (1810) und Rußland (1812) verabschiedet.

Ab Mitte des 19. Jahrhunderts führte die rasch fortschreitende Industrialisierung in Westeuropa jedoch zu einer internationalen Antipatentbewegung: Der Schutz einzelner Erfindungen erschien hinderlich im Wettlauf um die kostengünstigste Umsetzung technischer Neuerungen. Mit dem zunehmenden Nationalismus in ganz Europa wurden jedoch ab 1880 neue Patentgesetze beschlossen, um heimische Erfindungen zu schützen.

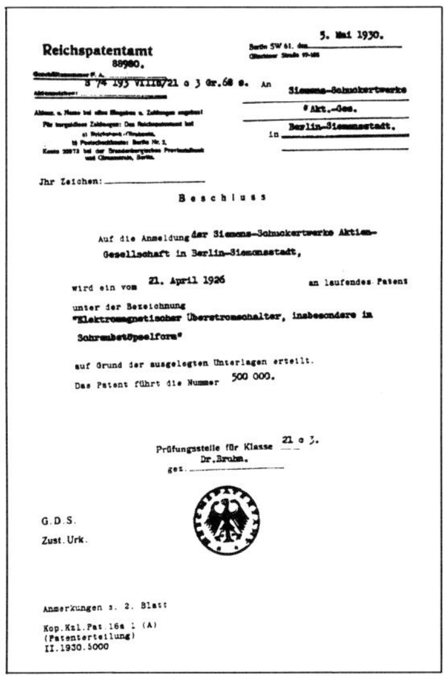

Reichspatentamt
88980.
S 74 193 VIII b/21 c 3 Gr.68 e.

Berlin SW 61, den 5. Mai 1930.

An Siemens-Schuckertwerke
Akt.-Ges.
in Berlin-Siemensstadt.

Jhr Zeichen:

Beschluss

Auf die Anmeldung der Siemens-Schuckertwerke Aktien-Gesellschaft in Berlin-Siemensstadt,

wird ein vom 21. April 1926 an laufendes Patent

unter der Bezeichnung
"Elektromagnetischer Überstromschalter, insbesondere in Schraubstöpselform"

auf Grund der ausgelegten Unterlagen erteilt.
Das Patent führt die Nummer 500 000.

Prüfungsstelle für Klasse 21 c 3.
gez. Dr. Bruhn.

G.D.S.
Zust. Urk.

Anmerkungen s. 2. Blatt

Kop.Kzl.Pat 16a 1 (A)
(Patenterteilung)
II.1930.5000

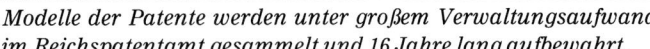

◁ *Das 500 000. vom Reichspatentamt in Berlin erteilte Patent; nach der Gründung des Patentamtes und der Erteilung des ersten Patents im November 1877 stieg die Zahl der angemeldeten Patente sehr schnell: Bereits 1898 wurde die 100 000-Marke überschritten, 1921 waren es 400 000 Patente.*

▽ *Die Auslegehalle im Reichspatentamt mit der Kartei der Patentschriften: Mehr als 500 Personen überprüfen hier täglich, welche technischen Entwicklungen bereits patentiert wurden; das Reichspatentamt hat über 1300 Beschäftigte zur Verwaltung der Kartei und der Gebrauchsmuster.*

Raketeningenieur Valier verunglückt

17. Mai. In Berlin wird der aus Österreich stammende deutsche Ingenieur Maximilian Valier bei der Explosion eines Raketenmotors getötet. Valier gilt als einer der Pioniere der Raketentechnik.

Valier hatte auf dem Betriebsgelände der »Gesellschaft für Industriegasverwertung« einen neuentwickelten Rückstoßmotor testen wollen. Der für den Probelauf festmontierte, mit Flüssigtreibstoff getriebene Motor explodierte jedoch aus ungeklärten Gründen.

Valier beschäftigt sich seit Jahren mit Fragen der Raumfahrt und der Raketentechnik. Im Jahr 1928 konstruierte er ein raketengetriebenes Auto, Anfang 1929 erreichte ein von ihm gebauter, von Pulverraketen angetriebener Schlitten unbemannt eine Geschwindigkeit von 380 km/h. Der Motor, an dem Valier zuletzt arbeitete, sollte eine bessere Steuerung des Raketenantriebes sichern, indem die Vergasung des Flüssigtreibstoffes und die Sauerstoffzufuhr über Düsen genauer als bisher dosiert wurde.

Betrugsklage gegen Hellseher Hanussen

27. Mai. In Prag wird der österreichische Hellseher Jan Erik Hanussen (eigtl. Herschmann Steinschneider) in einem Betrugsverfahren vom Gericht freigesprochen.

In der Urteilsbegründung heißt es u. a.: »Das Gericht war nicht in der Lage auszusprechen, daß der Angeklagte kein Hellseher sei. Eine wissenschaftliche Klärung dieser Frage ist nicht erfolgt . . . Es [das Gericht] hält aber die Möglichkeit nicht für ausgeschlossen, daß Hanussen hellseherische Fähigkeiten besitzt . . . Ausschlaggebend war schließlich die Annahme, daß Hanussen von seinen Fähigkeiten überzeugt war und infolgedessen keine Betrugsabsicht hatte.«

Hanussen, der bereits als Taschendieb und Schwindler aktenkundig ist, praktiziert seit Ende der zwanziger Jahre als Hellseher vor allem in Berlin. Er hatte sich als »Berater« für Reiche einen Namen gemacht, die in der Wirtschaftskrise sichere Geldanlagemöglichkeiten suchten. Kritiker warfen ihm daher »betrügerisches Spiel mit Ängsten« vor.

Massenmörder Peter Kürten verhaftet

24. Mai. In Düsseldorf wird der mehrfach vorbestrafte 47jährige Arbeitslose Peter Kürten festgenommen. Er wird verdächtigt, seit Anfang Februar 1929 bei insgesamt zehn Überfällen acht Sexualmorde begangen zu haben.

Kürten legt noch am selben Tag ein umfassendes Geständnis ab, nachdem ihn zwei überlebende Opfer, Gertrud Schulte und Marie Butlies, identifiziert haben. Marie Butlies war es auch, mit deren Hilfe die Kriminalpolizei Kürten fand: Sie hatte Kürten am 14. Mai kennengelernt und war mit zu ihm nach Hause gegangen. Bei einem Waldspaziergang vergewaltigte er sie und tötete sie nur deshalb nicht, weil sie versicherte, die Lage seiner Wohnung nicht mehr zu wissen.

Die polizeilichen und gerichtlichen Ermittlungen ergeben, daß Kürten insgesamt neun Morde – den ersten bereits im Jahr 1913 – begangen hat. Seine Opfer tötete er, um sich sexuelle Befriedigung zu verschaffen. Mit seiner Verhaftung findet ein Kriminalfall ein Ende, der in Düsseldorf große Unruhe auslöste.

△ *In diesem Haus mietete der Massenmörder wenige Tage vor seiner Verhaftung ein Zimmer, nachdem die gemeinsame Wohnung mit seiner Frau zu unsicher geworden war.*

◁ *Peter Kürten, am 26. Mai 1883 in Köln geboren, wurde mit 16 Jahren erstmals straffällig. 1905 wurde er wegen schweren Diebstahls in 34 Fällen zu drei Jahren Zuchthaus verurteilt, 1913 folgte eine erneute Verurteilung wegen Diebstahls und Betrugs.*

Streit in der Pfalz um Hybridenwein

13. Mai. Vor dem Bezirksamt in Germersheim demonstrieren rund 3000 südpfälzische Weinbauern gegen das »Hybridreben-Verbot« der Reichsregierung. Den Winzern, die während des Weltkrieges solche Reben angebaut haben, droht nun die Vernichtung ihrer Pflanzungen.

Hybridreben, sog. amerikanische Reben, sind Kreuzungen, die von vielen Bauern bevorzugt werden, weil sie höhere Erträge bringen. Sie gelten jedoch als besonders anfällig für den Reblausbefall. Um die Verbreitung dieses gefährlichen Weinschädlings einzudämmen, wurde der Hybridenanbau verboten.

Am 21. Mai lehnt der Volkswirtschaftliche Ausschuß des Reichstages einen Antrag der KPD ab, das Verbot aufzuheben. Vertreter der Regierung weisen darauf hin, daß der Anbau von Hybridreben schon mit dem Reblausgesetz von 1904 verboten wurde. Nachdem in der Zeit des Weltkrieges die illegalen Anpflanzungen der Bauern stillschweigend geduldet worden seien, wäre das Verbot 1929 nur erneuert worden.

Abfahrt des ersten Zuges auf der neueröffneten Turksib-Linie

Bahnlinie nach Sibirien

1. Mai. *In der Sowjetunion wird die Turkestan-Sibirische Eisenbahnlinie (Turksib) eröffnet. Die insgesamt 1442 km lange Strecke, die von mehr als 50 000 Arbeitern gebaut wurde, verbindet die usbekische Hauptstadt Taschkent mit Semipalatinsk in Kasachstan. Sie schafft damit die verkehrstechnische Voraussetzung für die wirtschaftliche Erschließung des asiatischen Teils der Sowjetunion.*

Zentrum des Großfeuers in Bergen ist das Hafenviertel.

Großbrand verwüstet Bergen

16. Mai. *In der norwegischen Hafenstadt Bergen am Byfjord werden bei einem Großbrand 75 Holzhäuser zerstört, rund 150 Familien werden obdachlos. Der Schaden wird auf umgerechnet 5,6 Mio. RM geschätzt. Der durch einen Unglücksfall ausgelöste Brand hatte sich bei starkem Wind rasch ausgebreitet. Bereits 1916 hatte eine Feuersbrunst in der großenteils aus Holz gebauten Stadt schwere Verwüstungen angerichtet.*

Bahntrasse, unter der sich ein 70-m-Krater auftut

Katastrophe durch Erdrutsche

8. Mai. *In Vienenburg, im nördlichen Harz, kommt es durch Wassereinbruch in die drei Schächte des Staatlichen Kalibergwerkes zu Erdsenkungen: Häuser müssen wegen Einsturzgefahr geräumt werden, die Eisenbahnlinie nach Braunschweig wird zerstört. Die Polizei sperrt das Gebiet großräumig ab, doch trotzdem zieht es Tausende von Schaulustigen aus der Umgebung an den Unglücksort.*

Die Herzogin von Bedford (M.) wird nach ihrem Flug von Großbritannien zum Kap der Guten Hoffnung begeistert empfangen. Ihr Flug dauerte über 200 Stunden.

Amy Johnson (r.), die britische Rekordfliegerin während ihres Alleinfluges von Großbritannien nach Australien in Kalkutta. Helfer säubern den Motor ihrer Maschine »Gypsy Moth«.

Die Belgierin Susi Lippens neben ihrem Segelfugzeug im britischen Sussex. Mit einer halben Stunde Flugzeit hält sie den Frauen-Weltrekord im Segelfliegen.

Fliegerei ist nicht mehr länger eine Domäne der Männer

24. Mai. Mit der Ankunft in Port Darwin beendet die britische Fliegerin Amy Johnson ihren 20tägigen Flug von Großbritannien nach Australien. Sie ist die erste Frau, die im Alleinflug die 6150-km-Strecke zurücklegt.
Für ihre Leistung erhält die 27jährige Pilotin von der britischen Tageszeitung »Daily Mail« umgerechnet 200 000 RM, obwohl es ihr wegen einer Panne nicht wie geplant gelang, den bisherigen britischen Rekord für diese Strecke von $15^1/_2$ Tagen zu brechen. Amy Johnson verflog sich nach Schwierigkeiten bei der Navigation und mußte zwischenlanden. Ihre Maschine wurde dabei leicht beschädigt.
Mehrere Pilotinnen wie Amy Johnson erregen 1930 Aufsehen in der Weltöffentlichkeit. Sie belegen mit ihren Leistungen, daß die Fliegerei nicht mehr eine reine Männersache ist. Zu den herausragenden Fliegerinnen gehören u. a. die Deutschen Elly Beinhorn und Liesel Bach.

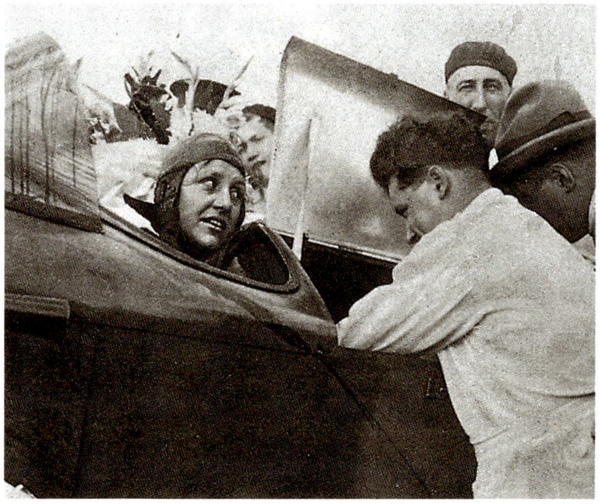

Die französische Fliegerin Maryse Bastié nach ihrem Dauerflugrekord in Le Bourget: Die junge Pilotin blieb 37 Stunden ununterbrochen in der Luft.

Winifred Spooner aus Großbritannien, eine der beiden weiblichen Teilnehmerinnen an dem von Berlin aus gestarteten »Europa-Rundflug«

Die Fliegerin Liesel Bach nach ihrem Sieg bei den ersten deutschen Damenkunstflug-Meisterschaft auf dem Flugplatz Hangelar bei Bonn

Dieudonné Coste, französischer Pilot, vor seiner »Fragezeichen« genannten Langstreckenmaschine

Das Flugboot »Dornier Wal« des deutschen Fliegers Wolfgang von Gronau wassert 1930 vor Manhattan. Gronau hat eine Route über den Nordatlantik erkundet.

Der australische Pilot Charles Kingsford Smith, der 1928 als erster den Pazifik von den USA nach Australien überflog, umfliegt 1930 den Erdball.

Charles Lindbergh (l.) und seine Frau Anne überfliegen die Vereinigten Staaten in der Rekordzeit von knapp 15 Stunden.

Reparatur in der Luft: Die US-Piloten Kenneth und Albert Hunter stellen mit ihrer Maschine »City of Chicago« einen Weltrekord im Dauerflug auf. Während der 23 Tage wird die Maschine im Flug betankt.

Pioniere im Dienst des Flugverkehrs

Die Jagd auf Flugrekorde, vor allem der fliegerische Wettstreit um die ersten interkontinentalen Flugstrecken, erlebt 1930 einige Höhepunkte. Anders als zu Beginn der 20er Jahre verdrängen dabei wirtschaftliche Beweggründe zunehmend die eher sportlichen Motive der frühen Flugpioniere.

Im Mittelpunkt des Interesses steht der Aufbau flächendeckender und interkontinentaler Fluglinien: Am 2. Oktober 1930 nimmt z. B. die niederländische Koninklijke Luchtvaart Maatschapij (KLM) den wöchentlichen Linienverkehr nach Batavia (Jakarta) in Holländisch-Indonesien auf. Sie hat bereits 1929 – in Konkurrenz mit der britischen Fluggesellschaft »Imperial Airways« – eine Fluglinie nach Niederländisch-Indien eröffnet. Auch die 1926 gegründete Deutsche Luft Hansa AG, die sich zum Marktführer unter den europäischen Fluggesellschaften entwickelt hat, weitet ihr Postflugnetz aus: Ziel ist u. a. die Beschleunigung der Postlaufzeit zwischen dem Deutschen Reich und Südamerika durch die Kombination der Beförderungsmittel Flugzeug und Schiff; im Juni bringt ein Luft-Hansa-Flugzeug einem Südamerikadampfer erstmals Post bis nach Las Palmas auf Gran Canaria nach. Auf diese Weise erreichen Briefe aus Berlin in zehn Tagen Rio de Janeiro (→ 21. 2./S. 42).

Voraussetzung für die Schaffung interkontinentaler Passagier- und Postflugdienste sind die Pionierflüge wagemutiger Piloten und Pilotinnen, die neue Flugrouten erkunden und das Flugmaterial unter Dauerbelastung testen. Die zahlreichen Atlantiküberquerungen, deren berühmteste der erste Nonstop-Alleinflug von Charles Lindbergh im Jahr 1927 war, erreichen 1930 mit einem Formationsflug einen weiteren Höhepunkt: Am 17. Dezember starten 14 Flugboote vom Typ Savoia-Marchetti S. 55 A unter dem Kommando von Italo Balbo zur Überquerung des Südatlantik.

Herausragendes Ereignis der zahlreichen international besetzten Großflug-Wettbewerbe ist 1930 der »Europa-Rundflug« (→ 27. 7./S. 130) von rund 100 Maschinen, der von Berlin aus über 7500 km durch sieben europäische Länder führt.

Filme schildern das Grauen des Krieges

1. Mai. In New York wird der Film »All quiet on the western front« nach dem Erfolgsroman »Im Westen nichts Neues« von Erich Maria Remarque uraufgeführt. Drei Wochen später, am 23. Mai, hat der Anti-Kriegsfilm »Westfront 1918« von Georg Wilhelm Pabst nach dem Roman »Vier von der Infanterie« von Ernst Johannsen Premiere in Berlin.
Beide Filme sind Ausdruck eines anhaltenden, weltweiten Booms von künstlerischen Auseinandersetzungen mit dem Krieg. Ähnlich wie die seit Mitte der zwanziger Jahre erscheinenden Anti-Kriegsromane verweigern sie sich konsequent einer Idealisierung oder Heroisierung des Krieges. Lewis Milestone, Regisseur der Remarque-Verfilmung, wird von der Kritik besonders gelobt wegen der »realistischen Wucht« der Szenen vom Kampfgeschehen, von den Grabenkämpfen im Schlamm und dem Trommelfeuer auf die Unterstände. Milestone stellt diesen Bildern in besonders drastischer Form den Hurra-Patriotismus an der »Heimatfront« gegenüber.
Im Mittelpunkt von »Westfront 1918« stehen vier einfache Soldaten, deren Alltag an der Front und in der Etappe nachgezeichnet wird. Die ungeschönte Schilderung der Grabenkämpfe, Artillerieschlachten, Gas- und Panzerangriffe ruft im Deutschen Reich erbitterte Diskussionen hervor. Rechtsgerichtete Zeitungen werfen Regisseur Pabst vor, er denunziere mit seinem Film die »deutsche Armee und das Heldentum deutscher Soldaten«.

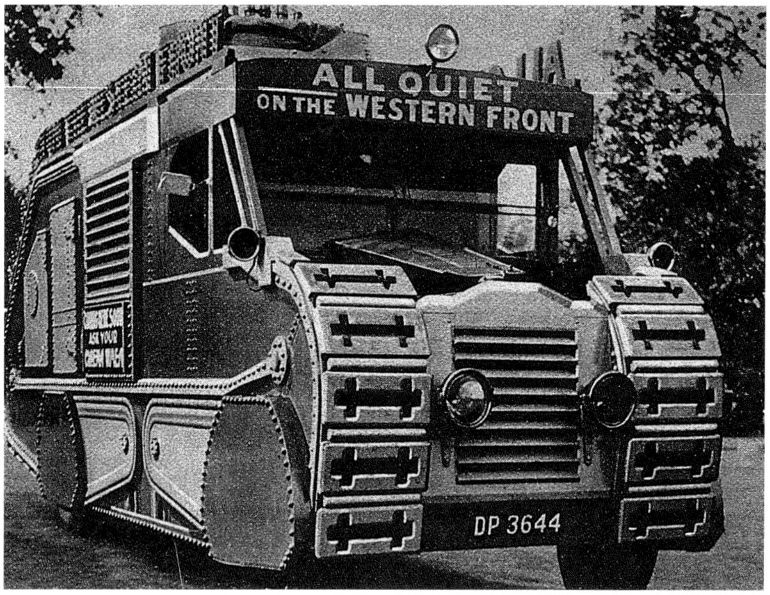

△ *Ein als Panzer verkleidetes Auto wirbt in London für den Film »Im Westen nichts Neues«, der nach der Uraufführung in New York auch in Großbritannien begeistert aufgenommen wird.*

◁ *Claus Clausen in der Rolle des »Leutnant« in »Westfront 1918« von G. W. Pabst*

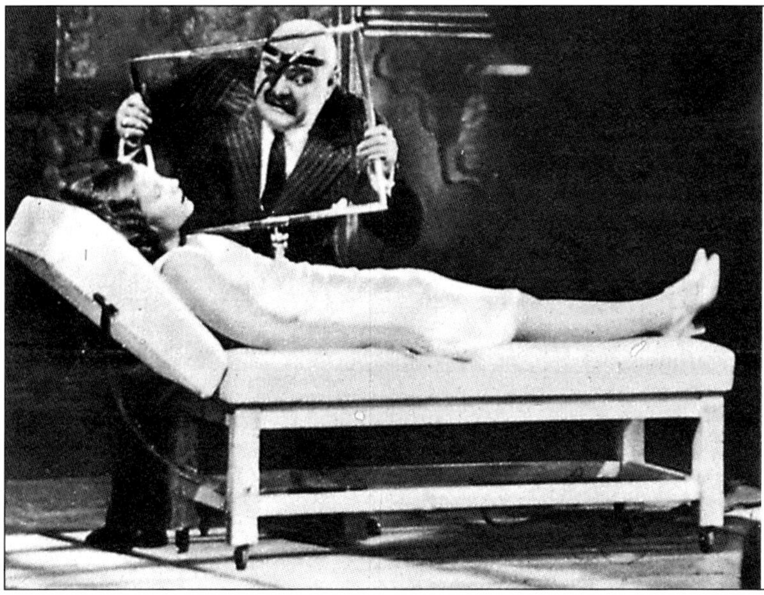

◁ Heinrich George und Grete Mosheim in Reinhardts »Phaea«-Inszenierung

Reinhardt 25 Jahre Intendant in Berlin

29. Mai. *Das Deutsche Theater Berlin feiert das 25jährige Intendantenjubiläum von Max Reinhardt. Aus diesem Anlaß war schon am 13. Mai Fritz von Unruhs Schauspiel »Phaea« in der Inszenierung Reinhardts uraufgeführt worden.*
1894 als Schauspieler ans Deutsche Theater gekommen, hatte Reinhardt 1905 nach einer sensationellen Inszenierung von Shakespeares »Ein Sommernachtstraum« die Direktion übernommen.

Tumultszenen im Lessing-Theater

31. Mai. Im Lessing-Theater Berlin hat das Stück »Heute abend wird aus dem Stegreif gespielt« von Luigi Pirandello Premiere. Die Aufführung, bei der Gustav Hartung Regie führt, endet mit einem Tumult im Zuschauerraum.
Das Stück, das bei seiner Uraufführung in Königsberg am 25. Januar 1930 und bei der italienischsprachigen Erstaufführung in Turin am 14. April 1930 durchaus positiv aufgenommen wurde, kreist – wie alle Dramen des Skeptikers Pirandello – um die Frage nach der Grenze zwischen Schein und Wirklichkeit.
Die Handlung: Eine Schauspieltruppe führt nach dem Wunsch ihres Regisseurs die Novelle »Leonora addio« von Pirandello aus dem Stegreif auf. Anweisungen des Regisseurs und Zwischenbemerkungen von Schauspielern, die im realen Zuschauerraum plaziert sind, bieten die einzige Hilfe in dem bald entstehenden Handlungsgewirr. Am Ende stirbt die weibliche Hauptperson des Stücks gerade in dem Moment, als sie ihren Kindern, denen sie den Inhalt der Verdi-Oper »Die Macht des Schicksals« nacherzählt, die Arie »Nun naht die Todesstunde« vorsingt. Regisseur und Schauspieler kommen nun auf die Bühne und stellen bestürzt fest, daß ihr Spiel Wirklichkeit geworden ist.
Das Spiel mit den verschiedenen Ebenen, das »Theater im Theater«, das für Pirandello typisch ist, steht in der Tradition der deutschen Romantik. Es wirkt jedoch zugleich durch die Darstellung einer sinnlosen, absurden Situation modern. In Berlin fühlt sich das Publikum durch die fingierten Einwürfe der Schauspieler aus dem Zuschauerraum so provoziert, daß es seinem Unmut über das Stück und die Darstellung lautstark durch eigene Zwischenrufe Ausdruck verleiht.
Auch die Kritik reagiert negativ. Herbert Ihering, der Pirandello seit dessen erstem Erfolg in Berlin (1924 mit »Sechs Personen suchen einen Autor« in der Inszenierung von Max Reinhardt) kritisch gegenübersteht, nennt das Stück »unbeschwingt, geistlos, endlos«. Ludwig Sternaux spricht von »abstrusem Zeug, geistlosem Geschwafel, verworrenstem Theater«. Vielfach wird das Werk als »Zumutung für das Berliner Publikum« bezeichnet.

Deutschland trotzt England ein 3:3 ab

10. Mai. Im Berliner Grunewaldstadion erleben fast 50 000 Zuschauer das 3:3 der deutschen Fußball-Nationalmannschaft gegen England.

Die deutsche Elf bietet den favorisierten Spielern von der Insel vom Anpfiff an Paroli. Trotzdem gehen die Gäste bereits nach zehn Minuten durch Bradford 1:0 in Führung. In der Folgezeit dominieren die englischen Profis eindeutig. Um so überraschender fällt in der 22. Minute der Ausgleich durch Richard Hofmann (Dresdner SC).

In der Folgezeit bewährt sich besonders der deutsche Torwart Willibald Kreß (Rot-Weiß Frankfurt), der mit gekonnten Paraden gefährliche Schüsse meistert.

In der 32. Minute geht England erneut durch ein Tor von Bradford in Führung. Nach der Pause erzielt Mittelstürmer Hofmann zwei weitere Treffer und bringt Deutschland überraschend 3:2 in Front. Bei den Briten macht sich nun der Ausfall ihres linken Läufers Marsden bemerkbar, der 30 Minuten vor Spielende verletzt ausscheiden muß und mit einer schweren Rückenverletzung ins Krankenhaus gebracht wird. Trotzdem gelingt den jetzt nur noch zehn Akteuren von der Britischen Insel in der 83. Minute der Treffer zum 3:3-Endstand.

Die »Frankfurter Zeitung« lobt in ihrem Kommentar beide Mannschaften: »Wir haben einen großen internationalen Erfolg errungen und können in dem Gefühl, einen überragenden Gegner zu Gast gehabt zu haben, mit dem Unentschieden durchaus zufrieden sein. Denn die Engländer hielten das, was wir erwartet hatten. Unsere Leute aber zeigten, daß sie von gelehrigen Schülern zu Meistern herangewachsen sind. Sie gehören heute in ihrer Mehrzahl zur internationalen Extraklasse.«

Einlauf der deutschen Mannschaft, angeführt von Torwart Willibald Kreß (vorne r.), ins Berliner Grunewaldstadion zum Spiel gegen England

Die deutsche Nationalmannschaft

Willibald Kreß (Rot-Weiß Frankfurt), Franz Schütz, Hans Stubb (beide Eintracht Frankfurt), Conrad Heidkamp (Bayern München), Ludwig Leinberger (SpVgg Fürth), Hugo Mantel (Eintracht Frankfurt), Josef Bergmaier (Bayern München), August Sakkenheim (Guts Muths Dresden), Josef Pöttinger (Bayern München), Ernst Kuzorra (Schalke 04), Richard Hofmann (Dresdner SC), Ludwig Hofmann (Bayern München)

Die populäre Fliegerin Elly Beinhorn wird in Hangelar nur Dritte.

Damen ermitteln Kunstflugmeisterin

29. Mai. Auf dem Flugplatz Hangelar bei Bonn werden vor mehr als 5000 Schaulustigen die ersten deutschen Kunstflugmeisterschaften für Damen entschieden.

Vier Teilnehmerinnen, unter ihnen die Berliner Pilotin Elly Beinhorn, absolvieren jeweils ein Pflicht- und Kürprogramm. Die Kölnerin Liesel Bach, überzeugt im Kürprogramm und gewinnt den Titel mit Vorsprung.

Berlin bewirbt sich für Olympia 1936

30. Mai. In Berlin geht der achttägige Kongreß des Internationalen Olympischen Komitees (IOC) zu Ende, auf dem sich am Eröffnungstag der deutsche Sport mit der Reichshauptstadt Berlin für die Ausrichtung der Olympischen Spiele im Sommer 1936 beworben hat. Konkurrenten sind Alexandria, Barcelona, Budapest, Buenos Aires, Dublin, Helsinki und Rom. Die Entscheidung wird in einem Jahr bei der nächsten IOC-Session in Barcelona fallen.

Wichtigste Themen sind in Berlin die Definition des Amateurbegriffs und die Frage des Verdienstausfalls für Sportler, die an Olympischen Spielen teilnehmen. In beiden Punkten, die von den Teilnehmern kontrovers diskutiert werden, kann keine Einigung erzielt werden. Die Entscheidung darüber sollen die jeweiligen Fachverbände treffen.

Festgelegt wird in Berlin die Dauer der Olympischen Spiele: Sie dürfen in Zukunft 16 Tage nicht überschreiten. Der Antrag von IOC-Präsident Graf Henry de Baillet-Latour, olympische Frauenwettbewerbe einzuschränken, wird vom Kongreßplenum einstimmig abgelehnt.

Eröffnung des IOC-Kongresses in der Berliner Universität durch Theodor Lewald, Präsident des Deutschen Olympia-Ausschusses (am Mikrofon)

IOC – Träger der olympischen Idee

Das Internationale Olympische Komitee (IOC) wurde am 23. Juni 1894 in Paris gegründet. Es sollte die olympische Idee, die den internationalen Sport als Wegbereiter für mehr Völkerverständigung und Frieden begreift, u. a. durch die Organisation Olympischer Spiele Wirklichkeit werden lassen. Zu den IOC-Begründern gehörte der Pädagoge und Historiker Pierre Baron de Coubertin.

Wichtiges Organ des IOC ist die Vollversammlung, die sog. Session. Sie findet alljährlich statt; u. a. entscheidet sie über Fragen des Reglements und bestimmt die Austragungsorte. Berlins Antrag, die Olympischen Spiele 1936 zu veranstalten, bescheidet die Session 1931 bei ihrer Sitzung in Barcelona positiv.

Kleid aus Crêpe de Chine mit elfenbeinfarbenem Einsatz und Jacke

Kunstvoll besticktes Morgenkleid, aus edlem Crêpe marocain gearbeitet

Handgewebter Reisemantel mit einer Kappe aus dem gleichen Material

Ausgefallenes Damenkostüm mit handbemalter Bluse

Was der Herr trägt

Einreihiger Sakko mit zwei Knöpfen, von denen nur der obere geschlossen wird. Der Revers ist gewöhnlich etwas länger gearbeitet. Der zweireihige Sakko ist in der üblichen vorherrschenden Form geschnitten. Den sechsknöpfigen Ulster trägt man aus Floconnes, weichem, flockigem Winterstoff einfarbig oder aus Ripple Weave (Schlangengewebe). Der korrekte Paletot ist aus dunkelblauem Melton mit gerade eingeschnittenem Revers. Bei dem neuen Frackmodell sind die Flügel weit zurückgenommen. Der Smoking hat sich nicht verändert. Er wird auch in diesem Winter viel aus Fresko gearbeitet. Der steife Hut hat stark gestellten Bolero-Rand, der elegante Homburghut mit schmaler Einfassung kann zu den meisten Mänteln getragen werden.

Zeichnungen von Kretschmann

Modeseite aus der Zeitschrift »Die Woche«: Figurbetont und elegant sind die Anzug-, Mantel- und Smokingmodelle für den Herrn.

Herren-Goldschmuck mit Edelsteinen an Manschettenknöpfen und Ringen

Flächig geschliffene Edelsteine bestimmen die Schmuckmode.

Modischer Kopfputz für die Dame: Strohhut mit Ripsband und Wollstickerei

Asymmetrischer Hut mit einer Einfassung und Schleife aus Samt

LENGTH OF LINE IS VERY IMPORTANT
THE SMART WAIST-LINE IS MOULDED TO THE FIGURE
FROCK No. S3387—The frock at the left in the sketch, of flat crêpe, has the higher waist-line cleverly achieved by means of an encrusted belt. A scarf and circular fulness at the side give a graceful movement to this attractive model. Sizes 14 to 40
FROCK No. S3386—(Centre) In this flat crêpe model, gores and gathers modify the very smart princesse line. The tiers have fulness at the sides and are flat in the front and at the back, and there is a slightly dipping hem-line. Sizes 14 to 42
FROCK No. S3385—(Extreme right) Also of flat crêpe is this model. The simulated bolero, modifying the severity of the higher waist-line, and the applied circular sections are typical of the new mode, longer of skirt and shorter of bodice. Sizes 14 to 40

Seite aus einem Schnittmusterbuch der Modezeitschrift »Vogue« des Jahres 1930. Unter der Überschrift »Die Länge der Konturen ist sehr wichtig – Die elegante Taillen-Linie umspannt die Figur« gibt die Zeitschrift ihren modebewußten Leserinnen Hinweise und Anleitungen zum Selbstschneidern von Kleidern im aktuellen, elegant-femininen Stil.

Vielfalt in Stil und Farbe am Strand (v. l.): Strandanzug im Matrosenlook, Strandkleid mit weiten Rockbeinen und gelbschwarze Badekombination

Mode 1930:

Feminine Eleganz en vogue

Die Auswirkungen der Weltwirtschaftskrise lassen für weite Teile der Bevölkerung Fragen der modischen Bekleidung in den Hintergrund treten. Für sie wird Selbstschneidern, Aufarbeiten und Ändern alter Kleidungsstücke zur existentiellen Notwendigkeit.

In der Modewelt vollzieht sich eine Rückbesinnung auf ruhige, feminine Eleganz. Dabei spielt die Diskussion um die neue Saumlänge eine große Rolle. »Ob kurz oder lang – darüber gehen die Ansichten noch auseinander, eines aber ist unumstößliche Tatsache geworden: Der Rock des Nachmittagskleides ist weit und glockig! ... man trägt den runden, unten bogig ausgeschnittenen, einer glatten Hüftpasse angesetzten Rock, auch den verhältnismäßig engen Rock, der vorn breit, weit und glockig übereinandertritt, und man trägt das durchgehend geschnittene Prinzeßkleid, dessen große untere Weite durch einzelne, eingesetzte Glockenbahnen erzielt wird ... Immer aber sind Hüftpartie und Taille, letztere meist durch einen Gürtel, figurbetont« (Bayerische Frauenzeitung, Nr. 4, 1930).

Zu den raffiniert geschnittenen Rockformen, die deutlich den Einfluß von Madeleine Vionnets Schrägschnitt zeigen, kommt ein durchweg einfaches Oberteil, das nur bei Nachmittagskleidern eine dekorative Garnierung aus Spitze, für Kragen, Jabots und Ärmel, aufweist. Etwas aufwendiger dagegen ist das sog. »Cocktail-Dreß« für die kleinen festlichen Anlässe.

Großer Beliebtheit erfreuen sich Kleider mit kleinem Rückencape oder Bolero, die als separate oder teilweise festangearbeitete Jäckchen getragen werden. Sommerkleider sind nicht mehr ärmellos, sondern mit verspielten Flügel- oder Volantärmeln versehen. Betont modisch ist die hohe Taille.

Das Abendkleid ist generell lang und weist zwei konträre Modestile auf: Das figurbetonte »Sirenenkleid«, oftmals mit hoher Directoire-Taille, aus Spitze, Satin oder Samt, und das Tanzkleid im »Stil von Kaiserin Eugenie« mit duftig weitem Rock und vielen Volantreihen aus Taft oder Tüll. Die Abendkleider sind dekolletiert und haben dünne Achselbänder oder ein tiefes »griechisch drapiertes« Rückendekolleté. Die neue schmale Silhouette löst in Modezeitschriften eine heftige Diskussion aus. »Die heutige Dame ist selbstbewußt und kein Jungmädchentyp ... Die gerade Hängerlinie ist endgültig passé. Die Frau zeigt wieder sanfte Rundungen, kleine, aber immerhin existente Brüste, schmale Taille und schmale Hüften; sie wirken vorteilhaft, da sie den Körper gestreckt erscheinen lassen« (Die Dame, Nr. 26). Demgegenüber steht die Meinung: »Die stark modellierende Linie der Kleider tritt naturgemäß wieder zurück, da die Damen bestimmt darauf verzichten werden, sich in das angekündigte Korsett zu zwängen« (Moden-Spiegel, 12. 3.).

Die elegante Dame ist nach Maßgabe der Modejournale von makelloser Schönheit. Schmal ausgezupfte Augenbrauen, voller Mund und dunkelblaue Lidschatten sind gefragt. Bühne und Film ebenso wie Pferderennen gelten als die bedeutsamen Modenschauplätze. »Jede Premiere eines modernen Theaterstückes ist gleichzeitig eine Premiere der Mode. Die Bühne ist der Schauplatz von Eleganz und Schick. Die Heldin muß ihren Geschmack beweisen, behaupten – auch gegen Logen und Parkett« (Moden-Spiegel, 7. 10.).

Die Silhouette der Herrenkleidung ist ebenfalls figurbetont. Der modische Herr trägt bei offiziellen Anlässen doppelreihiges Sakko mit spitzem, stark pointiertem Revers und mit drei Knopfpaaren, von denen das obere weiter auseinandersteht. Dagegen ist der gewöhnliche Tagesanzug einreihig mit abfallendem, leicht gerolltem Revers. Dunkle Stoffe in allen Blau-, Grau- oder Brauntönen mit kleinem Punktmuster oder Streif haben sich durchgesetzt. Das Hemd ist weiß mit Streif.

Ähnlich wie bei Diskussionen um die richtige Rocklänge gibt es auch unterschiedliche Positionen zur sportlich-saloppen Knickerbocker für den Herren, die immer mehr Anhänger findet. Die Zeitschrift »Moden-Spiegel«, stellt dazu am 25. März fest: »Für den Sport ist die Knickerbocker adäquat, jedoch wirkt sie in der Stadt deplaciert.«

Juni 1930

Mo	Di	Mi	Do	Fr	Sa	So
						1
2	3	4	5	6	7	8
9	10	11	12	13	14	15
16	17	18	19	20	21	22
23	24	25	26	27	28	29
30						

1. Juni, Sonntag

Adolf Hitler, der Parteiführer der NSDAP, beauftragt den Agrarwissenschaftler Richard Walther Darré mit der Organisation des Bauerntums in seiner Partei. Darré hat auch das erste Agrarprogramm der NSDAP vom 6. März ausgearbeitet. Die Nationalsozialisten wollen insbesondere die Landwirte ansprechen, unter denen sich, bedingt durch die schlechte wirtschaftliche Situation, Unzufriedenheit mit dem parlamentarischen System ausbreitet.

Im Kupferbergbau im thüringischen Mansfeld beginnt ein Streik der Arbeiter gegen den von der Unternehmensleitung der Mansfeld A. G. für Bergbau und Hüttenbetrieb angekündigten Lohnabbau von 15%. Nach einem Kompromißvorschlag des Reichsarbeitsministeriums, der u. a. eine staatliche Beihilfe für das Unternehmen von rund 500 000 RM monatlich vorsieht, wird der Streik am 25. Juli beendet.

2. Juni, Montag

Die schwedische Regierung unter Arvid Lindman (Konservative Partei) tritt zurück, nachdem die Erste Kammer des Stockholmer Reichstages eine Erhöhung der Getreidezölle abgelehnt hat. Die neue Regierung bildet Carl Gustav Ekmann (Freisinnige Partei).

3. Juni, Dienstag

Ein Berliner Schwurgericht verurteilt sieben Mitglieder der NSDAP, die ein kommunistisches Lokal überfallen und einen Menschen getötet haben, zu Freiheitsstrafen von bis zu dreieinhalb Jahren. Sozialdemokratische und kommunistische Politiker protestieren gegen das Urteil, das sie für zu mild halten.

Der Sozialanthropologe und Rassenforscher Hans F. K. Günther, der mehrere antisemitische Werke verfaßt hat, wird vom thüringischen Bildungs- und Innenminister Wilhelm Frick (NSDAP) an die Universität Jena berufen. Der Protest zahlreicher Jenaer Professoren gegen die Berufung blieb ohne Wirkung.

4. Juni, Mittwoch

Die sozialdemokratische Wochenzeitung »Vorwärts« veröffentlicht ein Schreiben des Reichswehrministeriums an den SPD-Reichstagsabgeordneten Franz Künstler, in dem jegliche Auskunft über eine illegale Zusammenarbeit zwischen Reichswehr und der sowjetischen Roten Armee verweigert wird. Die Reichswehr läßt in der Sowjetunion seit Jahren u. a. Soldaten ausbilden und neuartige Kampfmittel erproben, um die strengen Abrüstungsbestimmungen des Versailler Vertrages zu umgehen.

Der Nationalrat der neutralen Schweiz beschließt mit 117 zu 47 Stimmen die Erweiterung der schweizerischen Luftwaffe. → S. 109

5. Juni, Donnerstag

Das Reichskabinett beschließt ein neues Finanzprogramm: Die Beiträge zur Arbeitslosenversicherung werden von 3,5 auf 4,5% erhöht, Festbesoldete müssen ein Notopfer (sog. Reichshilfe) in Form eines 3 – 4%igen Zuschlags zur Einkommenssteuer leisten. Die Regierung geht davon aus, daß die Staatseinnahmen dadurch im laufenden Haushaltsjahr um rund 350 Mio. RM steigen.

Das bayerische Innenministerium verbietet mit sofortiger Wirkung das Tragen von Uniformen bei öffentlichen Kundgebungen von politischen Organisationen. → S. 108

Der britische Premierminister James Ramsey MacDonald (Labour Party) teilt im Unterhaus in London mit, daß seine Regierung den Bau eines Kanaltunnels ablehnt, der Großbritannien mit dem Kontinent verbinden soll. Die Kosten für den Bau von umgerechnet 600 Mio. RM sind nach seiner Meinung zu hoch.

6. Juni, Freitag

In Springfield im US-Bundesstaat Massachusetts bieten Lebensmittelhändler erstmals Tiefkühlkost an. Die Idee des Geschäftsmannes Clarence Birdseye, Lebensmittel durch Gefrieren haltbar zu machen, setzt sich in den USA schnell durch. → S. 117

7. Juni, Samstag

Die polnischen Schulaufsichtsbehörden leiten gegen deutsche Lehrer an Minderheitsschulen in Oberschlesien (Polen) ein Disziplinarverfahren ein. Ihnen wird vorgeworfen, enge Kontakte zur reichsdeutschen Lehrerorganisation zu unterhalten. Die Maßnahme wird in der deutschen Presse als ein Schritt zur »Polonisierung« der deutschen Minderheit in dem seit 1922 zu Polen gehörenden ehemals deutschen Teil Oberschlesiens gewertet.

Der deutsche Gesandte in Portugal, Albert von Baligand, wird in der portugiesischen Hauptstadt Lissabon erschossen. Bei dem Attentäter handelt es sich um den stellungslosen deutschen Seemann Franz Buchowsky, der sich mit seiner Tat von seinem Verfolgungswahn befreien wollte.

Eine Himalaja-Expedition unter der Leitung des deutschen Geologen Günter Oskar Dyhrenfurth besteigt den Jongsang Peak (7459 m). Es ist der höchste Gipfel, der bisher von Menschen genommen wurde. → S. 116

8. Juni, Pfingstsonntag

Die rumänische Nationalversammlung wählt in Bukarest den Ex-Kronprinzen Karl II. zum König von Rumänien. → S. 111

Im chinesischen Konflikt zwischen der Regierung Chiang Kai-sheks in Nanking und den aufständischen Generalen der Nordtruppen gibt die Regierung ihren Sieg in der Schlacht von Sintschang bekannt. 20 000 feindliche Soldaten sind nach Regierungsangaben getötet worden (→ 4. 4./S. 72).

9. Juni, Pfingstmontag

Auf dem Bundestreffen des SPD-nahen Reichsbanners Schwarz-Rot-Gold in Magdeburg fordert Bundesführer Otto Hörsing (SPD) die Schaffung eines deutschen Einheitsstaates als Voraussetzung für Wirtschaftsreformen. → S. 109

In Wien beschließen Vertreter der bäuerlichen Landbundorganisation den Bruch mit der rechtsgerichteten Heimwehr. Am 13. Juni erklärt auch die Großdeutsche Reichspartei, ihr Programm sei mit der Haltung der Heimwehren nicht vereinbar. Die politischen Organisationen protestieren damit gegen die fortgesetzten Angriffe der Heimwehr auf die österreichische Demokratie (→ 18. 5./S. 92).

In der Freudenau, der Galopp-Rennbahn im Wiener Prater, gewinnt das deutsche Rennpferd »Graf Isolani« unter Jockey Hans Blume den mit 128 000 Schilling (rund 77 000 RM) dotierten Großen Preis von Österreich.

10. Juni, Dienstag

Ein Schiedsgericht in der US-Hauptstadt Washington legt fest, daß die USA deutschen Reedereien Entschädigungen in Höhe von 74 243 000 US-Dollar (etwa 311 820 680 RM) für im Weltkrieg beschlagnahmte Schiffe bezahlen müssen.

In Konstantinopel (heute Istanbul) unterzeichnen griechische und türkische Regierungsvertreter ein Abkommen, mit dem mehrere, bislang umstrittene Fragen geregelt werden: So wird u. a. das seit dem griechisch-türkischen Krieg 1919 – 22 bestehende Problem der Staatsbürgerschaft für die jeweils im anderen Land lebenden Minderheiten beigelegt.

In Genf beginnt die 14. Internationale Arbeitskonferenz. 354 Delegierte aus 51 Ländern beraten bis zum 22. Juni u. a. über eine Konvention zur weltweiten Abschaffung der Zwangsarbeit sowie über international einheitliche Arbeitszeitverkürzungen im Bergbau.

In Frankfurt am Main wird die »Achema VI«, die Ausstellung für chemisches Apparatewesen, eröffnet. Bis zum 22. Juni zeigen 325 Anbieter auf 8000 m² Ausstellungsfläche Laborgeräte für die chemische Industrie.

In Oberstdorf wird die 4900 m lange Nebelhornbahn eingeweiht. → S. 117

Die sog. Bildergalerie, ein Nebengebäude des Potsdamer Schlosses Sanssouci, wird nach Renovierungsarbeiten für die Öffentlichkeit freigegeben. Das 1755 unter Friedrich dem Großen errichtete Gebäude gilt als einer der ersten Museumsbauten im Deutschen Reich.

11. Juni, Mittwoch

Der preußische Innenminister Heinrich Waentig (SPD) verbietet dem politischen Kampfverband der NSDAP, der Sturmabteilung (SA), das Tragen der Uniform (→ 5. 6./S. 108).

Der Deutsche Städtetag gibt bekannt, daß die Großkommunen (Gemeinden mit mehr als 25 000 Einwohnern) 350 000 sog. Wohlfahrtserwerbslose unterstützen müssen, die keine Leistungen aus der Arbeitslosenversicherung erhalten. Immer mehr Gemeinden geraten durch steigende Sozialausgaben in Finanzschwierigkeiten (→ 9. 5./S. 91).

12. Juni, Donnerstag

Bei einer SA-Kundgebung in Gera überreicht Thüringens Innen- und Bildungsminister Wilhelm Frick (NSDAP) Adolf Hitler, dem Vorsitzenden der NSDAP, eine Ernennungsurkunde zum Gendarmeriekommissar. Hitler wird dadurch deutscher Staatsbürger. Wenige Tage später annullieren Hitler und Frick den Rechtsakt wieder. → S. 108

William Charles Beebe und Otis Barton tauchen vor den Bermudainseln in einer selbstkonstruierten Tauchkugel rund 434 m tief. Sie verbessern damit alle bisherigen Tieftauchrekorde um ein Vielfaches. → S. 116

Der deutsche Boxer Max Schmeling wird in New York durch die Disqualifikation seines Gegners Jack Sharkey nach einem Tiefschlag Boxweltmeister aller Klassen. Er ist der erste Europäer, der diesen Titel erringt. → S. 119

13. Juni, Freitag

Das Reichskabinett stimmt den Vorschlägen von Finanzminister Paul Moldenhauer zur Sanierung der Finanzlage zu. Zu den Schwerpunkten von Moldenhauers Plänen gehört u. a. ein Arbeitsbeschaffungsprogramm und agrarpolitische Maßnahmen, wie die Unterstützung der ostdeutschen Landwirtschaft (sog. Osthilfe).

Der national-zaristische Politiker Julius Maniu stellt in Bukarest die neue Regierung zusammen. Maniu war erst am 7. Juni aus Protest gegen die Proklamation des Ex-Kronprinzen Karl (Carol) zum rumänischen König zurückgetreten. Sein Nachfolger, General Presau, hatte jedoch keine mehrheitsfähige Regierung aufstellen können (→ 8. 6./S. 111).

14. Juni, Samstag

In Wien läßt Bundeskanzler Johann Schober (Schoberblock) den deutschen Ex-Major Waldemar Pabst wegen unzulässiger politischer Betätigung ausweisen. Pabst ist Bundesstabschef der rechtsgerichteten Heimwehr Österreichs, die eine Zerstörung des demokratischen Systems und den Aufbau eines Ständestaates anstrebt (→ 18. 5./S. 92).

15. Juni, Sonntag

Im Rahmen des Welttheaterkongresses in Hamburg beginnt die Ausstellung »Das moderne Bühnenbild in Deutschland«, die bis zum 15. Juli geöffnet bleibt. Sie zeigt u. a. das Projekt des »Totaltheaters« des Architekten und früheren Bauhausleiters Walter Gropius.

Die »Illustrierte Republikanische Zeitung« berichtet in ihrer Ausgabe vom 14. Juni über die Situation der 14 000 Arbeiter der Mansfeld AG, die ausgesperrt wurden. Die thüringischen Arbeitnehmer sind am 1. Juni in den Streik getreten, nachdem das Unternehmen einen allgemeinen Lohnabbau von 15% angekündigt hatte. Auf dem Titelfoto verteilt ein Vertreter der Bergarbeitergewerkschaft Karten, die die Arbeiter zum Empfang von Streikgeldern aus der Gewerkschaftskasse berechtigen.

JLLUSTR.
JRZ
REPUBLIKANISCHE
Preis 20 Pfg.
Nr. 24 — 7. JAHRGANG
Berlin, 14. Juni 1930
Mansfeld A.-G. sperrt 14000 Arbeiter aus.
Die Bergarbeitergewerkschaft gibt Unterstützungskarten an die ausgesperrten Arbeiter aus. (Siehe Seite 384).
Phot. Wronkow

16. Juni, Montag

Die Preußische Akademie der Künste wählt erneut den Maler und Grafiker Max Liebermann zu ihrem Präsidenten. Liebermann führt das Amt bereits seit 1920.

In der »Frankfurter Zeitung« warnt der Leiter der Sportberatungsstelle Berlin-Lichtenberg, Heinz Heitan, vor dem sog. »Doping« von Rennpferden. Die künstliche Leistungssteigerung, die u. a. durch die Verabreichung von Medikamenten bei den Tieren erreicht werde, gehe auf Kosten der Gesundheit der Rennpferde.

17. Juni, Dienstag

In Washington unterzeichnet US-Präsident Herbert Clark Hoover den sog. Smoot-Hawley-Tariff über die Erhöhung von Einfuhrzöllen. → S. 112

Die französische Kolonialregierung in Vietnam läßt in Ben-Bay mehrere sog. Rebellen hinrichten. Sie reagiert damit auf die verstärkten Aktivitäten der vietnamesischen Unabhängigkeitsbewegung. → S. 112

18. Juni, Mittwoch

Reichsfinanzminister Paul Moldenhauer tritt von seinem Amt zurück. Er reagiert damit auf die Ablehnung seiner Politik von seiten seiner Parteifreunde aus der Deutschen Volkspartei (DVP). Mit der Wahrnehmung der Geschäfte beauftragt Reichspräsident Paul von Hindenburg am 20. Juni vorübergehend Reichskanzler Heinrich Brüning (Zentrum).

19. Juni, Donnerstag

Die Regierungsparteien im Reichstag einigen sich darauf, das Reichsministerium für Besetzte Gebiete bis zum 1. April 1931 weiterbestehen zu lassen, obwohl die alliierte Besatzung des Rheinlands am → 30. Juni aufgehoben wird (S. 106). Das Ministerium soll sich nun mit der Durchführung des Osthilfegesetzes beschäftigen, mit dem landwirtschaftliche Betriebe im Osten des Deutschen Reiches unterstützt werden sollen.

In Ägypten tritt das Kabinett unter Ministerpräsident Mustafa Nahhas Pascha zurück. Hintergrund ist u. a. die Finanzkrise des Landes, das durch Subvention des Preises für die einheimische Baumwolle vor dem Staatsbankrott steht (→ 15. 7./S. 127; 23. 10./S. 183).

20. Juni, Freitag

In einer Rundfunkansprache zum Stand der deutsch-US-amerikanischen Beziehungen, die auch in die USA übertragen wird, bedankt sich Reichsaußenminister Julius Curtius (DVP) bei der Bevölkerung der Vereinigten Staaten u. a. für die finanzielle Hilfe beim Wiederaufbau des Deutschen Reiches nach dem Weltkrieg. → S. 109

21. Juni, Samstag

In Bremen wird von Bürgermeister Martin Donandt und dem preußischen Ministerpräsidenten Otto Braun ein Gemeinschaftsvertrag zwischen beiden Staaten unterzeichnet. Der Vertrag regelt die gemeinsame Nutzung der Fischereianlagen in den Nordseehäfen Emden und Bremerhaven.

Das preußische Kultusministerium entscheidet, daß die Büste der ägyptischen Königin Nofretete im Staatlichen Museum in Berlin bleiben soll. Die ägyptische Regierung hatte zwei wertvolle Statuen zum Austausch angeboten. → S. 117

22. Juni, Sonntag

Bei den Landtagswahlen in Sachsen wird die NSDAP mit 14 Sitzen zweitstärkste Fraktion hinter der SPD (33 Sitze). → S. 108

Auf der Schlußkundgebung der Jahreshauptversammlung des deutsch-österreichischen Volksbundes in Klagenfurt fordern mehrere tausend Menschen den Anschluß Österreichs an das Deutsche Reich als Voraussetzung für ein geeintes Europa. Von einer Vereinigung der beiden Länder verspricht sich der überparteiliche Volksbund u. a. eine Verbesserung der wirtschaftlichen Lage für die Beteiligten.

Herta BSC Berlin gewinnt in Düsseldorf das Endspiel um die Deutsche Fußballmeisterschaft 5:4 gegen Holstein Kiel. → S. 118

Mit einem 6,6-l-Bentley siegen die Briten Wolf Barnato und Gled Kidston zum dritten Mal beim 24-Stunden-Rennen von Le Mans. Sie legten in 24 Stunden 2930,663 km mit einer Durchschnittsgeschwindigkeit von 122,111 km/h zurück.

23. Juni, Montag

In London legt die von der britischen Regierung eingesetzte Simon-Kommission den zweiten Teil ihres Berichtes über die innenpolitische Entwicklung Indiens vor. → S. 112

Vor einem Berliner Schöffengericht werden fünf von sechs angeklagten Nationalsozialisten zu fünf Monaten Gefängnis verurteilt. Sie hatten Hakenkreuze und »Juda verrecke« an eine Berliner Synagoge geschmiert.

In Berlin findet die Premiere der Schuloper »Der Jasager« des Komponisten Kurt Weill statt. Die Oper, zu der Bertolt Brecht das Libretto nach dem japanischen No-Spiel »Taniko« aus dem fünfzehnten Jahrhundert geschrieben hat, wird auf ausdrücklichen Wunsch Weills von dem Studenten Kurt Drabek geleitet. Die Darsteller sind ausschließlich Jugendliche.

In Warschau geht die viertägige Konferenz des internationalen Pen-Clubs zu Ende. In einer Entschließung fordern die Vertreter aus 24 Nationen die bisher nicht im Pen-Club vertretenen Schriftsteller Asiens und Afrikas zum Eintritt in die Organisation auf.

24. Juni, Dienstag

In Kolberg findet bis zum 28. Juni die Hauptversammlung des Verbandes der Ärzte Deutschlands statt. Sie steht unter dem Motto »Arzt und Staat«. Die Teilnehmer des Kongresses sprechen u. a. über die medizinische Ausbildung und fordern eine intensivere Einführung der Studenten in die Röntgenkunde.

Ein Kongreß von Choreographen und Tanzlehrern aus dem In- und Ausland geht in München nach sechs Tagen zu Ende. Vor allem die Beiträge der Vertreter des sog. Ausdruckstanzes wie Rudolf von Laban und Mary Wigman fanden großes Interesse. → S. 118

25. Juni, Mittwoch

Die zweite Weltkraftkonferenz geht in Berlin zu Ende. Ihre Teilnehmer haben sich zehn Tage lang mit der internationalen Bedeutung der Energiewirtschaft beschäftigt. → S. 113

Mit einem Festakt feiert der Deutsche Evangelische Kirchenbundesrat, in dem die 28 evangelischen Landeskirchen zusammengeschlossen sind, den 400. Jahrestag des Augsburger Bekenntnisses (Confessio Augustana). → S. 117

In Anwesenheit von 160 Bischöfen, der britischen Kabinettsmitglieder und des diplomatischen Korps eröffnet in London König Georg V. mit einem feierlichen Akt die St. Pauls-Kathedrale, die wegen Renovierungsarbeiten lange Zeit geschlossen war. → S. 117

Die zweite Auflage der Volksausgabe von Adolf Hitlers »Mein Kampf« wird mit 10 000 Exemplaren ausgeliefert. Der Parteiführer der NSDAP entwickelt in diesem Buch das Programm seiner rechtsradikalen Partei, u. a. legt er seine antisemitisch bestimmte Rassenlehre und seine Auffassung von der Führungsrolle des germanischen Volkes dar.

Der Australier Charles Kingsford Smith überquert mit seinem Flugzeug »Southern Cross« den Atlantik von Europa nach Amerika. Es ist die zweite Überquerung dieser Strecke überhaupt. Smith legt die 3500 km in 30 Stunden zurück.

26. Juni, Donnerstag

Reichswirtschaftsminister Hermann Robert Dietrich (DDP) übernimmt das von Paul Moldenhauer am 18. Juni verlassene Finanzministerium. Dietrich, dessen Nachfolger im Reichswirtschaftsministerium der parteilose Ernst Trendelenburg wird, unterstützt die von Reichskanzler Heinrich Brüning (Zentrum) verfolgte Sparpolitik zur Sanierung des Reichshaushaltes.

In Moskau beginnt der XVI. Parteitag der KPdSU. Höhepunkt des bis zum 13. Juli andauernden Kongresses ist eine zehnstündige Rede des Parteivorsitzenden Josef W. Stalin. → S. 110

In London teilt der Schatzkanzler Philip Snowden dem britischen Parlament die Aufhebung der Verfassung Maltas mit. Den Inselstaat im Mittelmeer war in den vergangenen Monaten Schauplatz heftiger, teilweise gewalttätiger Auseinandersetzungen zwischen Nationalisten und Vertretern großbritannientreuer Organisationen. → S. 111

27. Juni, Freitag

Mit 93 der insgesamt 98 abgegebenen Stimmen billigt der Volkstag der freien Stadt Danzig eine Verfassungsreform, die u. a. eine Verkleinerung des Volkstages von 120 auf 72 Abgeordnete vorsieht. Die Stadt steht seit dem Weltkrieg unter dem Schutz des Völkerbundes.

Ein Aufstand führender Militärs stürzt die bolivianische Regierung in La Paz. Nachfolger des abgesetzten Staatspräsidenten Hernando Siles wird Roberto Inojosa. → S. 112

Island feiert auf der Thingvellier-Ebene, 50 km von Reykjavík entfernt, das 1000jährige Bestehen seines Parlaments, des Althing. → S. 112

28. Juni, Samstag

In Berlin kommt es auf einer Versammlung der Nationalsozialisten zu Zusammenstößen mit Kommunisten, die sich unter die 3000 Teilnehmer gemischt haben. Auf beiden Seiten gibt es mehrere Schwerverletzte.

Eine Tagung des Deutschen Werkbundes, einer Vereinigung von Architekten, Designern, Handwerkern und Industriellen, geht in Wien nach einer Woche zu Ende. → S. 118

29. Juni, Sonntag

Anläßlich des deutschen Volksliedertages veranstaltet der Deutsche Sängerbund im gesamten Deutschen Reich Konzerte. Die Veranstaltungen mit Chören und kleineren Gesangsensembles sind durchweg gut besucht.

30. Juni, Montag

Die letzten französischen Soldaten verlassen das Rheinland, das von den Truppen der alliierten Siegermächte des Weltkrieges seit über zehn Jahren besetzt gehalten wurde. → S. 106

Adolf Hitler, der Parteiführer der NSDAP, ermächtigt Joseph Goebbels, den nationalsozialistischen Reichspropagandaleiter und Gauleiter von Berlin-Brandenburg, zur rücksichtslosen Säuberung der NSDAP. Mit dieser Maßnahme will Hitler die innerparteiliche Opposition, vor allem den linken Parteiflügel um die Brüder Otto und Gregor Strasser (→ 3. 7./S. 126), aus der Partei ausschließen.

Durch das Anglo-Irakische Bündnisabkommen wird der Irak formell unabhängig. Das Land bleibt jedoch außenpolitisch und militärisch an Großbritannien gebunden, das zwei Luftwaffenstützpunkte auf irakischem Boden unterhält.

Das Wetter im Monat Juni

Station	Mittlere Lufttemperatur (°C)	Niederschlag (mm)	Sonnenscheindauer (Std.)
Aachen	18,6 (15,9)	35 (77)	– (200)
Berlin	19,6 (16,5)	22 (62)	– (244)
Bremen	19,0 (16,0)	36 (59)	– (218)
München	18,8 (15,8)	34 (121)	– (201)
Wien	20,8 (17,6)	22 (68)	– (246)
Zürich	19,3 (15,5)	81 (138)	269 (220)

( ) Langjähriger Mittelwert für diesen Monat
– Wert nicht ermittelt

Auf der Titelseite der Berliner Illustrierten »Die Woche« vom 7. Juni gibt der deutsche Boxer Max Schmeling eine Kostprobe seiner sportlichen Leistungsfähigkeit. Sein Kampf um die Box-Weltmeisterschaft im Schwergewicht gegen den US-Amerikaner Jack Sharkey am 12. Juni in New York macht Sportgeschichte, da Schmeling durch die umstrittene Disqualifikation seines Gegners nach der vierten Runde zum Weltmeister erklärt wird.

Die Woche

Nummer 23 | Berlin, 7. Juni 1930 | 32. Jahrgang

PRIVATE

DO NOT ENTER

Max Schmeling, dessen Kampf um die Weltmeisterschaft im Schwergewichtsboxen mit Jack Sharkey die Sportwelt mit Spannung erwartet, trainiert in seinem Quartier Endicott im Staate New York

Phot. P. & A.

Alliierte Besatzungstruppen räumen vorzeitig Rheinland

30. Juni. Fünf Jahre früher als im Versailler Vertrag von 1919 vorgesehen, ziehen die letzten französischen Besatzungstruppen aus dem Rheinland ab. Im gesamten Deutschen Reich wird die Räumung als »Befreiung« begeistert begrüßt.

Die vorzeitige Räumung des Rheinlands ist ein Ergebnis der Zweiten Haager Konferenz (→ 20. 1./S. 14), bei der das Deutsche Reich zwar zu hohen Reparationsleistungen verpflichtet, als Gegenleistung aber die Freigabe der besetzten Gebiete vereinbart wurde.

Anläßlich der Rheinlandräumung sagt Reichstagspräsident Paul Löbe (SPD) vor dem deutschen Parlament in Berlin: »Wie die Augen des ganzen deutschen Volkes, so sind auch unsere Gedanken am heutigen Tage auf das Rheinland gerichtet, über dessen grünen Bergen und alten Burgen, auf dessen Türmen und Zinnen in dieser Nacht zum ersten Male die Fahne der deutschen Republik emporsteigt . . .«

Die linksrheinischen Gebiete und die auf dem rechten Rheinufer gelegenen Brückenköpfe Köln, Koblenz, Mainz und Kehl waren z. T. bereits 1918 in den Händen der Alliierten. Offiziell wurden sie 1920 von französischen, belgischen und britischen Truppen gemäß den Bestimmungen des Versailler Friedensvertrages besetzt. Sie dienten als Pfand für die Erfüllung des Friedensvertrages und aus der Sicht Frankreichs als Sicherheitszone gegen immer noch befürchtete Angriffe.

Die Alliierten teilten die besetzten Gebiete in drei Zonen auf: Die Kölner, die Koblenzer und die Mainzer Zone, die zentral von einer Interalliierten Rheinlandkommission verwaltet wurden. Die Räumung der Zonen sollte stufenweise nach fünf, zehn und 15 Jahren erfolgen.

Die »Frankfurter Zeitung« bezeichnet den vorzeitigen Abzug der Besatzungsmacht als die »Frucht der deutschen Friedenspolitik« und erinnert damit an den 1929 verstorbenen Reichsaußenminister Gustav Stresemann. Stresemann hatte die Siegermächte des Weltkrieges davon überzeugen können, daß vom Deutschen Reich kein neuer Krieg ausgehen werde. Seine gute Zusammenarbeit mit dem französischen Außenminister Aristide Briand trug zusätzlich dazu bei, Frankreichs starre Haltung zu überwinden.

In Mainz wird die preußische Schutzpolizei nach dem Abzug der französischen Truppen begeistert empfangen.

Die westdeutsche Illustrierte »Die Wochenschau« dokumentiert den Abzug der Soldaten auf ihrem Titelblatt.

Auf dem Mainzer Hauptbahnhof wartet General Louis Guillaumat (l.), der Oberbefehlshaber der französischen Truppen im Deutschen Reich, am 30. Juni in seinem Salonwagen auf die Abfahrt nach Frankreich.

▷ Die französische Zeitschrift »L'Illustration« hat die letzten Minuten der französischen Rheinlandbesetzung festgehalten: Der französische Oberbefehlshaber General Guillaumat (r.) nimmt vor seinem Mainzer Hauptquartier die französische Trikolore entgegen, die unter den Klängen der Nationalhymne eingeholt wurde. Bei der Zeremonie ist auch der Präsident der Internationalen Rheinlandkommission, Paul Tirard, anwesend.

Auch die SPD-nahe »Illustrierte Republikanische Zeitung« feiert begeistert die »Rheinlandbefreiung«.

Glocken läuten die Befreiung ein

30. Juni. Der Abzug der alliierten Besatzungstruppen aus dem Rheinland wird im gesamten Deutschen Reich gefeiert. Auf sog. Befreiungsfeiern in zahlreichen rheinischen Städten wie Mainz, Kreuznach und Ludwigshafen würdigen Politiker das Ereignis als entscheidenden Einschnitt in der Geschichte der Weimarer Republik.

Das Ende der Rheinlandbesetzung löst eine Welle nationaler Begeisterung aus. Ungeachtet ihrer politischen Ausrichtung berichten die Zeitungen über den Abzug der Truppen mit unverhohlener Befriedigung. Die liberale Presse hebt in ihren Reportagen und historischen Rückblicken die Bedeutung der »Friedenspolitik« des 1929 verstorbenen deutschen Außenministers Gustav Stresemanns (DVP) für die »Rheinlandbefreiung« hervor. Die rechten Blätter betonen dagegen den nationalen Stellenwert der Wiedervereinigung des Deutschen Reiches mit den Rheinlanden.

Die Befreiungsfeiern finden überall große Anteilnahme der Bevölkerung. So berichtet ein Korrespondent der »Frankfurter Zeitung« aus Trier: »Die ganze Stadt glüht im Licht. Auch die entlegendste und ärmste Straße feiert mit Fahnen und Lampen. Auf dem riesigen Platz vor der Palastkaserne – zwölf Jahre lang Kaserne der französischen Besatzung – Zehntausende. Die Glocken vom Petersdom läuten über der alten deutschen Stadt die Freiheit ein. ›Großer Gott, wir loben Dich‹. Keiner unter den 70 000, der dies nicht aus vollem Herzen mitempfände . . .«

Als erstes deutsches Staatsoberhaupt, das seit Bestehen der Weimarer Republik die Rheinlande besucht, reist Reichspräsident Paul von Hindenburg am 18. Juli in die ehemals besetzten Gebiete, wo er an zahlreichen »Befreiungsfeiern« als Ehrengast teilnimmt.

Zehn Jahre ein besetztes Land

Der Abzug der alliierten Truppen aus dem Rheinland bedeutet für die dort lebende Bevölkerung das Ende einer über zehn Jahre andauernden Besatzungszeit.

▷ 10. 1. 1920: Entsprechend den Bestimmungen des Versailler Vertrages besetzen belgische, französische und britische Truppe die linksrheinischen Gebiete des Deutschen Reiches und die rechtsrheinischen Brückenköpfe Köln, Koblenz, Mainz und Kehl

▷ 8. 3. 1921: Alliierte Truppen rücken in die Rheinhäfen Düsseldorf, Duisburg und Ruhrort wegen ausstehender deutscher Reparationszahlungen ein

▷ 11. 1. 1923: Französische und belgische Truppen besetzen das Ruhrgebiet als Pfand für die vom Deutschen Reich zu zahlenden Reparationen

▷ 21. 10. 1923: In Aachen rufen Separatisten, von der französischen Besatzungsmacht unterstützt, eine vom Deutschen Reich unabhängige Rheinische Republik aus. Sie werden jedoch bereits im November von der reichstreuen »rheinischen Abwehrfront« entscheidend geschlagen

▷ 14. 7. – 1. 8. 1925: Französische und belgische Truppen räumen das Ruhrgebiet

▷ 31. 1./1. 2. 1926: Die Alliierten ziehen ihre Truppen aus der Kölner Zone ab

▷ 31. 8. 1929: Auf der Ersten Haager Konferenz in Den Haag erklären sich die Alliierten grundsätzlich zu einem vorzeitigen Abzug ihrer Truppen aus dem ganzen Rheinland bereit

▷ 30. 11. 1929: Die Koblenzer Zone wird von den Truppen der alliierten Besatzungsmächte geräumt

▷ 20. 1. 1930: Mit der Unterzeichnung der Haager Schlußakte wird die vorzeitige Räumung des Rheinlandes endgültig von den Alliierten für den 30. Juni beschlossen (→ 20. 1./S. 14).

Rechtsruck bei Landtagswahl in Sachsen

22. Juni. Bei den Landtagswahlen in Sachsen gewinnt die NSDAP 14 der 96 Parlamentssitze. Damit ist sie hinter der SPD mit 33 Sitzen die zweitstärkste Fraktion im sächsischen Landtag.

Das Anwachsen der NSDAP macht eine konstruktive Arbeit des Landtages unmöglich, da die starken links- und rechtsradikalen Kräfte im Parlament zu keiner Kooperation bereit und die gemäßigten Parteien zu schwach sind, um eine mehrheitsfähige Koalitionsregierung bilden zu können.

Auf Betreiben der NSDAP war der am 12. Mai gewählte sächsische Landtag, in dem sie mit fünf Abgeordneten vertreten war, bereits am 20. Mai wieder aufgelöst worden. Die Nationalsozialisten reagieren damit darauf, daß ihnen jegliche Mitwirkung an der Regierungsbildung verwehrt worden war.

In dem nun folgenden Wahlkampf, der von den Nationalsozialisten mit großem Aufwand geführt wurde, konnte die NSDAP vor allem den bürgerlichen und rechtsstehenden Parteien Stimmen abnehmen; so verlor die Deutschnationale Volkspartei 3 von 8 und die Deutsche Volkspartei 5 von 13 Sitzen. SPD und KPD, gegen die sich die Parolen der NSDAP richteten, können dagegen ihre Stimmenanteile behaupten.

Propaganda in der NSDAP-Zeitung »Illustrierter Beobachter« mit einer Aufnahme von einer Großveranstaltung im Zirkus Sarrasani in Dresden

Staatsbürgerschaft für Adolf Hitler

12. Juni. Bei einem Aufmarsch der nationalsozialistischen Sturmabteilung (SA) in Gera überreicht der thüringische Innen- und Bildungsminister Wilhelm Frick (NSDAP) dem Vorsitzenden seiner Partei, Adolf Hitler, eine Ernennungsurkunde zum Gendarmeriekommissar des thüringischen Landkreises Hildburghausen. Mit der Übernahme einer Beamtenstellung im thüringischen Staatsdienst erhält der gebürtige Österreicher Adolf Hitler gleichzeitig automatisch die deutsche Staatsbürgerschaft.

Diese Veränderung seiner persönlichen Rechtsstellung bedeutet für Hitler einen weiteren Schritt zur angestrebten Machtergreifung. Nach geltendem deutschen Recht durfte er als Ausländer bisher keine leitenden Staatsämter im Deutschen Reich bekleiden.

In der deutschen Öffentlichkeit kommt es nach der Überreichung der deutschen Staatsbürgerschaft in Gera zu Protesten vor allem von seiten der Parteien. Frick und Hitler vernichten daraufhin die Urkunden und annullieren damit den Rechtsakt. Sie wollen durch ein vorschnelles Handeln nicht die Wahlchancen der NSDAP bei den bevorstehenden Landtagswahlen in Sachsen in Gefahr bringen.

Uniformverbot soll blutige Zusammenstöße verhindern

5. Juni. Das bayerische Innenministerium unter Karl Stützel (BVP) verbietet Versammlungen unter freiem Himmel, an denen sich Mitglieder oder Schutzabteilungen politischer Vereinigungen in ihrer Uniform beteiligen.

Das Ministerium begründet sein Verbot mit zahlreichen Zusammenstößen zwischen den Anhängern politischer Organisationen, die nach offiziellen Angaben u. a. durch das provozierende Auftreten ihrer Mitglieder in Uniform ausgelöst wurden (→ 16. 1./S. 19).

Preußen und Baden folgen nur wenige Tage später dem bayerischen Beispiel, wobei sich ihr Uniformverbot ausschließlich gegen die NSDAP richtet. Dem nationalsozialistischen Kampfverband, der Sturmabteilung (SA), wird u. a. das Tragen des »Braunhemdes« untersagt.

Die Nationalsozialisten umgehen das Uniformverbot, indem sie ihre paramilitärischen Kampfverbände bei Kundgebungen in weißen Hemden aufmarschieren lassen.

Schon Mitte Juni kommt es – trotz Uniformverbots – in Mannheim zu Zusammenstößen zwischen der SA und dem Reichsbanner Schwarz-Rot-Gold, dem politischen Kampfverband der Linken.

Bei einer Kundgebung der NSDAP im Berliner Sportpalast treten die Mitglieder des nationalsozialistischen Kampfverbandes (Sturmabteilung; SA) in weißen Hemden auf, weil ihnen die preußische Regierung das Tragen von Uniformen untersagt hat.

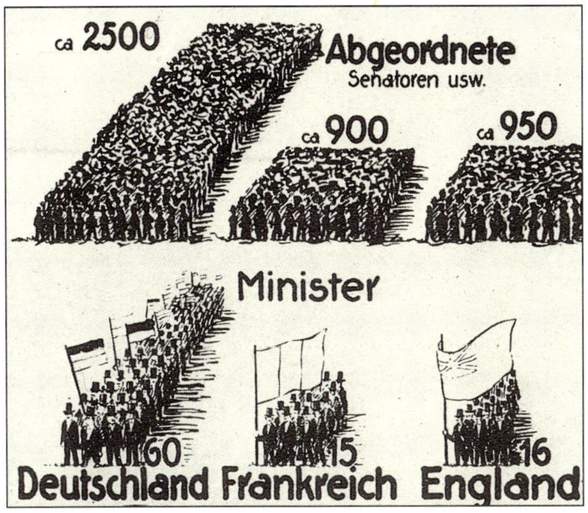

Grafiken der »Illustrierten Republikanischen Zeitung«, die Nachteile des deutschen Föderalismus aufzeigen sollen

Reichsbannerführer fordert Einheitsstaat

9. Juni. Die Schaffung eines deutschen Einheitsstaates fordert der Bundesführer des Reichsbanners Schwarz-Rot-Gold, Otto Hörsing (SPD), auf einem Bundestreffen des politisch linksgerichteten Kampfverbandes in Magdeburg. Hörsing sieht in der Beseitigung der deutschen Länder einen Ausweg aus der wirtschaftlichen Misere, in der sich das Deutsche Reich befindet. Erst in einem zentralistisch regierten Staat könnten die unbedingt notwendigen Wirtschafts-, Sozial- und Finanzreformen langfristig wirkungsvoll durchgesetzt werden.

Hörsing versucht mit seiner Rede, die Diskussion um eine Veränderung der deutschen Staatsform wiederzubeleben, die bereits zu Beginn der Weimarer Republik im Gespräch war. Da die Weimarer Verfassung sowohl zentralistische als auch föderative Elemente enthält, ist die Frage, ob das Deutsche Reich zu einem Einheits- oder zu einem Bundesstaat ausgebaut werden soll, zwischen den politischen Parteien und den deutschen Ländern umstritten. So sind Preußen und Hamburg für eine starke Zentralgewalt im Deutschen Reich. Bayern und Württemberg dagegen wollen mehr Eigenständigkeit und plädieren für eine Stärkung der Länder.

Die »Illustrierte Republikanische Zeitung« unterstreicht ihre Forderung nach Zentralisierung der Staatsgewalt mit einer Grafik, die den hohen – und teuren – Personalaufwand in der Verwaltung der einzelnen Staaten am Beispiel Bayerns und der Rheinprovinz verdeutlichen soll.

Schweizer rüsten ihre Luftwaffe auf

4. Juni. In der Schweiz beschließt der Nationalrat die Anschaffung neuer Flugzeuge für die Luftwaffe. Der Ankauf von insgesamt 69 Jagdmaschinen des französischen Typs Dewoitine D.27 und 45 leichten Beobachtungsflugzeugen Fokker C.V ist Kern des Rüstungsprogramms.

Die Bedeutung einer schlagkräftigen Luftwaffe für die schweizerische Landesverteidigung war insbesondere im Weltkrieg deutlich geworden. Deutsche, italienische und französische Flieger hatten mehrfach den schweizerischen Luftraum verletzt, ohne daß die schweizerische Armee wirksame Gegenmaßnahmen einleiten konnte. Die bei diesen Überflügen meist versehentlich abgeworfenen Bomben hatten mehrere Menschenopfer gefordert und erhebliche Schäden angerichtet.

Im Verlauf des Weltkrieges begannen die schweizerischen Streitkräfte mit dem Aufbau einer eigenen Luftflotte. Zunächst wurden die im Land vorhandenen Privatmaschinen zu Kriegszwecken mit herangezogen. Schließlich konnte die Schweiz trotz der schwierigen Beschaffungslage bis 1918 insgesamt 150 Maschinen in Dienst stellen.

Die erweiterte Fliegertruppe hat vor allem zwei Aufgaben: Beobachtung und Aufklärung im eigenen Luftraum sowie bewaffnete Abwehr von Eindringlingen.

Grundeinheit dieser Waffengattung ist eine Fliegerabteilung; sie besteht aus sechs Fliegerkompanien mit bis zu acht Beobachtungsflugzeugen oder neun und mehr Jagdflugzeugen sowie einer Fotografen- und einer Instandsetzungskompanie.

Außenminister Curtius dankt den USA für Wiederaufbauhilfe

20. Juni. Reichsaußenminister Julius Curtius (DVP) betont in einer Rundfunkrede anläßlich des Besuches von Nickolas Murray Butler, dem Präsidenten der US-Stiftung für internationalen Frieden, in Berlin die gemeinsamen Bestrebungen der USA und des Deutschen Reiches zur Schaffung einer weltweiten Friedensordnung. Die Ansprache, die auch von Rundfunkstationen in den Vereinigten Staaten übertragen wird, findet viel Beachtung in der dortigen Öffentlichkeit.

Curtius bedankt sich u. a. bei der Regierung und den Bürgern der Vereinigten Staaten für die Unterstützung, die sie dem Deutschen Reich seit dem Weltkrieg beim Wiederaufbau gewährt haben; so hatte z. B. das von dem damaligen US-Handelsminister Herbert Clark Hoover geleitete Lebensmittelhilfswerk für Europa (Food Relief of Europe) mehrere tausend Pakete mit Mehl, Reis, Speck, Öl, Kondensmilch, Kakao und Zucker an die hungernde deutsche Bevölkerung ausgegeben.

Auch als nach der Inflation im Herbst 1923 große Kapitalien benötigt wurden, um die angeschlagene deutsche Wirtschaft wiederaufzubauen, gewährten US-Banken deutschen Unternehmen Kredite; die August-Thyssen-Hütte erhielt z. B. 1925 eine Anleihe von 12 Mrd. US-Dollar (rund 48 Mrd. RM) von der US-Bank Dillon, Read & Co.

Der Wiederaufbau des Deutschen Reiches entsprach aber durchaus den nationalen Wirtschaftsinteressen der USA, die während des Krieges u. a. vom Export von Waffen, Munition und Rohstoffen an die Gegner des Deutschen Reiches und der übrigen Mittelmächte profitiert hatten. US-amerikanische Banken und Industrieunternehmen suchten daher einen Markt für ihre überschüssigen Produkte und neue Anlagemöglichkeiten in Europa.

Sowjetische Propagandaplakate fordern höhere Arbeitsleistungen (v. l.): »Arbeiterin des Ostens, befreie dich von der Leibeigenschaft. Trete ein in die Produktion ...«, »Mit Bestarbeitertempo in vollem Gang den Fünfjahresplan in vier Jahren!«, »Ohne Schwerindustrie können wir überhaupt keine Industrie aufbauen.«

XVI. Parteitag der KPdSU bestätigt Politik Stalins

26. Juni. In Moskau wird der bis zum 13. Juli dauernde XVI. Parteitag der KPdSU eröffnet. Der Rechenschaftsbericht der Parteiführung und die Parteitagsbeschlüsse machen deutlich, daß der »Säuberungskurs« des Parteivorsitzenden Josef W. Stalin auch weiterhin Bestand hat.

Die gegen Ende des Kongresses formulierten Resolutionen legen die Richtung der künftigen Parteipolitik fest. Dazu gehören insbesondere die Durchführung des 1928 angenommenen Fünf-Jahres-Plans in vier Jahren, die weitere Kollektivierung der Landwirtschaft und die Vernichtung der Kulakenklasse (→ 1. 2./S. 40). Darüber hinaus beschließen die Delegierten eine Beschleunigung der Industrialisierung und die allmähliche Ausschaltung von Privatunternehmen.

Im westlichen Ausland wird gespannt der Bericht des Volkskommissars und Vorsitzenden der Zentralen Kontrollkommission, Grigori K. Ordschonikidse, erwartet. Er gibt einen Überblick über die Ergebnisse der von Stalin angeordneten »Säuberungsaktion« innerhalb der KPdSU. Seit dem letzten Parteitag sind nach seinem Bericht 6500 Parteimitglieder wegen »trotzkistischer« Gesinnung verhaftet und 34 000 sog. Oppositionisten aus der Partei ausgeschlossen worden. Die »Frankfurter Zeitung« geht in ihrer Ausgabe vom 7. Juli dagegen davon aus, daß 130 000 der rund 1,5 Mio. Mitglieder aus der Partei ausgeschlossen wurden. Durch die Ausschaltung der Opposition gegen seine Politik hat Parteichef Stalin den gesamten Parteiapparat unter seine Kontrolle gebracht. Seine Position als alleiniger Herrscher wird durch die Delegierten des XVI. Parteitages der KPdSU bestätigt.

Wegen der anhaltenden Brotknappheit müssen die Menschen vor einem Moskauer Bäckerladen anstehen.

Schätzung von Juwelen des russischen Zaren, die zur Aufbesserung der Staatskasse veräußert werden sollen

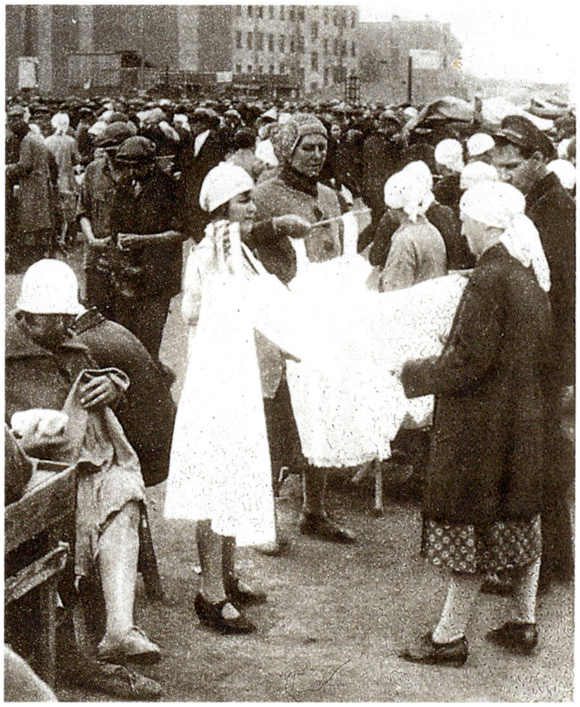

Zwei russische Mädchen verkaufen in Heimarbeit gewebte Unterröcke auf einem Marktplatz im Zentrum Leningrads.

»Offensive gegen kapitalistische Elemente«

27. Juni. Josef W. Stalin, Parteivorsitzender der KPdSU, begründet auf dem XVI. Parteitag in Moskau seine innen- und außenpolitischen Richtlinien in einer fast zehnstündigen Rede, die mit großem Beifall von den anwesenden Parteimitgliedern aufgenommen wird (Auszüge):

»Im Gegensatz zu den kapitalistischen Ländern, in denen jetzt die ökonomische Krise und wachsende Erwerbslosigkeit herrschen, bietet die innere Lage unseres Landes ein Bild des wachsenden Aufschwungs der Volkswirtschaft und des progressiven Rückgangs der Erwerbslosigkeit. Die Großindustrie ist gewachsen und hat ihr Entwicklungstempo beschleunigt. Die Schwerindustrie ist erstarkt...

In der Landwirtschaft ist eine neue Macht herangewachsen – die Sowjet- und Kollektivwirtschaften. Während wir vor zwei Jahren eine Krise der Getreideproduktion hatten und uns bei der Getreidebeschaffung hauptsächlich auf die Einzelwirtschaft stützten, ist der Schwerpunkt jetzt auf die Kollektivwirtschaften und Sowjetwirtschaften verlegt, und die Getreidekrise kann in der Hauptsache als überwunden betrachtet werden. Die Hauptmassen der Bauernschaft haben sich endgültig den Kollektivwirtschaften zugewandt. Der Widerstand des Kulakentums ist niedergeschlagen.

Die böswillige Schädlingsarbeit einer Oberschicht der bürgerlichen Intelligenz in allen Zweigen unserer Industrie, der bestialische Kampf des Kulakentums gegen die kollektiven Wirschaftsformen im Dorf, die Sabotage der von der Sowjetmacht getroffenen Maßnahmen durch die bürokratischen Elemente des Apparats, die eine Agentur des Klassenfeindes darstellen – das sind vorläufig die Hauptformen des Widerstands der untergehenden Klassen unseres Landes. Es ist klar, daß diese Umstände nicht dazu angetan sind, [die] Rekonstruktion der Volkswirtschaft zu erleichtern...

Daraus folgt schließlich, daß unsere Schwierigkeiten, die ihrem ganzen Charakter nach Schwierigkeiten des Wachstums sind, uns die zur Unterdrückung der Klassenfeinde erforderlichen Möglichkeiten geben. Um aber diese Möglickeiten auszunutzen und sie Wirklichkeit werden zu lassen, um den Widerstand der Klassenfeinde zu unterdrücken und die Überwindung der Schwierigkeiten durchzusetzen, gibt es nur ein Mittel: Organisation der Offensive gegen die kapitalistischen Elemente an der ganzen Front und Isolierung der opportunistischen Elemente in unseren eigenen Reihen, die die Offensive hindern, die in ihrer Panik von einem Extrem ins andere stürzen und in der Partei den Glauben an den Sieg zu erschüttern suchen.«

Josef W. Stalin, seit 1927 unumschränkter Diktator in der Sowjetunion, der jede Opposition unterdrückt

In der Uniform eines Luftwaffengenerals fährt Karl (l.) gemeinsam mit seinem Bruder Nikolaus in einer offenen Kutsche zur Amtsübernahme durch Bukarest.

Thronfolger seines Sohnes

8. Juni. In der rumänischen Hauptstadt Bukarest wird der frühere Kronprinz Karl (Carol) nach seiner Rückkehr aus dem Exil von der Nationalversammlung mit 485 gegen eine Stimme zum König Karl II. von Rumänien gewählt. Sein achtjähriger Sohn, der bisherige König Michael I., tritt zurück.

Der nach seiner Scheidung von Prinzessin Helene von der Thronfolge ausgeschlossene Karl ging bereits 1925 außer Landes. Seine Rückkehr wurde jedoch schon bald mit Hilfe der Nationalen Bauernpartei Iuliu Manius vorbereitet, die Karl gegen alle Widerstände seitens der Liberalen Partei unterstützt. Im Ausland wird der Machtwechsel ruhig aufgenommen. Die »Frankfurter Zeitung« sieht darin nur einen »unzeitgemäßen Szenenwechsel«.

Karl II. (r.) läßt sich von seinem Sohn und Amtsvorgänger Michael vor seinem Amtssitz fotografieren.

Unruhen erschüttern Malta

26. Juni. Der britische Schatzkanzler Philip Snowden verkündet im britischen Parlament in London die Aufhebung der Verfassung des Inselstaates Malta.

Großbritannien, unter dessen Kolonialherrschaft der Inselstaat seit 1814 steht, gewährte Malta 1921 eine eigene Verfassung, die dem Inselstaat beschränkte Selbstbestimmung zugestand. Seitdem gab es immer wieder heftige Auseinandersetzungen zwischen den Nationalisten und der Partei der Konstitutionellen. Während die Konstitutionellen unter Lord Gerald Strickland eine allmähliche Anglisierung Maltas verfolgen, streben die Nationalisten, unterstützt vom faschistischen Italien, die Unabhängigkeit an. Ihre Hauptstütze hat die italienisch-nationalistische Partei auf der Inselgruppe im Klerus.

Die neuerlichen Unruhen waren aufgeflackert, nachdem der Erzbischof von Malta am 11. Juni zwei Protestschreiben an Ministerpräsident Strickland gerichtet hatte, in denen er den Konstitutionellen antiklerikale Propaganda vorwirft. Zur gleichen Zeit demonstrierten Anhänger der Konstitutionellen in der maltesischen Hauptstadt Ualetta gegen die Haltung der Kirche.

Auf der Tribüne vor dem Logberg hält der isländische Premierminister Trygvi Thorhallson (r.) die Ansprache zur 1000-Jahr-Feier des Althing.

Isländisches Parlament »Althing« feiert tausendjähriges Bestehen

27. Juni. *Auf der Thingvellier-Ebene, 50 Kilometer von Islands Hauptstadt Reykjavík entfernt, wird mit einer Festveranstaltung der Gründung des ältesten Parlaments der Welt vor 1000 Jahren gedacht. Kaum 60 Jahre nach der Besiedlung durch Einwanderer norwegisch-keltischer Abstammung war diese Zusammenkunft der gesetzgebenden und gerichthaltenden Körperschaften (Althing) im Jahre 930 entstanden. In seiner Festrede erinnert Islands Ministerpräsident Trygvi Thorhallson an die Geschichte des Parlamentes. Das Althing, das im Jahre 1000 das Christentum einführte, war zwischen 1800 und 1843 unter dänischer Herrschaft abgeschafft worden. Seit 1918 übt es wieder alle gesetzgebende Gewalt aus.*

US-Markt durch Zölle abgeschottet

17. Juni. Der US-amerikanische Präsident Herbert Clark Hoover unterzeichnet in Washington den Smoot-Hawley-Tariff, ein Gesetz zur Erhöhung der Zölle; mit der Neuregelung der Zollbestimmungen für insgesamt 3218 Güter soll die Einfuhr ausländischer Waren drastisch eingeschränkt werden.

Hoover und seine republikanischen Parteifreunde reagieren damit auf die Folgen des Börsenkrachs vom Oktober 1929, durch den eine weltweite Wirtschaftskrise ausgelöst wurde. Vertreter von Industrie, Handel und Landwirtschaft in den USA forderten von der Regierung eine Abschottung des US-amerikanischen Binnenmarktes gegen ausländische Anbieter. Ein Republikanischer Abgeordneter bringt vor dem Senat das Ziel des Gesetzes zum Ausdruck: »Die neue Zoll-Mauer muß so hoch sein, daß Ausländer sich das Genick brechen bei dem Versuch, sie zu überwinden.«

Insbesondere landwirtschaftliche Produkte wie Getreide, Saatgut, Obst, Tabak und Baumwolle werden durch das neue Gesetz geschützt. In den USA sind die Preise für Agrarerzeugnisse seit Jahren gesunken, so daß viele Bauern ihre Höfe aufgeben mußten und nun in den Slums der Großstädte leben.

»Indien nicht reif für Unabhängigkeit«

23. Juni. In Großbritannien und Indien erscheint der zweite Teil des sog. Simon-Berichtes über die innenpolitische Entwicklung Indiens; die britische Regierung unter Stanley Baldwin hatte dieses Gutachten 1927 in Auftrag gegeben.

Während der bereits am 10. Juni veröffentlichte erste Teil des Berichtes die Funktion der neuen Verwaltungs- und Rechtsprechungsinstanzen dargelegt hatte, werden im zweiten Teil Vorschläge zur allmählichen Entwicklung einer selbstverantwortlichen Regierung dargelegt. Insgesamt äußert der Simon-Bericht jedoch Zweifel an der Fähigkeit der Inder zur Selbständigkeit. Nach Bekanntwerden des Berichts kommt es in Delhi und anderen indischen Städten zu Demonstrationen der Unabhängigkeitsbewegung gegen die Kolonialmacht.

Armee und Arbeiter stürzen Regierung

27. Juni. Nach schweren Straßenkämpfen in der bolivianischen Hauptstadt La Paz, bei denen 40 Menschen getötet werden, besetzen Soldaten der regulären Streitkräfte das Regierungsgebäude. Staatspräsident Hernando Siles flüchtet in die US-amerikanische Botschaft.

Ausgelöst wurden die Unruhen durch die Ankündigung Siles', die Armee zu verkleinern. Das Offizierskorps nützte die allgemeine Unzufriedenheit der Landbevölkerung und der Grubenarbeiter zum Schlag gegen die Regierung.

Insbesondere die Niedriglohnpolitik ausländischer Unternehmen, die u. a. die großen Zinn-und Wolframgruben des Landes kontrollieren, hatte in den vergangenen Monaten zu Unruhen geführt. Die Oppositition hatte mehrfach dagegen protestiert, daß die Profite der Grubenunternehmen mit Billigung der Regierung außer Landes gebracht werden, während die Bevölkerung zusehends verarmt. Der frühere Präsident Bautista Saavedra (1920 – 25) warf Siles vor, er habe »das Land zum Staatsbankrott geführt«.

Militärs verkünden vom Regierungssitz in La Paz den Umsturz.

Vietnam: Mit Terror gegen Opposition

17. Juni. In der vietnamesischen Stadt Ben-Bay läßt die französische Kolonialregierung zahlreiche Anhänger der Opposition öffentlich hinrichten. Unter ihnen ist der 30jährige Begründer und Führer der vietnamesischen Unabhängigkeitspartei Thai-Hoc.

Die Massenerschießung ist ein weiterer Höhepunkt in den blutigen Auseinandersetzungen zwischen den französischen Besatzungstruppen und der vietnamesischen Unabhängigkeitsbewegung. Frankreich, das seit 1887 Kolonialmacht in Indochina ist, sucht seine Macht durch eine Politik brutaler Repression zu erhalten bzw. auszubauen; so wurden im Frühjahr mehrere Dörfer, die als Stützpunkte der vietnamesischen Opposition galten, durch Fliegerbombardements dem Erdboden gleichgemacht.

Energieversorgung soll politische Grenzen überwinden

25. Juni. In Berlin endet die zweite Weltkraftkonferenz, auf der Wissenschaftler, Techniker und Wirtschaftsvertreter aus 48 Nationen zehn Tage lang Fragen der Energiewirtschaft diskutierten. Dem weltweit wachsenden Bedarf an Energie – 1930 gibt das Deutsche Reich allein für den Import von Erdöl über 400 Mio. RM aus – sollen die Beratungen führender Spezialisten in der Energiewirtschaft Rechnung tragen.

Die rund 4000 Teilnehmer der Weltkraftkonferenz beschäftigten sich in 34 wissenschaftlichen Fachsitzungen vor allem mit der Frage, wie die Energieversorgung der Bevölkerung und der Industrie effektiver und preiswerter gestaltet werden kann. Zu den Vorschlägen, die von den 430 Diskussionsrednern gemacht werden, gehören u. a.

- ▷ Zusammenlegung der Elektrizitätsabsatzgebiete, die von einzelnen Kraftwerken oder Kraftwerksgruppen versorgt werden, zu größeren Versorgungssystemen
- ▷ Intensivierung der Energiespeicherung
- ▷ Entwicklung langlebiger Kraftwerks- und Speicheranlagen
- ▷ Verstärkte internationale Zusammenarbeit bei Bau und Unterhaltung von Kraftwerken
- ▷ Erforschung und Entwicklung neuer Technologien zur Energieerzeugung wie Gezeiten-, Sonnen- und Windkraftwerke.

Breiten Raum nimmt während der Konferenz die Diskussion über Energieeinsparung ein. In Industrieanlagen und im Verkehrswesen soll u. a. durch neue Antriebstechniken der Verbrauch von Öl, Gas und Strom drastisch eingeschränkt werden.

Im Laufe der Konferenz, die von der deutschen Öffentlichkeit mit großem Interesse verfolgt wird, treten mehrere namhafte Wissenschaftler auf. So spricht der Physiknobelpreisträger von 1921, Albert Einstein, am 17. Juni über seine Relativitätstheorie. Einen Tag später erhält der 83jährige Thomas Alva Edison stürmischen Beifall für seine Rede über die Geschichte der Elektrizitätswirtschaft, seit er 1879 die Glühbirne entwickelte.

Auch Reichspräsident Paul von Hindenburg richtet eine Botschaft an die Teilnehmer der Weltkraftkonferenz, in der er die Bedeutung der Energiewirtschaft für die Industriestaaten unterstreicht: »Die Technik steht im Begriff, durch den Ausbau der Kraftübertragung über die politischen Grenzen hinweg das Wirtschaftsleben der Völker stärker denn je zu beeinflussen und miteinander in Zusammenhang zu bringen. Durch Ihre Tagung fördern Sie ein verständnisvolles Zusammenwirken der Regierungen und aller anderen Faktoren des öffentlichen Lebens . . . Die Versorgung mit Kraft, Licht und Wärme in immer neuen . . . Formen wird sich als ein wirksames Mittel erweisen, die Wirtschaftstätigkeit der Völker zu beleben, die Arbeitslosigkeit zu mindern und so den Störungen entgegenzuwirken, unter denen heute das Wirtschaftsleben fast aller Länder leidet.«

Der Ehrenpräsident der zweiten Weltkraftkonferenz, der deutsche Techniker Oskar von Miller (stehend) begrüßt die Teilnehmer in Berlin. Rechts neben ihm Reichskanzler Heinrich Brüning (Zentrum), der eine offizielle Botschaft der deutschen Reichsregierung überbringt

Oskar von Miller, *Ehrenpräsident der zweiten Weltkraftkonferenz, ist der Mitbegründer der Allgemeinen Elektricitäts-Gesellschaft (AEG). Der Techniker, dem im Jahr 1891 die erste Drehstromübertragung über eine Entfernung von rund 180 km gelang, baute 1918–24 das Walchenseekraftwerk.*

D. N. Dunlop, *Direktor der British Electrical and Allied Manufacturers' Association of America, ist der Begründer der Weltkraftkonferenz. 1924 hatte er den Vorsitz der ersten Weltkraftkonferenz in London, die internationale Zusammenarbeit bei der Nutzung vorhandener Kraftwerksanlagen anstrebte.*

Albert Einstein *hält auf der zweiten Weltkraftkonferenz einen Vortrag über das »Raum-, Feld- und Ätherproblem in der Physik«. Der deutsche Physiker begrüßt die Konferenz als »eine verheißungsvolle Manifestation kulturellen, wirtschaftlichen und politischen Zusammenarbeitens der Nationen.«*

Thomas Alva Edison *nimmt trotz seines hohen Alters – Edison ist 83 Jahre alt – an der Weltkraftkonferenz teil. Der Erfinder hat auf den verschiedensten Gebieten der Technik u. a. durch die Erfindung des Phonographen, der Glühbirne und eines Filmaufnahmegerätes Pionierarbeit geleistet.*

Großrechner von Vannevar Bush am Massachusetts Institute of Technology in Cambridge/USA; der erste elektromechanisch arbeitende Analogrechner wird vor allem zur Durchführung umfangreicher wissenschaftlicher Forschungsprogramme an US-amerikanischen Universitäten eingesetzt.

Blick auf die Baustelle eines Kraftspeicherwerkes an der Ruhr im westfälischen Herdecke; neue Wasserkraftwerke sollen helfen, den wachsenden Energiebedarf von Privathaushalten und Unternehmen zu decken.

Geräusch-Detektor, der bei einem Manöver der französischen Luftwaffe getestet wird: Die riesige Apparatur soll Flugzeuge anhand ihrer Motorengeräusche auf große Entfernungen entdecken und lokalisieren.

Wissenschaft und Technik 1930:

Zusammenarbeit mit der Industrie beflügelt die Forschung

Durch das gemeinsame Wirken von Naturwissenschaften, Technik und Industrie sind seit Beginn des 20. Jahrhunderts zahlreiche grundlegende Neuentwicklungen möglich geworden. Dieser Trend hält auch 1930 an. Ob in der Elektrotechnik, in der Chemie, in der Verkehrstechnik oder in der Grundlagenforschung: Wissenschaftler und Techniker arbeiten fieberhaft an der Gewinnung neuer Erkenntnisse und an der Verwirklichung bestehender Theorien.

Als Chemiewerkstoff bringt das Werk Ludwigshafen der IG Farbenindustrie (heute BASF) Polystyrol in technischem Maßstab auf den Markt. Bisher ließ sich dieser vielseitig verwendbare Kunststoff, der u. a. im Verpackungswesen eingesetzt wird, nur in kleine Mengen im Labor fertigen. Die Bayer-Werke in Leverkusen stellen den ersten öl- und kraftstoffbeständigen Synthesekautschuk her, der später als »Perbunan« bekannt wird. Sie können nun eine preisgünstige Alternative zum teuren Naturkautschuk anbieten, der als Rohstoff von der gesamten chemischen Industrie, aber auch anderen Brachen benötigt wird. Erstmals in kommerziellen Mengen hergestellt wird in den USA Fiberglas. Das Fertigungsprinzip knüpft an ein bereits 1893 von dem US-amerikanischen Industriellen Edward Drummond Libbey entwickeltes Verfahren an. Fertigprodukte dieser Glasseide sind reiß-, verwitterungs- und feuerfeste Glasgarne und Glastextilien.

Einige wichtige Grundlagenerfindungen bringt die Elektrotechnik. Für vorwiegend militärischen, aber auch astronomischen Einsatz konstruieren deutsche Wissenschaftler mit Restlichtverstärkern und Infrarotgeräten die ersten Nachtsichtgeräte. Sie ermöglichen bei völliger Dunkelheit die Ortung von Menschen und Maschinen anhand ihrer Wärmeabstrahlung.

Auch in der Filmtechnik gibt es einen weiteren entscheidenden technischen Fortschritt: Die US-amerikanische Technicolor-Gesellschaft präsentiert ein Verfahren zur Herstellung vollfarbiger Filme. Bisher gab es nur zweifarbige Farbfilme. Bei dem neuen Verfahren werden die Bilder in den drei Grundfarben rot, blau und gelb – aus denen sich alle Farben mischen lassen – auf transparentes Trägermaterial gedruckt, also noch nicht fotochemisch aufgebracht. Die Filmhersteller stehen der neuen Technik zurückhaltend gegenüber, lediglich der US-amerikanische Filmproduzent und Zeichner Walt Disney verwendet es von Beginn an für seine Zeichentrickfilme.

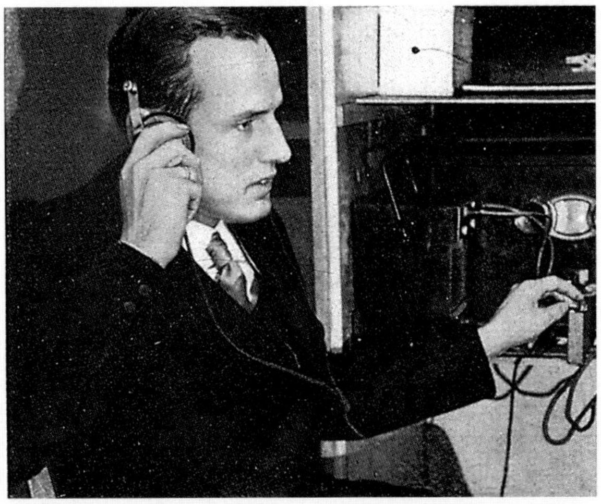

Manfred von Ardenne an einem Versuchsgerät zur Verbesserung des Rundfunkempfangs; der Funkpionier will die Braunsche Röhre für die Fernsehübertragung nutzen.

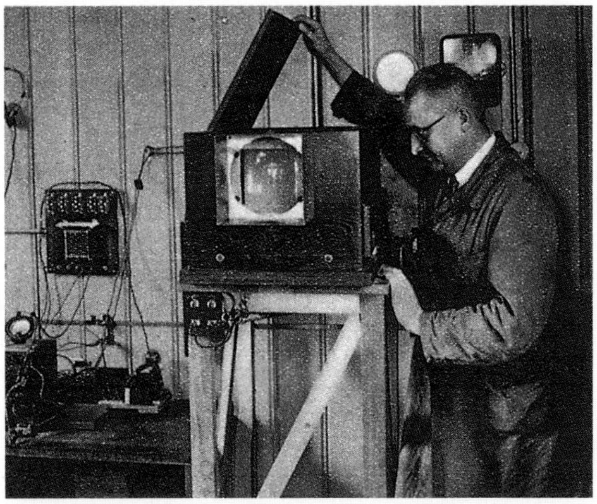

Empfangsanlage bei Telefunken in Geltow, die über Kurzwelle ausgestrahlte Fernsehbilder eines Versuchssenders im 30 Kilometer entfernten Nauen wiedergibt

Intensive Arbeit an Fernsehtechnik

Ein Schwerpunkt der Arbeit von Technikern und Ingenieuren liegt 1930 in der Fernsehtechnik. Dem Funk- und Fernsehpionier Manfred von Ardenne gelingt am 24. Dezember erstmals die Übertragung von Bildern mit Elektronenstrahlröhren. Damit ist der Grundstein für weitergehende Entwicklungen bis hin zum vollelektronischen Fernsehen gelegt.

Nahezu gleichzeitig entwickelt Fritz Schröter ein Verfahren zur Abtastung von Fernsehbildern, mit dem das Bildflimmern vermindert und damit die Qualität der Übertragung verbessert wird.

Luftaufnahme von München aus einer »fliegenden Wetterstation«. Die deutsche Reichsregierung hat in Hamburg, Berlin, Königsberg, Darmstadt und München Zentren für die Wetterbeobachtung aus der Luft eingerichtet.

Französische Ingenieure testen in Plaugastel eine neue Brückenbaumethode. Die aus Holz gebauten Bögen der Brücke werden erst komplett am späteren Standort montiert und dann mit Beton gefüllt.

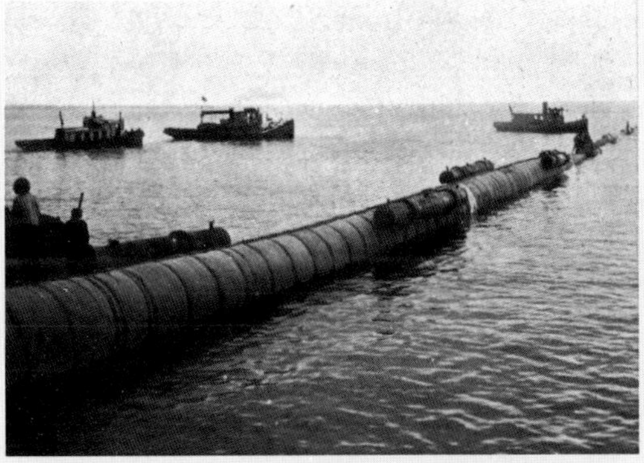

Installation einer Pipeline an der kubanischen Küste – auch das Leben im Meer ist gefährdet.

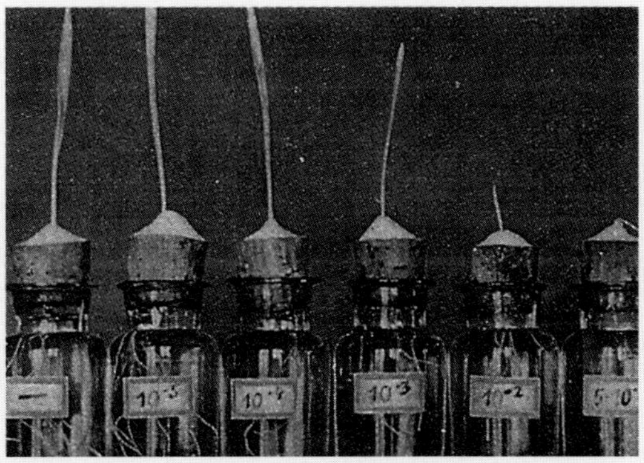

Versuchsreihe mit Gerstenkeimlingen, die v. l. n. r. steigenden Abgasmengen ausgesetzt wurden

Industrieanlagen in Berlin, deren Abgase sowohl Umwelt als auch Menschen gefährden

Merklich zunehmende Luftverschmutzung beunruhigt nur wenige Wissenschaftler

Als Außenseiter gelten in der Forschung Wissenschaftler, die sich mit Problemen der Umweltverschmutzung beschäftigen. Wegen des Ausbaus der Industrieanlagen und der Zunahme des Autoverkehrs haben einige Länder Forschungsinstitute für Umweltfragen eingerichtet. Die preußische »Landesanstalt für Boden-, Wasser- und Lufthygiene« verfügt über ein Netz von Meßstationen zur Bestimmung der Luftbelastung. Die dort ermittelten Fakten – z. B., daß täglich 1 Mio. kg Ruß über Berlin niedergehen – beunruhigen jedoch nur wenige Fachleute.

»Das Gipfelmeer des Osthimalaja liegt unter uns«

7. Juni. Teilnehmer einer Himalaja-Expedition unter deutscher Leitung besteigen den Jongsang Peak (7459 m). Es ist der höchste Berg, der bisher bezwungen wurde.
Ursprünglich war die Expedition, an der Deutsche, Briten, Schweizer und Italiener beteiligt sind, mit dem Ziel aufgebrochen, den dritthöchsten Himalaja-Gipfel, den Kangchenjunga (Kangchendzönga, 8598 m), zu bezwingen. Dieses Vorhaben mußte wegen widriger Wetterverhältnisse aufgegeben werden. Die Teilnehmer der Expedition, die von dem Breslauer Geologen Günter Oskar Dyhrenfurth geleitet wird, entschlossen sich deshalb kurzfristig, den Jongsang zu ersteigen.
Über den Moment nach der Besteigung des 7459 m hohen Berges schreibt Dyhrenfurth: »Ein Kindheitstraum ist Wirklichkeit geworden, der höchste bisher von Menschen bezwungene Gipfel ist mein. Das Gipfelmeer des Osthimalaja liegt unter uns . . . Nur der Kangchendzönga und Jannu drüben und die Everest-Gruppe in der Ferne überhöhen noch unseren Standpunkt.«
Die Expeditionsteilnehmer führten während ihres Aufenthaltes im Himalaja geologische und gletscherkundliche Untersuchungen durch und machten Tests über die Reaktion des menschlichen Körpers in großen Höhen.

Einheimische Träger bringen Material zu einem Lager der Himalaja-Expedition auf dem Kangchenjunga-Gletscher.

Träger auf dem Nordostsporn des Kangchenjunga; nach einem Wettersturz wird der Aufstieg abgebrochen.

Teilnehmer der internationalen Expedition posieren vor dem Aufstieg für die Presse in Britisch-Indien.

Tauchrekord vor den Bermudas in einer Stahlkugel

12. Juni. Der New Yorker Zoologe William Charles Beebe und Otis Barton vom New York Museum of Natural Science stellen rund fünf Seemeilen südlich der Bermudainseln einen Tieftauchrekord auf. In einer eigens konstruierten Tauchkugel erreichen sie eine Tiefe von 1426 Fuß (rund 434 m). Zwei Tage zuvor hatten die beiden Wissenschaftler mit 800 Fuß Tiefe (rund 244 m) bereits den bestehenden Rekord von 325 Fuß (rund 99 m) gebrochen.
Durch die aus speziellen Quartzgläsern gefertigten Luken der stählernen Tauchkugel fotografieren Beebe und Barton die Tier- und Pflanzenwelt der tieferen Meeresregionen. Während ihrer Tauchfahrt berichten sie per Telefon von ihren Eindrücken, damit ihre Erfahrungen auch bei einem Scheitern der Aktion nicht verloren gehen.
Die Tauchkugel, die durch ein Stahlseil mit dem Begleitschiff verbunden ist, verfügt über einen Sauerstoffapparat, der auch in großen Tiefen arbeitet. Beebe und Barton wählten für ihr Tauchgerät die Kugelform, da diese dem hohen Außendruck in großen Meerestiefen standhalten kann. In den folgenden Monaten entwickeln die Wissenschaftler ihre Tauchkugel weiter und stoßen in noch größere Meerestiefen vor.

Die von Beebe und Barton entwickelte Tauchkugel wird an Stahlseilen vom Begleitschiff aus ins Wasser gelassen.

Beebe klettert nach der Rekordfahrt aus der Tauchkugel. Er betont: »An Komfort hat es uns nicht gefehlt«.

Confessio Augustana wird 400 Jahre alt

25. Juni. Anläßlich der 400-Jahr-Feier des Augsburger Bekenntnisses (Confessio Augustana), das zu den wichtigsten Bekenntnisschriften der reformatorischen Kirche gehört, findet in der Augsburger Barfüßerkirche ein Festakt statt.

Die Augsburger Bekenntnisschrift war von dem protestantischen Reformator Philipp Melanchthon als Versöhnungsversuch zwischen der katholischen und protestantischen Konfession 1530 verfaßt worden. Am 25. Juni 1530 wurde sie auf dem Reichstag Kaiser Karls V. in Augsburg in deutscher Sprache verlesen und von den Katholiken wie auch von den protestantischen Anhängern des Reformators Ulrich Zwingli abgelehnt. Im Laufe der Zeit setzte sich die Confessio jedoch als eines der wichtigsten Bekenntnisse der reformierten Kirchen durch.

Zur 400-Jahr-Feier in Augsburg sind Gläubige aus allen Teilen des Deutschen Reiches und aus mehreren europäischen Staaten angereist. Die »Frankfurter Zeitung« berichtet über die Gedenkveranstaltung: »Wie vor 400 Jahren wurden Stücke aus der Confessio selbst verlesen. Stehend hörte die Versammlung dies an. ›Eine feste Burg ist unser Gott‹ beendete die mächtige Feier, die ein einigender Gottesdienst an historisch bedeutender Stätte war.«

Anfahrt des Königs zum Festakt vor der Saint Paul's Kathedrale

St. Paul's Kathedrale restauriert

25. Juni. *Der britische König Georg V. eröffnet in einer Feierstunde die Saint Paul's Kathedrale in London, die nach jahrelangen Renovierungs- und Restaurationsarbeiten für die Öffentlichkeit wieder freigegeben wird. Die Kathedrale war nach Plänen des Architekten Christopher Wren 1711 fertiggestellt worden. Das 175 m lange und 111 m hohe Bauwerk mußte in den vergangenen Jahren mehrmals für die Öffentlichkeit geschlossen werden, nachdem Schäden an tragenden Bauteilen festgestellt wurden.*

Oberstdorfer Talstation der Seilbahn zum 2224 m hohen Nebelhorn

Seilbahn zum Nebelhorngipfel

10. Juni. *In Anwesenheit des bayerischen Ministerpräsidenten Heinrich Held (BVP) wird in Oberstdorf die Nebelhornbahn eingeweiht. Die 4900 m lange Seilbahn ist die längste im Deutschen Reich. Sie überwindet den Höhenunterschied von 1100 m in 27 Minuten und befördert stündlich 1200 Fahrgäste. Die Seilbahn ist allerdings zweigeteilt, so daß die Passagiere in der Mitte der Strecke umsteigen müssen. Der Bau einer durchgehenden Bahn an einem Stahlseil stieß auf erhebliche technische Schwierigkeiten.*

Tiefkühlkost im US-Einzelhandel

6. Juni. Einzelhändler im US-Bundesstaat Massachusetts bieten erstmals tiefgefrorene Lebensmittel an. Schon wenige Wochen später berichten Geschäftsleute, daß die anfängliche Skepsis der Kunden überwunden sei und Tiefkühlkost reißenden Absatz finde.

Der Unternehmer und Erfinder Clarence Birdseye ist der erste Tiefkühlkost-Hersteller in den USA, der ursprünglich als Pelzhändler in Labrador tätig war. Er hatte dort beobachtet, daß Einheimische im Winter Frischwaren einfroren und sie so über längere Zeit haltbar machten. Er entwickelte nach seiner Rückkehr in die USA ein Verfahren, bei dem verpackte Nahrungsmittel so schnell gefroren werden, daß nur wenige Nährstoffe zerstört werden und der Geschmack erhalten bleibt.

Karikatur in der Zeitschrift »Kladderadatsch«: Die Berliner, wenn es heißt, Nofretete geht (l.), und wenn sie wissen, die Büste bleibt (r.)

Nofretete bleibt in Berlin – Ägyptens Tauschangebot abgelehnt

21. Juni. *Der preußische Kultusminister Adolf Grimme (SPD) gibt bekannt, daß die Regierung Preußens ein Angebot Ägyptens zum Tausch der Nofretete-Büste abgelehnt habe. Damit beendet Grimme die Diskussion in der Berliner Öffentlichkeit über den Verbleib der über 3000 Jahre alten ägyptischen Kostbarkeit. Die Büste der Nofretete war 1912 von deutschen Wissenschaftlern im ägyptischen Amarna gefunden und mit Billigung der Kairoer Regierung nach Berlin gebracht worden. Seit mehreren Jahren bemüht sich die ägyptische Regierung um die Rückholung der Büste. Sie hatte den Berliner Museen im Austausch für die Nofretete zwei kostbare Statuen angeboten. Die Leitung der Berliner Museen lehnte diesen Tausch ab, da es sich bei der Büste der ägyptischen Königin um ein Kunstwerk von »hohem Rang« und »gegenwartslebendiger Wirkung« handele.*

Werkbundkongreß in Wien

28. Juni. In Wien endet eine einwöchige Tagung des Deutschen Werkbundes. Der Kongreß der Vereinigung von Künstlern, Industriellen und Handwerkern, hat u. a. die Frage diskutiert, wie ein modernes und materialgerechtes Design von Gebrauchsgütern in Zukunft auszusehen hat.

Der 1907 in München gegründete Deutsche Werkbund (DWB) hat sich eine engere Zusammenarbeit zwischen Kunsthandwerk und Industrie bei der Herstellung von Gebrauchsgütern zum Ziel gesetzt. Die Vertreter des DWB, zu denen u. a. die Architekten Walter Gropius und Ludwig Mies van der Rohe gehören, wollen mit ihren Entwürfen die Ansprüche des Verbrauchers an das Design einer industriellen Fertigware erhöhen. Aus diesem Grunde gestalteten sie in den vergangenen Jahren zahlreiche Ausstellungen (u. a. 1914 in Köln, 1927 in Stuttgart), auf denen Güter des täglichen Lebens, aber auch Konzeptionen für ein neues menschengerechtes Wohnen gezeigt wurden.

Der österreichische Zweig des Werkbundes nimmt die Tagung des DWB in Wien zum Anlaß, eine Ausstellung zu gestalten, die den Deutschen aber auch dem österreichischen Publikum einen Eindruck von seiner Arbeit vermitteln soll. Unter dem Thema »Wie eine Großstadt von moderner Kultur den Fremden dienen müßte« wurden verschiedene Räume städtischen Lebens, u. a. eine Espressobar und ein Teesalon, unter der künstlerischen Leitung des Architekten und Designers Josef Hoffmann so eingerichtet, daß sie von den Ausstellungsbesuchern direkt genutzt werden können.

Der sachlich-schlicht gestaltete Eingangsbereich der österreichischen Werkbundausstellung in Wien

Die Spieler des neuen Deutschen Meisters Hertha BSC werden in Berlin von ihren Fans gefeiert: Halbstürmer Hans Sobeck (mit erhobenem Arm).

Hertha Deutscher Meister

22. Juni. Nach vier verlorenen Endspielen in Folge erringt Hertha BSC Berlin durch einen 5:4-Sieg gegen Holstein Kiel im Düsseldorfer Rheinstadion zum ersten Mal die Deutsche Fußballmeisterschaft.

Die Begegnung verläuft vor 45 000 Zuschauern bis in die Schlußphase ausgeglichen. Die Kieler halten das Spiel offen, obwohl sie 20 Minuten vor Spielende ihren Mittelstürmer Johann Ludwig durch Platzverweis verlieren. In der 83. Minute fällt die Entscheidung, als Kiels Torhüter Kramer einen haltbaren Schuß von Rechtsaußen Hans Ruch passieren läßt. Neben Ruch (2) erzielen Mittelstürmer Lehmann sowie die beiden Halbstürmer Hans Sobeck und Willi Kirsei die Berliner Tore.

Laban und Wigman – Tanz als Ausdruck der Empfindungen

24. Juni. In München geht nach sechstägiger Dauer der dritte Deutsche Tänzer-Kongreß zu Ende, auf dem eine erste Bilanz der theoretischen und praktischen Ergebnisse des sog. Ausdruckstanzes gezogen worden ist.

Diese Tanzrichtung verzichtet auf einen konventionellen Handlungsfaden ebenso wie auf den körperlichen Drill und die festgelegten Schrittfolgen des klassischen Balletts. Sie bemüht sich stattdessen um den unmittelbaren, spontanen Ausdruck von Stimmungen und Empfindungen in freien Tanzbewegungen und natürlichen Gebärden. Die Tänzer treten barfuß und in Phantasiekostümen auf.

Die theoretischen Grundlagen für den Ausdruckstanz hat Rudolf von Laban mit seiner »Tanzschrift« gelegt: Aus den »natürlichen« Tanzmöglichkeiten des menschlichen Körpers hat er ein System von sog. »Schwüngen« entwickelt, aus der sich die gesamte Choreographie ableiten läßt.

Zu Labans bedeutendsten Schülerinnen gehören Gret Palucca und vor allem Mary Wigman, die in München die Solopartie in dem Chorspiel »Totenmal« tanzt. Der ganz in der Tradition des Expressionismus in der Malerei und Literatur stehende Ausdruckstanz gilt vielen Kritikern als überholt, seine – meist symbolüberladene – »Natürlichkeit« wird bereits wieder als künstlich empfunden.

Tanzszene aus der Laban-Schule: Eine emporstürmende Gruppe in natürlicher, aber expressiv gesteigerter Gebärde

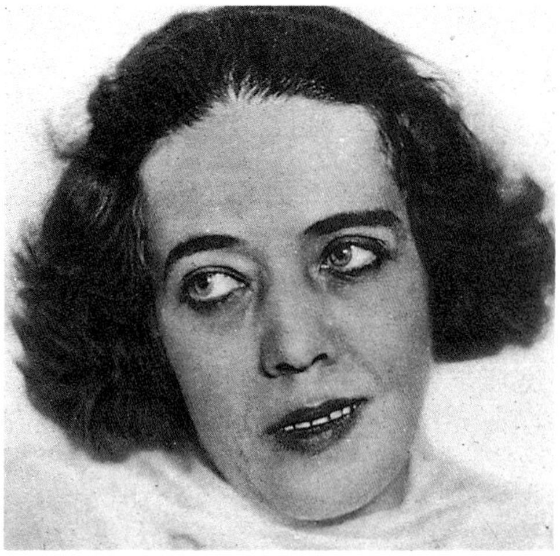
Durch ihre strenge Schule sind viele junge Tänzer gegangen: Mary Wigman.

Max Schmeling durch Tiefschlag Box-Weltmeister

△ Der US-Amerikaner Jack Sharkey (r.) kämpft äußerst aggressiv im Fight gegen Max Schmeling (M.), so daß Ringrichter Crowley immer wieder eingreifen muß. Schmeling bleibt zunächst defensiv; er verfolgt die Taktik, den Kampf in den letzten Runden durch seine größeren Kraftreserven für sich zu entscheiden.

◁ Max Schmeling (M.) krümmt sich nach dem Tiefschlag am Boden. Der Ringrichter, der Sharkey in die Ringecke geschickt hat, zählt den Deutschen an. Die 80 000 Zuschauer quittieren die spätere Entscheidung zugunsten Schmelings mit einem gellenden Pfeifkonzert.

12. Juni. Der Kampf um die Schwergewichts-Weltmeisterschaft im Boxen zwischen Max Schmeling und dem US-Amerikaner Jack Sharkey nimmt im New Yorker Yankee-Stadion einen außergewöhnlichen Verlauf. In der vierten Runde wird Sharkey nach einem Tiefschlag disqualifiziert und Schmeling zum Weltmeister erklärt.

80 000 Zuschauer erleben in den ersten drei Runden einen überlegen geführten Kampf des US-Amerikaners, der sich einen klaren Punktvorsprung erkämpft. »Langsamstarter« Schmeling, wegen einer Verletzung noch abwartender und vorsichtiger als sonst, findet keine Chance zu kontern. Kurz vor Ende der vierten Runde geht Max Schmeling nach einem Tiefschlag zu Boden und wird von Ringrichter James Crowley, der den regelwidrigen Treffer nicht gesehen hat, angezählt. Der Pausengong rettet den deutschen vor dem vorzeitigen Aus.

Während Schmeling sich vor Schmerzen am Boden krümmt, reden sowohl Schmelings Manager Joe Jacobs, der den Abbruch des Kampfes fordert, wie die Betreuer Sharkeys auf den Ringrichter ein. Nach Rücksprache mit Punktrichter Harold Barnes, der den Tiefschlag bestätigt, gibt der Ringrichter das Urteil bekannt: Sharkey wird disqualifiziert. Dieses Urteil bedeutet in zweifacher Hinsicht ein Novum in der Geschichte des Boxsports: Zum einen wird erstmals ein Weltmeisterschaftskampf durch Disqualifikation entschieden, zum anderen gewinnt ein Europäer die »Krone des Boxsports«.

Seit 1928 war der Weltmeistertitel vakant, nachdem ihn der ungeschlagene Gene Tunney freiwillig zurückgegeben hatte. Schmeling und Sharkey schlugen sich in der Folgezeit durch die Qualifikation für einen Titelkampf. Dabei besiegte der 24jährige Deutsche u. a. die US-Amerikaner Joe Sekray, Pietro Corri und Johnny Risco. In seinem letzten Ausscheidungskampf schlug Max Schmeling am 27. Juni 1929 den Spanier Paolino Uzcudun über 15 Runden nach Punkten, der Weg zum Titelkampf gegen Sharkey war frei. Der 28jährige US-Amerikaner, Sohn litauischer Einwanderer und beim US-amerikanischen Publikum nicht sehr beliebt, hatte sich durch Siege über den Briten Phil Scott und seinen Landsmann William Young Stribbling qualifiziert.

Der Ausgang des Kampfes gegen Sharkey bleibt für viele Boxfreunde in aller Welt umstritten. Schmeling selbst überlegt, ob er den Titel annehmen soll, nachdem in der internationalen Presse bissige Kommentare erscheinen, die New Yorker Boxkommission sich bis zum 19. Juni weigert, ihn als Titelträger anzuerkennen und die Kampfbörse von 180 000 US-Dollar (rund 750 000 RM) einbehält. Zudem lehnt die Boxkommission es ab, Schmelings Namen auf die sog. Muldoon-Säule im Madison Square Garden eingravieren zu lassen. Die »Frankfurter Zeitung« zitiert William Muldoon, der zusammen mit Ex-Weltmeister Gene Tunney den Preis gestiftet hat, mit den Worten: »Niemand, der den Weltmeistertitel aufgrund eines Tiefschlags erhält, wird seinen Namen jemals auf dem Tunney-Muldoon-Preis verzeichnet sehen«.

Auch im Deutschen Reich, wo zahllose Menschen nachts aufgestanden sind, um die Übertragung des Kampfes am Radio zu verfolgen, wird das Ergebnis mit gemischten Gefühlen aufgenommen. Doch letztlich setzt sich bei Schmeling und seine Beratern die Einsicht durch, daß er sich in späteren Kämpfen für das umstrittenen Geschehen rehabilitieren könne. Die »Vossische Zeitung« kommentiert den Ausgang pragmatisch: »Schmeling bleibt für Amerika das große Geschäft, und als Weltmeister kann er das nächste Mal mit größtem Vertrauen und in besserer Verfassung das bestätigen, was er diesmal schuldig blieb.«

Schon die Vorbereitungen der beiden Kontrahenten fanden beim Publikum in den USA und im Deutschen Reich großes Interesse. Die Trainingskämpfe Schmelings in Endicott bei New York waren ständig ausverkauft. Täglich berichteten Zeitungen und Zeitschriften über Trainingseinheiten, die besondere Kost der Boxer und über die neuesten Gerüchte aus den Lagern der beiden Kontrahenten.

Boxweltmeister (Schwergewicht)

1882 – 1892	John L. Sullivan (USA)
1892 – 1897	James J. Corbett (USA)
1897 – 1899	Bob Fitzsimmons (USA)
1899 – 1904	James J. Jeffries (USA)
1905 – 1906	Marvin Hart (USA)
1906 – 1908	Tommy Burns (USA)
1908 – 1915	Jack Johnson (USA)
1915 – 1919	Jess Willard (USA)
1919 – 1926	Jack Dempsey (USA)
1926 – 1928	Gene Tunney (USA)
1930	Max Schmeling (Deutschland)

Juli 1930

Mo	Di	Mi	Do	Fr	Sa	So
	1	2	3	4	5	6
7	8	9	10	11	12	13
14	15	16	17	18	19	20
21	22	23	24	25	26	27
28	29	30	31			

1. Juli, Dienstag

Nachdem am 30. Juni die letzten Soldaten der französischen Besatzungsarmee abgerückt sind, finden im gesamten Rheinland Befreiungsfeiern statt. Die Siegermächte des Weltkrieges halten das Rheinland seit über zehn Jahren als Pfand für die deutschen Reparationszahlungen besetzt (→ 30. 6./S. 106).

Das US-amerikanische Busunternehmen Northland Transportation Co. wird in »Greyhound Company« umbenannt. → S. 130

2. Juli, Mittwoch

Die finnische Regierung unter Ministerpräsident Kyösti Kallio tritt in Helsinki zurück, weil die von ihr ausgearbeiteten Sondergesetze zum Schutz des Staates, die sich u. a. gegen die Verbreitung von kommunistischen Zeitungen richten, von der rechtsradikalen »Lapuabewegung« heftig kritisiert werden. Die Bewegung, die in Finnland vor allem unter den Bauern eine ständig wachsende Anhängerschaft findet, fordert eine energischere Bekämpfung des Kommunismus. Die neue finnische Regierung wird am 4. Juli unter Pehr Evind Svinhufvud gebildet (→ 7. 7./S. 127).

Die Eröffnung eines Prozesses in Gleiwitz (Oberschlesien) gegen die Bergarbeiterfrau Johanna Albrecht, der 50 Abtreibungen vorgeworfen werden, führt zu einer landesweiten Diskussion des § 218 des Strafgesetzbuches (StGB), der den Schwangerschaftsabbruch unter Strafe stellt. → S. 131

Unter dem Motto »Gegen die Pogromhetze« findet in Berlin eine Veranstaltung des Reichsbundes jüdischer Frontsoldaten statt. Auf der Versammlung werden die wachsenden Angriffe beklagt, denen jüdische Bürger von seiten der Nationalsozialisten ausgesetzt sind. In einer Entschließung der Versammelten wird die Reichsregierung aufgefordert, mit Nachdruck gegen die Nationalsozialisten vorzugehen.

In der US-amerikanischen Stadt Auckland wird der aus den Niederlanden stammende Flugzeugkonstrukteur Anthony Fokker verhaftet, weil er ohne Fluglizenz mit einem entwendeten Flugzeug Kunst- und Sturzflüge ausgeführt hatte. → S. 130

Die »Frankfurter Zeitung« veröffentlicht eine Preisliste für gefangene wilde Tiere. Danach kostet eine Giraffe 10 000 RM, ein Nilpferd 8000–10 000 RM und ein Löwe 3000 RM.

3. Juli, Donnerstag

In Berlin gründet der Publizist Otto Strasser die »Kampfgemeinschaft revolutionärer Nationalsozialisten«. Strasser und 200 weitere Vertreter des linken Flügels der NSDAP sind zuvor aus der Partei ausgeschlossen worden. → S. 126

In Mainz kommt es zu Ausschreitungen rechtsradikaler Jugendlicher gegen ehemalige sog. Separatisten, die im Oktober 1923, unterstützt von der damaligen französischen Besatzungsmacht der Rheinlande, eine vom Deutschen Reich unabhängige Rheinische Republik gründen wollten. Nachdem der Plan noch im November 1923 gescheitert und das Rheinland am → 30. Juni (S. 106) endgültig von den Besatzungstruppen geräumt worden ist, werden Wohnungen und Geschäfte vieler Separatisten geplündert.

4. Juli, Freitag

Im thüringischen Parlament scheitert ein Mißtrauensantrag der Sozialdemokraten, Kommunisten und Demokraten gegen Bildungs- und Innenminister Wilhelm Frick (NSDAP), weil statt der für den Rücktritt eines Regierungsmitgliedes erforderlichen 27 Stimmen nur 25 Stimmen für den Mißtrauensantrag abgegeben werden. Frick war u. a. von der SPD vorgeworfen worden, die thüringische Landespolizei mit Parteigängern der Nationalsozialisten zu durchsetzen (→ 19. 3./S. 52).

Nach 554 Stunden Dauerflug landen die Gebrüder Kenneth und Albert Hunter mit ihrem Flugzeug »City of Chicago« auf dem Chicagoer Flughafen. Damit haben die Brüder einen neuen Weltrekord im Dauerfliegen aufgestellt. Die alte Rekordmarke lag bei 125 Stunden.

5. Juli, Samstag

In München erwirbt die NSDAP das ehemalige Barlow-Palais, Brienner Straße 45, das zum Sitz der Reichsparteileitung (sog. Braunes Haus) ausgebaut werden soll. → S. 126

Ein US-amerikanischer Flottenverband läuft in den Kieler Hafen ein. Es handelt sich um den ersten alliierten Flottenbesuch im Deutschen Reich seit dem Weltkrieg. → S. 127

Ein Großfeuer in der Ortschaft Tann/Rhön vernichtet 13 Wohnhäuser. Bedingt durch die allgemeine Trockenheit besteht im gesamten Deutschen Reich Waldbrandgefahr.

Im Finale des »All England Tennis-Championships« in Wimbledon siegt der US-Amerikaner William »Big Bill« Tilden über seinen Landsmann Wilmer Allison 6:3, 9:7 und 6:4. Die US-Amerikanerin Helen Wills-Moody gewinnt zum vierten Male hintereinander das Damen-Einzel. → S. 137

In der US-amerikanischen Stadt Auckland beendet der Australier Charles Kingsford Smith mit seinem Flugzeug »Southern Cross« seinen Flug um den Erdball (→ 27. 7./S. 130).

6. Juli, Sonntag

Rund 90 Flugzeuge sowie das Luftschiff »Graf Zeppelin« landen auf ihrem »Rheinland-Befreiungsflug« auf dem Flughafen Köln. Anlaß des Fluges ist der Abzug der alliierten Truppen aus dem Rheinland am → 30. Juni (S. 106).

In Köln wird der Fluglehrer Gerhard Fieseler Deutscher Kunstflugmeister. Fieseler hat vorher bereits zweimal die Deutsche Kunstflugmeisterschaft gewonnen. → S. 137

7. Juli, Montag

In Finnland protestieren rund 11 000 Bauern mit einem von der antikommunistischen »Lapuabewegung« organisierten Marsch durch Helsinki gegen die kommunistische Partei Finnlands. → S. 127

In London stirbt 71jährig der Kriminalschriftsteller Sir Arthur Conan Doyle, der die berühmte Romanfigur des Meisterdetektives Sherlock Holmes geschaffen hat. → S. 130

8. Juli, Dienstag

Der Münchner Erzbischof, Kardinal Michael von Faulhaber, weiht die 11,2 km lange Teilstrecke der bayerischen Zugspitzbahn vom Eibsee zum Schneefernerhaus ein. → S. 130

Wegen der endgültigen Umstellung der großen Berliner Uraufführungskinos von Stummfilm auf Tonfilm sind seit Anfang des Jahres rund die Hälfte der Berliner Berufsmusiker stellungslos geworden. → S. 134

9. Juli, Mittwoch

Die türkische Regierung fordert Persien ultimativ auf zu garantieren, daß es zu keinen weiteren kurdischen Einfällen auf türkisches Gebiet mehr kommt. Ansonsten würden türkische Truppen und Flugzeuge ihrerseits die Grenzen überschreiten. Die Kurden, ein halbnomadisches Volk, das als Minderheit sowohl in der Türkei als auch in Persien lebt, kämpfen gegen die türkische Republik, weil deren Verfassung ihre Selbständigkeit beschränkt (→ 12. 8./S. 146).

Im Waldenburger Kohlenrevier in Hausdorf/Neurode (Schlesien) ersticken bei einem Grubenunglück 151 Bergleute. Sie waren infolge einer schweren Kohlenmonoxidexplosion unter Tage eingeschlossen worden.

10. Juli, Donnerstag

Der in Stockholm tagende Internationale Gewerkschaftskongreß beschließt, den Sitz des Internationalen Gewerkschaftsbundes (IGB) von Amsterdam nach Berlin zu verlegen. → S. 127

11. Juli, Freitag

Aus der Schweiz kommend, wirft ein mit drei Italienern besetztes Flugzeug über der Stadt Mailand antifaschistische Flugblätter ab, die sich gegen das autoritäre Regime des italienischen Ministerpräsidenten und Duce Benito Mussolini richten. Anläßlich der Ausweisung der drei Italiener aus der Schweiz am → 12. Dezember (S. 206) kommt es dort zu einer innenpolitischen Diskussion über das Asylrecht.

Die »Frankfurter Zeitung« berichtet über einen Erlaß der katholischen Kirche in Bayern gegen die Errichtung von Familienbädern in den Gemeinden. Da es Katholiken nach den Leitsätzen der Deutschen Bischofskonferenz verboten sei, Familienbäder zu besuchen, seien die Gemeinden angehalten, ein eigenes Männerbad einzurichten.

12. Juli, Samstag

In den Schweizer Bergen fällt bis auf 1000 Meter hinunter Schnee. Am Jungfraujoch liegt die Neuschneeschicht bei einer Temperatur von –10 °C 20 bis 30 cm hoch.

Die »Frankfurter Zeitung« berichtet, der Präsident des Internationalen Tanzkongresses, Valentin de Summera, habe eine Notenschrift für alle zur Zeit gebräuchlichen Tanzbewegungen und -schritte entwickelt. Alle modernen Tänze wie z. B. der Charleston könnten damit »vom Blatt« getanzt werden.

Die offenen US-amerikanischen Golfmeisterschaften gewinnt der US-amerikanische Amateurspieler Robert Tyre »Bobby« Jones in Minneapolis (US-Bundesstaat Minnesota). Für die 72 zu spielenden Löcher benötigte Jones 282 Schläge. Er erreicht damit das zweitbeste Ergebnis, das jemals bei diesem Wettkampf erzielt wurde.

In Berlin wird der Film »Hokuspokus« mit Lilian Harvey, Willy Fritsch und Gustaf Gründgens in den Hauptrollen uraufgeführt. Regie führte Gustav Ucicky.

13. Juli, Sonntag

Bei einem Straßenbahnunglück in der Nähe der argentinischen Hauptstadt Buenos Aires kommen 66 Menschen ums Leben. Der Straßenbahnwagen stürzte in den Fluß Riachulo, weil der Zugführer übersehen hatte, daß ein Teil der beweglichen Brücke über den Fluß noch hochgezogen war.

14. Juli, Montag

Die britische Regierung kündigt an, daß sie 10 Mio. Pfund Sterling (rund 203 Mio. RM) zur Bekämpfung der Arbeitslosigkeit als Kredit aufnehmen will. Seit Ausbruch der Weltwirtschaftskrise mit dem New Yorker Börsenkrach vom 25. Oktober 1929 kommt es in Großbritannien zu zahlreichen Firmenzusammenbrüchen und Entlassungen.

Im Mittleren Westen der USA fordert eine Hitzewelle über 200 Todesopfer. In Sikeston im Staat Missouri herrscht eine Temperatur von 48 °C im Schatten.

15. Juli, Dienstag

Reichspräsident Paul von Hindenburg sagt seinen im Rahmen der Feiern zur Räumung des Rheinlandes (→ 30. 6./S. 106) vorgesehenen Besuch in den zu Preußen gehörenden Städten Koblenz, Trier und Aachen aus Protest gegen das dort noch bestehende Verbot des rechtsgerichteten Bundes der Frontsoldaten (Stahlhelm) ab, mit dem Hindenburg sich als Generalfeldmarschall des Weltkrieges verbunden fühlt. Als am 16. Juli

Die »Berliner Illustrirte Zeitung« berichtet in einer ausführlichen Bildreportage über den Abzug der letzten alliierten Soldaten aus dem Rheinland am 30. Juni. Die Fotomontage auf dem Titelblatt der Illustrierten verdeutlicht, daß das Ereignis nicht nur im Rheinland, sondern auch im übrigen Deutschen Reich begeistert gefeiert wird: Die obere Hälfte des Bildes zeigt den Wiesbadener Polizeipräsidenten, Otto Froitzheim, am Schluß einer Ansprache anläßlich der »Rheinlandbefreiung« in Wiesbaden, der untere Teil des Titelblattes hält eine mit großem Aufwand veranstaltete »Befreiungsfeier« des SPD-nahen Reichsbanners Schwarz-Rot-Gold in Berlin fest.

13. Juli 1930
Nummer 28
30. Jahrgang

Berliner Illustrirte Zeitung

Preis des Heftes 20 Pfennig

Verlag Ullstein Berlin SW 68

Die Befreiungsfeiern.

In der Mitte: Der Polizeipräsident von Wiesbaden Froitzheim, der weltbekannte Tennis-Altmeister, am Schluß seiner Ansprache in Wiesbaden. Die Szene unten: Feier des Reichsbanners vor dem Schloß in Berlin.

(Weitere Bilder Seite 1243 und 1244.)

die preußische Regierung die Aufhebung des Stahlhelm-Verbotes zusagt, tritt Hindenburg seine Besuchsreise wie geplant an.

In der ägyptischen Hafenstadt Alexandria werden 18 Menschen bei Auseinandersetzungen zwischen Anhängern der nationalistischen Wafd-Partei und der Polizei getötet. Die Wafd-Partei gerät durch ihre Forderung nach völliger Unabhängigkeit Ägyptens von Großbritannien in immer größeren Gegensatz zum probritisch eingestellten König Fuad I. von Ägypten. → S. 127

16. Juli, Mittwoch

In Berlin lehnt der Reichstag mit 256 gegen 193 Stimmen die von der Reichsregierung unter Heinrich Brüning (Zentrum) eingebrachte Vorlage zur Dekkung des Defizits im Reichshaushalt ab. Daraufhin erläßt Reichspräsident Paul von Hindenburg eine Notverordnung, die eine Durchführung dieser Maßnahme auch ohne die Zustimmung des Reichstages möglich macht (→ 18.7./ S. 124).

Die deutsch-sowjetische Schlichtungskommission, deren Schaffung im Jahr 1929 zwischen beiden Ländern beschlossen worden war, beendet in Moskau ihre erste Tagung, die am 17. Juni begann. Wichtigstes Thema der Verhandlungen war die Rechtsstellung der in der Sowjetunion ansässigen Reichsdeutschen.

Der Bayerische Städtebund fordert den bayerischen Landtag zur sofortigen Neuregelung des innerbayerischen Finanzausgleichs auf, da viele Gemeinden am Rande des Ruins stünden. Im gesamten Deutschen Reich sind die Etats der meisten Gemeinden und Städte durch die finanzielle Unterstützung der wachsenden Zahl von Erwerbslosen überbelastet (→ 18. 2./S. 34).

Der Rheinische Verkehrsverband protestiert bei den Regierungspräsidenten von Koblenz, Trier und Aachen gegen die Zerstörung der Landschaft in rheinischen Erholungsgebieten durch Industrieanlagen.

17. Juli, Donnerstag

Nachdem Verhandlungen zwischen der Deutschnationalen Volkspartei (DNVP) und der Reichsregierung über eine Regierungsbeteiligung ergebnislos verlaufen sind, kommt es zum Bruch innerhalb der DNVP. → S. 126

18. Juli, Freitag

Um den Widerstand des Reichstages gegen die von ihm am 16. Juli erlassene Notverordnung zur Durchführung der Finanzpläne der Reichsregierung zu brechen, löst Reichspräsident Paul von Hindenburg in Berlin das Parlament auf. → S. 124

In Berlin wird der Physiker Max Planck zum Präsidenten der Kaiser-Wilhelm-Gesellschaft zur Förderung der Wissenschaften gewählt. Planck tritt die Nachfolge des am 10. Juni verstorbenen evangelischen Theologen Adolf von Harnack an. → S. 131

19. Juli, Samstag

Zum ersten Mal seit der Errichtung der Weimarer Republik stattet ein Oberhaupt der deutschen Regierung dem Rheinland einen Besuch ab: Reichspräsident Paul von Hindenburg ist bei Feiern aus Anlaß des Abzuges der letzten französischen Besatzungstruppen aus dem Rheinland am → 30. Juni (S. 106) in Speyer anwesend.

20. Juli, Sonntag

Die sowjetische Zeitung »Prawda« gibt bekannt, daß die sowjetrussische Regierung 560 arbeitslose deutsche Bergarbeiter aus dem Ruhrgebiet für das ukrainische Steinkohlenrevier des Donez-Bekkens angeworben hat. In der Sowjetunion, die sich um eine Verstärkung der Industrialisierung bemüht, herrscht im Gegensatz zum Deutschen Reich ein Arbeitskräftemangel, vor allem an qualifizierten Facharbeitern.

Die »Frankfurter Zeitung« berichtet, daß in den Schaufenstern der Berliner Konfektionsgeschäfte mit Wachsfiguren des Schwergewichtsboxers Max Schmeling für Herrenkonfektion geworben werde. Schmeling ist am → 12. Juni (S. 119) durch die Disqualifikation seines Gegners Jack Sharkey Schwergewichtsweltmeister geworden.

Am letzten Tag der Internationalen Rennwoche im Berliner Hoppegarten gewinnt »Alba« den mit 55 000 RM dotierten Großen Preis von Berlin. Der Favorit des Rennens, »Graf Isolani«, kann sich nicht plazieren.

21. Juli, Montag

In Breslau tritt der Deutsche Bergarbeiterkongreß, ein Interessenverband der Bergarbeiter im Deutschen Reich, zu einer viertägigen Sitzung zusammen. Im Mittelpunkt der Tagung stehen Themen wie der aktuelle Abbau von Arbeitsplätzen im Bergbau sowie die soziale Absicherung von Bergleuten.

22. Juli, Dienstag

In Bayreuth werden die Richard-Wagner-Festspiele eröffnet. Erstmalig dirigiert der Italiener Arturo Toscanini »Tannhäuser« und »Tristan und Isolde« bei den Festspielen. → S. 134

In der Umgebung von Neapel kommen bei einem Erdbeben 3000 Menschen ums Leben; 6000 Personen werden verletzt. Das Erdbebenzentrum liegt im Gebiet des Monte Vulture, in dessen Umgebung bereits 1694 und 1871 schwere Beben registriert wurden.

Bei den Feiern zur Rheinlandbefreiung (→ 30. 6./S. 106) in Anwesenheit des Reichspräsidenten Paul von Hindenburg stürzt in Koblenz eine Brücke über einem Nebenfluß der Mosel ein. 37 Menschen werden getötet. Hindenburg bricht daraufhin seine Reise ab und kommt erst später wieder zurück.

23. Juli, Mittwoch

Ehemalige Mitglieder der rechtsgerichteten Deutschnationalen Volkspartei (DNVP; → 17. 7./S. 126) vereinigen sich unter Gottfried Reinhold Treviranus und Graf Kuno von Westarp zur »Konservativen Volkspartei«. Die Partei wendet sich an Wähler, die den NSDAP-freundlichen Kurs des deutschnationalen Parteiführers Alfred Hugenberg ablehnen.

Das sog. II. Welttreffen der Arbeiter- und Bauernkinder beginnt in Berlin. Die Teilnehmer – vor allem Kommunisten – aus 14 Nationen beraten bis zum 27. Juli u. a. über Maßnahmen gegen die Kinderarbeit.

24. Juli, Donnerstag

In Rumänien kommt es in der Bukowina und in Jassy zu Ausschreitungen gegen Juden. In Bukarest bedroht die rechtsradikale Organisation der »Eisernen Garde« Journalisten mit dem Tod, die für die Juden eintreten.

Im Rahmen einer Vortragsreise trägt der indische Philosoph Rabindranath Tagore in Frankfurt seine Gedichte in Bengali und Englisch vor. Tagore hat 1913 den Nobelpreis für Literatur erhalten.

25. Juli, Freitag

Reichspräsident Paul von Hindenburg erläßt eine Notverordnung gegen den Waffenmißbrauch, die den militanten Organisationen der rechts- und linksradikalen Parteien das Tragen von Waffen verbietet. Bei Zusammenstößen und Straßenkämpfen zwischen diesen Gruppen hat es im Deutschen Reich in den vergangenen Monaten mehrere Tote und Verletzte gegeben.

Im elsässischen Colmar eröffnet die »Internationale Frauenliga für Frieden und Freiheit« eine Tagung, die das Thema »Föderalismus und Frieden« behandelt. Vertreterinnen der Liga aus 32 Ländern der Erde diskutieren bis zum 10. August über Maßnahmen gegen den seit dem Weltkrieg wieder zunehmenden weltweiten Militarismus.

Eine Untersuchung der US-amerikanischen Regierung ergibt, daß ungefähr 15 000 Personen im Lauf der letzten Monate nach dem Genuß von sog. »Jamaica-Ingwer« teilweise gelähmt sind. Der von Schmugglern verkaufte Alkohol war mit einer giftigen Abart des Ingwers versetzt worden.

26. Juli, Samstag

Reichspräsident Paul von Hindenburg unterschreibt die weitgehende erste Notverordnung zur Behebung finanzieller, wirtschaftlicher und sozialer Notstände. Damit wird die vom Reichstag am → 18. Juli (S. 124) aufgehobene Notverordnung wieder rechtskräftig.

Eine neue Polizeiwaffe hat das Polizeiinstitut für Technik und Verkehr in Berlin entwickelt. Es handelt sich um eine Pistole, aus der Gaspatronen abgeschossen werden können.

27. Juli, Sonntag

In Berlin wird eine Partei der bürgerlichen Mitte unter dem Namen »Deutsche Staatspartei« gegründet. Der neuen Partei hat sich u. a. die Mehrheit der Deutschen Demokratischen Partei (DDP) angeschlossen. → S. 126

Der Franzose André Leducq gewinnt die Tour de France. Das längste Etappenradrennen für Berufsfahrer, das 1903 zum ersten Mal ausgefahren worden war, begann am 2. Juli. → S. 135

In Berlin endet der siebentägige Europa-Rundflug, an dem Piloten aus fast allen Ländern Europas teilgenommen haben. Die Teilnehmer des Rundfluges haben seit dem 20. Juli eine Strecke von über 7500 km zurückgelegt. → S. 130

Am letzten Tag des Daviscup-Finales in Paris sichert sich Frankreich den Endspiel-Sieg gegen die USA. → S. 137

Beim Internationalen Reit- und Springturnier in Aachen, an dem Reiter aus 14 Nationen teilnehmen, gewinnt der Italiener Lombardo den Großen Preis auf »Rocabrune«. → S. 135

28. Juli, Montag

Bei den Parlamentswahlen in Kanada siegen die Konservativen. Nachfolger des liberalen Ministerpräsidenten William Lyon Mackenzie King wird Richard Bedford Bennett.

29. Juli, Dienstag

Die Reichsbahn-Gesellschaft veröffentlicht ein Arbeitsbeschaffungsprogramm zur Belebung der Wirtschaft und Linderung der Arbeitslosigkeit für das Jahr 1930. Die Reichsbahn plant u. a. Umbauarbeiten an den Gleisen und Neubestellung von Schienenfahrzeugen. Das Programm soll mit rund 350 Mio. RM finanziert werden.

30. Juli, Mittwoch

Der Privatdozent Max Horkheimer wird als Professor für Sozialphilosophie an die Universität Frankfurt am Main berufen. → S. 134

Bei der ersten Fußball-Weltmeisterschaft in Uruguay besiegt die Nationalmannschaft des gastgebenden Landes im Finale die Mannschaft Argentiniens 4:2. → S. 136

31. Juli, Donnerstag

Für den Monat Juli verzeichnet das Reichswirtschaftsministerium im Bereich des deutschen Außenhandels einen Ausfuhrüberschuß von 45 Mio. RM. Dagegen erreicht der US-amerikanische Außenhandel mit 219 Mio. US-Dollar (rund 916 Mio. RM) seit zehn Jahren seinen tiefsten Stand.

Das Wetter im Monat Juli

Station	Mittlere Lufttemperatur (°C)	Niederschlag (mm)	Sonnenscheindauer (Std.)
Aachen	15,9 (17,5)	216 (75)	– (190)
Berlin	17,4 (18,3)	191 (70)	– (242)
Bremen	17,3 (17,4)	53 (92)	– (207)
München	16,5 (17,5)	183 (137)	– (226)
Wien	19,5 (19,5)	42 (84)	– (265)
Zürich	19,3 (17,2)	251 (139)	187 (238)

( ) Langjähriger Mittelwert für diesen Monat
– Wert nicht ermittelt

Zu den Höhepunkten des Kultursommers 1930 gehört für deutsche Literaturfreunde die Vortragsreise des indischen Dichters und Philosophen Rabindranath Tagore, der seine Gedichte dem Publikum in Englisch und Bengali vorträgt. Die illustrierte Beilage der renommierten »Vossischen Zeitung« würdigt den Besuch des Dichters, der 1913 für sein Werk den Literaturnobelpreis erhielt, mit einem stimmungsvollen Foto auf der Titelseite. Es zeigt Tagore bei einer Lesung in der Aula der Berliner Universität.

Nummer 29
20. Juli 1930

Zeitbilder

Beilage zur Vossischen Zeitung

Rabindranath Tagore, der indische Dichter, bei einem Vortrag in der Aula der Berliner Universität.
Balassa.

Hindenburg setzt Vollmachten gegen den Reichstag ein

18. Juli. Reichspräsident Paul von Hindenburg löst den Reichstag auf, nachdem das Parlament einem Antrag der Sozialdemokraten auf Aufhebung der von Hindenburg am 16. Juli erlassenen Notverordnung zur Durchführung der Finanzpläne der Regierung zugestimmt hat. Neuwahlen werden für den → 14. September (S. 158) festgesetzt.

Hindenburgs Vorgehen markiert einen wichtigen Einschnitt in der Geschichte der Weimarer Republik: Der Reichspräsident nutzt die ihm von der Verfassung zugestandene Möglichkeit, in Ausnahmesituationen gesetzesvertretende Notverordnungen (Artikel 48) zu erlassen und das Recht, den Reichstag aufzulösen (Artikel 25), dazu, das Parlament dauerhaft zu entmachten. Er beteiligt sich damit an der Zerstörung der Demokratie zugunsten eines autoritär geführten Staates.

Zunächst hatte Hindenburg am 16. Juli auf die Weigerung des Reichstages, eine Deckungsvorlage der Minderheitsregierung unter Reichskanzler Heinrich Brüning (Zentrum) anzunehmen, mit einer Umwandlung des abgelehnten Gesetzentwurfes in eine Notverordnung reagiert. Damit überging er den Reichstag als gesetzgebende Gewalt.

Der Reichstag machte dann am 18. Juli von seinem verfassungsmäßig garantierten Recht Gebrauch, eine nach Artikel 48 getroffene Maßnahme (Notverordnung) außer Kraft zu setzen. Hindenburg löst ihn jedoch auf, um der von ihm berufenen Regierung Handlungsfreiheit zu verschaffen. Bis zum 14. September hat Reichskanzler Brüning Zeit, das von ihm verfolgte Sparprogramm, das u. a. eine Kürzung der Staatsausgaben vorsieht, ohne den Reichstag durchzuführen.

Den Hintergrund für die Krise des demokratischen Systems der Weimarer Republik bildet die schwierige Finanzlage des Reiches und die allgemeine Wirtschaftskrise. Die Diskussion über die Maßnahmen, wie diese Probleme zu bewältigen sind, hatte am → 27. März (S. 50) zum Sturz der Regierung unter Reichskanzler Hermann Müller (SPD) geführt. Hindenburg, der zusammen mit seinen antidemokratisch eingestellten Beratern der Ansicht ist, daß vor allem die Uneinigkeit der Parteien an der schwierigen Situation des Reiches schuld sei, berief daraufhin Brüning zum Reichskanzler: Dieser soll, notfalls über die Parteien hinweg und allein gestützt auf das Vertrauen des Reichspräsidenten, Maßnahmen zur Ordnung der Finanzlage des Reiches ergreifen.

Diese Aufgabenstellung und das entsprechende Selbstverständnis der Regierung werden im Verlauf der Reichstagsdebatte vom 18. Juli von Reichsfinanzminister Hermann Robert Dietrich (Deutsche Staatspartei) gegenüber den Forderungen der SPD nach Aufhebung der Notverordnung noch einmal hervorgehoben: »Es kommt im Augenblick nicht so sehr darauf an, wie die Sache gemacht wird, wie vielmehr darauf, daß sie gemacht wird. Ohne eine Ordnung der Finanzen kann die Wirtschaft nicht wieder belebt werden. Unsere Schwierigkeiten wachsen mit jedem Tag, den wir noch warten. Das deutsche Volk wird sich auf die Seite derjenigen stellen, die diese Schwierigkeiten beseitigen wollten.«

Reichskanzler Heinrich Brüning (Zentrum) verliest im Reichstag die von Reichspräsident Paul von Hindenburg unterschriebene Urkunde, mit der die Auflösung des Parlamentes angeordnet wird. Die Abgeordneten hören stehend zu.

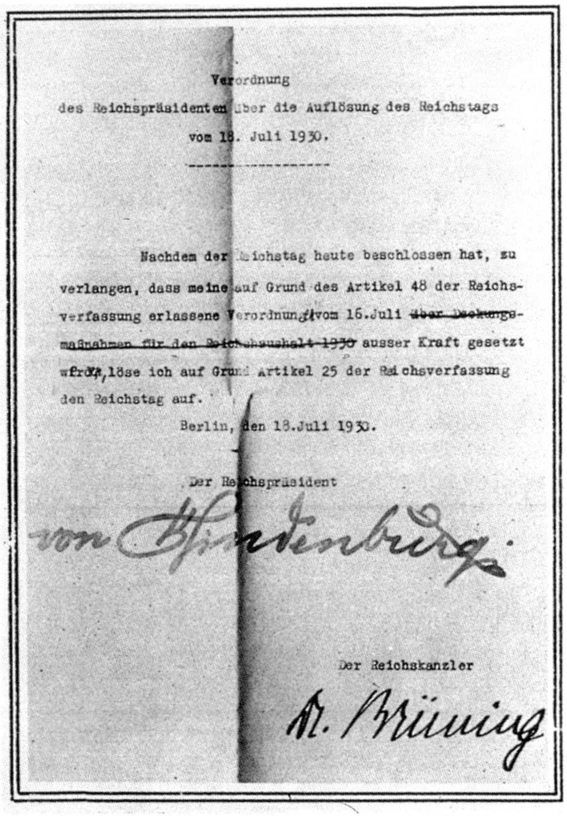

Verordnung
des Reichspräsidenten über die Auflösung des Reichstags
vom 18. Juli 1930.

Nachdem der Reichstag heute beschlossen hat, zu verlangen, dass meine auf Grund des Artikel 48 der Reichsverfassung erlassene Verordnung vom 16.Juli ~~über Deckungsmaßnahmen für den Reichshaushalt 1930~~ ausser Kraft gesetzt wird, löse ich auf Grund Artikel 25 der Reichsverfassung den Reichstag auf.

Berlin, den 18.Juli 1930.

Der Reichspräsident
von Hindenburg

Der Reichskanzler
Dr. Brüning

Wilhelm Dittmann (l.) und Arthur Crispien, SPD-Reichstagsabgeordnete und Angehörige des linken Flügels der Partei, lehnen Brünings Notverordnungspolitik ab.

◁ Das Original der Auflösungsurkunde, die Reichskanzler Brüning am 18. Juli im Reichstag verliest: Reichspräsident Hindenburg begründet die Auflösung des Reichstages mit der von 256 Abgeordneten der SPD, KPD, NSDAP und DNVP erzwungenen Aufhebung der Notverordnung, die Hindenburg am 16. Juli erließ, um Maßnahmen der Reichsregierung, u. a. eine verschärfte Besteuerung höherer Einkommen, gegen den Reichstag durchzusetzen.

Eine Montage der nationalsozialistischen Zeitschrift »Illustrierter Beobachter« zeigt Adolf Hitler, den Parteivorsitzenden der NSDAP, bei einer Wahlversammlung seiner Partei in München. Die Parteien beginnen bereits kurz nach der Auflösung des Reichstages mit dem Wahlkampf.

Bereits Ende Juli läßt die SPD Wahlplakate mit der Parole »Gegen Bürgerblock und Hakenkreuz« für die Wahlen vom 14. September drucken.

Präsident gefährdet Weimarer Demokratie

Die weitgehenden Machtbefugnisse, die dem Staatsoberhaupt von der Weimarer Verfassung eingeräumt werden, ermöglichen es am 18. Juli Reichspräsident Paul von Hindenburg, den Widerstand des Reichstags gegen die Politik der Regierung unter Reichskanzler Heinrich Brüning durch Auflösung des Parlamentes zu brechen. Diese Entwicklung der Weimarer Republik von einem demokratischen Staat zu einem autoritären Präsidialsystem war von der Weimarer Nationalversammlung, die am 11. August 1919 die Verfassung verabschiedet hatte, nicht vorausgesehen worden: Sie wollte mit der Einrichtung eines machtvollen Reichspräsidentenamtes lediglich ein sinnvolles Gegengewicht zu den Parteien und dem Parlament schaffen. Friedrich Ebert, der erste Reichspräsident (1919 bis 1925), erwies sich denn auch als geschickter Vermittler zwischen den parteipolitischen Gegensätzen und trat entschieden für die Wahrung demokratischer Freiheiten ein.

Die Reichsverfassung legt fest, daß der Reichspräsident für sieben Jahre vom gesamten deutschen Volk gewählt wird. Zu seinen Befugnissen gehört die Ernennung und die Entlassung des Reichskanzlers und der Reichsminister. Auch die Reichswehr ist seinem Oberbefehl unterstellt.

Von besonderer Bedeutung für die Stellung des Reichspräsidenten sind jedoch die Artikel 25 und 48 der Reichsverfassung. Artikel 25 besagt: »Der Reichspräsident kann den Reichstag auflösen, jedoch nur einmal aus dem gleichen Anlaß. Die Neuwahl findet spätestens am sechzigsten Tag nach der Auflösung statt.« Artikel 48 räumt dem Staatsoberhaupt das Recht ein, gesetzesvertretende Verordnungen (sog. Notverordnungen) zu erlassen: »Der Reichspräsident kann, wenn im Deutschen Reich die öffentliche Sicherheit und Ordnung erheblich gestört oder gefährdet wird, die zur Wiederherstellung der öffentlichen Sicherheit und Ordnung nötigen Maßnahmen treffen, erforderlichenfalls mit Hilfe der bewaffneten Macht einschreiten. Zu diesem Zwecke darf er vorübergehend die in den Artikeln 114, 115, 117, 118, 123, 124 und 153 festgesetzten Grundrechte ganz oder zum Teil außer Kraft setzen.«

Reichspräsident Paul von Hindenburg, Ex-Generalfeldmarschall, ist antidemokratischen Traditionen verhaftet.

Der Reichspräsident muß zwar den Reichstag umgehend über seine Notverordnungsmaßnahme informieren, kann aber gleichzeitig, wie es Hindenburg am 18. Juli tut, ein Parlament, das sich gegen eine Durchführung der Notverordnung wehrt, gemäß Artikel 25 auflösen. Damit eröffnet sich ihm die Möglichkeit, seine eigenen politischen Vorstellungen ungehindert durchzusetzen. So erweist sich Artikel 48 als Einbruchsstelle für autoritäre Strömungen in die republikanische Ordnung der Weimarer Demokratie.

»Die Sozialisten verlassen die NSDAP«

3. Juli. Otto Strasser, Vertreter des sozialrevolutionären Flügels der NSDAP, gründet in Berlin die »Kampfgemeinschaft revolutionärer Nationalsozialisten«. Rund 200 weitere Anhänger des linken Parteiflügels der NSDAP folgen seinem programmatischen Aufruf »Die Sozialisten verlassen die NSDAP«.

Diese Abspaltung von der NSDAP ist eine Folge der vom Parteivorsitzenden Adolf Hitler betriebenen Säuberungsaktion: Parteimitglieder, die sich Hitlers autoritärem Führungsstil nicht unterordnen wollen, werden ausgeschlossen. Als Leiter des Berliner »Kampf-Verlages« hatte Strasser seit 1926 versucht, die NSDAP im Sinne eines wirtschafts- und sozialpolitischen Reformprogramms zu beeinflussen. Der zunehmende Konflikt mit Hitler konnte auch durch ein Gespräch am 21./22. Mai nicht entschärft werden. Hitler war nicht bereit, sich den Forderungen der Strasser-Gruppierung nach Verstaatlichung der Schwerindustrie und des Grundbesitzes anzuschließen, weil er u. a. auf eine finanzielle Unterstützung der führenden Kreise der deutschen Industrie und Landwirtschaft hofft und diese nicht durch radikalsozialistische Forderungen vor den Kopf stoßen will.

Außerdem will er den politischen Kurs seiner Partei flexibel halten und sich nicht auf ein klares Programm festlegen lassen, um möglichst viele Anhänger auch aus gegensätzlichen politischen Lagern zu gewinnen. Eine innerparteiliche Opposition paßt zudem nicht in das Führungskonzept Hitlers, der die NSDAP zentral lenken will.

Aus diesen Gründen beauftragte er am 30. Juni Joseph Goebbels, den Reichspropagandaleiter der NSDAP und Gauleiter von Berlin-Brandenburg, in einem Brief mit der Säuberung der Partei von unangepaßten Mitgliedern: »Die Nationalsozialistische Partei wird, solange ich sie führe, kein Debattierklub wurzelloser Literaten und chaotischer Salon-Bolschewisten werden, sondern sie wird bleiben, was sie heute ist, eine Organisation der Disziplin, die nicht für doktrinäre Narreteien politischer Wandervögel geschaffen wurde, sondern zum Kampf für eine Zukunft Deutschlands, in der die Klassenbegriffe zerbrochen sein werden und ein neues deutsches Volk sich selbst sein Schicksal bestimmt!«

Otto Strasser; bald nach seinem Austritt aus der NSDAP wird unter seiner Führung zusammen mit Ex-Kommunisten die »Schwarze Front« gegründet.

Neue Zentrale der NSDAP in München

5. Juli. Die NSDAP kauft in München mit Hilfe einer Industriespende und einer außerordentlichen Parteispende das ehemalige sog. Barlow-Palais, Brienner Straße 45, als Sitz der Reichsparteileitung.

Die neue »Reichsgeschäftsstelle« soll nach Plänen des deutschen Architekten Paul Ludwig Troost umgebaut werden. Das repräsentative Gebäude symbolisiert in den Augen der Nationalsozialisten das Erstarken ihrer »Bewegung«, die mit radikalen Parolen vor allen Dingen in den Bevölkerungskreisen, die Opfer der Weltwirtschaftskrise geworden sind, Anhänger findet.

Die NSDAP wählt München als Sitz für die Parteizentrale, weil die Hauptstadt Bayerns in vielfacher Beziehung für die Entstehung und den Aufstieg der Partei eine wichtige Rolle gespielt hatte. Hier wurde 1920 die NSDAP gegründet, hier versuchte Hitler vom Bürgerbräukeller aus 1923 den Sturz der Reichsregierung. Im Volksmund wird das Palais wegen der braunen Uniformfarbe seiner Besitzer bald nur noch »Braunes Haus« genannt.

»Staatspartei« gegen Radikalisierung

27. Juli. In Berlin gründet die Mehrheit der linksliberalen Deutschen Demokratischen Partei (DDP) unter ihrem Vorsitzenden Erich Koch-Weser zusammen mit der Volksnationalen Reichsvereinigung, christlichen Gewerkschaftern und jungliberalen Anhängern der Deutschen Volkspartei (DVP) die »Deutsche Staatspartei«.

Die Mitglieder der neugeschaffenen Partei der bürgerlichen Mitte wollen mit ihrer Neugründung eine Abwanderung der bürgerlichen Wählerschaft zu den radikalen Parteien bei den Wahlen am → 14. September (S. 158) verhindern.

In einem Aufruf an das deutsche Volk kritisiert die Staatspartei das Parteiensystem, das eine wirksame Bekämpfung der Wirtschaftskrise bisher verhindert habe: »Wir rufen die junge Generation, wir rufen die Staatsbürger, die des parteipolitischen Haders überdrüssig sind, in eine neue und junge Front. Vorwärts zur wahrhaften Sammlung, vorwärts für deutsche Volksgemeinschaft, Größe, Einheit und Freiheit!«

Das Satire-Magazin »Kladderadatsch« zeigt die Gründer der »Deutschen Staatspartei« (v. l.) Koch-Weser (DDP), Mahraun (Volksnationale Reichsvereinigung) und Höpker-Aschoff (DDP) beim Abschmekken der von ihnen gemeinsam angerichteten »Parteibowle«: »Etwas fad«?

DNVP zerbricht an Hugenbergs Politik

17. Juli. Innerhalb der Deutschnationalen Volkspartei (DNVP) kommt es zwischen dem rechtsextremen, antidemokratischen Flügel unter dem Parteivorsitzenden Alfred Hugenberg, und den gemäßigt-konservativen Vertretern der Partei um Kuno Graf von Westarp zum Bruch. Anlaß zur Spaltung ist die unnachgiebige Haltung, die Hugenberg bei Verhandlungen mit Reichskanzler Brüning (Zentrum) um eine Regierungsbeteiligung der DNVP einnahm und die zum Abbruch der Gespräche führte. Westarp und seine Anhänger befürworteten dagegen eine Zusammenarbeit mit Brüning. Hugenberg hatte u. a. gefordert, in Preußen, wo derzeit noch eine Koalitionsregierung unter der Führung der Sozialdemokraten amtiert, eine Rechtsregierung zu bilden.

Der US-amerikanische Flottenverband in Kiel: Die Schiffe statten mehreren europäischen Ländern Besuche ab, zuvor waren sie in Cherbourg.

Verband der US-Kriegsmarine auf Freundschaftsbesuch in Kiel

5. Juli. *In Kiel trifft ein Flottenverband der US-amerikanischen Kriegsmarine zu einem offiziellen Freundschaftsbesuch ein. Es ist der erste Besuch einer alliierten Marineabordnung im Deutschen Reich seit dem Ende des Weltkriegs.*

Die drei Kreuzer »Florida«, »Arkansas« und »Utah« sowie mehrere Begleitschiffe werden im Hafen von Kiel von einer Abordnung der deutschen Admiralität empfangen. Der Besuch findet in der deutschen Öffentlichkeit wenig Beachtung, u. a. weil fast zur gleichen Zeit überall im Deutschen Reich Feierlichkeiten zur Räumung des Rheinlands durch die letzten alliierten Truppen stattfinden (→ 30. 6./S. 106). Dagegen berichten französische Zeitungen in großer Aufmachung aus Kiel. Die Zeitschrift »L'Illustration« schreibt: »Das Deutsche Reich sieht in dem Flottenbesuch nicht nur ein Zeichen seiner völligen Anerkennung durch die USA, sondern auch für die Wiedergeburt seiner Marine.« In Frankreich, dem ehemaligen Kriegsgegner des Deutschen Reiches, werden alle Aktivitäten westlicher Mächte zur Normalisierung ihrer Beziehungen zum Deutschen Reich mit großem Mißtrauen beobachtet.

IGB verlegt seinen Sitz nach Berlin

10. Juli. Der Internationale Gewerkschaftskongreß in Stockholm beschließt mit 55 zu 30 Stimmen, den Sitz des Internationalen Gewerkschaftsbundes von Amsterdam nach Berlin zu verlegen; begründet wird die Entscheidung u. a. mit der zentralen Lage Berlins in Europa.

Der Internationale Gewerkschaftsbund (IGB) war 1919 als Zusammenschluß gemäßigter Arbeiterorganisationen gegründet worden. Ziele des Bundes sind u. a. die »Einigung der internationalen Arbeiterklasse, Förderung der Arbeiterbildung und Verhinderung eines Krieges«. Mit dieser Politik steht der Bund in scharfer Konkurrenz zur kommunistischen Roten Gewerkschaftsinternationale (RGI).

Gegen den Beschluß, den Sitz der Organisation in die deutsche Reichshauptstadt zu verlegen, hatte vor allem der französische Delegierte Léon Jouhaux protestiert. Er spricht sich für einen Verbleib in Amsterdam aus mit Hinweis auf starke faschistische Strömungen im Deutschen Reich. Der deutsche Delegationsleiter Peter Grassmann betont dagegen, daß die deutsche Arbeiterbewegung vor zehn Jahren den rechtsgerichteten Kapp-Putsch in wenigen Tagen »niedergeschlagen hat« und bei einem ähnlichen Versuch »genauso schnell damit fertig wird«.

Finnland: »Lapua« fordert Parteienverbot

7. Juli. In der finnischen Hauptstadt Helsinki veranstaltet die antikommunistische Lapuabewegung eine Großdemonstration mit mehr als 11 000 Menschen. Lapua-Führer Vihturi Kosola fordert ein Verbot aller kommunistischen Aktivitäten, die Umbildung des Parlamentes und die Ausschaltung der Parteien.

Die Lapuabewegung, organisiert als Reaktion auf einen in Lapua abgehaltenen kommunistischen Jugendkongreß, wird von ehemaligen Mitgliedern der antirussischen Bürgerkriegsarmee und der Bauernschaft getragen. Sie entfesselte im Herbst 1929 eine Kampagne gegen die Kommunisten; so entführten Lapua-Anhänger kommunistische Abgeordnete und verübten Terroranschläge gegen kommunistische Versammlungen. Die finnische Regierung unter dem konservativen Ministerpräsidenten Pehr Evind Svinhufvud erklärt, daß sie wie die Lapuabewegung die Zerschlagung der kommunistischen Organisationen anstrebe, allerdings ohne Änderung der Verfassung.

Lapua-Demonstration in Helsinki: Der Bewegung wenden sich vor allem frühere Soldaten und die von der Wirtschaftskrise betroffenen Bauern zu.

Blutige Unruhen in Alexandria

15. Juli. In der ägyptischen Hafenstadt Alexandria und anderen Städten kommt es zu gewalttätigen Auseinandersetzungen zwischen Anhängern der nationalistischen Wafd-Partei und der Polizei. Da die Polizei die Unruhen nicht unter Kontrolle bekommt, werden ägyptische Heereseinheiten eingesetzt. Bei den Kämpfen sterben 18 Menschen, 400 werden verletzt (→ 23. 10./S. 183).

Die Unruhen waren entstanden, nachdem die ägyptischen Behörden eine Protestkundgebung der Wafd-Partei gegen Einschränkungen ihrer Handlungsfreiheit verboten hatten. Die Partei setzt sich für eine völlige Unabhängigkeit Ägyptens von der britischen Herrschaft ein, während König Fuad I. trotz formeller Unabhängigkeit des Landes mit den Briten zusammenarbeitet.

Werbung 1930:

Psychologische Kriegsführung um den Markt

Die Krise der Weltwirtschaft wirkt sich 1930 auch auf die werblichen Aktivitäten von Industrie und Handel in der ganzen Welt aus. Während manche Unternehmen durch Kürzungen bei den Werbeetats versuchen, Gelder einzusparen, starten andere großangelegte Werbekampagnen, um ihre Umsätze zu steigern. Gleichzeitig werden im Deutschen Reich nach US-amerikanischem Vorbild erste Versuche gemacht, Erkenntnisse der psychologischen Forschung für die Werbung zu nutzen.

Die meisten deutschen Unternehmen setzen nach wie vor auf Anzeigenwerbung, die den Verbraucher über den Text ansprechen soll; Fotografien und Zeichnungen sind nicht mehr als eine optische Auflockerung. Lediglich Produzenten von Luxusgütern, die ihre Exklusivität auch in der optischen Aufmachung ihrer Anzeigen zum Ausdruck bringen wollen, setzen auf künstlerisch gestaltete Werbemittel.

Einen großen Teil der Anzeigenflächen in Zeitschriften und Zeitungen nehmen Verlage in Anspruch, die Lexika und Lehrbücher anbieten. Unter Hinweis auf die Arbeitsmarktsituation wollen sie die Leser glauben machen, sie könnten ihre Aussichten auf einen Arbeitsplatz durch größeres Wissen verbessern; der Verlag Ullstein wirbt z. B. für das Buch »1000 Worte Deutsch«: »Sie können am 1. antreten! 5 Worte nur, aber wie viele warten vergeblich darauf sie zu hören und müssen täglich die Hoffnung auf eine Stellung begraben ... Wie viele Bewerbungsschreiben wandern in den Papierkorb, nur weil sie in schlechtem Deutsch abgefaßt sind ... Wer seine Muttersprache beherrscht, ist um eine Waffe im Kampf ums Dasein reicher!«

Die deutschen Tuchhersteller bedienen sich auf andere Weise der Hoffnungen bzw. Ängste vieler Bürger: Sie werben z. B. für ihre Produkte und drohen gleichzeitig mit weiteren Entlassungen, falls die Verbraucher weiterhin ausländische Produkte kaufen.

Solche vor allem auf Ergebnissen der US-amerikanischen psychologischen Forschung basierenden Werbemethoden werden von Kritikern teilweise heftig angegriffen. Zu den US-Werbemethoden und ihrer allmählichen Ausbreitung im Deutschen Reich schreibt z. B. der Journalist Rolf Jungeblut in der »Vossischen Zeitung« im März: »Aber gerade diese auf Verängstigung und Schrecken abgestellte Reklame-Psychologie ... hat sich heute bereits in Amerika in weitem Umfang durchgesetzt. Sehen Sie sich einmal eine amerikanische Zeitung an, und sie finden das ganze Elend der Welt über den Anzeigenteil gestreut.«

Emaille-Reklameschild der Firma Tungsram Radio AG (Schweiz) für ihre Radio-Röhren

Die moderne Hausfrau wäscht »nur mit Ozonil«, wenn es nach der Düsseldorfer Firma Dr. Thompson geht.

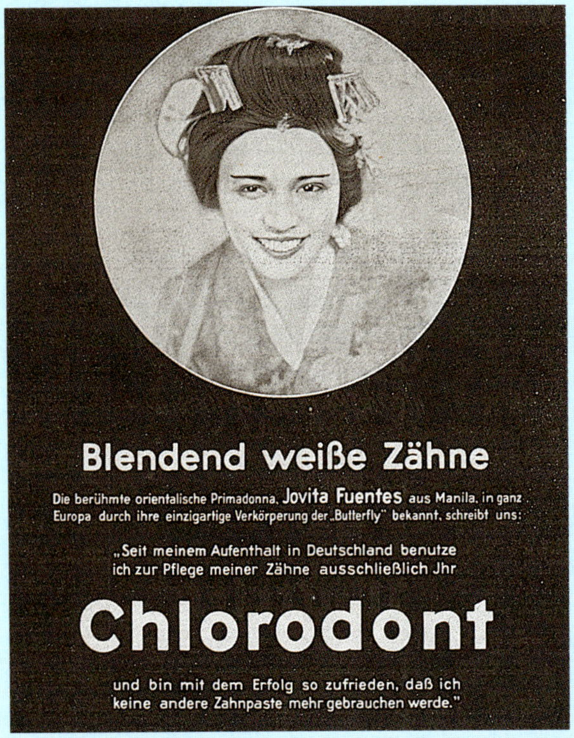

Die Opernsängerin Jovita Fuentes, durch eine Tournee im Deutschen Reich bekannt, wirbt für Zahnpasta.

Der Turbinendampfer »Bremen« erhielt 1929 das Blaue Band und ist daher ein beliebter Werbeträger.

Prominente Filmschauspieler werben für neue Industrieprodukte

Immer mehr deutsche Unternehmen setzen auf die Zugkraft prominenter Persönlichkeiten als Werbeträger für ihre Produkte; so wirbt die Schauspielerin Camilla Horn für Elida Glanz-Shampoo und Pilot Ernst Udet für Alpina-Uhren. Der verstärkte Einsatz von Filmprominenz in der Werbung ist eng verknüpft mit dem Aufstieg des Films zum Unterhaltungsmedium Nr. 1 in den zwanziger Jahren.

Gangloff-Bierreklame in zeittypischer graphischer Gestaltung

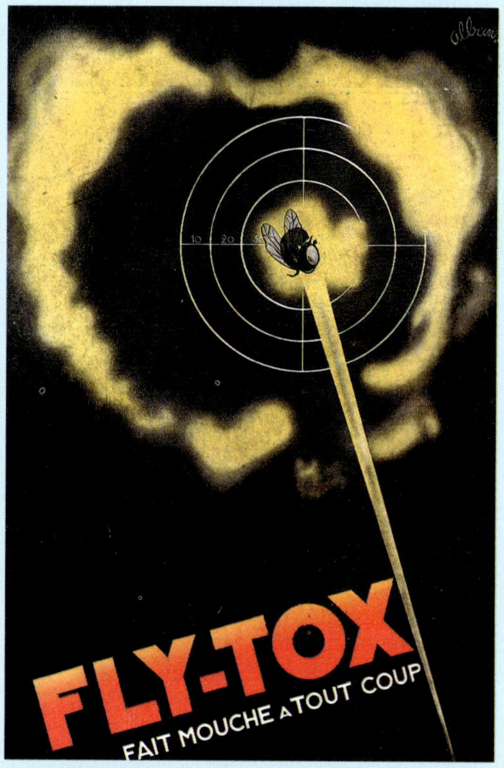

In Frankreich sind künstlerisch gestaltete Werbeanzeigen und -plakate sehr beliebt; die werbende Wirkung wird dabei fast ausschließlich über das Bild erzielt: (v. l.) Art-deco-Werbung für eine Golf-Anlage, Anzeige einer Stoff-Fabrik, Plakat eines Herstellers für Insektenvernichtungsmittel.

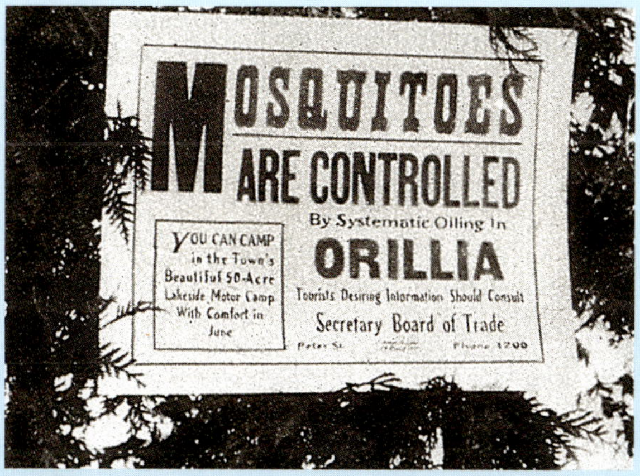

Reklametafel am kanadischen Ontario-See, die darauf hinweist, daß es an diesem Seeufer keine Moskitos gibt

Die »Berliner illustrierte Nachtausgabe« wirbt mit ihrer Auflagenhöhe um neue Abonnenten.

Zeitschriften wie das »Film-Magazin« wollen ihren Lesern die »Filmwelt« erschließen.

Ortseingang einer französischen Kleinstadt: Auf Plakatwänden werben lokale Firmen und Markenartikler.

Zeitungen und Zeitschriften fürchten um Inserenten

Angesichts der wachsenden Konkurrenz von Kino und Rundfunk starten die großen Zeitungs- und Zeitschriftenverlage im Deutschen Reich Werbekampagnen für ihre Blätter. Sie fürchten vor allem um ihre Einnahmen aus dem Anzeigengeschäft, wenn die Auflagenzahlen sinken. Vielfach werben sie deshalb mit ihren Verkaufserfolgen, die für die Leser ein Qualitätsbeleg und für Anzeigenkunden Werbeanreiz sein sollen; so inseriert die »Berliner Illustrierte Zeitung« z. B. in ihrer Ausgabe Nr. 43 mit einer notariellen Bestätigung über den regelmäßigen Verkauf von 1,8 Mio. Exemplaren. Die vielen kleinen Lokalzeitungen können sich meist keine solch aufwendige Werbung leisten; ihnen droht der Ruin.

Zahnradbahn zur Zugspitze eingeweiht

8. Juli. Die wichtigste Teilstrecke der bayerischen Zugspitzbahn, die Zahnradbahn vom Eibsee bis zum Schneefernerhaus, wird zur Eröffnung vom Münchner Erzbischof Kardinal Michael von Faulhaber geweiht. Die Bahn überwindet auf einer Gesamtlänge von 11,2 km einen Höhenunterschied von 1950 m. Dabei führt sie durch einen 4,5 km langen Tunnel, den Fachleute als »imposante Leistung deutscher Technik« bezeichnen.

Erste Pläne zum Bau einer Bahn zum höchsten deutschen Gipfel, der Zugspitze (2962 m), wurden schon um die Jahrhundertwende erarbeitet. 1909 erhielt der österreichische Ingenieur Josef Cathrein eine erste Konzession, die jedoch u. a. wegen Finanzierungsschwierigkeiten verfiel. Weitere Planungen scheiterten am Weltkrieg und der folgenden Wirtschaftskrise.

Angespornt durch den Bau der österreichischen Zugspitzbahn, die am 5. Juli 1926 dem Verkehr übergeben wurde, trieben deutsche Interessenten die Planungen für eine Bahn von der bayerischen Seite voran. Am 1. April 1928 erhielt ein Firmenkonsortium der Allgemeinen Lokalbahn- und Kraftwerke AG Berlin, der AEG Berlin und der Süddeutschen Treuhandgesellschaft AG München die endgültige Bau- und Betriebskonzession; am 18. Juni 1928 schlossen sie sich zur Bayerischen Zugspitzbahn AG zusammen. In Rekordzeit ließ die Gesellschaft die Bahn bauen; eines der größten Probleme, die Anlage eines hangnahen Hochgebirgstunnels, wurde durch die neuartige »Fenstertechnik« gelöst: Der Tunnel wurde von fünf Punkten aus gleichzeitig gebohrt. Am 19. Dezember 1929 ging die erste Teilstrecke, eine Schienenbahn von Garmisch-Partenkirchen bis zum Eibsee, in Betrieb. Mit der nun fertiggestellten Zahnradbahn können die Passagiere zum Ski-Gebiet auf dem Zugspitzplatt fahren. Im Januar 1931 wird die letzte Teilstrecke, eine Seilbahn zum Gipfel, freigegeben.

Wagen der Zugspitzbahn bei der Eröffnung vor der Tunneleinfahrt. Das Zahnradsystem der Bahn wurde von Nikolaus Riggenbach entwickelt.

Fokker verhaftet – Flug ohne Lizenz

2. Juli. Der aus den Niederlanden stammende Flugzeugkonstrukteur Anthony Fokker wird im US-amerikanischen Auckland von der Polizei festgenommen. Ihm wird Fliegen ohne Pilotenlizenz und die Entwendung eines Flugzeugs vorgeworfen.

Anthony Fokker (* 6. 4. 1890, Kediri/Java) gründete 1912 bei Berlin eine Flugzeugfabrik; während des Weltkriegs baute er Jagdflugzeuge, seit 1922 arbeitet er in den USA, wo er die Fokker Aircraft Corporation of America gründete.

Aus Begeisterung über die Leistung des australischen Piloten Charles Kingsford Smith, der in dem von Fokker konstruierten Flugzeug »Southern Cross« die Welt umflog, hatte Fokker auf dem Roosevelt-Flugplatz eine Maschine entwendet. Nach mehreren Flugkunststücken über der Stadt landete er wieder. Trotz dieses Zwischenfalls werden Fokker und Smith nach der Ankunft der »Southern Cross« drei Tage später von der Bevölkerung gefeiert.

Doyle-Begräbnis im Garten seines Hauses in Sussex

»Vater« des Sherlock Holmes

7. Juli. *Sir Arthur Conan Doyle, der Schöpfer des Meisterdetektivs Sherlock Holmes und seines Freundes Dr. Watson, stirbt im Alter von 71 Jahren in Crowborough (Sussex). Der Arzt Doyle wandte sich nach ausgedehnten Reisen, die ihn nach Westafrika und in die Polgegend führten, dem Schreiben zu und errang mit seinen Detektivromanen Weltruhm.*

Rundflug-Sieger (v. l.): Morzik, Broad, Butler und Poß

»Europaflug« endet in Berlin

27. Juli. *Unter dem stürmischen Jubel der Zuschauer geht in Berlin-Tempelhof der sog. Europa-Rundflug zu Ende. Der sieben Tage zuvor gestartete Flug über 7500 km, an dem rund 100 Piloten aus nahezu allen Ländern Europas teilnahmen, soll ein sportliches Symbol für die »Einheit Europas« sein. Die Veranstaltung wird jedoch überschattet von mehreren Todesfällen.*

Greyhound-Überlandreisebus mit dem Windhundsymbol

In Windeseile über Land

1. Juli. *Das US-amerikanische Busunternehmen Northland Transportation Co. wird in Greyhound (engl.: Windhund) Company umbenannt. Carl Eric Wickman, Gründer der Northland, hat zuvor sein Unternehmen, das er zwischenzeitlich verkauft hatte, wiedererworben und macht es mit neuem Namen zur zentralen Gesellschaft seines Transportimperiums.*

Gesellschaft zur Förderung der Forschung

18. Juli. Der Physiker Max Planck wird in Berlin zum Präsidenten der Kaiser-Wilhelm-Gesellschaft zur Förderung der Wissenschaften gewählt.

Der 72jährige Planck tritt die Nachfolge Adolf von Harnacks an, der am 10. Juni 1930 gestorben ist. Der evangelische Theologe Harnack hatte bereits 1909 in einer Denkschrift an den deutschen Kaiser Wilhelm II. die Gründung einer Fördergesellschaft für wissenschaftliche Forschung angeregt. Er nahm dabei Vorschläge aus dem preußischen Kultusministerium auf, das befürchtete, Forschungsarbeit werde an deutschen Universitäten mit Ausdehnung der Lehrtätigkeit allmählich vernachlässigt. Harnack regte daher an, mit Spenden aus Industrie und Wirtschaft Institute einzurichten, die sich ausschließlich der naturwissenschaftlichen Forschung widmen sollten.

Am 11. Januar 1911 wurde die Kaiser-Wilhelm-Gesellschaft in Berlin ins Leben gerufen. Ihre Mitglieder verpflichteten sich zu einer einmaligen Zahlung von 20 000 RM und einem Jahresbeitrag von 1000 RM. Mit diesen Geldern wurden Forschungsinstitute gegründet und unterhalten. Die ersten beiden Kaiser-Wilhelm-Institute begannen 1912 mit ihrer Arbeit, und beim zehnjährigen Bestehen der Gesellschaft arbeiteten bereits 14 Forschungseinrichtungen.

Durch die Konzentration auf Forschungsarbeiten konnten an den Instituten bislang bahnbrechende Erfolge erzielt werden. Allein sieben Wissenschaftler, die für die Gesellschaft tätig wurden, sind mit Nobelpreisen ausgezeichnet worden, unter ihnen Albert Einstein, Fritz Haber und James Franck.

Bei der Sitzung von Senat und Ausschuß am 18. Juli wird neben der Wahl des neuen Vorsitzenden über die Frage einer Umbenennung der Gesellschaft diskutiert. Einige Mitglieder, die den Namen Kaiser-Wilhelm-Gesellschaft als nicht mehr zeitgemäß betrachten, hatten vorgeschlagen, sie künftig Deutsche Gesellschaft zur Förderung der Wissenschaften zu nennen; dieses Vorhaben findet jedoch keine Mehrheit.

Physiker Max Planck

Max Planck wurde am 23. April 1858 als Sohn des Juraprofessors Johann Julius Wilhelm von Planck und seiner Frau Emma in Kiel geboren. Nach dem Physik-Studium in Berlin und München erhielt er eine Professur in Kiel (1885 – 1889) und 1892 einen Lehrstuhl an der Universität Berlin. Im Rahmen seiner Forschungsarbeiten entdeckte er u. a. das sog. Plancksche Wirkungsquantum (1899). Mit seiner Quantentheorie (1900) legte er den Grundstein für die moderne Physik. Im Jahr 1918 erhielt er den Physiknobelpreis.

18. Hauptversammlung der Kaiser-Wilhelm-Gesellschaft in Heidelberg

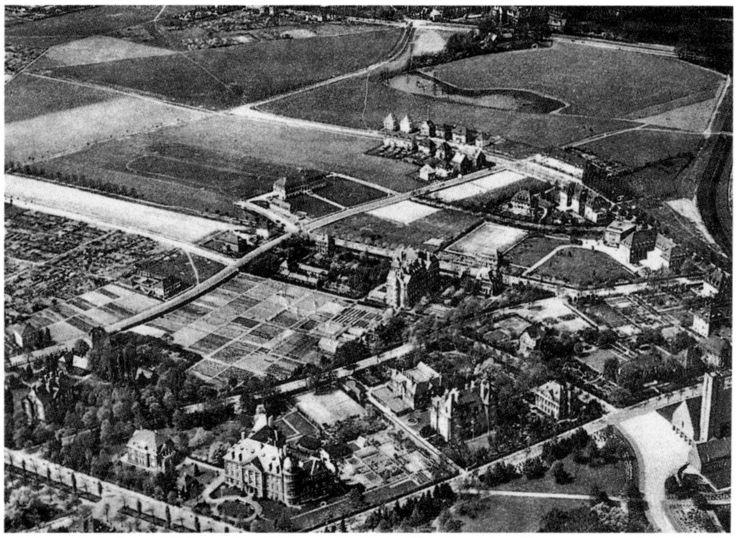

Kaiser-Wilhelm-Institute in Berlin: KWI für Biochemie, für Chemie, für physikalische Chemie, für Biologie, für Anthropologie, Harnack-Haus, KWI für Zellphysiologie und für Silikatforschung

§ 218 wütet in Bielefeld und Oberschlesien

Bekanntmachung
300 Mark Belohnung

Reportage der »Arbeiter-Illustrierten Zeitung« zum Thema »§ 218«

Abtreibungsprozeß erregt Aufsehen

2. Juli. Der Prozeßbeginn gegen die Bergarbeiterfrau Johanna Albrecht vor einem Gleiwitzer Schwurgericht erregt im Deutschen Reich Aufsehen. Frau Albrecht wird Vornahme von Abtreibungen und damit der Verstoß gegen den § 218 des Strafgesetzbuches vorgeworfen, der einen vorzeitigen Schwangerschaftsabbruch unter Strafe stellt. Der Abtreibungsparagraph ist seit Jahren umstritten: Während u. a. die SPD die Aufhebung der Strafbestimmung fordert, sehen die Befürworter im § 218 eine notwendige Barriere gegen den Bevölkerungsrückgang.

Strafen für Abtreibungen

Im folgenden die beiden Paragraphen des StGB, auf die es ankommt:

§ 218 StGB: »Eine Schwangere, welche ihre Frucht vorsätzlich abtreibt oder im Mutterleib tötet, wird mit Zuchthaus bis zu fünf Jahren bestraft. Sind mildernde Umstände vorhanden, so tritt Gefängnisstrafe nicht unter sechs Monaten ein. Dieselben [Strafen drohen demjenigen], welcher mit Einwilligung der Schwangeren die Mittel zur Abtreibung oder Tötung bei ihr angewendet oder ihr beigebracht hat.«

§ 219 StGB: »Mit Zuchthaus bis zu zehn Jahren wird bestraft, wer einer Schwangeren, welche ihre Frucht abgetrieben oder getötet hat, gegen Entgelt die Mittel hierzu verschafft, bei ihr angewendet oder ihr beigebracht hat.«

Film 1930:

Tonfilm beginnt seinen Siegeszug

Drei Jahre nach »The Jazz Singer«, dem ersten kommerziellen Tonfilm, hat sich das neue Medium international und auch im Deutschen Reich durchgesetzt. Viele Regisseure nutzen das Mittel des Tons, um bestimmte Effekte, die optisch nicht erreichbar sind, zu erzielen.
Ein frühes Meisterwerk ist in dieser Hinsicht der erste Tonfilm des französischen Regisseurs René Clair, »Sous les toits de Paris« (Unter den Dächern von Paris). Diese einfache, fast ein wenig sentimentale Liebesgeschichte erhält ihren Reiz u. a. durch das Lied eines Straßensängers, das die Stationen der Handlung leitmotivisch miteinander verknüpft, und durch die geschickte Verwendung akustischer und optischer Gestaltungsmittel: Eine Schlägerei ist dem Kinobesucher, da sie im Dunkeln stattfindet, nur durch die Geräusche präsent. Umgekehrt wird eine Auseinandersetzung, deren Inhalt aus dem Zusammenhang voraussehbar ist, durch eine geschlossene Glastür gefilmt, so daß sie für den Zuschauer vollkommen lautlos verläuft.
Von Anbeginn an wird das neue Medium Tonfilm intensiv musikalisch genutzt. Marlene Dietrich erringt ihre ersten Tonfilmerfolge – auf »Der blaue Engel« (→ 1. 4./S. 80) folgt 1930 noch »Morocco« (Marokko) unter Regisseur Josef von Sternberg – nicht allein wegen ihrer darstellerischen Kunst oder ihres Aussehens, sondern auch wegen ihrer faszinierend-rauchigen, unverwechselbaren Singstimme.
Die US-amerikanische Schauspielerin Jean Harlow, deren Aufstieg zum platinblonden Star 1930 beginnt, verdankt ihre Rolle in »Hell's Angels« von Howard Hughes dem stimmlichen Versagen einer Rivalin: Der Film war in einer Stummfilmfassung mit Greta Nissen in der weiblichen Hauptrolle fast fertiggestellt, als der Produzent, von der technischen Entwicklung überrollt, das Ganze noch einmal in einer »tönenden« Fassung drehen ließ. Die Norwegerin Nissen kam wegen ihres starken Akzents als Darstellerin nun nicht mehr in Frage.
(Siehe auch Übersicht »Filme« im Anhang.)

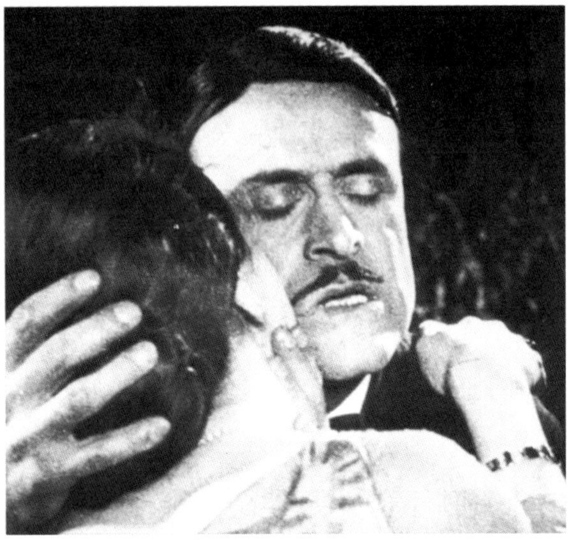

Gaston Modot und Lya Lys in leidenschaftlicher Umarmung: Szene aus dem surrealistischen Film »L'âge d'or« von Luis Buñuel und Salvador Dalí, der Aufsehen erregt.

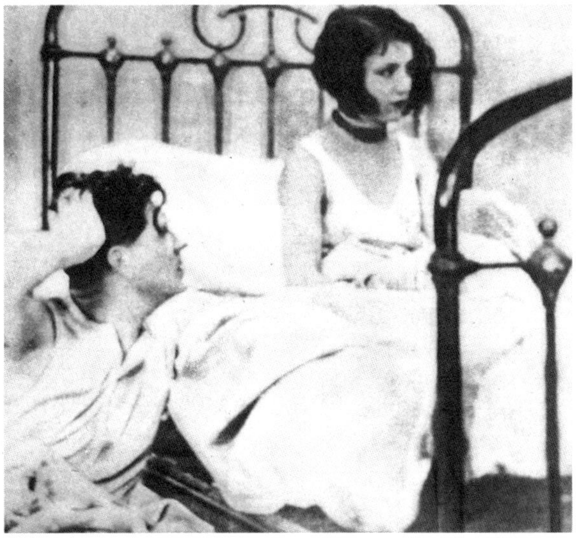

Albert Préjean und Pola Illery in »Sous les toits de Paris«: Der René-Clair-Film wird in Frankreich zwiespältig, in Berlin vom Kinopublikum begeistert aufgenommen.

Emil Jannings ist auf die Rolle des starken, aber vom Schicksal gezeichneten Mannes fixiert.

Der französische Entertainer Maurice Chevalier versprüht seinen Charme 1930 in »The Love Parade«.

Conrad Veidt in dem Durchhaltefilm »Die letzte Kompanie«, der Beifall vor allem von rechts bekommt

Szene aus dem Tonfilm »Little Cesar« von Mervyn Le Roy; dieser erste US-Gangsterfilm enthält bereits alle wichtigen Bestandteile des Genres: Ein armer Junge – der »kleine Cesar« – (Edward G. Robinson, r.) kommt hoch, gelangt als Killer zu Reichtum – und wird doch besiegt.

»Das Flötenkonzert von Sanssouci«: In dieser Szene des Films von Gustav Ucicky mit Otto Gebühr als König Friedrich II., der Große, von Preußen ist das berühmte Tafelbild »Das Flötenkonzert Friedrichs II. in Sanssouci« (1852) von Adolph von Menzel »nachgestellt«.

Marlene Dietrich ist mit ihrer Darstellung der Nachtclubsängerin »Lola-Lola« in »Der blaue Engel« (oben bei ihrem Lied: »Ich bin von Kopf bis Fuß auf Liebe eingestellt«) über Nacht zum internationalen Star geworden. Ihr Vamp-Image führt sie noch im selben Jahr in die USA (l.: Die Dietrich bei ihrer Ankunft in Hollywood).

Ausdrucksstark und wandelbar – der deutsche Filmschauspieler Gustav Fröhlich in verschiedenen Stummfilmrollen; unten Szenen aus dem Film »Asphalt« von Joe May: Fröhlich spielt darin einen jungen Polizeiwachtmeister, der den Verführungskünsten einer Juwelendiebin erliegt und im Affekt deren zwielichtigen Freund erschlägt. Der Darsteller jugendlicher Heldenrollen wirkte auch in Fritz Langs Stummfilm »Metropolis« mit.

Jean Harlow in »Hell's Angels« (Engel der Hölle) von Howard Hughes. Den Verführungskünsten des platinblonden Vamps erliegen in dem US-Tonfilm gleich zwei Männer.

Lilian Harvey, hier im Kostüm der Prinzessin Eva, der weiblichen Hauptrolle der Filmoperette »Walzer der Liebe«, gelingt der Wechsel zum Tonfilm mühelos.

Henny Porten in dem Tonfilm »Kohlhiesels Töchter« von Hans Behrendt: Sie spielte schon 1920 in Ernst Lubitschs Verfilmung der kurzweiligen Bauernkomödie mit.

Greta Garbo als Primadonna Rita Cavallini in dem Film »Romance« (Romanze) von Clarence Brown: Die elegische Schöne wird darin von zwei Männern unglücklich geliebt.

Arturo Toscanini dirigiert den »Tannhäuser« sowie »Tristan und Isolde«. Bei einer Probe zu »Tristan und Isolde« singt er eine Stelle vor.

Toscanini verblüfft in Bayreuth mit »Tannhäuser«-Interpretation

22. Juli. *In Bayreuth werden die Richard-Wagner-Festspiele eröffnet, die letztmals unter der Gesamtleitung von Siegfried Wagner stehen; der Komponist, Dirigent und Regisseur stirbt am → 4. August (S. 153).*
Den Auftakt der Festspiele – und zugleich die Hauptsensation – bildet die Aufführung des »Tannhäuser« unter der Leitung des italienischen Dirigenten Arturo Toscanini. Die »glasklare« Interpretation des »Tannhäuser«, der seit 24 Jahren zum ersten Mal wieder in Bayreuth gespielt wird, ruft Verblüffung und Kritik hervor. Die Frankfurter Zeitung urteilt: »Nun Toscanini. Sein Verdienst heißt Klarheit . . . Man sieht der klingenden Partitur ins Eingeweide. Glasklar . . . Daher wenig romantisch . . . Die Tannhäuser-Romanze der Ouvertüre wird mit soviel Maß konzentriert, daß der erotische Sinn lahm an den Seiten baumelt.«

Neuer Lehrstuhl für Horkheimer

30. Juli. Der Privatdozent an der Universität Frankfurt am Main, Max Horkheimer, erhält einen Ruf an den neu eingerichteten Lehrstuhl für Sozialphilosophie; damit verbunden ist auch die Leitung des »Instituts für Sozialforschung«.
Horkheimer tritt die Nachfolge des Rechts- und Staatswissenschaftlers Carl Grünberg an, der das Institut seit 1923 geleitet hatte. Der 35jährige Philosophieprofessor war schon früh mit sozialwissenschaftlichen und gesellschaftskritischen Theorien in Berührung gekommen. Anfang der zwanziger Jahre begründete er mit jungen Intellektuellen einen Kreis, der sich mit der Lehre von Karl Marx wissenschaftlich auseinandersetzte. Diese Gruppe rief 1922 die »Gesellschaft für Sozialforschung e.V.« ins Leben und wenig später das »Institut für Sozialforschung«. Im Gegensatz zur Universität, die in der Hauptsache ein Ausbildungszentrum ist, bietet das Institut Wissenschaftlern die Möglichkeit, sich auf Forschungsarbeiten zu konzentrieren. Als einzige Einrichtung seiner Art in Westeuropa entwickelt es sich schnell zu einem Anziehungspunkt für junge Intellektuelle aus dem In- und Ausland.

Tonfilm bringt viele Kinomusiker um Lohn und Brot

8. Juli. Aufgrund der Umstellung der meisten großen Berliner Uraufführungskinos von Stummfilm auf Tonfilm sind inzwischen rund die Hälfte aller Berliner Filmmusiker stellungslos geworden.
Im Oktober 1929 wurde der erste im Deutschen Reich produzierte »hundertprozentige Tonfilm« uraufgeführt: Beim »hundertprozentigen Tonfilm« werden parallel zu den Bildern die Sprechtexte, die Geräusche und die Filmmusik aufgenommen bzw. bei der Aufführung wiedergegeben. Die Kinomusiker, die zu Zeiten des Stummfilms und zu Beginn der Tonfilmära, als lediglich ein Teil der Sprechtexte aufgezeichnet wurde, im Kinosaal die Bilder mit Musik begleiteten, werden zunehmend überflüssig. Bereits im Dezember 1929 verloren zahlreiche Kinomusiker ihre Arbeit, und viele kleine Kinos gingen ein, weil sie sich die Umstellung auf Tonfilm nicht leisten konnten. Verstärkt wird diese Entwicklung durch die im Rahmen der Wirtschaftskrise rückläufigen Besucherzahlen in den deutschen Lichtspieltheatern.
Die Einführung des Tonfilms im Deutschen Reich erfolgt mit rund einem Jahr Verspätung auf den entsprechenden Trend in den USA: 1928 wurden dort 500 der über 20 000 Stummfilmkinos auf Tonfilm umgerüstet, 1929 betrug die Zahl der Tonfilmkinos bereits 5251. Europaweit werden 1930 im Monat durchschnittlich 400 Kinos mit Tonfilm-Projektionsapparaten ausgestattet. Die gleichzeitige Wiedergabe von Bild und Ton ist seit den Frühzeiten der »laufenden Bilder« ein Traumziel. Ab Mitte der zwanziger Jahre wurden erste Wiedergabeverfahren zur technischen Reife weiterentwickelt; vorherrschend ist weltweit das sog. Lichttonverfahren.

Der Schriftsteller Thomas Mann am Tonfilm-Mikrophon (rechts); links das Aufnahmegerät

Ein Filmmusik-Komponist mit Stoppuhr am »tönenden Abhörtisch«: Die Einsätze der Filmmusik, Sprechtexte und Geräusche müssen beim Tonfilm exakt mit der Abfolge der Bilder abgestimmt sein.

Italienische Reiter in Aachen siegreich

27. Juli. Zum Abschluß des achttägigen Internationalen Reit- und Springturniers in Aachen gewinnt der Italiener Lombardo auf »Rocabrune« den Großen Preis.
Im ersten Durchgang bleiben fünf Teilnehmer auf dem 1400 m langen Parcours fehlerfrei. Vor fast 30 000 Zuschauern entwickelt sich das Stechen daraufhin zu einem dramatischen Kampf, denn drei Reiter bleiben auch hier zunächst ohne Fehler; die Entscheidung fällt erst im dritten Stechen: »Rocabrune« geht erneut null Fehler. Lombardo siegt somit vor seinem italienischen Landsmann Formigli auf »Monte Bello« mit zwei und dem Deutschen von Sydow, der auf seinem Pferd »Bajazzo« mit vier Fehlerpunkten durchs Ziel kommt.

Der japanische Major Imamura beim Sprung über den »großen Wall« des Parcours in Aachen

Den ersten Preis im Hochspringen gewinnt mit 2,10 m Graf Bettoni (Italien) auf »Escoiattollo«.

Gruppenbild mit Sieger (v. l.): Archambaud (Frankreich), die beiden Deutschen Stöpel und Sieronski, die nicht bis nach Paris kamen, und der Franzose André Leducq, den sein großer Erfolg zufrieden lächeln läßt

Französischer Triumph bei Tour de France

27. Juli. Mit der 21. Etappe über 300 km von Malo-Les-Bains bei Dünkirchen nach Paris geht die Tour de France der Radprofis zu Ende. Sieger wird nach 4818 km mit einer Gesamtfahrzeit von 172:12:10 h (= 27,978 km/h) der Franzose André Leducq vor Learco Guerra (Italien/172:26:29 h) und Antonin Magne (Frankreich/172:28:19 h). Bester Deutscher ist der Wiesbadener Adolf Schön auf Platz zehn (173:33:55 h) der Gesamtwertung, Dreizehnter wird Oskar Thierbach (Dresden).
Leducq hat nach der neunten Etappe, der ersten Pyrenäenstrecke von Pau nach Luchon, das Gelbe Trikot des Spitzenreiters übernommen. Dank der Unterstützung seiner französischen Teamgefährten, u. a. Charles Pélissier (achtmal Tagessieger, darunter auf den letzten drei Etappen) und Antonin Magne, kann er seinen Vorsprung bis zum Schluß verteidigen. Während der besonders schwierigen Alpen-Etappe von über 333 km von Nizza nach Grenoble, die noch durch Regenwetter erschwert wurde, rückt Leducqs härtester Verfolger, Learco Guerra auf den zweiten Platz im Gesamtklassement vor.
Erstmals fahren in diesem Jahr Nationalteams die Mannschaftswertung aus und nicht wie bisher die Firmen-Mannschaften. Gewertet werden pro Etappe jeweils die ersten drei Fahrer jeder Nation: Frankreich gewinnt dabei vor Belgien, Deutschland, Spanien und Italien.
Pro Mannschaft wurden acht Fahrer nominiert. Komplettiert wurde das 100köpfige Starterfeld durch 60 unabhängige Einzelfahrer (»Isolés«), fast ausschließlich Franzosen. Die Nationenwertung ist eine Idee von Tour-de-France-Gründer Henri Desgrange: Er erhofft sich davon vor allem mehr internationales Interesse.

André Leducq, der spätere Sieger der Tour de France, nach einem Sturz; der wegen seines Durchhaltevermögens bekannte Fahrer scheint eine Willenskrise durchzumachen. Leducq ist 1927 ins Lager der Berufsfahrer übergewechselt und belegte im selben Jahr bei der Tour de France auf Anhieb den vierten Platz. 1928 gewann er Paris – Roubaix und wurde zudem hinter Nicolas Frantz (Luxemburg) Zweiter der Frankreichrundfahrt.

Die Mannschaft des Gastgebers Uruguay, die im Endspiel gegen Argentinien die Fußball-WM gewinnt

Die »schwarze Perle« der Uruguayer, Ballkünstler J. Leandro Andrade

Uruguay gewinnt die erste Fußball-WM

30. Juli. Im Finale der erstmals ausgetragenen Fußball-Weltmeisterschaft sichert sich Uruguay durch einen 4:2-Sieg gegen Argentinien in Montevideo den Titel.

Vor 70 000 Zuschauern – aus Sicherheitsgründen wurden nicht mehr Fans in das Stadion gelassen – entwickelt sich von der ersten Minute an ein spannendes Spiel, bei dem die Argentinier zur Pause überraschend 2:1 führen. Durch den Ausgleichstreffer, den Cea markiert, können die Uruguayer jedoch die Wende herbeiführen: Angespornt vom frenetischen Beifall der heimischen Schlachtenbummler bringt Iriarte seine Mannschaft in Führung; den Schlußpunkt zum 4:2 für die WM-Gastgeber setzt Castro.

Nach dem Schlußpfiff spielen sich unbeschreibliche Szenen ab, die der Präsident des Internationalen Fußballverbandes (FIFA) und Stifter der Weltmeister-Trophäe, Jules Rimet, so beschreibt: »Nie zuvor habe ich solche Beispiele von emotionaler Leidenschaft, Enthusiasmus und Begeisterung erlebt, wie sie dieser Sieg freisetzte. Als die Fahne Uruguays am Siegesmast hochstieg, die Spieler des Weltmeisters weinend dem Fahnentuch nachschauten, schien sich das ganze Volk des Weltmeisters im Stolz auf diesen Erfolg zu verbinden . . .«

Bereits im Vorfeld des Endspieles hatten die Emotionen in Argentinien und Uruguay hohe Wellen geschlagen: In einem regelrechten Pressekrieg versuchten sich die Zeitungen beider Länder, mit ihren Prognosen und Lobeshymnen auf die eigene Mannschaft gegenseitig zu überbieten.

Der Beschluß der FIFA, »alle vier Jahre, erstmals 1930«, eine Weltmeisterschaft auszutragen, wurde 1928 unter dem maßgeblichen Einfluß ihres Präsidenten Rimet gefaßt. Zuvor waren alle WM-Pläne regelmäßig am Widerstand nationaler Verbände gescheitert, weil in der Frage der Finanzierung keine Lösung gefunden wurde. Als Austragungsort einigten sich die Mitglieder der FIFA 1929 auf Uruguay, das 1930 mit der WM den 100. Jahrestag seiner Staatsgründung feiern wollte.

Die Absage zahlreicher europäischer Länder, nach Südamerika zu reisen, drohte das Niveau der WM von vornherein zu senken. Nach dringenden Appellen der FIFA erklären sich Frankreich, Belgien, Rumänien und Jugoslawien schließlich doch noch zur Teilnahme bereit, so daß insgesamt 13 Teams – darunter acht aus Südamerika – zum Wettkampf antreten.

Das Siegestor für Uruguay: Nach einem Kopfball von Castro streckt sich der argentinische Torwart vergeblich. Besonders die Uruguayer überraschen die europäischen Teilnehmer durch ihr spielerisches Können.

Comeback des Veteranen

5. Juli. Der US-amerikanische Tennis-Veteran William Tatem »Big Bill« Tilden besiegt im Finale der »All England Tennis-Championships« in Wimbledon seinen Landsmann Wilmer Allison in drei Sätzen 6:3, 9:7, 6:4. Für den 37jährigen ist es der dritte Wimbledon-Erfolg im Herreneinzel; er gewann bereits 1920 und 1921.

Auf dem Weg ins Finale schaltete der US-Amerikaner den favorisierten Franzosen Jean Borotra im Semifinale in fünf Sätzen aus; mit Borotra schied der letzte der sog. vier Musketiere (außerdem: Jean René Lacoste, Henri Cochet und Jacques Brugnon) aus. Seit 1924 hatten nur die vier Franzosen gewonnen und (mit der Ausnahme von 1926) auch den Finalgegner gestellt.

Allison qualifizierte sich in einem rein amerikanischen Aufeinandertreffen gegen John Doeg. Im Endspiel steht der 26jährige Allison aber gegen seinen elf Jahre älteren Gegner, der vor allem durch sein starkes Service überzeugen kann, auf verlorenem Posten.

Pech hatte die deutsche Spitzenspielerin Cilly Aussem im Damen-Halbfinale. Die 21jährige Kölnerin stürzte beim Match gegen Elizabeth Ryan (USA) beim Stand von 4:4 im dritten und entscheidenden Satz und verletzte sich dabei so schwer, daß sie aufgeben mußte. Im Finale gegen die US-Amerikanerin Helen Wills-Moody, die in Wimbledon seit 1927 ununterbrochen siegreich war, unterliegt Elizabeth Ryan allerdings klar 2:6, 2:6.

Die im Finale des Damendoppels unterlegenen US-Spielerinnen (v. l.) Groß und Palfrey gratulieren Wills-Moody und Ryan (ebenfalls USA).

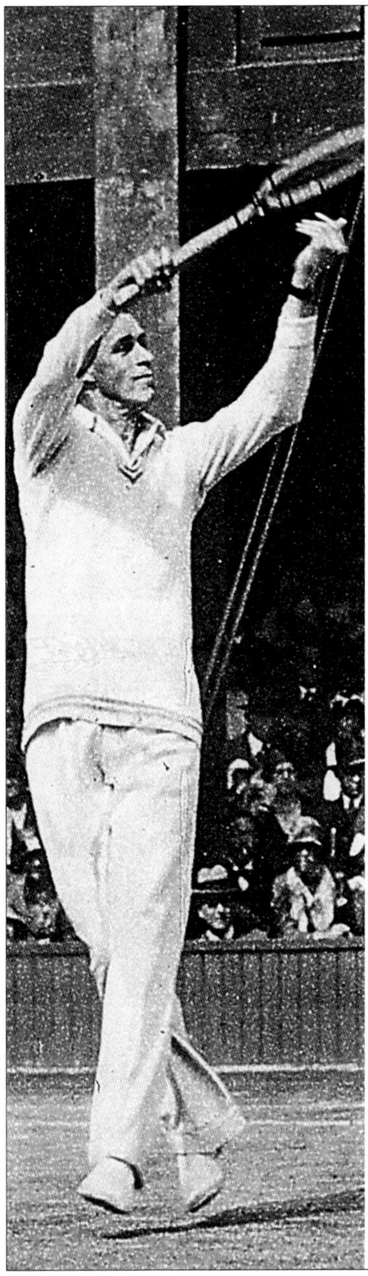

»Big Bill« Tilden: Zehn Jahre Nr. 1

Der US-Amerikaner William Tatem »Big Bill« Tilden beherrscht in den 20er Jahren neben den französischen Spielern Cochet, Borotra, Lacoste und Brugnon die internationale Tennisszene.

Am 10. Februar 1893 in Germantown (US-Bundesstaat Pennsylvania) geboren, wird Tilden in Europa 1920 durch seinen Sieg in Wimbledon, dem ersten eines US-Amerikaners überhaupt, bekannt. Ein Jahr später wiederholt »Big Bill« seinen Erfolg, ehe er sich von den Turnieren auf dem europäischen Kontinent weitgehend zurückzieht; 1927 gewinnt er mit seinem Freund Frank Hunter das Doppel in London, doch erst 1930 tritt er wieder im Einzelwettbewerb in Wimbledon an.

In seiner Heimat ist Tilden ein ganzes Jahrzehnt lang unbestritten der »Tennis-King«. Zwischen 1920 und 1929 wird er siebenmal Einzel- und viermal Doppelsieger bei den internationalen Meisterschaften der USA sowie siebenmal Daviscup-Gewinner. Kurz nach seinem Wimbledon-Sieg 1930 wird Tilden offiziell Profi, kann also nicht mehr an »Amateur«-Turnieren teilnehmen. Zusammen mit Spielern wie Roman Najuch und Karel Kozeluh bestreitet er von nun an gut bezahlte Schaukämpfe in Europa und den Vereinigten Staaten.

◁ Tennisstar »Big Bill« Tilden – perfekter Könner und souveräner Snob

»Die vier Musketiere« holen Daviscup

27. Juli. Am Schlußtag des Daviscup-Finales in Paris sichert sich Frankreich mit den Spielern Henri Cochet, Jean Borotra, Jacques »Toto« Brugnon und Jean René Lacoste, den »vier Musketieren«, den Endspiel-Sieg gegen die USA.

Nach der Auftakt-Niederlage von Borotra (gegen Bill Tilden) bringen Cochet (gegen Lott) und das Doppel Cochet/Brugnon Frankreich mit 2:1 in Führung. Im ersten Einzel am dritten Tag schlägt Borotra vor 12 000 begeisterten Franzosen im »Stadion Roland Garros« George Lott 5:7, 6:3, 2:6, 6:2, 8:6 und sorgt damit für den entscheidenden dritten Gewinnpunkt der Franzosen.

Frankreichs Präsident Gaston Doumergue begrüßt auf dem Center Court die Spieler (v. l.): van Ryan, Allison (USA), Cochet und Brugnon.

Fieseler erneut Kunstflugmeister

6. Juli. In Köln endet die Deutsche Kunstflugmeisterschaft mit dem Kürprogramm der Teilnehmer. Sieger des Wettbewerbs, der am Samstag mit sechs Pflichtübungen in Wiesbaden seinen Auftakt nahm, wird erneut Gerhard Fieseler. Er war bereits zweimal Deutscher Kunstflugmeister.

Fieseler, der im Weltkrieg als Jagdflieger eingesetzt wurde, ist Fluglehrer in Kassel. Seit Jahren beeindruckt er auf Flugwettbewerben mit immer neuen Flugfiguren, die er mit »unübertrefflich souveräner Beherrschung seiner Maschine« (»Frankfurter Zeitung«) vorführt.

August 1930

Mo	Di	Mi	Do	Fr	Sa	So
				1	2	3
4	5	6	7	8	9	10
11	12	13	14	15	16	17
18	19	20	21	22	23	24
25	26	27	28	29	30	31

1. August, Freitag

Im Rahmen des Reichstagswahlkampfes veranstalten Sozialdemokraten und Kommunisten in Berlin Großkundgebungen unter dem Motte »Nie wieder Krieg«. An der SPD-Veranstaltung im Lustgarten nehmen rund 30 000 Sozialdemokraten teil, zur Demonstration der Kommunisten auf dem Winterfeldplatz versammeln sich etwa 15 000 Parteianhänger.

Reichsarbeitsminister Adam Stegerwald (Zentrum) läßt eine Erklärung veröffentlichen, daß künftig die Vergabe von öffentlichen Aufträgen an Firmen unterbleiben soll, die Massenentlassungen vornehmen. In den vorangegangenen Monaten hatten besonders in der Metall- und Autoindustrie zahlreiche Arbeiter aufgrund der schlechten Auftragslage ihre Arbeitsplätze verloren (→ 9. 5./S. 91).

In Berlin wird die »Deutsche Gesellschaft für öffentliche Arbeit« gegründet. Die vom Reich kontrollierte Gesellschaft soll mit Krediten Arbeitsbeschaffungsmaßnahmen fördern. → S. 143

Der Leiter der Dessauer Hochschule für Gestaltung Bauhaus, Hannes Meyer, wird aus seinem Amt entlassen. Vor allem die Rechtspresse, aber auch ein Teil seiner Kollegen, hatten ihn wegen seiner sozialistischen Grundhaltung angefeindet. → S. 148

In Salzburg werden zum zehnten Mal die Theater- und Opernfestspiele eröffnet. → S. 152

2. August, Samstag

In der belgischen Stadt Antwerpen wird die 17. Konferenz des Komitees für internationales Seerecht eröffnet. Tagungsthemen sind u. a. die Durchsetzung einer weltweiten Zwangsversicherung der Passagiere durch die Schiffsgesellschaften sowie die Frage der rechtlichen Zuständigkeit bei Schiffszusammenstößen auf hoher See.

Vertreter der italienischen Regierung und des Vatikans unterzeichnen in Rom eine Münzkonvention. Danach darf der Vatikan italienisches Geld – eine Mio. Lire pro Jahr – ausgeben.

3. August, Sonntag

Bei Freiburg im Breisgau wird die Schauinsland-Bahn in Betrieb genommen. Die von der Saarbrücker Gesellschaft für Förderungsanlagen Ernst Heckel erbaute Bahn ist die erste Personen-Seilbahn mit Rundlauf der Wagen über zwei parallel geführte Tragseile.

In der »Frankfurter Zeitung« erscheinen Inserate, in denen der Zeitungsverlag den Lesern ein sog. Wahlabonnement anbietet: »In der Zeit vor den Wahlen braucht jeder Klarheit über die politische und wirtschaftliche Situation, um zu einem unvoreingenommenen Urteil zu kommen« (→ 14. 9./S. 158).

4. August, Montag

Bei einem Streik der Arbeiterschaft in der sowjetischen Hafenstadt Odessa eröffnen Regierungstruppen das Feuer auf die Streikenden. 200 Menschen werden getötet.

In Bayreuth stirbt der Dirigent, Komponist und Regisseur Siegfried Wagner, Sohn des deutschen Komponisten Richard Wagner, im Alter von 61 Jahren. Die Leitung der Bayreuther Festspiele übernimmt seine Frau Winifred Wagner. → S. 153

5. August, Dienstag

In einem Prozeß gegen einen Nationalsozialisten gibt ein Hamburger Gericht dem Befangenheitsantrag des Angeklagten statt. Er lehnte einen Schöffen ab, weil dessen Vater Jude ist. Der Angeklagte hatte zu Beginn des Prozesses angekündigt, er werde das Gericht nicht akzeptieren, falls sich »Jesuiten, Juden und Freimaurer« unter seinen Mitgliedern befänden.

Bei einem Wirbelsturm über der größten japanischen Insel Hondo werden 50 Menschen getötet. In Tokio zerstört der Sturm 4000, in Osaka 1000 Häuser.

Der Bürgermeister der US-amerikanischen Stadt Williamsport (US-Bundesstaat Georgia) verfügt eine Strafe von umgerechnet 2000 RM für Ehemänner, die mit Frauen spazierengehen, mit denen sie nicht verheiratet sind.

Die US-amerikanische Fliegerin Florence Lone Barnes aus Los Angeles stellt mit 314 km/h einen neuen Fluggeschwindigkeitsrekord für Frauen auf (→ 24. 5./S. 96).

6. August, Mittwoch

Die US-amerikanische Regierung veröffentlicht das Ergebnis der jüngsten Volkszählung: 122 728 873 Menschen leben in den Vereinigten Staaten.

In Genf beginnt der dreitägige Dritte Internationale Beamtenkongreß mit 300 Vertretern aus 10 Ländern. Die Delegierten, die rund 400 000 Verbandsmitglieder vertreten, beraten die Gründung von Beamtengewerkschaften, die auf internationaler Ebene eng miteinander kooperieren sollen.

Der Wiener Forscher Sigmund Freud, Begründer der Psychoanalyse, erhält den mit 10 000 RM dotierten Goethe-Preis der Stadt Frankfurt am Main. → S. 153

7. August, Donnerstag

Ein Bombayer Gericht verurteilt den indischen Nationalistenführer Vallabhbhai Jhaverabhai Patel wegen »antibritischer Tätigkeit« zu drei Monaten Gefängnis. Patel ist ein enger Mitarbeiter des Führers der indischen Unabhängigkeitsbewegung Mohandas Karamchand »Mahatma« Gandhi (→ 6. 4./S. 68).

Der Versuch der DVP, mit anderen Parteien für die Reichstagswahlen am → 14. September (S. 158) einen Block der gemäßigten Parteien gegen Kommunisten und Nationalsozialisten zu bilden, scheitert. Nachdem die Christlichnationale Bauern- und Landvolkpartei den Beitritt zu einem gemeinsamen Wahlaufruf ablehnt, ziehen sich auch die Wirtschaftspartei und die Konservative Volkspartei zurück (→ 24. 8./S. 142).

8. August, Freitag

Sieben Reichstagsabgeordnete der DNVP treten aus der Partei aus. Sie mißbilligen den rechtskonservativen Kurs des Parteivorsitzenden Alfred Hugenberg (→ 3. 4./S. 74).

Das badische Unterrichtsministerium in Karlsruhe gibt Disziplinarmaßnahmen gegen Lehrer bekannt, die aktive Nationalsozialisten sind; zwei Lehrer, die wegen Agitation im Unterricht angezeigt wurden, entläßt das Ministerium.

Nach dem Rücktritt des kanadischen Premierministers William Lyon Makkenzie King am 28. Juli wird Richard Bedford Bennett zum neuen Regierungschef gewählt.

9. August, Samstag

Der US-amerikanische Präsident Herbert Clark Hoover kündigt anläßlich der seit Juli andauernden Dürre in weiten Teilen des Landes ein Notprogramm für die Landwirtschaft an. Um Geld für die Unterstützung der US-Farmer aufzubringen, soll das Budget der US-Marine für 1930 drastisch gekürzt werden. Eine Hitzewelle mit Temperaturen bis 45 °C hat vor allem im Nordwesten der USA die Ernten vernichtet.

10. August, Sonntag

Am Berliner Schloßplatz reißen bei einer Demonstration rund 400 Nationalsozialisten die Fahnen der Republik herunter. Die wegen des geltenden Uniformverbots mit weißen Hemden bekleideten Rechtsextremisten werden von der Polizei festgenommen (→ 5. 6./S. 108).

In der schwedischen Hauptstadt Stockholm findet die »Skandinavische antifaschistische Konferenz« statt. 154 Delegierte vornehmlich kommunistischer Parteien und Jugendverbände bilden ein Komitee zur »Koordinierung des Kampfes gegen den Faschismus«. Sie richten sich damit in der Hauptsache gegen die Ausbreitung rechtsextremistischer Bewegungen in Nordeuropa (→ 7. 7./S. 127).

Die Gemeindeverwaltung von Großdubrau bei Bautzen gibt bekannt, daß zwei Drittel der 1350 Einwohner des Ortes arbeitslos sind. Die Hauptarbeitgeber des Ortes, zwei Eisenhütten, waren infolge der Wirtschaftskrise stillgelegt worden (→ 9. 5./S. 91)

Der Allgemeine Deutsche Automobilclub (ADAC) errichtet auf den Strecken München-Garmisch-Partenkirchen und Murnau-Oberammergau-Oberau versuchsweise die ersten Pannentelefone (→ 21. 1./S. 25).

Bei den Internationalen Deutschen Tennismeisterschaften in Hamburg besiegt der Franzose Christian Boussus im Finale den Japaner Ohta 1:6, 8:6, 2:6, 6:4 und 6:4.

11. August, Montag

Im Deutschen Reichstag in Berlin wird in einer Feierstunde der Verfassungstag der am 11. August 1919 in Kraft getretenen Weimarer Reichsverfassung begangen. In seiner Festrede appelliert Reichsinnenminister Joseph Wirth (Zentrum) an alle Bürger, trotz der politischen und wirtschaftlichen Probleme nicht der radikalen Propaganda zu folgen.

In Darmstadt gehen die Akademischen Weltspiele zu Ende, die am 1. August begonnen hatten. 600 Studenten aus 33 Ländern haben an den sportlichen Wettkämpfen teilgenommen.

12. August, Dienstag

Türkische Truppen eröffnen eine Offensive gegen kurdische Rebellen, die von persischem Gebiet aus zahlreiche Überfälle auf türkisches Territorium verübt haben. Die Kurden, die in Persien, der Türkei, dem Irak, der UdSSR und Syrien eine Bevölkerungsminderheit darstellen, kämpfen für ihre politische Autonomie. → S. 146

Der deutsche Literaturhistoriker Friedrich Gundolf erhält als erster den 1929 von der Hansestadt Hamburg gestifteten Lessing-Preis. → S. 153

In Berlin wird der Film »Der Sohn der weißen Berge« von Mario Bonnard uraufgeführt. Luis Trenker spielt die Hauptrolle in dem Alpendrama.

13. August, Mittwoch

US-Nachrichtenagenturen melden, daß die UdSSR Landmaschinen im Wert von umgerechnet 200 Mio. RM in den USA bestellt habe. Die Aufträge wurden während eines zweimonatigen Aufenthaltes einer sowjetischen Landwirtschaftskommission in den USA vergeben.

14. August, Donnerstag

Bei einer Wahlkampfrede im Berliner Sportpalast spricht der Vorsitzende der DNVP, Alfred Hugenberg, über das kommende »Dritte Reich«. Seit dem Erscheinen des gleichnamigen Buches von Arthur Moeller van den Bruck im Jahre 1923 fassen konservative, deutschnationale und rechtsextreme Kreise ihre Kritik an der Weimarer Republik oft in der Forderung nach einem starken, autoritär geführten Einheitsstaat, dem »Dritten Reich«, zusammen (→ 24. 8./S. 142).

In der UdSSR wird die allgemeine Grundschulpflicht eingeführt. Die politische Führung in Moskau will damit das Analphabetentum in der Sowjetunion bekämpfen. Bisher sind noch fast 50% der Erwachsenen Analphabeten (→ 26. 6./S. 110).

Die Vorfreude auf das sommerliche Ferienlager ist den Kindern, die ihren Eltern aus dem Zug zum Abschied zuwinken, ins Gesicht geschrieben. Mit ihrem Titelbild weist die Illustrierte »Die Welt« auf die große Zahl von Schulkindern hin, die 1930 in den Sommerferien zur Erholung an die See oder in die Berge fahren.

Die kanadische Regierung stoppt wegen der hohen Arbeitslosenzahl vorläufig die Einwanderung aus Europa.

15. August, Freitag

In Peshawar, in der britischen Kolonie Indien, wird das Kriegsrecht verhängt, nachdem es am Vortag zu blutigen Straßenschlachten zwischen Sicherheitskräften und Anhängern der indischen Unabhängigkeitsbewegung gekommen ist (→ 6. 4./S. 68).

Der hessische Innenminister Wilhelm Leuschner (SPD) erläßt ein Umzugsverbot für radikale Parteien. Damit sollen vor allem blutige Straßenschlachten zwischen Kommunisten und Nationalsozialisten verhindert werden (→ 5. 6./ S. 108).

16. August, Samstag

In Berlin wird der Film »Dreyfus« mit Fritz Kortner in der Hauptrolle uraufgeführt. Der unter der Regie von Richard Oswald gedrehte Film behandelt den Fall des 1894 zu Unrecht wegen Landesverrats verurteilten jüdischen Hauptmanns im französischen Generalstab, Alfred Dreyfus. → S. 149

Das staatliche Bodenamt der Tschechoslowakei enteignet rund 40 000 ha Grundbesitz des Fürstentums Liechtenstein und 9000 ha des Deutschen Ritterordens. Das Land – historischer Herrschaftsbesitz – geht vor allem in den Besitz von Gemeinden und staatlichen Siedlungsgesellschaften über. Die Entschädigungssummen von insgesamt rund 10 Mio. RM betragen nur einen Bruchteil des tatsächlichen Wertes der Ländereien.

17. August, Sonntag

In Moskau werden vier Männer wegen des Aufkaufes von Silbermünzen zum Tode verurteilt und hingerichtet. Das zuständige Gericht führte als Begründung des Urteils aus, daß sich mit dem Aufkauf von Silbermünzen vornehmlich »Konterrevolutionäre« beschäftigten.

Schwere Überschwemmungen infolge einer Sturmflut fordern im Unterelbegebiet ein Menschenleben und vernichten einen Großteil der Ernte.

Der Revuefilm »King of Jazz« (König des Jazz) des britischen Regisseurs John Murray Anderson begeistert das Publikum in den USA. Die Filmmusik stammt von Paul Whiteman. → S. 149

18. August, Montag

In der Dominikanischen Republik übernimmt General Rafael Leonidas Trujillo y Molina durch einen Militärputsch die Macht. Der bisherige Oberbefehlshaber der Streitkräfte wurde bei den US-amerikanischen Streitkräften ausgebildet, die das Land von 1916 bis 1924 besetzt hielten (→ 15. 3./S. 53).

Die Jahreslose der Preußisch-Süddeutschen Klassenlotterie werden teurer: Statt 120 RM kosten sie ab sofort 200 RM. Die Erhöhung kann durchgesetzt werden, weil das Interesse am Lotteriespiel trotz Wirtschaftskrise gewachsen ist.

Anläßlich des zehnjährigen Jubiläums der Salzburger Festspiele verleiht die Philosophische Fakultät der Universität Frankfurt am Main dem österreichischen Regisseur und Mitbegründer der Festspiele Max Reinhardt den Ehrendoktortitel. (→ 1. 8./S. 152)

19. August, Dienstag

Vor einem neueröffneten New Yorker Arbeitsamt kommt es zu Prügeleien. Mehr als 10 000 Arbeitslose hatten die ganze Nacht gewartet, um sich auf eine der insgesamt 125 freien Stellen zu bewerben. So warteten die meisten vergeblich.

20. August, Mittwoch

In Bayern tritt die Regierung unter Ministerpräsident Heinrich Held (Bayerische Volkspartei) zurück, nachdem der Landtag die per Verordnung durchgesetzte Schlachtsteuer wieder aufgehoben hat. → S. 143

Durch eine Behördenschlamperei ist Berlin ohne Polizeistundenverordnung. Die alte Verordnung lief am 1. Juli aus und wurde nicht ersetzt. Einige Gastwirte halten ihre Lokale bis nach drei Uhr morgens geöffnet, ohne daß die Polizei einschreiten kann.

21. August, Donnerstag

Im Rahmen des Arbeitsbeschaffungsprogramms der Reichsregierung kündigt die Reichspost Aufträge an deutsche Unternehmen mit einem Gesamtvolumen von 200 Millionen RM an (→ 1. 8./S. 143).

Die 1930 turnusgemäß im Deutschen Reich anstehende Volkszählung wird auf Vorschlag der preußischen Regierung um zwei Jahre verschoben. Hintergrund ist die allgemeine Finanzmisere der öffentlichen Haushalte im Deutschen Reich. → S. 143

Auf dem schottischen Schloß Glamis wird Margaret Rose, Prinzessin von Großbritannien und Nordirland geboren. Sie ist nach über 300 Jahren das erste Mitglied des britischen Königshauses, das in Schottland geboren wird. → S. 147

22. August, Freitag

Im sog. Roentgentaler Nationalsozialisten-Prozeß werden vor einem Berliner Gericht 13 Angeklagte zu mehrjährigen Freiheitsstrafen verurteilt. Sie waren wegen eines Überfalls auf Mitglieder des SPD-nahen Kampfverbandes Reichsbanner Schwarz-Rot-Gold angeklagt. Bei dem Überfall war ein Reichsbannermitglied getötet worden.

Kopenhagener Zeitungen melden, daß die Leichen des schwedischen Forschers Salomon August Andrée und seiner Begleiter im Polargebiet gefunden wurden. Andrée hatte 1897 zusammen mit zwei Begleitern versucht, mit einem Ballon den Nordpol zu erreichen und war seitdem verschollen. → S. 146

In Berlin wird die Funk- und Phonoschau 1930 eröffnet. In seiner Eröffnungsrede hebt der Physiker Albert Einstein die Bedeutung des Rundfunks als Mittel der Völkerverständigung hervor. → S. 147

Bei einem dreisten Raubüberfall auf das Lohnbüro des Bezirksamtes in Berlin-Wilmersdorf erbeutet ein Räuber rund 25 000 RM. Der Täter, der nach einer längeren Verfolgungsjagd von Beamten dingfest gemacht werden kann, war am hellichten Tag über eine Leiter in das Lohnbüro im ersten Stock eingedrungen. Er riß bereits abgezähltes Geld von einem Tisch blitzschnell an sich und flüchtete.

23. August, Samstag

In Bunzlau in Schlesien kommt es bei einer Wahlversammlung der Nationalsozialisten zu blutigen Auseinandersetzungen zwischen Polizei und Anhängern der KPD. Dabei werden drei Menschen getötet und zehn schwer verletzt. Die Kommunisten hatten versucht, gewaltsam in den bereits überfüllten Versammlungssaal einzudringen (→ 24. 8./ S. 142).

Das Bonner Stadttheater wird wegen finanzieller Schwierigkeiten geschlossen.

24. August, Sonntag

Mit der Veröffentlichung der »Programmerklärung der KPD zur nationalen und sozialen Befreiung des deutschen Volkes« beginnt die heiße Phase des Reichstagswahlkampfes im Deutschen Reich. → S. 142

Papst Pius XI. ernennt den bisherigen Administrator des Bistums Berlin, Christian Schreiber, zum Bischof von Berlin. Schreiber ist der erste Bischof im Bistum Berlin, dessen Errichtung 1929 im Konkordat zwischen Preußen und dem Vatikan vereinbart wurde. → S. 143

25. August, Montag

In Polen wird Marschall Józef Klemens Piłsudski zum Ministerpräsidenten gewählt. Pilsudski hatte bereits 1926 durch einen Staatsstreich die Macht in Polen übernommen und bis 1928 diktatorisch geherrscht. Seit 1928 übt er als Verteidigungsminister und Generalinspekteur der Streitkräfte die tatsächliche Macht in Polen aus (→ 15. 3./S. 53).

In Berlin wird der erste Tonfilm des deutschen Regisseurs Robert Siodmak, »Abschied«, uraufgeführt. Die Hauptrollen spielen Aribert Moog und Brigitte Horney. → S. 149

Die Spruchkammer des Westdeutschen Spielverbandes belegt den Fußballverein Schalke 04 mit 1000 RM Strafe. Der Verein zahlte an seine Spieler Geldbeträge und verstieß damit gegen die Amateurbestimmungen. 14 Schalker Spieler werden zu Profis erklärt und können deshalb nicht mehr in der Meisterschaft für den Fußballverein eingesetzt werden. → S. 153

26. August, Dienstag

Der deutsche Pilot Wolfgang von Gronau erreicht nach gut 44 Flugstunden New York. Er erkundete dabei mit seinem Dornier-Flugboot »Wal« eine Route über den Nordatlantik zwischen Europa und New York.

27. August, Mittwoch

In Peru kann sich General Luis Sánchez Cerro als neuer starker Mann durchsetzen. Cerro hat am 25. August zusammen mit anderen hohen Offizieren den seit 1919 mit diktatorischen Vollmachten herrschenden Präsidenten Bernardino Augusto Leguía gestürzt.

28. August, Donnerstag

Das Reichskabinett einigt sich über den Finanzplan für 1931. Die Vorlage sieht Kürzungen der Staatsausgaben sowie ein Programm für den Wohnungsbau und zur Förderung ländlicher Siedlungen vor.

In London sterben 24 Menschen infolge einer Hitzewelle. Mit bis zu 35 °C werden die höchsten Temperaturen seit 1911 gemessen.

29. August, Freitag

Die deutsche und die finnische Regierung einigen sich in Helsinki auf einen Handelsvertrag. Wesentlicher Bestandteil des Abkommens ist eine Regelung des Austausches von Agrarprodukten zwischen beiden Ländern.

Im staatlichen Schauspielhaus in Dresden wird die Komödie »Sturm im Wasserglas« des deutschen Schrifstellers Bruno Frank uraufgeführt.

30. August, Samstag

In der Nacht zum Sonntag demoliert in Berlin ein Trupp von Anhängern der »Revolutionären Nationalsozialisten« unter Otto Strasser eine Geschäftsstelle der NSDAP. Strasser war im Juli nach langwierigen Streitigkeiten wegen seiner antikapitalistischen Ansichten aus der NSDAP ausgeschlossen worden (→ 3. 7./S. 126).

31. August, Sonntag

In Leipzig wird die Herbstmesse eröffnet. Auf 144 541 m² präsentieren sich 7653 Aussteller, davon 678 aus dem Ausland.

Im Atlantischen Ozean entdeckt das italienische Bergungsschiff »Artiglio« das 1922 gesunkene britische Passagier- und Frachtschiff »Egypt«. Das Wrack birgt einen Schatz von umgerechnet 21 Mio. RM. → S. 147

Erich Möller aus Hannover siegt bei den Bahn-Weltmeisterschaften in Brüssel im Steher-Wettbewerb. → S. 153

Das Wetter im Monat August

Station	Mittlere Lufttemperatur (°C)	Niederschlag (mm)	Sonnenscheindauer (Std.)
Aachen	17,1 (17,2)	85 (82)	– (188)
Berlin	16,3 (17,2)	104 (68)	– (212)
Bremen	17,4 (17,1)	94 (79)	– (182)
München	15,6 (16,6)	121 (96)	– (211)
Wien	18,1 (18,6)	109 (68)	– (242)
Zürich	17,1 (16,6)	129 (132)	213 (219)

( ) Langjähriger Mittelwert für diesen Monat
– Wert nicht ermittelt

Die Vorteile eines großen Gartens in der heißen Sommerzeit hebt die US-amerikanische Familienzeitschrift »House and garden« auf ihrem Titelblatt im Monat August hervor. Das dichte Laub eines Baumes spendet angenehm kühlen Schatten inmitten der Sommerhitze.

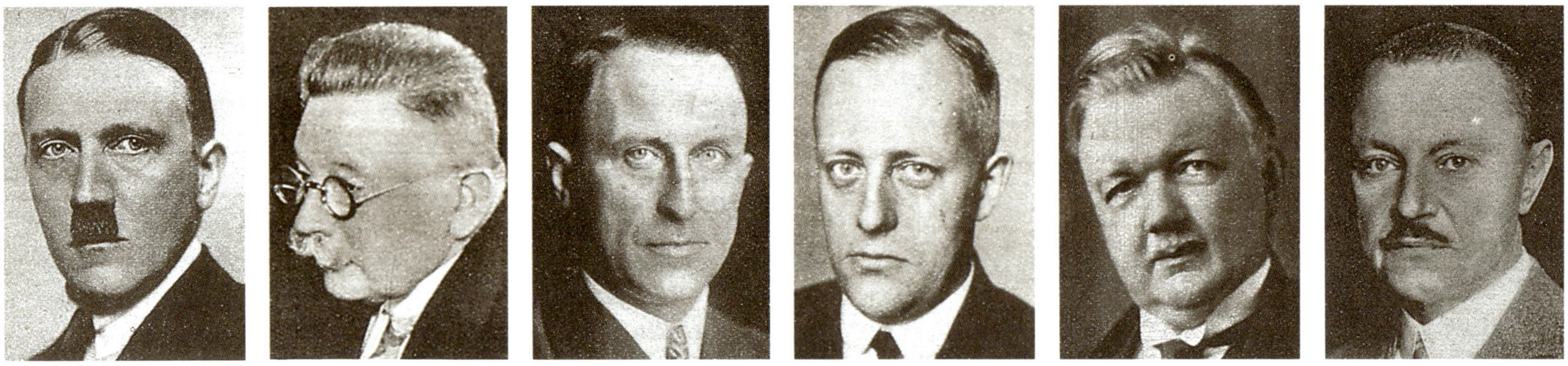

Die Führer der großen Parteien im Wahlkampf (v. l.): Adolf Hitler (NSDAP), Alfred Hugenberg (DNVP), Karl Hepp (Christlichnationale Bauern- und Landvolkpartei), Gottfried R. Treviranus (Volkskonservative Vereinigung), Reinhard Mumm (Christlichsozialer Volksdienst), Ernst Scholz (DVP)

Kämpfen ebenfalls um die Mandate im Reichstag: Hermann Drewitz (Wirtschaftspartei), Friedrich Schäffer (Bayerische Volkspartei), Prälat Ludwig Kaas (Zentrum), Arthur Mahraun (Deutsche Staatspartei), Ex-Reichskanzler Hermann Müller (SPD), Ernst Thälmann (KPD)

Extremismus bestimmt den Reichstagswahlkampf

24. August. Mit der Veröffentlichung der »Programmerklärung der KPD zur nationalen und sozialen Befreiung des deutschen Volkes« wird die heiße Phase des Wahlkampfes für die auf den → 14. September (S. 158) angesetzten Reichstagswahlen eingeleitet. Während der Wahlkampf der links- und rechtsextremen Parteien von Taktik, politischer Agitation und gewalttätigen Auseinandersetzungen geprägt ist, appellieren die bürgerlichen Parteien vor allem an das Verantwortungsbewußtsein der Wähler.

Die KPD setzt – ähnlich wie die NSDAP – auf eine zunehmende Radikalisierung der Bevölkerung. Um der NSDAP Wählerpotential abzugraben, verbindet sie in ihrer Programmerklärung ihre traditionell »internationalistischen« Ziele (kommunistische Weltrevolution) mit den »nationalen« Zielen der Rechten: Sie verspricht z. B., im Falle einer »Machtergreifung« den Versailler Friedensvertrag von 1919 für null und nichtig zu erklären. Die rechten Parteien, allen voran die NSDAP, bekämpfen das »Diktat von Versailles« seit jeher als angeblichen Versuch der Siegermächte, das Deutsche Reich zu »vernichten«.

Die NSDAP weiß jedoch am geschicktesten die Wähler für sich einzunehmen, indem sie die unter der Wirtschaftskrise leidenden Menschen gegen ihre vermeintlichen Feinde aufhetzt. So heißt es in einem Manifest des NSDAP-Vorsitzenden, Adolf Hitler, am 10. September u. a.: »Der Nationalsozialismus kämpft für den deutschen Arbeiter, indem er ihn aus den Händen seiner Betrüger nimmt … Auch die oberen Zehntausende werden lernen müssen, schwarzes Brot zu essen …«

Die Regierung unter Reichskanzler Heinrich Brüning (Zentrum) hatte nach der Auflösung des Reichstages durch eine Notverordnung des Reichspräsidenten Paul von Hindenburg am 18. Juli die deutsche Bevölkerung zu einer vernunftbestimmten Wahlentscheidung aufgerufen: »Der Reichstag hat die Mittel verweigert, deren das Reich zur Durchführung seiner Aufgaben bedarf … An das Volk ergeht jetzt der Ruf, selbst über seine Zukunft zu entscheiden.«

SPD-Plakat, das die Gefahren von Bolschewismus, Nationalsozialismus und Militarismus symbolisiert.

Wahlplakat der KPD, das die Solidarität der »werktätigen Frauen« in den Mittelpunkt stellt.

Die DVP nutzt die Popularität ihres 1929 verstorbenen Vorsitzenden Gustav Stresemann auf ihren Plakaten.

Schlachtsteuer stürzt Regierung

20. August. In München erklärt der bayerische Ministerpräsident Heinrich Held (BVP) den Rücktritt seiner Regierung. Der Landtag hatte auf Antrag der Vereinigten Sozialdemokratischen Partei Deutschlands (VSPD) mit Stimmen aus der Regierungspartei BVP die vom Kabinett verordnete Schlachtsteuer wieder aufgehoben.

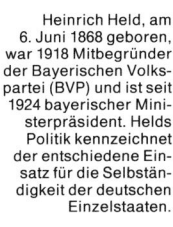

Heinrich Held, am 6. Juni 1868 geboren, war 1918 Mitbegründer der Bayerischen Volkspartei (BVP) und ist seit 1924 bayerischer Ministerpräsident. Helds Politik kennzeichnet der entschiedene Einsatz für die Selbständigkeit der deutschen Einzelstaaten.

Die Regierung unter Heinrich Held hatte die umstrittene Steuer von fünf Reichspfennig pro Kilogramm Fleisch zur Sanierung des bayerischen Staatshaushaltes am 2. August per Verordnung durchgesetzt, obwohl sich eine parteienübergreifende Mehrheit im bayerischen Landtag bereits gegen die Gesetzesvorlage ausgesprochen hatte.

Volkszählung auf 1932 verschoben

21. August. Auf Anregung Preußens beschließt die Reichsregierung unter Reichskanzler Heinrich Brüning, die für 1930 angesetzte Volkszählung auf das Jahr 1932 zu verschieben. Begründet wird die Verschiebung mit der angespannten Finanzlage von Reich, Ländern und Gemeinden (→ 18. 2./S. 34).

Seit der Gründung des Deutschen Reiches im Jahre 1871 und einer Volkszählung im selben Jahr ließ die deutsche Regierung ab 1875 im Abstand von jeweils fünf Jahren Zählungen der gesamten Bevölkerung durchführen. Die Erhebungsergebnisse dienten vor allem für Planungen im Bereich des Wohnungs-, Städte- und Verkehrswegebaus. Um Aufschlüsse über die Wirtschaftsstruktur zu erhalten, wurden zudem periodische Berufszählungen und Zählungen von landwirtschaftlichen Betrieben und gewerblichen Unternehmen durchgeführt.

Abweichend vom Fünfjahresrhythmus wurden zu besonderen Zwekken Erhebungen vorgenommen, z. B. die unveröffentlichte Volkszählung von 1917, die als Basis für die weitere kriegswirtschaftliche Planung der Regierung diente.

Inthronisation des ersten Bischofs von Berlin, Christian M. Schreiber (M.): Nach der Feier erteilt der Bischof den wartenden Gläubigen den Segen.

Erster Bischof von Berlin

24. August. Papst Pius XI. ernennt Christian Schreiber zum ersten Bischof von Berlin. Die bisherige Delegatur Berlin war am 14. Juni zum Bistum erhoben worden.

Der am 3. August 1872 in Somborn in Hessen-Nassau geborene Theologe war ab 1899 als Professor für Philosophie, ab 1907 für Dogmatik und Apologetik in Fulda tätig. 1921 wurde er zum ersten Bischof des wiedererrichteten Bistums Meißen ernannt.

Die Errichtung des Bistums Berlin innerhalb der Kirchenprovinz Breslau war im Konkordat zwischen dem Vatikan und Preußen am 14. Juni 1929 vereinbart worden. Der Vatikan beauftragte Bischof Schreiber daraufhin mit der Organisation des neuen Bistums.

Aktiengesellschaft für Arbeitsbeschaffung gegründet

1. August. In Berlin wird die »Deutsche Gesellschaft für öffentliche Arbeiten« gegründet. Die Gesellschaft, an deren Gründung die deutsche Reichsregierung maßgeblich beteiligt ist, soll durch Darlehen die Vergabe von Aufträgen an öffentlich-rechtliche oder gemischtwirtschaftliche Unternehmen ermöglichen.

Seit Beginn der Wirtschaftskrise Ende 1929 sind die öffentlichen Haushalte in Finanznot geraten. Den durch Firmenschließungen bedingten Steuerausfällen stehen steigende Sozialausgaben gegenüber. Die Mitte der zwanziger Jahre vor allem in den Gemeinden in großem Umfang begonnene Bautätigkeit – z. B. der gemeinnützige Wohnungsbau – ist vielerorts zum Erliegen gekommen. Die mit den öffentlichen Bauvorhaben betrauten Unternehmen mußten große Teile ihrer Belegschaften entlassen.

Die »Deutsche Gesellschaft für öffentliche Arbeiten« erhält ein Aktienkapital von 150 Mio. RM. Sie soll im In- und Ausland Kredite aufnehmen, um damit öffentliche Arbeiten zu finanzieren. Geplant ist u. a. ein Arbeitsbeschaffungsprogramm für die Reichsbahn, die aufgrund der Wirtschaftskrise den Ausbau des Schienennetzes fast völlig eingestellt hat. Auch im Bau von Autobahnen sehen Regierungsvertreter einen Weg zur Beschäftigung Erwerbsloser und zur Schaffung notwendiger Verkehrswege.

Bis zum Jahresende kommt diese sog. produktive Erwerbslosenfürsorge – vor allem wegen Geldmangels in den Kassen der öffentlichen Haushalte – jedoch über erste Ansätze nicht hinaus.

Das neue Arbeitsamt der Stadt Kiel hat keinen zentralen Schalter mehr. Die Arbeitssuchenden begeben sich in »Sprechkojen«, wo sie von Beamten beraten werden.

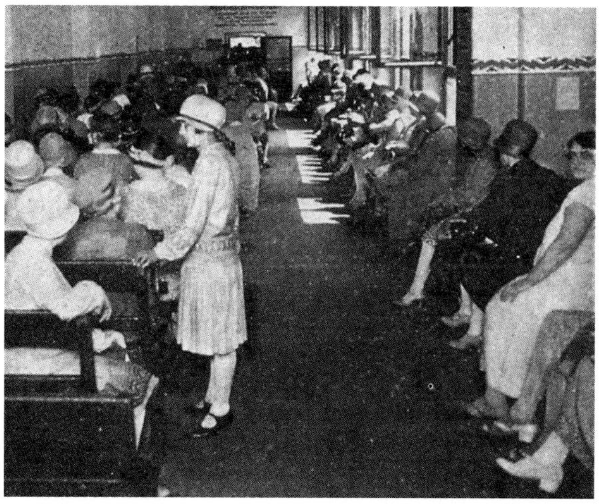

Frauen im Berliner Arbeitsamt: In Zeiten der Arbeitslosigkeit haben es besonders Frauen schwer, Arbeit zu finden. Sie werden gern zurück an »Heim und Herd« gedrängt.

Mit künstlerisch gestalteten Plakaten werben Reedereien und Fremdenverkehrsvereine (v. l.): Plakat der Reederei Hapag für Schiffsreisen Hamburg-New York; mit einem Riesenschmetterling, gestaltet von Augusto Giocometti, bemüht sich die Schweiz um die Reiselustigen; Werbung für einen Urlaub in Holland, die sich an die Briten wendet.

Sportfest in Jersey, ein beliebter Freizeitspaß für jung und alt

Badefreuden ganz besonderer Art inmitten eines Sprottenschwarms am Strand von Westerland

Schüleraustausch steht hoch im Kurs: Deutsch-französische Gruppe nach ihrer Ankunft in Berlin

Urlaub und Freizeit 1930:

Erholung und Vergnügen beim preiswerten Urlaub daheim

»Das Jahr 1930 muß das deutsche Reisejahr werden«, so lautet das Motto der deutschen Fremdenverkehrsvereine. Sie unternehmen in diesem Jahr verstärkte Anstrengungen, um den Reiseverkehr der deutschen Bevölkerung ins Inland zu lenken. Mit Vorschlägen für Kurzreisen und Aktionen wie z. B. einem Preisausschreiben des »Reichsverbandes des deutschen Hotels« unter dem Titel: »Deutschland will entdeckt werden« reagieren sie auf die Notlage vieler Bade- und Kurorte des Reiches.

Trotz aller Aktivitäten bleibt auch 1930 eine schlechte Saison für das Hotelgewerbe, das Einnahmeverluste von 30% hinnehmen muß. Bei Arbeitslosenzahlen von durchschnittlich 3 Mio. ist die Zahl derer, die sich eine Hotelunterkunft leisten können, gesunken. Die Gesellschaftskreise, die einen teuren Urlaub bezahlen können, reisen dagegen ins Ausland.

So erleben gerade die Naherholungsgebiete zu den Feiertagen einen Besucheransturm wie seit Jahren nicht mehr. Allein am Berliner Wannsee tummeln sich an den Pfingsttagen 100 000 Menschen, die sich bei schönstem Sommerwetter ins Strandbad wagen.

Für Wochenendausflüge oder als preiswerte Urlaubsreisen werden einfache Quartiere an Nord- und Ostsee, aber auch Reisen in die Niederlande, nach Belgien oder in die Schweiz gebucht.

Besonderen Zulauf von Touristen erlebt das Rheinland in diesem Sommer. Nachdem am → 30. Juni (S. 106) die letzten französischen Besatzungstruppen aus dem Rheinland zurückgezogen worden sind, strömen Reisegesellschaften aus dem ganzen Reichsgebiet in die malerischen Ortschaften am Rhein. Da Reiseveranstalter und Fremdenverkehrsvereine mit preiswerten Schiffstouren und Aktionswochen anläßlich der »Befreiung« für zusätzlichen Werberummel sorgen, verzeichnen Gaststätten- und Beherbergungsbetriebe am Ende der Saison sogar einen deutlichen Anstieg ihrer Einnahmen. Günstige Beförderungsangebote durch die Reichsbahn tragen weiterhin dazu bei, daß der Fremdenverkehr im Rheinland – im Gegensatz zu den anderen Regionen – auf das ganze Jahr gesehen zunimmt.

REVOLUTIONISER OF PHYSICS & MATHEMATICS
—BUT VERY HUMAN.
THE AUTHOR OF THE FAMOUS THEORY OF "RELATIVITY" AT HIS COUNTRY BUNGALOW AND IN HIS YACHT:
PROFESSOR ALBERT EINSTEIN—AS HERR MÜLLER—ON HOLIDAY.

Auch ein Genie braucht Urlaub: Zu den Lieblingsbeschäftigungen des bekannten Nobelpreisträgers für Physik, Albert Einstein, gehört in seiner Freizeit neben seiner Leidenschaft für die Musik das Segeln. Die Bildserie zeigt ihn an Bord seines kleinen Segelschiffes »Tümmler« zusammen mit seiner Stieftochter und deren Mann, Rudolf Kayser, in Berlin.

Rikschafahrt durch Palm Beach in Florida, das zu den vornehmsten Seebädern am Atlantik gehört. Vom indischen Maharadscha bis zum Multimillionär, alle, die es bezahlen können, lassen sich hier verwöhnen.

Per Flugzeug zu einem Picknick in eine entlegene Gegend der Bretagne – ein extravagantes Vergnügen für Reiche und Abenteuerlustige

Florida im Sommer – St. Moritz im Winter

Während sich ein Großteil der Bevölkerung mit Kurzreisen in Naherholungsgebiete oder dem Urlaub daheim begnügt, zieht es die, die es sich leisten können, in fernere Gefilde. Italien und die französische Riviera gehören für »die feine Gesellschaft« noch zu den bescheidenen Reisezielen. Extravaganten Vorstellungen wird eher im vorderen Orient, bei einer Rußlandreise oder einer Kreuzfahrt nach Palästina, Ägypten oder Indien entsprochen.
Besonders gefragt sind die Vereinigten Staaten als Reiseziel. Florida, die »Riviera Amerikas«, bietet mit seinen zahlreichen Casinos, Golfplätzen und Luxushotels, wie dem »Alcazar« oder dem »White Hall Hotel« in Palm Beach die erwünschten Abwechslungen für die vom Luxus verwöhnte »High Society«. Allein in den Monaten Juni und Juli verkehren 171 Passagier-Dampfer zwischen New York und Europa.
Zunehmender Beliebtheit erfreuen sich auch Wintersportorte im Deutschen Reich und der Schweiz, wie St. Moritz. Millionäre, Adelige und andere Prominente müssen bei ihrem Urlaub häufig nur auf eins verzichten – ungestörte Ruhe. Reporter und Fotografen begleiten sie im Auftrag der Gesellschaftsmagazine auf ihren kostspieligen Traumreisen rund um die Welt.

Das »Wüstenhotel aus Zeltstoff« in Südalgerien ist das vorläufig originellste Ziel für den Globetrotter, der schon den Rest der Welt kennt.

»Kladderadatsch«: Völkerbund tut nichts gegen Kurdenverfolgung.

Türkischer Angriff auf die Kurden

12. August. Türkische Infanterietruppen überschreiten mit Unterstützung von Flugzeuggeschwadern die persische Grenze am Ararat. Ihre Aufgabe ist es, kurdische Aufständische zu bekämpfen, die in den vergangenen Wochen Überfälle auf türkisches Gebiet verübt haben.

Die türkischen Truppen besetzen das persische Gebiet zwischen Urmia-See und Ararat, ohne zuvor eine Einwilligung der Regierung Persiens einzuholen. Die Teheraner Regierung protestiert zwar gegen die Militäraktion, greift aber nicht in die Kämpfe ein. Auch Persien (Iran) hat kein Interesse an einer Verteidigung der Kurden.

Unruheherd Kurdistan

Der Lebensraum der Kurden erstreckt sich über mehrere Länder im Nahen Osten: Der größte Teil des Volkes von Bauern und Halbnomaden lebt im unzugänglichen Bergland der Südost-Türkei. Weitere Siedlungsgebiete liegen in Persien (Iran) und im Irak.

Seit der Machtübernahme Mustafa Kemal Paschas 1923 in der Türkei kam es immer wieder zu blutigen Auseinandersetzungen zwischen Türken und Kurden. Kemal Pascha, der die Türkei zu einem Nationalstaat westeuropäischer Prägung umgestalten will, läßt die orthodox mohammedanischen Kurden unterdrücken. Diese wiederum betrachten den Neuerer als Ketzer und versuchen, ihre politische Autonomie auch mit Waffengewalt durchzusetzen.

Seit 33 Jahren im ewigen Eis verschollen

22. August. Extrablätter melden in Kopenhagen, daß die Leiche des seit 33 Jahren verschollenen schwedischen Polarforschers Salomon August Andrée auf der Insel Kuitoya zwischen Spitzbergen und Franz-Joseph-Land gefunden wurde.

Andrée war am 11. Juli 1897 nach wochenlangen Vorbereitungen auf Spitzbergen mit den beiden Begleitern Knut Fränkel und Nils Strindberg im Freiballon zum Nordpol aufgebrochen. Trotz Warnungen von verschiedenen Seiten wollte der erfahrene Polarforscher, der bereits 1882/83 an einer schwedischen Polarexpedition teilgenommen hatte, auf diesem Weg sein Ziel in zwei bis drei Tagen erreichen. Mit Proviant für mehrere Wochen, einem Boot, Schlitten und nautischen Instrumenten ausgerüstet, flog der Ballon in Richtung Nord-Nord-Ost.

Die letzte Position ist in Andrées nun gefundenem Tagebuch mit 83 Grad nördlicher Breite angegeben. Fundort und Zustand der Ausrüstung lassen Experten vermuten, daß die Expedition nach einer Notlandung des Ballons einen etwa 400 km langen Fußmarsch bis zur Weißen Insel bewältigt hat, auf der sie schließlich den Tod fand.

Die Meldungen aus Kopenhagen stoßen auf lebhaftes Interesse der schwedischen Bevölkerung, zumal noch viele die Abfahrt des Andréeschen Ballons als Zeitzeugen miterlebt haben. Als Sensation gelten die Fotografien, die Andrée und seine Begleiter gemacht haben.

Die Zeitschrift »Die Woche« gedenkt auf ihrem Titelblatt der schwedischen Polarforscher, die vor 33 Jahren bei einer Nordpolexpedition umkamen: Expeditionsleiter Andrée (M.) mit seinen Begleitern Strindberg (r.) und Fraenkel (l.).

Fotografie des Freiballons unmittelbar nach der Landung der Expedition am 14. Juli 1897: Der Film, zu dem dieses Bild gehört, hatte seit dieser Zeit im Eis gelegen und ist erst nach der Entdeckung Andrées entwickelt worden.

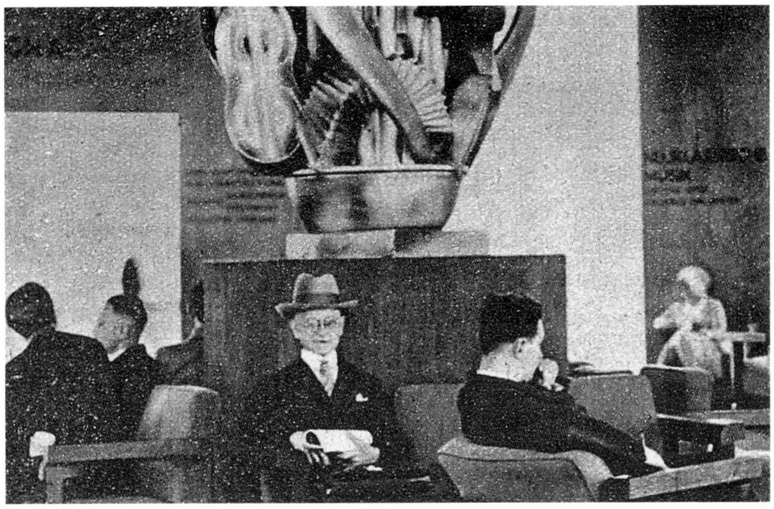

Besucher der Berliner »Funk- und Phonoschau« sitzen in der Halle der Reichsrundfunkgesellschaft unter dem Denkmal für Radiomusik.

Mehr Komfort beim Funk

22. August. Am Berliner Kaiserdamm wird die »Berliner Funk- und Phonoschau« vor etwa 2000 geladenen Ehrengästen eröffnet. Der bekannte deutsche Physiker Albert Einstein weist in seiner Eröffnungsrede auf die hervorragende Bedeutung des grenzüberschreitenden Rundfunks für »Völkerverständigung, Frieden und Demokratie« hin. Die größte Leistungsschau der Funkindustrie bietet einen umfassenden Rückblick auf das vergangene Produktionsjahr. Da die Herstellerfirmen kaum funktechnische Neuerungen anbieten können, konzentriert sich das Angebot vorwiegend auf Verfahren zur Verbesserung der Tonqualität, Vereinfachungen in der Bedienung und Senkung der Anschaffungskosten.

Deutlich zeichnet sich der Trend zu Kombination von Rundfunkempfänger und Schallplattenspieler in einem Gerät ab; ein Trend, dem die Veranstalter dadurch Rechnung tragen, daß die Funkausstellung in diesem Jahr erstmals durch eine Phonoschau ergänzt wird. Aufnahmegeräte, die Schallwellen direkt auf eine Schellackplatte übertragen, gehören zu ihren Attraktionen.

Mit einer Taucherglocke orten Besatzungsmitglieder des italienischen Bergungsschiffes die Position des Tresors auf der »Egypt«.

Schatz der »Egypt« gehoben

31. August. Das italienische Bergungsschiff »Artiglio« entdeckt 22 Meilen nordöstlich von d'Ar-Men im Atlantischen Ozean das bereits 1922 nach einer Kollision gesunkene Passagier- und Frachtschiff »Egypt« der britischen Schifffahrtslinie »Peninsular Oriental and Co«.

Nach Identifizierung des Wracks, das 120 m unter der Wasseroberfläche liegt, werden erste Vorbereitungen zur Bergung des Schatzes von umgerechnet 21 Mio. RM in Gold und Silber getroffen, der sich in einem Tresor in der Mitte des Schiffskörpers befindet.

Die »Egypt« war am 20. Mai 1922 auf dem Weg von Bombay nach London mit dem französischen Frachter »Seine« zusammengestoßen. Von den 44 Passagieren und 290 Besatzungsmitgliedern des britischen Schiffes wurden 230 geborgen. Da schnell bekannt wurde, welch ein Schatz sich an Bord der »Egypt« befindet, wurden in den vergangenen Jahren mehrfach Versuche unternommen, das Schiff aufzuspüren und zu heben. Die mit modernster Technik ausgestatteten Tauchmannschaften bergen nach wenigen Tagen den Tresor des Kapitäns.

Großbritannien und Belgien feiern königlichen Nachwuchs

21. August. Auf Schloß Glamis im schottischen Tayside wird Margaret Rose, Prinzessin von Großbritannien und Nordirland geboren. Sie ist nach ihrer Schwester, Prinzessin Elisabeth, die zweite Tochter von Albert, Herzog von York, dem späteren König Georg VI. und seiner Frau Elisabeth.

In ihrer Ausgabe vom 22. August meldet die »Times«, daß »Mutter und Kind wohlauf« seien. Unmittelbar nach der Geburt des Kindes gegen 21 Uhr wird das Ereignis dem britischen Königspaar in Sandringham telegrafiert. Mit Margaret Rose wird nach 300 Jahren erstmals wieder ein Mitglied des britischen Königshauses in Schottland geboren.

Gut zwei Wochen später, am 7. September, freut sich noch ein weiteres europäisches Königshaus über Nachwuchs: Das belgische Prinzenpaar, Kronprinz Leopold (später König Leopold III.) und Prinzessin Astrid, gibt die Geburt ihres ersten Sohnes, Prinz Baudouin, auf Schloß Stuyvenberg bei Brüssel bekannt.

Prinz Baudouin (M.) mit Schwester Charlotte (l.) und Mutter Astrid

Prinzessin Margaret mit Mutter

Bauhaus-Direktor auf Druck von rechts entlassen

1. August. Hannes Meyer, der Leiter des Bauhauses, der Hochschule für Gestaltung in Dessau, wird unter dem Druck rechtsgerichteter Kreise von Oberbürgermeister Fritz Hesse fristlos entlassen. Sein Nachfolger wird der deutsche Architekt Ludwig Mies van der Rohe.

Der aus Basel stammende Meyer hatte erst im April 1928 von Walter Gropius die Direktion des Bauhauses übernommen. Während es seinem Vorgänger um eine Verbindung zwischen künstlerischem Schaffen sowie technischer und handwerklicher Produktion ging, stellte Meyer Funktionalität und Zweckmäßigkeit in den Vordergrund. Er sprach dem Ästhetischen einen eigenen Rang ab. Seinen sozialistischen Überzeugungen folgend, ging es ihm vor allem darum, nützliche und für jedermann erschwingliche Wohnungen und Gebrauchsgegenstände zu schaffen.

Meyer nahm zu den Lehrveranstaltungen in den verschiedenen Künsten und Handwerken – Malerei, Bildhauerei, Architektur, Städteplanung, Weberei usw. – Kurse in Philosophie und Sozialwissenschaften in das Lehrprogramm auf. Trotz seiner sozialistischen Grundhaltung hielt er sich mit öffentlichen politischen Äußerungen zurück und löste sogar im März 1930 eine KPD-Zelle von Bauhaus-Studenten auf.

Als er sich jedoch im Sommer 1930 an einer von Studenten initiierten Sammlung für die KPD-nahe Internationale Arbeiterhilfe beteiligte, löste dies einen Proteststurm in der konservativen und rechten Lokalpresse aus. Die Aufforderung, von der Bauhausleitung zurückzutreten, lehnte Meyer kategorisch ab. Als er sich in einem wenig diplomatisch formulierten offenen Brief an Hesse verteidigte, erfolgte die fristlose Kündigung. Der entlassene Meyer wandert kurze Zeit später in die Sowjetunion aus.

Viele Studenten nehmen Meyers Entlassung nicht tatenlos hin. Die Hochschule wird nach Protesten sogar für einige Wochen geschlossen. Meyers Nachfolger, Ludwig Mies van der Rohe, ist u. a. durch die Gestaltung des deutschen Pavillons auf der Weltausstellung in Barcelona 1929 hervorgetreten. Unter seiner Leitung wird die Bauhaus-Produktion stark eingeschränkt, die Lehrtätigkeit erhält stärkeres Gewicht.

Ausstellungsplakat des Bauhauses: Kennzeichen ist das schmucklos-funktionale Design.

Ein Bauhaus-Prospekt als Werbung für die Stadt Dessau (Gestaltung: Joost Schmidt, Text: Ludwig Grote)

Unterrichtsszene am Bauhaus – das Studium von Bewegungsabläufen ist wichtiger Bestandteil der Ausbildung.

Der renommierte Architekt Mies van der Rohe wird Bauhaus-Leiter.

Hannes Meyer will künftig in der UdSSR als Architekt arbeiten.

Der Maler Wassily Kandinsky lehrt seit 1922 am Bauhaus.

Brigitte Horneys Debüt als Filmstar

25. August. Die junge Schauspielerin Brigitte Horney gibt in dem Tonfilm »Abschied«, der in Berlin uraufgeführt wird, ihr Leinwanddebüt.
Regisseur Robert Siodmak ist nach dem Erfolg seines Erstlingswerks, des Stummfilms »Menschen am Sonntag« von der Ufa engagiert worden und hat nun den ersten sog. »Milieu-Tonfilm« geschaffen. Das Milieu, in dem sich eine tragische Liebesgeschichte zwischen einer Verkäuferin (Brigitte Horney) und einem Vertreter (Aribert Moog) abspielt, ist eine Pension.
Die Kritik lobt vor allem die darstellerischen Qualitäten Brigitte Horneys und die Regieeinfälle des erst 30jährigen Siodmak. Wolfgang Petzet z. B. bezeichnet eine Szene, in dem nur ein paar Zigaretten in der Dunkelheit verlöschen und die Stimmen der Liebenden zu hören sind, als »schönste Liebesszene, die es je auf der Leinwand gab.«

Dreyfus-Affäre auf der Leinwand

16. August. In Berlin wird der Tonfilm »Dreyfus« uraufgeführt, in dem Regisseur Richard Oswald die Affäre um den französischen Offizier jüdischer Herkunft eindrucksvoll nachzeichnet. Alfred Dreyfus wurde 1894 wegen angeblichen Landesverrats unschuldig verurteilt, fünf Jahre später begnadigt, jedoch erst 1905 vollständig rehabiliert.
Der Film, eine Anklage gegen Unmenschlichkeit und Antisemitismus, wird vor allem von rechts heftig kritisiert. Viele Kinobesitzer führen »Dreyfus« daher nicht auf.

Die Welt der Revue nun auch im Kino

17. August. »King of Jazz« (König des Jazz) heißt der Film des britischen Theaterregisseurs John Murray Anderson, der in den US-amerikanischen Kinos anläuft. Der Titel gilt dem Jazz-Dirigenten Paul Whiteman, dessen Orchester die Musik zu dem Film liefert.
Anderson gelingt es in diesem Revuefilm, die glitzernde Welt der Music-Halls durch rasante Kamerafahrten und eine aufwendige Ausstattung auf die Leinwand zu bringen.

Erich von Stroheim, ein umstrittener Regisseur

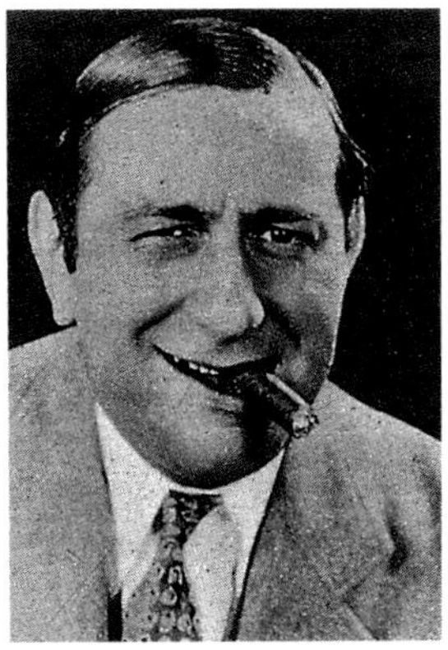

Lubitsch, seit 1909 beim Film, seit 1923 in den USA

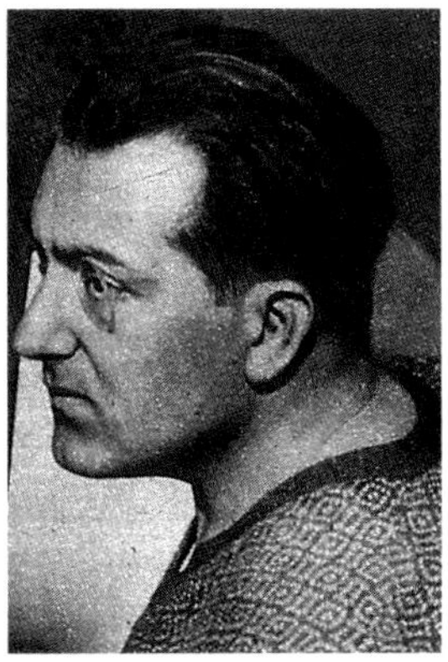

Fritz Lang, einst bei der Ufa, nun sein eigener Herr

Josef von Sternberg, Regisseur von Marlene Dietrich

Interesse für die Männer hinter der Kamera

Mit der Anerkennung des Films als künstlerisches Ausdrucksmittel erhält auch die Arbeit der Filmregisseure eine Aufwertung. Die Zeitschrift »Die Wochenschau« stellt daher ihren Lesern eine Reihe von Regisseuren vor.
Fritz Lang, Ernst Lubitsch, Josef von Sternberg und Erich von Stroheim gelten als die großen »Leinwandkünstler« im deutschsprachigen Raum, obwohl nur Lang 1930 noch hier arbeitet. Nach seinem Erfolg mit dem Ufa- Film »Metropolis« (1926) hat er eine eigene Gesellschaft in Berlin gegründet und seither »Spione« (1928) und »Die Frau im Mond« produziert (1929).
Sternberg hat nach erfolgreichen Hollywood-Filmen 1930 für die Ufa »Der blaue Engel« (→ 1. 4./S. 80) gedreht; »Morroco« (Marokko), den zweiten Film mit Marlene Dietrich, produzierte er wieder in den USA. Stroheim lebt bereits seit 1906 in den Vereinigten Staaten, befindet sich aber wegen seiner exzentrischen und aufwendigen Regie im Dauerstreit mit den Hollywood-Produzenten und arbeitet nur noch als Schauspieler. Ernst Lubitsch dagegen gelingt in den USA ein glänzender Einstieg in den Tonfilm mit einer Reihe von Musikfilmen, u. a. »The Love Parade« (Parade der Liebe).

Publikumsmagnet Liebhaberbühnen

Als Gegenpol zu den aufwendigen Inszenierungen der großen Bühnen in Berlin, aber auch zu den international renommierten Bayreuther (→ 22. 7./S. 134) und Salzburger Festspielen (→ 1. 8./S. 152), verstehen sich die Liebhaberbühnen in der Provinz, die von der Bevölkerung des Umlands viel Zuspruch erfahren. Laienschauspieler und -regisseure bemühen sich, meist vor historischer Kulisse – in einem Schloß oder auf der Freilichtbühne –, das Publikum anspruchsvoll zu unterhalten.
Die Liebhabertheater werden vielfach von den Gemeinden und dort ansässigen Geschäftsleuten finanziell unterstützt. Trotzdem verlangen sie von den Beteiligten großen Einsatz. Fast durchgängig sind die Aufführungen dieser Bühnen von hoher Qualität. Einige Beispiele aus dem Spielplan deutscher Liebhaberbühnen: An den Oberammergauer Passionsspielen (→ 27. 4./S. 79) orientieren sich die Kalkarer Passionsspiele, deren Spielgemeinde auf der Naturbühne »Teufelsschlucht« auftritt. Die Gemeinde Benrath setzt ihre Schloßspiele nach einer fünfjährigen Pause nun nicht mehr auf der Freilichtbühne, sondern im Innern des Benrather Schlosses fort. Auf dem Programm des Jahres 1930 steht »Der verwandelte Komödiant« von Stefan Zweig, einstudiert von einer einheimischen Laien-Regisseurin, Erika Müller. Auch die Liebhaberbühne auf Schloß Großkochberg bei Rudolfstadt, Stammschloß der Goethe-Freundin Charlotte von Stein, wird 1930 wiedereröffnet – mit dem Lustspiel »Die Verschwörung gegen die Liebe« aus der Feder der ehemaligen Schloßbesitzerin.

Auf der Freilichtbühne in Witten wird im Rahmen der Landesheimatspiele eine dramatisierte Fassung der »Gudrun«-Sage von Laien aufgeführt.

Gesundheit 1930:

Thema »Hygiene« aktueller denn je

»Hygiene« ist das zentrale Thema im Gesundheitswesen des Jahres 1930. Damit erreicht eine Bewegung ihren vorläufigen Höhepunkt, die seit rund 20 Jahren auf die Bedeutung der Hygiene für die allgemeine Gesundheitsvorsorge aufmerksam macht. Angefangen mit Karl August Lingner, auf dessen Anregung die erste Dresdner Hygieneausstellung 1911 durchgeführt wurde, hatten sich Ärzte sowie Sozial- und Gesundheitspolitiker um eine verstärkte Aufklärung der Bevölkerung über die Gefahren mangelnder Hygiene bemüht. Mit der Eröffnung des Deutschen Hygienemuseums am 16. Mai in Dresden finden diese Bestrebungen breiten Widerhall in der Öffentlichkeit. Auf einer Gesamtfläche von 5443 m² werden Themen der individuellen und öffentlichen Hygiene anschaulich aufbereitet.

Anläßlich der Museumseröffnung findet eine umfassende Sonderschau statt, in der vom menschlichen Körperbau, Fragen der Ernährung und der Eugenik bis hin zur Veterinär- und Stadthygiene verschiedenste Problemfelder präsentiert werden.

Die Medien im Deutschen Reich wenden sich zunehmend Fragen der Gesundheitsfürsorge und -politik zu. Besondere Aufmerksamkeit widmen sie u. a. der Senkung der Säuglings- und Kindersterblichkeit durch Asepsis in der Säuglingspflege, der modernen Diätetik und der gesunden Lebensführung. Daneben wird oft der Kampf gegen Tuberkulose, Rachitis und andere Infektionskrankeiten geschildert.

Gerade das Thema Tuberkuloseerkrankungen im Säuglingsalter ist in diesem Jahr durch den »Calmette«-Skandal von besonderer Brisanz: In einem Lübecker Krankenhaus sind zahlreiche Säuglinge nach einer Schutzimpfung gegen Tuberkulose erkrankt, 71 von ihnen sterben. Zwar war nicht der von dem französischen Bakteriologen Albert Calmette entwickelte Impfstoff BCG Ursache der Erkrankung, sondern eine im Krankenhaus erfolgte Vermischung mit virulenten Tuberkelbazillen, doch bringt der Fall die Tuberkuloseimpfung nachhaltig in Verruf.

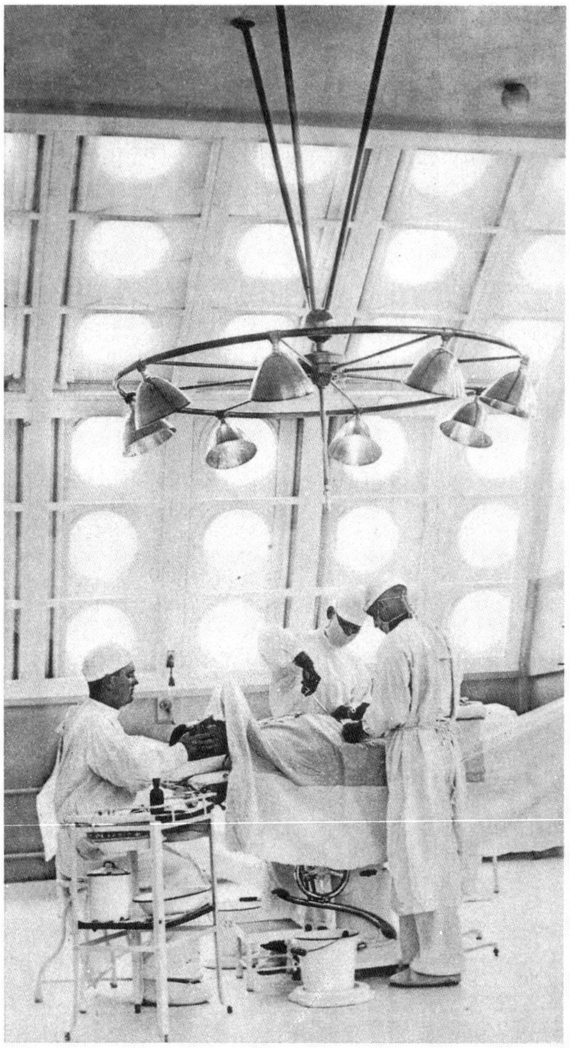

Operationssaal auf einem US-amerikanischen Lazarettschiff, der mit modernster Technik ausgestattet ist.

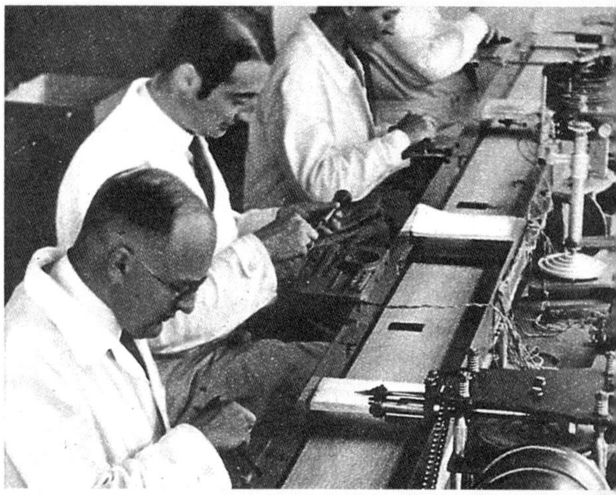

Am Kaiser-Wilhelm-Institut wird die körperliche Belastung durch Fließbandarbeit untersucht.

Die neu entwickelte »eiserne Lunge« zur Langzeitbeatmung wird in einer New Yorker Klinik vorgestellt.

Was jeder einzelne tun kann, um sich körperlich gesund zu erhalten, zeigt diese Bilderreihe auf der Dresdner Hygiene-Ausstellung. Neben Tafeln zu den Maßnahmen öffentlicher Hygiene wie Seuchenbekämpfung, Müll- und Abwasserentsorgung und Krankenpflege weist die Ausstellung auch auf die individuelle Hygiene als wichtigen Beitrag zum Krankheitsschutz hin.

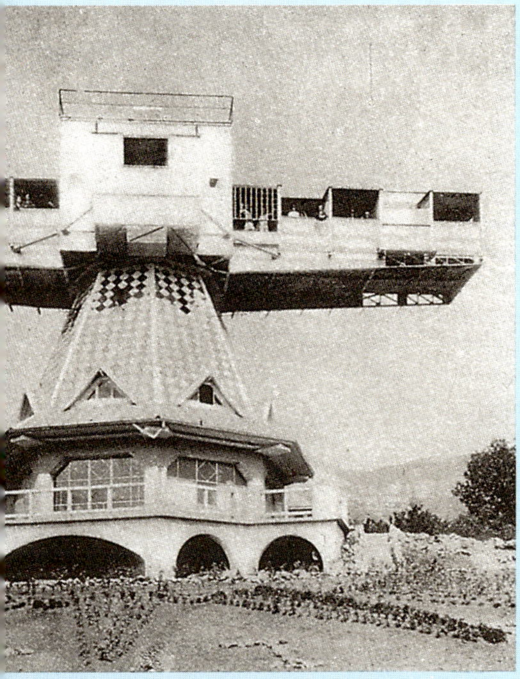

Ein Solarium, das sich zur Sonne dreht und die Sonnenstrahlen optimal ausnutzt, wurde im französischen Aix-Les-Bains eingerichtet.

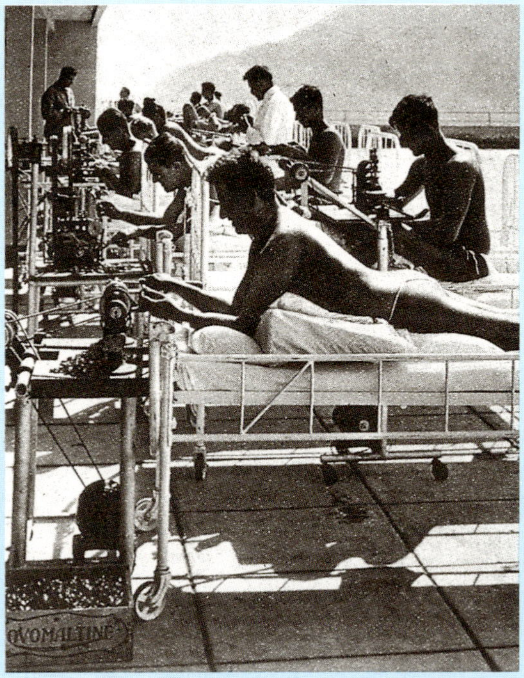

Kombination von Licht- und Beschäftigungstherapie: Tuberkulose-Kranke im französischen Kurort Leysen stellen feinmechanische Geräte her.

Moderne Einbettzimmer sollen die Gefahr von Infektionen im Krankenhaus ausschalten. Viele Krankensäle beherbergen bis zu 30 Menschen.

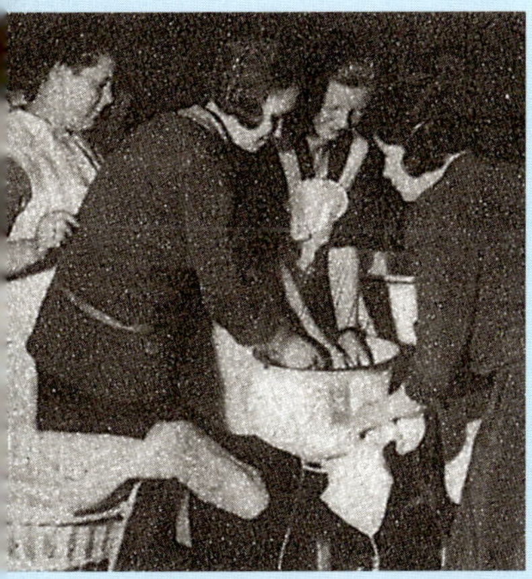

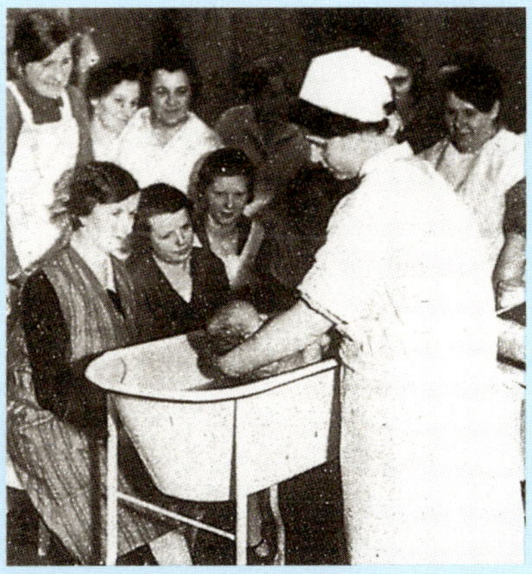

Beitrag zur Senkung der Säuglingssterblichkeit: Der Säuglingspflegekurs

Sammelstelle für Muttermilch in Moskau: Die Milch ist für Frühgeborene.

Schülerinnen einer Gymnastikschule in Hannover; Leibesübungen in freier Natur gehören nach Auffassung von Ärzten zu den wichtigsten Maßnahmen einer sinnvollen Gesundheitsvorsorge.

Zwei junge Frauen bei einer Gleichgewichts- und Beweglichkeitsübung: Gymnastisches Körpertraining wird zunehmend als wirksamer Langzeitschutz vor Haltungsschäden betrieben.

Zehn Jahre Festspiele in Salzburg

1. August. Mit der schon Tradition gewordenen Aufführung des Mysterienspiels »Jedermann« von Hugo von Hofmannsthal auf dem Domplatz werden die Salzburger Festspiele eröffnet. Im Mittelpunkt der Feierlichkeiten zum zehnjährigen Jubiläum der Veranstaltung steht der Regisseur und Festspiel-Mitbegründer Max Reinhardt.

Die Idee, vor der barocken Kulisse der Mozart-Stadt Salzburg Theater- und Opernfestspiele zu veranstalten, geht bis ins 19. Jahrhundert zurück. Anfang des 20. Jahrhunderts arbeiteten Max Reinhardt, der Schriftsteller Hermann Bahr und der österreichische Dramatiker Hugo von Hofmannsthal das Projekt eines großen Festspielhauses in Salzburg aus, das der Architekt Henry van de Velde errichten sollte. Es scheiterte u. a. an der Gebundenheit des Regisseurs an Berlin.

Während des Weltkrieges wurde der Festspielplan wiederbelebt, und am 1. August 1917 konstituierte sich in Wien die sog. Festspielhaus-Gemeinde. Zu den ersten Mitgliedern gehörten neben Max Reinhardt der Komponist Richard Strauss und der Dirigent Franz Schalk; wenig später kam Hugo von Hofmannsthal hinzu. Am 22. August 1920 wurden die ersten Salzburger Festspiele mit der Aufführung des »Jedermann« eröffnet. 1921 wurde der »Jedermann« wiederholt, doch bereits 1922 folgte die Ausweitung des Programms ins Musikalische: Franz Schalk und Richard Strauss dirigierten vier Mozartopern. 1925 wurde das erste Festspielhaus eröffnet und mit dem Ausbau der fürsterzbischöflichen Reitschule zur Spielstätte begonnen (1926 von Clemens Holzmeister vollendet). Die einzige Neuinszenierung des Jubiläumsjahres 1930 ist Max Reinhardts »Victoria« von William Somerset Maugham.

Der Fürsterzbischof von Salzburg, Ignatius Rieder, beglückwünscht Max Reinhardt zum Jubiläum der Festspiele. Der Anekdote nach soll Rieder bei der ersten »Jedermann«-Aufführung auf den Einwand, durch das Spektakel eines Nichtchristen (des Juden Reinhardt) werde der Domplatz entweiht, gesagt haben: »Ein guter Jude ist mir lieber als ein schlechter Christ.«

Häufig zu Gast bei Max Reinhardt: Das Schauspieler-Geschwisterpaar Helene und Hermann Thimig

»Hundert Prominente in einer Stunde«

Ludwig Bauer beschreibt in der Budapester Zeitung »Pester Lloyd« vom 31. August die Atmosphäre bei den Salzburger Festspielen:

»Im August ist Salzburg das Stelldichein geworden, wo man sich sieht und gesehen werden kann. Es empfiehlt sich, dabei zu sein, bemerkt zu werden, man darf hier nicht fehlen, nirgendwo kann man so sehr beobachten, wie viele Zelebritäten unsere Zeit erzeugt. Man stolpert über alle erdenklichen Berühmtheiten, und mühelos ließen sich 50 oder 100 Prominente . . . aufzählen, denen man in einer einzigen Salzburger Stunde begegnet . . . Mozartsche Heiterkeit . . . Dialekt und Englisch, Bauerntracht und Smoking, Bierhäuser und große Hotelküche, naive Begeisterung, Snobismus, Geschäft, alles ist beisammen.«

Feier zum 10jährigen Jubiläum der Salzburger Festspiele in der Erzbischöflichen Residenz zu Salzburg; vorn 3. v. l. Fürsterzbischof Ignatius Rieder, dann Landeshauptmann Franz Rehrl, Max Reinhardt, Generalmusikdirektor Franz Schalk, der Salzburger Bürgermeister Ott; im Hintergrund 4 v. l. Frieda Richard, dann Lili Davas und Helene Thimig. Der Fürsterzbischof von Salzburg hat die Festspiele seit ihrer Gründung unterstützt.

Bildmontage des »Illustrierten Beobachters« anläßlich der Beisetzung Siegfried Wagners am 8. August in Bayreuth

Tiefempfundene Trauer in Bayreuth um Siegfried Wagner

4. August. *Im Alter von 61 Jahren stirbt in Bayreuth der Direktor der Richard-Wagner-Festspiele, Siegfried Wagner. Die Bayreuther Bevölkerung nimmt großen Anteil am Ableben ihres Ehrenbürgers.*

Siegfried Wagner, Sohn des Komponisten Richard Wagner und seiner Frau Cosima, folgte nach musikalischen Studien bei Engelbert Humperdinck seiner Neigung zur Architektur und studierte dieses Fach in Berlin und Karlsruhe. Unter dem Einfluß einer Reise nach Indien und China (1892) wandte er sich wieder der Musik zu. 1896 dirigierte er in Bayreuth erstmals den »Ring«, 1901 inszenierte er den »Fliegenden Holländer«. 1906 übernahm er von seiner Mutter die Gesamtleitung der Festspiele. Wagner verband unbedingte Werktreue mit inszenatorischer und bühnentechnischer Aufgeschlossenheit. Er komponierte selbst u. a. zwei Märchenopern im spätromantischen Stil, »Der Bärenhäuter« und »An allem ist Hütchen schuld«.

Fußball-Skandal um Schalke 04

25. August. Die Spruchkammer des Westdeutschen Spielerverbandes (WSV) verurteilt den Fußball-Club Schalke 04 wegen »Verstößen gegen die Amateurbestimmungen« zu einer Geldstrafe von 1000 RM. Außerdem werden 14 Aktive der ersten Mannschaft, u. a. die Nationalspieler Ernst Kuzorra und Fritz Szepan, zu Berufsspielern erklärt sowie acht Vorstandsmitglieder aus dem WSV ausgeschlossen.

Damit reagiert der WSV auf Gerüchte in der Presse, die von Zahlungen an Schalker Spieler über den erlaubten Spesensatz von 5 RM hinaus berichtet hatten.

Das Urteil bringt den Gelsenkirchener Traditionsverein an den Rand des sportlichen Ruins: Profis dürfen nicht an der Deutschen Meisterschaft teilnehmen; um seinen Platz in der obersten Spielklasse zu behalten, muß der FC Schalke 04 mit den bisherigen Reservisten und »Alten Herren« die neue Saison bestreiten.

Die Affäre führt zu einen tragischen Todesfall. Willi Nier, der als Finanzobmann des Vereins für die verbotenen Zahlungen an die Spieler verantwortlich gemacht wird, begeht Selbstmord: Er ertränkt sich in der Emscher.

Lessing-Preis für Friedrich Gundolf

12. August. Erster Preisträger des Lessing-Preises, den die Hansestadt Hamburg 1929 gestiftet hat, ist der in Heidelberg lehrende Literaturhistoriker Friedrich Gundolf.

Gundolf ist als Autor – 1930 erscheint ein Band »Gedichte« –, Übersetzer (10 Bde. Shakespeare, 1908 – 1918) und als Literaturhistoriker stark von dem Dichter Stefan George geprägt, an dessen »Blättern für die Kunst« er ab 1899 mitarbeitete.

In seinen großangelegten, auch außerhalb der Fachwissenschaft äußerst erfolgreichen Monograpien, u. a. »Goethe« (1916), »George« (1920) und »Shakespeare« (1928), stellt er große Künstlerpersönlichkeiten als Symbolgestalten einer ganzen Epoche dar. Weitere Werke des konservativen Germanisten sind »Shakespare und der deutsche Geist« (1911), »Dichter und Helden« (1921), »Caesar, Geschichte seines Ruhms« (1924), »Romantiker« (1930/31).

Freud in Frankfurt geehrt

6. August. Sigmund Freud wird von der Stadt Frankfurt am Main mit dem Goethe-Preis ausgezeichnet.

Der inzwischen 74jährige Freud lehrt seit 1902 an der Wiener Universität. Seine überragende Leistung ist die Entwicklung des psychoanalytischen Verfahrens zur Heilung seelischer Krankheiten.

Seine grundlegenden Einsichten in das Triebleben des Menschen fanden in den zwanziger Jahren weltweit Anerkennung, werden jedoch insbesondere von kirchlichen Kreisen wegen der großen Bedeutung, die Freud der Sexualität beimißt, immer noch scharf abgelehnt. Rechtsgerichtete Organisationen protestieren wegen Freuds jüdischer Abstammung gegen die Preisverleihung.

Sigmund Freud nimmt den Goethe-Preis nicht persönlich entgegen, sondern läßt sich von seiner Tochter Anna Freud (M.) vertreten, die selbst als Psychoanalytikerin tätig ist. Anna Freud ist Spezialistin für Kinder-Psychotherapie.

Möller überlegener Steher-Weltmeister

31. August. Bei der Brüsseler Radsportwoche, den Bahn-Weltmeisterschaften der Profis und Amateure, gewinnt Erich Möller den Steher-Wettbewerb.

Der Hannoveraner setzt sich nach 44 (von 400) Runden an die Spitze des Feldes und verteidigt seinen deutlichen Vorsprung von fast einer Bahnlänge bis ins Ziel.

Beim Steherrennen fahren die Radfahrer im Windschatten einer Schrittmachermaschine. 1893 wurde die erste WM der Steher für Amateure ausgetragen, 1895 für Berufsfahrer.

Den Weltmeistertitel der Profi-Straßenfahrer sichert sich in Lüttich der Italiener Alfredo Binda mit einem Schnitt von 27,953 km/h vor seinem Landsmann Learco Guerra und dem Belgier Georges Ronsse. Der Berliner Kurt Stöpel, im Vorjahr noch Amateur, verpaßt als Vierter auf der 210 km langen Strecke in Lüttich nur knapp eine Medaille.

September 1930

Mo	Di	Mi	Do	Fr	Sa	So
1	2	3	4	5	6	7
8	9	10	11	12	13	14
15	16	17	18	19	20	21
22	23	24	25	26	27	28
29	30					

1. September, Montag

In der ungarischen Hauptstadt Budapest kommt es bei einer Demonstration von mehreren tausend Kommunisten, Sozialdemokraten und Gewerkschaftern zu blutigen Auseinandersetzungen mit der Polzei. Angesichts der schlechten Wirtschaftslage des Landes fordern die Demonstranten »Brot und Arbeit«. → S. 163

Die Reichsregierung erhebt die sog. Reichshilfe zur finanziellen Sanierung der Arbeitslosenversicherung. Alle Berufstätigen, die fest angestellt sind, müssen dafür bis einschließlich März 1931 monatlich 2,5% ihrer Gehaltsbezüge an den Staat abführen (→ 1. 1./S. 13).

Ein Darmstädter Gericht spricht das Urteil im Prozeß um den sog. Opel-Putsch. Bei den am 26. Februar im Rüsselsheimer Opelwerk ausgebrochenen Unruhen wurde die gesamte Produktion blokkiert. Drei Angeklagte werden freigesprochen, gegen die restlichen acht ergehen Haftstrafen bis zu sechs Monaten.

Der Chef der Heeresleitung, Generaloberst Wilhelm Heye, gibt öffentlich seinen Rücktritt zum 31. Oktober bekannt. Er betont, sein Schritt erfolge nicht aus politischen, sondern aus Altersgründen. (→ 20. 9./S. 160)

Das Statistische Reichsamt in Berlin veröffentlicht Daten über die Höhe der deutschen Sparkasseneinlagen. Erstmals nach der Inflation von 1923 haben die Sparguthaben die 10-Milliarden-Grenze überschritten. → S. 161

Die deutsche Reichsbahn, die in den letzten Monaten steigende Einnahmeverluste verzeichnete, erhöht die Personentarife. In der dritten Klasse kostet die Fahrt auf einer Strecke von einem Kilometer nun 4 Rpf (vorher 3,7 Rpf), in der zweiten Klasse 5,8 Rpf (vorher 5,6 Rpf) und in der ersten Klasse 11,6 Rpf (vorher 11,2 Rpf).

Auf Veranlassung der US-amerikanischen Botschaft in Berlin verhaftet die Aachener Polizei den Chicagoer Unterweltkönig Jack Diamond bei seiner Einreise ins Deutsche Reich. → S. 165

2. September, Dienstag

Die französische Regierung weist den US-amerikanischen Zeitungsverleger William Randolph Hearst aus, der sich auf einer Europatour befindet. Die Hearst-Presse hatte im Vorjahr ein geheimes Dokument veröffentlicht, das nach Ansicht der Regierung in Paris die französische Flottenpolitik diskreditierte. → S. 163

Die französischen Flieger Dieudonné Coste und Maurice Bellonte erreichen mit dem Flugzeug »Fragezeichen« nach einem 37stündigen Nonstopflug die Ostküste der USA. Zum erstenmal ist es damit Fliegern geglückt, den Atlantischen Ozean von Europa nach New York ohne Zwischenlandung zu überqueren (→ 24. 5./S. 96).

3. September, Mittwoch

Das Zentralkomitee der KPdSU in Moskau beklagt in einem Aufruf an die sowjetische Öffentlichkeit, daß aufgrund des langsamen Produktionstempos der Fünfjahresplan nicht erfüllt werden kann. Der Industrialisierungsplan bleibt nach den Angaben des Komitees bisher um fünf Prozent hinter den im April 1929 festgelegten Planzielen zurück (→ 26. 6./S. 110).

In Moskau wird eine großangelegte Verhaftungskampagne der Geheimpolizei GPU (Vorläufer des sowjetischen Geheimdienstes KGB) bekannt, die vor allem Intellektuellen gilt. Unter ihnen befindet sich auch der führende Agronom Nikolai D. Kondratjew. Die Verhafteten hatten u. a. die Planwirtschaft der sowjetischen Regierung kritisiert.

4. September, Donnerstag

Der preußische Unterrichtsminister Adolf Grimme (SPD) warnt in einem Erlaß die Schüler höherer Lehranstalten davor, den Beruf des Studienrats anzustreben. Angesichts der Finanznot der Länder und Gemeinden sei ein solches Vorhaben aussichtslos.

Die »Vossische Zeitung« meldet den Konkurs des Stettiner Sportvereins S.C. Titania, der mit 100 000 RM verschuldet ist. Bedingt durch die Wirtschaftskrise geraten zunehmend auch Sportvereine in finanzielle Schwierigkeiten. Ihnen gehen öffentliche Gelder, aber auch die Unterstützung durch zahlungskräftige »Sportbegeisterte« verloren.

5. September, Freitag

Die Regierung Sachsens und die Verwaltung von Leipzig geben bekannt, daß sie die Defizite der Internationalen Pelzfach- und Jagdausstellung übernehmen. Wegen des schlechten Besuchs der Messe sind Einbußen von rund 420 000 RM entstanden.

6. September, Samstag

In Argentinien wird der achtzigjährige Präsident Hipólito Irigoyen durch einen Militärputsch gestürzt. Neuer Präsident wird am folgenden Tag General José F. Uriburu (→ 3. 10./S. 183).

Anläßlich des 69. Katholikentages, der vom 3. bis zum 8. September in Münster/Westfalen stattfindet, ruft der Theologe Konrad Algermissen die katholischen Gläubigen zum Kampf gegen das »Neuheidentum« der links- und rechtsradikalen Parteien auf. → S. 161

Der deutsche Ozeanflieger Wolfgang von Gronau wird von US-Präsident Herbert Clark Hoover im Weißen Haus in Washington empfangen. Gronau erkundete als erster Pilot den nördlichen Seeweg über den Atlantik, den er vom 18. bis zum 26. August auf der Route Sylt – Island – Grönland – Labrador – New York überflog (→ 24. 5./S. 96).

In Prag werden die Frauen-Weltspiele eröffnet. Die sportlichen Wettkämpfe dauern bis zum 8. September. Im Gesamtklassement siegt die deutsche Mannschaft mit 57 Punkten vor Polen (26 Punkte) und den Vertreterinnen Großbritanniens (19 Punkte).

7. September, Sonntag

Der pfälzische Kriegerverband veranstaltet in Landau anläßlich der Befreiungsfeiern für das Rheinland ein Kriegertreffen, zu dem sich rund 50 000 Veteranen versammeln. Aufsehen erregt der Auftritt des früheren bayerischen Kronprinzen Rupprecht, der nach Pressberichten öffentlich für die Wiedereinführung der Monarchie geworben haben soll.

Auf Schloß Stuyvenberg bei Brüssel wird Prinz Baudouin von Belgien geboren. Die Geburt des Sohnes von Kronprinz Leopold und Prinzessin Astrid von Schweden wird den Brüsselern mit 101 Kanonenschüssen bekanntgegeben (→ 21. 8./S. 147).

Die deutsche Fußball-Nationalmannschaft unterliegt in Kopenhagen gegen Dänemark 3:6. Die »Frankfurter Zeitung« führt die Niederlage auf die »große Unerfahrenheit der jungen deutschen Elf« und das »allzuofte Handspiel der Deutschen« zurück.

Auf dem italienischen Autodromo Nazionale di Monza gewinnt der Italiener Achille Varzi auf Maserati den »Großen Preis von Monza«. Varzi benötigt für die 35 Runden des Rennens (240,135 km) 1:35,46 h.

8. September, Montag

In Genf beginnt eine Konferenz von 26 europäischen Staaten. Die deutsche Delegation leitet Außenminister Julius Curtius (DVP). Diskutiert wird u. a. das Paneuropa-Memorandum des französischen Außenministers Aristide Briand (→ 17. 5./S. 88). Die Konferenz beschließt, das Projekt einer Föderation Europas auf die Tagesordnung der Vollversammlung des Völkerbundes zu setzen.

9. September, Dienstag

Das britische Arbeitsministerium gibt die Zahl der Arbeitslosen mit 2 060 444 an. Gegenüber dem Vorjahr bedeutet das einen Anstieg um 44%.

Das Berliner Arbeitsgericht stellt in einem Urteil fest, daß eine Schwangerschaft kein Entlassungsgrund sei. Ein Berliner Unternehmen, das eine Angestellte entließ, die sich aufgrund einer Schwangerschaft krank gemeldet hatte, wird zu einer Geldstrafe von 100 RM verurteilt.

10. September, Mittwoch

In Polen werden 70 oppositionelle Politiker verhaftet, darunter führende Mitglieder der sog. Centrolew (Mitte-Links)-Parteien. Marschall Józef Klemens Pilsudski, der seit dem 25. August zum zweiten Mal als Ministerpräsident regiert, will die Opposition gezielt durch solche Schläge ausschalten.

In Königsberg geht die jährliche Tagung der Gesellschaft Deutscher Naturforscher und Ärzte zu Ende. Die Delegierten sprechen u. a. über die Themen »Psychoanalyse« und »Krebs als Volkskrankheit« (→ 25. 9./S. 164).

Der neue Flughafen in Antwerpen wird eingeweiht. Über den in nur acht Monaten erbauten Landeplatz soll vor allem der Luftverkehr zwischen Belgien und seiner afrikanischen Kolonie Kongo abgewickelt werden.

11. September, Donnerstag

In Nordfrankreich geht ein mehrwöchiger Streit in der Textilindustrie zu Ende, an dem sich seit Ende Juli bis zu 130 000 Arbeiter beteiligt haben. Ein Schlichtungsvorschlag von Arbeitsminister Pierre Laval brachte die Wende in den festgefahrenen Verhandlungen. → S. 163

12. September, Freitag

Im Kaisersaal des Berliner Zoos wird die Iposta, die Internationale Postwertzeichen-Ausstellung, durch Reichspostminister Georg Schätzel (BVP) eröffnet. Sie gilt als eine der größten philatelistischen Schauen der Welt.

Die Filmgesellschaft Fox bringt die erste »tönende« Wochenschau mit aktuellen Berichten aus Politik, Wirtschaft, Kultur und Sport als »Die Stimme der Welt« in die deutschen Kinos. Die Premiere findet im Berliner Kino am Nollendorfplatz statt. → S. 168

13. September, Samstag

Die chinesische Anti-Opium-Gesellschaft veröffentlicht einen Bericht, wonach 400 000 Chinesen – 20% der Gesamtbevölkerung – in den britischen Kolonien an der ostasiatischen Küste rauschgiftsüchtig sind.

Das auf Elektrotechnik spezialisierte Unternehmen Siemens & Halske hebt die Kurzarbeit in seinen Berliner Werkstätten auf. → S. 161

Der finnische Ausnahmeathlet Paavo Nurmi läuft in Stockholm Weltrekordzeit über 20 000 m. Mit 1:04:38,4 h verbessert er den Weltrekord seines Landsmannes Väinö Sipilä. → S. 169

14. September, Sonntag

Bei den Reichstagswahlen wird die NSDAP überraschend mit 107 Sitzen hinter der SPD (143 Sitze) zweitstärkste Partei. → S. 158

Bei Augsburg scheitert der Versuch des Schweizer Physikers Auguste Piccard mit seinem Freiballon in die Stratosphäre (rund 16 000 m Höhe) aufzusteigen. → S. 164

15. September, Montag

In Oberfranken und Thüringen beginnt die alljährlich veranstaltete große Rah-

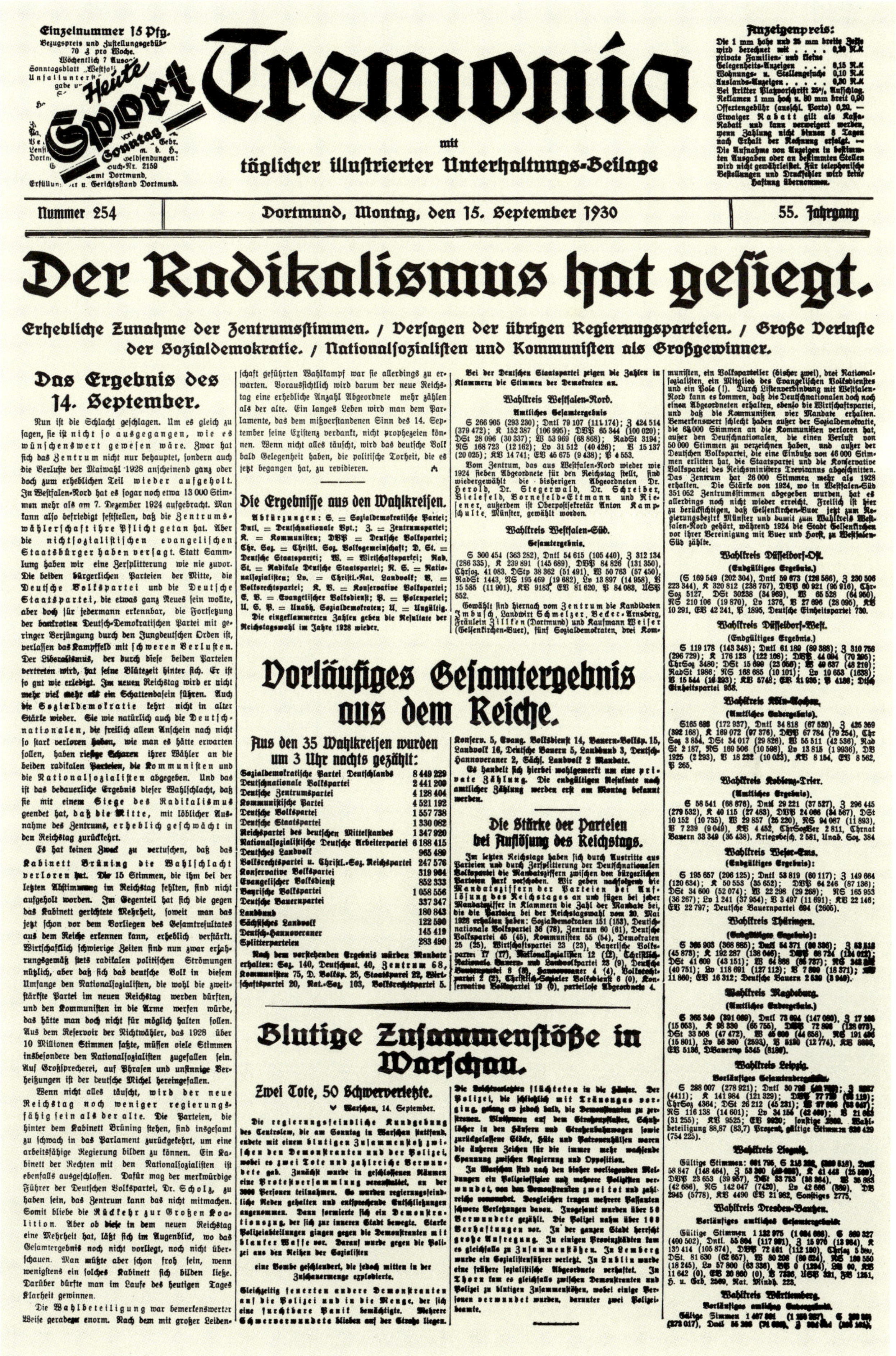

Der Radikalismus hat gesiegt.

Erhebliche Zunahme der Zentrumsstimmen. / Versagen der übrigen Regierungsparteien. / Große Verluste der Sozialdemokratie. / Nationalsozialisten und Kommunisten als Großgewinner.

Das Ergebnis des 14. September.

Nun ist die Schlacht geschlagen. Um es gleich zu sagen, sie ist nicht so ausgegangen, wie es wünschenswert gewesen wäre. Zwar hat sich das Zentrum nicht nur behauptet, sondern auch die Verluste der Maiwahl 1928 anscheinend ganz oder doch zum erheblichen Teil wieder aufgeholt. In Westfalen-Nord hat es sogar noch etwa 13 000 Stimmen mehr als am 7. Dezember 1924 aufgebracht. Man kann also befriedigt feststellen, daß die Zentrumswählerschaft ihre Pflicht getan hat. Aber die nichtsozialistischen evangelischen Staatsbürger haben versagt. Statt Sammlung haben wir eine Zersplitterung wie nie zuvor. Die beiden bürgerlichen Parteien der Mitte, die Deutsche Volkspartei und die Deutsche Staatspartei, die etwas ganz Neues sein wollte, aber doch für jedermann erkennbar, die Fortsetzung der bankrotten Deutsch-Demokratischen Partei mit geringer Verjüngung durch den Jungdeutschen Orden ist, verlassen das Kampffeld mit schweren Verlusten. Der Liberalismus, der durch diese beiden Parteien vertreten wird, hat seine Blütezeit hinter sich. Er ist so gut wie erledigt. Im neuen Reichstag wird er nicht mehr viel mehr als ein Schattendasein führen. Auch die Sozialdemokratie kehrt nicht in alter Stärke wieder. Sie wie natürlich auch die Deutschnationalen, die freilich allem Anschein nach nicht so stark verloren haben, wie man es hätte erwarten sollen, haben riesige Scharen ihrer Wähler an die beiden radikalen Parteien, die Kommunisten und die Nationalsozialisten abgegeben. Und das ist das bedauerliche Ergebnis dieser Wahlschlacht, daß sie mit einem Siege des Radikalismus geendet hat, daß die Mitte, mit löblicher Ausnahme des Zentrums, erheblich geschwächt in den Reichstag zurückkehrt.

Es hat keinen Zweck zu vertuschen, daß das Kabinett Brüning die Wahlschlacht verloren hat. Die 15 Stimmen, die ihm bei der letzten Abstimmung im Reichstag fehlten, sind nicht aufgeholt worden. Im Gegenteil hat sich die gegen das Kabinett gerichtete Mehrheit, soweit man das jetzt schon vor dem Vorliegen des Gesamtresultates aus dem Reiche erkennen kann, erheblich verstärkt. Wirtschaftlich schwierige Zeiten sind nun zwar erfahrungsgemäß stets radikalen politischen Strömungen nützlich, aber daß sich das deutsche Volk in diesem Umfange den Nationalsozialisten, die wohl die zweitstärkste Partei im neuen Reichstag werden dürften, und den Kommunisten in die Arme werfen würde, das hätte man doch nicht für möglich halten sollen. Aus dem Reservoir der Nichtwähler, das 1928 über 10 Millionen Stimmen faßte, müssen viele Stimmen insbesondere den Nationalsozialisten zugefallen sein. Auf Großsprecherei, auf Phrasen und unsinnige Verheißungen ist der deutsche Michel hereingefallen.

Wenn nicht alles täuscht, wird der neue Reichstag noch weniger regierungsfähig sein als der alte. Die Parteien, die hinter dem Kabinett Brüning stehen, sind insgesamt zu schwach in das Parlament zurückgekehrt, um eine arbeitsfähige Regierung bilden zu können. Ein Kabinett der Rechten mit den Nationalsozialisten ist ebenfalls ausgeschlossen. Dafür mag der merkwürdige Führer der Deutschen Volkspartei, Dr. Scholz, zu haben sein, das Zentrum kann das nicht mitmachen. Somit bliebe die Rückkehr zur Großen Koalition. Aber ob diese in dem neuen Reichstag eine Mehrheit hat, läßt sich im Augenblick, wo das Gesamtergebnis noch nicht vorliegt, noch nicht überschauen. Man müßte aber schon froh sein, wenn wenigstens ein solches Kabinett sich bilden ließe. Darüber dürfte man im Laufe des heutigen Tages Klarheit gewinnen.

Die Wahlbeteiligung war bemerkenswerter Weise geradezu enorm. Nach dem mit großer Leidenschaft geführten Wahlkampf war sie allerdings zu erwarten. Voraussichtlich wird darum der neue Reichstag eine erhebliche Anzahl Abgeordnete mehr zählen als der alte. Ein langes Leben wird man dem Parlamente, das dem mißverstandenen Sinn des 14. September seine Existenz verdankt, nicht prophezeien können. Wenn nicht alles täuscht, wird das deutsche Volk bald Gelegenheit haben, die politische Torheit, die es jetzt begangen hat, zu revidieren. A

Die Ergebnisse aus den Wahlkreisen.

Abkürzungen: S. = Sozialdemokratische Partei; Dntl. = Deutschnationale Vpt.; Z. = Zentrumspartei; K. = Kommunisten; DVP = Deutsche Volkspartei; Chr. Soz. = Christl. Soz. Volksgemeinschaft; D. St. = Deutsche Staatspartei; W. = Wirtschaftspartei; Rad. St. = Radikale Deutsche Staatspartei; N. S. = Nationalsozialisten; Lv. = Christl.-Nat. Landvolk; V. = Volksrechtspartei; K. V. = Konservative Volkspartei; E. V. = Evangelischer Volksdienst; P. = Polenpartei; U. S. P. = Unabh. Sozialdemokraten; U. = Ungültig.

Die eingeklammerten Zahlen geben die Resultate der Reichstagswahl im Jahre 1928 wieder.

Bei der Deutschen Staatspartei zeigen die Zahlen in Klammern die Stimmen der Demokraten an.

Wahlkreis Westfalen-Nord.

Amtliches Gesamtergebnis

S 266 905 (293 230); Dntl 79 107 (111 174); Z 424 514 (379 472); K 152 387 (106 995); DVP 65 344 (100 020); DSt 28 096 (30 337); W 53 969 (68 868); RadSt 3194; NS 168 723 (12 162); Lv 31 512 (40 426); V 15 137 (20 025); KV 14 741; EV 45 675 (9 438); P 4 553.

Vom Zentrum, das aus Westfalen-Nord wieder wie 1924 sieben Abgeordnete für den Reichstag stellt, sind wiedergewählt die bisherigen Abgeordneten Dr. Herold, Dr. Stegerwald, Dr. Schreiber, Bielefeld, Bornefeld-Ettmann und Riesener, außerdem ist Oberpostsekretär Anton Kampschulte, Münster, gewählt worden.

Wahlkreis Westfalen-Süd.

Gesamtergebnis.

S 300 454 (363 282), Dntl 54 615 (105 440), Z 312 134 (286 335), K 239 891 (145 689), DVP 84 826 (131 350), Chrsoz. 41 083. DStp 38 362 (51 491), W 50 763 (57 450), RadSt 1443, NS 195 469 (19 682), Lv 13 897 (14 958), V 15 585 (11 901), KV 9183, EV 81 620, P 84 088, USP 852.

Gewählt sind hiernach vom Zentrum die Kandidaten Imbusch, Landwirt Schmelzer, Becker-Arnsberg, Fräulein Zillken (Dortmund) und Kaufmann Weiser (Gelsenkirchen-Buer), fünf Sozialdemokraten, drei Kommunisten, ein Volksparteiler (bisher zwei), drei Nationalsozialisten, ein Mitglied des Evangelischen Volksdienstes und ein Pole (!). Durch Listenverbindung mit Westfalen-Nord kann es kommen, daß die Deutschnationalen doch noch einen Abgeordneten erhalten, ebenso die Wirtschaftspartei, und daß die Kommunisten vier Mandate erhalten. Bemerkenswert schlecht haben außer der Sozialdemokratie, die 62 000 Stimmen an die Kommunisten verloren hat, außer den Deutschnationalen, die einen Verlust von 50 000 Stimmen zu verzeichnen haben, und außer der Deutschen Volkspartei, die eine Einbuße von 46 000 Stimmen erlitten hat, die Staatspartei und die Konservative Volkspartei des Reichsministers Treviranus abgeschnitten. Das Zentrum hat 26 000 Stimmen mehr als 1928 erhalten. Die Stärke von 1924, wo in Westfalen-Süd 351 052 Zentrumsstimmen abgegeben wurden, hat es allerdings noch nicht wieder erreicht. Freilich ist hier zu berücksichtigen, daß Gelsenkirchen-Buer jetzt zum Regierungsbezirk Münster und damit zum Wahlkreis Westfalen-Nord gehört, während 1924 die Stadt Gelsenkirchen vor ihrer Vereinigung mit Buer und Horst zu Westfalen-Süd zählte.

Wahlkreis Düsseldorf-Ost.

(Endgültiges Ergebnis.)

(S 169 549 (202 304), Dntl 59 673 (128 586), Z 230 506 223 344), K 320 812 (238 757), DVP 60 921 (96 916), ChrSoz 5127, DSt 30238 (34 969), W 65 528 (64 950), NS 210 106 (19 870), Lv 1376, V 27 696 (28 095), KV 10 291, EV 42 241, P 1895, Deutsche Einheitspartei 730.

Wahlkreis Düsseldorf-West.

(Endgültiges Ergebnis.)

S 119 178 (143 348); Dntl 61 189 (89 388); Z 310 756 (296 729); K 176 123 (122 106); DVP 44 094 (70 295); ChrSoz 3480; DSt 15 699 (23 056); W 49 637 (48 210); RadSt 1986; NS 168 685 (10 101); Lv 10 653 (1638); V 15 544 (16 293); KV 5748; EV 41 936; P 4186; Dtsch Einheitspartei 958.

Wahlkreis Köln-Aachen.

(Amtliches Endergebnis).

S165 [illegible] (172 937), Dntl 34 818 (67 520), Z 425 369 (392 168), K 169 072 (97 376), DVP 67 784 (79 254), Chr Soz 3 854, DSt 34 017 (29 826), W 55 511 (42 536), Rad St 2 187, NS 169 506 (10 598), Lv 13 815 (1 9936), DB 1925 (2 293), V 18 232 (10 023), KV 8 154, EV 8 562, P 265.

Wahlkreis Koblenz-Trier.

(Amtliches Ergebnis).

S 58 541 (68 876), Dntl 29 221 (37 527), Z 296 445 (279 532), K 40 115 (27 483), DVP 24 066 (34 567), DSt 10 152 (10 735), W 29 857 (25 220), NS 94 087 (11 893), V 7 239 (9 049), KV 4 452, ChrSozVer 2 811, Chrnat Bauern 33 349 (35 438), Kriegsbesch. 2 581, Unab. Soz. 384

Wahlkreis Weser-Ems.

(Endgültiges Ergebnis):

S 195 657 (206 125); Dntl 58 819 (60 117); Z 149 664 (120 634); K 50 553 (35 652); DVP 64 246 (87 136); DSt 34 600 (52 074); W 22 298 (29 268); NS 165 953 (36 267); Lv 1 241 (37 954); V 3 497 (11 691); KV 22 146; EV 22 797; Deutsche Bauernpartei 694 (2605).

Wahlkreis Thüringen.

(Endgültiges Ergebnis):

S 365 903 (368 885); Dntl 54 371 (90 336); Z 53 518 (45 878); K 192 287 (138 046); DVP 66 724 (124 012); DSt 41 609 (43 151); W 64 888 (86 757); NS [illegible] (40 751); Lv 118 691 (127 112); V 7 890 (18 371); [illegible] 11 860; EV 16 312; Deutsche Bauern 2 530 (8 949).

Wahlkreis Magdeburg.

(Amtliches Endergebnis.)

S 365 349 (391 069), Dntl 73 694 (147 060), Z 17 [illegible] (15 053), K 98 330 (65 755), DVP 72 896 (128 073), DSt 33 506 (47 472), W 45 600 (44 658), NS 191 [illegible] (15 801), Lv 58 360 (2593), V 5120 (12 774), KV 8096, EV 5136, DBauernp 5345 (8130).

Wahlkreis Leipzig.

Vorläufiges Gesamtendergebnis.

S 288 007 (278 921); Dntl 30 7[illegible] ([illegible]); Z [illegible] (4411); K 141 984 (121 329); DVP 77 7[illegible] ([illegible] 119); ChrSoz 4364; DSt 26 212 (45 231); W 37 [illegible] ([illegible]); NS 116 138 (14 601); Lv 34 156 (42 [illegible]); V 21 [illegible] (31 255); KV 9525; EV 9820; sonstige [illegible]. Wahlbeteiligung 88,87 (83,7) Prozent, gültige Stimmen [illegible] 429 (754 225).

Wahlkreis Liegnitz.

Gültige Stimmen: [illegible] 795, S 218 [illegible], ([illegible] 518), Dntl 58 847 (148 464), Z 53 [illegible] ([illegible]), K 41 443 (25 [illegible]), DVP 23 653 (39 957), DSt 33 753 (38 384), W 36 [illegible] (42 686), NS 142 047 (7420), Lv 42 666 (889), DB 2945 (5778), KV 4490 EV 21 982, Sonstiges 2775.

Wahlkreis Dresden-Bautzen.

Vorläufiges amtliches Gesamtergebnis:

Gültige Stimmen 1 1[illegible] 975 (1 [illegible]). S [illegible] 327 (400 502), Dntl. 55 804 (117 [illegible]), Z 15 970 (13 [illegible]), K 139 414 (105 874), DVP 72 [illegible] (112 150), Chrsoz 5 [illegible], DSt. 81 630 (62 657), W 80 208 (80 [illegible]), NS 180 550 (18 245), Lv 57 800 (63 336), [illegible] 0 ([illegible]), [illegible] 60, KV 11 642 (0), EV 20 800 (0), V 7336, USP [illegible], [illegible] 1261, H. u. Grb. 2569, Nat. Mindh. 223.

Wahlkreis Württemberg.

Vorläufiges amtliches Endergebnis.

Gültige Stimmen 1 467 [illegible] (1 [illegible]), S [illegible] ([illegible] 017), Dntl [illegible] ([illegible]), Z [illegible] ([illegible]),

Vorläufiges Gesamtergebnis aus dem Reiche.

Aus den 35 Wahlkreisen wurden um 3 Uhr nachts gezählt:

Sozialdemokratische Partei Deutschlands	8 449 229
Deutschnationale Volkspartei	2 441 209
Deutsche Zentrumspartei	4 128 404
Kommunistische Partei	4 521 192
Deutsche Volkspartei	1 557 738
Deutsche Staatspartei	1 330 062
Reichspartei des deutschen Mittelstandes	1 347 920
Nationalsozialistische Deutsche Arbeiterpartei	6 188 415
Deutsches Landvolk	965 489
Volksrechtspartei u. Christl.-Soz. Reichspartei	247 576
Konservative Volkspartei	319 964
Evangelischer Volksdienst	852 333
Bayrische Volkspartei	1 058 556
Deutsche Bauernpartei	337 347
Landbund	180 843
Sächsisches Landvolk	122 590
Deutsch-Hannoveraner	145 419
Splitterparteien	283 490

Nach dem vorstehenden Ergebnis würden Mandate erhalten: Soz. 140, Deutschnat. 40, Zentrum 68, Kommunisten 75, D. Volksp. 25, Staatsparei 22, Wirtschaftspartei 20, Nat.-Soz. 103, Volksrechtspartei 5. Konserv. 5, Evang. Volksdienst 14, Bauern-Volksp. 15, Landvolk 16, Deutsche Bauern 5, Landbund 3, Deutsch-Hannoveraner 2, Sächs. Landvolk 2 Mandate.

Es handelt sich hierbei wohlgemerkt um eine private Zählung. Die endgültigen Resultate nach amtlicher Zählung werden erst am Montag bekannt werden.

Die Stärke der Parteien bei Auflösung des Reichstags.

Im letzten Reichstage haben sich durch Austritte aus Parteien und durch Zersplitterung der Deutschnationalen Volkspartei die Mandatsziffern zwischen den bürgerlichen Parteien stark verschoben. Wir geben nachfolgend die Mandatsziffern der Parteien bei Auflösung des Reichstages an und fügen bei jeder Mandatsziffer in Klammern die Zahl der Mandate bei, die die Parteien bei der Reichstagswahl vom 20. Mai 1928 erhalten haben: Sozialdemokraten 151 (153), Deutschnationale Volkspartei 36 (78), Zentrum 60 (61), Deutsche Volkspartei 45 (45), Kommunisten 55 (54), Demokraten 25 (25), Wirtschaftspartei 23 (23), Bayerische Volkspartei 17 (17), Nationalsozialisten 12 (12), Christlich-Nationale Bauern- und Landvolkpartei 23 (9), Deutsche Bauernpartei 8 (8), Hannoveraner 4 (4), Volksrechtpartei 2 (2), Christlich-Sozialer Volksdienst 6 (0), Konservative Volkspartei 19 (0), parteilose Abgeordnete 4.

Blutige Zusammenstöße in Warschau.

Zwei Tote, 50 Schwerverletzte.

Warschau, 14. September.

Die regierungsfeindliche Kundgebung des Centrolew, die am Sonntag in Warschau stattfand, endete mit einem blutigen Zusammenstoß zwischen den Demonstranten und der Polizei, wobei es zwei Tote und zahlreiche Verwundete gab. Zunächst wurde in geschlossenen Räumen eine Protestversammlung veranstaltet, an der 3000 Personen teilnahmen. Es wurden regierungsfeindliche Reden gehalten und entsprechende Entschließungen angenommen. Dann formierte sich ein Demonstrationszug, der sich zur inneren Stadt bewegte. Starke Polizeiabteilungen gingen gegen die Demonstranten mit blanker Waffe vor. Darauf wurde gegen die Polizei aus den Reihen der Sozialisten

eine Bombe geschleudert, die jedoch mitten in der Zuschauermenge explodierte.

Gleichzeitig feuerten andere Demonstranten auf die Polizei und in die Menge, der sich eine furchtbare Panik bemächtigte. Mehrere Schwerverwundete blieben auf der Straße liegen. Die Leichtverletzten flüchteten in die Häuser. Der Polizei, die schließlich mit Tränengas vorging, gelang es jedoch bald, die Demonstranten zu zerstreuen. Blutspuren auf dem Straßenpflaster, Schußlöcher in den Häusern und Straßenbahnwagen sowie zurückgelassene Stöcke, Hüte und Patronenhülsen waren die äußeren Zeichen für die immer mehr wachsende Spannung zwischen Regierung und Opposition.

In Warschau sind nach den bisher vorliegenden Meldungen ein Polizeioffizier und mehrere Polizisten verwundet, von den Demonstranten zwei tot und zahlreiche verwundet. Desgleichen trugen mehrere Passanten schwere Verletzungen davon. Insgesamt wurden über 50 Verwundete gezählt. Die Polizei nahm über 100 Verhaftungen vor. In der ganzen Stadt herrscht große Aufregung. In einigen Provinzstädten kam es gleichfalls zu Zusammenstößen. In Lemberg wurde ein Sozialistenführer verletzt. In Lublin wurde eine frühere sozialistische Abgeordnete verhaftet. In Thorn kam es gleichfalls zwischen Demonstranten und Polizei zu blutigen Zusammenstößen, wobei einige Personen verwundet wurden, darunter zwei Polizeibeamte.

Wie viele Tageszeitungen des In- und Auslandes reagiert die Dortmunder Zentrumszeitung »Tremonia« auf den Rechtsruck bei den Reichstagswahlen vom 14. September mit einer Schlagzeile, die den Schock über den Wahlerfolg der Kommunisten und der Nationalsozialisten widerspiegelt. Die deutsche Presse widmet dem Wahlergebnis und seinen mutmaßlichen Konsequenzen für das Deutsche Reich auch in den folgenden Tagen oft ganze Seiten.

menübung der Reichswehr. Bis zum 19. September übt die Reichswehr unter der Leitung von Generaloberst Wilhelm Heye u. a. mit Tankattrappen und Holzgeschützen, um ausländische Vermutungen, das Deutsche Reich sei hoch gerüstet, zu widerlegen.

Im Berliner Ufa-Palast wird der Film »Die Drei von der Tankstelle« (Regie: Wilhelm Thiele) mit Lilian Harvey, Willy Fritsch, Oskar Karlweis und Heinz Rühmann in den Hauptrollen uraufgeführt. → S. 168

16. September, Dienstag

Die niederländische Königin Wilhelmina eröffnet in Amsterdam das Parlament. Im Mittelpunkt ihrer Ansprache steht die Wirtschaftskrise, unter der insbesondere die niederländische Landwirtschaft leidet.

Der Kölner Stadtbaumeister Kurt Weber wird von der Sowjetregierung als Städtebaumeister nach Moskau berufen. Zum Aufbau der eigenen Industrie zieht die sowjetische Regierung ausländische Fachkräfte heran, weil es im eigenen Land für die großangelegte Modernisierung an qualifizierten Technikern und Ingenieuren fehlt.

17. September, Mittwoch

Die Nachrichtenagentur Indopacifique (Schanghai) meldet, daß in der Nordmandschurei eine Beulenpestepidemie ausgebrochen ist. Mehrere hundert Menschen sind ihr bereits zum Opfer gefallen. In Europa ist seit mehr als 200 Jahren keine Pestepidemie aufgetreten.

In Wien eröffnet der Präsident der Weltliga für Sexualreform, Magnus Hirschfeld, eine Konferenz für Sexualforschung. Bis zum 23. September beschäftigen sich die Teilnehmer des Kongresses mit Themen wie Geburtenregelung, Sexualmord und Rechte des Kindes.

In Berlin wird der Kriminalfilm »Der Greifer«, in dem Hans Albers die Hauptrolle spielt, uraufgeführt. In der Premierenrezension der »Vossischen Zeitung« wird Albers' schauspielerisches Können gelobt: »Ein herrliches Mundwerk, ganz Berlin ist da drin und ganz Tempo von 1930«.

18. September, Donnerstag

Der Versuch von Reichsernährungsminister Martin Schiele (Christliches Landvolk), durch staatliche Stützkäufe den Roggenpreis hochzuhalten, scheitert an der Berliner Getreidebörse. Die staatliche Aufkaufstelle verfügt nicht über genügend finanzielle Mittel, die Preisstützungsaktion längere Zeit durchzuhalten.

Die US-amerikanische Segelyacht »Enterprise« gewinnt den »America's Cup« vor der Ostküste der USA. → S. 169

Der Russe Aaron Nimzowitsch gewinnt beim Internationalen Frankfurter Schachkongreß das Meisterturnier. In elf Partien kann der 1887 in Riga geborene Nimzowitsch 9 Punkte für sich verbuchen.

19. September, Freitag

In Prag tagt bis zum 23. September ein internationaler Kongreß von Musik- und Theaterkritikern. Diese beschäftigen sich u.a. mit der Frage, wie verhindert werden kann, daß einige Kritiker die Berufstätigkeit mit ihren Privatinteressen als Dramatiker und Komponisten vermischen.

Die »Frankfurter Zeitung« berichtet, daß in Mecklenburg die meisten unehelichen Kinder im Deutschen Reich geboren werden. Auf 1000 Frauen zwischen 15 und 45 Jahren kämen 39,2 uneheliche Geburten (Reichsdurchschnitt 17,5). Die Zeitung führt diese Zahl auf die »trostlosen« Wohnverhältnisse der Arbeiter des mecklenburgischen Großgrundbesitzes zurück.

20. September, Samstag

Generalmajor Kurt Freiherr von Hammerstein-Equord wird von Reichspräsident Paul von Hindenburg zum Chef der Heeresleitung ernannt. Er löst Generaloberst Heye ab, der am 1. September seinen Rücktritt bekanntgegeben hat. → S. 160

Georg Kaisers Schauspiel »Mississippi« wird am Prinzregententheater in München sowie an 13 weiteren deutschen Bühnen uraufgeführt. Kaiser gehört zu den meistgespielten Dramatikern des Expressionismus.

21. September, Sonntag

Der Reichsverband für deutsche Jugendherbergen veranstaltet erstmals einen landesweiten Werbetag für das Jugendherbergswesen. Das Jugendherbergswerk zählt rund 100 000 Mitglieder und 2200 Jugendherbergen, die 1929 rund 4 Mio. Übernachtungen verzeichnen konnten.

In den USA wächst das Problem der Verschrottung von Altautos. Eine New Yorker Reederei bietet der Stadtverwaltung an, Schrottautos für je zwei US-Dollar (8,36 RM) im Meer zu versenken.

Der deutsche Motorradrennfahrer Ernst Henne stellt bei München fünf Geschwindigkeits-Weltrekorde auf. Henne geht mit einer eigens angefertigten, windschlüpfrigen Ausrüstung an den Start. → S. 169

22. September, Montag

Durch Eingreifen des mandschurischen Militärmachthabers General Tschang Hsüeh-liang auf der Seite Chiang Kaisheks werden die monatelangen Kämpfe gegen die sog. Nordtruppen entschieden. → S. 163

Bei einer Stadtratssitzung in Bayreuth liefern sich sozialdemokratische und nationalsozialistische Ratsmitglieder eine Saalschlacht, mehrere werden verletzt. Der Tumult brach aus, weil ein Nationalsozialist die SPD-Mitglieder als »rote Hunde« bezeichnet hatte.

Der Konkurs der Heidelberger Wohnungsbaugesellschaft entwickelt sich zu einem der größten Bauskandale im Deutschen Reich. Das Unternehmen unter der Leitung des Rechtsanwalts Ludwig Müller hatte sich ohne jedes Eigenkapital von Banken und Gemeinden rund 10 Mio. RM für angebliche Großprojekte ergaunert.

23. September, Dienstag

In einer Erklärung wendet sich Reichspräsident Paul von Hindenburg gegen ausländische Pressenachrichten, die behaupten, im Deutschen Reich stehe nach dem Rechtsrutsch der Wahlen vom → 14. September (S. 158) ein Putsch bevor. → S. 161

Der in Berlin tagende Verwaltungsrat der Reichsbahn macht für den Einnahmerückgang auch den Wettbewerb mit den Kraftfahrzeugen verantwortlich. Beschlossen wird daher die Beschaffung von 300 Lokomotiven, um das Angebot der Bahn zu verbessern.

24. September, Mittwoch

Augusto Turati, der Sekretär der Faschistischen Partei Italiens und neben Benito Mussolini wichtigster Mann in der faschistischen Bewegung, tritt von seinem Amt zurück. Sein Nachfolger wird Giovanni Giurati. Die internationale Presse wertet den Rücktritt als Bestandteil von Mussolinis »bewährter Personaltaktik«, mit der er Regierungsmitglieder oder führende Persönlichkeiten der Partei, die ihm zu mächtig werden, durch neue Männer ersetze.

Die »Deutsche Tageszeitung« meldet, daß zwei hohe Reichswehroffiziere zu einem Gaststudium in der US-amerikanischen Armee eingeladen worden sind. Bereits in den vorangegangenen Jahren fand ein Austausch zwischen den beiden Armeen statt.

Am Leipziger Stadttheater kommt die Operette »Der Gatte des Fräuleins« von Paul Abraham zur Uraufführung. Der aus Ungarn stammende Abraham ist einer der populärsten deutschen Operettenkomponisten. → S. 168

25. September, Donnerstag

In seiner Zeugenaussage vor dem Leipziger Reichsgericht erklärt der Parteiführer der NSDAP, Adolf Hitler, seine Partei werde zwar mit legalen Mitteln um die Macht kämpfen, als Regierungspartei jedoch ohne Rücksicht auf die bestehende Ordnung herrschen. → S. 160

Das österreichische Kabinett unter Kanzler Johann Schober tritt zurück, nachdem Schober von der Christlichsozialen Partei Verzögerung wichtiger Personalfragen vorgeworfen wurde. Am 30. September bildet Vizekanzler Karl Vaugoin (Christlichsozialer) ein Minderheitskabinett. → S. 162

Mit der Eröffnung der Schleuse Kleinheubach wird der erste Abschnitt des Rhein-Main-Donau-Kanals von Aschaffenburg nach Miltenberg eröffnet.

Mit Alfred Adlers Rede über den »Sinn des Lebens« beginnt in Berlin der 5. Internationale Kongress für Individualpsychologie. → S. 164

26. September, Freitag

Wegen Totschlags an dem SA-Führer Horst Wessel (→ 23. 2./S. 36) werden Ali Höhler und fünf andere KPD-Mitglieder in Berlin zu sechs und fünf Jahren Gefängnis verurteilt.

Der Deutsche Städtetag, der an seinem Gründungsort Dresden sein 25jähriges Jubiläum feiert, fordert von der Reichsregierung mehr Unterstützung für die verschuldeten Gemeinden. → S. 161

Erich Ebermeyers Hörspiel »Der Minister ist ermordet«, ausgestrahlt vom Berliner Rundfunk, löst im In- und Ausland Verwirrung aus. Viele Hörer halten die Darstellung des Mordes an einem Außenministers für wahr. Das Stück behandelt die Ermordung des deutschen Außenministers Walther Rathenau 1922, ohne jedoch Namen zu nennen.

27. September, Samstag

Aus Nienhagen bei Celle wird gemeldet, daß die bisher ergiebigste Ölquelle im Deutschen Reich von der Gewerkschaft Elwerath erschlossen wurde. 300 t Öl können hier täglich gefördert werden.

28. September, Sonntag

Über die Dreharbeiten zur Verfilmung der »Dreigroschenoper« von Bertolt Brecht und Kurt Weill berichtet die »Vossische Zeitung« in großer Aufmachung. → S. 168

In München stirbt Generalfeldmarschall Prinz Leopold von Bayern im Alter von 84 Jahren. → S. 165

Die deutsche Nationalmannschaft gewinnt in Dresden ein Fußball-Länderspiel gegen Ungarn 5:3. Vor 44 000 Zuschauern sichert Ludwig Hofmann in der 86. Minute mit dem fünften Treffer den Sieg für die Deutschen.

29. September, Montag

In Berlin erzielt die Auktion der Kunstsammlung des österreichischen Bankiers Albert Figdor rund 3 Mio. RM. Allein für das Gemälde »Der verlorene Sohn« von Hieronymus Bosch zahlt ein niederländischer Interessent 385 000 RM.

Im Hunsrück fällt der erste Schnee. Die 6 cm hohe Schneedecke schmilzt jedoch in den tieferen Lagen sofort wieder.

30. September, Dienstag

In Braunschweig tritt die Regierung unter Heinrich Jasper (SPD) zurück, nachdem der Nationalsozialist Ernst Zörner zum Landtagspräsidenten gewählt wurde.

Das Wetter im Monat September

Station	Mittlere Lufttemperatur (°C)	Niederschlag (mm)	Sonnenscheindauer (Std.)
Aachen	13,8 (14,5)	107 (68)	– (160)
Berlin	13,4 (13,8)	61 (46)	– (194)
Bremen	14,1 (14,0)	102 (60)	– (164)
München	13,1 (13,4)	91 (84)	– (176)
Wien	15,7 (15,0)	40 (56)	– (184)
Zürich	14,8 (13,5)	70 (101)	123 (166)

( ) Langjähriger Mittelwert für diesen Monat
– Wert nicht ermittelt

Das Pariser »Théâtre Pigalle« wirbt mit einem im Stil der Neuen Sachlichkeit gehaltenen Plakat des französischen Künstlers Jean Carlu für sein Programm. Das »Pigalle« ist – dem Trend der zeitgenössischen Theaterkunst entsprechend – mit aufwendiger Bühnentechnik, u. a. zur Gestaltung ausgefallener Lichteffekte, ausgestattet.

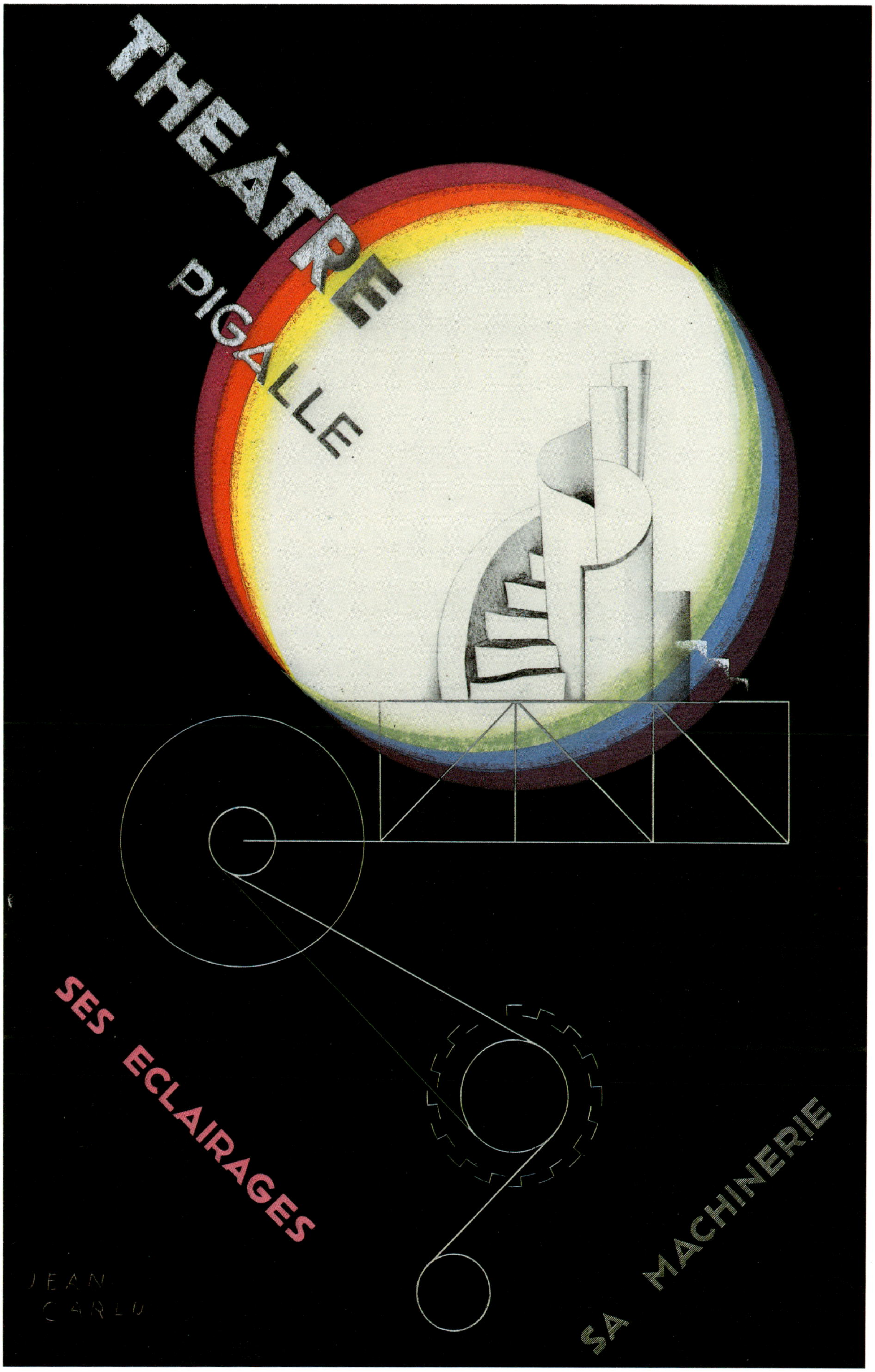

Politiker in der »Illustrierten Republikanischen Zeitung«: (V. l.) 1. Wels, Breitscheid (SPD); 2. Thälmann (KPD); 3. Dietrich, Bornemann (DStP); 5. Brüning; 6. Leicht (BVP); 7. Bredt (Wirtschaftspartei), 8. Treviranus (KVP); 9. Scholz, Seeckt (DVP); 10. Schiele (CNBL); 11. Frick, Goebbels (NSDAP); 12. Hugenberg (DNVP)

Rechtsruck bei den Wahlen zum Deutschen Reichstag

14. September. 6,4 Mio. Deutsche wählen bei den fünften Reichstagswahlen der Weimarer Republik die rechtsradikale NSDAP. Damit gelingt den Nationalsozialisten der politische Durchbruch. Sie stellen mit 107 Abgeordneten – bei den Wahlen von 1928 waren es noch 12 – die zweitstärkste Fraktion hinter der SPD im Berliner Reichstag.

Neben den Rechtsradikalen gehen auch die Kommunisten siegreich aus dem mit großer Schärfe geführten Wahlkampf hervor (→ 24. 8./S. 142). Die KPD kann 13,1% der Stimmen (77 Mandate) auf sich vereinigen. Der Erfolg von NSDAP und KPD ist ein Ausdruck des Vertrauensschwundes in der Bevölkerung gegenüber dem parlamentarischen System. Keine der bisherigen Regierungen war in der Lage, einen Ausweg aus der katastrophalen Wirtschaftsmisere im Deutschen Reich zu finden.

Die radikalen Parteien haben zudem von dem Umstand profitiert, daß mit einer Wahlbeteiligung von rund 82% (1928 rund 76%) 4,2 Mio. Wähler mehr zu den Wahlurnen gegangen sind als 1928. Aufgestört durch die Verschlechterung der Wirtschaftslage, haben viele Menschen gewählt, die sich sonst vom politischen Geschehen fernhielten. Sie ließen sich ähnlich wie ein großer Teil der Jungwähler von der aggressiven Propaganda und den zahlreichen Wahlkampfaktivitäten der radikalen Parteien beeindrucken.

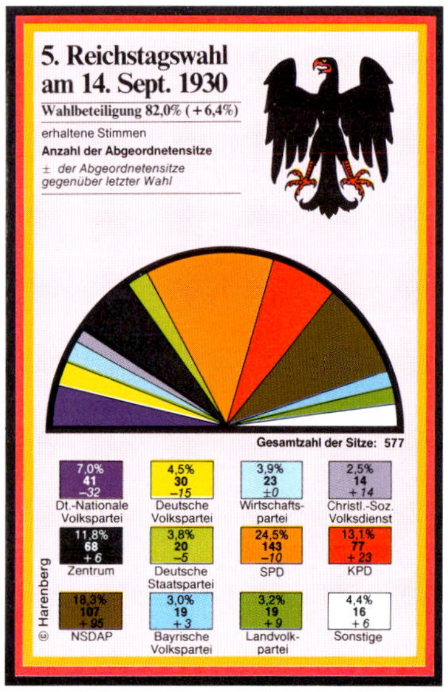

Besonders die Parteien der bürgerlichen Mitte, wie z. B. die erst am → 27. Juli (S. 126) gegründete Deutsche Staatspartei (DStP), mußten große Stimmenverluste hinnehmen. Sie spüren das Schwinden der Sympathien für den Parlamentarismus und die Demokratie in der Bevölkerung Aber auch die sog. »arbeitsfähige Rechte«, zu der die Deutschnationale Volkspartei (DNVP) und die Konservative Volkspartei gehören, hat nur wenige Wählerstimmen auf sich vereinigen können. Die DNVP verliert fast die Hälfte ihrer Wähler an die radikalere NSDAP.

Behaupten können sich dagegen die SPD (1928 29,8%; 1930 24,5%) und das Zentrum (1928 12,1%; 1930 11,8%). Sie können sich auf eine Stammwählerschaft stützen, die ihre Parteien aus tief verankerter Überzeugung wählen.

Für Reichskanzler Heinrich Brüning (Zentrum) bedeutet das Wahlergebnis eine Enttäuschung. Er hatte auf ein gutes Ergebnis für die sog. Mittelparteien gehofft, mit deren Hilfe er die Politik seines Kabinetts durch eine stabile Mehrheit im Parlament absichern wollte. Eine Verständigung zwischen der SPD, den Mittelparteien und der gemäßigten Rechten, die dazu notwendig wäre, ist nicht zu verwirklichen: Die bürgerlichen Parteien sind nicht bereit, mit der SPD zusammenzuarbeiten. Folglich wird die neue Regierung wieder ein Minderheitskabinett sein, das mit wechselnden Mehrheiten versuchen muß, ihre Politik durchzusetzen.

Auf die wirtschaftliche Lage des Deutschen Reichs wirkt sich der Rechtsruck bei den Wahlen verhängnisvoll aus. Das Ausland ist über die antidemokratische Haltung der deutschen Bevölkerung schockiert, die im Wahlergebnis zum Ausdruck kommt. An den Börsen stürzen die Kurse für deutsche Werte. Viele US-amerikanische Kreditgeber ziehen ihre so dringend benötigten Gelder aus dem Deutschen Reich ab.

Einige führende KÖPFE der PARTEIEN im neuen Reichstag

Dr. e. h. Otto Braun, Preuß. Ministerpräs. (Soz.).
Dr. Rudolf Breitscheid, Schriftsteller (Soz.).
Dr. Fritz Baade, Ministerialdirektor (Soz.).
Paul Löbe, langj. Reichstagspräs. (Soz.).
Carl Severing, Reichsinnenmin. a. D. (Soz.).
Otto Wels, Vors. d. Soz. Partei (Soz.).

Franz Ritter v. Epp, Generallt. a. D. (Nat.-Soz.).
Gottfried Feder, Dipl.-Ing. (Nat.-Soz.).
Dr. Paul J. Goebbels. Schriftsteller (Nat.-Soz.).
Herm. Wilh. Göring, Hauptm. a. D. (Nat.-Soz.).
Gregor Straßer, Apotheker (Nat.-Soz.).
Ernst Thälmann, Transportarbeiter (Komm.).

Wilhelm Münzenberg, Verleger (Komm.).
Heinz Neumann, Schriftsteller (Komm.).
Dr. Ludwig Kaas, Professor (Zentr.).
Dr. e. h. Flor. Klöckner, Eisenindustrieller (Zentr.).
Dr. Heinrich Krone, Studienassessor (Zentr.).
Dr. Alfred Hugenberg, Geh. Finanzrat (D.-Nat.).

Dr. Ernst Oberfohren, Nationalökonom (D.-Nat.)
v. Oldenburg-Januschau, Rittergutsbesitzer (D.-Nat.).
Siegfried v. Kardorff, Landrat a. D. (D. Vp.).
Eugen Köngeter, Generaldir. a. D. (D. Vp.).
Hans v. Seeckt, Generaloberst (D. Vp.).
Emil Georg v. Stauß, Bankdirektor (D. Vp.).

Hermann Drewitz, Bäckermeister (Wirtsch.-P.).
Otto Bornemann, Kanzler des Jungdo (Staatsp.).
Dr. Peter Reinhold, Reichsmin. a. D. (Staatsp.).
Johann Leicht, Domkapitular (Bayr. Vp.).
Graf Kuno Westarp. (Konf. Vp.).
Karl Hepp, Landwirt (Landvolk).

Auf einer Seite der »Berliner Illustrirten Zeitung« finden sich Reichstagsmitglieder der verschiedensten politischen Couleur friedlich nebeneinander vereint. Zu den herausragenden Persönlichkeiten gehört u. a. der Sozialdemokrat Otto Wels (1. Reihe, 6. v. l.), der 1891 als 18jähriger in die SPD eintrat und seit 1912 einen Sitz im Reichstag hat. Als Mitglied des SPD-Parteivorstandes widmet er sich besonders dem Auf- und Ausbau des republiktreuen Kampfverbandes Reichsbanner Schwarz-Rot-Gold. Innerhalb der stark angewachsenen NSDAP-Fraktion hebt sich der ehemalige Jagdflieger Hermann Göring (2. Reihe, 4. v. l.) durch seine zahlreichen gesellschaftlichen Kontakte zu Wirtschaftsvertretern, militärischen Kreisen und ausländischen Diplomaten hervor. Der Träger des höchsten deutschen Ordens »Pour le mérite« erwarb sich im Weltkrieg als letzter Kommandeur des Richthofengeschwaders den Ruf eines Kriegshelden. Der katholische Theologe Ludwig Kaas (3. Reihe: 3. v. l.) ist zusammen mit Reichskanzler Heinrich Brüning Vorsitzender des Zentrums. Im Mittelpunkt seiner Bemühungen steht insbesondere die Wahrung der Rechte und Privilegien der katholischen Kirche; so ist er z. B. gegen die Einführung von interkonfessionellen Schulen. General Hans von Seeckt (4. Reihe: 5. v. l.) zieht für die nationalliberale DVP in den Reichstag ein. Er lehnt den Parlamentarismus ab; Anfang der zwanziger Jahre setzte er die Reichswehr gegen Gegner von links ein.

»Reaktion auf die Unfähigkeit«

Die in- und ausländische Presse reagiert auf das Ergebnis der Wahlen zum Deutschen Reichstag am → 14. September (S. 158) zumeist überrascht und schokkiert. In vielen Zeitungskommentaren spiegelt sich das Erschrecken über den Wahlerfolg der NSDAP wieder.

»Das gestrige Resultat der Wahlen« – schreibt die französische Tageszeitung »Temps« – »übersteigt die schlimmsten Erwartungen.« Die Tageszeitung »Paris Midi« urteilt: »Deutschland ist politisch vergiftet.«

Die »Frankfurter Zeitung« versucht am Morgen nach der Wahl den Rechtsruck innerhalb der deutschen Parteienlandschaft zu erklären: »Erbitterungs-Wahlen also, in denen eine aus vielen Quellen gespeiste Stimmung, durch eine wilde Verhetzung aufgewühlt, sich in radikalen Stimmzetteln entlud . . . Kein positiver Wille, auch nicht der zu einem wirklichen Umsturz des heutigen Staates... steht hinter einem großen Teil dieser... Stimmen... Protest... gegen die Methoden des Regierens oder Nichtregierens, des entschlußlosen parlamentarischen Parlamentierens der letztvergangenen Jahre... Protest gegen die wirtschaftliche Not, die furchtbar ist . . . Wie aber wäre es, wenn Hitler jetzt wirklich die Möglichkeit erhielte, die Macht zu ergreifen? Er . . . wüßte in Wirklichkeit nichts . . . um seine Versprechungen zu erfüllen.«

Auch die britische »Times« macht die wirtschaftliche Not und den Parteienstreit für den Wahlerfolg der NSDAP verantwortlich: »Hinter der Entscheidung von 6,4 Mio. NSDAP-Wählern kann nur wenig ruhige Überlegung gestanden haben. Diese Wahl war vielmehr eine instinktive Reaktion auf die Unfähigkeit der traditionellen Parteien.« Der US-amerikanische »Daily Herald« kommentiert: »Die Demokratie macht eine Prüfung durch. Es liegt an den Demokraten, dafür zu sorgen, daß die Demokratie siegreich aus der Prüfung hervorgeht.«

Hitler: NSDAP will legal Macht erlangen

25. September. In einem Hochverratsprozeß gegen drei Reichswehroffiziere betont Adolf Hitler, der Parteivorsitzende der NSDAP, in seiner Zeugenaussage vor dem Leipziger Reichsgericht, daß seine Partei auf legalem Wege die Macht erlangen wolle. Nach der Übernahme der Regierung werde sie jedoch weder auf die Verfassung noch auf das Völkerrecht Rücksicht nehmen. Der Prozeß bietet Hitler die Möglichkeit, nach dem Wahlerfolg der NSDAP vom → 14. September (S. 158) für seine Ziele vor einer breiten Öffentlichkeit zu werben.

Der eigentliche Anlaß des Prozesses tritt im Verlauf von Hitlers Rede in den Hintergrund. Angeklagt sind drei junge Reichswehroffiziere aus Ulm, Hans Friedrich Wend, Hans Ludin und Richard Scheringer. Entgegen einem Erlaß des Reichswehrministeriums vom 31. Januar 1923, der den Angehörigen der Reichswehr jegliche politische Betätigung verbietet, sollen sie unter den Soldaten nationalsozialistische Propaganda betrieben haben. Die Offiziere werden, trotz Hitlers Legalitätsbeteuerungen, am 4. Oktober wegen Vorbereitung zum Hochverrat zu 18 Monaten Haft verurteilt.

Hitlers Zeugenaussage ist Ausdruck des von ihm verfolgten »Legalitätskurses«. Seit sein Versuch, das demokratische System gewaltsam zu beseitigen, gescheitert ist, propagiert Hitler diesen Weg zur Macht im Deutschen Reich. Nach außen hin beteuert die Partei nun ihre Verfassungsmäßigkeit. In Wirklichkeit jedoch will sie die Demokratie nur mit ihren eigenen Waffen schlagen, um schließlich, wenn sie die Macht in der Hand hält, das System zu stürzen.

Die »Frankfurter Zeitung« kommentiert Hitlers Auftreten vor dem Leipziger Gericht mit Blick auf die tatsächlichen Ziele der NSDAP: »Sie wollen den Staat nicht aufbauen, sondern stürzen, wollen das ohne Rücksicht auf die Katastrophen, die auf diesem Wege liegen müßten, denn eben diese Katastrophen sind ja ihr Ziel – und sie werden, wie jetzt die 107 Mandate, so auch weiterhin jede Machtposition, die sie erlangen können, lediglich für den einen Zweck mißbrauchen, um daraus neue Macht zu gewinnen für den Sturz der demokratischen Verfassung.«

Hitler (M.) bei seiner Vernehmung vor dem IV. Strafsenat des Reichsgerichtes in Leipzig, die in der deutschen Presse große Beachtung findet

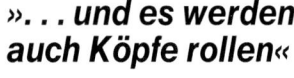

»... und es werden auch Köpfe rollen«

Im Verlauf des Leipziger Reichswehrprozesses wird Adolf Hitler, dem Parteivorsitzenden der NSDAP, die Gelegenheit gegeben, die Absichten seiner Partei darzulegen:

»Ich darf Ihnen versichern, wenn die nationalsozialistische Bewegung in ihrem Kampfe siegt, dann wird auch ein nationalsozialistischer Gerichtshof kommen, und der November 1918 [Unterzeichnung des Waffenstillstandes im Weltkrieg] wird seine Sühne finden, und es werden auch Köpfe rollen ... Deutschland ist durch Friedensverträge geknebelt ... Die Nationalsozialisten sehen diese Verträge nicht als ein Gesetz an, sondern als etwas Aufgezwungenes ... Ich setze hier voraus, daß wir gesiegt haben, dann werden wir gegen die Verträge kämpfen mit sämtlichen ..., auch mit illegalen Mitteln ... Die Verfassung schreibt nur den Boden des Kampfes vor, nicht aber das Ziel. Wir treten in die gesetzlichen Körperschaften ein und werden ... unsere Partei zum ausschlaggebenden Faktor machen. Wir werden dann allerdings ... den Staat in die Form gießen, die wir als die richtige ansehen.«

Neuer Reichswehrchef gegen Politisierung des Heeres

20. September. Reichspräsident Paul von Hindenburg ernennt den Generalmajor Kurt Freiherr von Hammerstein-Equord zum Chef der Heeresleitung. Er tritt die Nachfolge von Generaloberst Wilhelm Heye an, der zum 31. Oktober aus dem aktiven Dienst ausscheidet.

Der Anlaß für diesen Führungswechsel an der Reichswehrspitze ist das Bekanntwerden nationalsozialistischer Tendenzen innerhalb der deutschen Streitkräfte, obwohl den Soldaten jegliche politische Betätigung verboten ist (→ 16. 1./S. 19). Den Höhepunkt dieses Skandals bildet der Prozeß gegen drei Ulmer Reichswehroffiziere, die beschuldigt werden, in ihren Einheiten nationalsozialistische Zellen gebildet zu haben.

Reichswehrminister Wilhelm Groener (parteilos), der die Politisierung der Armee ablehnt, hatte Heye den Rücktritt nahegelegt. Seiner Meinung nach ist Heye unfähig, die Disziplin der Truppe zu gewährleisten. Zusammen mit dem Chef des Ministeramtes der Reichswehr, Generalmajor Kurt von Schleicher, hat er die Ernennung Hammerstein-Equords durchgesetzt, der als Gegner des politischen Radikalismus gilt.

Herbstmanöver der Reichswehr in Franken: Maschinengewehr-Trupp übt den Kriegseinsatz auch für den Fall eines Angriffs mit Kampfgas.

Kommandowechsel: Heye (l.) gratuliert Hammerstein-Equord.

Festliche Schlußkundgebung des 69. Katholikentages auf dem Hindenburgplatz in Münster

Deutsche Katholiken wollen Kampf gegen »Neuheiden« aufnehmen

6. September. *Am vierten Tag des 69. Katholikentages, der bis zum 8. September im westfälischen Münster stattfindet, spricht der Hildesheimer Theologe Konrad Algermissen im alten Münsteraner Rathaussaal. Vor der Generalversammlung des Volksvereins für das katholische Deutschland hält er einen Vortrag zum Thema »Die deutschen Katholiken im Kampf mit den revolutionären Strömungen der Gegenwart«.*

Algermissen beklagt in seiner Rede das Anwachsen der politischen Organisationen der extremen Rechten und Linken, deren Ziel es u. a. sei, den christlichen Glauben auszulöschen: »Im linksradikalen Bolschewismus tritt unter dem Symbol des Sowjetsternes der Geist der asiatischen Urseele Rußlands und der kulturlosen Steppe zutage, in den rechtsradikalen Geistesströmungen unter dem Symbol des Hakenkreuzes der Geist des arischen Heidentums und der kulturlosen Urwälder Germaniens.« Abschließend ruft er die Katholiken zum entschlossenen gemeinsamen Vorgehen gegen die Ausbreitung des »Neuheidentums« auf.

Städtetag warnt vor Krisenfolgen

26. September. In gespannter Atmosphäre findet in Dresden die Hauptversammlung des Deutschen Städtetages statt. Obwohl der Städtetag 1930 sein 25jähriges Bestehen feiert, kommt unter den Delegierten keine Jubiläumsstimmung auf. Finanzsorgen und die zunehmende politische Radikalisierung in den Gemeindeparlamenten engen den Handlungsspielraum kommunaler Entscheidungsträger in zunehmendem Maße ein.

Die deutschen Städte und Gemeinden leiden unter der allgemein schlechten Wirtschaftslage. Firmenzusammenbrüche und Geschäftsaufgaben lassen ihre Einnahmen, u. a. aus der Umsatzsteuer, absinken. Zugleich wachsen die Sozialausgaben für die steigende Zahl von Arbeitslosen (→ 9. 5./S. 91).

In einer gemeinsamen Entschließung des Vorstandes verlangt der Städtetag von der Reichsregierung u. a. eine weitgehende finanzielle Unterstützung und eine Entlastung im Fürsorgewesen: »Die Hauptversammlung des Deutschen Städtetages erwartet die beschleunigte Durchführung der von ihr geforderten Maßnahmen, wenn nicht die unheilvollsten Folgen für die Gemeinden, für die Arbeitslosen selbst und schließlich für unser gesamtes Volk entstehen sollen.«

Hindenburg: Keine Putschgefahr

23. September. Reichspräsident Paul von Hindenburg widerspricht in einer Erklärung Meldungen der ausländischen Presse, im Deutschen Reich drohe nach dem Wahlerfolg der NSDAP vom → 14. September (S. 158) ein Putsch von rechts.

Mit seiner Erklärung will Hindenburg verhindern, daß ausländische Kapitalgeber, vor allem aus den USA, ihre Gelder weiter abziehen: Unmittelbar nach dem Bekanntwerden der Wahlergebnisse hatten mehrere US-Banken Kredite gekündigt und damit eine Kapitalflucht aus dem Deutschen Reich ausgelöst. Begründet wurden diese Transaktionen mit der Furcht vor einem Sturz der demokratischen Verfassung und dem Verlust der Gelder. Mehrere deutsche Banken und Unternehmen sind so in ernste Zahlungsschwierigkeiten geraten.

Sparer unverdrossen

1. September. Das Statistische Reichsamt gibt bekannt, daß die Spareinlagen der Deutschen Ende Juli mit rund 10 Mrd. RM den höchsten Stand seit der Inflation von 1923 erreicht haben. 1925 betrug der Einlagenbestand nur 1,693 Mrd. RM.

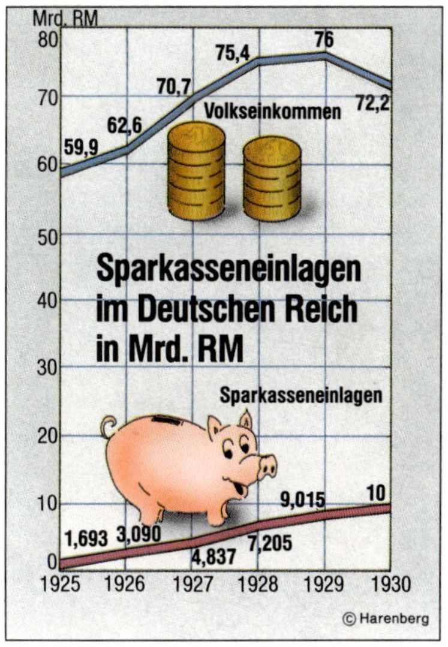

Das Anwachsen der Sparguthaben belegt, daß die Deutschen trotz der durchlittenen Inflation und der aktuellen Wirtschaftskrise ihr Vertrauen in die Stabilität der Reichsmark nicht verloren haben.

Insgesamt haben die deutschen Spareinlagen jedoch erst die Hälfte des Vorkriegsstandes erreicht, denn 1913 konnten die Sparkassen rund 20 Mrd. Mark Einlagen verzeichnen. Der monatliche Zuwachs der gesparten Gelder liegt 1930 im Schnitt bei 143 Mio. RM. Damit haben die Sparer rund 3 Mio. RM monatlich mehr auf die Konten gebracht als in den vergangenen fünf Jahren. Die »Frankfurter Zeitung« sieht in diesem »soliden Sparwillen« einen wichtigen Faktor für die »wirtschaftliche Gesundung« des Deutschen Reiches.

Aufwärtstrend bei Siemens & Halske

13. September. Die »Frankfurter Zeitung« berichtet, daß die Firma Siemens & Halske AG die Kurzarbeit in der Mehrzahl ihrer Berliner Werkstätten aufhebt und 1000 entlassene Arbeiter wieder einstellt.

Das Unternehmen, das vor allem elektrotechnische Produkte herstellt, hat große Auslandsaufträge erhalten; u. a. soll es im Auftrag der italienischen Regierung das Fernsprechnetz des Landes ausbauen. Der Vertrag hat ein Volumen von 160 Mio. RM.

Die exportorientierte deutsche Wirtschaft verzeichnet seit dem Börsenkrach im Oktober 1929 einen stetigen Rückgang der Auslandsnachfrage. Jeder Großauftrag wie die Bestellung aus Italien findet daher große Beachtung in den deutschen Medien und wird oft als Vorbote eines neuen Aufschwungs bezeichnet.

Das »ewige Bündnis« der Schweizer Urkantone bildet bei Th. Th. Heine den Kontrast zu der schwachen Solidarität zwischen den Führern der rechten Parteien Ludendorff, Hugenberg, Hitler (v. l.) vor der Reichstagswahl.

Der deutsche Michel (l.) vor die Frage gestellt, welche der Parteien (Nationalsozialisten, Rechtskonservative oder Sozialdemokraten v. l.) der desolaten Republik wieder aufhelfen könnte (Zeichnung von Garvens)

Lindlott zeigt den Zeitgenossen, der angesichts der angespannten wirtschaftlichen und politischen Situation in Resignation verfällt.

Die erfolglose internationale Flottenkonferenz von USA, Großbritannien (oben), Japan und Frankreich (unten) im »Kladderadatsch«

Der Einzug von 107 Abgeordneten der NSDAP in den Reichstag als unheilverkündendes Menetekel erschreckt die Reichsregierung.

Attacken gegen Untätigkeit und Extremismus

In den politisch turbulenten Jahren der Weimarer Republik gehören innenpolitische Ereignisse und Entwicklungen zu den Schwerpunktthemen der Karikatur. Mit der Zuspitzung der wirtschaftlichen Krise und dem Anwachsen der Rechtsparteien greifen Karikaturisten aus dem linken und dem bürgerlichen Lager häufiger zu drastischen Ausdrucksmitteln. Bekannte Zeichner wie Thomas Theodor Heine, Karl Arnold, Eduard Thöny und George Grosz nutzen Publikationsorgane wie den in München erscheinenden »Simplicissimus«, die Zeitschrift »Kladderadatsch« oder die »Berliner Illustrierte«, um die Nationalsozialisten als Staatsfeinde zu entlarven und die Handlungsunfähigkeit der bürgerlichen Parteien anzuprangern.

Anlaß zu den verschiedensten satirischen Bild-Kommentaren ist u. a. der Ausgang der Neuwahlen im September (→ 14. 9./S. 158). Der überraschend hohe Stimmenzuwachs der Nationalsozialisten, die 107 Abgeordnetensitze im Reichstag erringen, provoziert Schrecken und Verbitterung in der bürgerlichen und in der linken Presse.

Neben aktuellen politischen Themen ist auch der »deutsche Spießbürger« ein Thema für Karikaturisten. Sie entlarven seinen Charakter als Nährboden für den Faschismus, z. B. George Grosz in der graphischen Zeichenfolge »Über alles die Liebe«, die im Berliner Verlag Bruno Cassirer erscheint.

Kampf um die Macht in Österreich

25. September. Das genau vor einem Jahr gegründete Kabinett des österreichischen Bundeskanzlers Johannes Schober tritt auf der Ministerratssitzung geschlossen zurück. Mit der Bildung einer neuen Regierung wird Vizekanzler Karl Vaugoin (Christlichsozialer) beauftragt.

Johannes Schober, geboren am 14. November 1874 in Perg, war 1918 – 21 und 1922 – 29 Polizeipräsident von Wien. 1927 leitete er die blutige Niederschlagung des Wiener Arbeiteraufstandes. Das Amt des Bundeskanzlers bekleidete er bereits 1921/22 und seit 25. September 1929.

Anlaß der Regierungskrise, die dem Rücktritt vorausging, war die von der Christlichsozialen Partei (CP) geplante Überantwortung der Bundesbahn an den Grazer Vizebürgermeister und Spekulanten Strafella. Schober hatte dieses Vorhaben mehrfach verschoben. Der reaktionäre Flügel der CP um Ignaz Seipel warf Schober daraufhin Verschleppung wichtiger Personalfragen und das Hinauszögern notwendiger Entscheidungen vor.

Den Hintergrund der Krise bildet ein Machtkampf innerhalb der Christlichsozialen Partei. Am 22. September waren schon Handelsminister Friedrich Schuster und Vizekanzler Karl Vaugoin zurückgetreten, der nun Bundeskanzler wird.

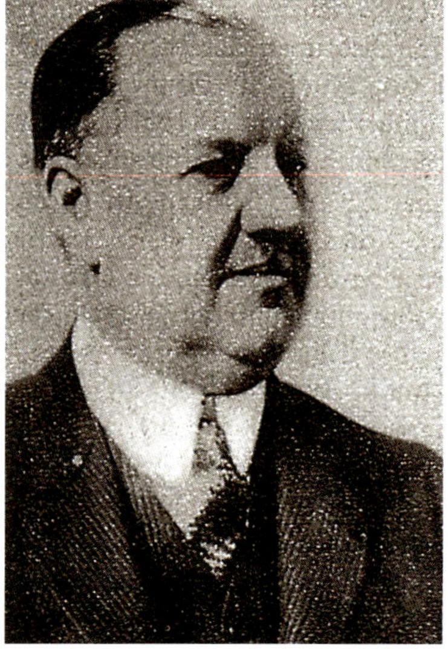

Bildet ein Minderheitskabinett: Der neue Bundeskanzler Karl Vaugoin

Streik lähmt Frankreichs Textilindustrie

11. September. Ein mehrwöchiger Streik der Textilarbeiter in Nordfrankreich ist beendet, nachdem Textilfabrikanten und sozialistische Gewerkschaften die Schlichtungsvorschläge von Arbeitsminister Pierre Laval akzeptiert haben. Damit findet eine der stärksten französischen Streikbewegungen der letzten zehn Jahre ein Ende, an der zeitweilig über 130 000 Arbeiter teilgenommen haben.

Der Arbeitsniederlegung vorausgegangen war die Einführung einer neuen Sozialversicherung, die am 1. Mai 1930 in Kraft getreten ist. Danach müssen Arbeitnehmer erheblich höhere Beiträge zur Sozialversicherung entrichten. Für viele Arbeitnehmer sanken so die Realeinkommen unter das Existenzminimum, zumal die Lebenshaltungskosten gleichzeitig stiegen.

Nach dem Vorschlag des Arbeitsministers Laval soll nun wöchentlich eine Gratifikation in Höhe der Versicherungssumme ausgezahlt werden, vorausgesetzt, daß der Empfänger eine Dienstzugehörigkeit zum Betrieb von mindestens einem Jahr vorweisen kann.

Streikende Textilarbeiter und – arbeiterinnen demonstrieren in den Straßen der nordfranzösischen Stadt Roubaix für angemessenere Löhne.

Grundsätzlich zeigen sich beide Parteien mit dem Vorschlag einverstanden, obgleich er in der Praxis nicht einheitlich realisiert wird. Während den Arbeitern in Lille versprochen wird, eine Nachprüfung der Löhne entsprechend der gestiegenen Lebenshaltungskosten vorzunehmen, erhöhen die Arbeitgeber im Gebiet um Roubaix die Löhne um den Betrag der den Arbeitern auferlegten Versicherungssumme.

Kritik an dem Ergebnis des Streiks üben vor allem die Kommunisten, die in ihrem Publikationsorgan »Humanité« die in Aussicht gestellte Gratifikation als Treueprämie interpretieren; diese mache die Arbeiter noch stärker als bisher von den Unternehmern abhängig.

Blutige Unruhen in Ungarns Hauptstadt

1. September. Zu schweren Straßenkämpfen zwischen Polizeikräften und Demonstranten kommt es in der ungarischen Hauptstadt Budapest. Bei einer Protestveranstaltung der Sozialdemokratischen Partei gegen Massenarbeitslosigkeit und die Wirtschaftspolitik der Regierung waren die Unruhen ausgebrochen, bei denen zwei Menschen getötet und insgesamt mehr als 300 Menschen verletzt werden.

Schon im Vorfeld der Demonstration hatte es heftige Wortgefechte zwischen Sozialdemokraten einerseits und Vertretern von Polizei und Regierung andererseits gegeben. Sie warnten sich gegenseitig vor Tätlichkeiten und verdächtigten die Gegenseite, gezielt Unruhen provozieren zu wollen.

Während der Demonstrationszug von insgesamt 50 000 Teilnehmern bis zum Mittag ungehindert durch die Straßen zog, kommt es danach zu den blutigen Auseinandersetzungen. Die Polizei nimmt mehrere hundert Demonstranten fest. Erst gegen 23 Uhr wird die Alarmbereitschaft für die Polizei aufgehoben.

Erfolg für Chiang Kai-shek im Bürgerkrieg

22. September. Der chinesische General Tschang Hsüeh-liang schlägt mit seinen mandschurischen Truppen eine Offensive der sog. Nordkoalition zurück. Damit unterstützt der Militärmachthaber der Mandschurei erstmals die Nanking-Regierung Chiang Kai-sheks, die seit Anfang des Jahres durch den Abfall der militärisch starken nordchinesischen Generäle in ihrem Bestand bedroht ist (→ 4. 4./S. 72).

Am 20. September hatte General Yen Hsi-schan als Oberbefehlshaber der rebellischen Nordtruppen Peking besetzt und sich selbst zum Präsidenten der Pekinger Gegenregierung erklärt. Unterstützt wurde er dabei von General Feng Yuxiang, der 1928 noch Kriegsminister unter Chiang Kai-shek war.

Nach dem Scheitern dieses Aufstandes ziehen sich die nordchinesischen Truppen in die Provinz Shansi zurück. Chiang Kai-sheks Macht ist dadurch zunächst gesichert. Die Gefahr einer Spaltung der Nanking-Regierung ist damit zwar entschärft, jedoch nicht völlig gebannt.

Die zerstörte Hauptstadt der Provinz Kwangsi, Nanning, nach den Kämpfen zwischen Regierungstruppen und der Rebellenarmee

Pressezar Hearst muß Paris verlassen

2. September. Der US-amerikanische Zeitungsverleger William Randolph Hearst wird vom Pariser Polizeipräfekten aufgefordert, Frankreich sofort zu verlassen. Noch am selben Abend reist Hearst ab.

Hintergrund dieser Ausweisung, die bereits vor einem Jahr ausgesprochen wurde, ist die Veröffentlichung eines französisch-britischen Geheimabkommens anläßlich der internationalen Flottenkonferenz in London (→ 22. 4./S. 70). Ein Dokument dieser Kooperationsvereinbarung gelangte durch Hearst an die Öffentlichkeit und brachte die französische Außenpolitik besonders in den USA in Mißkredit. Rätselhaft blieb dabei, auf welche Weise das geheime Dokument in die Hände des Verlegers gelangte.

Während französische und britische Zeitungen Hearst als »kriminellen Verräter« beschimpfen, kommentieren die Blätter des Pressezaren voller Häme, daß Hearst es nicht nur verstehe, Zeitungen zu verlegen, sondern sie auch zu füllen.

Psychologen ergründen den Sinn des menschlichen Lebens

25. September. Der Psychologe Alfred Adler eröffnet in Berlin den 5. Internationalen Kongreß für Individualpsychologie. Sein Vortrag »Der Sinn des Lebens« findet in Fachkreisen große Beachtung.

Adler sieht den Hauptantrieb menschlichen Handelns im Macht- und Geltungsstreben des Einzelnen. Der Sinn des Lebens liegt seiner Auffassung nach in der allgemeinen Nützlichkeit des Individuums für die Menschheit.

Die Ergebnisse des Berliner Kongresses erregen in der öffentlichen Diskussion psychologischer Forschungsergebnisse ähnliches Aufsehen wie das Erscheinen der Schrift »Das Unbehagen in der Kultur« von Sigmund Freud. Der österreichische Psychologe und Begründer der Psychoanalyse stellt darin seine Einsichten in das Triebleben des Menschen in einen gesellschaftstheoretischen Rahmen.

Freud geht der Frage nach, wie der Mensch sein Glück finden könne. Zwei grundsätzliche Möglichkeiten sind seiner Ansicht nach gegeben: Das Ausleben des Lustprinzips, also das positive Streben nach Glück, und die Vermeidung von Unlust, die Leidverminderung. Das Glück ist jedoch nur in der Sublimierung des ursprünglich rein sexuellen Triebes zu erreichen, etwa durch schöpferische Tätigkeit, durch Arbeit, durch Liebe und Nächstenliebe, durch ästhetischen Genuß, aber auch durch Leugnung der erbarmungslosen Wirklichkeit in der religiösen Verheißung eines besseren Jenseits.

Nach Freud gibt es drei Schranken für die Verwirklichung des Glücks: Die Übermacht der Naturkräfte, die Hinfälligkeit des menschlichen Körpers und die ungenügende Ordnung der sozialen Verhältnisse. Freuds These ist u. a., daß gesellschaftliches Leid hingenommen werden müsse, weil der Aggressionstrieb, der dieses Leid verursacht, zwar gezähmt, niemals jedoch tatsächlich überwunden werden könne.

Mit diesem Postulat eines Aggressionstriebs (auch »Todestrieb«) geht Freud über seine frühere Triebtheorie hinaus, die alles auf den Sexualtrieb (Libido) zurückführt. Er nähert sich seinen früheren Schülern an, zu denen Alfred Adler und Carl Gustav Jung gehören.

Psychologie und Psychoanalsyse haben während der zwanziger Jahre einen großen Interessentenkreis im Deutschen Reich gefunden. Nicht nur Mediziner beschäftigen sich mit den Forschungen der lange Zeit angefeindeten Psychologen. Gerade in Zeiten politischer und wirtschaftlicher Unsicherheit interessieren sich immer mehr Menschen für die Beweggründe menschlichen Handelns.

Sigmund Freud, geboren in Příbor (Nordmährisches Gebiet) am 6. Mai 1856, gilt als Begründer der theoretischen und praktischen Psychoanalyse. Freud war ab 1885 Dozent für Neuropathologie in Wien. Aus finanziellen Gründen verzichtete er auf eine weitere wissenschaftliche Karriere und eröffnete eine psychiatrische Praxis. Wichtige Werke: »Die Traumdeutung« (1900), »Zur Psychopathologie des Alltagslebens« (1901), »Totem und Tabu« (1913), »Das Ich und das Es« (1923).

Alfred Adler, geboren in Penzing (heute zu Wien) am 7. Februar 1870, entwickelte die Individualpsychologie, die den Haupttrieb des Menschen in seinem Macht- und Geltungsbedürfnis sieht. Adler war in den Jahren vor und nach dem Weltkrieg als Lehrer in der Erwachsenen- und Lehrerbildung tätig und lehrt seit 1926 medizinische Psychologie an der Columbia Universität in New York. Wichtige Werke: »Über den nervösen Charakter« (1912), »Menschenkenntnis« (1927).

Wilhelm Reich, geboren in Dobrzcynica (Galizien) am 24. März 1897, ist durch sein Bemühen, Psychoanalyse und Sozialismus miteinander zu verbinden, bekanntgeworden. Nach dem Medizinstudium gründete er 1919 das Wiener Studentenseminar für Sexuologie und wurde 1920 in die »Wiener Psychoanalytische Gesellschaft« aufgenommen. 1928 trat er der Kommunistischen Partei bei. Wichtige Werke: »Der triebhafte Charakter« (1925), »Die Funktion des Orgasmus« (1927).

Carl Gustav Jung, geboren in Kesswil (Kanton Thurgau/Schweiz) am 26. Juli 1875, gründete eine eigene tiefenpsychologische Richtung, die analytische Psychologie. Jung ist seit 1900 Psychiater, seit 1905 Privatdozent in Zürich. Zunächst ein Freud-Anhänger, erweiterte er später dessen Triebbegriff und stellte neben das persönliche Unbewußte das kollektive Unbewußte. Wichtige Werke: »Psychologische Typen« (1921), »Die Beziehung zwischen dem Ich und dem Unbewußten« (1928).

Ballonflug in Stratosphäre gescheitert

14. September. In Augsburg scheitert nach drei erfolglosen Anläufen der Versuch des Schweizer Physikers Auguste Piccard, mit einem Freiballon in die Stratosphäre aufzusteigen.

Bereits in den frühen Morgenstunden hatte Piccard zusammen mit dem Ingenieur Paul Kipfer auf einem Industriegelände die Ballonhülle mit Wasserstoffgas gefüllt. Mehrere hundert Zuschauer, darunter Vertreter der Stadtregierung und der Luftfahrtbehörden warteten auf den Aufstieg des Ballons, der in eine Höhe von rund 16 000 m vorstoßen sollte. Als die Ballonfahrer gegen fünf Uhr die Aluminiumgondel bestiegen, zwangen dichte Wolken und Wind zu einem Aufschub des Starts um drei Stunden.

Gegen acht Uhr konnte trotz der Abgabe von 250 kg Ballast der Ballon wieder nicht zum Aufstieg gebracht werden. Der starke Wind ließ schließlich auch den letzten Versuch scheitern. Die Gondel des Ballons, der in eine extreme Schräglage geriet, schleifte mehrere hundert Meter über den Boden. Piccard und Kipfer entschlossen sich daraufhin, vorerst aufzugeben.

Erst ein knappes Jahr später, am 27. Mai 1931, gelingt es Piccard, zusammen mit Kipfer in einer kugelförmigen Druckkabine eine Höhe von 15 781 m zu erreichen.

Schutzhelme aus Körben, die mit Kissen gepolstert sind: Piccard (r.) und Kipfer vor ihrem Versuch, mit einem Ballon in die Stratosphäre vorzustoßen

Traum vom Fliegen blieb kein Traum

Die Geschichte der Ballonfahrt hat ihre Ursprünge im 18. und frühen 19. Jahrhundert, als die Verwirklichung des Traums vom Fliegen Erfinder und Wissenschaftler faszinierte:

- ▷ 4. 6. 1783: Die Gebrüder Joseph Michel und Etienne Jacques de Montgolfier starten in Annonay ihren ersten unbemannten Ballon
- ▷ 12. 10. 1783: Jean-François Pilatre de Rozier erhebt sich als erster Mensch in einem Fessel-Ballon wenige Meter über dem Erdboden
- ▷ 9. 9. 1804: Joseph Louis Gay-Lussac und Jean-Baptiste Biot erreichen mit einem Wasserstoffballon 7376 m
- ▷ 5. 9. 1862: Die Ballonfahrer Henry Coxwell und James Glaisher erreichen eine Höhe von 9000 m.

Kardinalerzbischof von Faulhaber segnet vor der Münchner Michaeliskirche die sterblichen Überreste Prinz Leopolds vor der Beisetzung.

Bayern trauert um Leopold

28. September. Generalfeldmarschall Prinz Leopold von Bayern stirbt im Alter von 84 Jahren in München.

Leopold war der zweite Sohn des Prinzregenten Luitpold von Bayern (1886 – 1912) und Bruder des letzten bayerischen Königs Ludwig III. Durch seine Heirat mit der Erzherzogin Gisela, Tochter des österreichischen Kaisers Franz Joseph I. und seiner Ehefrau Elisabeth (genannt »Sisi«), im Jahre 1873 trat er im verwandtschaftliche Beziehung zum Hause Habsburg. Seine militärische Laufbahn führte ihn in hohe Rangstellungen der bayerischen und der preußischen Armee.

Als Befehlshaber der 9. Armee hatte Prinz Leopold während des Weltkriegs im Sommer 1915 Anteil an der deutschen Ostoffensive, die u. a. zur Einnahme von Polen, Litauen und Kurland führte. Nach der Einnahme Warschaus wurde Leopold als der »Eroberer von Warschau« gefeiert.

Gangsterboß Jack Diamond (M.) nach seiner Rückkehr in New York; wie er es befürchtet hatte, wird er wenig später bei einem Anschlag schwer verletzt.

Gangsterboß verhaftet

1. September. Der Chicagoer Gangsterboß Jack Diamond wird im Aachener Bahnhof verhaftet.

Bereits am Vormittag war der als Mörder und Bandenchef gesuchte Diamond in der belgischen Hafenstadt Antwerpen eingetroffen. Da er über ein einwandfreies Visum zur Einreise ins Deutsche Reich verfügte, ließ ihn die belgische Polizei ungehindert ausreisen. Ein dringendes Gesuch der US-amerikanischen Botschaft an die deutschen Behörden veranlaßte dann seine Festnahme in Aachen.

Der Sozius Al Capones leugnet jedoch, der gesuchte Unterweltkönig zu sein. Er sei nur »ein einfacher Reisender, der nach Europa gekommen sei, um seine etwas angegriffene Gesundheit zu reparieren«. Die Aachener Kriminalpolizei hat jedoch ermittelt, daß Diamond aus Furcht vor Anschlägen einer rivalisierenden Bande geflüchtet ist. Vier Tage später wird er in die USA ausgewiesen.

Schönheitsköniginnen aus 24 Nationen geben sich in Rio de Janeiro ein Stelldichein. Die spätere Titelträgerin, »Miß Brasilien« (sitzend, 6. v. l.), posiert siegessicher im Kreis ihrer Rivalinnen.

»Miß Brasilien« wird in Rio de Janeiro zur schönsten Frau des Universums gewählt

September. *Teilnehmerinnen aus 24 Ländern sind zur Wahl der schönsten Frau der Welt, der »Miß Universum«, in der brasilianischen Hafenstadt Rio de Janeiro angetreten. Nach mehreren Wahldurchgängen erkennen die meist männlichen Juroren der Brasilianerin Yolanda Pereira den Titel zu. Den zweiten Platz teilen sich die griechische Bewerberin Alice Diplarakou und Fernanda Gonçalves aus Portugal. »Miß USA« Béatrice Lee erringt in Rio den dritten Platz. Leer geht dagegen die deutsche Kandidatin Dorrit Nitykowski aus, die für sich aber immerhin noch in Anspruch nehmen kann, die schönste Frau Deutschlands zu sein.*

Alle Teilnehmerinnen hatten in ihren Heimatländern an mehreren Schönheitswettbewerben teilgenommen, ehe sie den nationalen Titel und die damit verbundene Reise nach Rio gewannen. »Miss Niederlande« und »Miss Uruguay« nehmen wegen Krankheit nicht an der Entausscheidung teil; andere Bewerberinnen sind seit Jahresanfang durch Heirat ausgeschieden.

Auf den Bühnen Berlins (v. l.): G. Falkenberg, E. Deutsch in »Jud Süß«, R. Albu, A. Moissi in »Der Idiot«, Bard, W. Krauss in »Elga«

Theater 1930:

Die Bühne als eine politische Anstalt

Die Politisierung der deutschen Bevölkerung, ausgelöst durch die krisenhafte Wirtschaftslage und die antidemokratischen Propaganda-Offensiven links- und rechtsextremer Parteien, wirkt sich auf das Bühnenschaffen aus.
Stücke mit sozialistischer Tendenz werden nach Tumulten bei der Uraufführung in Berlin in der Provinz nicht mehr nachgespielt; so wird der Dramatiker Ernst Barlach, dessen 1926 uraufgeführtes Stück »Der blaue Boll« in einer herausragenden Inszenierung von Jürgen Fehling am 6. Dezember am Berliner Staatsschauspiel Premiere hat, von der nationalsozialistischen Presse als »ostisch« diffamiert.
Dennoch ist das Theaterleben 1930 außerordentlich rege. Weiterhin stehen »Zeitstücke«, die sich mit der gesellschaftlichen Gegenwart oder der jüngsten Vergangenheit beschäftigen, im Mittelpunkt der Aufmerksamkeit.
Fritz von Unruh, ein ehemaliger Offizier, der durch das Erlebnis des Weltkriegs zum Pazifisten geworden ist, beschäftigt sich in »Phaea« (Uraufführung am 13. 5. am Deutschen Theater, Berlin) mit der modernen Filmindustrie. Nach dem Urteil der Rezensenten rettet allein die Regieleistung von Max Reinhardt dieses »aufgeblasene Nichts« (Herbert Ihering).

Der »Kladderadatsch« stellt Erwin Piscator (Regisseur) und Ernst Toller (Autor) wegen ihrer Interpretation der Matrosenaufstände von 1918 als »linke Clowns« dar.

Wie Unruh bedient sich auch Bruno Frank in »Sturm im Wasserglas« (Uraufführung am 29. 8. in Dresden) komödiantischer Mittel. Die Hauptrolle in dem Drama, das Volksstück und politische Satire zugleich ist, spielt ein Hund, dessen Steuerpflichtigkeit für Konflikte sorgt. Der Effekt des Stücks beruht auf der Gegenüberstellung von natürlich gebliebenen »einfachen« und verbildeten »besseren« Leuten.
Drastischer in der Wahl der Ausdrucksmittel und der Deutlichkeit ihrer Botschaft sind drei Stücke des Jahres 1930. Sie behandeln die Matrosenaufstände von 1918: »Des Kaisers Kuli« von Theodor Plievier (Uraufführung am 31. 8. im Lessing-Theater, Berlin), »Feuer aus Kesseln« von Ernst Toller (Uraufführung am gleichen Tag im Theater am Schiffbauerdamm, Berlin) und »Die Matrosen von Cattaro« von Friedrich Wolf (Uraufführung am 8. 11. in der Volksbühne Berlin). Sie rufen die Meuterei der deutschen und der österreichischen Flotte ins Gedächtnis zurück, die 1918 den Sturz der Monarchie herbeiführen halfen. Die Dramatiker nutzen dieses historische Ereignis als Symbol für ihren Aufruf zur Umgestaltung der Gesellschaft. Ihre Botschaft bleibt auch im Publikum nicht unumstritten, da sie als politischer Aufruf zu verstehen sind und auch so verstanden werden: Während der Aufführung des Wolf-Stückes kommt es zu heftigen Wortwechseln zwischen sozialdemokratischen und kommunistischen Zuschauern.
(Siehe auch Übersicht »Uraufführungen« im Anhang.)

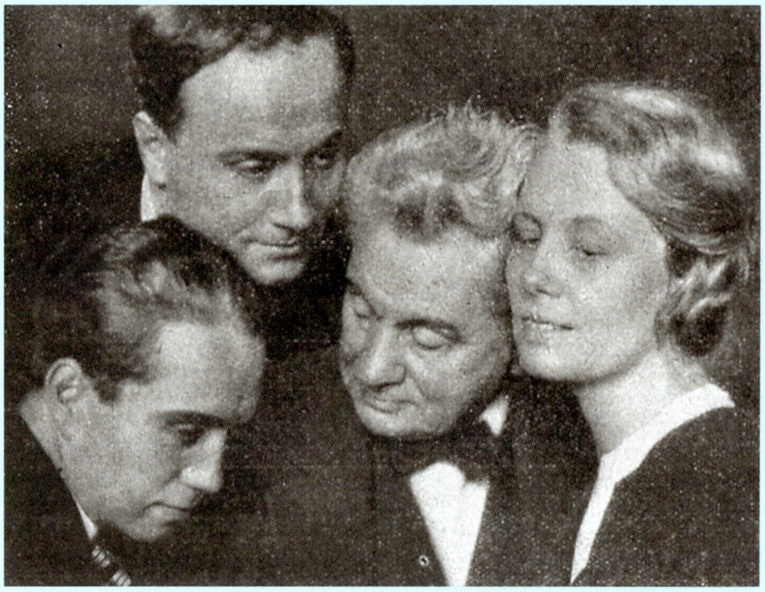

Eine Familie im Dienste der Schauspielkunst: Der aus Dresden stammende Darsteller Hugo Thimig (3. v. l.) mit seinen Kindern, den Bühnenkünstlern Hans, Hermann und Helene Thimig (v. l.). Der Vater wirkt am Burgtheater und im Theater in der Josefstadt in Wien, seine Söhne sind ebenfalls Burgschauspieler, seine Tochter Helene arbeitet vor allem mit Max Reinhardt.

Der beliebte Dramatiker Georg Kaiser ist der Autor des Stücks »Mississippi«, das am 20. September im Prinzregententheater in München und gleichzeitig an 13 weiteren deutschen Bühnen uraufgeführt wird. Das Foto zeigt eine Szene aus der Inszenierung von G. Lindemann am Düsseldorfer Schauspielhaus.

»Geschwister«, ein neues Bühnenwerk von Klaus Mann, dem Sohn des Literaturnobelpreisträgers Thomas Mann, wird am 12. November im Münchener Schauspielhaus uraufgeführt. Klaus Mann (l.) wirkt in dem Stück selbst mit; weitere Darsteller sind Herbert Fischel (M.) und Wolfgang Liebeneiner (r.).

Helene Thimig, Grautoff, Forster (v. l.) in dem Stück »Kreatur«, das am 10. März in der Berliner Komödie in der Inszenierung von Max Reinhardt uraufgeführt wird. Autor des Stückes ist Ferdinand Bruckner (eigentl. Theodor Tagger).

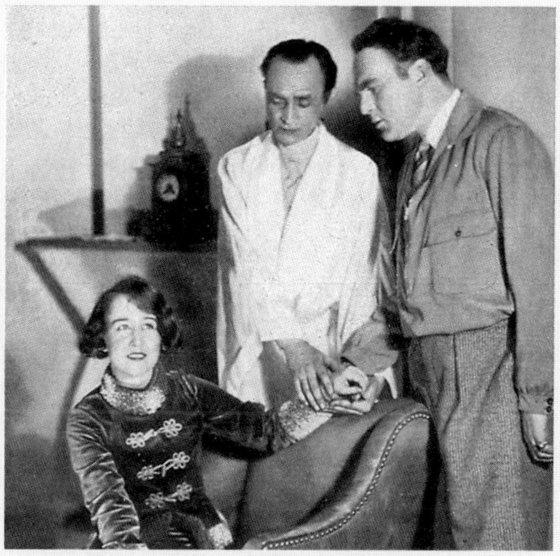

An der »Tribüne« in Berlin findet die deutschsprachige Erstaufführung des Spiels »Er« von A. Savoir statt. Die Titelrolle eines Geisteskranken, der sich auf einem Freidenkerkongreß als Gott zu erkennen gibt, spielt Conrad Veidt (M.).

Szenenbild aus dem Schauspiel »Die Südpolexpedition des Kapitäns Scott« von Reinhard Goering, das im Staatlichen Schauspielhaus Berlin am 16. Februar erstmals gezeigt wird (Regie: Leopold Jessner). Die Kritik reagiert positiv.

Lucie Mannheim am Rednerpult in einer Szene des Bühnenstücks »Wird Hill amnestiert?« von Lion Feuchtwanger (Uraufführung im Staatlichen Schauspielhaus Berlin am 24. 4.); der sozialkritische Autor veröffentlicht 1930 auch den in Bayern spielenden politischen Schlüsselroman »Erfolg«.

Szenenbild aus dem zweiten Akt des Schauspiels »Die Straße« des US-amerikanischen Autors Elmer Rice in der deutschsprachigen Erstaufführung im Berliner Theater (Uraufführung 1929 unter dem Titel »Street Scene«); Rice ist in seinem dramatischen Schaffen vom deutschen Expressionismus beeinflußt.

Oskar Karlweis (l.) bemüht sich vergeblich um Lilian Harvey, die in diesem Film nur Augen für Willy Fritsch hat.

Karlweis, Fritsch und Rühmann (v. l.) bleiben im Film auch als Tankstellenbesitzer unzertrennliche Freunde.

Kinohit »Die Drei von der Tankstelle«

15. September. Willy Fritsch, Oskar Karlweis und Heinz Rühmann sind »Die Drei von der Tankstelle« in der gleichnamigen Filmoperette von Wilhelm Thiele, die im Ufa-Palast in Berlin uraufgeführt wird und sich zum größten kommerziellen Filmerfolg der Saison 1930/31 entwickelt.

Die drei Freunde Willy (Fritsch), Kurt (Karlweis) und Hans (Rühmann) sind, wie sie bei der Rückkehr von einer gemeinsamen Reise erfahren, durch den Bankrott ihres Bankiers völlig mittellos geworden; ihre Wohnung ist verpfändet. Sie verkaufen ihren einzigen Besitz, ein Auto, und pachten zusammen eine Tankstelle. Mehr schlecht als recht verdienen sie so ihren Lebensunterhalt. Zu einem Zerwürfnis zwischen Kurt, Willy und Hans kommt es wegen einer Stammkundin, der jungen Lilian Cossmann (Lilian Harvey), die von allen dreien umworben wird, aber nur die Liebe von Willy erwidert. Ihr Versuch, den Streit beizulegen, scheitert, und Willy verläßt die Tankstelle.

Für ein glückliches Ende sorgt schließlich Lilians Vater, der eine große Tankstellengesellschaft gründet und die drei Freunde als Direktoren einstellt. Sie versöhnen sich, und Willy bekommt obendrein noch Lilian zur Braut.

Zu der Beliebtheit des Films tragen die eingängigen Lieder, wie etwa »Ein Freund, ein guter Freund« und »Liebling, mein Herz läßt dich grüßen«, von Werner Richard Heymann (Musik) und Robert Gilbert (Text) entscheidend bei. Die besondere Leistung des Regisseurs Thiele ist es nach dem Urteil der Kritiker jedoch, die verschiedenen Elemente – Musik, Dialog, Tanz, Spiel, Kameraführung – zu einem geschlossenen Kunstwerk zusammengefügt zu haben. Dabei wird vielfach die Leistung von Kameramann Franz Plauer gelobt, der ein einfaches Element wie Regentropfen durch Lichteinsatz zum gleißenden Hintergrund einer Liebesszene macht.

Die Verwandlung der Alltags- und Arbeitswelt in eine Märchenwelt mit einfachen Mitteln wie der Musik und dem Licht verleihen dem Film einen besonderen Reiz. Mit diesen Mitteln entfernt sich der Film von der Operette und nähert sich dem Musical an.

Die »Comedian Harmonists«

Die großen Schlager des Films »Die Drei von der Tankstelle« werden im Deutschen Reich in der Interpretation des Vokalensembles »Comedian Harmonists« populär. Mit dem an der sog. Barbershop-Harmonik orientierten Gesangsstil, der von einem ausgefeilten Zusammenklang der Stimmen lebt, geben sie Liedern wie »Liebling, mein Herz läßt dich grüßen« eine beschwingte Ausstrahlung. Das Repertoire der »Comedian Harmonists«, die sich 1928 zusammenfanden, umfaßt u. a. auch populäre US-amerikanische Musicalkompositionen.

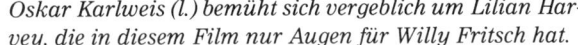

◁ Die »Comedian Harmonists« (v. l.): Joseph, Leschnikow, Frommermann-Frohmann, Cykowski, Collin, Biberti

Ton hält Einzug in die Wochenschau

12. September. Die deutsche Filmgesellschaft Fox strahlt im Berliner Kino am Nollendorfplatz ihre erste »tönende« Wochenschau mit aktuellen Berichten aus Politik, Wirtschaft, Kultur und Sport aus. Zwar ist die Herstellung synchroner Tonaufnahmen noch nicht möglich, durch die gesprochenen Kommentare zu den gefilmten Reportagen wird die propagandistische Wirkung der aktuellen Kino-Berichterstattung jedoch erheblich verstärkt.

Die Wochenschauen sind neben Zeitung und Rundfunk das wichtigste Informationsmedium der Bevölkerung. Die Möglichkeiten der Meinungsbildung, die in dieser Form der Berichterstattung stecken, wurden von Politikern und Publizisten schon früh erkannt. So werden vier Fünftel aller Wochenschauen von der Ufa produziert, die zum Konzern des deutschnationalen Politikers Alfred Hugenberg gehört.

König der Operette – Paul Abraham

24. September. Seinen zweiten großen Erfolg des Jahres 1930 feiert der in Ungarn gebürtige Operettenkomponist Paul Abraham mit »Der Gatte des Fräuleins« am Leipziger Stadttheater. Das Werk ist bereits 1928 entstanden. Es gelangt jedoch erst jetzt, nach dem sensationellen Publikumserfolg der Abraham-Operette »Victoria und ihr Husar« (Uraufführung in Leipzig am 7. 7. 1930), erstmals auf die Bühne.

Pabst verfilmt Dreigroschenoper

28. September. In der Berliner »Vossischen Zeitung« erscheint ein Bericht über die Dreharbeiten zur Verfilmung der »Dreigroschenoper« von Bertolt Brecht und Kurt Weill. Der Regisseur Georg Wilhelm Pabst hat sich dieses ehrgeizige Projekt vorgenommen, obwohl die Vorlage als besonders »schwieriger Filmstoff« gilt (→ 12. 12./S. 210).

Pabst hat für seine Produktion ein Aufgebot hochrangiger Künstler gewonnen: Rudolf Forster spielt den Mackie Messer, Carola Neher Polly Peachum und Lotte Lenya die Hure Jenny.

»Enterprise« siegt im »America's Cup«

__18. September.__ Vor der Ostküste der USA geht das Rennen um den »America's Cup« mit einer Überraschung zu Ende. Nicht der favorisierte Vorjahressieger »Shamrock V« aus den USA, sondern der Außenseiter »Enterprise«, ebenfalls aus den Vereinigten Staaten, segelt als Erster durchs Ziel.

1851 wurde dieses Wettsegeln für Hochseeyachten erstmals vor der britischen Küste ausgetragen. Den von Königin Viktoria von England gestiftete Pokal gewann damals die US-amerikanische Yacht »America«, woraufhin das Segelrennen diesen Namen erhielt. Seit 1870 versuchen vor allem britische und australische Herausforderer, die siegreichen Schiffe aus den USA vor Newport (Rhode Island) zu schlagen.

◁ Aufwendige Seekarte zum »America's Cup«, einem Prestigerennen der Segelelite

Nurmi läuft noch einen Weltrekord

13. September. Der finnische Langstreckenläufer Paavo Nurmi stellt bei einem Leichtathletik-Sportfest in Stockholm mit 1:04:38,4 h einen Weltrekord über 20 000 m auf. Mit dieser Zeit unterbietet er die fünf Jahre alte Bestmarke seines Landsmannes Väinö Sipilä um fast zwei Minuten.

Der mittlerweile 33 Jahre alte Ausnahme-Athlet, der bei den letzten drei Olympischen Spielen 1920–28 neun Gold- und drei Silbermedaillen gewann, hält jetzt 8 von 9 offiziell registrierten Weltrekorden zwischen 1 Meile und 20 km. Nur über 2 Meilen ist der Schwede Edvin Wide besser.

Weltrekordläufe Paavo Nurmis

1500 m	3:52,6	1924
2000 m	5:26,3	1922
	5:24,6	1927
3000 m	8:28,6	1922
	8:25,4	1926
	8:20,4	1926
5000 m	14:35,4	1922
	14:28,2	1924
10 000 m	30:40,2	1921
30:06,2	1924	
15 000 m	46:49,6	1928
20 000 m	1:04:38,4	1930
1 Meile*	4:10,4	1923
3 Meilen	14:11,2	1923
4 Meilen	19:15,6	1924
5 Meilen	24:06,2	1924
6 Meilen	29:36,4	1930
10 Meilen	50:15	1928
Stundenlauf	19,210 km	1928

* eine Meile entspricht 1609,30 m

Nurmi, der Läufer mit der Uhr (Karikatur der »Berliner Illustrirten«)

Ernst Henne in windschlüpfriger Montur vor seinen Rekordfahrten

Mehr Tempo durch Stromlinienform

21. September. Der deutsche Motorradrennfahrer Ernst Henne stellt in Schleißheim bei München auf BMW-Maschinen fünf Weltrekorde auf. In der 500-ccm-Klasse erreicht Henne über eine Meile im stehenden Start 155,468 km/h. Der absolute Geschwindigkeitsrekord wird in diesem Jahr von dem Briten J. S. Wright auf einer O. E. C. Temple in Cork auf 242,590 km/h verbessert.

Oktober 1930

Mo	Di	Mi	Do	Fr	Sa	So
		1	2	3	4	5
6	7	8	9	10	11	12
13	14	15	16	17	18	19
20	21	22	23	24	25	26
27	28	29	30	31		

1. Oktober, Mittwoch

In London eröffnet der britische Premierminister James Ramsey MacDonald die Empire-Konferenz, an der Vertreter Großbritanniens, der fünf Dominions, des Irischen Freistaates und des Kaiserreiches Indien teilnehmen. → S. 182

Der österreichische Bundespräsident Wilhelm Miklas löst den Nationalrat auf, nachdem Bundeskanzler Johannes Schober bereits am → 25. September (S. 162) zurückgetreten ist. Neuwahlen sind für den 9. November vorgesehen.

In Braunschweig wird eine neue Landesregierung unter Ministerpräsident Werner Küchenthal (Deutschnationale Volkspartei) mit dem nationalsozialistischen Innenminister Anton Franzen gebildet. → S. 178

Die Automobilfirma Opel in Rüsselsheim veranstaltet ein Preisausschreiben, bei dem ein Name für einen neuen Lastkraftwagen gefunden werden soll. Preisgekrönt wird zwei Wochen später der Name »Opel-Blitz« (→ 18. 11./S. 199).

Im Deutschen Reich gibt es inzwischen 3 731 681 Rundfunkteilnehmer. Damit besitzt jeder vierte deutsche Haushalt einen Rundfunkempfänger.

2. Oktober, Donnerstag

Der japanische Kaiser Hirohito ratifiziert das Londoner Flottenabkommen (→ 22. 4./S. 70), das eine internationale Begrenzung der Kriegsmarine vorsieht. Kurz darauf reicht der japanische Marineminister Takarabe seinen Rücktritt ein. Sein Nachfolger wird Admiral Abo.

Trotz der schlechten Wirtschaftslage wird in Paris die alljährliche Automobil-Ausstellung eröffnet. Die ausgestellten Wagen der deutschen Hersteller gehören zu den technisch fortschrittlichsten.

In Anwesenheit des US-amerikanischen Firmengründers Henry Ford wird in Köln der Grundstein für eine Zweigniederlassung der Ford-Werke gelegt. → S. 179

Der Generaldirektor der Staatlichen Museen Berlins, Wilhelm Waetzoldt, eröffnet das auf der Berliner Museumsinsel erbaute Pergamonmuseum. → S. 185

3. Oktober, Freitag

In Brasilien bricht ein von Teilen der Armee unterstützter Aufstand der sog. Liberalen Allianz unter Getúlio Dornelles Vargas gegen Präsident Washington Luis Pereira de Souza aus. Am 3. November übernimmt Vargas, bisher Gouverneur des Bundesstaates Rio Grande do Sul, als Chef einer »Provisorischen Regierung« die Macht. → S. 183

Bei den finnischen Parlamentswahlen gewinnt der Bürgerblock die absolute Mehrheit. Die Kommunistische Partei, die bei der letzten Wahl noch 23 Abgeordnete in den Reichstag entsenden konnte, verliert sämtliche Mandate (→ 7. 7./S. 127).

Mit dem Gewinn des Klausenburg-Rennens in der Nähe der rumänischen Stadt Klausenburg (heute Cluj) sichert sich Hans Stuck die Europa-Bergmeisterschaft in der Rennwagenklasse. In der Sportwagenklasse siegt Rudolf Caracciola. → S. 189

4. Oktober, Samstag

Im Hochverratsprozess gegen die Ulmer Reichswehroffiziere, die angeklagt sind, in der Reichswehr für den Nationalsozialismus geworben zu haben, spricht das Reichsgericht gegen die drei Angeklagten Gefängnisstrafen von einem Jahr und sechs Monaten aus (→ 25. 9./S. 160).

In Genf endet die elfte Völkerbundtagung, die am 10. September begonnen hatte. Auf der Tagung wurden u. a. die 15 Richter des Internationalen Gerichtshofes in Den Haag gewählt.

5. Oktober, Sonntag

Der erste Kongreß der Balkanvölker, an dem Vertreter aus sechs Staaten teilnehmen, beginnt in Athen. → S. 182

Reichskanzler Heinrich Brüning (Zentrum) empfängt erstmals den Führer der NSDAP, Adolf Hitler, zusammen mit dessen Parteigenossen Wilhelm Frick und Hermann Göring in Berlin. Ziel Brünings ist es, die Nationalsozialisten zu einer Mitarbeit in der Regierung zu bewegen.

In Koblenz treffen sich rund 100 000 Mitglieder des Bundes der Frontsoldaten, »Stahlhelm«, zur Feier des sog. Reichsfrontsoldatentages. → S. 178

In der Nähe der französischen Stadt Beauvais explodiert das britische Luftschiff »R 101«. Insgesamt 48 der 54 Passagiere und Besatzungsmitglieder kommen bei dem Unglück ums Leben. → S. 174

Mit einer Rede Leo Sternbergs wird in Wiesbaden der Pädagogische Kongreß eröffnet, der sich mit den Aufgaben und Grenzen der staatlichen Institutionen im Bildungswesen beschäftigt. Der Deutsche Ausschuß für Erziehung und Unterricht ist Veranstalter dieser Zusammenkunft namhafter Pädagogen.

In Paris läuft der Franzose Jules Ladoumègue in 3:49,2 min Weltrekord über 1500 m. → S. 188

6. Oktober, Montag

Die Reichsregierung ordnet die Erhöhung der Beiträge zur Arbeitslosenversicherung um 2% auf 6,5% an, um das Defizit im Reichshaushalt einzugrenzen. Vor allem die steigende Zahl der Arbeitslosen belastet den Etat des Reiches.

Der rumänische Ministerpräsident Iuliu Maniu tritt zurück, nachdem es zwischen ihm und dem rumänischen König Karl II. (Carol) zu Kompetenzstreitigkeiten gekommen ist. Nachfolger Manius wird Georg Mirunescu.

Vor der II. Großen Strafkammer des Landgerichts III in Berlin beginnt der Prozeß gegen den Maler George Grosz und den Verleger Wieland Herzfelde wegen Verunglimpfung der christlichen Kirche. Die Anklage beschäftigt die Gerichte zum vierten Mal und bezieht sich auf den graphischen Zyklus »Hintergrund« (→ 3. 12./S. 210).

7. Oktober, Dienstag

In Berlin kommt es zur Spaltung der erst im Juli gegründeten Deutschen Staatspartei. Die Volksnationale Reichsvereinigung unter Führung Arthur Mahrauns begründet ihren Austritt aus der Partei mit Gegensätzen in der Weltanschauung.

Im Schwarzwald fällt der erste Schnee. Aus den höheren Lagen wird eine geschlossene, 10 cm dicke Schneedecke gemeldet.

8. Oktober, Mittwoch

Entsprechend den Bestimmungen des Londoner Flotten-Abkommens (→ 22. 4./S. 70) verschrottet die US-amerikanische Marine 49 Kriegsschiffe und entläßt 4800 Seeleute.

Das Präsidium des Reichsverbandes der Deutschen Industrie würdigt den vorgelegten Wirtschafts- und Finanzplan der Reichsregierung. Danach sollen durch Einsparungen in den Bereichen Gehaltsbezüge, der Altersversorgung sowie durch Steuererhöhungen die öffentlichen Finanzen geordnet werden.

Die Gemeinschaft deutscher und österreichischer Künstlerinnen (Gedök) veranstaltet im Frankfurter Kunstverein die Ausstellung »Frauen von Frauen dargestellt«.

9. Oktober, Donnerstag

In Hanau beschließen mehrere hessische Bürgermeister, für unbestimmte Zeit auf einen Teil ihres Einkommens zu verzichten. Dieses freiwillige Notopfer soll der Wohlfahrtsfürsorge zugute kommen.

Nach Berichten der »Frankfurter Zeitung« hat sich die US-amerikanische Universität Illinois entschlossen, ihren Studenten das Autofahren zu untersagen. Grund für dieses Verbot ist die Beobachtung, daß Studenten, die Auto fahren, langsamer lernen als ihre Kommilitonen, die kein Auto besitzen. Außerdem sind autofahrende Studenten immer wieder in Unfälle verwickelt.

10. Oktober, Freitag

Reichspräsident Paul von Hindenburg setzt seine im Juli begonnene Rheinland-Reise mit einem Besuch der Stadt Aachen fort (→ 30. 6./S. 106).

Die österreichische Regierung läßt in Wien drei Tageszeitungen – die »Neue Freie Presse«, das »Neue Wiener Tageblatt« und das »Neue Wiener Extrablatt« – beschlagnahmen. Die Zeitungen berichten in ihren aktuellen Ausgaben über angebliche Pläne der rechtsgerichteten Österreichischen Heimwehr, in Tirol und Voralberg einen »unabhängigen und antiparlamentarischen Heimstaat« zu errichten (→ 18. 5./S. 92).

Das Arbeitskommissariat der Sowjetunion veranlaßt die Versicherungskassen, Auszahlungen von Arbeitslosenunterstützung einzustellen. Damit sollen die Erwerbslosen gezwungen werden, in anderen Industriebezirken oder in der Landwirtschaft zu arbeiten, wo Arbeitskräftemangel herrscht.

11. Oktober, Samstag

Das Deutsche Reich beschließt, einen Überbrückungskredit in Höhe von 125 Mio. US-Dollar (522 Mio. RM) aufzunehmen, um die für den Winter zu erwartenden Mehrausgaben abzudecken. → S. 179

12. Oktober, Sonntag

Der USA-Korrespondet der »Frankfurter Zeitung« berichtet über Minigolf als eine der neuen »Verrücktheiten« der US-Amerikaner. → S. 184

In Berlin wird das Ibero-amerikanische Institut unter Teilnahme von Delegierten aus Peru, Ecuador, Mexiko, Panama und Spanien eröffnet. Reichsaußenminister Julius Curtius (DVP) betont in seiner Eröffnungsrede die freundschaftlichen Beziehungen zwischen dem Deutschen Reich und den ibero-amerikanischen Staaten.

13. Oktober, Montag

In Berlin tritt der neugewählte Reichstag zusammen. Die Fraktion der Nationalsozialisten marschiert mit dem Parteivorsitzenden Wilhelm Frick an der Spitze uniformiert in den Plenarsaal ein, obwohl das Tragen der braunen Uniformen in Preußen verboten ist (→ 5. 6./S. 108; 14. 9./S. 158).

Der Bundesausschuß des ADGB (Allgemeiner Deutscher Gewerkschaftsbund) ruft in Berlin zur Kundgebung gegen den Finanzierungsplan der Reichsregierung auf. Seine Kritik richtet sich insbesondere gegen die beabsichtigte Kürzung der Beamtengehälter und die grundlegende Reform der Arbeitslosenversicherung.

Das in der Dessauer Flugzeugfabrik entwickelte einmotorige Transportflugzeug Junkers Ju 52/1 m startet zu seinem Jungfernflug. → S. 175

14. Oktober, Dienstag

In der Berliner Metallindustrie beginnt unter Beteiligung von 126 000 Beschäftigten ein Streik gegen die beabsichtigte Herabsetzung der Mindestlöhne um 8%. Das Schiedsgericht legt den Lohnabzug am 8. November auf 3% fest. → S. 179

Das Musical »Girl Crazy« von George Gershwin wird am Alvin Theatre in New York uraufgeführt. Besonders großen Erfolg hat der Schlager »I Got Rhythm«, zu dem Ira Gershwin den Text geschrieben hat.

Die satirische Zeitschrift »Kladderadatsch« karikiert in ihrer Oktober-Ausgabe die Situation der deutschen Minderheitsregierung unter Reichskanzler Heinrich Brüning (Zentrum) nach den Reichstagswahlen vom 14. September: Das Kabinett – dargestellt als Reiter – steht vor der schwierigen Aufgabe, das grimmig dreinblikkende Nashorn – den Reichstag – in die gewünschte Richtung zu lenken.

15. Oktober, Mittwoch

Der deutsche Reichstag wählt den Sozialdemokraten Paul Löbe mit 269 zu 209 Stimmen zum neuen Reichstagspräsidenten. Löbe, der damit zum vierten Mal dieses Amt einnimmt, ist seit 1895 Mitglied der SPD und vertritt seine Partei seit 10 Jahren im Reichstag.

Der US-amerikanische Außenminister Henry Lewis Stimson gibt bekannt, daß die USA die brasilianische Regierung Washington Luis Pereira de Souzas gegen die von Getúlio Dornelles Vargas angeführten Rebellen mit Kriegsmaterial unterstützen.

16. Oktober, Donnerstag

Reichskanzler Heinrich Brüning (Zentrum) gibt vor dem Reichstag in Berlin eine Regierungserklärung ab. → S. 176

In London wird die 24. Internationale Automobil-Ausstellung eröffnet, an die sich zum ersten Mal auch eine Ausstellung für Motorboote angliedert. Das Deutsche Reich wird von vier Firmen vertreten.

17. Oktober, Freitag

Der Präsident der USA, Herbert Clark Hoover, richtet ein Kommitee zur Unterstützung der Arbeitslosen ein. Die geschätzten Zahlen der Arbeitslosen in den USA schwanken zwischen drei und fünf Millionen.

Der Schriftsteller Thomas Mann hält in Berlin die Rede »Appell an die Vernunft«. Er wendet sich nach dem Wahlerfolg der Nationalsozialisten am 14. September gegen den politischen Fanatismus. → S. 177

Die am 10. Oktober begonnene Frankfurter Opern-Festwoche geht mit der Neuinszenierung der Oper »Aufstieg und Fall der Stadt Mahagonny« von Bertolt Brecht (Text) und Kurt Weill (Musik) zu Ende (→ 9. 3./S. 62).

18. Oktober, Samstag

Der Reichstag nimmt ein Amnestiegesetz an, das für politische Verbrechen Straffreiheit gewährt, die vor dem 1. September 1924 begangen wurden und sich nicht gegen Mitglieder der Reichsregierung gerichtet haben. → S. 178

Die von den Kommunisten, Deutschnationalen und Nationalsozialisten eingebrachten Mißtrauensanträge gegen den neugewählten Reichskanzler Heinrich Brüning (Zentrum) werden im Berliner Reichstag mit 336 zu 218 Stimmen abgelehnt (→ 16. 10./S. 176).

Die Gesellschaft für Verkehrstechnik stellt in Hannover erstmals eine Propeller-Schnellbahn (sog. Schienen-Zeppelin) vor. → S. 175

In Berlin verleiht der Vertrauensmann der Kleist-Stiftung, Ernst Heilborn, dem Schriftsteller Reinhard Goering den mit 1500 RM dotierten Kleist-Preis. Von der Jury wurde er als Preisträger 1930 für sein Drama »Die Südpolexpedition des Kapitäns Scott« vorgeschlagen.

19. Oktober, Sonntag

Der Bruder des japanischen Kaisers Hirohito, Prinz Takamatsu, und seine Frau treffen mit großem Gefolge zu einem mehrtägigen Deutschlandbesuch in Frankfurt am Main ein.

Auf der Galopprennbahn Berlin-Grunewald gewinnt Julius Rastenberger auf dem Rennpferd »Graf Isolani«, den Großen Preis der Republik. → S. 188

20. Oktober, Montag

Chaim Weizmann legt sein Amt als Präsident der Jewish Agency für Palästina aus Protest gegen die Palästina-Politik Großbritanniens nieder. → S. 183

Nach Angaben der »Schweizer Depeschenagentur« treffen in Basel täglich 200 italienische Einwanderer ein, die nach Frankreich oder Belgien weiterreisen wollen. Da die meisten von ihnen jedoch nicht die zur Weiterreise notwendigen Arbeitspapiere besitzen, werden viele an der Grenze zurückgewiesen. Die Regierung in Bern befürchtet zudem, daß die Italiener sonst versuchen könnten, sich in der Schweiz niederzulassen.

Im Brüsseler »Institut International de Physique Solvay« findet das sechste Treffen der bedeutendsten Physiker der Welt statt; u. a. nehmen Auguste Piccard, Marie Curie, Albert Einstein und Werner Heisenberg teil.

In Köln wird ein Fußball-Professional-Verband gegründet, nachdem der Deutsche Fußballbund (DFB) es wiederholt abgelehnt hat, auch Berufsspieler zuzulassen (→ 25. 8./S. 153).

21. Oktober, Dienstag

Bei einem schweren Grubenunglück in Alsdorf bei Aachen finden 250 Bergleute unter Tage den Tod. → S. 184

Reichs- und Staatsminister a. D. Carl Severing (SPD) wird zum neuen preußischen Innenminister ernannt. Severing, der bereits in den Jahren 1920 – 26 das Preußische Innenministerium geleitet hat, wird Nachfolger des zurückgetretenen Heinrich Waentig (SPD).

Der preußische Landtag beschließt die Kürzung der Abgeordnetendiäten von 750 auf 600 RM.

An der belgischen Universität Gent werden zum ersten Mal Vorlesungen in flämischer Sprache gehalten. Flämisch ist in Belgien die Sprache einer Minderheit; offizielle Amtssprache ist Französisch.

22. Oktober, Mittwoch

In Berlin beginnt der 7. Bundestag des Deutschen Beamtenbundes. Der Vorsitzende Wilhelm Flügel spricht sich dabei vor etwa 500 Delegierten und 1000 Gästen gegen Angriffe auf die Privilegien des Berufsbeamtentums und gegen Gehaltskürzungen aus.

In der Frankfurter Festlandhalle findet eine antifaschistische Massenkundgebung der Sozialdemokraten statt, in deren Mittelpunkt die Rede des neuen preußischen Innenministers, Carl Severing (SPD), steht. Nach der Kundgebung schließen sich etwa 10 000 Teilnehmer zu einem Demonstrationszug Richtung Innenstadt zusammen.

23. Oktober, Donnerstag

König Fuad I. von Ägypten veranlaßt durch königliches Dekret eine Verfassungsänderung, die ihm selbst diktatorische Vollmachten verleiht. → S. 183

Der Führer der Nationalpartei und Präsident der chinesischen Republik, Chiang Kai-shek, tritt zum Christentum über. Durch die Taufe wird er in die Methodistengemeinde aufgenommen.

24. Oktober, Freitag

Nach der Revolution in Brasilien (→ 3. 10./S. 183) wird Präsident Washington Luis Pereira de Souza von der »Provisorischen Regierung« ultimativ zum Rücktritt aufgefordert. Sein Amt übernimmt am 3. November der Gouverneur von Rio Grande do Sul, Getúlio Dornelles Vargas.

Das deutsche Reichskabinett verabschiedet den Haushaltsplan 1931.

Das Reichskabinett bewilligt das neue agarpolitische Notprogramm. Ziel ist die unbedingte Sicherstellung des innerdeutschen Absatzes landwirtschaftlicher Produkte.

Bei den ersten Wahlen im Irak seit dem Unabhängigkeitsvertrag mit Großbritannien gewinnt die Regierung 81 der 87 Abgeordnetensitze.

In den USA zeigt die Uraufführung des Westerns »The Big Trail« (»Der große Treck«) unter der Regie von Raoul Walsh den Schauspieler John Wayne in seiner ersten Hauptrolle als Western-held.

25. Oktober, Samstag

Der bulgarische König Boris III. heiratet Prinzessin Giovanna von Italien in der Basilika des heiligen Franziskus in Assisi. → S. 184

Auf der saarländischen Schachtanlage Maybach kommt es zu einer schweren Kohlenstaubexplosion, die 98 Bergleuten das Leben kostet. Es ist die zweite schwere Grubenkatastrophe dieses Monats im Deutschen Reich (→ 21. 10./S. 184).

26. Oktober, Sonntag

Der viertägige 7. internationale Kulturbund-Kongreß der Fédération Internationale des Unions Intellectuelles geht in Krakau zuende. Der philosophische Kongreß, an dem auch deutsche Professoren teilnehmen, steht unter dem Thema »Die Grundhaltungen des modernen Geistes«.

Entgegen der bisherigen Politik des Deutschen Fußballbundes (DFB), nur Amateurspieler in den Verband aufzunehmen, kündigt der Vorstand des DFB nun an, daß er künfig auch Berufsspieler vertreten will (→ 25. 8./S. 153).

27. Oktober, Montag

Der italienische Ministerpräsident und Duce Benito Mussolini spricht sich bei einer Rede in Florenz für ein »faschistisches Europa« aus. → S. 182

Reichsregierung und preußische Staatsregierung teilen amtlich mit, daß ihre Mitglieder wegen der großen wirtschaftlichen Not Einladungen gesellschaftlicher Art »nur beim Vorliegen von besonderen Anlässen« Folge leisten bzw. »selbst aussprechen« sollen.

Der aus der Ukraine stammende Pianist Wladimir Horowitz gibt zum ersten Mal ein Konzert in London.

28. Oktober, Dienstag

König Georg V. eröffnet in London die neue Sitzungsperiode des britischen Unterhauses mit der Thronrede.

In Berlin wird der Metallarbeiterstreik beigelegt. Der vereinbarte Lohnabzug beträgt 3% (→ 14. 10./S. 179).

Am Wiener Burgtheater wird das Bühnenstück »Die Bürger von Calais« von Georg Kaiser uraufgeführt.

29. Oktober, Mittwoch

Wegen republikfeindlicher Artikel werden die nationalsozialistischen Zeitungen »Frankfurter Volksblatt« und »Rheinwacht« (Wiesbaden) vom hessischen Oberpräsidenten in Kassel für vier Wochen verboten.

Der französische Schnellzug Genf-Bordeaux entgleist bei Périgueux. 16 Menschen werden getötet, 31 verletzt.

30. Oktober, Donnerstag

In Angora (Ankara) unterzeichnen Griechenland und die Türkei einen Freundschaftsvertrag, der auch eine Kontrolle der Flottenrüstung beider Länder vorsieht (→ 5. 10./S. 182).

31. Oktober, Freitag

Der bayerische Landtag in München verabschiedet das Deckungsgesetz für den Etat 1930. Durch die Einführung neuer Steuern ab 15. November 1930 und die von der Reichsregierung zugesagten Portoabfindungszinsen in Höhe von 5,6 Mio. RM soll der verschuldete bayerische Staatshaushalt ausgeglichen werden.

Ein Hamburger Gericht fällt das Urteil im Prozeß um die Serie von Bombenattentaten 1928-29. Die Angeklagten erhalten Haftstrafen von bis zu 7 Jahren. → S. 179

Das Wetter im Monat Oktober

Station	Mittlere Lufttemperatur (°C)	Niederschlag (mm)	Sonnenscheindauer (Std.)
Aachen	10,5 (10,0)	78 (64)	– (123)
Berlin	9,1 (8,8)	91 (58)	– (123)
Bremen	10,1 (9,4)	55 (47)	– (104)
München	7,8 (7,9)	128 (62)	– (130)
Wien	10,1 (9,6)	212 (57)	– (118)
Zürich	9,4 (8,4)	143 (80)	76 (108)

( ) Langjähriger Mittelwert für diesen Monat
– Wert nicht ermittelt

Eine Illustration des Grafikers Frank McIntosh schmückt das Titelblatt der Oktober-Ausgabe der US-amerikanischen Zeitschrift »Asia«. McIntosh, der bereits zahlreiche Arbeiten in »Asia« veröffentlicht hat, ist ein Vertreter des Art deco.

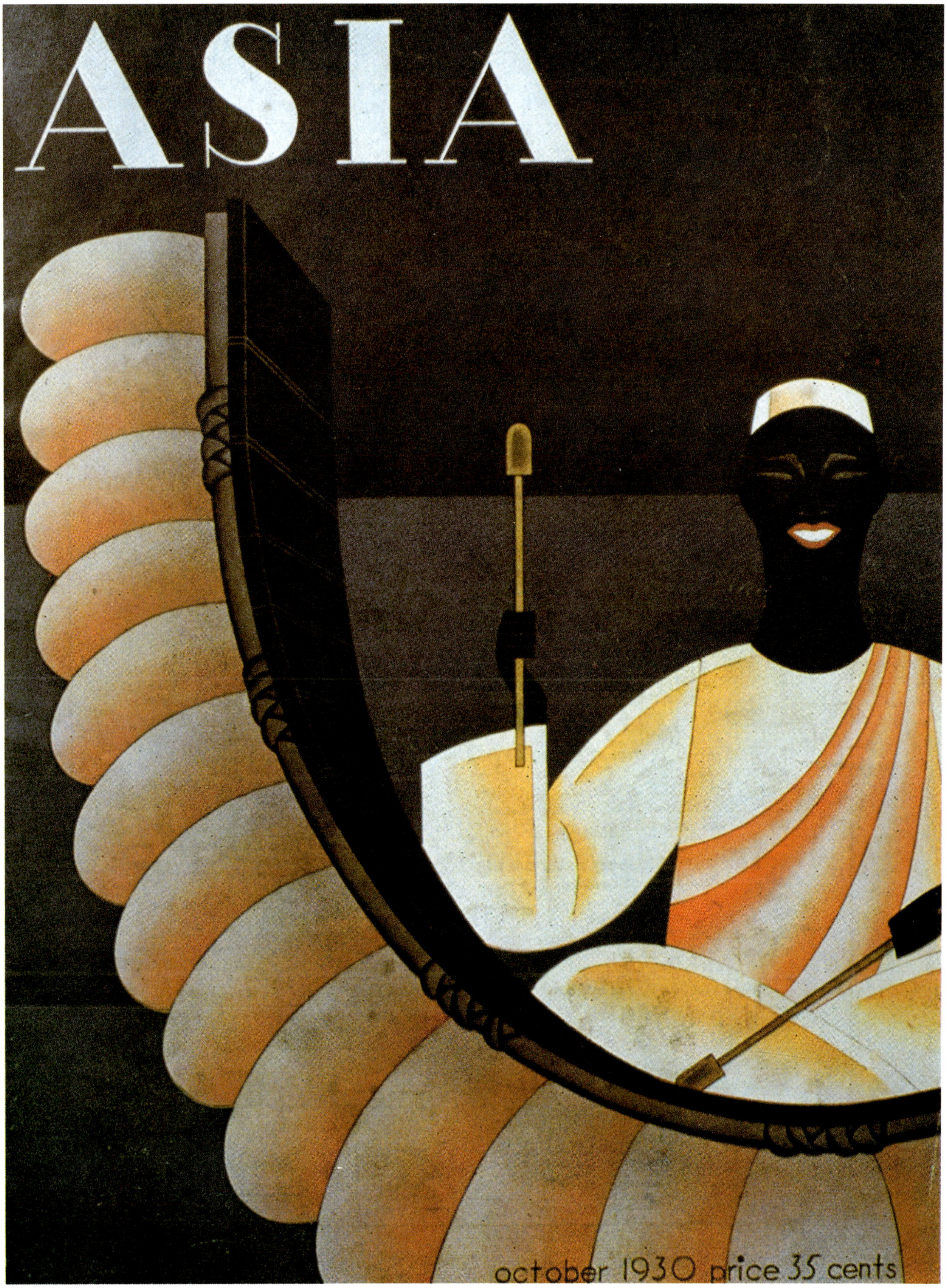

Explosion des Luftschiffs »R 101« fordert 48 Todesopfer

5. Oktober. Bei Beauvais, rund 60 km nördlich von Paris, stürzt gegen 2 Uhr morgens das britische Luftschiff »R 101« ab und explodiert. Bei dieser bisher größten Katastrophe der Luftschiffahrt werden 48 der insgesamt 54 Besatzungsmitglieder und Passagiere getötet, darunter der britische Luftfahrtminister Christopher Birdwood, Lord Thomson.

Das in Cardington gestartete Luftschiff sollte über Frankreich und Nordafrika nach Indien fliegen. Nach Erkenntnissen britischer Fachleute verlor das gasgefüllte Luftschiff durch plötzlich einsetzenden starken Regen an Höhe. Es blieb mit der Spitze an einer Hügelkuppe hängen und wurde durch Windböen zu Boden geschleudert. Dabei explodierten die Gastanks mit rund 1,8 Mio. Kubikmetern Wasserstoff, der dem Schiff den Auftrieb verlieh.

Das ausgebrannte Wrack des britischen Luftschiffes »R 101« am Morgen nach der Katastrophe bei Beauvais; von dem 240 m langen Rumpf sind nur noch das Gerüst aus Leichtmetall und Überreste der Passagierquartiere zu erkennen.

Letzte Aufnahme des britischen Starr-Luftschiffes »R 101« auf dem britischen Flugplatz in Cardington, einen Tag vor dem Unglück: Links im Bild ist der Anker-Mast zu sehen, an dem das Luftschiff befestigt ist.

Luftschiffe: Träge und explosiv

Die Explosion der britischen »R 101« wirft ein Licht auf die technischen Probleme und Risiken, von denen die erst junge Geschichte der starren Luftschiffe begleitet ist.

Im Jahre 1897 konstruierte der Österreicher David Schwarz das erste ganz starre Luftschiff. Die rund 40 m lange Ganzmetallkonstruktion stellte gegenüber den bisherigen Luftschiffen – Ballonkonstruktionen, die ihre Form lediglich durch die Gasfüllung erhielten – einen Fortschritt dar: Die Gefahr des Abknickens der vorderen Luftschiffpartie durch sinkenden Gasdruck war gebannt. Gleichzeitig trat allerdings durch das höhere Gewicht das Problem des Antriebs noch mehr als bisher in den Vordergrund, zumal leistungsfähige und leichte Motoren fehlten. Schwarzs Luftschiff stürzte beim ersten Aufstiegsversuch ab. Auch der LZ 1, der 1900 von Ferdinand Graf von Zeppelin gebaute erste Zeppelin, erwies sich als untermotorisiert und damit unlenkbar. Trotz bald gesteigerter Flugleistungen – 1919 überquerte das britische Luftschiff »R 34« erstmals den Nordatlantik, und 1929 flog der Zeppelin LZ 127 in 21 Tagen um die Welt – blieben die immer größeren Luftschiffe wegen ihres hohen Luftwiderstandes wetteranfällig. Vor allem aber stellten die mit hochexplosivem Wasserstoff gefüllten Gastanks ein unkalkulierbares Risiko dar.

Die Beerdigung der 48 Opfer der Luftschiffkatastrophe auf dem Friedhof in Cardington; international wird das Unglück als schwerer Rückschlag für die im Ausbau begriffene Luftschiffahrt angesehen.

»Tante Ju« auf Jungfernflug

13. Oktober. Das einmotorige Tiefdecker-Transportflugzeug der Junkers-Werke »Ju 52/1 m« absolviert seinen Jungfernflug. In der dreimotorigen Version wird die »Ju 52« ab 1932 als ziviles und militärisches Transportflugzeug unter dem Namen »Tante Ju« weltberühmt.

Die unter der Leitung des Ingenieurs Ernst Zindel im Dessauer Junkers-Flugzeugwerk entwickelte Maschine ist ein in Leichtbauweise hergestelltes Ganzmetallflugzeug. Charakteristisch für diesen Flugzeugtyp ist die robuste Wellblechbeplankung an Rumpf und Tragflächen – zugleich tragendes Element der Maschine.

Die Junkers-Werke stellten im Jahr 1919 das erste Ganzmetall-Verkehrsflugzeug vor, die Junkers »Ju F 13«. Sie war bereits in der von dem Firmengründer Hugo Junkers entwikkelten Leichtbauweise gebaut und zeichnete sich durch geringes Gewicht und hohe Festigkeit aus.

Wichtige Neuerungen der »Ju 52/1 m« sind die verbesserten sog. Junkers-Doppelflügel, die den Auftrieb erhöhen sollen. Außerdem ist die Maschine mit einer Flügelnasen-Warmluftenteisung ausgestattet, so daß im Gegensatz zur herkömmlichen Gummienteisung keine störenden aerodynamischen Veränderungen des Flügelprofils auftreten.

△ Die »Ju 52/1 m«: Die Maschine hat eine Spannweite von knapp 30 m und ist 18,90 m lang. Damit die Explosionsgefahr bei einem Unfall gering bleibt, sind die Betriebsstofftanks elastisch in den Flügeln aufgehängt. Auf diese Weise wird bei einem Tragwerksbruch die Wahrscheinlichkeit einer Tankverletzung erheblich reduziert.

◁ Probeflug der »Ju 52/1 m« in Berlin-Tempelhof. Die neuentwickelte Maschine ist als Großtransportflugzeug konzipiert: Sie kann mehr als zwei Tonnen Zuladung an Bord nehmen, der Gesamtladeraum umfaßt rund 22 m³.

»Schienen-Zeppelin«: Tempo durch Propellerantrieb

18. Oktober. Auf einer Versuchsstrecke bei Hannover wird Pressevertretern ein von den Flugzeugkonstrukteuren Franz Kruckenberg und Kurt Stedefeld entwickelter Propellertriebwagen, der sog. Schienen-Zeppelin vorgeführt. Das Fahrzeug wird von einem 500-PS-Flugzeugmotor über einen Propeller am Heck angetrieben. In nur zwei Minuten erreicht es eine Höchstgeschwindigkeit von rund 150 km/h.

Der Korrespondent der »Frankfurter Zeitung« beschreibt seine Eindrücke: »Leise surrend gleitet das silberweiße Gefährt über die Schienen, ein schwacher Luftzug und schon ist es vorbei... Ein kleiner Luftschiffkörper auf Rädern? Nein, eher das Großmodell eines umgekehrt auf die Räder gestellten Ozeandampfers.«

Der »Schienen-Zeppelin« auf der Versuchsstrecke zwischen Hannover und Celle; das 26 m lange Fahrzeug wiegt 18 t, bietet im Innenraum 40 Passagieren Platz und erreicht 150 km/h.

Blick auf das aerodynamische Heck des »Schienen-Zeppelins«

Sozialdemokraten stützen die Regierung Brüning

16. Oktober. Reichskanzler Heinrich Brüning (Zentrum) fordert in einer Regierungserklärung vor dem Reichstag in Berlin umfangreiche Sparmaßnahmen zur Sanierung des verschuldeten Reichshaushaltes. Außerdem appelliert er an die Abgeordneten, den Parteienstreit angesichts der schweren Wirtschaftskrise einzustellen.

Bereits am 1. April hatte Brüning in seiner ersten Regierungserklärung Maßnahmen zur Überwindung der wirtschaftlichen Krise gefordert. Er drang vor allem auf Maßnahmen zur Förderung des Mittelstands und der Landwirtschaft und unterbreitete dem Parlament Sparvorschläge im Bereich der öffentlichen Verwaltung (→ 3. 4./S. 74). Da Brüning für seine rigorosen Sparmaßnahmen im Reichstag keine Mehrheit fand, konnte er sie nur mit Hilfe des Notverordnungsrechtes des Reichspräsidenten durchsetzen. Die Weimarer Verfassung sieht vor, daß der Reichspräsident in besonderen Fällen »zur Behebung finanzieller, wirtschaftlicher und sozialer Not«, gesetzesvertretende Verordnungen erlassen und auf diese Weise das Parlament umgehen kann.

Brüning hatte als Ausweg aus der Misere die Ausschreibung von Neuwahlen am → 14. September (S. 158) angestrebt. Seine Hoffnung, dadurch die Basis für seine Politik im Parlament zu vergrößern, erfüllte sich jedoch nicht. Denn die Regierungsparteien, zu denen Brünings Zentrum, die Deutsche Volkspartei, die Deutsche Staatspartei, die Bayerische Volkspartei und die Wirtschaftspartei gehören, verfügen nach den Wahlen mit 160 Mandaten nur noch über 28% der Reichstagssitze. Die hohen Gewinne der radikalen Gruppierungen, insbesondere der Nationalsozialisten (NSDAP), verringern vielmehr den Handlungsspielraum der Regierung Brüning. Weder bei der Deutschnationalen Volkspartei (DNVP) noch bei den Nationalsozialisten kann der Reichskanzler Unterstützung für seinen Kurs erwarten. Zur Durchsetzung seiner Pläne im Reichstag benötigt er daher die Zustimmung der Sozialdemokraten, die mit 143 Abgeordneten die stärkste Parlamentsfraktion stellen.

Der neuerliche Appell Brünings an den Reichstag ist für den Reichskanzler der letzte Versuch, eine Kooperation von bürgerlichen Parteien und Sozialdemokraten zu bewirken und eine parlamentarische Bestätigung seiner Notverordnungspolitik zu erreichen: »Die ungeheure Wirtschaftskrise hat in fast allen Ländern die Etatsschätzungen durch die Entwicklung überholt. Die Steuern gehen zurück, die Kosten für die Arbeitslosen werfen die vorsichtigsten Schätzungen über den Haufen . . . Die schwere Krise, die Deutschland jetzt zu überwinden hat, erfordert sittliche Stärke und einmütiges Zusammenhalten all derer, die ihr Vaterland lieben . . . Die Not des deutschen Volkes verträgt keine Selbstzerfleischung der Parteien. Gegensätze aus dem Wahlkampf müssen vergessen werden. Schwere Opfer werden verlangt.«

Bei den Abstimmungen über Mißtrauensanträge von Nationalsozialisten, Deutschnationalen, Kommunisten und der Landvolkpartei nach der Regierungserklärung zeigt sich, daß Brünings Appell nicht ohne Wirkung bleibt. Die SPD stimmt als die stärkste Fraktion für die Regierung, so daß die Anträge mit 318 gegen 236 Stimmen abgelehnt werden.

Noch am 3. Oktober hatte sich die sozialdemokratische Reichstagsfraktion in einer Entschließung gegen die Spar- und Notverordnungspolitik Brünings ausgesprochen. Sie begründete ihre Ablehnung u. a. mit Hinweis auf den Plan, Lohnkürzungen von 6% für Beamte zum 1. Februar 1931 vorzusehen, die sie als arbeitnehmerfeindlich wertete. Im Hinblick auf die möglichen Gefahren, die durch die Annahme der Mißtrauensanträge entstehen könnten – etwa den Sturz Brünings und die Bildung einer DNVP-Regierung unter Einschluß der NSDAP – verzichtet die SPD auf eine konsequente Opposition gegen den Regierungskurs Brünings.

In einer Erklärung vom 18. Oktober begründet die SPD ihr Verhalten: »Die sozialdemokratische Fraktion ist jeden Tag in der Lage, mit Nationalsozialisten, Kommunisten und Deutschnationalen die Regierung zu stürzen, sie kann aber unmöglich mit solchen Bundesgenossen eine neue Regierung bilden.«

Aus Furcht vor einer Radikalisierung des politischen Klimas wendet sich die SPD von ihrem Oppositionskurs ab, den sie noch im Juli verfolgt hat (→ 18. 7./S. 124). Stattdessen toleriert sie Brünings Regierung als das »kleinere Übel«.

△ Das neue Reichskabinett: V. l. vorn: J. Wirth (Inneres), H. R. Dietrich (Vizekanzler), H. Brüning (Reichskanzler), J. Curtius (Äußeres), G. Schätzel (Post); v. l. stehend: G. R. Treviranus (Besetzte Gebiete), M. Schiele (Ernährung), J. V. Bredt (Justiz), A. Stegerwald (Arbeit), E. Trendelenburg (Wirtschaft), Th. von Guérard (Verkehr)

◁ Die erste Sitzung der Reichstagsfraktion der NSDAP in Berlin nach den Wahlen vom 14. September; ihr Parteiführer, Adolf Hitler, (2. v. r. sitzend), bleibt ohne Mandat, da er nicht die deutsche Staatsbürgerschaft besitzt.

ZI-SIEG FÜHRT DEUTSCHLAND IN DEN BÜRGERKRIEG

Während der Parlamentseröffnung am 13. Oktober demonstrieren Sozialisten mit Spruchbändern im Berliner Lustgarten gegen die NSDAP, die mit 107 Mandatsträgern in den Reichstag eingezogen ist.

Nach der Reichstagseröffnung (v. l.): In Berlin werden Schaufenster zerschlagen, in Paris hetzen Plakate gegen Sozialisten im In- und Ausland.

Berittene Polizisten verhaften am Tag der Reichstagseröffnung Demonstranten im Berliner Tiergarten, u. a. 45 Nationalsozialisten.

Mann: »Riesenwelle exzentrischer Barbarei«

17. Oktober. In einer eindringlichen Rede im Berliner Beethovensaal unter dem Titel »Deutsche Ansprache. Ein Appell an die Vernunft« warnt der Schriftsteller Thomas Mann vor der Ausbreitung des Faschismus im Deutschen Reich. Tumultartige Unruhen stören die Veranstaltung. Erst nachdem die Polizei die rechtsradikalen Störer abgeführt hat, kann Mann weitersprechen.

»Gespeist also von solchen geistigen und pseudogeistigen Zuströmen, vermischt sich die Bewegung, die man aktuell unter dem Namen des Nationalsozialismus zusammenfaßt und die eine so gewaltige Werbekraft bewiesen hat, vermischt sich, sage ich, diese Bewegung mit der Riesenwelle exzentrischer Barbarei und primitiv-massendemokratischer Jahrmarktsroheit, die über die Welt geht, als ein Produkt wilder, verwirrender und zugleich nervös stimulierender, berauschender Eindrücke, die auf die Menschheit einstürmen. Die abenteuerliche Entwicklung der Technik mit ihren Triumphen und Katastrophen, Lärm und Sensation des Sportrekordes, Überschätzung und wilde Überzahlung des Massen anziehenden Stars, Box-Meetings mit Millionen-Honoraren von Schaumengen in Riesenzahl: dies und dergleichen bestimmt das Bild der Zeit zusammen mit dem Niedergang, dem Abhandenkommen von sittigen und strengen Begriffen, wie Kultur, Geist, Kunst, Idee. Entlaufen scheint die Menschheit wie eine Bande losgelassener Schuljungen aus der humanistisch-idealistischen Schule des neunzehnten Jahrhunderts, gegen dessen Moralität, wenn denn überhaupt von Moral die Rede sein soll, unsere Zeit einen weiten und wilden Rückschlag darstellt.

Alles scheint möglich, scheint erlaubt gegen den Menschenanstand, und geht auch die Lehre dahin, daß die Idee der Freiheit zum bourgeoisen Gerümpel geworden sei, als ob eine Idee, die mit allem europäischen Pathos so innig verbunden ist, aus der Europa sich geradezu konstituiert und der es so große Opfer gebracht hat, je wirklich verlorengehen könnte, so erscheint die lehrweise abgeschaffte Freiheit nun wieder in zeitgemäßer Gestalt als Verwilderung, Verhöhnung einer als ausgedient verschrienen humanitären Autorität, als Losbändigkeit der Instinkte, Emanzipation der Roheit, Diktatur der Gewalt ...

Der exzentrischen Seelenlage einer der Idee entlaufenen Menschheit entspricht eine Politik im Groteskstil mit Heilsarmee-Allüren, Massenkrampf, Budengeläut, Halleluja und derwischmäßigem Wiederholen monotoner Schlagworte, bis alles Schaum vor dem Munde hat. Fanatismus wird Heilsprinzip, Begeisterung epileptische Ekstase, Politik wird zum Massenopiat des Dritten Reiches oder einer proletarischen Eschatologie, und die Vernunft verhüllt ihr Antlitz.«

Der 55jährige Schriftsteller und Nobelpreisträger Thomas Mann am Rednerpult im Berliner Beethoven-Saal; sein »Appell an die Vernunft« richtet sich gegen die nationalsozialistische Ideologie. Konkret fordert er zur Verbindung von Bürgertum und Sozialdemokratie auf.

NSDAP in Braunschweiger Regierung

1. Oktober. Der Landtag des Freistaates Braunschweig wählt mit den Stimmen der sog. bürgerlichen Einheitsliste und der Nationalsozialisten eine neue Regierung: Ministerpräsident und Minister für Finanzen und Justiz wird der deutschnationale Politiker Werner Küchenthal, die beiden übrigen Ministerien, die Ressorts für Inneres und Volksbildung, übernimmt der Kieler Reichstagsabgeordnete Anton Franzen (NSDAP).

Obwohl die bürgerliche Einheitsliste und die NSDAP nur über die Hälfte der Sitze im Landtag verfügen, wird die Regierung mit Hilfe der Stimmen der Deutschen Volkspartei (DVP) gegen 17 Stimmen der SPD bestätigt; Kommunisten und Deutsche Staatspartei geben kein Votum ab.

In der Presse wird die Überlebenschance der neuen Regierung relativ gering eingeschätzt, da sie über keine Mehrheit im Landtag verfügt. Über die Machtverteilung innerhalb des Kabinetts kommentiert die Dortmunder »Tremonia«, eine dem Zentrum nahestehende Tageszeitung: »Den größeren Einfluß haben offenbar die zahlenmäßig schwächeren Nationalsozialisten, die nur auf dem Gebiet der Personalpolitik den Deutschnationalen anscheinend Zugeständnisse gemacht haben. Das konnten sie schon darum tun, weil sie keine geeigneten Persönlichkeiten für einflußreiche Posten in der Staatsverwaltung haben.«

Das Programm der Braunschweiger Rechtsregierung sieht vor allem Kürzungen der öffentlichen Ausgaben vor. So sollen die Gehälter der Beamten allgemein um 10 Prozent gesenkt und die Dienstzeiten verlängert werden.

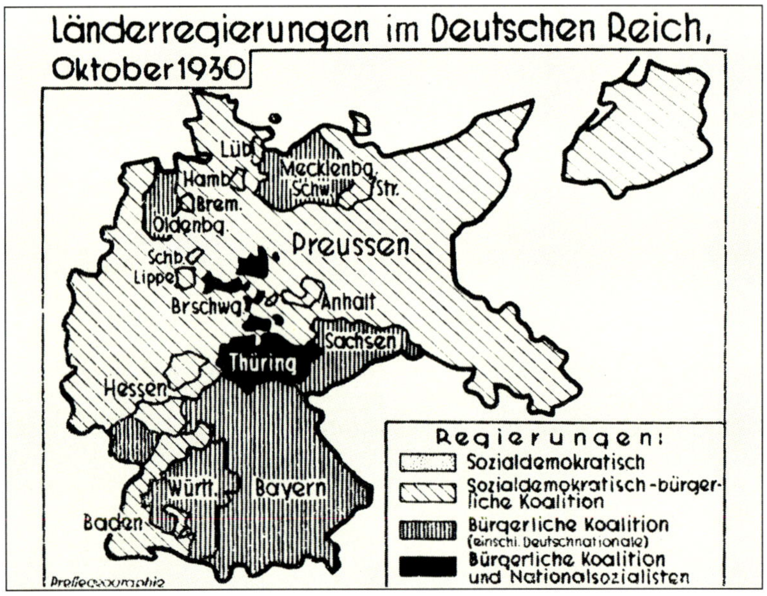

Straffreiheit für politische Morde

18. Oktober. Der Reichstag verabschiedet ein Amnestiegesetz für politische Gewalttaten. Es soll Straffreiheit für »aus politischen Beweggründen begangene Straftaten [gewähren], wenn die Tat vor dem 1. September 1924 begangen worden ist und wenn sie sich nicht gegen ein Mitglied oder ein früheres Mitglied der Reichsregierung gerichtet hat.« Durch das Gesetz werden u. a. die sog. Fememörder amnestiert: Sie hatten vor allem seit 1920 in Privatjustiz den Verrat von Aktivitäten der »Schwarzen Reichswehr« gerächt. Die »Schwarze Reichswehr« bestand aus sog. Zeitfreiwilligenkommandos, die bei den heimlichen Bemühungen der Reichswehr um Aufrüstung eingesetzt wurden. Konkret bedeutet dies eine unerlaubte Verstärkung der durch den Versailler Friedensvertrag auf 100 000 Mann begrenzten deutschen Streitkräfte. Nicht amnestiert werden die beiden rechtsgerichteten Ex-Offiziere, die am 26. August 1921 den damaligen Reichsfinanzminister Matthias Erzberger ermordet hatten.

Stahlhelm-Bund fordert deutsche Wiederaufrüstung

5. Oktober. In Koblenz treffen sich rund 100 000 Mitglieder des überwiegend deutschnational ausgerichteten Bundes der Frontsoldaten, Stahlhelm, zur Feier des sog. Reichsfrontsoldatentages.

Vor den aus allen Teilen des Deutschen Reiches und Österreichs angereisten ehemaligen Soldaten des Weltkrieges betonen Redner immer wieder, der Stahlhelm wolle keine »Revanche« für den Weltkrieg. Diese könne allein deshalb nicht gefordert werden, weil »das deutsche Heer im Felde nicht besiegt wurde.« Aus demselben Grund verlangt der Stahlhelm von den »Zufallssiegerstaaten« die Rücknahme wesentlicher Teile des Versailler Friedensvertrages von 1919, vor allem der Bestimmungen über die Rüstungsbeschränkungen für die Reichswehr: Obwohl die Frontsoldaten aus eigener Erfahrung keinen Krieg wünschten, müsse das Deutsche Reich, »wenn die Zeit gekommen« sei, »wehrhaft« sein und daher aufrüsten dürfen.

Mit der Behauptung, das deutsche Heer sei im Weltkrieg nicht geschlagen worden, vertritt der Stahlhelm die vor allem von der NSDAP immer wieder vorgebrachte »Dolchstoßlegende« (»Dolchstoß in den Rücken der siegreichen Truppen«). Danach sei nicht der militärische Sieg der Alliierten, sondern das Versagen der Heimat Grund für die Weltkriegsniederlage gewesen.

Nach Beobachtungen eines Korrespondenten der »Frankfurter Zeitung« stehen zahlreiche Stahlhelm-Anhänger der NSDAP nahe: »Die vereinzelten Hakenkreuzfahnen in den Straßen von Koblenz wurden von den Stahlhelmern mit fast der gleichen Begeisterung begrüßt wie die eigenen Standarten . . .«

Stahlhelm-Marschkolonne in Koblenz; der 1918 gegründete Frontsoldatenbund ist offiziell überparteilich, de facto jedoch rechtsgerichtet.

Die Rednertribüne auf der »Stahlhelm«-Großkundgebung

Bombenanschläge gegen die Republik

31. Oktober. Nach neunwöchiger Prozeßdauer wird in Hamburg das Urteil über die 23 »Bombenleger« gesprochen, die in den Jahren 1928 und 1929 zahlreiche Sprengstoffattentate verübt hatten.
In fast allen Fällen bleibt das Strafmaß unterhalb der Anträge der Staatsanwaltschaft. Die höchste Strafe von sieben Jahren Zuchthaus erhält der Anführer der Gruppe, Klaus Heim, von den Genossen »Der General« genannt. Drei Angeklagte werden freigesprochen.
Die Bombenanschläge, u. a. auf das Landratsamt von Itzehoe (23. 5. 1929), auf das Wohnhaus des Regierungsvizepräsidenten Grimpe in Schleswig (29.8. 1929) sowie das Reichstagsgebäude (1. 9. 1929) und das Regierungsgebäude in Lüneburg (6. 9. 1929), sind von Mitgliedern der »Landvolkbewegung« organisiert worden. In dieser Bewegung haben sich seit 1928 vornehmlich unzufriedene Landwirte zusammengeschlossen. Sie machen das bestehende Parteien- und das parlamentarische Regierungssystem für die katastrophale Lage der Bauern verantwortlich. Unterstützt von Terrorspezialisten aus den rechtsgerichteten Freikorps wollten sie dieses System bekämpfen.
Die Verteidigung macht in ihrem Plädoyer einen »übergesetzlichen Notstand« geltend, nämlich die katastrophale Situation der Landwirtschaft. Sie habe für die Angeklagten eine konkrete Existenzgefährdung dargestellt. Das Gericht, das sich in seinem Urteil ausschließlich auf Vernehmungsprotokolle und Zeugenaussagen stützt, da die Angeklagten jede Aussage verweigern, erkennt die Not der Landwirte an. Es wertet diese jedoch nicht als mildernden Umstand, zumal es sich bei den Angeklagten um organisierte Verbrecherbanden handele.

Einer der Hauptangeklagten, der Journalist v. Salomon (r.)

Herbert Volck (l.), einer der »Bombenleger« mit seinem Verteidiger

Reichsanleihe in Millionenhöhe

11. Oktober. Die Reichsregierung beschließt, einen Überbrückungskredit in Höhe von 125 Mio. US-Dollar (522 Mio. RM) auf dem internationalen Kapitalmarkt aufzunehmen. Innerhalb von zwei Jahren soll die Schuld wieder abgetragen werden.
Zu den ersten Amtshandlungen des neuen Reichstags, der zwei Tage später in Berlin tagt, gehört es, Finanzminister Hermann Robert Dietrich (Deutsche Staatspartei) mit einer Vollmacht zur Kreditaufnahme auszustatten. Die neuerliche Kreditaufnahme ist notwenig geworden, nachdem der wirtschaftliche Niedergang drastischere Formen angenommen hat, als die Reichsregierung bei ihren Finanzplanungen annahm. In einer öffentlichen Erklärung begründet die Regierung ihr Vorhaben folgendermaßen:

▷ Rückgang der Steuereinnahmen um rund 500 Mio. RM
▷ Anstieg der Arbeitslosenquote auf 4%
▷ Zahlung von Reparationen an die Siegermächte des Weltkriegs
▷ Abzug ausländischer Kredite.

Lohnkürzung nach Streik akzeptiert

14. Oktober. In der Berliner Metallindustrie nehmen 126 000 Arbeiter an dem von der Vereinigung der Berliner Metallarbeitergewerkschaften beschlossenen Streik teil. In allen 276 Betrieben, die dem Verband der Berliner Metallindustriellen angeschlossen sind, wird die Arbeit von der Belegschaft niedergelegt.
Der Arbeitsausstand richtet sich insbesondere gegen die beabsichtigte Herabsetzung der Mindestlöhne bei gleichzeitiger Steigerung der Lebensmittelpreise. Diese Änderung der geltenden Lohntarife war zwischen dem Arbeitgeberverband und dem Christlichen sowie dem Hirsch-Dunckerschen Metallarbeiterverband beschlossen worden. Danach sollen die Löhne der Metallarbeiter über 18 Jahre um acht Prozent und die der Jugendlichen um sechs Prozent gesenkt werden.
Als zwei Wochen später ein Schiedsgericht die Lohnkürzungen auf Januar 1931 verschiebt und bis dahin nur dreiprozentige Lohnabzüge vorschlägt, kehren die Streikenden zurück an ihre Arbeitsplätze.

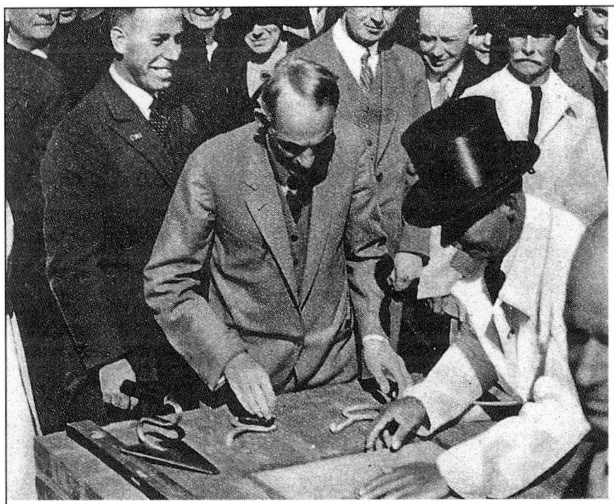

Henry Ford legt den Grundstein zur Kölner Zweigstelle der Fordwerke.

Kölns Bürgermeister Adenauer würdigt beim Festakt das Ford-Projekt.

US-Konzern Ford produziert seine Automobile künftig auch in Köln

2. Oktober. *Um 12.00 Uhr unterzeichnet der US-amerikanische Industrielle Henry Ford die Urkunde für die Grundsteinlegung zu einem Zweigwerk der Ford Motor Company in Köln. Auf dem festlich geschmückten Platz des Hafengeländes verkündet er anschließend: »Ich wünsche dem deutschen Volk einen guten Fortgang seiner Geschäfte«. Konrad Adenauer, Kölner Bürgermeister seit 1917, hatte sich für die Ansiedlung des Werkes in seiner Stadt besonders eingesetzt. Er betont in seiner Ansprache vor zahlreichen Gästen aus dem In- und Ausland, daß diese Gründung einer Produktionsstätte größten Ausmaßes »dem technischen Fortschritt und durch ihn dem wirtschaftlichen und ethischen Aufstieg gewidmet« sei. Angesichts der hohen Arbeitslosigkeit bedeutet das neue Werk für Köln eine deutliche Verbesserung der wirtschaftlichen Situation. Für den Unternehmer aus Michigan ist dieses Zweigwerk neben einer Produktionsstätte in Großbritannien (1906) das zweite Firmenstandbein in Europa. Er setzt damit seine bislang erfolgreiche Unternehmenspolitik fort, die alle Möglichkeiten der Rationalisierung und Kostensenkung ausschöpft. Bereits Anfang der zwanziger Jahre beherrschte das 1903 in Detroit gegründete Unternehmen etwa 60 Prozent des US-Automobilmarktes.*

Auto 1930:

Mehr Hubraum trotz Flaute

Im Deutschen Reich nimmt die Motorisierung kontinuierlich weiter zu; der Bestand an Kraftfahrzeugen wächst gegenüber dem Vorjahr um 17,2% auf 1 389 923 an, davon 501 254 Personenkraftwagen.

Während zahlreiche Automobilhersteller, bedingt durch die allgemeine wirtschaftliche Krise, starke Absatzeinbußen hinnehmen müssen, setzt sich weltweit der Trend zu luxuriöseren und leistungsfähigeren PKW fort.

Die Neuheiten in den USA – mit 26 Mio. Kfz das am weitesten motorisierte Land – setzen weiterhin Zeichen für die weltweite Entwicklung auf dem Automobilmarkt: Bei der alljährlichen US-Automobilausstellung, die im Januar im New Yorker Grand Central Palace stattfindet, wird der 16-Zylinder-Cadillac, Modell 452, vorgestellt. Der Superwagen, dessen 7,4-Liter-Triebwerk 160 PS leistet, wird im ersten Modelljahr – trotz Rezession – mehr als 3000 Mal verkauft. Insgesamt hat sich in den USA das Schwergewicht von den traditionellen 4-Zylinder-Motoren, die nur noch von Ford, Plymouth und Whippet produziert werden, zu den 6-Zylinder-Motoren verschoben, die bei 24 Produzenten gebaut werden. Acht Hersteller haben sich auf mittelschwere bis schwere 8-Zylinder Motoren verlegt.

Im Deutschen Reich bringt neben Horch mit den Typen 400 und 405 auch Daimler-Benz einen 8-Zylinder-Wagen heraus: Der »Große Mercedes« Typ 770 hat 7,7 Liter Hubraum und leistet ohne Kompressor 150, mit Kompressor 200 PS. Diese Automobile werden, genauso wie der neue 7-Liter-Maybach »Zeppelin« Typ DS 7 mit 12 Zylindern, in kleinen Stückzahlen gebaut und sind nur für wenige erschwinglich.

Dagegen machen Wagen mit einem Hubraum von zwei bis drei Litern den größten Teil der im Deutschen Reich gekauften PKW aus. Nach Erkenntnissen des Reichsverbandes des Kraftfahrzeughandels und -gewerbes, der die Absatzmöglichkeiten für Kraftfahrzeuge angesichts der Wirtschaftskrise untersucht, werden diese Wagen vornehmlich von Käufern der Einkommensklassen ab 8000 RM jährlich erworben. Der Reichsverband rechnet damit, daß mit insgesamt 200 000 weiteren Neuwagen in drei Jahren eine Marktsättigung erreicht sein wird.

Nachdem in den vorangegangenen zehn Jahren im Autodesign funktionalistische Gestaltungsprinzipien – geometrische Grundformen und zweckorientierte Ausführung der Karosserien – vorherrschten, treten seit 1930 stromlinienförmige Gestaltungselemente ihren Siegeszug an: Tropfenförmige Kotflügel und Scheinwerfer sind Vorboten eines neuen Designs. Hinter dieser Entwicklung steht nicht nur der Wunsch, die Aerodynamik der Automobile zu verbessern, sondern auch die Erkenntnis, daß die ästhetische Aufmachung des Produktes den Kaufanreiz steigert.

Fließbandproduktion in einem Automobilwerk: Ein Arbeiter läßt einen Motor mit einem elektrischen Hebekran auf das Fahrgestell herab. Die USA haben durch Serienherstellung von Kfz am Fließband seit 1912 weltweit eine bestimmende Position auf dem Automarkt errungen.

Der britische Luftschiff-Konstrukteur Sir Dennistoun Burney vor einem selbstgebauten stromlinienförmigen Automobil

Schlichte Eleganz aus Frankreich: Der Delage D 8 (8 Zylinder), bekannt für technische Ausgereiftheit und gute Fahreigenschaften

Als schwersten, größten und teuersten Wagen des Jahres präsentiert Daimler-Benz den Typ 770 mit einem 7,7 Liter Achtzylinder-Motor.

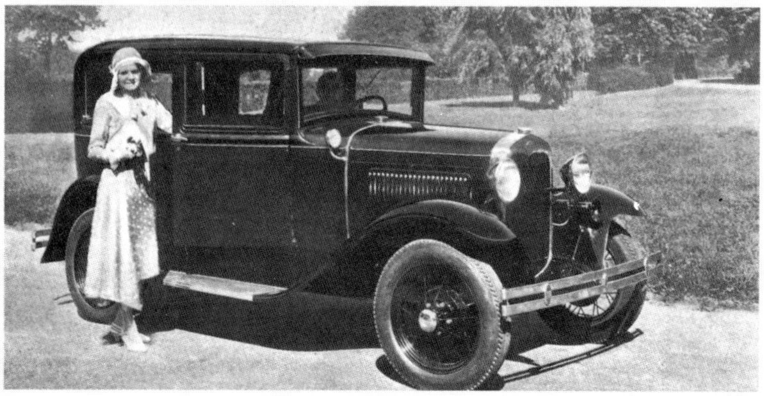

Viertüriger Ford »de luxe«, gebaut speziell für den französischen Markt; die Ausstattung ist gegenüber der US-Ausführung eleganter und reichhaltiger.

Anzeige der österreichischen Steyr-Werke AG für eines ihrer neuen Cabriolet-Modelle in der typischen niedrigen, eleganten Bauart

Zeitschriften-Werbung der britischen Automobilfirma Morris: »Der Isis Sechs hat sich mit Leichtigkeit an die Spitze der Auto- Sonderklasse gesetzt«.

»Das wahre Luxus-Auto«; der US-amerikanische Autohersteller Ford wirbt für Lincoln, die Nobelmarke des Konzerns in der Cabriolet-Version.

Harte Zeiten für die Autohersteller

Die weltweite wirtschaftliche Rezession macht sich auch auf dem Automobilsektor zunehmend bemerkbar: Besonders die Produzenten von Nutzfahrzeugen und kleinere Automobilhersteller bekommen die sinkende Nachfrage zu spüren.

Bei Daimler-Benz, im Deutschen Reich führend bei der Herstellung von LKW und sonstigen Nutzfahrzeugen, sinkt die Produktion gegenüber dem Vorjahr (3813 Einheiten) um fast die Hälfte auf 2105 Einheiten: Grund ist der allgemeine Kapitalmangel der Industrie und der öffentlichen Haushalte. Das Geld für den Ausbau der Fuhrparke fehlt fast überall.

Das Problem vieler kleiner Autohersteller ist außerdem die mangelnde Rationalisierung beim Produktionsvorgang: Handarbeit und mangelnde Standardisierung der Bauteile machen den Produktionsvorgang langwierig und kostenintensiv, so daß schon kurzzeitige Absatzeinbußen die Existenz eines Betriebes bedrohen können.

◁ *General-Motors-Werbung im Zeichen des verschärften Wettbewerbes: »Objektive« Kriterien zur Beurteilung des Chevrolet*

Die 35 Teilnehmer der Empire-Konferenz in London, darunter die Premierminister Richard B. Bennett (Kanada), James R. MacDonald (Großbritannien) und James H. Scullin (Australien) (vordere Reihe, 6. – 8. v. l.)

Londoner Empire-Konferenz weckt neue Hoffnung auf Stabilität des britischen Weltreiches

1. Oktober. *Die sechs Wochen dauernde britische Empire-Konferenz wird in London unter Vorsitz des Ministerpräsidenten James Ramsey MacDonald eröffnet. An der Konferenz nehmen neben Vertretern Großbritanniens Minister der fünf Dominionstaaten Kanada, Südafrika, Australien, Neuseeland und Neufundland teil. Der irische Freistaat ist u. a. durch Außenminister Patrick McGilligan, das Kaiserreich Indien durch Staatssekretär William Wedgwood Benn vertreten. Haupthemen der Gespräche, sind die Beziehungen zwischen den einzelnen Staaten des Empires, die außenpolitischen Bemühungen um Weltabrüstung sowie die wirtschaftliche Situation der Staaten. Politische Beobachter erhoffen sich einen engeren Zusammenschluß der Mitgliedsstaaten angesichts einer Wirtschaftskrise, die für alle bedrohliche Ausmaße annimmt. So formuliert die »Times« am Eröffnungstag der Konferenz: »Das Ergebnis der Konferenz . . . wird dem Empire den Weg zu einer neuen Einheit in freier Zusammenarbeit zeigen und durch diese Kooperation die Möglichkeit geben, die wirtschaftlichen Schwierigkeiten zu überwinden, die allen Mitgliedern jetzt so große Sorgen bereiten.«*

Balkanstaaten suchen Wege aus der Krise

5. Oktober. In Athen beginnt der erste Balkankongreß, an dem albanische, bulgarische, griechische, rumänische, jugoslawische und türkische Delegierte teilnehmen.
Schwerpunktthema der Konferenz, die bis zum 12. Oktober dauert, ist die wirtschaftliche Zusammenarbeit der Balkanvölker. Erklärtes Ziel der Balkanvölker ist es nun, länderübergreifend die Belange der Agrarländer gegen den Protektionismus der westlichen Staaten zu verteidigen. Einheitliche Zoll- und Handelsabkommen sind dazu eine grundlegende Voraussetzung.
Ein weiteres Thema der Konferenz ist die Minderheitenfrage im Balkanbund. Immer wieder war es in der Vergangenheit zu nationalstaatlichen Emanzipationsbestrebungen ethnischer Bevölkerungsgruppen gekommen, die eine ernsthafte Gefahr für die Stabilität der Balkanstaaten darstellen. Der bulgarische Delegierte Kiroff formuliert dazu: »Die erste Kommisision, die glaubt, daß die Minderheitenfrage eine der größten Schwierigkeiten bleibt, die beseitigt werden müsse, um den Weg zu einer Balkan-Union zu ebnen, erklärt, es sei unumgänglich notwendig, daß die Regierungen aller Balkanvölker und die in diesen Ländern ansässigen Minderheiten loyal und vollständig ihre gegenseitigen Verpflichtungen erfüllen gemäß den Minderheitenverträgen.«
Abschließend vereinbaren die Teilnehmer der Konferenz eine jährliche Zusammenkunft aller Balkanstaaten und die Vorbereitung eines Paktes zur Verhinderung eines Krieges untereinander.

Rumänischer Außenminister seit 1928: Georg Mirunescu

Vertritt die Interessen Albaniens: Ministerpräsident Kosta Kotta

Mussolini geht in die Offensive

27. Oktober. Der italienische Diktator, Duce Benito Mussolini, hält in Florenz eine Rede, die im In- und Ausland Überraschung hervorruft.
Im Gegensatz zu seiner früheren Position, von der italienischen Prägung des Faschismus, der kein »Exportartikel« sei, betont Mussolini nun die »Weltmission des Faschismus«. Er sehe für »die Zukunft ein faschistisches Europa voraus«, vorausgesetzt, der »gegenrevolutionäre Haß« könne zurückgeschlagen werden. Dazu müsse »der Faschismus jetzt seine Feinde an die Mauer stellen.«
Mit seiner aggressiven Rede, die von der Presse als »innen- und außenpolitische Fanfare« gewertet wird, versucht Mussolini, von den innenpolitischen Schwierigkeiten abzulenken. Durch den Wahlerfolg der NSDAP (→ 14. 9./S. 158) fühlt sich der Duce zudem in seinem Kurs bestätigt.

Fuad I. schwingt sich zum Diktator auf

23. Oktober. In Kairo dekretiert der ägyptische König Fuad I. eine neue Verfassung. Damit erhebt sich der König selbst zum Diktator.

Dieser Willkürakt ist der vorläufige Höhepunkt im anhaltenden Konflikt zwischen der von Mustafa Nahhas Pascha geführten nationalistischen Wafd-Partei, die im ägyptischen Parlament über eine Mehrheit verfügt, und dem König.

Am 20. Juni mußte Nahhas Pascha auf Druck des Königs als Ministerpräsident zurücktreten, nachdem er mit dem König in Streit über die verfassungsmäßigen Rechte der Krone geraten war. Er wurde durch den gemäßigten Nationalisten Ismail Sidqi Pascha ersetzt. Fuad I. warf Nahhas Pascha außerdem vor, im Volk nationalistische Unruhe zu schüren: Die Wafd-Partei setzt sich seit Ende des Weltkrieges für den endgültigen Abzug der Briten ein. Auch nachdem die Briten Ägypten 1922 als parlamentarische Monarchie formal in die Unabhängigkeit entlassen hatten, agitierte die Partei in ihren Publikationsorganen gegen die weiterhin bestehenden britischen Sonderrechte, z. B. das Recht auf die Kontrolle der auswärtigen Angelegenheiten Ägyptens sowie die britische Hoheit über den Sueskanal.

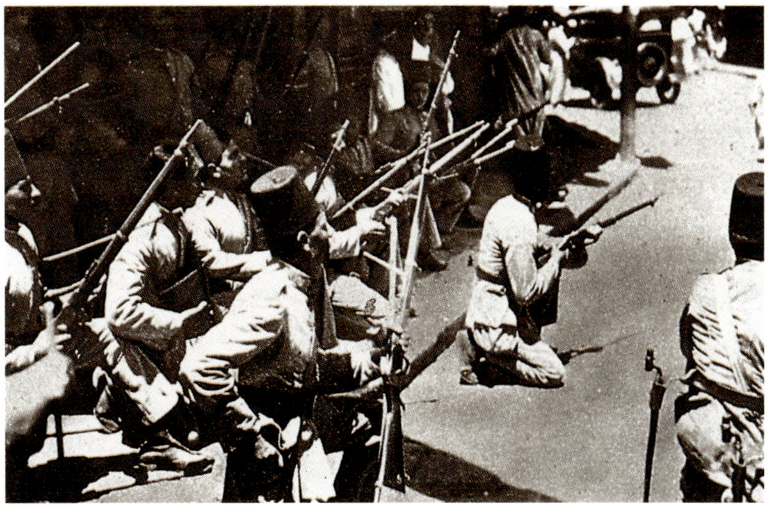

Ägyptische Soldaten gehen in Mansurah (nördlich von Kairo) gegen eine Demonstration von aufgebrachten Anhängern der Wafd-Partei vor.

Im Juli spitzte sich die innenpolitische Lage zu, als antibritische und antimonarchistische Demonstrationen in zahlreichen Städten zu blutigen Auseinandersetzungen zwischen aufgebrachten Volksmassen und Sicherheitskräften führten (→ 15. 7./S. 127). Dabei kamen 18 Menschen ums Leben, darunter auch acht Europäer. Die britische Regierung warnte daraufhin Ministerpräsident Sidqi Pascha und postierte zwei britische Kriegsschiffe an der ägyptischen Küste.

Protest gegen Palästina-Pläne

20. Oktober. In London gibt der israelische Politiker Chaim Weizmann seinen Rücktritt als Leiter der »Jewish Agency« bekannt. Die Organisation vertritt die Interessen der im britischen Mandatsgebiet Palästina lebenden Juden.

Weizmann protestiert damit gegen die in einem »Weißbuch zur Palästina-Politik« veröffentlichten Pläne Großbritanniens, in Palästina Selbstverwaltungsorgane zu schaffen, in denen auch Vertreter der arabischen Bevölkerung mitarbeiten sollen. Außerdem wendet er sich gegen die Darlegung des Weißbuches, daß eine weitere Ansiedlung von Juden in Palästina unterbleiben müsse, weil dafür kein Grund und Boden zur Verfügung stehe.

Für die Zionistische Weltorganisation, deren Präsident Weizmann ist, verstößt die britische Regierung mit ihren Palästina-Plänen gegen die sog. Balfour-Deklaration: 1917 hatte der britische Außenminister Arthur James Earl of Balfour den Juden Hilfe beim Aufbau einer jüdischen Heimstätte in Palästina zugesagt.

Revolution in Brasilien bringt Vargas an die Macht

3. Oktober. In Brasilien bricht ein Aufstand der »Liberalen Allianz« gegen Präsident Washington Luis Pereira de Souza aus. Eine Koalition aus jungen reformwilligen Offizieren und unzufriedenen Mitgliedern der herrschenden Elite von Großgrundbesitzern bildet die Gruppe der Aufständischen. Sie erhält Zulauf von Bundestruppen und übernimmt rasch im ganzen Land die Herrschaft. Am 24. Oktober muß Präsident Luis zurücktreten, Präsident der »Provisorischen Regierung« wird am 3. November Getúlio Dornelles Vargas, der in den folgenden fünfzehn Jahren die brasilianische Politik bestimmen wird.

Übernimmt in Argentinien die Macht: General José F. Uriburu

Der sog. Revolution von 1930 war der Zusammenbruch des traditionellen Rotationssystems der Präsidentschaft zwischen den mächtigsten brasilianischen Bundesstaaten, São Paulo und Minas Gerais, vorausgegangen: Präsident Washington Luis (São Paulo) hatte zum Ende seiner Präsidentschaft nicht Gouverneur Antonio Carlos (Minas Gerais) als Nachfolger auserkoren und mit der Unterstützung des Bundes versehen, sondern dem Gouverneur von São Paulo, Júlio Prestes, den Vorzug gegeben. Daraufhin förderten die Bundesstaaten Minas Gerais, Paraíba und Rio Grande do Sul die Kandidatur des Gouverneurs von Rio Grande do Sul, Vargas.

Brasilien: Verwüstung des Verlagshauses der regierungsnahen Tageszeitung »Jornal do Brasil« in Rio de Janeiro durch Vargas-Anhänger

Am 1. März unterlag Vargas' »Liberale Allianz« bei den Präsidentschaftswahlen. Allerdings hatte die Regierung die Wahlergebnisse zu ihren Gunsten manipuliert. Als der noch amtierende Präsident Washington Luis in der Folgezeit seine unterlegenen Gegner politisch verfolgte, beschloß die »Liberale Allianz« den bewaffneten Aufstand.

Im Nachbarland Argentinien ist es im Sommer ebenfalls zu einem Umsturz gekommen: Eine Militärjunta unter General José Felix Uriburu setzte am 6. September Präsident Hipólito Irigoyen ab, dem angesichts der wirtschaftlichen Probleme des Landes Korruption und Versagen vorgeworfen wurden. Der neue Präsident will Argentinien nach dem Vorbild des deutschen Militarismus in einen autoritären Staat umwandeln.

Nach der Trauung von Boris III. und Prinzessin Giovanna macht starker Wind den Helfern des Paares zu schaffen. Tausende von Schaulustigen sind nach Assisi gekommen, um die königliche Hochzeit mitzuerleben.

Krönung der bulgarisch-italienischen Freundschaft durch Hochzeit von Boris und Giovanna

25. Oktober. *In der Basilika des hl. Franziskus in Assisi findet die kirchliche Trauung des bulgarischen Königs Boris III. mit der italienischen Prinzessin Giovanna nach katholischem Ritus statt. Damit wird Boris nicht nur Schwiegersohn des italienischen Königs, sondern auch Vetter des Königs Alexander I. Karadordevic von Jugoslawien.*
Von der bulgarischen und italienischen Presse wird die politische Bedeutung dieser dynastischen Verbindung hervorgehoben. Die Mailänder »Stampa« spricht in diesem Zusammenhang bereits am 4. Oktober, dem Verlobungsdatum, von einer »politischen Interessensgemeinschaft, die ihre Krönung in der Ankündigung der Verlobung finde«. Für Bulgarien, das sich lange Zeit als europäischer Außenseiter gesehen hat, bedeutet das Ereignis außerdem eine Stärkung der eigenen Position auf dem Balkan *(→ 5. 10./S. 182).*

Explosionskatastrophen im Bergbau

21. Oktober. Mehrere hundert Bergleute werden bei einer schweren Explosionskatastrophe auf der Zeche Wilhelmsschacht in Alsdorf bei Aachen verschüttet. Dabei finden 250 Bergleute den Tod.
Trotz ausdauernder Bemühungen gelingt es den Bergungsmannschaften nicht, die in 450 m Tiefe eingeschlossenen Bergleute rechtzeitig zu befreien, da die gesamte Grubenanlage zerstört wurde. Grubengas, einschießendes Wasser und ein Brand bedeuten für die Arbeiter den Tod.
Vier Tage später ereilt auf der Grube Maybach im Saarland nach einer Kohlenstaubexplosion unter Tage 98 Bergleute ein ähnliches Schicksal. Die deutsche Presse fordert nach den Katastrophen eine Überprüfung der Arbeitssicherheit im Bergbau.

Zerstörte Anlage des Wilhelmsschachts in Alsdorf nach der schweren Explosion in der Grube Anna II: Der 50 m hohe Förderturm ist umgeknickt und versperrt Rettungsmannschaften den Weg zum Grubeneingang; Bürogebäude sind eingestürzt.

Golf-Sport im Mini-Format

12. Oktober. Wie ein New Yorker Korrespondent der »Frankfurter Zeitung« meldet, wird in den USA die Idee eines Grundstücksbesitzers zum Riesenerfolg: Minigolf.
Um ein unbebaubares Stück Land kommerziell nutzen zu können, legte er einen Golfplatz mitten in der Stadt an, groß wie ein mittleres Fußballfeld. Für nur 25 Cent (1,05 RM) bietet er hier die Illusion des »wirklichen« Golfs mit kleinen Hügeln und Teichen. So kann sich auch der kleine Mann wie ein Mitglied der »oberen Zehntausend« fühlen, unter denen Golf schon lange zu den beliebtesten Sportarten zählt.
Der Erfolg gibt der Idee recht. Vor allem an Wochenenden tummeln sich Tausende von Minigolf-Fans auf der Anlage. Die New Yorker Polizei muß sogar ein »Nachtspielverbot« aussprechen, weil der Lärm von der Bahn Anwohner stört.

Schätze der Antike im Pergamonmuseum

2. Oktober. Anläßlich der Jahrhundertfeiern der Berliner Museen wird das neue Pergamonmuseum auf der Museumsinsel feierlich eröffnet. In drei großen Ausstellungsräumen werden die Ergebnisse deutscher Ausgrabungen im nachalexandrinischen Kleinasien der Öffentlichkeit zugänglich gemacht. Kernstück des Museums ist der Pergamonaltar, der 180 – 159 v. Chr. von König Eumenes II. errichtet wurde und in der Antike als eines der Sieben Weltwunder galt. Die Keimzelle zu dem neuen Museum bildeten die ersten Reliefs dieses Pergamonaltars, die der deutsche Archäologe Carl Humann 1873 der Berliner Antikensammlung schenkte. Durch umfangreiche Ausgrabungen in Olympia (1875 – 1880), den antiken griechischen Städten Kleinasiens (Pergamon 1875 – 1880, Magnesia 1891 – 1905, Priene 1895 – 1899, Milet 1899 – 1914, Didyma 1924 – 25) und Baalbek (1898 – 1905) wurde der Museumsbestand deutlich vergrößert und durch die Architekturabteilung ergänzt.

Nach der Zwischenlösung des alten Pergamonmuseums 1901-1909 wird nunmehr die gesamte Architektursammlung im neuen Museumsgebäude von Alfred Messel großzügig präsentiert. Ganze Fassaden und andere Teile von ausgegrabenen Tempeln sind in Originalgröße wieder-aufgebaut. Dabei folgt das Museum dem Prinzip, daß hochgelegene Bauteile – Säulenkapitelle, Friese usw. – auf dem Boden ausgestellt sind, um dem Museumsbesucher eine genauere Betrachung zu ermöglichen. Innerhalb architektonischer Rekonstruktionen sind diese Bauteile durch Kopien ersetzt.

Der Pergamon-Altar, der dem gesamten Museum den Namen gegeben hat, beherrscht den Stirnsaal der Ausstellungshalle. Das hellenistische Kunstwerk, das im Original in Pergamon frei auf einer Terrasse stand, ist mit seiner großen Freitreppe und der hufeisenförmigen Säulenhalle wiederaufgebaut, der übrige Fries ist an den Saalwänden aufgestellt. In äußerst bewegten Szenen ist in der Relieffolge der Kampf der Götter gegen die Giganten dargestellt, die schließlich von Herakles als dem irdischen Helfer der Götter besiegt werden. – Ein weiteres Prunkstück des Museums ist die mit Nischen und Säulen reichgeschmückte Schauwand des Markttores von Milet (um 165 n. Chr.).

Eines der sieben Weltwunder der Antike: Der berühmte Pergamonaltar mit Freitreppe und Säulenhalle, Prunkstück des Berliner Pergamonmuseums

Carl Humann, Entdecker des antiken Pergamonaltars

Ein Forscherleben für die Archäologie

Der aus Essen stammende Ingenieur und Archäologe Carl Humann (1839 – 1896) entdeckte 1873 die ersten Reliefs einer monumentalen, Zeus und Athene geweihten Opferstätte in der antiken Stadt Pergamon in Anatolien. Fünf Jahre später führt er dort im Auftrag der Berliner Museen umfangreiche Ausgrabungen durch.

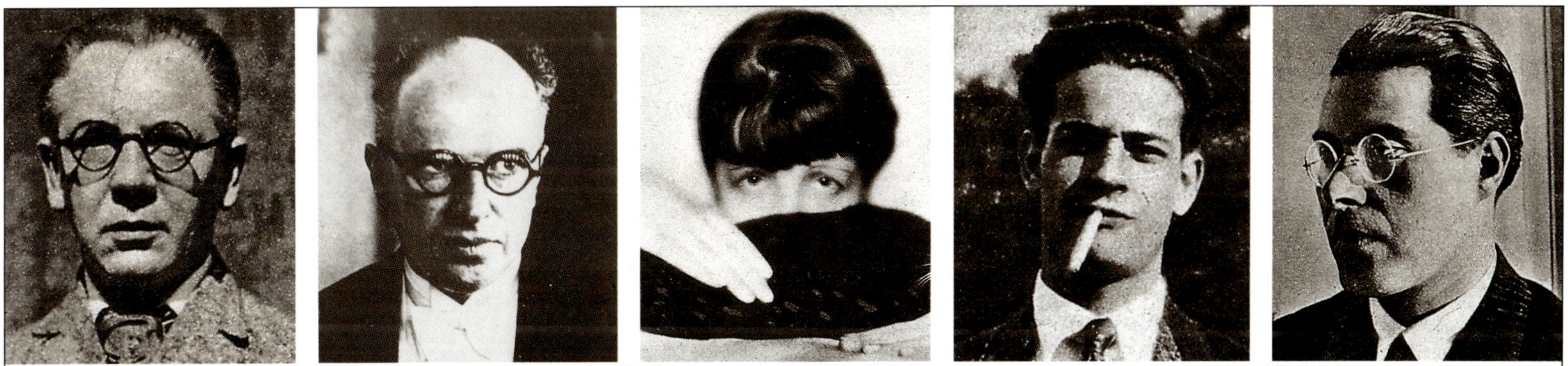

Meisterfotografen: (V. l.) der Porträtist Hugo Erfurth, Erich Salomon, der »Vater des Bildjournalismus«, die Modefotografin Madame d'Ora-Benda, Lux Feininger (Bauhaus), László Moholy-Nagy (Bauhaus)

Fotografie macht neue Betrachtungsweisen des Menschen und seiner Umwelt möglich

Die Strömungen der »Neuen Fotografie«, deren Ursprünge bereits in den zwanziger Jahre liegen, stellen die vorherrschende Richtung in der Lichtbildkunst dar. Wesentliche Anregungen hat diese Stilrichtung durch die zeitgenössische Malerei erhalten, die unter dem Titel der »Neuen Sachlichkeit« die deutsche Kunstszene beherrscht.

Trotz der Dominanz dieses Stils gibt es doch sehr eigenwillige Ausprägungen, die mit bekannten Namen wie August Sander, Hugo Erfurth, Erich Salomon und László Moholy-Nagy verbunden sind.

Als exponierter Porträt-Fotograf sucht August Sander den Menschentypus einer Epoche ohne Beschönigungen treffend darzustellen. Als »Sozialpsychologie in Bildern« sehen Kritiker und Fotografieliebhaber sein Sammelwerk »Menschen des 20. Jahrhunderts«, an dem er seit 1902 arbeitet. Auch Hugo Erfurth beschränkt sich auf die wesentlichen Merkmale des Menschen. Seine zahlreichen brillanten Porträtstudien von Prominenten und Künstlern der Weimarer Republik folgen dem von ihm aufgestellten Leitsatz »wahr, klar und lebensecht«.

Ganz andere Wege geht dagegen der ungarische Künstler und Bauhaus-Lehrer László Moholy-Nagy, dessen experimentelle Fotoarbeiten auf neuen Theorien, Techniken und Anwendungsmöglichkeiten der Fotografie beruhen. Speziell auf die Abbildung des politischen Geschehens konzentriert sich dagegen Erich Salomon, der damit zu den Begründern des modernen Bildjournalismus zählt.

Unterhaltung 1930:

Operette feiert »Comeback«

Die Operette erobert 1930 den Spitzenplatz in der leichten Muse zurück, nachdem jahrelang die Revue in der Gunst des verwöhnten großstädtischen Publikums an erster Stelle gestanden hatte.
Während die französische Version der Revue eine lockere Folge von Tänzen, Sketchen und Gesangsnummern bietet, zeichnen sich die deutschen, sprich: Berliner Ausstattungsrevuen von Hermann Haller, Eric Charell und James Klein durch eine durchgängige Handlung aus. Sie bieten durch schmissige Couplets wenn nicht gesellschaftskritische, so doch stets aktuelle Anspielungen auf das Zeitgeschehen.
Der Niedergang dieses Genres, verbunden mit dem Wiederaufstieg der Operette hat mehrere Gründe:

▷ Einerseits ist die Operette durch ihre stärkere musikalische Ausrichtung besser für eine Übertragung im Rundfunk geeignet als die optisch orientierte Revue
▷ Andererseits ist der Revue mit der Einführung des Tonfilms eine starke Konkurrenz durch Revuefilme entstanden
▷ Hinzu kommt, daß sich das Publikum angesichts der wirtschaftlichen und politischen Krisensituation durch die aktuellen Bezüge der Revue in seinem Unterhaltungsbedürfnis gestört zu fühlen scheint. Die Operette garantiert dagegen mit ihrer klischeehaften Handlung, den wenig aggressiven Melodien und den zeitlich oder räumlich entfernten Schauplätzen unverbindliche Unterhaltung ohne Bezug zu den Problemen des Alltags.

Die Operette »Im weißen Rössl«, die am 8. November im Großen Schauspielhaus in Berlin uraufgeführt wird, ist charakteristisch für diese Form des Zeitvertreibs und entwikkelt sich zu einem der größten Publikumserfolge der Zeit. »Es muß ein Wunderbares sein, von dir geliebt zu werden«, so besingt Leopold, Kellner im »Weißen Rössl«, seine große Liebe Josepha Vogelhuber, die als »Rösslwirtin« zugleich seine Chefin ist. Sie liebt natürlich einen anderen, den Rechtsanwalt Dr. Siedler, der als Gast in ihrer Pension weilt. Nach einigen Aufregungen und Verwirrungen finden Leopold und Josepha zueinander, auch Dr. Siedler geht nicht leer aus, und noch eine dritte Verbindung wird im »Weißen Rössl« am Wolfgangsee geschlossen. Dieses Glück fügt niemand Geringeres als der Kaiser, der ebenfalls in der Pension zu Gast ist. Der Schlagerkomponist Ralph Benatzky hat u. a. mit dem Meister der Revue, Eric Charell, zusammengearbeitet, um dieses österreichische Lustspiel musikalisch effektvoll zu untermalen.
Größten Zuspruch erfährt auch der ungarische Komponist Paul Abraham mit der Operette »Victoria und ihr Husar«, die am 7. Juli in Leipzig uraufgeführt wird. Die Handlung entführt in fremde Länder – nach Japan, Rußland und Ungarn – und entspricht dabei genau jenen Klischeevorstellungen, mit denen das Publikum diese exotischen Länder verbindet.

»The Revellers«, eine vierköpfige Jazz-Sängergruppe aus den USA (vorne), die auch in Europa gefeiert wird. Ihr Erfolg beruht auf der freien, oft gegeneinander gerichteten Stimmführung, die aber stets harmonisch bleibt.

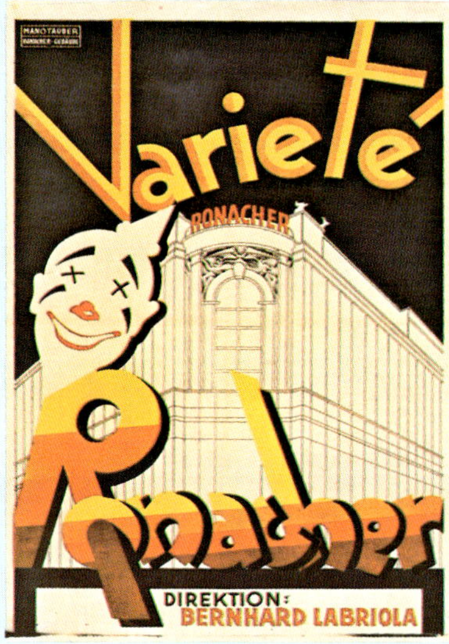

Angesichts der wirtschaftlichen Krise müssen auch die Varietés mit auffällig-aggressiver Werbung um ihre Besucher kämpfen.

»Im Varieté« (nach einem Aquarell von Karl Holtz): Kein Kinobesuch kann das »Live«-Erlebnis der Unterhaltungskünstler ersetzen.

▽ Die »Girls« zeigen im Berliner Wintergarten ihre Tanznummer.

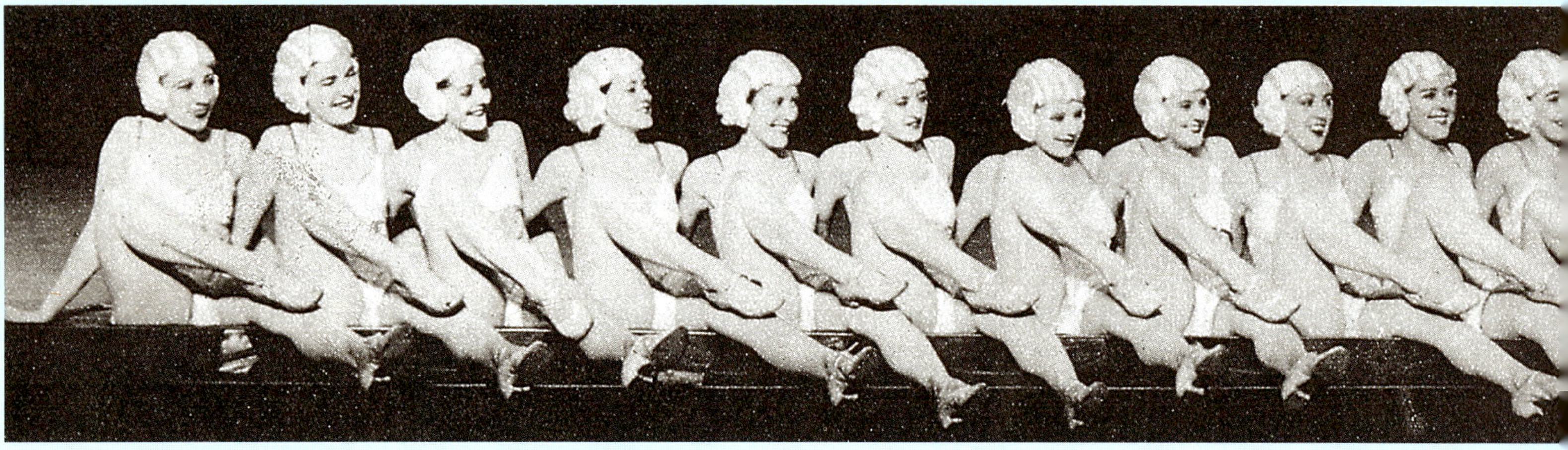

Haarlem amüsiert sich

Zur Übertragung aus Breslau am 4. Februar

„LIEDER AUS HAARLEM“

Ein Songzyklus von Wilhelm Grosz

Jazz erobert die Rundfunkprogramme; die Westdeutsche Rundfunk AG bespricht in ihrer Rundfunkzeitung ein Jazzkonzert.

Anschließend: **Letzte Meldungen, Bericht über das geistige Leben, Sportbericht**
Anschließend bis 24.00: **Nachtmusik und Tanz,** Leitung: Eysoldt

24.00—1.00 **MEISTER DES JAZZ**

„HOT JAZZ“, EIN NEUER STIL DER JAZZMUSIK

1. Zwei Foxtrots . . . . Columbia 9798
   a) Indisches Lied, b) Liebestraum
2. a) Shivery Stomp, Foxtrot . . . . . } engl. Parlophon R 511
   b) Klarinetten-Blues . . . . }
3. Zwei Foxtrots . . . . Columbia 5677
   a) Kleiner Peter, b) Marianne
4. Zwei Yale-Blues: . . . . Columbia 5606
   a) Lewisada-Blues, b) Wie ich dich liebe
5. Zwei Foxtrots . . . . engl. Parlophon R 3323
   a) Sing das Lied, b) Klarinetten-Marmelade
6. a) Mein Lied an den Nil, englischer Walzer } Columbia 5591
   b) Bin ich blau, Foxtrot . . . . . . }
7. a) Jetzt spricht mein Herz, Foxtrot . . } Columbia 5674
   b) Süße Frau, Foxtrot . . . . }
8. Zwei Foxtrots aus der Operette „Follow Trough“ . . . . Columbia 5551
   a) Laß dich nicht betören,
   b) Wenn ich schlecht wäre
9. a) So ist sie lieb, Blues . . . . . . } Columbia 5268
   b) Puppentanz, Foxtrot . . . . }
10. a) Sein Liebchen, Foxtrot . . . . . . } Columbia 5702
    b) Nachdem du fort warst, Foxtrot . . }

»Hot Jazz« – wer Rundfunkempfänger ist und regelmäßig Radio hört, der kennt die aktuellen »Hits« des Jazz; seit Mitte der zwanziger Jahre werden regelmäßig Jazz-Tanz-Konzerte ausgestrahlt.

Erregender Klang aus der Neuen Welt

Technikbegeisterung und Amerikanismus – mit diesen Schlagworten lassen sich die aktuellen Vorlieben der großstädtischen Schicht der Angestellten treffend beschreiben. Die Musik aus der Neuen Welt, der Jazz, findet daher in Europa enthusiastische Aufnahme. »Negercombos« werden auf ihren Tourneen gefeiert, die »Revellers«, das bestbezahlte Gesangsquartett der Welt, gastieren in den großen Häusern der europäischen Metropolen. Auch die Vorläufer der Big Bands, etwa das vielseitige Zehn-Mann-Orchester des US-amerikanischen Jazz-Arrangeurs und Pianisten Fletcher Henderson, finden viel Zuspruch. Sogar die sog. »ernste« Musik greift in Oper und Konzert immer wieder Jazz-Elemente auf.

Der beliebte Humorist Otto Reutter bei einem Auftritt im »Wintergarten«, einer der renommierten Berliner Varietébühnen

Maria Valente tritt als Parodistin in der neuesten Nummernfolge des »Apollo«-Unterhaltungstheaters in Düsseldorf auf.

Camilla Spira als Rösslwirtin in der Operette »Im weißen Rössl« von Ralph Benatzky in der Berliner Inszenierung von Eric Charell

Trude Hesterberg in der Operette »Die lustige Witwe« von Franz Lehár, die im Großen Schauspielhaus in Berlin auf dem Programm steht

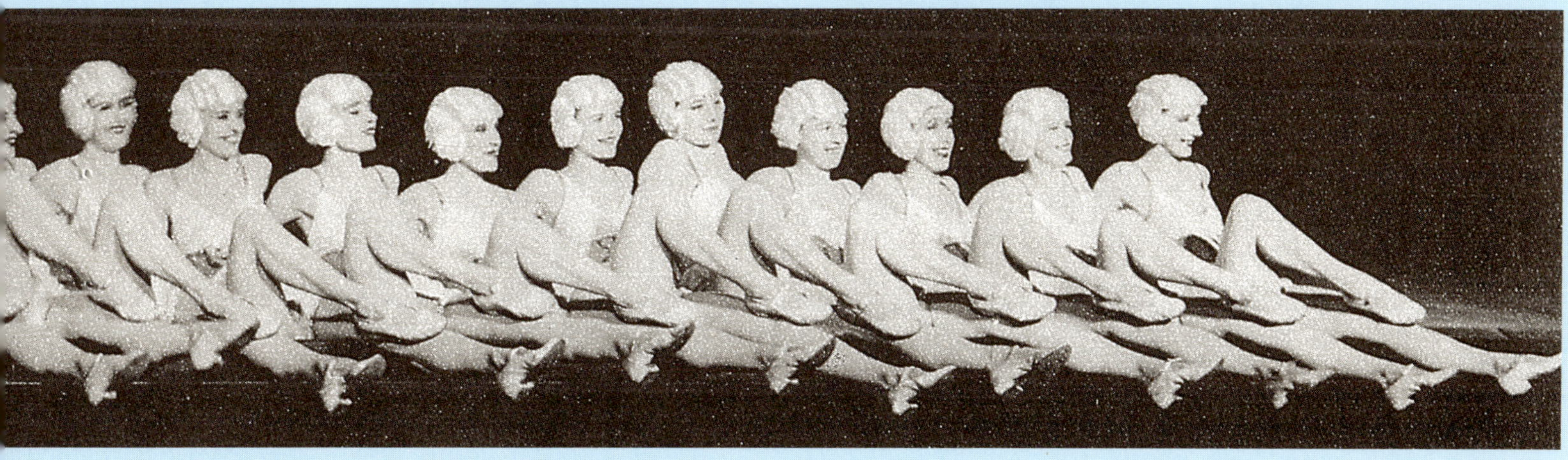

Kaffee ist immer noch das beliebteste Getränk der Damenwelt; hier wird es gleich kännchenweise genossen.

Alle Hände voll zu tun haben diese Frauen in der Spülküche einer beliebten Berliner Kaffeewirtschaft.

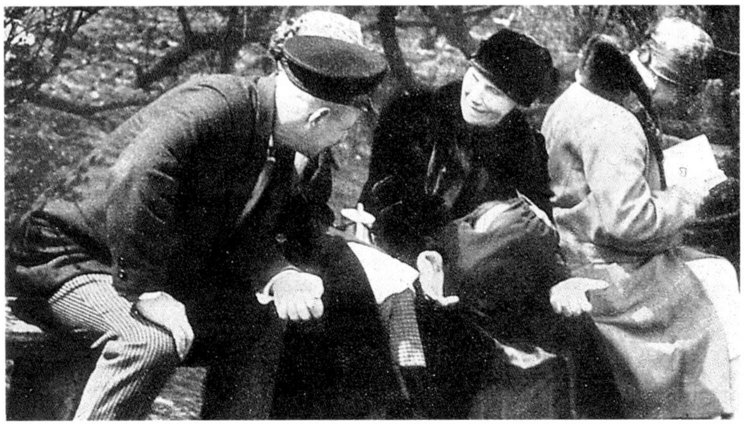

Auch auf einer Parkbank läßt sich abseits der Alltagshektik gemütlich plaudern, wenn die ersten Strahlen der Frühlingssonne wärmen.

Tanzvergnügen in einem Café des Berliner Tiergartens

Zum Kaffeetrinken hinaus ins Grüne

Wenn an Sonntagen die Sonne scheint, zieht es tausende von Familien aus den Städten hinaus zum »Familienausflug mit Kaffeetrinken«. Das preiswerte Vergnügen gehört – trotz Wirtschaftskrise – so notwendig zum Sonntag, daß die Kaffeewirtschaften im Grünen einen neuen Aufschwung erleben. Selbst ein Journalist der »Welt« gerät angesichts dieses bescheidenen Luxus ins Schwärmen: »Der Kaffee löst die Zunge, macht den Geist lebendig. So ist es denn kein Wunder, daß überall die lebhafteste Unterhaltung in Gang kommt. Der Sonntagnachmittag geht dahin, man steht verwundert auf und fragt: Was, ist es schon sieben?‹ Und im dämmernden Abend wandert man gemütlich, heute einmal ohne das Tempo der Großstadt, heimwärts.« Angesichts dieser Idylle ist der Arbeitsalltag einen Sonntag lang vergessen.

Ein Jahrmarktbummel krönt den Ausflug der Familie am Sonntag.

Preis der Republik an »Graf Isolani«

19. Oktober. Auf der Rennbahn in Berlin-Grunewald wird eines der wichtigsten deutschen Galopprennen, das St. Leger, als der »Große Preis der Republik«, ausgetragen. Es geht über 2800 m und ist mit insgesamt 105 000 RM dotiert.

Bei nebeligem Herbstwetter sind 11 Pferde am Start. Nachdem sich der favorisierte »Graf Isolani« mit Jokkey Julius Rastenberger auf den ersten 1500 m zurückgehalten hat, schließt er eingangs der Zielgeraden zur Spitzengruppe auf und kann sich in einem spannenden Finish nur knapp vor »Gregor« mit Jockey Otto Schmidt behaupten.

»Graf Isolani« wird im Gestüt Schlenderhahn als bester Dreijähriger gehandelt, nachdem der Hengst »Alba« – Sieger in 11 von 12 Rennen, u. a. im Deutschen Derby 1930 – kurz vor dem Start in Grunewald eingeschläfert werden mußte; er hatte sich beim letzten Training vor dem Rennen unglücklicherweise eine Fessel gebrochen.

1500-m-Weltrekord nach vier Jahren

5. Oktober. Im Pariser Jean-Bouin-Stadion stellt der Franzose Jules Ladoumègue mit 3:49,2 min einen Weltrekord über 1500 m auf. Damit unterbietet er die bisherige Bestleistung des Deutschen Otto Peltzer aus dem Jahr 1926 um fast zwei Sekunden und läuft erstmals unter 3:50 min.

Bis etwa 1000 m machen Ladoumègues Landsleute J. Keller und Sera Martin auf der vom Regen aufgeweichten Bahn für den neuen Rekordhalter das Tempo. Dann zieht der Franzose einen langen Spurt an, wobei er die letzten 300 m in fast unglaublichen 44,8 sec zurücklegt.

Genau 14 Tage später verbessert der 23jährige Franzose – neben dem Finnen Paavo Nurmi (→ 13. 9./S. 169) der beste Mittelstreckler – während einer Rugby-Veranstaltung in einem Vorgaberennen auch Peltzers drei Jahre alten 1000-m-Weltrekord um 2,2 sec auf 2:23,6 min.

Ladoumègue kann bereits auf eine erfolgreiche Sportlerlaufbahn zurückblicken: 1928 gewann er bei den IX. Olympischen Spielen in Amsterdam die Silbermedaille im 1500-m-Lauf hinter dem finnischen Läufer Harri Larva mit 3:54 min.

Massenaufmarsch beim Hallensportfest der Berliner Arbeiterturner im Sportpalast, das von der NS-Presse als »bolschewistische Hampelei« abgetan wird

Arbeitersportvereine zwischen Radikalisierung und Rückzug

Unter dem Eindruck der politischen Radikalisierung erhalten Großveranstaltungen der Arbeitersportbewegung im Deutschen Reich eine neue Qualität. Aufmärsche und Massenwettbewerbe gewerkschaftlich oder sozialdemokratisch organisierter Arbeitersportler gestalten sich zu politischen Kundgebungen, bei denen es häufiger zu Störungen durch rechtsgerichtete Kräfte kommt. Die politische Zielrichtung ihrer Sportvereine bringen vor allem die Kommunisten deutlich zum Ausdrck. 1928 hatten sie sich von den gemäßigten Kräften im 1893 gegründeten Arbeiter-Turn- und Sportbund getrennt. Ihre 1930 ins Leben gerufene Kampfgemeinschaft führt den Wehrsport ein. Kommunistische Schützenvereine werden z. B. für bewaffnete Auseinandersetzungen mit den politischen Gegnern geschult. Ein Teil der gemäßigten Arbeitersportvereine versucht dagegen, sich jeder politischen Äußerung zu enthalten. Sie sehen den Schwerpunkt ihrer Aktivitäten im sportlichen Bereich und verstehen sich weniger als reine »Klassenorganisation« der Arbeiterschaft.

Deutscher Triumph bei Bergmeisterschaft

3. Oktober. Durch den Sieg im letzten zur Europa-Bergmeisterschaft zählenden Rennen im rumänischen Klausenburg (heute: Cluj) sichert sich der Deutsche Hans Stuck auf Austro-Daimler den Gesamtsieg in der Rennwagenklasse dieser zum ersten Mal ausgetragenen Meisterschaft; Rudolf Caracciola gewinnt den Titel in der Sportwagenklasse auf Mercedes-Benz.

Für den 30jährigen Rennfahrer Hans Stuck ist die Trophäe dieser Bergmeisterschaft der bislang größte Erfolg seiner Laufbahn und wichtige Etappe einer großen Karriere als Profi-Rennfahrer, die ihm den Namen »König am Berg« einbringt. 1925 begann er auf einem Dürrkopp-Sportwagen, von 1927 bis 1930 fuhr er Berg-Rennen auf Austro-Daimler. Stuck hält außer dem Gaisbergrekord alle österreichischen Bergrekorde. Er ist Träger zahlreicher Landesmeistertitel, u. a. von Brasilien und von Polen.

Rudolf Caracciola gewinnt den Titel des Bergmeisters in der Klasse der Sportwagen auf Mercedes-Benz bei der Europa-Bergmeisterschaft in Klausenburg.

Der 29jährige Caracciola aus Remagen begann seine Rennfahrerlaufbahn als Motorradfahrer, bevor er 1923 sein erstes Autorennen auf der Avus absolvierte und auf Anhieb den vierten Platz belegte. In der Folgezeit gewann er neben mehreren Bergrennen auch den Großen Preis von Deutschland auf dem Nürburgring (1926 und 1928). Anschließend errang Caracciola im letzten Jahr die Tourist-Trophäe im 660 km langen Ulster Grand Prix, einem der traditionsreichsten und bemerkenswertesten Langstreckenrennen, das außerhalb der offiziellen Grand-Prix-Rennen stattfindet. Auf Mercedes bezwang er hier den britischen Favoriten Kaye Don auf Lea-Francis und Giuseppe Campari auf Alfa Romeo. Nach Einschätzung des legendären Mercedes-Benz-Rennleiters Alfred Neubauer ist Rudolf Caracciola der »komplette Rennfahrer«.

Welcher Rekord ist noch zu brechen?

Die »Berliner Illustrirte Zeitung« beschäftigt sich in ihrer jüngsten Ausgabe mit dem Phänomen der Leistungsexplosion im Sport.

Unter der Überschrift »Welcher Rekord ist nicht mehr zu brechen?« untersucht Autor Willy Meisl, mit welcher Geschwindigkeit sich Bestmarken, die noch vor 50 Jahren unvorstellbar waren, entwickelt haben: »60 Meter Speerwurf oder 50 Meter mit dem Diskus, das waren Chimären für die vorige Sportgeneration, etwa wie Flugzeug oder Radio für alle ihre Zeitgenossen«.

Der US-amerikanische Schwimmer Johnny Weissmuller schwamm 1922 als erster 100 m Kraul in 58,6 sec, stellte zahlreiche Weltrekorde auf und wurde mehrfacher Olympiasieger in dieser Disziplin (1924 und 1928).

Meisl, der u. a. Johnny Weissmuller und Paavo Nurmi als herausragende Ausnahmeathleten nennt, beantwortet seine Eingangsfrage nach den Grenzen im Leistungssport selbst: »Der Rekord ist grenzenlos, wie der Mensch und seine Technik. Wir eilen im Rekordtempo von Rekord zu Rekord«.

Rekord-Läufer Paavo Nurmi

November 1930

Mo	Di	Mi	Do	Fr	Sa	So
					1	2
3	4	5	6	7	8	9
10	11	12	13	14	15	16
17	18	19	20	21	22	23
24	25	26	27	28	29	30

1. November, Samstag

Aufgrund der Finanznot des Deutschen Reiches kündigt das Auswärtige Amt Einsparungen von rd. 4,4 Mio. RM für das Jahr 1931 an. Zu den Sparmaßnahmen gehört u. a. eine Einkommenskürzung für Beamte im Auswärtigen Dienst: Ihre Auslandszulagen sollen statt der bisher 33 nur noch 25% des Gehalts betragen.

Die Berliner Halbwochenzeitung der NSDAP, »Der Angriff«, wird in eine Tageszeitung umgewandelt. Das im gleichnamigen Verlag erscheinende Blatt wird vom Reichspropagandaleiter der NSDAP, Joseph Goebbels, herausgegeben.

Im Deutschen Theater in Berlin wird das Schauspiel »Elisabeth von England« von Ferdinand Bruckner (eigtl. Theodor Tagger) uraufgeführt. Das Publikum ist besonders von der schauspielerischen Leistung der beiden Hauptdarsteller, Agnes Straub und Werner Krauss, begeistert.

2. November, Sonntag

Täfari Mäkwännen, der bereits seit 1928 König von Äthiopien ist, wird in Addis Abeba als Haile Selassie I. zum Kaiser gekrönt. Er ist der Nachfolger der im April verstorbenen Kaiserin Zäuditu. → S. 194

In einem Fußball-Länderspiel in Breslau trennen sich Deutschland und Norwegen 1:1. Die »Vossische Zeitung« führt die schwache Leistung der deutschen Nationalmannschaft auf eine schlechte Spielerauswahl des Deutschen Fußball-Bundes (DFB) zurück.

3. November, Montag

In Brasilien wird Getúlio Dornelles Vargas zum provisorischen Präsidenten ernannt. Vargas und seine politische Sammlungsbewegung »Aliança Liberal« (Liberale Allianz) hatten am → 3. Oktober (S. 183) einen Putsch gegen Präsident Washington Luis ausgelöst.

Ein Unwetter in Schlesien löst eine Hochwasserkatastrophe aus. Weite Landstriche im Mittellauf der Oder werden unter Wasser gesetzt, zahlreiche Dämme brechen.

4. November, Dienstag

Bei den Wahlen zum US-amerikanischen Repräsentantenhaus kann die Republikanische Partei von Präsident Herbert Clark Hoover nur knapp vor den Demokraten die Mehrheit behaupten. → S. 194

Albert Grzesinski (SPD), der am → 28. Februar (S. 35) als preußischer Innenminister zurückgetreten war, kehrt in das Amt des Polizeipräsidenten von Berlin zurück, das er schon 1921 bis 1926 innehatte. Grzesinski gilt als entschlossener Gegner der rechts- und linksradikalen Parteien.

In der Berliner Metallindustrie nehmen die seit dem 14. Oktober streikenden 126 000 Arbeiter ihre Tätigkeit wieder auf, nachdem die Arbeitgeber die angekündigte sofortige Lohnkürzung von 8% zurückgenommen haben. Beide Parteien akzeptieren am 8. November den Schiedsspruch der staatlichen Schlichtungskommission, die eine sofortige Senkung auf 3% festlegt und die 8%ige Lohnkürzung erst ab dem 1. Januar 1931 erlaubt (→ 14. 10./S. 179).

In Österreich läßt Innenminister Ernst Rüdiger Starhemberg eine Razzia gegen zahlreiche Mitglieder der Sozialdemokraten durchführen, bei der Polizei und Militär nach Waffen suchen. Starhemberg ist der Bundesführer der rechtsradikalen Heimwehr, zu deren Zielen u. a. die rasche Abschaffung des Parteienstaates gehört.

5. November, Mittwoch

Aus Italien wird die Verhaftung mehrerer hundert politischer Gegner des faschistischen Ministerpräsidenten und Duce Benito Mussolini gemeldet. Mussolini, der seit 1924 mit diktatorischen Vollmachten regiert, unterdrückt jegliche Opposition mit brutalen Mitteln; alle Parteien mit Ausnahme der Faschisten sind in Italien verboten.

Die zwölfmotorige Do-X, das größte Flugboot der Welt, startet vom Bodensee bei Altenrhein (Schweiz) zu einem Probeflug nach Amsterdam, dem Ausgangspunkt für einen Transatlantikflug. → S. 198

Im Berliner Mozartsaal wird der Film »Kohlhiesels Töchter« mit Henny Porten in der Doppelrolle uraufgeführt. Regie führte Hans Behrendt.

6. November, Donnerstag

In Berlin dirigiert Otto Klemperer die Uraufführung der »Begleitmusik zu einer Lichtspielszene« von Arnold Schönberg. Die »Vossische Zeitung« schreibt über Schönbergs Stück: »Seine Musik wirkt wie Klang aus einer anderen Welt.«

Der Brite J. S. Wright bricht im irischen Cork den Geschwindigkeitsweltrekord für Motorräder: Seine 1000-ccm-Maschine erreicht eine Durchschnittsgeschwindigkeit von 242,590 km/h.

7. November, Freitag

Der Vorsitzende des Rates der Volkskommissare in der Sowjetunion, Alexei I. Rykow, tritt einen »Krankheitsurlaub« an. Gegen Rykow, der in Opposition zum diktatorisch regierenden Staats- und Parteichef Josef W. Stalin steht, wird bereits seit längerer Zeit wegen »rechter Abweichung« ermittelt.

8. November, Samstag

In Hannover beginnt der erste Parteitag der Deutschen Staatspartei mit einer Begrüßungsansprache des preußischen Finanzministers Hermann Höpker-Aschoff. Zum ersten Vorsitzenden der neuen Partei wird Reichsfinanzminister Hermann Robert Dietrich gewählt.

Im großen Schauspielhaus in Berlin wird die Singspieloperette »Im weißen Rössl« von Ralph Benatzky uraufgeführt. Das Singspiel in drei Akten enthält zahlreiche bekannte Schlagermelodien, u. a. »Was kann der Sigismund dafür, daß er so schön ist«.

9. November, Sonntag

Aus den Nationalratswahlen in Österreich gehen die Sozialdemokraten mit 72 Sitzen vor den Christlichsozialen (66 Sitze) als Sieger hervor; damit sind sie erstmals seit 1919 wieder stärkste Fraktion im Parlament. KPD und NSDAP bleiben ohne Mandat.

Bei den Gemeindewahlen in Oldenburg wird die NSDAP stärkste Partei. Sie kann die Zahl ihrer Mandate im Stadtparlament von einem auf 18 Sitze erhöhen.

Das Schauspiel »Die Matrosen von Cattaro« von Friedrich Wolf wird an der Volksbühne in Berlin unter der Regie von Günter Stark uraufgeführt. Wolf schreibt vorwiegend zeit- und sozialkritische Dramen, wie das 1929 uraufgeführte Stück »Cyankali – § 218«, das die Abschaffung des § 218 propagiert.

10. November, Montag

Vertreter des Lebensmittelgewerbes sagen dem Reichsernährungsministerium zu, die Preise für Nahrungsmittel zu senken und so einen Beitrag zur Bekämpfung der Wirtschaftskrise zu leisten. → S. 195

Bei einem feierlichen Umzug anläßlich der Amtseinführung des neuen Londoner Bürgermeisters William Phené Neal werden 30 Menschen verletzt, als vier in der Menge mitgeführte Elefanten außer Kontrolle geraten.

11. November, Dienstag

Das finnische Parlament in Helsinki billigt die sog. Lapua-Gesetze, ein Gesetzespaket, das die Unterdrückung der Kommunistischen Partei zum Inhalt hat. Mitgliedern des Finnischen Reichstags ist danach ab sofort die Mitgliedschaft in der Kommunistischen Partei untersagt (→ 7. 7./S. 127).

In der Türkei veranlaßt Staatspräsident Mustafa Kemal Pascha die Auflösung der einzigen Oppositionspartei: Die Freiheitspartei, die erst am 9. August auf ausdrücklichen Wunsch des Staatschefs gegründet worden war, hat unter den Gegnern der westlich orientierten Politik Kemals großen Zulauf.

In Washington, Paris, London und anderen Hauptstädten finden Gedenkfeiern für den Jahrestag des Waffenstillstands am Ende des Weltkriegs 1918 statt. So wird in der überfüllten Londoner Westminster Abbey ein Gedächtnisgottesdienst für die Toten des Krieges abgehalten.

Das Reichsarbeitsministerium gibt einen Erlaß heraus, der die Leistungen der Krankenversicherung betrifft. Statt der bisher angekündigten Krankenscheingebühr von 50 Rpf können die Krankenkassen im Einzelfall die Gebühr ermäßigen oder ganz erlassen. Damit wird der Notlage der unter der Arbeitslosigkeit leidenden Familien Rechnung getragen.

In Mannheim wird eine der ersten Berufsschulen für Mädchen eröffnet. Ausbildungsfach ist Hauswirtschaft. → S. 198

Der Fußballklub FC Schalke 04 wird aus dem Westdeutschen Spieler-Verband (WSV) ausgeschlossen, weil er die am → 25. August (S. 153) verhängte Geldstrafe von 1000 RM nicht bezahlen will, die ihm wegen Nichteinhaltung der Amateurbestimmungen auferlegt wurde. Der Ausschluß wird am 27. November aufgehoben, nachdem sich der Verein zur Einhaltung der Regeln des WSV bereiterklärt hat.

12. November, Mittwoch

In London wird die Indien-Konferenz unter Leitung von Premierminister James Ramsey MacDonald eröffnet, an der britische Regierungsvertreter sowie Delegierte der Unabhängigkeitsbewegung in der britischen Kolonie Indien teilnehmen. Ziel der Konferenz ist es, ein neues Regierungssystem für Indien zu finden. Diskutiert wird vor allem der Status eines sog. Dominions für Indien, d. h. eines mit Großbritannien lose verbundenen unabhängigen Staates.

13. November, Donnerstag

In Nürnberg fällt im Tarifkonflikt der bayerischen Erzbergbau- und Hüttenbetriebe die Landesschlichtungskommission ihren Schiedsspruch: Danach werden die Löhne um rund 5% heruntergesetzt. In den parallel geführten Beratungen der niedersächsischen Schlichtungskommission in Peine setzen die Schlichter die Löhne der Arbeitnehmer der Peiner Stahlindustrie um 8% herab.

In Lyon werden durch einen Erdrutsch mehr als 20 mehrstöckige Mietshäuser verschüttet; 30 Menschen kommen ums Leben.

14. November, Freitag

In Tokio wird der japanische Premierminister Juko Hamaguchi bei einem Attentat schwer verletzt. Der einer rechtsextremen Gruppierung angehörende Attentäter Tomeo Sagoya wirft Hamaguchi eine ineffektive Wirtschaftspolitik und eine zu nachgiebige Außenpolitik vor. → S. 194

In den USA erklärt die mit Deutschen und US-Amerikanern besetzte sog. Gemischte Kommission, daß das Deutsche Reich für zwei Sabotageanschläge auf US-amerikanische Munitionslager, die während des Weltkrieges in den USA verübt wurden, wegen Mangel an Beweisen nicht verantwortlich gemacht werden könne. Die USA hatten von den Deutschen zunächst rd. 170 Mio. RM Entschädigung verlangt.

Das Titelbild der Nr. 47 der »Arbeiter-Illustrierten Zeitung« (A-I-Z) zeigt die DO-X, das größte Flugboot der Welt, die am 5. November nach Amsterdam fliegt. Von dort startet sie zu einem Transatlantikflug in die USA. Ebenso wie die A-I-Z berichten zahlreiche deutsche Zeitschriften in minutiösen und reich bebilderten Reportagen über den Flug der DO-X.

A-I-Z
JAHRGANG IX
Nr. 47 1930
Preis:
20 Pfg., Kc. 1.60,
15 Kop., 35 Gr.
V. b. b.
„DO X“ FLIEGT NACH AMERIKA
DORNIER
Die Maschinenzentrale, das Herz des Riesenflugzeuges, von der aus die 12 Motoren geleitet werden

Die Sächsischen Gußstahlwerke Döhlen in Dresden schließen wegen schlechter Absatzlage. 800 Arbeiter werden entlassen.

15. November, Samstag

Bei der Beerdigung von fünf bei einem Neubaueinsturz verunglückten Bauarbeitern kommt es in Madrid zu Auseinandersetzungen zwischen trauernden Bauarbeitern und der Polizei, in deren Verlauf drei Menschen getötet werden. Die Bauarbeitergewerkschaft ruft daraufhin einen zweitägigen Generalstreik aus.

16. November, Sonntag

In Polen gewinnt der Regierungsblock unter Ministerpräsident Joséf Klemens Piłsudski bei den Wahlen zur zweiten Kammer des Parlaments (Sejm) mit 247 Sitzen die absolute Mehrheit. Die Opposition wurde während des Wahlkampfes systematisch eingeschüchtert. → S. 195

Bei den Wahlen zum Danziger Volkstag erreichen die bislang nicht vertretenen Nationalsozialisten 16 der 72 Sitze. Die SPD, die bei den Wahlen von 1927 noch 42 Mandate erhalten hatte, entsendet nur noch 19 Abgeordnete in das Parlament.

Zwischen den Vereinigten Staaten und dem Deutschen Reich wird der Bildtelegraphendienst aufgenommen. Der Preis für einen cm² beträgt 1,65 RM, der Mindestpreis für ein Bildtelegramm beträgt 247,50 RM (150 cm²).

17. November, Montag

In einer Unterhausdebatte des britischen Parlamentes wirft der Liberale David Lloyd George der Regierung unter James Ramsey MacDonald (Labour Party) Unfähigkeit bei der Verwaltung des Völkerbundsmandates Palästina vor (→ 13. 5./S. 93). Die von den Briten geförderte jüdische Einwanderung führt in Palästina zu blutigen Auseinandersetzungen zwischen den Neusiedlern und den alteingesessenen Arabern.

In Berlin wird die Verfilmung der Operette »Land des Lächelns« des österreichisch-ungarischen Komponisten Franz Lehár uraufgeführt. Unter der Regie von Max Reichmann spielt Richard Tauber die Hauptrolle des Prinzen Sou-Chong.

18. November, Dienstag

Der Vorsitzende und Fraktionsführer der Deutschen Volkspartei (DVP) im Reichstag, Ernst Scholz, tritt aus Gesundheitsgründen zurück. Sein Nachfolger wird der Abgeordnete Eduard Dingeldey.

Der italienische Ministerrat beschließt für alle im öffentlichen Dienst Angestellten zum 1. Dezember eine Gehaltskürzung von 12%. Damit soll das Haushaltdefizit, das bereits nach den ersten vier Monaten des Haushaltsjahres 1930 rund 160 Mio. RM betrug, verringert werden.

Die Adam Opel AG in Rüsselsheim gibt bekannt, daß der neue Opel-LKW »Blitz« heißen soll. Der Name wurde durch ein Preisausschreiben aus insgesamt 1,5 Millionen Einsendungen ermittelt. → S. 199

19. November, Buß- und Bettag

Im Berliner Sportpalast veranstaltet die SPD-nahe Organisation Reichsbanner Schwarz-Rot-Gold eine Massenkundgebung. Unter dem Motto »Werden Köpfe rollen?«, das auf einen Ausspruch des nationalsozialistischen Parteiführers Adolf Hitler vom → 25. September (S. 160) zurückgeht, warnen u. a. der preußische Innenminister Carl Severing (SPD) und Reichsbannerführer Otto Hörsing vor den radikalen Parteien der Rechten und der Linken.

In Rom übergibt die US-amerikanische Telefongesellschaft »International Telephone and Telegraph Corporation« Papst Pius XI. die zentrale Telefonanlage für Vatikanstadt. → S. 199

20. November, Donnerstag

In einer außenpolitischen Programmrede spricht sich Reichsaußenminister Julius Curtius (DVP) in Berlin dafür aus, daß sich das Deutsche Reich wenn möglich an die Reparationsbedingungen des Youngplans hält (→ 20. 1./S. 14). Die Rede ist vor allem an Frankreich gerichtet, wo am 12. November in einer außenpolitischen Debatte mehrere Redner Zweifel an der deutschen Vertragstreue geäußert haben.

In Washington richtet die US-Regierung einen Extrafonds von umgerechnet rd. 20 Mio. RM zur Bekämpfung der organisierten Gangsterbanden ein. Seit Einführung des bundesweiten Alkoholverbots (Prohibition) im Jahr 1920 kontrollieren straff geführte Verbrechersyndikate u. a. die Herstellung und den Verkauf von Alkohol.

21. November, Freitag

Auf Antrag des Regierungsrates a. D. Rudolf Martin wird der Verkauf des zweiten Bandes der Memoiren des 1929 gestorbenen früheren Reichskanzlers Bernhard von Bülow vom Berliner Landgericht per einstweiliger Verfügung verboten. Martin, ehemaliger Mitarbeiter von Bülows, fühlt sich durch dessen »Denkwürdigkeiten« beleidigt. → S. 198

Die erste deutsche Rundfunk-Großsendeanlage wird in Mühlacker bei Stuttgart von der Reichspost in Betrieb genommen. → S. 198

22. November, Samstag

Der ungarische Ministerpräsident István (Stephan) Graf Bethlen von Bethlen trifft zu einem dreitägigen Staatsbesuch in Berlin ein.

Die gesamte peruanische Militärregierung tritt mit Ausnahme des Präsidenten Luis Sánchez Cerro zurück, um die Regierungsgeschäfte in zivile Hände zu geben. Die Autorität der Militärs war durch Unruhen in den Kupferbergwerken erschüttert worden.

Der sowjetische Staats- und Parteichef Josef W. Stalin gibt in Moskau erstmals einer westlichen Nachrichtenagentur, der United Press, ein Interview. Damit tritt er Gerüchten über seine Ermordung entgegen, die von ausländischen Zeitungen verbreitet wurden.

Der preußische Handelsminister Walter Schreiber (Staatspartei) verbietet per Notverordnung den Berliner Brotfabriken, weiterhin Preisbindungen zu schaffen. Am 26. November ergeht ein Erlaß, der die Behörden ermächtigt, örtliche Preisbindungen aufzuheben (→ 10. 11./S. 195).

Ein Berliner Gericht spricht den Zeitungsredakteur Preuß frei, der von dem sog. Heilmagnetiseur Josef Weißenberg wegen Beleidigung verklagt wurde. Preuß hatte Weißenberg, der seine Patienten mit einer Mischung von Heilmagnetismus und religiösem Kult zu heilen verspricht, als gemeingefährlich bezeichnet.

23. November, Sonntag

Bei den Wahlen zum polnischen Senat und zum oberschlesischen Parlament (Sejm) kommt es zu antideutschen Ausschreitungen von Seiten der Anhänger des Regierungsblockes unter Ministerpräsident Józef Klemens Piłsudski, der in Oberschlesien eine systematische Polnisierung der deutschen Minderheit anstrebt. Die Deutsche Wahlgemeinschaft verliert gegenüber den letzten Wahlen 8 Sitze (→ 16. 11./S. 195).

Ein orkanartiger Sturm richtet schwere Verwüstungen im gesamten Deutschen Reich an. Am schwersten betroffen ist Karlsruhe, wo in ganzen Straßenzügen die Dächer abgedeckt werden. Auf der Elbe sinkt bei Großvogelsand der 3400-t-Dampfer »Luise Leonhardt«. Die 30 Mann starke Besatzung geht mit dem Schiff unter.

24. November, Montag

Die Londoner »Times« berichtet, daß die britische Luftwaffe die Anschaffung von rd. 250 neuen Kampfflugzeugen beschlossen hat. Die beiden Maschinen »Fury« und »Hart« werden vom britischen Flugzeughersteller Hawker gebaut.

Im Berliner Reichstag konstituiert sich die Deutsch-Spanische Gesellschaft, die den Kulturaustausch zwischen beiden Ländern fördern soll.

25. November, Dienstag

Der Reichsausschuß der Wirtschaftspartei beschließt, das Finanzprogramm der Regierung Heinrich Brüning (Zentrum) nicht mehr weiter mitzutragen. Die Partei, die sich als Interessenvertreterin der Haus- und Grundbesitzer versteht, protestiert damit gegen Brünings Versuche, die SPD zur Unterstützung seiner finanzpolitischen Pläne zu bewegen. Justizminister Victor Bredt, der Parteimitglied ist, reicht seinen Rücktritt ein.

In Moskau beginnt der öffentliche Prozeß gegen den Ingenieur Leonid Ramzin und sieben weitere führende Persönlichkeiten aus Wissenschaft und Wirtschaft. Sie stehen unter der Anklage, eine »konterrevolutionäre Organisation« gegründet zu haben, die sog. Industriepartei. Die Angeklagten erklären sich für schuldig und werden ausnahmslos zu hohen Haft- und Verbannungsstrafen verurteilt.

26. November, Mittwoch

Die Grönlandexpedition des deutschen Forschers Alfred Wegener, die am 1. April gestartet war, wird in der »Frankfurter Zeitung« als vermißt gemeldet. → S. 199

27. November, Donnerstag

Die Reichsregierung protestiert vor dem Völkerbund in Genf gegen Übergriffe von Teilen der polnischen Bevölkerung gegen die deutsche Minderheit in Oberschlesien. Bei den Wahlen zum Oberschlesischen Sejm am 23. November war es zu deutschfeindlichen Ausschreitungen gekommen.

Die Stadt Berlin verliert ihre Etatfreiheit. Da sich die Stadtverordnetenversammlung nicht über die Finanzierung des Haushalts einigen kann, setzt das Oberpräsidium von Brandenburg und Berlin zwei Kommissare ein, die Zwangssteuern einführen sollen (→ 18. 2./S. 34).

28. November, Freitag

In Genf geht die Wirtschaftskonferenz des Völkerbundes zu Ende, ohne daß verbindliche Regelungen für den Welthandel getroffen werden. Die Konferenz, deren Ziel es war, die Ergebnisse der Zollfriedenskonferenz vom → 24. März (S. 52) in die Tat umzusetzen, hatte am 24. November begonnen.

29. November, Samstag

Österreichs Bundeskanzler Karl Vaugoin (Christlichsozial) tritt mit seiner Regierung zurück. Die Minderheitsregierung Vaugoins, die mit der rechtsradikalen Heimwehr zusammengearbeitet hatte, mußte bei den Wahlen vom 9. November eine deutliche Niederlage hinnehmen. Otto Ender (Christlichsozial) bildet am 4. Dezember eine neue Regierung.

30. November, Sonntag

Bei den Bremer Bürgerschaftswahlen erringt die NSDAP einen großen Wahlerfolg: Die Partei erhält 32 der insgesamt 120 Sitze und ist damit hinter der SPD (40 Mandate) stärkste Fraktion in der Bürgerschaft.

Im ersten offiziellen Damen-Länderspiel des Deutschen Hockey-Bundes schlägt das DHB-Team in Köln Australien 3:2.

Das Wetter im Monat November

Station	Mittlere Lufttemperatur (°C)	Niederschlag (mm)	Sonnenscheindauer (Std.)
Aachen	7,5 (6,0)	142 (67)	– (62)
Berlin	5,9 (3,9)	93 (46)	– (50)
Bremen	6,7 (5,3)	101 (60)	– (50)
München	6,1 (3,0)	56 (53)	– (54)
Wien	7,0 (4,5)	64 (53)	– (58)
Zürich	7,2 (3,3)	117 (72)	81 (51)

( ) Langjähriger Mittelwert für diesen Monat
– Wert nicht ermittelt

Die Leipziger »Illustrirte Zeitung« würdigt die große schauspielerische Leistung von Agnes Straub mit der Abbildung der deutschen Schauspielerin auf ihrer Titelseite. Das Bild zeigt die Darstellerin zumeist herber Frauengestalten in der Hauptrolle des Schauspiels »Elisabeth von England« von Ferdinand Bruckner, das im Deutschen Theater in Berlin uraufgeführt wird.

Illustrirte Zeitung

Phot. Atel. v. Gudenberg.

EIN NEUER BRUCKNER

Agnes Straub in der Titelrolle von Ferdinand Bruckners „Elisabeth von England", das am 1. November am Deutschen Theater in Berlin (und zugleich an mehreren anderen deutschen Bühnen) die Uraufführung erlebte.
(Hierzu ein Artikel auf S. 676)

Attentat auf Japans Ministerpräsident

14. November. Bei einem Attentat wird der liberale japanische Ministerpräsident Juko Hamaguchi (Minseito-Partei) auf dem Bahnhof von Tokio schwer verletzt. Der 23jährige Attentäter Tomeo Sagoya ist Anhänger einer rechtsradikalen Gruppe von Oppositionellen und will mit dem Anschlag gegen die Wirtschafts- und Außenpolitik der Regierung Japans protestieren.
Hintergrund des Anschlags ist die zunehmende Krise des parlamentarischen Systems in Japan: Nachdem aufgrund einer innerjapanischen Wirtschaftskrise seit 1927 große Teile der Bevölkerung unter Armut leiden, erhalten vor allem rechtsextreme Gruppen immer mehr Zulauf. Der verhaftete Attentäter Sagoya begründet nach dem Anschlag seine Tat: »So lange Hamaguchi Ministerpräsident ist, wird die Wirtschaftskrise in Japan weitergehen.«
Auch ein großer Teil des japanischen Offizierskorps kritisiert Hamaguchi, der sich seit Ende 1929 vergeblich bemüht, das Übergreifen der Weltwirtschaftskrise auf Japan zu verhindern; die auf seine Anregung durchgesetzten Rationalisierungsmaßnahmen in der Industrie treffen besonders die unteren Bevölkerungsschichten, aus denen viele Offiziere stammen.
Proteststürme riefen bei der nationalistischen Opposition die Abrüstungsbemühungen Hamaguchis hervor: Gemäß der Vorgabe des Ministerpräsidenten stimmte die japanische Delegation auf der Londoner Flottenkonferenz am → 22. April (S. 70) einer Begrenzung der Kriegsflotte Japans zu. Nach den Erfolgen – so die Sichtweise des rechten Lagers – die von der japanischen Armee u. a. im Weltkrieg unter großen Opfern errungen worden seien, bedeute diese Einschränkung der Militärmacht eine nationale Schande.

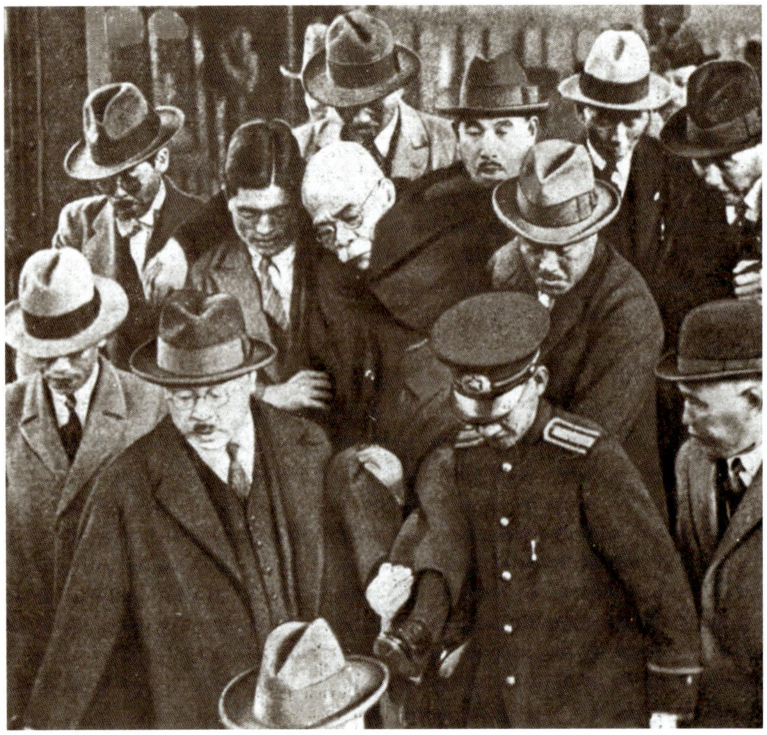

Der bewußtlose Hamaguchi wird von seinen Begleitern vom Bahnsteig getragen. Im Raum des Stationsvorstehers wird seine Verletzung ärztlich versorgt.

Herbert Clark Hoover, seit April 1929 Präsident der USA

Wahlschlappe für Präsident Hoover

4. November. Die republikanische Partei des US-amerikanischen Präsidenten Herbert Clark Hoover behauptet bei den Kongreßwahlen in beiden Häusern mit einer Stimme nur knapp ihre Mehrheit vor den Demokraten. Das Wahlergebnis ist eine Folge der Politik Hoovers, der aufgrund des Verzichts auf staatliche Eingriffe die Wirtschaftskrise nicht in den Griff bekommt. Hoover vertritt u. a. die Ansicht, private Wohlfahrtsorganisationen seien für die Arbeitslosen zuständig.

Haile Selassie I. plant Modernisierung Äthiopiens

2. November. In Addis Abeba wird König Täfäri Mäkwännen mit großem Prunk als Haile Selassie I. (»Macht der Dreifaltigkeit«) zum Kaiser von Äthiopien gekrönt. Der Nachfolger der im April verstorbenen Kaiserin Zäuditu strebt eine Modernisierung und Zentralisierung seines neuen Reiches an, das noch von alten feudalherrschaftlichen Strukturen geprägt ist.
An den Feierlichkeiten nehmen zahlreiche Vertreter europäischer Regierungen und Staatsoberhäupter teil. Für die Fahrt zu der eigens für die Krönung errichteten Kirche benutzt der »Negusä nägäst« (»König der Könige«) einen Krönungswagen, der dem deutschen Kaiser Wilhelm II. gehört hat und auf dem die Reichsadler durch vergoldete Löwen ersetzt wurden.
Die Krönungszeremonie ist kurz: Nach einigen Gebeten setzt ein Priester dem neuen Kaiser die reich verzierte Krone aufs Haupt.
Haile Selassie I. hat bereits erste Regierungserfahrungen gesammelt. Seit 1916 führte er an der Seite der Kaiserin Zäuditu als Regent die Staatsgeschäfte; u. a. setzte er im Jahr 1923 Äthiopiens Beitritt zum Völkerbund durch.

▷ Haile Selassie I. mit festlichem Kopfputz

▽ Nach der Krönung: Das äthiopische Kaiserpaar sitzt unter Baldachinen.

Regierung bemüht sich um Preisabbau

10. November. Das Reichsernährungsministerium meldet den erfolgreichen Abschluß von Verhandlungen mit Vertretern des Lebensmittelgewerbes über die Senkung der Preise für Nahrungsmittel. Der Preisabbau wird von der Regierung unter Reichskanzler Heinrich Brüning (Zentrum) als eine ihrer wichtigsten wirtschaftspolitischen Aufgaben angesehen. Sie verspricht sich von einer Verbilligung deutscher Waren vor allem eine Steigerung der Absatzchancen der deutschen Produkte im Ausland.

Zu den Ergebnissen der Verabredungen gehört u. a. die Zusage des Bäckerhandwerkes, den Brotpreis für ein Normalbrot (1250 g) von 50 auf 46 Rpf zu senken. Ferner stimmen auch die Vertreter der Fleischereibetriebe einem Abbau des Preises zu; vom 13. November an soll der Verbraucher z. B. für ein Pfund Schweinefleisch statt bisher 1,30 RM nur noch 1,25 RM zahlen.

Die Senkung der Lebenshaltungskosten soll es außerdem der Unternehmerschaft erleichtern, bei Tarifverhandlungen gegenüber der Arbeitnehmerschaft eine Herabsetzung der Tarife zu erreichen: Niedrigere Löhne und damit eine Verringerung der Produktionskosten sind eine Voraussetzung, um im Ausland wettbewerbsfähig zu sein.

△ Für den Verbraucher die Chance, ein »Schnäppchen« zu machen: Textilgeschäfte locken ihre Kunden mit Preissenkungen von Qualitätsprodukten.

◁ Die von der Regierung propagierte Preisabbau-Aktion liefert den Geschäftsleuten neue Werbeslogans für die Schaufenster.

»Schupos« rüsten reichsweit auf

November. Im Deutschen Reich beginnt die Ausrüstung der Schutzpolizei (Schupo) mit Stahlhelmen und Panzerwagen. Die »Schupos« sollen dadurch bei gewalttätigen Auseinandersetzungen besser geschützt sein. Ihr Einsatz ist in den letzten Monaten zunehmend gefährlicher geworden, da die Zahl der gewalttätigen Demonstrationen – insbesondere im Vorfeld der Wahlen vom 14. September (→ S. 158) – stark zugenommen hat.

Die Schutzpolizei wird als allgemeine Vollzugspolizei u. a. gegen die Schlägertrupps rechts- und linksgerichteter Parteien eingesetzt. Ihre Mitglieder (1930 rund 40 000 Mann) sind in Kasernen untergebracht und zu einer Dienstzeit von 12 Jahren verpflichtet.

Die Organisation entstand nach der Niederschlagung des rechtsgerichteten Kapp-Putsches von 1920 auf Initiative des preußischen Innenministers Carl Severing (SPD), der mit der Schutzpolizei in Preußen ein schlagkräftiges Instrument gegen jegliche Angriffe auf das demokratische System der Weimarer Republik schaffen wollte.

Durch das Reichsschutzpolizei-Gesetz vom 17. Juli 1922 wurden auch die übrigen deutschen Länder zur Aufstellung einer einheitlich organisierten Schutzpolizei verpflichtet.

Polen: Piłsudski-Regime siegt durch Wahlterror

16. November. Bei den Wahlen zur zweiten Kammer des polnischen Parlamentes (Sejm) erlangt der Regierungsblock unter Ministerpräsident Marschall Jósef Klemens Piłsudski mit 247 von insgesamt 444 Sitzen die absolute Mehrheit.

Der Wahlsieg Piłsudskis, der das Land diktatorisch regiert, ist u. a. auf die Einschüchterung der Oppositionsparteien zurückzuführen. So hatte der Regierungschef am 10. September 70 Politiker des oppositionellen Mitte-Links-Blocks (Centrolew) verhaften lassen.

Durch gezielten Wahlterror beeinflußte die Regierung auch die Abstimmungen im polnischen Teil Oberschlesiens. Sie befürchtete im Falle eines Wahlerfolges der Deutschen Wahlgemeinschaft ein Wiedererstarken des Wunsches der in Oberschlesien lebenden Deutschen, an das Deutsche Reich angeschlossen zu werden; Oberschlesien wird erst seit 1921 von Polen regiert. Am 5. Dezember wird zum zweiten Mal in diesem Jahr Valerius Slawek – ein Vertrauter Piłsudskis – zum Ministerpräsidenten gewählt. Piłsudski, der dies Amt seit Ende August innehatte, zieht sich erneut als graue Eminenz (→ 15. 3./S. 53) auf den Posten des Kriegsministers zurück.

Auf dem Berliner Hegelplatz protestieren Studenten der Friedrich-Wilhelm-Universität gegen die Verfolgung von deutschen Wählern bei den Sejm-Wahlen in Polen, über die in der deutschen Presse ausführlich berichtet wird.

Der Sieger der polnischen Wahlen, Marschall Piłsudski, seit 1926 der starke Mann in Polen

Arbeit und Soziales 1930:

Millionen ohne Arbeitsplatz

Die wirtschaftliche und soziale Situation im Deutschen Reich verschlechtert sich im Rahmen der Weltwirtschaftskrise: 22 700 Konkurse – 4500 mehr als 1929 – werden verzeichnet; Massenentlassungen sind die Folge.

Die Arbeitslosenzahlen steigen auf einen Jahresdurchschnitt von 3,08 Mio., gegenüber dem Vorjahr (1,90 Mio.) eine Zunahme der Erwerbslosen um 62%; im Dezember wird mit 4,4 Mio. im Deutschen Reich der Jahreshöchststand erreicht.

Die Angst um den Arbeitsplatz wirkt sich auch auf die Streikbereitschaft der Arbeiter aus, so daß es im Vergleich zu 1929 (431 Streiks) 1930 nur 342 Arbeitsniederlegungen gibt. Der tarifliche Bruttostundenverdienst weist für das Jahr 1930 zwar eine steigende Tendenz von rund 1,75% auf. Doch zeigt das Beispiel der Mansfelder Metallindustrie im November, daß die Arbeitgeber die Gelegenheit nutzen, um die Löhne zu drücken. Die Gewerkschaften stimmen den Lohnkürzungen zu, um Arbeitsplätze zu erhalten.

Das Absinken der Preise um durchschnittlich 3,8% kann die Probleme, die in vielen Arbeiterfamilien durch die Arbeitslosigkeit des Hauptverdieners entstehen, nur wenig lindern. Im Deutschen Reich sind die Arbeitnehmer zwar gegen Arbeitslosigkeit versichert, doch beträgt die Unterstützung durch die Reichsanstalt für Arbeitsvermittlung und Arbeitslosenversicherung nur 35 bis 75% des zuletzt gezahlten Grundlohns. Wer länger als 26 Wochen arbeitslos ist, erhält die wesentlich niedrigere sog. Krisenunterstützung. Dauerarbeitslose, die über neun Monate keine Arbeit finden können, sind auf die geringfügige Wohlfahrtshilfe der Gemeinden angewiesen. Im Dezember 1930 gibt es 667 000 Empfänger von Krisenunterstützung (Dezember 1929: 210 000), 761 000 Arbeitslose sind auf die Wohlfahrt angewiesen.

Die Folge der steigenden Arbeitslosigkeit ist eine Verelendung immer größerer Bevölkerungsteile, die sich z. T. nur noch unzureichend ernähren können und auf die Notküchen der Kirchen und Wohlfahrtsverbände angewiesen sind. Viele Familien verlieren ihre Wohnung, weil sie die Miete vom verringerten Einkommen nicht mehr zahlen können.

Eine drastische Folge der wirtschaftlichen Not ist auch das Ansteigen der Selbstmordrate: Im Deutschen Reich werden 1930 40,6 Selbstmorde auf 100 000 Einwohner verübt, 2,4% mehr als 1929.

Der unerwartet rasche Anstieg der Arbeitslosigkeit bringt die Reichsanstalt für Arbeitslosenvermittlung und Arbeitslosenversicherung, deren Budget bei der Gründung 1927 nur auf 1,4 Mio. Arbeitslose berechnet wurde, zunehmend in finanzielle Schwierigkeiten; sie muß 1930 mit rd. 1,6 Mrd. RM fast 500 Mio. RM mehr an Arbeitslosengeldern zahlen als im Vorjahr. Nachdem die Regierung das Defizit der Reichsanstalt bereits Ende 1929 durch ein Darlehen von 349 Mio. RM bezuschussen mußte, bemüht sie sich nun um andere Wege zur Sanierung der Finanzen: Ein Konzept ist die Erhöhung der Beiträge zur Arbeitslosenversicherung, die den Arbeitnehmern eine schmalere Lohntüte und den Arbeitgebern höhere Lohnnebenkosten beschert. Zwischen der arbeitgebernahen Deutschen Volkspartei (DVP) und der SPD entbrennt über den Umfang der Beitragserhöhungen ein Streit – der sog. 0,5%-Streit – der zum Scheitern der Koalitionsregierung unter Reichskanzler Hermann Müller (SPD) führt (→ 27.3./S. 50).

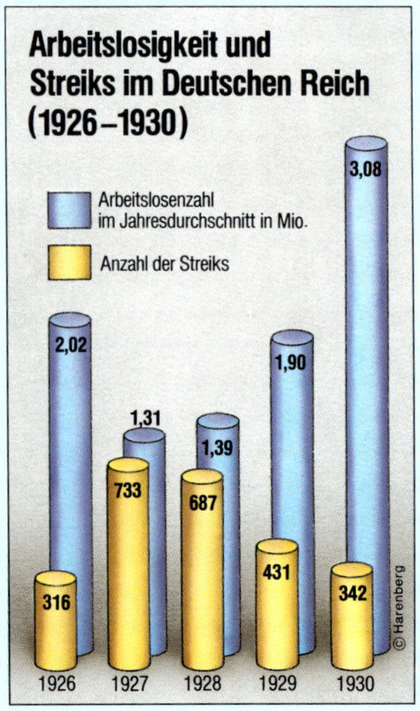

Bergarbeiter in einer Siegerländer Erzgrube; auch in der Montanindustrie droht, bedingt durch die Wirtschaftskrise, der Abbau von Arbeitskräften.

Jugendliche beim Kartoffelschälen in der Küche des Berliner »Jugendhofes«; das Heim bietet jungen Männern, die vom Land in die Reichshauptstadt gekommen sind, um sich hier eine Existenz aufzubauen, eine Unterkunft. Arbeitslos bleibende Jugendliche werden so nicht obdachlos.

Junge Frauen in einer dänischen Schule für Buchbinderei bei der Anfertigung von Werkstücken; im Beruf werden Frauen den Männern gegenüber immer noch benachteiligt, auch wenn sie die gleiche Arbeit leisten. So erhält eine deutsche Facharbeiterin 1930 mit einem Stundenlohn von 64,6 Rpf rund 16 Rpf weniger als ein männlicher Hilfsarbeiter.

Dieser New Yorker Bauarbeiter hat wohl eine der luftigsten, aber auch gefährlichsten Arbeitsstellen des Jahres 1930. In rund 375 m Höhe schwebt er am Baugerüst des »Empire State Building« entlang. Die schlechte konjunkturelle Situation zwingt die Arbeitnehmer, mit großen Risiken verbundene Arbeiten anzunehmen, selbst wenn der Lohn dafür nicht entsprechend hoch ist.

Die deutsche Presse verfolgt aufmerksam die Entwicklung auf dem Arbeitsmarkt. Die Zeitschrift »Volk und Zeit« widmet diesem Thema eine Titelseite.

Gelegenheitsjobs für ein Zubrot

Da die staatliche Unterstützung kaum zum Leben ausreicht, suchen viele Arbeitslose nach Möglichkeiten, ihre Bezüge durch Gelegenheitsarbeit aufzubessern. Manche Arbeitssuchende gehen aufs Land, wo sie für eine Mahlzeit auf den Bauernhöfen bei der Ernte aushelfen. In den Städten versuchen viele ihr Glück beim Straßenverkauf: Am Bürgersteigrand bieten sie Kleinigkeiten wie Streichhölzer, Schnürsenkel oder Obst an. Andere lassen sich auch für wenig Geld als wandelndes Werbeplakat (»Sandwichman«) bezahlen.

◁ *Chicago: Ein Arbeitsloser bietet Äpfel zum Verkauf an.*

Auf dem Weg von Amsterdam nach Southampton wird die Do-X von zahlreichen kleineren Flugzeugen begleitet.

»Flugschiff« Do-X geht auf große Fahrt

5. November. Das mit 48 m Spannweite größte Flugboot der Welt, die Dornier Do-X, startet bei Altenrhein am Bodensee (Schweiz) zu einem Probeflug nach Amsterdam. Von dort aus soll ein Transatlantikflug über Lissabon, Rio de Janeiro nach New York unternommen werden.
Die Do-X, für die der deutsche Flugzeugkonstrukteur Claude Dornier bereits 1926 erste Pläne entworfen hat, soll zur Entwicklung eines sicheren, bequemen und wirtschaftlich günstigen Passagierflugdienstes über den Atlantik beitragen; bisher wurde der Atlantik nur mit kleinen Motorflugzeugen überquert.
Das »Flugschiff«, das nach rund zweijähriger Bauzeit auf der Dornier-Werft im schweizerischen Altenrhein bereits im Juli 1929 zu seinem Jungfernflug startete, bietet 70 (maximal 150) Passagieren und 10 Besatzungsmitgliedern Raum. Auf drei Decks können sich die Reisenden in einer elegant eingerichteten Bar sowie in Raucher-, Schreib- und Aufenthaltsräumen die Flugzeit vertreiben. Zusätzlich gibt es eine Badekabine, Schlafabteile, eine Küche und einen Speisesaal.
Für einen sicheren Flug sorgen zwölf 525-PS-Motoren, die aus Tanks mit einem Gesamtfassungsvermögen von 18 000 l Benzin gespeist werden. Höchstgeschwindigkeit der Do-X sind 210 km/h; bei einer Reisegeschwindigkeit von 175 km/h verbraucht das 56 t schwere Flugzeug pro Stunde 1828 l Kraftstoff.

◁ Drei der zehn Besatzungsmitglieder des größten Flugbootes der Welt: (v. l.) Der US-amerikanische Flugoffizier Schildhauer, der deutsche Pilot Merz und Flugkapitän Friedrich (»Krischan«) Christiansen. Die Besatzung ist im Hauptdeck untergebracht. Hinter dem für zwei Piloten ausgelegten Cockpit liegt ein gesonderter Navigationsraum.

▽ Blick von einem Aufenthaltsraum der Do-X auf den Flur des mittleren Decks, von dem die Kabinen der Reisenden abgehen; das 20 m lange Passagierdeck ist in elegantem Clubstil eingerichtet und läßt die Passagiere fast vergessen, daß sie sich in einem Flugzeug befinden.

Frauenspezifische Berufsvorbereitung

11. November. Eine der ersten Berufsschulen für Mädchen wird in Mannheim eröffnet. Der Schwerpunkt des Unterrichts liegt auf dem Fach Hauswirtschaft.
Die Inneneinrichtung der Schule dient gleichzeitig als Anschauungsmaterial für den Unterricht: So wurden verschiedene Arten von Fußböden und alle möglichen Materialien bei der Möblierung – vom rohen über gebeiztes bis zum polierten Holz – verwendet, damit die Schülerinnen ein möglichst umfassendes Wissen zur Pflege des Haushalts direkt vor Ort sammeln können.
In dem neuerbauten Schulgebäude sollen 2800 Mädchen in 120 Klassen unterrichtet werden.

Verfügung gegen Bülows Memoiren

21. November. Der Verkauf des zweiten Bandes der Memoiren des Ex-Reichskanzlers Bernhard von Bülow wird in Berlin per einstweiliger Verfügung untersagt, weil sich der ehemalige Regierungsrat Rudolf Martin, ein früherer Mitarbeiter Bülows, durch die Darstellungen des Buches beleidigt fühlt.
In seinen »Denkwürdigkeiten« versucht der 1909 zurückgetretene Bülow, die Fehlschläge seiner Politik auf die Unfähigkeit seiner Untergebenen zurückzuführen.

Sender Mühlacker nimmt Arbeit auf

21. November. In Mühlacker bei Stuttgart wird die erste deutsche Großsendeanlage in Betrieb genommen. Die steigende Beliebtheit des Radios – seit 1929 ist die Zahl der Rundfunkteilnehmer im Deutschen Reich um 500 000 auf 3,7 Mio. angewachsen – machte den Bau des neuen Senders nötig.
Der neue Rundfunksender wird vor allem das von den Stuttgarter und Frankfurter Anstalten produzierte Gemeinschaftsprogramm des Reichsrundfunks ausstrahlen. Die Sendeanlage, die mit zwei 100 m hohen Funktürmen ausgestattet ist, hat eine Antennenleistung von 75 kW. Aus Anlaß der Inbetriebnahme des Senders wird die Gemeinde Mühlacker zur Stadt erhoben.

Expedition Wegener in Grönland vermißt

26. November. Die »Frankfurter Zeitung« meldet, daß der deutsche Forscher Alfred Wegener mit seiner Expedition im Inlandeis Grönlands verschollen ist.
Der Geophysiker Wegener war am 1. April zusammen mit 14 Expeditionsteilnehmern von Kopenhagen aus zum Umanak-Gebiet in Nordwestgrönland abgereist. Hier wollte er Beweise für seine Theorie von der Kontinentalverschiebung suchen. Nach dieser Theorie haben die Erdteile keinen festen Untergrund, sondern »schwimmen« auf einer zähen, flüssigen Masse, dem Sima. Wegener geht deshalb davon aus, daß die Kontinente im Lauf der Erdgeschichte durch horizontale Verschiebung ihre Lage zueinander grundlegend verändert haben.
Schon zu Beginn der Expedition sahen sich die Forscher und die sie begleitenden grönländischen Helfer vor große Probleme gestellt. Das Expeditionsschiff »Gustav Holm« blieb 30 km vor dem Ziel, dem Kamarujuk-Gletscher, im Eis stecken. Mit Hundeschlitten mußte das umfangreiche Gepäck unter großen Strapazen über das Eis des Fjordes zum Gletscher gebracht werden.
Auf dem Weg zur meteorologischen Beobachtungsstation, die etwa 400 km vom Landeplatz entfernt war, wurde die Expedition am 2. Oktober von einem Wettersturz überrascht; seitdem fehlt von Wegener und seinen Begleitern jegliche Nachricht.

△ Am Fuße des grönländischen Kamarujuk-Gletschers schlägt Wegeners Expedition ihre Zelte auf.

◁ Da das Expeditionsschiff »Gustav Holm« im Eis stecken blieb, müssen 100 000 kg Gepäck mit Schlitten über das aufbrechende Eis transportiert werden.

Neuer Opel-LKW heißt »Blitz«

18. November. In der »Frankfurter Zeitung« gibt die Adam Opel AG den Namen ihres neuen Kleinlastwagens bekannt: Opel »Blitz«.
Die Rüsselsheimer Automobilfirma baut den LKW, der erst ab 1931 lieferbar sein wird, als Ein-Tonner mit 2,6 l und 4 Zylindern für 3295 RM sowie als Zwei-Tonner mit 3,5 l und 6 Zylindern für 4395 RM.
Der Name des neuen LKW-Modells wurde von Opel mit Hilfe eines Preisausschreibens ermittelt. Aus über 1,5 Mio. Einsendungen, so das Aufsichtsratsmitglied Wilhelm Opel, habe das Preisgericht schließlich die vier Hauptgewinner ermittelt. Der erste erhält eine 4-Zylinder-Opel-Limousine, die an zweiter bis vierter Stelle Plazierten bekommen je ein Motorrad.
Die Adam Opel AG machte erst im vergangenen Jahr Schlagzeilen mit dem Verkauf der Aktienmehrheit an den US-amerikanischen Automobilkonzern General Motors. Nachdem sich eine Übersättigung des US-amerikanischen Automobilmarktes abgezeichnet hatte, suchte der Konzern in Europa ein Partnerunternehmen, um sich ein neues Absatzgebiet zu erschließen. Da die Firma Opel auf dem europäischen Markt durch eine kostengünstige Produktion – 1924 wurde das Fließband bei Opel eingeführt – eine starke Position innehat, bot sich eine Zusammenarbeit an.

Papst Pius XI. mit der ganzen Welt telefonisch verbunden

19. November. Im Rahmen einer feierlichen Zeremonie übergibt das US-amerikanische Unternehmen »International Telephone and Telegraph Corporation« Papst Pius XI. die zentrale Telefonanlage für Vatikanstadt.
Bisher hat noch kein Papst ein Telefon für seine Amtsgeschäfte benutzt. Die Installation der auf 800 Teilnehmer berechneten Anlage zeigt, daß auch das Oberhaupt der katholischen Kirche sich den Entwicklungen des modernen Lebens nicht entziehen kann.
Ein mit Gold verzierter Telefonapparat steht jetzt im Arbeitszimmer von Pius XI. Mit ihm kann der Papst mit Vertretern der katholischen Kirche in aller Welt in Verbindung treten. Im Vorzimmer des Papstes befindet sich zusätzlich ein Telefon, über das der Kirchenfürst innerhalb des Vatikans Ortsgespräche führen kann.

Papst Pius XI. schaltet die neue Telefonanlage des Vatikans in Anwesenheit von Würdenträgern und Vertretern des US-Telefonherstellers ein.

Nur schwindelfreie Arbeiter vermögen die Telefonkabel zu verlegen.

Dezember 1930

Mo	Di	Mi	Do	Fr	Sa	So
1	2	3	4	5	6	7
8	9	10	11	12	13	14
15	16	17	18	19	20	21
22	23	24	25	26	27	28
29	30	31				

1. Dezember, Montag

Um einen ausgeglichen Haushalt für 1931 sicherzustellen, erläßt die Reichsregierung unter Reichskanzler Heinrich Brüning (Zentrum) die Notverordnung zur »Sicherung der Wirtschafts- und Finanzlage«. → S. 205

In Minsk, der Hauptstadt der Sowjetrepublik Weißrußland, werden mehrere namhafte Intellektuelle wegen angeblicher »konterrevolutionärer Tätigkeit« festgenommen, darunter auch ehemalige Minister. Die Verhaftungen sind Teil der »Säuberungsaktionen«, mit denen der seit 1927 als Diktator herrschende Staats- und Parteichef Josef W. Stalin mögliche Gegner innerhalb der KPdSU auszuschalten versucht.

In einer Note an den Völkerbund protestiert die Reichsregierung scharf gegen »gewalttätige Übergriffe«, die von Teilen der polnischen Bevölkerung während des Wahlkampfes zum Sejm im November an der deutschen Minderheit in Oberschlesien, das seit 1921 von Polen regiert wird, verübt worden sind (→ 16. 11./S. 195).

2. Dezember, Dienstag

In seiner Eröffnungsrede vor dem am 4. November neugewählten Kongreß fordert US-Präsident Herbert Clark Hoover die Bewilligung von umgerechnet rund 600 Mio. RM zur Finanzierung öffentlicher Arbeiten. Hoover, der direkte Finanzhilfen für Bedürftige strikt ablehnt, will auf diese Weise die hohe Arbeitslosigkeit abbauen.

Bei einem schweren Verkehrsunfall in Lübeck sterben vier junge Leute: Der Wagen war von der Fahrbahn abgekommen und in die Trave gestürzt. 1930 sterben rund 3600 Menschen bei Kraftfahrzeugunfällen.

3. Dezember, Mittwoch

In Wien wird unter dem christlichsozialen Politiker Otto Ender eine neue Regierung gebildet. Der »Kleinen Koalition« gehören, neben den Christlichsozialen, Mitglieder der Wirtschaftspartei und des Landbundes an.

Auf einem Rittergut bei Breslau nimmt die Polizei 150 SA-Männer fest. Die Nationalsozialisten trugen Uniformen und waren mit Karabinern und Handgranaten bewaffnet.

Im Entscheidungskampf um die Europameisterschaft im Weltergewicht unterliegt der deutsche Meister Gustav Eder dem belgischen Titelverteidiger Gustave Roth im Frankfurter Sportpalast in zwölf Runden nach Punkten. Der 22jährige Eder, der auch der »eiserne Gustav« genannt wird, ist seit 1928 Berufsboxer.

4. Dezember, Donnerstag

In Frankreich tritt die Regierung unter dem radikalsozialistischen Ministerpräsidenten André Tardieu zurück, nachdem ihr der französische Senat mit 147 gegen 139 Stimmen das Vertrauen entzogen hat. → S. 206

Vor dem Landgericht in Berlin endet nach über viermonatiger Verhandlung der Revisionsprozeß gegen den Maler George Grosz mit Freispruch. Gegenstand der Verhandlung war u. a. das Gemälde »Christus mit Gasmaske«, das von dem Schöffengericht Charlottenburg in erster Instanz als »Gotteslästerung« angesehen worden war. → S. 210

In der Schweiz wird dem Bundesrat von Teilen der Sozialdemokratischen Partei die Verletzung des traditionellen Asylrechtes vorgeworfen, nachdem dieser drei Italiener des Landes verwiesen hat. → S. 206

5. Dezember, Freitag

Anläßlich der deutschen Erstaufführung des Filmes »Im Westen nichts Neues« im Berliner Mozartsaal stören Nationalsozialisten unter Führung des Reichstagsabgeordneten Joseph Goebbels die Vorstellung. Die Nazis sehen in der Verfilmung des Antikriegsromanes von Erich Maria Remarque eine Verunglimpfung des deutschen Militärs (→ 11. 12./S. 210).

Nach einer heute geschlossenen Vereinbarung zwischen Zigaretten-Industrie und Handel werden aufgrund der am 1. Januar 1931 in Kraft tretenden Tabaksteuererhöhung nur noch neun Zigaretten in den bisherigen Zehn-Stück-Pakkungen zum alten Preis angeboten.

6. Dezember, Samstag

Der Reichstag lehnt mit den Stimmen der SPD den kommunistischen Antrag auf Aufhebung der Notverordnungen vom 1. Dezember mit 293 zu 253 Stimmen ab. Damit ist die Gefahr der Reichstagsauflösung gebannt (→ 16. 10./S. 176).

Im Wiener Burgtheater wird Franz Werfels Schauspiel »Das Reich Gottes in Böhmen. Tragödie eines Führers« uraufgeführt. Mit opernhaften Massenszenen entwirft der österreichische Schriftsteller einen historischen Bilderbogen der hussitischen Religionskriege des 15. Jahrhunderts.

Beim 48. New Yorker Sechstagerennen der Radprofis siegt das italienische Mannschaftspaar Giorgetti/Broccardo mit 274 Punkten. In 145 Stunden wurden von den 15 teilnehmenden Mannschaften insgesamt 4289,595 km und 683 Runden zurückgelegt.

7. Dezember, Sonntag

Mit der Veröffentlichung eines »Programmes für eine nationale Notpolitik« fordern in London 17 Abgeordnete der Labour Partei unter der Führung von Sir Oswald Ernald Mosley die Bildung einer »Nationalen Regierung« zur Durchsetzung protektionistischer Wirtschaftsmaßnahmen. → S. 206

Im Moskauer Prozeß gegen acht Angeklagte, die im Rahmen der sog. Industriepartei die »Vernichtung der Sowjetunion« geplant haben sollen, werden fünf der Angeklagten zum Tode verurteilt, drei erhalten zehn Jahre Gefängnis. → S. 207

Bei einer Schlägerei zwischen Nationalsozialisten und Kommunisten in Bonn findet der 22jährige SA-Mann Klaus Clemens den Tod. In der Folgezeit wird er von der NSDAP zu einem der »Märtyrer der Bewegung« erhoben.

8. Dezember, Montag

Bei einem Anschlag von bengalesischen Extremisten wird der britische Offizier Norman Simpson in Kalkutta (Britisch-Indien) getötet. Angehörige der indischen Freiheitsbewegung, die eine Politik des »gewaltlosen Widerstandes« (→ 6. 4./S. 68) verfolgen, werten dieses Attentat auf die britische Kolonialregierung als einen Versuch der Extremisten, die Bewegung zu spalten.

Die Deutsche Kolonialgesellschaft (DKG) wählt in Berlin Heinrich Schnee zu ihrem Präsidenten. Die Gesellschaft tritt für eine Rückgabe der ehemaligen deutschen Kolonien, wie z. B. Deutsch-Ostafrika, ein, die das Deutsche Reich nach dem Weltkrieg abtreten mußte und die jetzt unter der Verwaltung des Völkerbundes stehen.

9. Dezember, Dienstag

Nach einer NSDAP-Versammlung in der Bonner Beethovenhalle kommt es in der Innenstadt erneut zu Zusammenstößen zwischen Kommunisten und Nationalsozialisten. Mehrere Personen werden durch Schüsse verletzt.

Über einen neuen Trick der Taschendiebe berichtet die »Vossische Zeitung« in ihrer heutigen Berliner Ausgabe: Die Kriminellen springen aus plötzlich haltenden Autos heraus, entreißen auf dem Bürgersteig gehenden Frauen die Handtasche und fahren mit der Beute davon.

10. Dezember, Mittwoch

Nachdem die Arbeitnehmervertreter bei den Lohnverhandlungen für den Ruhrbergbau in Essen den Vorschlag der Arbeitgeberseite, einen Lohnabbau von 12% durchzuführen, abgelehnt haben, ruft der Zechenverband die Schlichtung an.

In Stockholm überreicht der König von Schweden, Gustav V., die Nobelpreise. Den Preis für Medizin erhält der österreichische Arzt Karl Landsteiner für seine bereits 1901 gemachte Entdeckung der Blutgruppen. Mit dem Preis für Chemie wird der Deutsche Hans Fischer ausgezeichnet. Gleichzeitig wird dem schwedischen Theologen Nathan Söderblom der Friedensnobelpreis in Oslo verliehen. → S. 207

In Berlin wird im Deutschen Schauspielhaus Bertolt Brechts Lehrstück »Die Maßnahme« uraufgeführt. Das Drama, zu dem Hanns Eisler die Musik geschrieben hat, zeichnet sich durch eine einfache, unverblümte Sprache aus, die ganz auf den didaktischen Zweck des Stückes zugeschnitten ist.

11. Dezember, Donnerstag

Die Vereinigte Bundesversammlung der Schweiz wählt in Bern mit 158 von 160 gültigen Stimmen Heinrich Häberlin zum Bundespräsidenten für das Jahr 1931. Der Bundespräsident, der jedes Jahr neu gewählt wird, führt den Vorsitz über die oberste vollziehende Behörde der Schweizer Eidgenossenschaft, den Bundesrat.

In New York schließt als Folge des Börsenkrachs von 1929 die »Bank of the United States«. Die Bank, eines der größten privaten Geldinstitute der USA, hatte in New York 59 Zweigstellen und über 400 000 Konteninhaber. Seit Ende 1929 mußten in den USA mehr als 1300 Banken schließen.

Auf Antrag der Länder Sachsen, Bayern und Württemberg verbietet die Reichsfilmprüfstelle den Film »Im Westen nichts Neues«. Der 1929/30 nach dem gleichnamigen Anti-Kriegsroman von Erich Maria Remarque gedrehte Film war nach seiner Erstaufführung am 5. Dezember Anlaß zahlreicher Demonstrationen von Nationalsozialisten und deutschnationalen Kreisen. → S. 210

12. Dezember, Freitag

Die Soldaten des Internationalen Bahnschutzes ziehen aus dem Saarland ab. Seit 1927 waren sie in dem vom Völkerbund verwalteten Gebiet als Schutztruppe für die Warentransporte aus dem saarländischen Industrierevier nach Frankreich stationiert. → S. 205

Die oberste Zensurbehörde Frankreichs verbietet den surrealistischen Film »Das Goldene Zeitalter« des spanischen Regisseurs Luis Buñuel. Der Film über eine bedingungslose Liebe kritisiert gesellschaftliche Institutionen wie Familie, Kirche und Militär. → S. 210

13. Dezember, Samstag

In Frankreich bildet Théodore Steeg (radikale Linke) ein neues Kabinett. Die jüngste französische Regierung wird von der Presse als »Linksministerium« bezeichnet. Von 29 Kabinettsmitgliedern gehören sieben Minister und vier Unterstaatssekretäre der Radikalsozialistischen Partei an (→ 4. 12./S. 206).

Unter der Leitung des Schweizer Dirigenten Ernest Ansermet wird im Brüsseler Palais des Beaux Arts die »Symphonie des Psalmes« (Psalmensinfonie) des russischen Komponisten Igor Strawinski uraufgeführt.

14. Dezember, Sonntag

Das US-amerikanische Handelsministerium veröffentlicht seinen Jahresbericht für das Fiskaljahr vom 1. Juli 1929 bis zum 30. Juni 1930, dessen Zahlen die Wirtschaftskrise in den USA belegen. So ging der Wert der US-amerikanischen Ausfuhr mit rund 20,3 Mrd. RM gegenüber dem Vorjahr um 12% zurück. Die Zahl der beschäftigten Industriearbeiter sank gleichzeitig um 3,7%.

Das britische Literaturmagazin »Vanity Fair« zeigt im Dezember ein von Eduardo Garcia Benito im Art-deco-Stil gestaltetes, »weihnachtliches« Titelbild: Ein gutsituierter Herr legt einer Dame sein Weihnachtsgeschenk – eine Perlenkette – um den Hals.

15. Dezember, Montag

Spanische Regierungstruppen beenden auf dem Flughafen Cuatro Vientos bei Madrid eine Revolte republikanisch gesinnter Militärs. → S. 206

In Chicago heiratet die 18jährige Schwester des Gangsterbosses Al(fonso) Capone (»Scarface«), Mafalda Capone, den jüngeren Bruder des Bandenchefs Jack Diamond, John J. Maritote. Diese Familienallianz zwischen den rivalisierenden Gangsterdynastien soll zu einem friedlichen Nebeneinander der Banden in Chicago beitragen.

16. Dezember, Dienstag

In Guatemala wird der mit den Regierungsgeschäften beauftragte Vizepräsident Bautillo Palma durch einen blutigen Militärputsch gestürzt. Bei den Straßenkämpfen kommen rund 50 Menschen ums Leben. Neuer Präsident wird Manuel María Orellana.

Im Berliner Ufa-Palast wird der Film »Einbrecher« von Hans Schwarz mit Lilian Harvey, Heinz Rühmann und Willy Fritsch in den Hauptrollen uraufgeführt. Die musikalische Ehekomödie, in der Schlager wie »Ich laß' mir meinen Körper schwarz bepinseln und fahre nach den Fidschi Inseln« gesungen werden, wird von der Kritik als oberflächlich bezeichnet.

17. Dezember, Mittwoch

60 Abgeordnete der britischen Labour Partei sowie zwei liberale Abgeordnete protestieren in einem Brief an den Völkerbund gegen Maßnahmen der polnischen Regierung zur Unterdrückung der ukrainischen Minderheit in Polen. Danach sollen in mehr als 700 Dörfern systematische Strafaktionen gegen Ukrainer durchgeführt worden sein.

In Berlin wird der sog. Droschkenkrieg durch ein Abkommen des Kraftdroschkenverbandes über einheitliche Fahrpreise beigelegt. Seit einigen Wochen hatten sich die Taxiunternehmen der Stadt gegenseitig im Preis unterboten, nachdem eine Taxigesellschaft durch einen 5 %igen Preisabschlag den Konkurrenzkampf ausgelöst hatte.

Auf dem italienischen Flughafen Ortebello bei Rom starten 14 Seeflugzeuge zum ersten Geschwaderflug über den Atlantik. Leiter des Fluggeschwaders ist der italienische Hauptmann Italo Balbo, der bereits 1929 einen Gruppenflug nach Odessa organisierte.

18. Dezember, Donnerstag

Im sowjetischen Wladiwostok schließen die Sowjetbehörden die Filiale der japanisch-koreanischen Bank und beschlagnahmen den Kassenbestand sowie die Geschäftsbücher. Der Bank, die zu den größten japanischen Geldinstituten gehört, werden Verstöße gegen die sowjetischen Geldhandelsbestimmungen vorgeworfen.

Aus der britischen Kolonie Njassaland (Malawi) in Südostafrika wird eine Löwenplage gemeldet. Die Raubtiere, die durch Überschwemmungen aus ihren Jagdgebieten vertrieben wurden, haben bereits 34 Menschen getötet.

19. Dezember, Freitag

In der Sowjetunion wird Wjatscheslaw M. Molotow zum Nachfolger Alexei I. Rykows als Vorsitzender des Rates der Volkskommissare ernannt. Rykow gilt als Gegner des diktatorisch herrschenden Staats- und Parteichefs Josef W. Stalin.

In der Preußischen Bibliothek in Berlin werden die beiden ersten Fotokopiergeräte aufgestellt. Eine Fotokopie dauert bei Eilbestellungen 30 Minuten, sonst mehrere Stunden. Außer in Berlin gibt es Fotokopiergeräte bisher nur in der Pariser Nationalbibliothek.

In Berlin findet die Uraufführung des Filmes »Das Flötenkonzert von Sanssouci« mit Otto Gebühr in der Hauptrolle des preußischen Königs Friedrich II. unter starkem Polizeischutz statt, da linksgerichtete Demonstranten die Vorführung des betont nationalistischen Filmes stören wollen.

20. Dezember, Samstag

Der britische König Georg V. ernennt den bisherigen Generalgouverneur von Kanada, Freeman Freeman-Thomas, 1. Viscount Ratendone of Willingdon zum Vizekönig von Indien. Willingdon wird 1931 das Amt des obersten Vertreters der britischen Kolonialregierung in Indien als Nachfolger von Edward Frederick Lindley Wood Halifax, 1. Baron Irwin, übernehmen.

In Tokio werden zwei ehemalige japanische Minister wegen der Annahme von Bestechungsgeldern von einem Gericht zu mehrmonatigen Haftstrafen verurteilt. Der ehemalige Unterrichtsminister Ichida Kobashi und der stellvertretende Eisenbahnminister Sango Satako sollen beim Ankauf einer Privatbahn durch die japanische Regierung im Jahr 1927 Schmiergelder angenommen haben.

21. Dezember, Sonntag

Das Bischöfliche Ordinariat Augsburg verbietet dem Pfarrer der Gemeinde Straßburg (Augsburg), Häusser, jegliche politische Betätigung. Häussers Reden, die nationalsozialistisches Gedankengut enthalten, sind von der NSDAP im gesamten Deutschen Reich verbreitet worden.

Beim Internationalen Eishockeyturnier auf dem bei Partenkirchen gelegenen Riessersee besiegt der S.C. Riessersee im Finale überraschend die als Favoriten geführte Mannschaft des L.T.C. Prag 4:3.

22. Dezember, Montag

In Washington bewilligt der US-amerikanische Kongress das Nothilfeprogramm des US-Präsidenten Herbert Clark Hoover in Höhe von 311 Mio. US-Dollar (rund 1,3 Mrd. RM). Mit dem Geld sollen u. a. Arbeitsbeschaffungsmaßnahmen und Kredite für Farmer finanziert werden, die von Mißernten betroffen sind.

Im Dreigroschenoper-Prozeß kommt es zu einem Vergleich zwischen Bertolt Brecht und der Nero-Filmgesellschaft, die Brechts »Dreigroschenoper« ohne seine Zustimmung verfilmt. Brecht erhält 9000 RM Honorar. → S. 210

23. Dezember, Dienstag

In Glogau wird der wegen »Verleumdung der Republik« angeklagte NSDAP-Führer von Breslau, Kurt Kremser, vom erweiterten Schöffengericht freigesprochen. Das Gericht führt aus, daß Kremser recht habe, wenn er behaupte, die Weimarer Republik sei auf dem »Meineid und Hochverrat« der Revolutionäre von 1918 aufgebaut. → S. 205

Im Frankfurter Kokain-Prozeß wird der Hauptangeklagte Robert Pache wegen Rauschgifthandels und Kuppelei zu 16 Monaten Gefängnis verurteilt.

24. Dezember, Mittwoch

In seiner Weihnachtsansprache spricht Papst Pius XI. sich gegen einen »blinden Nationalismus« aus und fordert eine verstärkte Zusammenarbeit zwischen den Staaten zur Sicherung des Weltfriedens.

Der Physiker Manfred Baron von Ardenne führt in Berlin der Fachwelt das erste elektronische Fernsehbild vor. Im Gegensatz zum bisherigen mechanisch-optischen Fernsehen wird das Bild mit Hilfe elektronischer Leuchtschirmabtaster aufgebaut.

25. Dezember, 1. Weihnachtstag

In Dresden wird der Film »Stürme über dem Montblanc« mit Ernst Udet und Leni Riefenstahl in den Hauptrollen uraufgeführt. Das Bergdrama beeindruckt durch seine Naturaufnahmen.

Eine Kältewelle in einzelnen Teilen Spaniens fordert 4 Todesopfer. Die Temperaturen sind auf −8 °C gefallen.

26. Dezember, 2. Weihnachtstag

Der Fürst von Monaco, Ludwig II., löst provisorisch die parlamentarische Versammlung des Landes auf. An ihre Stelle tritt ein beratender Staatsrat, dessen Mitglieder vom Fürsten ernannt werden. Hintergrund ist die Zerstrittenheit der politischen Kräfte im Parlament, die der Fürst durch seine Maßnahme vor Beginn der Fremdenverkehrssaison im Januar beenden will.

Der Vorsitzende der KPdSU, Josef W. Stalin, wird in Moskau vom Rat der Volkskommissare der Sowjetunion zum Mitglied des Rates für Arbeit und Verteidigung gewählt. Damit hat Stalin außerhalb seiner reinen Parteistellung ein offizielles Amt übernommen.

27. Dezember, Samstag

Carl Diem, der Vorsitzende des Deutschen Reichsausschuß für Leibesübungen (DRA), appelliert in einem Artikel der »Frankfurter Zeitung« an die Sportvereine, die wachsende Zahl von arbeitslosen Mitgliedern, die kein Geld mehr für den Vereinsbeitrag aufbringen können, nicht auszuschließen.

28. Dezember, Sonntag

Die deutsche Tänzerin Mary Wigman (eigtl. Marie Wiegmann) wird bei ihrem ersten US-amerikanischen Gastspiel vom New Yorker Publikum begeistert gefeiert. Die Solovorstellungen der Choreographin und Tanzpädagogin Wigman gelten als Höhepunkte des Ausdruckstanzes.

29. Dezember, Montag

In der Türkei werden in einer Großaktion der Polizei 50 Oppositionelle festgenommen, die angeblich eine Verschwörung gegen die Regierung unter Ministerpräsident Ismet Inönü geplant haben sollen. Über mehrere Provinzen des Landes, in denen allgemeine politische Unruhe herrscht, ist bereits der Belagerungszustand verhängt worden.

Der Zechenverband des Ruhrbergbaus kündigt 295 000 Bergarbeitern zum 15. Januar 1931, da in der Tarifauseinandersetzung die Schlichtungsverhandlungen ergebnislos verlaufen sind. Die Entlassungen werden dadurch verhindert, daß die Reichsregierung am 9. Januar 1931 6%ige Lohnkürzungen für den Bergbau festsetzt.

30. Dezember, Dienstag

Im New Yorker Polizei-Skandal um Bestechung und Korruption wird vor dem Polizeigericht die erste offizielle Anklage wegen Erpressung von Schutzgeld erhoben. Insgesamt ermittelt die Staatsanwaltschaft gegen rund 100 Polizisten wegen ähnlicher Vergehen.

Das Britische Museum gibt bekannt, daß eine Expedition unter der Leitung des britischen Archäologen Sir Leonhard Woolley im Ruinenhügel der sumerischen Stadt Ur (heute Tall Al Mukaijar) südlich des Euphrat über 4000 Jahre alte mesopotamische Königsgräber entdeckt hat. Woolley erforscht seit 1922 die altorientalische Stadt.

Im Südwesten der Mandschurei bringen chinesische Banditen einen Zug der Eisenbahnlinie Peking-Mukden (Schenjang) zum Entgleisen. Bei dem Überfall werden 80 Personen getötet und 20 Reisende von den Räubern als Geiseln entführt.

31. Dezember, Mittwoch

Die Statistik des deutschen Reitsports belegt, daß 1930 die Zahl der Turniersportveranstaltungen im Deutschen Reich mit 391 Wettkämpfen an 599 Turniertagen gegenüber 1929 (394 Wettkämpfe und 561 Turniertage) leicht zugenommen hat. An Preisgeldern wurden 1930 insgesamt 530 000 RM ausgezahlt.

Das Wetter im Monat Dezember

Station	Mittlere Lufttemperatur (°C)	Niederschlag (mm)	Sonnenscheindauer (Std.)
Aachen	2,8 (3,1)	34 (62)	– (49)
Berlin	0,6 (0,7)	13 (41)	– (36)
Bremen	2,0 (2,2)	22 (54)	– (33)
München	−0,5 (−0,7)	52 (44)	– (41)
Wien	0,5 (0,9)	64 (51)	– (41)
Zürich	1,6 (0,2)	47 (73)	39 (37)

( ) Langjähriger Mittelwert für diesen Monat
– Wert nicht ermittelt

Die deutsche Illustrierte »Die Woche« will mit einer verschneiten Waldlandschaft bei ihren Lesern weihnachtliche Stimmung hervorrufen.

Zu Weihnachten gehen viele Wünsche nicht in Erfüllung

24. Dezember. Angesichts von mehr als vier Millionen Arbeitslosen im Deutschen Reich feiern 1930 viele Familien ein bescheidenes Weihnachtsfest. Nur wenige können sich teure Geschenke oder eine Weihnachtsreise leisten.

Allgemein klagen die Geschäftsleute über einen Rückgang des Weinachtsumsatzes gegenüber dem Vorjahr. An den drei verkaufsoffenen Sonntagen (»kupferner«, »silberner« und »goldener« Sonntag) vor Weihnachten ist der Publikumsverkehr zwar groß, doch gibt es mehr Schaufenster-Bummler als klingelnde Kassen.

Wer Geld für Weihnachtsgeschenke ausgeben kann, der legt es vorzugsweise für Gebrauchsgegenstände an. Gefragt sind vor allem Fotoapparate, Schallplattenspieler und Radios. Eine Kamera von Agfa, die Agfa Box Nr. 64, ist für 19 RM zu haben, eine Taschenuhr ab 5 RM, Föne gehen für 28 RM über den Ladentisch. Bei einem durchschnittlichen Facharbeiterlohn von rund 220 RM pro Monat gehören Geschenke dieser Preiskategorie schon zu den größeren Ausgaben. Wäsche, Ledertaschen und Schuhe sind als Präsent beliebt und verbinden den festlichen Anlaß mit dem Nützlichen.

Für die Dame werden Kosmetika und Körperpflegemittel als ideale Weihnachtsgeschenke angeboten. Das »Tosca« Parfum von »4711 Kölnisch Wasser« kostet in der Schmuckflasche rund 5 RM. Ein Paar »Elbeo« Strümpfe auf dem Gabentisch werden auch gern gesehen. Wer kein Geld hat, um die teuren Fertigwaren zu kaufen, der fabriziert seine Weihnachtsüberraschungen im »Do-it-yourself«-Verfahren an. Stoffgeschäfte und Bastelartikel haben Hochkonjunktur. Bei Büchern sind meist die preisgünstigeren Volksausgaben gefragt. Auch bei den Spielsachen wird auf den Preis geachtet. Kostspielige Geschenke, wie ein »Steiff«-Teddy oder einen technischen Konstruktionsbaukasten, finden nur die wenigsten Kinder auf ihrem Gabentisch vor.

Der Wunschzettel vieler Kinder fällt in diesem Jahr sehr bescheiden aus; so schreibt ein neunjähriger Schüler, dessen Sehnsüchte die Zeitschrift »Die Woche« veröffentlicht: »Ich wünsche mir, daß mein Vater und noch viele andere Väter wieder Arbeit bekommen. Ich wünsche mir dann nur noch einen Weihnachtsbaum und einen Flitzebogen und viel Schnee und Eis, daß wir Schlitten fahren und Schlittschuh laufen können.«

△ ◁ Die satirische Zeitschrift »Simplicissimus« weist auf den fehlenden Abrüstungswillen der Nationen hin, der den Weltfrieden, symbolisiert durch die Geburt des Heilandes in Bethlehem, bedroht.

△ Die wirtschafts- und finanzpolitischen Maßnahmen der Regierung Brüning, zu denen u. a. der Preisabbau und Steuererhöhungen gehören, werden durch den Weihnachtsmann personifiziert.

◁ Londoner Waisenkinder beim Einbringen des Weihnachtsbaumes mit musikalischer Begleitung

Weihnachtsfeier ohne Schnee

Über eine weiße Weihnacht können sich 1930 nur wenige Kinder freuen. Überall im Deutschen Reich ist der Himmel zwar bedeckt und es friert auch bis zu −6 °C, aber Schnee fällt nur in den Mittelgebirgen und Teilen Sachsens. Für die Wintersportler bietet einzig der Feldberg im Schwarzwald mit acht bis zwanzig Zentimetern Pulverschnee optimale Bedingungen.

Die wachsende Not der Bevölkerung macht sich jedoch zu Weihnachten nicht nur an einem weniger reich gedeckten Gabentisch bemerkbar. In einigen Städten organisiert die KPD am Heiligen Abend in den Einkaufsstraßen Hungermärsche, die auf die Situation der Erwerbslosen aufmerksam machen sollen.

Wohlfahrtsverbände veranstalten zu Weihnachten Feiern für die Armen und Obdachlosen. So bietet allein der Arbeitskreis für Jugendhilfe, »Zugscharen«, für junge Arbeitslose in den verschiedenen Teilen Berlins sechs Christnachtfeiern an.

Wie viele Menschen an diesem Tag dennoch verzweifelt und einsam sind, zeigt die hohe Zahl der Selbstmorde des Heiligen Abends: Allein in Berlin nehmen sich acht Menschen das Leben, 23 werden nach einem Selbstmordversuch ins Krankenhaus eingeliefert.

Die meisten Deutschen feiern Weihnachten zuhause im Familienkreis, nur wenige verreisen über die Festtage. Wer sich trotz der allgemeinen wirtschaftlichen Notlage noch einen Weihnachtsurlaub leisten kann, der bleibt meist im Deutschen Reich. Die Berliner fahren z. B. vorzugsweise in den Harz oder ins Riesengebirge. Am 1. Weihnachtsfeiertag starten fünf Sonderzüge vom Berliner Hauptbahnhof nach Hirschfeld. Die Frankfurter zieht es in den Taunus, wo der neun Zentimeter hohe Schnee den Erholungssuchenden jedoch nur Rodelfreuden erlaubt.

Auf dem Leipziger Weihnachtsmarkt drängen sich die Kinder vor den Spielzeugständen, fasziniert von dem aufziehbaren Blechspielzeug.

Ein schön geschmückter Weihnachtsbaum, Weihnachtslieder und Geschenke, das sind für Kinder die unverzichtbaren Bestandteile des Christfestes.

Zu den Weihnachtsbräuchen in Berchtesgaden gehört u. a. das Weihnachtsschießen. Die ersten Schüsse knallen bereits acht Tage vor dem Fest. Erst mit dem Beginn der Christmette verstummt schließlich der Lärm.

Richter als Republikfeind

23. Dezember. Der Freispruch des Nationalsozialisten Kurt Kremser, der wegen Republikverleumdung angeklagt worden ist, durch ein Glogauer Schöffengericht löst im Deutschen Reich Empörung aus.

Der Vorsitzende des Gerichts, Lau, gehört zu den Juristen der Weimarer Republik, die in der Vergangenheit mit milden Urteilen in Prozessen gegen Rechtsradikale hervorgetreten sind. Als Jurist, der noch während der Kaiserzeit Urteile sprach, demonstriert Lau in einem Urteil wie diesem, daß er sich nur gegenüber dem Staat, nicht aber gegenüber der Staatsform verantwortlich fühlt.

So bestätigt er in seiner Urteilsbegründung die Behauptung des Angeklagten, die Novemberrevolution von 1918, die zum Sturz der Monarchie und zur Errichtung des parlamentarischen Systems führte, basiere auf Meineid und Hochverrat an den Soldaten im Feld.

Damit stützt der Landgerichtsdirektor die von den Rechtsradikalen vertretene »Dolchstoßlegende«, nach der das deutsche Heer im Weltkrieg nicht von dem militärischen Gegner besiegt, sondern von den in der Heimat die Monarchie stürzenden Parteien »erdolcht« worden sei.

»Haarsträubende Begründung«

In einem Kommentar der »Vossischen Zeitung« vom 24. Dezember wird der Glogauer Urteilsspruch scharf angegriffen:

»Die Exzesse dieser Urteilsbegründung sind so haarsträubend, daß wir uns scheuen, sie für richtig übermittelt zu halten. Ein deutscher Richter, der so unverhüllt seine Absicht zeigt, den Angeklagten . . . freizusprechen – nein, solch Maß von Zynismus möchten wir nicht für möglich halten. Ob zwischen der republikfeindlichen Einstellung des Richters und den Haarspaltereien der Begründung ein innerer Zusammenhang besteht? Ob der Richter nicht nur die Revolution, sondern auch die gegenwärtig bestehende Staatsform ablehnt? Nach dem Vorgang dieser Urteilsbegründung hat jeder die Wahl, ob er das nicht für voll erwiesen halten will.«

Bahnschutz aus dem Saarland abgerückt

12. Dezember. Aus dem Saargebiet ziehen die letzten Soldaten des internationalen Saarbahnschutzes ab. Der seit 1927 bestehende Schutz hatte u. a. die Aufgabe, die Kohlenlieferungen aus dem Saargebiet nach Frankreich im Rahmen der Reparationsverpflichtungen des Deutschen Reichs zu überwachen.

Nach dem Weltkrieg war von den alliierten Siegermächten Frankreich das Recht zur Ausbeutung des Industriegebietes an der Saar als Kriegsentschädigung zugesprochen worden. Seitdem 1920 französische Annexionsversuche des Saarlandes an britischem und US-amerikanischen Widerstand scheiterten, steht das Gebiet unter der Verwaltung des Völkerbundes. 1927 wurden die alliierten Besatzungstruppen auf Beschluß des Völkerbundes aus dem Saargebiet abberufen und der Bahnschutz in Saarbrücken stationiert. Nachdem am → 30. Juni (S. 106) die letzten französischen Soldaten aus dem Rheinland abgezogen sind, beschloß der Völkerbund am 12. September auch die Auflösung des Saarbahnschutzes.

Brüning baut auf Notverordnungen

1. Dezember. Die Reichsregierung unter Reichskanzler Heinrich Brüning (Zentrum) erläßt die Notverordnung zur »Sicherung der Wirtschafts- und Finanzlage«. Mit dieser gesetzesändernden Maßnahme umgeht Brüning eine Diskussion seines wirtschafts- und finanzpolitischen Reformplans im Reichstag, in dem seine Regierung keine Mehrheit besitzt (→ 16. 10./S. 176).

In der Weimarer Verfassung ist der Erlaß von Notverordnungen durch den Reichspräsidenten laut Art. 48 nur im Ausnahmefall gestattet. Brüning verwendet dieses Instrument jedoch häufig, um der Konfrontation mit dem Reichstag aus dem Wege zu gehen. Da er bei dem Erlaß auf die Zustimmung des Reichspräsidenten Paul von Hindenburg angewiesen ist, macht er den Erfolg seines Kabinetts abhängig von dessen Wohlwollen. Die neue Notverordnung, mit der Brüning einen ausgeglichenen Haushaltsplan für 1931 anstrebt, enthält u. a. Steuererhöhungen und Kürzungen der Beamtengehälter um bis zu zwanzig Prozent.

Am 13. Dezember stellt der neue französische Ministerpräsident, Théodore Steeg (Radikalsozialist; vordere Reihe 6. v. l.), sein Kabinett vor. Es ist die vierte französische Regierung in diesem Jahr.

Skandal um Zusammenbruch der Oustric-Bank bringt in Frankreich Kabinett Tardieu zu Fall

4. Dezember. *In Frankreich tritt Ministerpräsident André Tardieu (Radikalsozialist) mit seinem Kabinett zurück, nachdem ihm der Senat mit 147 gegen 139 Stimmen das Vertrauen entzogen hat. Den Hintergrund für den Sturz Tardieus bildet die Verwicklung von Regierungsmitgliedern in den Zusammenbruch der Oustric-Bank am 3. November, bei dem die Bankkunden umgerechnet rund 164 Mio. RM verloren haben. Tardieu wird im Senat vorgeworfen, den ehemaligen Justizminister Raoul Péret und zwei Unterstaatssekretäre, die mit dem bereits verhafteten Direktor der Bank, Albert Oustric, in Beziehung standen, gedeckt zu haben. Péret, der am 18. November zurückgetreten ist, hatte vor vier Jahren dem von Oustric geführten Unternehmen die Durchführung unseriöser Geschäfte an der Pariser Börse ermöglicht und Schmiergelder dafür erhalten.*

Spanische Rebellen fordern Republik

15. Dezember. Auf dem spanischen Flughafen Cuatro Vientos bei Madrid schlagen regierungstreue Truppen eine Militärrevolte der Republikaner nieder, die von dem spanischen Major Ramòn Franko angeführt wird. Die Aufständischen hatten mit Militärflugzeugen Flugblätter über Madrid abgeworfen, auf denen sie die Errichtung einer spanischen Republik forderten.

Seit dem Rücktritt des Diktators Miguel Primo de Rivera y Orbaneja am → 28. Januar (S. 16) demonstriert die Opposition in spontanen Streiks und Kundgebungen, u. a. in der nordspanischen Festung Jaca, ihre Entschlossenheit zur Einführung einer demokratischen Republik.

Der derzeitige Machthaber Dámaso Berenguer ist zwar zu gewissen Zugeständnissen bei der Modernisierung der konstitutionellen Monarchie bereit, doch lehnt er die Schaffung einer parlamentarischen Republik strikt ab.

In den spanischen Pyrenäen werden die Republikaner, die in Jaca gegen die Regierung geputscht hatten, von regierungstreuen Truppen abgeführt.

Manifest rechter Labour-Abgeordneter

7. Dezember. Unter dem Eindruck der Weltwirtschaftskrise veröffentlicht der rechte Flügel der britischen Labour Partei in London ein Manifest, das die Einsetzung eines fünfköpfigen Notkabinetts sowie protektionistische und planwirtschaftliche Maßnahmen zur Belebung der britischen Konjunktur fordert.

An der Spitze der 17 Abgeordneten der Labour Partei, die gegen die Politik ihres Parteigenossen, Premierminister James Ramsey MacDonald, opponieren, steht der Aristokrat Sir Oswald Ernald Mosley. Mosley orientiert seine »nationale Notpolitik«, bei der die Regierung mit diktatorischen Vollmachten ausgestattet werden soll, insbesondere am Beispiel des italienischen Faschismus; er nimmt Duce Benito Mussolini zum Vorbild, dessen totalitäres Regime den Staat über alles stellt und vom Einzelnen die Unterordnung fordert.

»Notpolitiker« Oswald Mosley

Der 1896 in London geborene Sir Oswald Ernald Mosley ist seit seinem 22. Lebensjahr Mitglied des britischen Unterhauses. Mosley war zunächst Abgeordneter der Konservativen Partei, gehörte von 1922 bis 1924 als Unabhängiger dem Parlament an und trat dann in die Labour Partei ein, wo er sich als Führer der jüngeren Parteimitglieder des rechten Flügels etabliert hat. Obwohl mit einer Halbjüdin verheiratet, ist Mosley Antisemit.

Schweizer streiten um das Asylrecht

4. Dezember. Anläßlich der Ausweisung von drei Italienern aus der Schweiz kommt es im Schweizer Nationalrat zu einer scharfen Diskussion um das Asylrecht, das weder in der Verfassung noch im Recht der Schweizerischen Eidgenossenschaft fixiert ist.

Einige Sozialdemokraten werten die Ausweisung als eine »Rausschmeißergebärde« des Bundesrates und werfen ihm eine Verletzung des traditionellen Asylrechtes vor.

Der Bundesrat hält dagegen, daß die drei Italiener, die am 11. Juli von der Schweiz aus per Flugzeug antifaschistische Flugblätter über Mailand abgeworfen hatten, in der Eidgenossenschaft nur einen Startplatz für ihre Aktion gegen das faschistische Regime des Ministerpräsidenten und Duce Benito Mussolini gesucht hätten. Außerdem habe keiner der drei italienischen Oppositionellen politisches Asyl beantragt.

Mit seiner Entscheidung, die unbequemen Ausländer abzuschieben, stützt sich der Bundesrat auf den Artikel 70 der Bundesverfassung, der ihm das Recht zugesteht, »Fremde, welche die innere und äußere Sicherheit der Eidgenossenschaft gefährden«, auszuweisen.

Politische Flüchtlinge, die in der Schweiz Schutz suchen, können sich auf eine lange Asyltradition der Eidgenossenschaft berufen. Schon im 17. Jahrhundert gewährten die Schweizer jenen französischen Hugenotten Asyl, die von Ludwig XIV. wegen ihres Glaubens in ihrer Heimat verfolgt wurden.

Nobelpreis für Lewis im Kreuzfeuer

10. Dezember. In Stockholm und Oslo findet gleichzeitig die 30. Nobelpreisverleihung statt. Der schwedische König Gustav V. überreicht im Stockholmer Konzerthaus dem Deutschen Hans Fischer den Nobelpreis für Chemie. Fischer hat mit seinen Arbeiten wesentlich zur Analyse der Struktur von Blut- und Blattfarbstoffen beigetragen.
Den Nobelpreis für Physik erhält der Inder Sir Chandrasekhara Venkata Raman für die Erforschung der Streuung des Lichtes. Der Österreicher Karl Landsteiner kann den Nobelpreis für Medizin für seine Entdeckung der Blutgruppen des Menschen entgegennehmen.
Die Verleihung des Literaturnobelpreises an den US-amerikanischen Schriftsteller und Journalisten Sinclair Lewis »für seine starke und lebendige Schilderungskunst, nebst dem Talent, mit Witz und Humor Typen zu schaffen« wird von der Öffentlichkeit unterschiedlich beurteilt. Die Reaktionen reichen von Begeisterung über höfliche Zustimmung bis zur schärfsten Kritik. So bezeichnet US-Schriftsteller Ernest Hemingway die Preiszuerkennung an den Autor sozialkritischer Romane als »dreckige Angelegenheit«.
Den Friedensnobelpreis überreicht in Oslo der norwegische König Håkon VII. an den schwedischen Erzbischof Nathan Söderblom. Der Theologe leitete 1925 die Stockholmer Weltkirchenkonferenz, deren Ziel eine Verbesserung der interkonfessionellen Zusammenarbeit war.

Im Stockholmer Konzerthaus hält der schwedische Lyriker Erik Axel Karlfeldt die Laudatio auf den Literaturnobelpreisträger Sinclair Lewis.

Auszeichnung für Analyse des Hämins

Der deutsche Nobelpreisträger für Chemie, Hans Fischer, wurde am 27. Juli 1881 in Höchst bei Frankfurt am Main geboren. Er studierte in Marburg, Lausanne und München Chemie. Im Mittelpunkt der wissenschaftlichen Arbeit Fischers stand die Fragestellung, welche Rolle die Blutfarbstoffe im Stoffwechsel spielen.
1921 begann er mit einem großen Mitarbeiterstab als Ordinarius für organische Chemie an der Technischen Hochschule München mit der Untersuchung des Hämins, einer Farbkomponente des Hämoglobins, das für den Sauerstofftransport im Blut zuständig ist.
Nach einer langen Reihe von Versuchen gelang es Fischer 1929, die Zusammensetzung des Hämins zu entschlüsseln. Er konnte u. a. nachweisen, daß das Hämin aus einem Porphyrin-Ringsystem besteht, in dessen Zentrum sich ein Eisenatom befindet.
Fischers Entdeckung gilt in Fachkreisen als wegweisend für die Analyse des chemischen Aufbaus der dem Hämin ähnlichen Pyrrolfarbstoffe. In der Laudatio des ihm verliehenen Nobelpreises für Chemie werden die Erkenntnisse des Wissenschaftlers als »chemische Großtat« bezeichnet.

Todesurteile gegen sowjetische Regimekritiker

7. Dezember. In Moskau werden in einem Schauprozeß gegen acht Angeklagte, die als Anhänger der sog. Industriepartei die »Vernichtung der Sowjetunion« geplant haben sollen, fünf Todesurteile gefällt. Mit der schonungslosen Verfolgung jeglicher Opposition will Staats- und Parteichef Josef W. Stalin den Widerstand gegenüber der von ihm energisch vorangetriebenen Planwirtschaft brechen. Innerhalb kürzester Zeit soll die Sowjetunion von einem unterentwickelten Agrarstaat in eine hochindustrialisierte Weltmacht umgewandelt werden.
Die Angeklagten sollen einer Abzweigung der Rechtsopposition angehören. Zu ihrem Programm gehört der Kampf gegen die Vernichtung des sowjetischen Großbauerntums (Kulaken), wie sie von Stalin betrieben wird (→ 1. 2./S. 40). Auch den forcierten Aufbau der sowjetischen Schwerindustrie lehnen sie als sinnlosen Staatskurs ab. Die Todesurteile werden am 8. Dezember in Gefängnisstrafen umgewandelt.

Sieben der acht vor dem zentralen Vollzugsrat angeklagten sowjetischen Ingenieure und Professoren auf der Anklagebank in dem ehemaligen Adelsklub Moskaus. Das Urteil wird von den 1000 Zuschauern mit Beifallsrufen begrüßt.

Wohnen und Design 1930:

Bauhaus versus Art deco

Zwei Welten des Designs treffen aufeinander, als auf der Ausstellung im Grand Palais zu Paris im Mai 1930 erstmals deutsche Architektur im Rahmen einer Werkbundschau vertreten ist. Die kühl-sachlichen, funktionalistisch-präzisen Inneneinrichtungen aus der deutschen Schule beeindrucken das französische Publikum, das an den ornamentalen Stil des Art deco gewöhnt ist.

»Die Gestalt jedes Gegenstands aus seinen natürlichen Funktionen und Bedingtheiten heraus finden« – darin sieht Walter Gropius, der Leiter der Werkbundausstellung in Paris und ehemaliger Chef des Bauhauses, die Aufgabe des modernen Designs. Ein Musterbeispiel dieser funktionalistischen, auf alles überflüssige Dekor verzichtenden Möbel ist der Stahlrohrsessel in seinen verschiedenen Ausführungen. Als freischwingenden Clubsessel mit Leder oder Korb bezogen, stellt ihn Marcel Breuer in Paris vor. Wassili und Hans Luckhardt statten ihn mit einer Sitzfläche aus gebogenem Holz aus, frei auf Kufen federnd. Als traditionellen Stuhl mit vier Stahlrohrbeinen, bei dem sich Lehne und Sitzfläche aus dehnbaren Spanngliedern zusammensetzen, entwirft ihn René Herbst.

Trotz sparsamster Möblierung soll die moderne Inneneinrichtung durch die verwandten Materialien Glanz ausstrahlen, wie z. B. die fast U-förmig geschwungene Cafébar von Walter Gropius mit viel Chrom und Glas, die in Paris ausgestellt wird. Durchgängig bemüht sich diese Richtung darum, durch Verwendung genormter Teile und preiswerter Materialien für jedermann erschwingliche Gebrauchsmöbel zu produzieren. Dennoch werden die vergleichsweise billigen Stahlrohrmöbel aus deutscher Produktion um 1930 lediglich von einem kleinen, ästhetisch aufgeschlossenen Kreis von Käufern akzeptiert, der in der Regel weit mehr Geld für eine repräsentative Innenausstattung ausgeben könnte.

Ganz im Gegensatz zu dieser fast asketischen Ideologie steht die in Frankreich vorherrschende Richtung des Art deco. In Weiterführung des Jugendstils mit seinen ornamentalen Formen zeichnen sich hier wieder spielerische Gestaltungselemente ab. Um den repräsentativen, luxuriösen Charakter der Inneneinrichtung zu unterstreichen, verwenden Designer wie Emile Jacques Ruhlmann edelste Materialien: Ebenholz und Amboina (Holz des Flügelfruchtbaums), Pergament und Galuchat (Haut des Katzenhais), Elfenbein, Schildpatt und Horn. Ähnlich wie Ruhlmanns Kreationen sind auch die exzentrischen Möbel von Eugène Printz oder der Irin Eileen Grey nur für eine kleine Schicht von Vermögenden erschwinglich, die sich mit diesen Statussymbolen allerdings gern schmückt.

»Raumkunst im Treppenhaus« – unter diesem Motto stellt die »Illustrierte Zeitung« ein zum Studio ausgebautes Treppenpodest vor. Flügel, Kamin und Bücherregale sorgen unter dem Treppenaufgang für Wohnlichkeit.

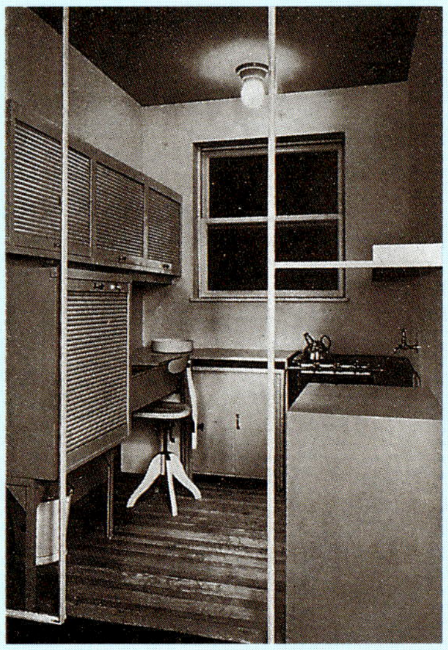

Raum ist bei zweckmäßiger Anordnung auch in der kleinsten Küche.

Gemeinsamer Waschraum in einer Großsiedlung der Stadt Wien

Der französische Kunstfreund Jacques Doucet ließ sich seine Villa in Neuilly von Legrain passend zu den Gemälden seiner Sammlung einrichten.

Das Eßzimmer des Herrenhauses von Cécile Sorel in Paris: Demonstrativ plaziert die Bewohnerin wertvolle Antiquitäten in modernem Ambiente.

Glasgeschirr von Lalique, hier in einer Pariser Ausstellung: Bestimmend ist die Blütenform

Luxusgläser von Lalique gefragt

Die figuralen Formen des Glasgeschirrs von René Lalique gelten 1930 als beispielhaft für eine zeitgemäße Tischdekoration.
Produkte aus der Fabrikation des Goldschmiedes und Glasherstellers Lalique werden seit fast 30 Jahren als Inbegriff von Luxus und Qualität geschätzt. Kennzeichnend für Laliques Gläser sind durch Hoch- und Tiefschnitt erzeugte figürliche Motive, deren Oberfläche oft reliefiert oder vereist ist.
Lalique ist um die Jahrhundertwende durch seinen wirkungsvollen und dekorativen Jugendstilschmuck berühmt geworden.

Auf der Biennale von Monza stellt der italienische Designer Giovanni Muzio diese festlichen Prunksessel vor.

Teile aus dem Service »Urbino«, von der deutschen Designerin Trude Petri entworfen; dank seiner schlichten Form wird dieses weiße Gebrauchsgeschirr rasch zu einem Klassiker der Moderne.

Das meisterhaft gearbeitete Silberbesteck der italienischen Firma Sambonet ist mit eingraviertem Anker verziert.

Bowlengefäß aus verkupfertem Messingblech, entworfen von Lutz Holzinger für WMF im Stil des Art deco.

Gegensatz der Stile auch beim Geschirr

Auch im Geschirr-Design lassen sich die verschiedenen Gestaltungs-»Philosophien« des Bauhauses und des Art deco nachvollziehen. Anhänger des Bauhauses, etwa Trude Petri, Marianne Brandt und Wilhelm Wagenfeld, fertigen ihre Service, Kannen und Gläser aus schlichtem weißen Porzellan, dünnwandigem, ungeschliffenem Glas oder aus Metall in zweckmäßig-nüchternen Formen. Dagegen schwelgen ihre französischen Kollegen in aufwendig gemusterten Produkten deren ornamentale Formen nicht der reinen Zweckmäßigkeit verpflichtet sind.

Wieder Freispruch für George Grosz

4. Dezember. Mit einem Freispruch endet in Berlin die fünfte Verhandlung gegen den sozialkritischen Maler George Grosz und seinen Verleger Wieland Herzfelde wegen des Verdachts der Gotteslästerung.

Die Anklage bezog sich auf drei Zeichnungen, die Grosz für Erwin Piscators Inszenierung von Jaroslav Haseks »Die Abenteuer des braven Soldaten Schwejk« 1928 angefertigt hatte. In diesen Kunstwerken greift Grosz die Kriegshetze der Kirche scharf an. Auf einer der Zeichnungen ist Christus am Kreuz mit einer Gasmaske und in Militärstiefeln dargestellt; sie trägt die Unterschrift: »Maul halten und weiter dienen«. Eine andere Zeichnung des Künstlers zeigt einen Geistlichen, der Granaten ausspuckt.

Das Schöffengericht in Berlin-Charlottenburg hatte Grosz und Wieland Herzfelde am 10. Dezember 1928 in erster Instanz wegen Gotteslästerung bzw. »Verspottung einer Einrichtung der Kirche« zu einer Geldstrafe von jeweils 2000 RM verurteilt.

Die beiden legten Berufung ein und erreichten am 10. April 1929 in zweiter Instanz einen Freispruch. Nach drei weiteren Verhandlungen sprechen die Berliner Richter, die eine Reihe namhafter Theologen und Juristen als Sachverständige geladen hatten, die beiden Angeklagten nunmehr wiederum vom Verdacht der Gotteslästerung frei.

Grosz und Herzfelde, dessen Malik-Verlag sich auf sowjetische Schriftsteller und auf sozial-kritisch orientierte Autoren aus anderen Ländern spezialisiert hat, veröffentlichten 1925 gemeinsam das Buch »Die Kunst ist in Gefahr«. Darin stellten sie den Künstler vor die Wahl, entweder Agitprop-Satiriker zu werden und sich damit im Klassenkampf auf die Seite der »Ausgebeuteten« zu stellen, oder als »Architekt, Ingenieur und Reklamezeichner« den Kapitalisten zu dienen.

Auf der Anklagebank v. l. Wieland Herzfelde und George Grosz, vorn l. der vom Gericht als Sachverständiger geladene Reichskunstwart Edwin Redslob

Prozeß um Film zur Dreigroschenoper

22. Dezember. Im Prozeß zwischen dem Schriftsteller Bertolt Brecht und der Nero-Filmgesellschaft Warner-Tobis über die Verfilmung von Brechts »Dreigroschenoper« durch den Regisseur Georg Wilhelm Pabst (→ S. 168) kommt es zu einem Vergleich. Brecht bekommt als Honorar eine Zahlung von 9000 RM, und der Film erhält im Untertitel den Vermerk »frei nach dem gleichnamigen Bühnenwerk von Brecht und Weill«. Pabst hatte Brechts eigenes Drehbuch zu dem Film, »Die Beule«, wegen dessen starker agitatorisch-politischer Tendenz nicht akzeptiert. Der Autor hatte daraufhin wegen der Verfälschung seines Werks einen Prozeß gegen die Filmgesellschaft angestrengt.

Um rechtlichen Schwierigkeiten aus dem Weg zu gehen, hat Pabst schließlich das Geschehen im spätviktorianischen London lokalisiert und damit eine ganz eigene Atmosphäre geschaffen. Der Film wird nun, nachdem der gerichtliche Vergleich geschlossen ist, wie geplant fertiggestellt und kommt am 19. Februar 1931 in die Kinos.

Film »Im Westen nichts Neues« verboten

11. Dezember. Sechs Tage nach der deutschen Erstaufführung in den Mozart-Lichtspielen in Berlin wird der Film »Im Westen nichts Neues« von Lewis Milestone (→ 1. 5./S. 98) nach dem gleichnamigen antimilitaristischen Roman von Erich Maria Remarque von der Filmoberprüfstelle verboten. Die Länder Bayern, Sachsen und Württemberg hatten Indizierungsanträge gestellt. Zur Begründung heißt es, der Film »gefährdet das deutsche Ansehen im Ausland«.

Die Berliner Nationalsozialisten hatten seit der Premiere unter Anführung ihres »Gauleiters« Joseph Goebbels die Vorführungen durch Stinkbomben gestört, weiße Mäuse im Zuschauerraum ausgesetzt und Krawalle gegen den Film provoziert, für den sich u. a. der kommunistisch orientierte Rotfrontkämpferbund stark machte.

Schon vor der Entscheidung der obersten Zensurbehörde des Reichs hatte das Land Thüringen (Innenminister: Der Nationalsozialist Wilhelm Frick) ein Verbot ausgesprochen.

△ Starkes Polizeiaufgebot vor den Mozart-Lichtspielen in Berlin zum Schutz der Besucher vor NSDAP-Störtrupps

◁ Karikatur zum Thema aus dem »Kladderadatsch«

Buñuel schockiert die Kino-Besucher

12. Dezember. Nach mehreren Zwischenfällen mit verärgerten Zuschauern während der Pariser Vorführungen verbietet die französische Zensurbehörde den Kinofilm »L'âge d'or« (Das goldene Zeitalter) und beschlagnahmt alle Kopien.

In dem Film stellt Regisseur Luis Buñuel – ebenso wie sein »Mitarbeiter« Salvador Dalí dem Surrealismus verpflichtet – die unbedingte Liebe eines jungen Paares dar, das sich über alle gesellschaftlichen Schranken hinwegsetzt. Mit seinem Verhalten stößt es auf den Widerstand der etablierten Institutionen Kirche, Staat, Militär und Familie. Allerdings ist dieser Konflikt nicht in einer fortlaufenden Handlung dargestellt, sondern in scheinbar zufällig angeordneten Bildfolgen. Besonders schockierend wirken auf viele Zuschauer die Szenen, in denen sich das Paar während einer feierlichen Grundsteinlegung auf der Erde wälzt; auch die Darstellung vermodernder Skelette im bischöflichen Ornat verärgert das Publikum.

Fazit 1930

31. Dezember. Mit 1930 neigt sich ein Jahr seinem Ende zu, das für Millionen von Deutschen Not und Elend brachte. Die 1929 einsetzende Weltwirtschaftskrise, für die das Ansteigen der Arbeitslosigkeit 1930 im Deutschen Reich auf über 4 Mio. Arbeitslose symptomatisch ist, nimmt immer dramatischere Formen an.

Die Illustrierte »Zeitbilder« versucht mit einem Rückblick auf das Jahr 1930, den vergangenen zwölf Monaten eine unterhaltsame Seite abzugewinnen. Im Mittelpunkt ihres Jahresresümees stehen der Gesellschaftsklatsch und die Skandale und Skandälchen des Jahres 1930, wie z. B. die Verhaftung des Chicagoer Gangsterbosses Jack Diamond am 1. September (3. Reihe v. o.; 3. Bild v. l.) oder der Beleidigungsprozeß, den der sog. Heilmagnetiseur Joseph Weißenberg am 23. November verliert (4. Reihe v. o.; 2. Bild v. l.).

Die Schlagworte des Jahres – wachsende wirtschaftliche Depression und Verfall der Demokratie – treten bei diesen Bildern in den Hintergrund. Im Deutschen Reich wird die wirtschaftliche Lage auch bei weitem nicht so negativ eingeschätzt, wie sie sich in den folgenden Jahren tatsächlich weiterentwickelt. So rufen am 31. Dezember deutsche Wirtschaftsführer die Bevölkerung auf, sich bei der Einschätzung der Lage nicht vom »Wirtschaftspessimismus« leiten zu lassen.

8 Zeitbilder

1930 Ein Kalender der Nebensachen

Januar.
Ein Umsturz. Manche flüstert bang:
Der Wahn ist kurz, der Rock ist lang.

Februar.
Schön lebt sich's fern der Heimat Fron,
Fragt nur den Ritter Robinson.

März.
Frau Schmeling liefert Tanzgirls prompt,
Was ihr zum Glück nicht gut bekommt,

April.
Schier zweimal dreißig wird der Reutter,
Brav, Herr Humorgan! „Bitte woiter!"

Mai.
O Micky Maus, geliebter Fratz:
Du bist gewiß nicht ... für die Katz.

Juni.
Herr Schmeling ist im Rehmen prompt,
Was ihm zum Glück recht gut bekommt.

Juli.
Man macht des Spielers Leben schwer,
Sogar im Seebad. Nichts geht, Meer!

August.
Was Fessal in Berlin gefiel?
Ein Tempel-Hof in neustem Stil.

September.
Daß Diamond enteilen muß!
Er fühlt sich hier so weit vom Schuß!

Oktober.
Spricht Mann, ist man für ihn nur Ohr.
Man sieht's am ... Bronnen vor dem Tor.

November.
Dies ist Herr Weißenberg, beleibter
Prophet. Quarksalberei betreibt er.

Dezember.
Ein neues Jahr schlüpft durch die Tür.
Schlecht war das alte. Ab dafür! ...

▷ Beilage zur »Vossischen Zeitung« vom Ullstein Verlag mit Rückblick auf das Jahr 1930

Neue Postwertzeichen 1930 im Deutschen Reich

Freimarkenausgabe mit dem Konterfei der deutschen Reichspräsidenten: Friedrich Ebert (l.), erster Reichspräsident und sein Nachfolger Paul von Hindenburg

Wohlfahrtsmarken-Sonderausgabe zur Internationalen Postwertzeichen-Ausstellung (IPOSTA) in Berlin (IPOSTA-Block)

Sonderausgabe zum Abzug der alliierten Besatzungstruppen aus dem Rheinland am 30. Juni mit zweizeiligem Aufdruck: »30. JUNI 1930«

Freimarkenausgabe mit der Stadtansicht Alt-Kölns

Flugpost-Sonderausgabe zur ersten Zeppelin-Südamerikafahrt

Anhang

Regierungen Deutsches Reich, Österreich und Schweiz 1930

Neben den Staatsoberhäuptern des Deutschen Reichs, Österreichs und der Schweiz sind in der Zusammenstellung die einzelnen Kabinette des Jahres 1930 in chronologischer Reihenfolge enthalten. Hinter den Namen der wichtigsten Regierungsmitglieder steht in Klammern der Zeitraum ihrer Tätigkeit.

Deutsches Reich

Staatsform:
Republik
Reichspräsident:
Paul von Hindenburg (1925–1934)

2. Kabinett Müller (1928–27. 3. 1930):
Reichskanzler:
Hermann Müller (SPD; 1920, 1928–27. 3. 1930)
Auswärtiges:
Julius Curtius (DVP; 1929–1931)
Inneres:
Carl Severing (SPD; 1928–27. 3. 1930)
Finanzen:
Paul Moldenhauer (DVP; 1929–20. 6. 1930)
Wirtschaft:
Robert Schmidt (SPD; 1919/20, 1921/22, 1929–27. 3. 1930)
Arbeit:
Rudolf Wissell (SPD; 1928–27. 3. 1930)
Justiz:
Theodor von Guérard (Zentrum: 1929–27. 3. 1930)
Wehr:
Wilhelm Groener (parteilos; 1928–1932)
Post:
Georg Schätzel (BVP; 1927–1932)
Verkehr:
Adam Stegerwald (Zentrum; 1929–27. 3. 1930)
Ernährung:
Hermann Dietrich (DDP; 1928–27. 3. 1930)
Besetzte Gebiete:
Joseph Wirth (Zentrum; 1929–27. 3. 1930)
Staatssekretär der Reichskanzlei:
Hermann Pünder (parteilos; 1926–1932)
Pressechef:
Walter Zechlin (parteilos; 1926–1932)

1. Kabinett Brüning (30. 3. 1930–1931):
Reichskanzler:
Heinrich Brüning (Zentrum; 30. 3. 1930–1932)
Vizekanzler:
Hermann Dietrich (DDP/DSP; 30. 3. 1930–1932)
Auswärtiges:
Julius Curtius (DVP; 1929–1931)
Inneres:
Joseph Wirth (Zentrum; 30. 3. 1930–1931)
Finanzen:
Paul Moldenhauer (DVP; 1929–20. 6. 1930); Heinrich Brüning (Zentrum; 20.–26. 6. 1930); Hermann Dietrich (DDP/DSP; 26. 6. 1930–1932)
Wirtschaft:
Hermann Dietrich (DDP; 30. 3.–26. 6. 1930); beauftragt: Ernst Trendelenburg (parteilos; 26. 6. 1930–1931, 1932)
Arbeit:
Adam Stegerwald (Zentrum; 30. 3. 1930–1932)
Justiz:
Johann Viktor Bredt (WP; 30. 3.–5. 12. 1930); bauftragt: Kurt Joël (parteilos; 5. 12. 1930–1932)
Wehr:
Wilhelm Groener (parteilos; 1928–1932)
Post:
Georg Schätzel (BVP; 1927–1932)
Verkehr:
Theodor von Guérard (Zentrum; 30. 3. 1930–1931)
Ernährung:
Martin Schiele (DNVP/Christliches Landvolk; 30. 3. 1930–1932)
Besetzte Gebiete:
Gottfried Reinhold Traviranus (KVP; 30. 3.–30. 9. 1930)
Staatssekretär der Reichskanzlei:
Hermann Pünder (parteilos; 1926–1932)
Pressechef:
Walter Zechlin (parteilos; 1926–1932)

Die Regierungschefs der deutschen Länder, Freien Hansestädte und Berlins
Anhalt:
Heinrich Deist (SPD), Ministerpräsident (1919–1932)
Baden:
Joseph Schmitt (Zentrum), Staats- und Ministerpräsident (1928–20. 11. 1930, 1931–1933); Josef Wittemann (Zentrum), Staats- und Ministerpräsident (20. 11. 1930–1931)
Bayern:
Heinrich Held (BVP), Ministerpräsident und Außenminister (1924–20. 8. 1930, geschäftsführend bis 1933)
Berlin:
Arthur Scholtz, kommissarischer Oberbürgermeister (1929–1931)
Braunschweig:
Heinrich Jasper (SPD), Ministerpräsident (1919/20, 1922–1924, 1927–1. 10. 1930); Werner Küchenthal (parteilos), Ministerpräsident (1. 10. 1930–1933)
Bremen:
Martin Donandt (DNVP), Bürgermeister (1920–1933)
Hamburg:
Rudolf Roß, Regierender Bürgermeister (1929–1931)
Hessen:
Bernhard Adelung (SPD), Ministerpräsident (1928–1931, geschäftsführend bis 1933)
Lippe:
Heinrich Drake (SPD), Ministerpräsident (1920–1933)
Lübeck:
P. B. H. Löwigt (SPD), Regierender Bürgermeister (1927–1933)
Mecklenburg-Schwerin:
Karl Eschenburg (DNVP), Ministerpräsident und Äußeres (1929–1932)
Mecklenburg-Strelitz:
Kurt Artur Freiherr von Reibnitz (SPD), Ministerpräsident (1919–1923, 1928/29, 1929–1931)
Oldenburg:
Eugen von Finkh, Ministerpräsident (1923–13. 7. 1930); Friedrich Cassebohm (parteilos), Ministerpräsident (14./22. 12. 1930–1931, geschäftsführend bis 1932)
Preußen:
Otto Braun (SPD), Ministerpräsident (1920/21, 1921–1925, 1925–1932)
Sachsen:
Wilhelm Bünger (DVP), Ministerpräsident (1929–18. 2. 1930); Walter Schieck (parteilos), Ministerpräsident (6./8. 5.–10. 7. 1930, amtsführend bis 1934)
Schaumburg-Lippe:
Heinrich Lorenz (SPD), Ministerpräsident (1927–1933)
Thüringen:
Erwin Baum (Landbund), Ministerpräsident (13. 1. 1930–1932)
Württemberg:
Eugen Bolz (Zentrum), Ministerpräsident (1928–1932, geschäftsführend bis 1933)

Österreich

Staatsform:
Republik
Bundespräsident:
Wilhelm Miklas (christlichsozial; 1928–1938)

3. Kabinett Schober (1929–25. 9. 1930):
Bundeskanzler:
Johann Schober (Schoberblock; 1921/22, 1929–25. 9. 1930)
Vizekanzler:
Karl Vaugoin (christlichsozial; 1929–25. 9. 1930)
Äußeres:
Johann Schober (Schoberblock; 1921/22, 1929–25. 9. 1930, 4. 12. 1930–1934)
Inneres:
Vinzenz Schumy (Landbund; 1929–25. 9. 1930)
Justiz:
Franz Slama (großdeutsch; 1928–25. 9. 1930)
Unterricht:
Heinrich Srbik (1929–25. 9. 1930)
Finanzen:
Otto Juch (christlichsozial; 1929–1931)
Handel und Verkehr:
Michael Hainisch (christlichsozial; 1929–17. 6. 1930); Friedrich Schuster (17. 6.–22. 9. 1930)
Soziale Verwaltung:
Theodor Innitzer (parteilos; 1929–25. 9. 1930)
Heerwesen:
Karl Vaugoin (christlichsozial; 1921–1933)
Land- und Forstwirtschaft:
Florian Födermayr (christlichzozial; 1921–1933)

Kabinett Vaugoin (30. 9.–29. 11. 1930):
Bundeskanzler:
Karl Vaugoin (christlichsozial; 30. 9.–29. 11. 1930)
Vizekanzler:
Richard Schmitz (christlichsozial; 30. 9.–29. 11. 1930)
Äußeres:
Ignaz Seipel (christlichsozial; 30. 9.–29. 11. 1930)
Inneres:
Ernst Rüdiger Starhemberg (Heimwehr; 30. 9.–29. 11. 1930)
Justiz:
Franz Hueber (Heimwehr; 30. 9.–29. 11. 1930)
Unterricht:
Emmerich Czermak (christlichsozial; 1929, 30. 9. 1930–1932)
Finanzen:
Otto Juch (christlichsozial; 30. 9. 1930–1932)
Handel und Verkehr:
Eduard Heinl (christlichsozial; 30. 9. 1930–1932)
Soziale Verwaltung:
Richard Schmitz (christlichsozial; 30. 9.–29. 11. 1930)
Heerwesen:
Karl Vaugoin (christlichsozial; 1921–1933)
Land- und Forstwirtschaft:
Andreas Thaler (christlichsozial; 1926, 30. 9. 1930–1931)

Kabinett Ender (4. 12. 1930–1931):
Bundeskanzler:
Otto Ender (christlichsozial; 4. 12. 1930–1931)
Vizekanzler:
Johann Schober (Wirtschaftsblock; 4. 12. 1930–1932)
Äußeres:
Johann Schober (Wirtschaftsblock; 1921/22, 1929–25. 11. 1930, 4. 12. 1930–1932)
Inneres:
Franz Winkler (Landbund; 4. 12. 1930–1932)
Justiz:
Hans Schürff (großdeutsch/Wirtschaftsblock; 4. 12. 1930–1931, 1931/32)
Unterricht:
Emmerich Czermak (christlichsozial; 1929, 30. 9. 1930–1932)
Finanzen:
Otto Juch (christlichsozial; 1929–1931)
Handel und Verkehr:
Eduard Heinl (christlichsozial; 30. 9. 1930–1932)
Soziale Verwaltung:
Josef Resch (christlichsozial; 4. 12. 1930–1931, 1931–1933)
Heerwesen:
Karl Vaugoin (christlichsozial; 1921–1933)
Land- und Forstwirtschaft:
Andreas Thaler (christlichsozial; 1926, 30. 9. 1930–1931)

Schweiz

Staatsform:
Republik
Bundespräsident:
Jean-Marie Musy (katholisch-konservativ; 1925, 1930)

Justiz und Polizei:
Heinrich Häberlin (freisinnig; 1920–1934)
Äußeres:
Giuseppe Motta (katholisch-konservativ; 1920–1940)
Inneres:
Albert Meyer (freisinnig; 1. 1. 1930–1934)
Finanzen und Zölle:
Jean-Marie Musy (katholisch-konservativ; 1919–1934)
Militär:
Rudolf Minger (BGB; 1929–1940)
Volkswirtschaft:
Edmund Schultheß (freisinnig; 1912–1935)
Post und Eisenbahn:
Marcel Pilet-Golaz (freisinnig; 1. 1. 1930–1940)

Deutsches Reich, Österreich und die Schweiz 1930 in Zahlen

Die Statistiken für die drei deutschsprachigen Länder umfassen eine Auswahl von grundlegenden Daten. Es wurden vor allem Daten aufgenommen, die innerhalb der einzelnen Länder vergleichbar sind. Maßgebend für alle Angaben waren die amtlichen Statistiken. Die Zahlen beziehen sich auf die jeweiligen Staatsgrenzen von 1930. Nicht in allen gesellschaftlichen Bereichen finden jährliche Erhebungen statt, so daß mitunter die Daten aus früheren Jahren aufgenommen werden mußten. Das Erhebungsdatum ist jeweils angegeben (unter der Rubrik »Stand«). Die aktuellen Zahlen des Jahres 1930 werden – wo möglich – durch einen Vergleich zum Vorjahr relativiert. Wichtige Zusatzinformationen zum Verständnis einzelner Daten sind in den Fußnoten enthalten.

Deutsches Reich

Erhebungsgegenstand	Wert	Vergleich Vorjahr (%)	Stand
Fläche			
Fläche (km²)	468 753,26	±0	31. 12. 1930
Bevölkerung			
Wohnbevölkerung[2]	65 429 000	+0,5	1930[2]
männlich	30 700 000	–	1925[1]
weiblich	32 214 000	–	1925[1]
Einwohner je km²	138,8	–	1930
Ausländer	957 100	–	1927[1]
Privathaushalte	15 275 000	–	1925[1]
Einpersonenhaushalte	1 026 000	–	1925[1]
Mehrpersonenhaushalte	14 249 000	–	1925[1]
Lebendgeborene	1 127 450	–1,7	1930
Gestorbene	710 850	–11,8	1930
Eheschließungen	562 648	–4,6	1930
Ehescheidungen	40 722	+3,3	1930
Familienstand der Bevölkerung			
Ledige insgesamt	33 009 000	–	1925[1]
männlich	16 492 000	–	1925[1]
weiblich	16 517 000	–	1925[1]
Verheiratete	25 437 000	–	1925[1]
Verwitwete und Geschiedene	3 864 000	–	1925[1]
männlich	977 000	–	1925[1]
weiblich	2 887 000	–	1925[1]
Religionszugehörigkeit			
Christen insgesamt	60 295 591	–	1925[1]
katholisch	20 193 334	–	1925[1]
evangelisch	40 014 677	–	1925[1]
sonstige	87 580	–	1925[1]
Juden	564 379	–	1925[1]
andere, ohne Konfession	1 550 649	–	1925[1]
Altersgruppen			
unter 5 Jahren	5 871 517	–	1925[1]
5 bis unter 10 Jahren	3 986 512	–	1925[1]
10 bis unter 15 Jahren	6 213 829	–	1925[1]
15 bis unter 20 Jahren	6 543 101	–	1925[1]
20 bis unter 30 Jahren	11 457 815	–	1925[1]
30 bis unter 40 Jahren	8 863 091	–	1925[1]
40 bis unter 50 Jahren	7 754 071	–	1925[1]
50 bis unter 60 Jahren	5 961 114	–	1925[1]
60 bis unter 70 Jahren	3 782 002	–	1925[1]
70 bis unter 80 Jahren	1 641 934	–	1925[1]
80 Jahre und darüber	335 633	–	1925[1]

1) Letzte verfügbare Angabe
2) Jahresdurchschnitt

Erhebungsgegenstand	Wert	Vergleich Vorjahr (%)	Stand
Die zehn größten Städte			
Berlin	4 024 165	–	1925[1]
Hamburg	1 079 126	–	1925[1]
Köln	700 222	–	1925[1]
München	680 704	–	1925[1]
Leipzig	679 159	–	1925[1]
Dresden	619 157	–	1925[1]
Breslau	557 139	–	1925[1]
Essen	470 524	–	1925[1]
Frankfurt am Main	467 520	–	1925[1]
Düsseldorf	432 633	–	1925[1]
Erwerbstätigkeit			
Erwerbstätige	32 009 000	–	1925[1]
männlich	20 531 000	–	1925[1]
weiblich	11 478 000	–	1925[1]
nach Wirtschaftsbereichen			
Land- und Forstwirtschaft, Tierhaltung und Fischerei	9 762 000	–	1925[1]
Produzierendes Gewerbe	13 239 000	–	1925[1]
Handel und Verkehr	5 274 000	–	1925[1]
Sonstige	3 734 000	–	1925[1]
Betriebe			
Landwirtschaftliche Betriebe	5 096 533	–	1925[1]
Industrie und Handwerk	1 625 788	–	1925[1]
Baugewerbe	226 949	–	1925[1]
Handel und Verkehr	1 517 823	–	1925[1]
Theater, Musik und Schaustellung	17 057	–	1925[1]
Gesundheitswesen und Hygiene	83 761	–	1925[1]
Außenhandel			
Einfuhr (Mio. RM)	10 852	–22,6	1930
Ausfuhr (Mio. RM)	12 656	–11,0	1930
Ausfuhrüberschuß (Mio. RM)	1 804	+859,6	1930
Verkehr			
Eisenbahnnetz (km)	52 912,79	–	1930
Beförderte Personen (Mio.)	1 829,3	– 7,6	1930
Beförderte Güter (in Mio. t)	399,5	–17,8	1930
Bestand an Kraftfahrzeugen	1 389 923	+17,2	1930
davon Pkw	501 254	+15,7	1930
davon Lkw	157 432	+ 9,4	1930
Binnenschiffe zum Gütertransport	4 872	+ 5,6	1930
Beförderte Güter (t)	105 152 000	–	1930
Handelsschiffe/Seeschiffahrt (BRT)	4 242 000	+ 6,6	1930
Beförderte Güter (t)	44 350 000	–	1930
Luftverkehr			
Beförderte Personen	93 677	– 3,3	1930
Beförderte Güter (t)	2 175,8	+ 5,1	1930
Bildung			
Schüler an			
Volksschulen	6 698 785	–	1926/27[1]
Mittelschulen	259 300	–	1926/27[1]
Höheren Schulen	843 818	–	1926/27[1]
Studenten	129 708	+ 6,0	1930
davon weiblich	18 813	+17,9	1930
Rundfunk			
Hörfunkteilnehmer	3 731 681	+15,2	1930
Gesundheitswesen			
Ärzte	47 527	– 0,6	1930
Zahnärzte	27 460	–	1930
Krankenhäuser	4 774	+ 1,0	1930
Sozialleistungen			
Mitglieder der gesetzlichen Krankenversicherung	21 091 337	+ 0,6	1930
Rentenversicherung der Arbeiter	3 518 395	+ 8,3	1930

Erhebungsgegenstand	Wert	Vergleich Vorjahr (%)	Stand
Rentenversicherung der Angestellten	226285	+20,5	1930
Knappschaftl. Rentenversicherung	381832	+ 4,0	1930
Empfänger v. Arbeitslosenunterstützung	1859000	–	4/1930
Finanzen und Steuern			
Gesamtausgaben des Staates (Mio. RM)	8126,6	–	1930/31
Gesamteinnahmen des Staates (Mio. RM)	7903,5	–	1930/31
Schuldenlast des Staates (Mio. RM)	9629,6	–	1930
Löhne und Gehälter			
Tariflicher Stundenlohn			
männlicher Facharbeiter (Rpf.)	102,8	+1,7	1930
weiblicher Facharbeiter (Rpf.)	64,6	+2,0	1930
Tariflicher Stundenlohn			
männlicher Hilfsarbeiter (Rpf.)	80,7	+1,6	1930
weiblicher Hilfsarbeiter (Rpf.)	53,6	+1,7	1930
Index der tariflichen Stundenlöhne			
in der gewerblichen Wirtschaft (1928 = 100)	107,3	+1,7	1930
Preise			
Index der Einzelhandelspreise (1913 = 100)	148,1	–3,8	1930
Einzelhandelspreise ausgewählter Lebensmittel (RM)			
Butter, 1 kg	3,69	–14,4	1930
Weizenmehl, 1 kg	0,60	+ 5,3	1930
Schweinefleisch, 1 kg	2,33	–10,7	1930
Rindfleisch, 1 kg	2,34	– 0,4	1930
Eier, 1 Stück	0,13	–13,3	1930
Kartoffeln, 5 kg	0,51	–16,4	1930
Vollmilch, 1 l	0,28	– 6,7	1930
Zucker, 1 kg	0,63	+ 3,3	1930
Kaffee, 1 kg	6,82	– 3,3	1930

Erhebungsgegenstand	Bremen	Berlin	Breslau	Aachen	Stuttgart	München
Klimatische Verhältnisse						
Mittlere Lufttemperatur (°C)						
Januar	4,5	2,2	1,2	6,2	3,8	– 0,2
Februar	1,0	0,3	– 0,4	1,8	2,2	– 3,1
März	4,4	4,1	4,0	6,2	7,2	4,6
April	9,1	9,4	9,7	9,3	10,6	7,8
Mai	12,1	13,2	12,9	12,1	13,2	11,9
Juni	19,0	19,6	19,6	18,6	20,5	18,8
Juli	17,3	17,4	17,9	15,9	18,1	16,5
August	17,4	16,3	16,7	17,1	18,0	15,6
September	14,1	13,4	13,8	13,8	15,3	13,1
Oktober	10,1	9,1	9,2	10,5	10,6	7,8
November	6,7	5,9	5,9	7,5	8,1	6,1
Dezember	2,0	0,6	– 0,5	2,8	2,3	– 0,5
Eistage (Temp. unter 0°)						
Eistage	5	9	8	4	4	22
Niederschlagsmengen (mm)						
Januar	24	42	20	38	11	31
Februar	11	5	14	18	9	19
März	22	37	49	34	21	43
April	41	35	49	75	91	144
Mai	76	72	100	83	73	197
Juni	36	22	19	35	80	34
Juli	53	191	89	216	103	183
August	94	104	66	85	67	121
September	102	61	83	107	84	91
Oktober	55	91	206	78	74	128
November	101	93	50	142	84	56
Dezember	22	13	26	34	18	52
Tage mit Schneedecke	8	30	26	3	2	34
Sonnentage (mind. 25 °C)	24	25	42	30	41	37

1) Letzte verfügbare Angabe
2) Jahresdurchschnitt

Österreich

Erhebungsgegenstand	Wert	Vergleich Vorjahr (%)	Stand
Fläche			
Fläche (km²)	83857	±0	30. 6. 1930
Bevölkerung			
Wohnbevölkerung	6684210	–0,3	1930[2]
männlich	3231099	–	1929[1]
weiblich	3468457	–	1929[1]
Einwohner je km²	79,4	–0,3	1930[2]
Lebendgeborene	112330	+0,3	1930
Gestorbene	90315	–7,2	1930
Eheschließungen	51583	+0,6	1930
Ehescheidungen	5774	–	1930
Familienstand der Bevölkerung			
Ledige insgesamt	3587774	–	1920[1]
männlich	1783063	–	1920[1]
weiblich	1804711	–	1920[1]
Verheiratete	2072203	–	1920[1]
Verwitwete und Geschiedene	471471	–	1920[1]
männlich	128848	–	1920[1]
weiblich	346623	–	1920[1]
Religionszugehörigkeit			
Christen insgesamt	6451400	–	1920[1]
katholisch	6225843	–	1920[1]
evangelisch	206505	–	1920[1]
Juden	194584	–	1920[1]
andere, ohne Konfession	19052	–	1920[1]
Altersgruppen			
unter 5 Jahren	556292	–	1923[1]
5 bis unter 10 Jahren	450589	–	1923[1]
10 bis unter 15 Jahren	627284	–	1923[1]
15 bis unter 20 Jahren	633698	–	1923[1]
20 bis unter 30 Jahren	1150756	–	1923[1]
30 bis unter 40 Jahren	953190	–	1923[1]
40 bis unter 50 Jahren	850234	–	1923[1]
50 bis unter 60 Jahren	649361	–	1923[1]
60 bis unter 70 Jahren	432957	–	1923[1]
70 Jahre und darüber	230120	–	1923[1]
Die zehn größten Städte			
Wien	1865780	–	1923[1]
Graz	152706	–	1923[1]
Linz	102081	–	1923[1]
Innsbruck	56401	–	1923[1]
Salzburg	37856	–	1923[1]
Wiener Neustadt	36956	–	1923[1]
St. Pölten	31576	–	1923[1]
Klagenfurt	27423	–	1923[1]
Baden	22217	–	1923[1]
Steyr	22111	–	1923[1]

Erhebungsgegenstand	Wert	Vergleich Vorjahr (%)	Stand
Erwerbstätigkeit			
Erwerbstätige	3 342 996	–	1923[1]
nach Wirtschaftsbereichen			
Land- und Forstwirtschaft, Tierhaltung und Fischerei	1 426 238	–	1923[1]
Industrie und Gewerbe	1 009 952	–	1923[1]
Handel und Verkehr	517 469	–	1923[1]
Öffentlicher Dienst und freie Berufe	210 524	–	1923[1]
Sonstige	178 813	–	1923[1]
vorgemerkte Arbeitslose	186 178	+27,8	Aug. 1930
Betriebe			
Bergbau und verarbeitendes Gewerbe	50 009	–	1928[1]
Baugewerbe	17 189	–	1928[1]
Handel, Gastgewerbe, Reiseverkehr	13 521	–	1928[1]
Sonstige	3 862	–	1928[1]
Außenhandel			
Einfuhr in Mio. öS (Mio. RM)	2738,929 (1619,253)	–17,3	1930
Ausfuhr in Mio. öS (Mio. RM)	1879,614 (1111,604)	–14,8	1930
Einfuhrüberschuß in Mio. öS (Mio. RM)	859,315 (608,199)	–22,2	1930
Verkehr			
Eisenbahnnetz (km)	6 710	+ 0,3	1930
Beförderte Personen	100 963 121	– 3,8	1930
Beförderte Güter (t)	27 222 980	–11,4	1930
Bestand an Kraftfahrzeugen	33 547	–	1930
davon Pkw	17 355	–11,4	1930
davon Lkw	12 516	–15,7	1930
Luftverkehr			
Beförderte Personen	21 869	+26,1	1930
Beförderte Güter (kg)	952 078	+36,3	1930
Bildung			
Schüler an			
Volks- und Hauptschulen	792 623	+ 6,0	1930
Mittelschulen	55 816	–	1930/31
Studenten	20 728	–	1930/31
Gesundheitswesen			
Ärzte in Krankenhäusern	1 784	+ 3,6	1930
Krankenhäuser	277	+ 0,7	1930
Sozialleistungen			
Mitglieder der Arbeiter-Krankenversicherung	998 641	– 5,5	1930
Angestelltenversicherung	359 005	– 0,1	1930
Empfänger von Arbeitslosengeld u. -hilfe	153 188	+46,7	Juli 1930
Finanzen und Steuern			
Gesamtausgaben des Staates in Mio. öS (Mio. RM)	2040,14 (1206,539)	+ 2,5	1930
Gesamteinnahmen des Staates in Mio. öS (Mio. RM)	2026,97 (1648,940)	+ 0,8	
Schuldenlast des Staates in Mio. öS (Mio. RM)	2397,96 (1950,740)	+20,7	1930

Erhebungsgegenstand	Wert	Vergleich Vorjahr (%)	Stand
Preise			
Index der Einzelhandelspreise (1914 = 100)	145	– 1,4	1930
Einzelhandelspreise ausgewählter Lebensmittel öS (RM)			
Butter, 1 kg	6,20 (5,04)	– 3,1	1930
Weizenmehl, 1 kg	0,68 (0,55)	+ 6,2	1930
Schweinefleisch, 1 kg	5,00 (4,07)	+ 2,0	1930
Rindfleisch, 1 kg	3,60 (2,13)	+12,5	1930
Eier, 1 Stück	0,13 (0,08)	–18,8	1930
Kartoffeln, 1 kg	0,16 (0,09)	–42,9	1930
Vollmilch, 1 l	0,54 (0,32)	+ 3,8	1930
Zucker, 1 kg	0,94 (0,56)	+ 2,2	1930
Kaffee, 1 kg	9,20 (5,44)	– 6,1	1930
Index der Lebenshaltungskosten (1914 = 100)	111	±0	1930

Erhebungsgegenstand	Wien	Salzburg	Graz	Klagenfurt	Innsbruck	Feldkirch
Klimatische Verhältnisse						
Mittlere Lufttemperatur (°C)						
Januar	0,4	0,9	– 0,9	– 3,1	1,5	1,8
Februar	– 0,4	– 1,7	– 0,1	– 1,4	0,3	– 0,2
März	6,5	5,9	6,1	5,2	6,8	5,4
April	10,6	9,7	10,3	10,1	10,2	9,1
Mai	14,1	12,4	14,0	13,7	12,6	11,8
Juni	20,8	19,4	19,3	19,6	20,0	19,1
Juli	19,5	17,6	18,6	18,9	17,9	16,4
August	18,1	16,5	17,7	17,9	16,8	16,3
September	15,7	14,3	15,3	15,0	14,3	14,3
Oktober	10,1	8,6	9,2	7,7	8,5	8,3
November	7,0	7,2	5,7	4,2	5,9	6,7
Dezember	0,5	– 0,1	0,8	– 0,7	– 1,9	0,0
Niederschlagsmengen (mm)						
Januar	9	34	10	19	10	19
Februar	47	32	22	27	8	6
März	58	66	38	65	31	44
April	63	92	113	104	51	139
Mai	47	143	46	54	86	169
Juni	22	84	78	35	21	28
Juli	42	121	113	105	160	236
August	109	238	153	170	162	168
September	40	140	122	140	88	154
Oktober	212	170	116	151	99	159
November	64	74	30	55	19	86
Dezember	64	64	58	48	27	45

1) Letzte verfügbare Angabe

Schweiz

Erhebungsgegenstand	Wert	Vergleich Vorjahr (%)	Stand
Fläche			
Fläche (km²)	41 294,9	±0	1930
Bevölkerung			
Wohnbevölkerung	4 051 400	+0,7	1930 1)
männlich	1 958 349	–	1930 2)
weiblich	2 108 051	–	1930 2)
Einwohner je km²	98,1	+0,7	1930
Ausländer	355 522	–	1930 2)
Privathaushalte	1 002 915	–	1930 2)
Lebendgeborene	69 855	+1,2	1930
Gestorbene	46 939	–6,9	1930
Eheschließungen	32 132	+2,9	1930
Ehescheidungen	2 723	–0,4	1930
Familienstand der Bevölkerung 2)			
Ledige insgesamt	2 258 337	–	1930 2)
männlich	1 114 709	–	1930 2)
weiblich	1 143 628	–	1930 2)
Verheiratete	1 530 068	–	1930 2)
Verwitwete und Geschiedene	277 995	–	1930 2)
männlich	77 253	–	1930 2)
weiblich	200 742	–	1930 2)
Religionszugehörigkeit			
evangelisch	2 330 303	–	1930 2)
römisch-katholisch	1 629 043	–	1930 2)
christ-katholisch	37 307	–	1930 2)
Juden	17 973	–	1930 2)
andere, ohne Konfession	51 774	–	1930 2)
Altersgruppen			
unter 5 Jahren	325 122	–	1930
5 bis unter 10 Jahren	347 651	–	1930
10 bis unter 15 Jahren	325 618	–	1930
15 bis unter 20 Jahren	363 122	–	1930
20 bis unter 30 Jahren	730 520	–	1930
30 bis unter 40 Jahren	606 450	–	1930
40 bis unter 50 Jahren	502 742	–	1930
50 bis unter 60 Jahren	428 653	–	1930
60 bis unter 70 Jahren	280 361	–	1930
70 bis unter 80 Jahren	127 329	–	1930
80 Jahre und darüber	28 832	–	1930
Die zehn größten Städte			
Zürich	249 820	–	1930
Basel	148 063	–	1930
Genf	124 121	–	1930
Bern	111 783	–	1930
Lausanne	75 915	–	1930
St. Gallen	63 947	–	1930
Winterthur	53 925	–	1930
Luzern	47 066	–	1930
Biel	37 726	–	1930
La Chaux-de-Fonds	35 252	–	1930
Erwerbstätigkeit			
Erwerbstätige	1 942 626	–	1930
männlich	1 331 358	–	1930
weiblich	611 268	–	1930

Erhebungsgegenstand	Wert	Vergleich Vorjahr (%)	Stand
nach Wirtschaftsbereichen			
Land- und Forstwirtschaft	413 336	–	1930
Industrie, Handwerk, Baugewerbe usw.	848 762	–	1930
Dienstleistungen	680 528	–	1930
Ausländische Arbeitnehmer	210 190	–	1930
Arbeitslose	12 881	+58,4	1930
Betriebe			
Land- und Forstwirtschaft	238 469	–	1929 1)
Industrie, Handwerk, Baugewerbe usw.	103 360	–	1929 1)
Dienstleistungen	112 877	–	1929 1)
Außenhandel			
Einfuhr in Mio. sFr (Mio. RM)	2563,762 (2085,620)	– 6,1	1930
Ausfuhr in Mio. sFr (Mio. RM)	1762,448 (1433,751)	–16,0	1930
Einfuhrüberschuß in Mio. sFr (Mio. RM)	801,314 (651,869)	+26,6	1930
Verkehr			
Eisenbahnnetz (km)	3 040	– 0,0	1930
Beförderte Personen (in 1000)	176 522	+ 0,7	1930 3)
Beförderte Güter (in 1000 t)	25 469	– 3,9	1930 3)
Straßennetz (km)			
Bestand an Kraftfahrzeugen	77 106	+ 9,6	1930
davon Pkw	60 735	+10,1	1930
davon Lkw	14 390	+ 5,2	1930 4)
Zulassung fabrikneuer Kfz	18 747	–	1930
Luftverkehr			
Beförderte Personen (in 1000)	23 816	+14,4	1930
Beförderte Güter (t)	59 510	+22,5	1930
Bildung			
Schüler an			
Primarschulen	471 708	±0	1930/31
Sekundarschulen, untere Mittelschulen	56 993	–	1930/31
Gymnasien	19 507	–	1930/31
Studenten	6 877	+ 3,5	1930/31
Rundfunk			
Hörfunkteilnehmer	103 808	+23,9	1930
Gesundheitswesen			
Praktizierende Ärzte	3 269	–	1928 1)
Praktizierende Zahnärzte	1 080	–	1928 1)
Krankenhäuser	109	+ 0,9	1930
Sozialleistungen			
Mitglieder der gesetzlichen Krankenversicherung	1 640 482	+ 5,1	1930
Empfänger von Arbeitslosengeld und -hilfe	83 361	+74,8	1930
Finanzen und Steuern			
Gesamtausgaben des Staates in Mio. sFr (Mio. RM)	455,185 (370,293)	+22,4	1930
Gesamteinnahmen des Staates in Mio. sFr (Mio. RM)	636,574 (517,853)	+46,1	1930
Schuldenlast des Staates in Mio. sfr (Mio. RM)	1883,271 (1532,04)	– 0,1	1930
Löhne und Gehälter			
Stundenlohn männlicher Arbeiter (sFr/RM)	1,49 (1,21)	+0,7	1930
Preise			
Einzelhandelspreise ausgewählter Lebensmittel (sFr/RM)			
Butter, 1 kg	5,61 (4,56)	– 4,3	1930
Weizenmehl, 1 kg	0,60 (0,49)	– 9,1	1930

1) Geschätzte mittlere Wohnbevölkerung
2) Volkszählung
3) Bahnen des allgemeinen Verkehrs
4) Lieferwagen

Erhebungsgegenstand	Wert	Vergleich Vorjahr (%)	Stand
Preise (Fortsetzung)			
Schweinefleisch, 1 kg	4,50 (3,66)	+ 10,0	1930
Rindfleisch, 1 kg	3,62 (2,94)	+ 6,5	1930
Eier, 1 Stück	0,16 (0,13)	− 11,1	1930
Kartoffeln, 1 kg	0,83 (0,67)	− 30,2	1930
Vollmilch, 1 l	0,35 (0,28)	− 2,8	1930
Kaffee, 1 kg	3,95 (3,21)	− 13,0	1930
Index der Lebenshaltungskosten (1914 = 100)	158	− 1,9	1930

Erhebungsgegenstand	Zürich	Basel	Bern	Genf	Davos	Lugano
Klimatische Verhältnisse						
Mittlere Lufttemperatur (°C)						
Januar	1,8	2,7	1,8	2,9	− 3,7	2,1
Februar	0,4	1,1	0,3	2,3	− 6,3	2,5
März	5,6	6,1	5,2	6,7	− 0,1	7,6
April	9,5	9,6	8,7	10,0	3,5	10,9
Mai	12,0	12,0	11,1	12,4	6,4	14,1
Juni	19,3	19,1	18,3	19,7	13,2	20,3
Juli	16,8	16,9	16,3	18,3	11,4	19,9
August	17,1	17,3	16,7	18,7	11,4	19,6
September	14,8	14,7	14,3	16,3	9,0	17,2
Oktober	9,4	10,0	8,6	10,1	3,3 – 3,4	11,0
November	7,2	7,0	6,2	7,8	0,9	7,4
Dezember	1,6	1,6	1,2	3,0	− 5,2	3,3
Niederschlagsmengen (mm)						
Januar	33	30	37	62	22	100
Februar	18	20	26	29	1	16
März	74	30	68	78	42	120
April	168	112	147	89	45	253
Mai	182	119	147	141	103	214
Juni	81	104	105	79	80	149
Juli	251	198	227	203	138	195
August	129	53	141	108	175	150
September	70	61	71	135	126	225
Oktober	143	102	171	113	89	53
November	117	96	115	97	42	100
Dezember	47	37	44	73	42	33
Sonnenscheindauer (Std.)						
Januar	66	107	61	67	114	93
Februar	95	95	87	98	143	90
März	118	126	111	142	142	150
April	143	137	136	169	127	100
Mai	141	119	120	161	125	168
Juni	269	248	252	269	207	219
Juli	187	181	187	253	191	270
August	213	202	230	273	210	241
September	123	133	137	200	127	190
Oktober	76	103	105	89	111	176
November	81	65	83	98	89	115
Dezember	39	55	41	43	102	112

Staatsoberhäupter und Regierungen ausgewählter Länder 1930

Die Einträge zu den wichtigsten Ländern des Jahres 1930 informieren über die Staatsform (hinter dem Ländernamen), Titel und Namen des Staatsoberhaupts sowie in Klammern dessen Regierungszeit. Es folgen – soweit vorhanden – die Regierungschefs, bei wichtigeren Ländern auch die Außenminister des Jahres 1930; jeweils in Klammern stehen die Zeiträume der Amtsausübung. Eine Kurzdarstellung gibt – wo es sinnvoll erscheint – einen Einblick in die innen- und außenpolitische Situation des Landes. Über bewaffnete Konflikte und Unruhegebiete, auf die hier nicht näher eingegangen wird, informiert der Anhang »Kriege und Krisenherde des Jahres 1930« gesondert.

Afghanistan
Königreich; *König:* Mohammed Nadir Schah (1929–1933)
Ministerpräsident (1929 erstmals ernannt): Sardar Mohammed Haschim Khan

Ägypten
Königreich; *König:* Fuad I. (1922–1936, zuvor Sultan 1917–1922)
Britischer Oberkommissar: Sir Percy Loraine (1929–1933)
Obwohl das Land seit 1922 eine unabhängige Monarchie ist, bleibt der Einfluß Großbritanniens, das den König auf seiner Seite weiß, bestehen. Die nationalistische Wafd-Partei fordert die Abschaffung der britischen Revervatrechte und bekämpft den »probritischen König«, der ein diktatorisches Regime errichtet.

Albanien
Königreich; *König:* Achmed Zogu I. (1928–1939)
Ministerpräsident: Kosta Kotta (1928–1930, 1936–1939)
Albanien ist seit 1927 faktisch italienisches Protektorat.

Algerien
Französisches Generalgouvernement; *Generalgouverneur:* Pierre Louis Bordes (1927–3. 10. 1930), Jules Carde (3. 10. 1930–1935)
Algerien ist ein politisch und wirtschaftlich dem Mutterland angegliedertes französisches Generalgouvernement.

Annam
Kaiserreich unter französischem Protektorat; *Kaiser:* Bao-Dai (1925–1945, danach Staatschef von Vietnam 1945/48/49–1955)
Das Kaiserreich Annam ist als Teil der Indochinesischen Union französisches Protektorat.

Argentinien
Republik; *Präsident:* Hipólito Irigoyen (1916–1922, 1928–7. 9. 1930), José F. Uriburu (7. 9. 1930–1932)

Äthiopien
Königreich/Kaiserreich; *König:* Täfäri Mäkwännen (1928–2. 11. 1930, Kaiser 2. 11. 1930–1974 als Haile Selassie I.)

Australien
Bundesstaat im Britischen Empire; *Ministerpräsident und Außenminister:* James Henry Scullin (1929–1931)
Britischer Generalgouverneur: John Lawrence Baird Baron Stonehaven (1925–3. 10. 1930), Arthur Herbert Tennyson Baron Sommers-Cooks (Verweser 3. 10. 1930–1931)

Belgien
Königreich; *König:* Albert I. (1909–1934)
3. Kabinett Jaspar (1929–1931):
Ministerpräsident: Henri Jaspar (katholisch; 1926–1931)
Außenminister: Paul Hymans (liberal; 1918–1920, 1924/25, 1927–1934, 1934/35)

Bhutan
Königreich; *König:* Jigme Dorji Wangchuk (1926–1952)
Das Land erkennt die britisch-indische Vormacht an, regelt seine inneren Angelegenheiten jedoch selbständig.

Birma
Provinz von Britisch-Indien; *Gouverneur:* Charles Innes (1927–1932)
Birma wurde 1886 von Großbritannien annektiert.

Bolivien
Republik; *Präsident:* Hernando Siles, Präsident (1926–27. 6. 1930), Roberto Inojosa (Revolutionspräsident 27. 6.–23. 8. 1930), Carlos Blanco Galindo (25. 8. 1930–1931)

Brasilien
Bundesrepublik; *Präsident:* Washington Pereira de Souza (1926–24. 10. 1930), Júlio Prestes (24. 10.–4. 11. 1930), Getúlio Dornelles Vargas (4. 11. 1930–1945, 1951–1954)

Bulgarien
Königreich; *König/Zar:* Boris III. (1918–1943)
Ministerpräsident: Andreas Ljáptschew (1926–1931)
Außenminister: Athanasios Burow (1926–1931)

Chile
Republik; *Präsident (Diktator):* Oberst Carlos Ibáñez del Campo (1927–1931)

China
Republik; *Präsident:* Chiang Kai-shek (1928–1931)

Costa Rica
Republik; *Präsident:* Cleto González Víguez (1906–1910, 1912–1914, 1928–1932)

Dänemark
Königreich; *König:* Christian X. (1912–1947)
Ministerpräsident: Thorvald Stauning (1924–1926, 1929–1942)

Danzig
Freie Stadt unter dem Schutz des Völkerbundes; *Völkerbundskommissar:* Manfredi Conte di Gravina (Italiener; 1929–1932)
Senatspräsident: Heinrich Sahm (1920–1931)
Danzig gehört zum polnischen Zollgebiet. Polen vertritt die Freie Stadt im Ausland.

Dominikanische Republik
Republik; *Präsident:* Horacio Vásquez (1899, 1902/03, 1924–18. 2. 1930), Rafael Estrella Urena (2. 3.–16. 8. 1930), Rafael Leónidas Trujillo y Molina (18. 8. 1930–1938, 1942–1952)

Ecuador
Republik; *Präsident:* Isidro Ayora (1926–1931)

El Salvador
Republik; *Präsident:* Pio Rómeo Bosque (1927–1931)

Estland
Republik; *Staats- und Ministerpräsident:* Otto Strandmann (1919, 1929–1931)

Finnland
Republik; *Präsident:* Lauri Relander (1925–1931)
Ministerpräsident: Kyösti Kallio (1922–1924, 1925/26, 1929–2. 7. 1930, 1936/37), Pehr Evind Svinhufvud (4. 7. 1930–1931)
Außenminister: Hjalmar Procope (1924/25, 1927–1931)
Der erneute Kabinettswechsel ist einer von 23 in den Jahren 1917–1939.

Frankreich
Republik; *Präsident:* Gaston Doumergue (1924–1931)
1. Kabinett Tardieu (1929–17. 2. 1930):
Ministerpräsident: André Tardieu (1929–17. 2. 1930, 2. 3.–5. 12. 1930, 1932)
Außenminister: Aristide Briand (1915–17, 1921/22, 1925–1932)
1. Kabinett Chautemps (21.–25. 2. 1930):
Ministerpräsident: Camille Chautemps (21.–25. 2. 1930, 1933/34, 1937/38)
Außenminister: Aristide Briand (1915–17, 1921/22, 1925–1932)
2. Kabinett Tardieu (2. 3.–5. 12. 1930):
Ministerpräsident: André Tardieu (1929–17. 2. 1930, 2. 3.–5. 12. 1930, 1932)
Außenminister: Aristide Briand (1915–17, 1921/22, 1925–1932)
Kabinett Steeg (13. 12. 1930–1931):
Ministerpräsident: Théodore Steeg (13. 12. 1930–1931)
Außenminister: Aristide Briand (1915–17, 1921/22, 1925–1932)

Griechenland
Republik; *Präsident:* Alexander Zaimis (1929–1935)
Ministerpräsident: Eleftherios Weniselos (1910–1915, 1917–1920, 1924, 1928–1930, 1932, 1933)

Großbritannien
Königreich; *König:* Georg V. (1910–1936)
2. Kabinett MacDonald (Labour; 1924, 1929–1931):
Premierminister: James Ramsey MacDonald (1924, 1929–1931)
Außenminister: Arthur Henderson (1929–1931)

Guatemala
Republik; *Präsident:* Lázaro Chacón (1926–13. 12. 1930), Bautillo Palma (13.–16. 12. 1930), Manuel María Orellana (17.–31. 12. 1930)

Haiti
Von den USA besetzte Republik; *Präsident:* Joseph Louis Bornó (1922–23. 4. 1930), Eugène Roy (15. 5.–18. 11. 1930), Stenio Vincent (18. 11. 1930–1941)
Von 1915 bis 1934 ist Haiti von den USA besetzt, die das politische Geschehen, die Finanzen und die Zölle kontrollieren.

Honduras
Republik; *Präsident:* Vicente Mejía Colindres (1929–1933)
Seit seiner Unabhängigkeit als Republik 1838/39 ist Honduras der unstabilste Staat in Zentralamerika.

Indien (Britisch-Indien)
Britisches Vizekönigreich; *Vizekönig:* George Joachim Viscount Goschen of Hawkhurst (Vertreter 1929–1931)

Indochinesiche Union
Französisches Protektorat; *Generalgouverneur:* Pierre Pasquier (1928–1934)
Indochina besteht aus den 1887 vereinigten französischen Protektoraten Annam, Tonkin und Kambodscha, der Kolonie Kotschinchina und seit 1893 auch Laos.

Irak
Königreich; *König:* Faisal I. (1921–1933)

Iran
Siehe Persien (amtlich »Iran« ab 1934)

Irland
Republik (Freistaat im Commonwealth); *Ministerpräsident:* Liam T. Mac Cosgair = William Cosgrave (1922–1932)
Außenminister: Patrick Mac Geollagain = Mac Gilligan (1927–1932)
Britischer Generalgouverneur: James McNeill (1927–1932)

Island
Republik (in Personalunion mit Dänemark bis 1944); *Ministerpräsident:* Trygvi Thorhallson (1927–1932)

Italien
Königreich/Diktatur; *König:* Viktor Emanuel III. (1900–1946)
Ministerpräsident: Benito Mussolini (1922–1943, 1943–1944); Außenminister 1922–1929, 1932–1936, 1943; Innenminister 1922–1924, 1926–1943; Kriegsminister 1933–1943; Marineminster 1933–1943; Luftfahrtminister 1933–1943)
Außenminister: Dino Grandi di Mordano (1929–1932)

Japan
Kaiserreich; *Kaiser:* Hirohito (1926–1989)
Ministerpräsident und Außenminister: Juko Hamaguchi (1929–1931)

Jemen (Sana)
Königreich; *König:* Hamid Ad Din Jahja (1918–1948, davor Imam 1904–1918)

Jugoslawien
Königreich; *König:* Alexander I., Karadordević (1921–1934, bis 1929 König der Serben, Kroaten und Slowenen)

Kambodscha
Königreich, zur Indochinesischen Union gehörendes französisches Protektorat; *König:* Sisovath Monivong (1927 bzw. 1928–1941)

Kanada
Parlamentarische Monarchie im britischen Commonwealth; *Premier- und Außenminister:* William Lyon Mackenzie King (1921–1926, 1926–28. 7. 1930, 1935–1948), Richard Bedford Bennet (8. 8. 1930–1935)
Britischer Generalgouverneur: Freeman

Freeman-Thomas Viscount Ratendone of Willingdone (1926–1931)

Kirchenstaat

Siehe Papst

Kolumbien

Republik; *Präsident:* Miguel Abdía Méndez (1926–7. 8. 1930), Enrique Olaya Herrera (7. 8. 1930–1934)

Korea

Japanisches Generalgouvernement Chosen (1910–1945); *Generalgouverneur:* Makoto Graf Saito (1919–1927, 1929–1931)

Kuba

Republik; *Präsident:* Gerardo Machado de Morales (1925–1933)

Kuwait

Emirat unter britischem Protektorat; *Emir:* Scheich Ahmad (1921–1950)

Laos

Königreich unter französischem Protektorat; *König:* Sisavong Vong (1904–1959)
Laos ist ein seit 1893 zur Indochinesischen Union gehörendes französisches Protektorat.

Lettland

Republik; *Präsident:* Gustav Zemgals (1927–9. 4. 1930), Albert Kviesis (9. 4. 1930–1936)
Ministerpräsident: Hugo Celmiņš (1924/25, 1928–1931)

Libanon

Französisches Völkerbundsmandat; *Präsident:* Charles Dabbas (1926–1934)
Ministerpräsident: Émile Eddé (1929–20. 3. 1930), Auguste Pascha Adib (1926/27, 25. 3. 1930–1932)

Liberia

Republik; *Präsident:* Charles Dunbar Burgess King (1920–1930), Edwin J. Barclay (1930–1943)

Liechtenstein

Fürstentum; *Fürst:* Franz I. (1929–1938)

Litauen

Diktatur; *Diktator:* Antanas Smetona (1919–1922, 1926–1940)
Ministerpräsident: Josef Tubelis (1929–1934)

Luxemburg

Großherzogtum; *Großherzogin:* Charlotte (1919–1964)
Ministerpräsident: Josef Bech (1926–1937, 1953–1958)

Marokko

Sultanat unter französischem Protektorat; *Sultan:* Sidi Muhammad V. (1927–1953)
Großwesir: Muhammad al-Muqri (1917–1955)
Französischer Generalresident: Lucien Saint (1929–1933)

Memelgebiet

Autonomer Staat unter Litauen 1924-1939; *Landespräsident (vom Parlament gewählt):* Kadgiehn (1927–28. 5. 1930)
Landespräsident (von Litauen oktroyiert); Reisgys (16. 8.–29. 10. 1930, 1934)

Mexiko

Bundesrepublik; *Präsident:* Emilio Portes Gil (1928–5. 2. 1930), Pascual Ortiz Rubio (5. 2. 1930–1932)

Monaco

Fürstentum; *Fürst:* Ludwig II. (1922–1949)

Mongolische Volksrepublik

Volksrepublik; *Vorsitzender des Präsidiums des Großen Rates (Staatspräsident):* Korlin Tschoibalsan (1924–1930)
Ministerpräsident: Korlin Tschoibalsan (1924–1952)

Nepal

Königreich; *König:* Tribhuwana Bir Bikram Schah (1911–1950, 1952/53)

Neuseeland

Dominion im britischen Commonwealth; *Premierminister:* Sir Joseph Ward (1906–1912, 1928–15. 5. 1930), Georges William Forbes (Mai 1930–1935)
Britischer Generalgouverneur: Charles Bathurst Bledisloe (1929–1935)

Nicaragua

Republik; *Präsident:* José María Moncada (1929–1932)

Niederlande

Königreich; *Königin:* Wilhelmina (1890–1948)
Ministerpräsident: Charles Joseph Maria Ruys de Beerenbrouck (katholisch 1918–1925, 1929–1933)
Außenminister: Frans Beelaerts van Blokland (1927–1933)

Nordirland

Teil von Großbritannien; *Ministerpräsident:* James Craig Viscount Craigavon (1921–1940)

Norwegen

Königreich; *König:* Håkon VII. (1905–1957)
Ministerpräsident: Johan Ludwig Mowinckel (1924–1926, 1928–1931, 1933–1935)

Palästina

Britisches Völkerbundsmandat; *Oberkommissar:* John Robert Chancellor (1928–1931)

Panama

Republik; *Präsident:* Florencio Harmodio Arosemana (1928–1931)
Panama wird de facto finanziert von der US-Firma United Fruit Company.

Papst

Siehe Vatikanstadt

Paraguay

Republik; *Präsident:* José Particio Guggiari (1928–1931)

Persien

Königreich (amtlich »Iran« ab 1934); *Schah:* Resa Pahlawi (1925–1941)
Ministerpräsident: Mahdi Quly Chan Hidajät (1927–1933)

Peru

Republik; *Präsident:* Augusto Bernardino Leguía (1908–1912, 1919–25. 8. 1930), Pedro Pablo Martínez Ledesma (25.–28. 8. 1930), Luis Sánchez Cerro (27. 8. 1930–1931)

Philippinen

Gouvernement der USA; *Generalgouverneur:* Dwight Filley Davis (1929–1932)

Polen

Republik/autoritär regierter Staat; *Präsident:* Ignacy Mościcki (1926–1939)
Ministerpräsident: Kazimierz Bartel (1926, 1928/29, 1929–15. 3. 1930), Valerius Slawek (29. 3.–23. 8. 1930, 5. 12. 1930–1931, 1935), Józef Klemens Piłsudski (1926–1935)
Kriegsminister: Józef Klemens Piłsudski (1926–1935)
Außenminister: August Zaleski (1926–1932)

Portugal

Diktatur; *Präsident:* António Óscar de Fragoso Carmona (1926–1951)
Ministerpräsident: Arturo Ivens Ferraz (1929–10. 1. 1930), Domingos de Costa Oliveira (21. 1. 1930–1932)

Rumänien

Königreich; *König:* Michael I. (1927–8. 6. 1930, 1940–1947), Karl (Carol) II. (8. 6. 1930–1940)
Ministerpräsident: Iuliu Maniu (1928–7. 6. 1930, 13. 6.–6. 10. 1930, 1932/33, 1944), Georg Mirunescu (7./8. 6. 1930, 10. 10. 1930–1931)

Sansibar

Sultanat unter britischem Protektorat; *Sultan:* Chalifa II. (1911–1960)

Saudi-Arabien

Königreich; *König:* Abd Al Asis Ibn Saud (1926–1953)

Schweden

Königreich; *König:* Gustav V. (1907–1950)
Ministerpräsident: Arvid Lindman (1906–1911, 1928–2. 6. 1930), Carl Gustav Ekman (1926–1928, 6. 6. 1930–1932)
Außenminister: Ernst Trygger (1928–2. 6. 1930), Fredrik von Ramel (7. 6. 1930–1932)

Siam

Siehe Thailand

Sowjetunion

Siehe UdSSR

Spanien

Königreich; *König:* Alfons XIII. (1886–1931)
Ministerpräsisent/Militärdiktator: Miguel Primo de Rivera y Orbaneja (1923–29. 1. 1930, 1927–30. 1. 1930 zugleich Außenminister), Dámaso Berenguer (30. 1. 1930–14. 2. 1931)

Südafrikanische Union

Dominion im Britischen Commonwealth; *Ministerpräsident:* James Barry Munnick Hertzog (1924–1939)
Generalgouverneur: Alexander Earl of Atholne (1924–1931)

Syrien

Französisches Völkerbundsmandat; *Oberkommissar:* Henri Ponsot (1925–1931)
Ministerpräsident: Tadsch ad-Din al-Hasani (1925/26, 1928–1931, 1934–1936)

Thailand

Königreich (amtlicher Name bis 1939: Siam); *König:* Rama VII. Prajadhipok (1925–1935)

Tibet

Autonomer Staat seit 1914; *Dalai-Lama:* Thupten Gjatso (1876/95–1933)
Pantschen-Lama: Tschökji Njima (1883–1937)

Transjordanien

Emirat unter britischem Protektorat: *Emir:* Abd Allah Ibn Al Husain (1921–1946, König 1946–1951)
Ministerpräsident: Rida Pascha ar-Riquabi (1921–23, 1924–1933)

Tschechoslowakei

Republik; *Präsident:* Tomáš Garrigue Mašaryk (1918/20–1935)
Ministerpräsident: Franz Udržal (1929–1932)
Außenminister: Eduard Beneš (1918–1935, danach Staatspräsident 1935–1938 und 1945–1948 sowie 1940–1945 Präsident der tschechoslowakischen Exilregierung in London)

Tunis

Französisches Protektorat; *Bei:* Ahmad II. (1929–1942)
Generalresident: François Manceron (1929–1933)

Türkei

Republik; *Präsident:* Mustafa Kemal Pascha, ab 1934 genannt Kemal Atatürk (1923–1938)
Ministerpräsident: Mustafa Ismet Pascha, ab 1934 genannt Ismet Inönü (1923/24, 1925–1937, 1961–1965)

UdSSR

Republik; *Parteichef:* Josef W. Stalin (1922–1953)
Präsident (Vorsitzender des Präsidiums des Obersten Sowjets): Michail I. Kalinin (1919/1923–1946)
Ministerpräsident (Vorsitzender des Rats der Volkskommissare): Alexei I. Rykow (1924–19. 12. 1930), Wjatscheslaw M. Molotow (19. 12. 1930–1941)
Außenminister (Volkskommissar des Äußeren): Georgi W. Tschitscherin (1918–5. 2. 1930), Maxim M. Litwinow (21. 7. 1930–1939)
Verteidigung: Kliment J. Woroschilow (1925–1940)

Ungarn

Monarchie; *König:* Otto II. (1922–1944/45) lebt in Bayern, nachdem sein Vater, König Karl IV. († 1922), 1921 zweimal an der Rückkehr nach Ungarn gehindert worden ist. 1921 hat die Nationalversammlung die Thronenthebung der Habsburger ausgesprochen.
Reichsverweser: Miklós Horthy (1920–1944)
Ministerpräsident: István Graf Bethlen von Bethlen (1921–1931)
Außenminister: Ludwig Walkó (1925–10. 12. 1930), Mihály Graf Károlyi von Nagykárolyi (10. 12. 1930–1931)

USA

Bundesstaat; *31. Präsident:* Herbert Clark Hoover (Republikaner; 1929–1933)
Vizepräsident: Charles Curtis (1929–1933)
Außenminister: Henry Lewis Stimson (1929–1933)

Vatikanstadt

Absolute Monarchie; *Papst:* Pius XI., vorher Achille Ratti (1922–1939)
Kardinalstaatssekretär: Kardinal Pietro Gasparri (1914–1930), Eugenio Pacelli (9. 2. 1930–1939, unter dem Namen Pius XII. Papst 1939–1958)

Venezuela

Diktatur; *Präsident:* Juan Bautista Pérez (1929–1931)

Kriege und Krisenherde des Jahres 1930

Die herausragenden politischen und militärischen Krisensituationen des Jahres 1930 werden – alphabetisch nach Ländern geordnet – im Überblick dargestellt. Internationale Kriege und Krisenherde sind dem Länderalphabet vorangestellt.

Diktatur in Ägypten

Acht Jahre nachdem Ägypten von Großbritannien formell in die Unabhängigkeit entlassen worden ist, spitzt sich die innenpolitische Lage zu: Am 23. Oktober dekretiert König Fuad I. eine neue Verfassung und erklärt sich selbst zum Diktator. Vorausgegangen sind im Juli blutige Unruhen in Alexandria und anderen Städten, zu deren Unterdrückung Armee-Einheiten eingesetzt wurden.
Hintergrund ist der dauernde innenpolitische Konflikt zwischen dem König, der eine Zusammenarbeit mit der ehemaligen Kolonialmacht befürwortet, und der stark in der Bevölkerung verwurzelten Wafd-Partei, die seit Jahren für eine völlige Unabhängigkeit des Landes kämpft: Großbritannien übt weiterhin die Kontrolle über die auswärtigen Angelegenheiten Ägyptens aus; britische Truppen halten zudem die Zone um den Sueskanal besetzt.

Bolivien: Volk gegen Präsidenten

In Bolivien wird am 27. Juni nach mehrtägigen Straßenkämpfen durch Eingreifen des Militärs Präsident Hernando Siles zum Rücktritt gezwungen: Die vor allem von Grubenarbeitern und Studenten getragene Bewegung richtet sich u. a. gegen die vom Diktator Siles geduldete Niedriglohnpolitik ausländischer Unternehmen, die die Zinn- und Wolframgruben Boliviens kontrollieren.
Direkt nach dem Sturz des Präsidenten beginnen die Streitkräfte mit der Unterdrückung der Volksbewegung. Der Präsident der Revolutionäre, Roberto Inojosa, kann sich nur bis zum 23. August halten, dann übernimmt der Kandidat der bolivianischen Streitkräfte, Carlos Blanco Galindo, die Macht.

Machtwechsel in Brasilien

Durch die sog. Revolution von 1930 übernimmt in Brasilien Getúlio Dornelles Vargas die Macht. Vargas, der in den folgenden zwei Jahrzehnten meist als Diktator das Schicksal des Landes bestimmt, stürzt mit Hilfe junger reformwilliger Offiziere den amtierenden Präsidenten Washington Luis Pereira de Souza, nachdem er bei den Wahlen für dessen Nachfolger unterlegen ist. Der Umsturz bedeutet gleichzeitig eine entscheidende Schwächung der mächtigen Kaffeepflanzer- und Viehzüchtereliten in den Bundesstaaten São Paulo und Minas Gerais, die in den Jahren nach Ausrufung der Republik 1889 zunehmend die politische Macht an sich gerissen hatten und traditionell abwechselnd den Präsidenten stellten.

Bürgerkrieg blutet China aus

Im seit 1916 andauernden chinesischen Bürgerkrieg kommt es zu einem Machtkampf zwischen Chiang Kai-shek, Ministerpräsident der Nationalregierung in Nanking, und dem ihm unterstellten General der Nordtruppen in Peking, Yen Hsi-schan. Der von Yen Hsi-schan und seinem Verbündeten, General Feng Yuxiang, Mitte April gegen Nanking begonnene Feldzug bleibt nach Anfangserfolgen allerdings stecken. Durch das Eingreifen mandschurischer Truppen unter General Tschang Hsüeh-liang auf der Seite Chaing Kai-sheks am 22. September kann die Offensive Yens gestoppt werden, und die Aufständischen müssen sich in die Provinz Schansi zurückziehen.
Aufgrund der anhaltenden Kampfhandlungen im ganzen Land und des Fehlens einer starken Zentralregierung, liegt die chinesische Wirtschaft am Boden; eine Hungersnot fordert Hunderttausende von Menschenleben. Chiang Kai-shek, der seit zwei Jahren Präsident der Nankinger Nationalregierung ist, hat sein ursprüngliches Hauptziel, eine umfassende Landreform, nicht verwirklicht. Die bewaffneten kommunistischen Einheiten unter Mao Tse-tung, deren Machtbereich sich vornehmlich auf die Provinzen Kiangsi und Fukien beschränkt, erhalten zunehmend Zulauf von Bauern, die ein Ende der Willkürherrschaft von Großgrundbesitzern und regionalen Militärmachthabern herbeisehnen.

Indischer Protest gegen Briten

Die indische Unabhängigkeitsbewegung unter Mohandas Karamchand »Mahatma« Gandhi eröffnet 1930 eine gewaltlose Widerstandskampagne gegen die britische Kolonialregierung.
Gandhi, der grundsätzlich gegen eine Gewaltanwendung bei der Durchsetzung der indischen Unabhängigkeit ist, protestiert mit einem 24tätigen sog. Salzmarsch, den er am 6. April mit dem Auflesen von Salzkristallen am Golf von Cambay beendet, gegen das Salzmonopol der Briten. Die Kolonialregierung reagiert mit Repressionsmaßnahmen auf die Aktionen der Inder: Rund 60 000 Anhänger der Unabhängigkeitsbewegung werden im April verhaftet, unter ihnen auch der Präsident des Indischen Nationalkongresses, Jawaharlal »Pandit« Nehru.
Ausdruck der unnachgiebigen Haltung der Briten ist der im Juni veröffentlichte sog. Simon-Bericht, der von der britischen Regierung in Auftrag gegeben wurde, um die innenpolitische Lage in Indien zu beurteilen. Der Bericht bezweifelt, daß die Inder für eine Unabhängigkeit »reif« genug seien. Seine Veröffentlichung löst Demonstrationen und Proteste in ganz Indien aus.

Militärrevolten in Spanien

Nach dem Rücktritt des mit diktatorischen Vollmachten regierenden Ministerpräsidenten Miguel Primo de Rivera y Orbaneja am 28. Januar 1930 verstärkt sich in Spanien die Forderung nach einer demokratischen Republik.
Primo de Rivera, der 1923 durch einen Militärputsch an die Macht gekommen war, hatte seit Ende 1929 sowohl die Unterstützung des spanischen Königs Alfons XIII. als auch des Militärs verloren: Sein Versuch, die durch die Weltwirtschaftskrise geschwächte spanische Wirtschaft zu stützen, scheiterte, und die Armee wurde durch eine mißlungene Heeresreform gegen den Diktator aufgebracht.
Höhepunkt der von den Republikanern organisierten Oppositionskampagne sind im Dezember des Jahres Militärrevolten, u. a. auf dem Madrider Flughafen Cuatro Vientos und in der nordspanischen Grenzfestung Jaca. Die Aufstände können jedoch vom neuen Ministerpräsidenten Dámaso Berenguer mit Hilfe regierungstreuer Truppen niedergeschlagen werden.

Türkischer Angriff auf Kurden

Türkische Armee-Einheiten gehen im August im türkisch-persischen Grenzgebiet gegen kurdische Aufständische vor, die von Persien aus Überfälle auf türkisches Gebiet unternommen hatten.
Stämme des halbnomadischen Volkes der Kurden, die in der Türkei, dem Irak, Persien, Syrien und in der Sowjetunion als Minderheiten leben, revoltieren gegen die westlich-orientierte türkische Regierung unter Mustafa Kemal Pascha (später Kemal Atatürk): Die kurdische Stammesaristokratie sieht durch die demokratische Verfassung der Türkei ihre traditionellen Privilegien bedroht.
Bereits 1925 hatte die türkische Regierung die Luftwaffe zur Bekämpfung eines Kurdenaufstandes im Südosten des Landes eingesetzt, dem sich insgesamt rund 20 000 Stammesangehörige angeschlossen hatten.
Die Militäraktion der Türken, die im Herbst 1930 mit der Aufgabe der am Ararat eingeschlossenen Kurden endet, führt zu Spannungen zwischen der Türkei und Persien, da die türkischen Truppen ohne Einwilligung Persiens die Grenze zu ihrem Nachbarn überschritten haben.

Kulakenverfolgung in der UdSSR

In der Sowjetunion beginnt die Verfolgung der sog. Kulaken (Großbauern), der in den folgenden Jahren mehrere Millionen Menschen zum Opfer fallen.
Staats- und Parteichef Josef W. Stalin ordnet am 1. Februar die Enteignung und Deportation der Kulaken an, die sich der seit 1927 betriebenen Kollektivierung der Landwirtschaft (Zusammenschluß landwirtschaftlicher Einzelbetriebe zu gemeinschaftlich bewirtschafteten Genossenschaftsbetrieben) widersetzt haben und damit dem geplanten Umbruch der Wirtschafts- und Gesellschaftsordnung im Wege stehen.
Die Verfolgung der Kulaken wird im ganzen Land systematisch vorangetrieben: Millionen werden verhaftet, aus ihren Dörfern vertrieben, ermordet oder deportiert; nur wenige Tausend können ins Ausland entkommen.
Die Ausrottung der Kulaken führt in den folgenden Jahren zu einem drastischen Produktionsausfall in der Landwirtschaft und zu einer großen Hungersnot mit mehreren Millionen Toten.

Ausgewählte Neuerscheinungen auf dem Buchmarkt 1930

Die Auswahl berücksichtigt nicht nur Neuerscheinungen von literarischem oder wissenschaftlichem Wert, sondern auch vielgelesene Bücher des Jahres 1930. Innerhalb der einzelnen Länder sind die erschienenen Werke alphabetisch nach Autoren geordnet (siehe auch Übersichtsartikel auf S. 28).

Deutsches Reich

Lion Feuchtwanger
Erfolg
Drei Jahre Geschichte einer Provinz
Roman
Beim Verlag Kiepenheuer in Berlin erscheint der Zeitgeschichtsroman »Erfolg. Drei Jahre Geschichte einer Provinz« von Lion Feuchtwanger (1884–1958). Aus der Perspektive eines Historikers aus dem Jahre 2000 gibt Feuchtwanger einen Querschnitt durch die politisch-gesellschaftlichen Zustände in Bayern von 1921 bis 1924. Die so skizzierten Verhältnisse bilden die Grundlage für den »Wiedereinbruch in die Barbarei« nach dem Ersten Weltkrieg, besonders für das Entstehen des Nationalsozialismus. Viele Romanfiguren entsprechen historischen Personen (Bertolt Brecht, Adolf Hitler, Erich von Ludendorff u. a.), jedoch ist die »photographische Realität des Einzelgesichts« zugunsten der »bildnishaften Wahrheit des Typus« getilgt. Der Handlungskern in dem episch breit angelegten Panorama bayerischer Charaktere und Verhältnisse ist der erfolglose Kampf einiger (politisch links stehender) Intellektueller gegen ein Justizverbrechen.

Hermann Hesse
Narziß und Goldmund
Erzählung
Die Erzählung »Narziß und Goldmund«, die beim Verlag Fischer in Berlin erscheint, zählt zu den erfolgreichsten Büchern von Hermann Hesse (1877–1962). In diesem in der ersten Hälfte des 14. Jahrhunderts spielenden Entwicklungsroman personifiziert Hesse in dem Freundespaar Narziß und Goldmund zwei grundsätzlich verschiedene Lebenshaltungen. Goldmund verkörpert die sinnliche Leidenschaftlichkeit (Eros) und Narziß die asketische Geistigkeit (Logos). Dem einen droht »Ertrinken in der Sinnenwelt«, dem anderen »Ersticken im luftleeren Raum«. In zahlreichen Liebesabenteuern sucht Goldmund das Urbild der Mutter, die Frau als Eva und Madonna. Er findet zu seiner wahren Bestimmung aber erst, als er in dem Kloster Bildhauer wird, in dem er und Narziß sich als Schüler kennengelernt haben und das nun von Narziß als Abt geleitet wird. In dem Zusammenleben beider zeichnet sich schließlich die Harmonie von Eros und Logos ab.

Ernst Penzoldt
Die Powenzbande
Zoologie einer Familie gemeinverständlich dargestellt
Roman
Schlagartig bekannt wirt Ernst Penzoldt (1892–1955) mit dem modernen Schelmenroman »Die Powenzbande«, der mit dem Untertitel »Zoologie einer Familie gemeinverständlich dargestellt« beim Propyläen-Verlag in Berlin erscheint. In die Form einer wissenschaftlichen Biographie (mit Anmerkungen) kleidet Penzoldt diese humorvoll-ironische Familienchronik, in der er Leben und Taten der Powenze schildert, einer kinderreichen Landstreicherfamilie, die sich durch List und Betrug wider den Willen der ganzen Stadt Mössel dort ansiedelt und ein Haus baut. Mit liebenswürdigem Witz und hintergründigem Sarkasmus zeichnet Penzoldt diese Familie als ironischen Kontrast zur muffigen, in verlogenen Konventionen erstarrten Welt des Spießbürgertums.

Ludwig Renn
(eigentl. Arnold Friedrich Vieth von Golßenau)
Nachkrieg
Roman
Eine Fortsetzung des Bestsellers »Krieg« (1928) ist der beim Agis-Verlag in Berlin erscheinende Roman »Nachkrieg« von Ludwig Renn (1889–1979). Geschildert wird die Nachkriegsepoche im Deutschen Reich der Zeit von 1918 bis 1921, die von Aufständen, Hungersnot, Inflation und dem Kapp-Putsch geprägt ist. Der desorientierte Kriegsheimkehrer Renn wird Wahlführer eines Bataillons von republikanischen Sicherheitstruppen. Immer deutlicher meint er zu erkennen, daß die Mehrheitssozialdemokaten die Revolution verraten haben und bekennt sich am Ende zum Kommunismus. Während des Kapp-Putsches weigert er sich, auf streikende Arbeiter zu schießen, und quittiert den Dienst.

Rudolf Alexander Schröder
Mitte des Lebens
Geistliche Gedichte
Durch das Erlebnis des Ersten Weltkriegs und der Nachkriegszeit geprägt sind die geistlichen Gedichte, die Rudolf Alexander Schröder (1878–1962) beim Verlag Insel in Leipzig unter dem Titel »Mitte des Lebens« veröffentlicht. Die betont schlicht gehaltenen Bitten, Danksagungen, Bekenntnisse und Gedichte für christliche Festtage und Feiern stehen in der Nachfolge des Kirchenlieddichters Paul Gerhardt. Schröder gilt als der bedeutendste Erneuerer des protestantischen Kirchenliedes im 20. Jahrhundert.

Ina Seidel
Das Wunschkind
Roman
Bei der Deutschen Verlags-Anstalt in Stuttgart erscheint das Hauptwerk von Ina Seidel (1885–1974), der zweibändige Roman »Das Wunschkind«. Der historische Familien- und Gesellschaftsroman umfaßt den Zeitraum von 1793 bis 1813. Vor dem Hintergrund der Revolutionskriege, der Napoleonischen Feldzüge und des deutschen Feiheitskampfes gegen die Franzosen wird das Schicksal einer jungen Witwe, Cornelie Echter von Mespelbrunn, und ihres »Wunschkindes« Christoph geschildert. Das in der letzten gemeinsamen Nacht gezeugte Kind gibt ihr Kraft, Kriegsnot und seelische Krisen schicksalsergeben durchzustehen und zu einer Quelle der Güte für andere zu werden. Als Christoph 1813 während der Freiheitskriege als junger Soldat fällt, wendet sie sich karitativem Wirken zu.

Frankreich

André Breton
Zweites surrealistisches Manifest
(Second manifeste du surréalisme)
Programmatischer Essay
Sechs Jahre nach der Veröffentlichung des »Manifest des Surrealismus« (1924) erscheint in Paris das »Zweite surrealistische Manifest« von André Breton (1896–1966), dem führenden Theoretiker dieser Kunstrichtung. Dieser Essay ist eine intensive Auseinandersetzung mit dem Kommunismus, dem sich viele Surrealisten in den vergangenen Jahren genähert haben. Breton hingegen stellt den Surrealismus als revolutionäre Kraft über den Marxismus. Ziel des Surrealismus, so Breton, sei die Schaffung eines »kollektiven Mythos«: »Alles deutet darauf hin, daß es einen bestimmten Punkt des Geistes gibt, von dem aus Leben und Tod, Wirkliches und Unwirkliches, Gewesenes und Kommendes, Mitteilbares und Nichtmehr-Mitteilbares, Oben und Unten nicht mehr als Gegensätze und Widersprüche erscheinen.« – Die deutsche Übersetzung erscheint 1968.

André Malraux
Der Königsweg
(La Voie royale)
Roman
In Paris erscheint der Roman »Der Königsweg« von André Malraux (1902–1976). Erzählt wird die abenteuerliche Geschichte eines jungen Archäologen, der im Gebiet feindseliger Eingeborener in Kambodscha auf der Suche nach alten Tempeln und einem alten Pilgerweg ist. Auf der Schiffsüberfahrt lernt er den Abenteurer Perken kennen, einen extremen Individualisten, der sich seiner Forschungsreise anschließt. Unter dem Einfluß von Perken wandelt sich der Archäologe mehr und mehr vom Wissenschaftler zum Abenteurer, verrät schließlich seine wissenschaftliche Aufgabe und verkauft Khmer-Plastiken, um Perken aus Geldnöten zu helfen. Als Perken im Urwald an der Verwundung durch einen vergifteten Pfeil stirbt, begreift der Archäologe die Absurdität der menschlichen Existenz und des Todes, »daß nichts, absolut nichts das Ende einer menschlichen Existenz rechtfertigen« kann. – Eine deutsche Teilübersetzung erscheint 1930, die deutsche Gesamtübersetzung wird 1963 herausgegeben.

Großbritannien

T(homas) S(tearns) Eliot
Aschermittwoch
(Ash-Wednesday)
Gedicht
In London erscheint die erste Gesamtausgabe des sechsteiligen Gedichts »Aschermittwoch« von Thomas Stearns Eliot (1888–1965). Das Werk ist die erste größere Arbeit des US-amerikanisch-englischen Dichters nach seiner Konversion zum (Anglo-)Katholizismus. Geschildert wird in sechs gebetsartigen Monologen die Reinigung eines bekehrten Sünders, der sich mit Hilfe Marias Gott nähert und alles Irdische als Sünde hinter sich läßt. – Die deutsche Übersetzung (von Rudolf Alexander Schröder) erscheint 1951.

John Boynton Priestley
Engelgasse
(Angel Pavement)
Roman
Unter dem Einfluß von Charles Dickens steht der in London erscheinende Roman »Engelgasse« von John Boynton Priestley (1894–1984). Realistisch und humorvoll zeichnet Priestley das Leben der Mitarbeiter einer Möbelfirma in London. Die Routine dieser Menschen ändert sich schlagartig, als ein neuer Angestellter durch originelle Arbeitsmethoden zahlreiche Aufträge hereinholt und das Unternehmen zu großem wirtschaftlichem Erfolg zu führen scheint. Doch dieser Mann, Golspie, verschwindet ebenso plötzlich, wie er aufgetaucht ist, und überläßt die Getäuschten dem finanziellen Ruin. – Die deutsche Übersetzung erscheint 1931.

Victoria Mary Sackville-West
Schloß Chevron
(The Edwardians)
Roman
Die verstaubte Welt des Adels, der in den eigenen Traditionen gefangenbleibt, ist das Thema des in London erscheinenden Romans »Schloß Chevron« von Victoria Mary Sackville-West (1892–1962). Im Mittelpunkt der Handlung steht der romantisch veranlagte Sebastian, Erbe eines riesigen Vermögens und Herr auf Chevron. Er versucht, aus dem Gefängnis der Konventionen auszubrechen, die ihm ein Leben in festgelegten Bahnen, ohne Aussicht auf Veränderungen oder Überraschungen vorschreiben. Nach mehreren Liebesabenteuern verläßt er England mit einer Forschungsexpedition. – Die deutsche Übersetzung erscheint 1931.

Evelyn Waugh
... aber das Fleisch ist schwach
(Vile Bodies)
Roman
In London erscheint der Roman »... aber das Fleisch ist schwach« von Evelyn Waugh (1903–1966). Mit dieser Satire auf das Verhalten der Londoner Oberschicht in den 20er Jahren legt der Journalist und Lehrer Waugh seinen zweiten Roman vor. In grotesken Gesellschaftsgemälden werden nicht nur Snobismus und Promiskuität der »jeunesse dorée« dargestellt, sondern auch Bereiche wie Politik, Presse oder Sport. Im Mittelpunkt der locker verknüpften Szenen steht der Klatschjournalist Adam, der von Party zu Party hetzt. – Die deutsche Übersetzung erscheint 1951.

Norwegen

Knut Hamsun
(eigentl. K. Pedersen)
August Weltumsegler
(August)
Roman
»August Weltumsegler«, erschienen in Oslo, ist der zweite Teil einer Trilogie von Knut Hamsun (1859–1952), die 1927 mit »Landstreicher« begann und 1933 mit

»Nach Jahr und Tag« zu Ende geführt wird. Der Titelheld August kehrt in seine Heimatbucht an der Küste Nordnorwegens zurück und versucht, seinen oberflächlichen Glauben an Zivilisation und Fortschritt in Taten umzusetzen. Doch er scheitert ebenso mit der Gründung einer Bank wie mit dem Bau einer Fischmehlfabrik. Die hamsunsche Tendenz des Werkes wird deutlich in den Worten: »Kein Mensch auf Erden lebt von Banken und Industrie, kein einziger. Die Menschen leben von drei Dingen und nicht mehr: Vom Korn auf dem Feld, vom Fisch im Meer und von den Tieren und Vögeln im Wald – von diesen drei Dingen.« – Die deutsche Übersetzung erscheint 1930.

Österreich

Sigmund Freud
Das Unbehagen in der Kultur
Gesellschaftstheoretische Schrift
Das »Lustprinzip« als obersten Lebenszweck bezeichnet Sigmund Freud (1856–1939) in der gesellschaftstheoretischen Schrift »Das Unbehagen in der Kultur«, die in Leipzig, Wien und Zürich erscheint. Da das Lustprinzip aber »im Hader mit der ganzen Welt« liegt, hat die »Leidverminderung« die »Lustgewinnung« in der Gesellschaft in den Hintergrund gedrängt. Freud untersucht die verschiedenen Strategien von Leidverminderung (Abkapselung von der Außenwelt, Kunstgenuß, Beteiligung an kollektiver Arbeit usw.) und bezeichnet die Aggressionsneigung als das unlösbare Hauptproblem der Gesellschaft: »Die Schicksalsfrage der Menschenart scheint mir zu sein, ob und in welchem Maße es ihrer Kulturentwicklung gelingen wird, der Störung des Zusammenlebens durch den menschlichen Aggressionstrieb Herr zu werden.«

Ödön von Horváth
(eigentl. Edmur von Horvath)
Der ewige Spießer
Erbaulicher Roman in drei Teilen
Beim Propyläen-Verlag in Berlin erscheint der ironisch als »erbaulich« bezeichnete Roman »Der ewige Spießer« von Ödön von Horváth (1901–1938). Ziel der Kritik Horváths sind Angehörige des nach dem Ersten Weltkrieg entstandenen »neuen Mittelstands«, Typen, die durch Dummheit, Egoismus, Habgier, Amoralität, Unterwürfigkeit und politische Kurzsichtigkeit charakterisiert werden. Ihre Sprache ist ein oft mundartlich gefärbter, von Phrasen und nichtssagenden Floskeln strotzender »Bildungsjargon«. Dabei bedient sich Horváth im ersten Teil der Form des Reiseromans, um möglichst viele dieser Typen zu beschreiben. Im zweiten und dritten Teil wird das Schicksal einer Arbeitslosen geschildert, die zur Prostituierten wird, aber dank eines Verehrers die konfliktlose Rückkehr ins bürgerliche Dasein schafft.

Robert Musil
Der Mann ohne Eigenschaften
Roman
In Berlin erscheint der erste Band (»Reise an den Rand des Möglichen«) des unvollendeten Romans »Der Mann ohne Eigenschaften« von Robert Musil (1880–1942). Dieses umfangreiche Hauptwerk des Autors ist als »ein aus der Vergangenheit entwickelter Gegenwartsroman« konzipiert. Er spielt in der österreichisch-ungarischen Monarchie der Jahre 1913/14, an deren exemplarischem Niedergang die Krise der bürgerlichen Gesellschaft vorgeführt wird. Die Hauptperson Ulrich, der »Mann ohne Eigenschaften«, lebt in skeptischer Distanz zur Gesellschaft. Die Agonie der k. u. k. Monarchie spiegelt sich in den Reflexionen des mit autobiographischen Zügen ausgestatteten Ulrich, der in seiner Passivität nicht das wirkliche, sondern das geistige Prinzip des »Möglichen« verkörpert. In der additiven, nicht kausalen Erzählweise, der Unverbundenheit der Erzählstränge, Begebenheiten und Geschichten der Nebenfiguren läßt sich ein ordnendes Prinzip in der epischen Darbietung nur schwer erkennen. Der zweite Band erscheint 1933 auf Drängen des Rowohlt-Verlags (»Ins Tausendjährige Reich«). Ein Jahr nach dem Tod Musils veröffentlicht seine Witwe 40 weitere Kapitel (»Fragmente aus dem Nachlaß«). Als kritisches Zeit- und Gesellschaftsbild mußte der Roman unvollendet bleiben.

Joseph Roth
Hiob
Roman eines einfachen Mannes
Eine moderne Version des alttestamentlichen Hiob-Stoffes ist der bei Kiepenheuer in Berlin verlegte Roman »Hiob« von Joseph Roth (1894–1939). Wie der Hiob des Alten Testaments wird der Lehrer Mendel Singer, »fromm, gottesfürchtig und gewöhnlich, ein ganz alltäglicher Jude«, von Schicksalsschlägen getroffen (Verlust der Kinder im Weltkrieg, Tod der Frau usw.), die seine ganze bisherige Existenz vernichten. Mendel wendet sich von Gott ab, findet jedoch zum Glauben zurück, als sein schwachsinniger, epileptischer jüngster Sohn auf wunderbare Weise gesund wird und als Musiker und Dirigent Karriere macht.

Portugal

José Maria Ferreira de Castro
Die Kautschukzapfer
(A selva)
Roman
Einen Welterfolg erringt José Maria Ferreira de Castro (1898–1974) mit dem autobiographisch gefärbten, sozialkritischen Roman »Die Kautschukzapfer«, erschienen in Lissabon. Geschildert werden die unmenschlichen Lebensbedingungen von Kautschukzapfern in der grünen Hölle des brasilianischen Urwaldes, die wie Sklaven gehalten und ausgebeutet werden. Durch die nüchtern dokumentarische Form der Reportage gewinnt die Darstellung Überzeugungskraft und Spannung. – Die deutsche Übersetzung erscheint 1933.

Spanien

José Ortega y Gasset
Der Aufstand der Massen
(La rebelión de las masas)
Kulturphilosophischer Essay
Der kulturphilosophische Essay »Der Aufstand der Massen« von José Ortega y Gasset (1883–1955), erschienen in Madrid, zählt zu den bedeutendsten zeitkritischen Werken der 30er Jahre. Ortega geht von der aristokratischen Ordnung der menschlichen Gesellschaft als naturgemäßer Gegebenheit aus. Der »Aufstieg der Massen zu voller gesellschaftlicher Macht« im 20. Jahrhundert habe die Gesellschaft grundlegend geändert. In der Erklärung der Gleichheit aller Menschen sieht Ortega einen Grund für das Umkippen der modernen Zivilisation in eine »ungerichtete Aggressivität«, wie dies im Faschismus zum Ausdruck gekommen sei. Doch erkennt Ortega im »Aufstand der Massen« auch die Möglichkeit für eine neue, »unvergleichliche Organisation der Menschheit«. Der Impuls hierzu müsse von einem geeinten Europa ausgehen. – Die deutsche Übersetzung liegt 1931 vor.

USA

Pearl S(ydenstricker) Buck
Ostwind – Westwind
(East Wind – West Wind)
Roman
Ein großer Erfolg wird der in New York erscheinende erste Roman »Ostwind – Westwind« der Schriftstellerin Pearl S. Buck (1892–1973). In Tagebuchform schildert eine Chinesin die Versuche ihres Mannes, nach einem Studium in den USA mit den alten Sitten und Gebräuchen zu brechen und sich westlicher Lebensweise anzupassen. Zunächst bewirken diese Bestrebungen nur Verunsicherung und Unruhe der Frau, die sich aus der sklavischen Unterordnung lösen und ihrem Mann eine echte Partnerin sein soll. Erst allmählich vermag sie die Widersprüche zwischen Tradition und Moderne, östlicher und westlicher Welt in ihrem privaten Bereich zu lösen. – Die deutsche Übersetzung erscheint 1934.

John Dos Passos
Der 42. Breitengrad
(The 42nd Parallel)
Roman
Der in New York erscheinende Roman »Der 42. Breitengrad« ist der erste Teil der Trilogie »U. S. A.« von John Dos Passos (1896–1970); 1932 erscheint der zweite Teil »1919«, 1936 schließlich der letzte Teil »Hochfinanz«. Dos Passos bedient sich der »Montage«-Technik, die bereits Alfred Döblin in »Berlin Alexanderplatz« (1929) angewandt hat: Die Handlung wird unterbrochen durch »Wochenschauen« aus Zeitungsschlagzeilen, Werbe- und Schlagertexten, politischen Schlagworten u. a. sowie durch Kurzbiographien zeitgenössischer Persönlichkeiten. In sog. »Kameraauge«-Kapiteln kommentiert der Autor die Handlung im Stil des inneren Monologs (»stream of consciousness«). Geschildert werden in diesem kritischen USA-Panorama die Schicksale von fünf Menschen aus verschiedenen sozialen Milieus in der Zeit von 1900 bis 1916. – Die deutsche Übersetzung erscheint 1930.

William Faulkner
Als ich im Sterben lag
(As I Lay Dying)
Roman
William Faulkner (1897–1962) legt mit seinem in New York erschienenen Roman »Als ich im Sterben lag« seinen fünften und nach eigenen Aussagen »besten« Roman vor. Geschildert wird die Fahrt einer Familie von »armen Weißen« vom Heimatort bis zu der Stadt, wo die soeben verstorbene Mutter beigesetzt werden wollte. Die mehrere Tage dauernde Reise, die aus den 15 verschiedenen Perspektiven der einzelnen Familienmitglieder wiedergegeben wird, gestaltet sich zur Groteske: Der Gestank der Leiche im Sarg wird unerträglich, ein Sohn wird zum Brandstifter und endet im Irrenhaus, die schwangere Tochter wird verführt, der Vater beginnt ein Verhältnis mit der Frau, bei der er sich die Schaufeln für das Grab ausleiht usw. – Die deutsche Übersetzung erscheint 1961.

Uraufführungen Schauspiel, Oper, Operette und Ballett 1930

Die bedeutendsten Uraufführungen aus Schauspiel, Oper, Operette und Ballett sind innerhalb der einzelnen Länder alphabetisch nach Autoren/Komponisten geordnet (siehe auch Übersichtsartikel auf S. 44, S. 166 und S. 186).

Deutsches Reich

Bertolt Brecht/Kurt Weill
Aufstieg und Fall der Stadt Mahagonny
Oper
Die Oper »Aufstieg und Fall der Stadt Mahagonny« von Bertolt Brecht (Text) und Kurt Weill (Musik) wird am 9. März im Opernhaus Leizig uraufgeführt. Das bürgerliche Publikum reagiert mit einem Theaterskandal auf dieses klassenkämpferische Stück, das von Jazzrhythmen, Schlagermelodien, Saxophonklängen und ungewohnt rauhen Tönen getragen wird. So ist es weniger Oper im herkömmlichen Sinn, sondern mehr in die Nähe des Musicals und der Show gerückt. Auch der Inhalt wirkt auf das konventionelle Opernpublikum wie eine Provokation: Drei steckbrieflich gesuchte Personen haben in einer einsamen Gegend die Stadt »Mahagonny« (»Netze-Stadt«) gegründet, in der sie alle Männer fangen wollen, die in den umliegenden Gewässern Gold gefunden haben. Die Stadt blüht rasch auf, und als sich in ihr Jenny mit sechs Mädchen niederläßt, kommt der Ruf auf, in Mahagonny sei alles erlaubt, was sonst verboten ist.

Bertolt Brecht/Kurt Weill
Der Jasager
Schuloper
Am 23. Juni findet am Zentralinstitut für Erziehung und Unterricht in Berlin in Zusammenarbeit mit Schülern der Karl-Marx-Oberschule Neukölln die Uraufführung der Schuloper »Der Jasager« von Bertolt Brecht (1898–1956; Text) und Kurt Weill (1900–1950; Musik) statt. Ein Knabe schließt sich einer Forschungsreise an, um Medizin für seine kranke Mutter zu holen; als er einen steilen Grat nicht überqueren kann, wird er entsprechend einem alten Brauch mit seinem Einverständnis (»Jasager«) getötet. – Die Fassung wird von Brecht verworfen; noch 1930 erscheint im Druck »Der Neinsager«: Der Knabe erklärt sich nicht einverstanden mit seiner Tötung, sondern verlangt von den anderen Reisenden, »in jeder neuen Lage neu nachzudenken«.

Bruno Frank
Der Sturm im Wasserglas
Komödie in drei Akten
Die Komödie »Der Sturm im Wasserglas« von Bruno Frank (1887–1945) wird am 29. August im Schauspielhaus Dresden uraufgeführt. Das Stück, das bayerische Volkstheatertraditionen und bühnenwirksamen Realismus miteinander verbindet, wird das erfolgreichste Werk des Autors. Im Mittelpunkt der Handlung steht das Schicksal eines skrupellosen Münchner Bürgermeisterkandidaten, der nach einer drastischen Erhöhung der Hundesteuer politisch und in seiner Ehe Schiffbruch erleidet.

Friedrich Wolf
Die Matrosen von Cattaro
Ein Schauspiel
Das sozialistische Antikriegsstück »Die Matrosen von Cattaro« von Friedrich Wolf (1888–1953) wird am 8. November an der Volksbühne Berlin uraufgeführt. Wolf geht in diesem Drama der Frage der Berechtigung revolutionärer Gewaltanwendung nach und untersucht das Verhältnis zwischen führenden Persönlichkeiten einer Revolution und dem Volk am Beispiel eines Empörungsversuchs in der östereichisch-ungarischen Marine 1918. Die standrechtliche Erschießung des Bootsmannsmaats Franz Rasch, der die Empörung angezettelt hat, und dreier Kameraden »ist nicht das Ende, das ist erst der Anfang« (der Revolution).

Frankreich

Jean Cocteau
Die geliebte Stimme
(La Voix humaine)
Einakter
Das einaktige Einpersonenstück »Die geliebte Stimme« von Jean Cocteau (1889–1963) wird am 17. Februar in der Comédie-Française in Paris uraufgeführt. Eine Frau telefoniert zum letzten Mal mit ihrem Geliebten, der sie verlassen hat. Das Telefon bzw. die Stimme, die sie am Telefon hört, ist ihre einzige Verbindung zu dem, den sie noch liebt. Während das Gespräch zu Ende geht, erdrosselt sie sich mit der Telefonschnur. – Die deutsche Übersetzung erscheint 1931. 1948 wird das Stück unter der Regie von Roberto Rosselini verfilmt.

Luigi Pirandello
Heute Abend wird aus dem Stegreif gespielt
(Questa sera si recita a soggetto)
Schauspiel in drei Akten
Das dem Berliner Regisseur Max Reinhardt gewidmete Drama »Heute Abend wird aus dem Stegreif gespielt« von Luigi Pirandello (1867–1936) wird in deutscher Sprache am 25. Januar am Neuen Schauspielhaus in Königsberg uraufgeführt. Die italienische Erstaufführung findet am 14. März im Teatro di Torino in Turin statt. Inszeniert wird wie in mehreren Stücken das Literaturnobelpreisträgers von 1934 Theater auf dem Theater. Das Uraufführungspublikum ist jedoch wenig geneigt, dieses happeningartige Spiel im Spiel mitzuvollziehen, in Berlin kommt es bei einer Aufführung zu einem Theaterskandal »aus dem Stegreif«. Von der Kritik wird das Werk völlig abgelehnt oder als »geniale Konfusion« bezeichnet.

Österreich

Ralph Benatzky
Im weißen Rößl
Singspiel in drei Akten
Bleibenden Ruhm erringt Ralph Benatzky (1884–1957) mit der Operette »Im weißen Rößl«, die am 8. November in Berlin uraufgeführt wird. Das Libretto schrieben Hans Müller und Eric Charell frei nach dem gleichnamigen Lustspiel von Oskar Blumenthal und Gustav Kadelburg; den Text der Gesänge verfaßte Robert Gilbert. Die große Popularität dieses Werks wird vielfach darauf zurückgeführt, daß hier eine »deutsche Urlaubsoperette« geschaffen wurde, die mit zahlreichen Schlagermelodien und vielen Starrollen sympathische Exemplare des »typischen« Deutschen und des »typischen« Österreichers auf die Bühne bringt.

Ferdinand Bruckner
Elisabeth von England
Schauspiel in fünf Akten
Mit dem historischen Schauspiel »Elisabeth von England«, das am 1. November im Deutschen Theater in Berlin sowie gleichzeitig in Bremen, Hamburg und Leipzig uraufgeführt wird, erringt Ferdinand Bruckner (1891–1958) einen Welterfolg. In diesem Drama wird die Frage nach Fortschritt und Rückschritt in der Geschichte am Beispiel des Kampfes zwischen dem spanisch-katholischen und dem englisch-protestantischen Absolutismus untersucht, der 1588 mit dem Untergang der spanischen Armada siegreich für England endet: Beide Parteien suchen ihre egoistischen Bestrebungen vor der Welt zu rechtfertigen, indem sie sich auf Gott berufen. Die Bühne wird in zwei nebeneinander liegende Schauplätze geteilt, London und Madrid. Die Gebete beider Parteien um den Sieg klingen ineinander.

Ernst Křenek
Das Leben des Orest
Große Oper in fünf Akten
Mit der Oper »Das Leben des Orest«, die am 19. Januar in Leipzig uraufgeführt wird, unternimmt Ernst Křenek (* 1900) den Versuch, die antike Atridensage mit starken inhaltlichen Abweichungen in die Kürze eines einzigen Theaterabends zu komprimieren. In der tonal gehaltenen Oper wechseln Elemente des Jazz mit oratorienhaften Chorszenen, Foxtrott-Rhythmen und expressionistischen Klängen. Die Morde an Agamemnon und Klytämnestra werden in krassem Realismus dargestellt. – Den Text zur Oper schrieb der Komponist selbst.

UdSSR

Wladimir W. Majakowski
Das Schwitzbad
(Banja)
Drama
Wladimir W. Majakowskis (1893–1930) Drama »Das Schwitzbad«, das am 16. März im Mejerchol'd-Theater in Moskau uraufgeführt wird, ist eine Satire auf die Bürokratie in der Sowjetunion. Ein Sowjetbürger erfindet eine Zeitmaschine, kann die Bürokraten jedoch nicht zur Unterstützung dieser Erfindung bewegen, mit der man in die Zukunft und wieder zurück fahren kann. Erst als er mit Hilfe der Zeitmaschine eine Delegierte aus dem Jahr 2030 herbeizaubert, die mit einer Auswahl der besten Kommunisten in die sozialistische Zukunft fahren will, wacht die Bürokratie auf. Die Mitfahrt des Oberbürokraten scheitert jedoch an der ungeheuren Menge von Gepäckstükken. – Die deutsche Erstaufführung findet 1959 statt.

Filme 1930

Die neuen Filme des Jahres 1930 sind entsprechend der Nationalität der Regisseure dem Länderalphabet zugeordnet und hier wiederum alphabetisch nach Regisseuren aufgeführt (siehe auch Übersichtsartikel auf S. 132). Bei ausländischen Filmen steht unter dem deutschen Titel der Originaltitel.

Deutsches Reich

Arnold Fanck
Stürme über dem Montblanc
Leni Riefenstahl, Ernst Udet, Mathias Wieman und Friedrich Kayssler sind die Hauptdarsteller in Arnold Fancks Bergfilm »Stürme über dem Montblanc«, der am 25. Dezember in Dresden uraufgeführt wird. Der Film erhält das Prädikat »künstlerisch wertvoll«. Fanck, ein Meister des anspruchsvollen Bergfilms, wiederholt mit dieser Arbeit den Vorjahreserfolg von »Die weiße Hölle vom Piz Palü«, in dem ebenfalls Leni Riefenstahl die weibliche Hauptdarstellerin war. Die Musik komponierte Paul Dessau.

Robert Siodmak
Abschied
Die noch unbekannte Brigitte Horney spielt die weibliche Hauptrolle in Robert Siodmaks erstem Tonfilm, »Abschied«, der am 25. August in Berlin uraufgeführt wird. Geschildert wird das Leben von Menschen in einer Pension. Der Film ist der erste deutsche »Milieutonfilm«.

Wilhelm Thiele
Die Drei von der Tankstelle
Einer der erfolgreichsten deutschen Filme in der Frühzeit des Tonfilms wird Wilhelm Thieles Musical »Die Drei von der Tankstelle«, das am 15. September im Berliner Ufa-Palast am Zoo uraufgeführt wird. Erzählt wird die Geschichte dreier Freunde (Oskar Karlweis, Willy Fritsch, Heinz Rühmann), die gemeinsam eine Tankstelle betreiben und sich – jeder auf seine Weise – in ihre treueste Kundin (Lilian Harvey) verlieben. Die Musik komponierte Werner Richard Heymann.

Frankreich

René Clair
Unter den Dächern von Paris
(Sous les toits de Paris)
Ein Welterfolg wird René Clairs erster Tonfilm, die poetische Liebesromanze »Unter den Dächern von Paris«. Geschildert wird die Geschichte eines Dreiecksverhältnisses im Milieu der Gassen und Hinterhöfe von Paris: Die Freundin (Pola Illery) von Albert (Albert Préjean) wird die Geliebte seines Freundes (Edmond Gréville), als Albert ins Gefängnis muß.

Grobritannien

Alfred Hitchcock
Mord
(Murder)
»Mord« ist der erste Film von Alfred Hitchcock, bei dem die Suche nach einem Täter im Mittelpunkt der Handlung steht. Ein Geschworener (Herbert Marshall) macht sich nach der Verurteilung einer Frau (Norah Baring) wegen Mordes auf, den wirklichen Mörder zu finden: Schließlich bekennt sich der Verlobte (Esme Percy) der Frau, ein Zirkusartist, zu der Tat, die seine Verlobte vor Gericht auf sich genommen hat.

Österreich

Richard Oswald
Dreyfus
Fritz Kortner spielt die Titelrolle in Richard Oswald historisch-politischem Film »Dreyfus«, der am 16. August in Berlin uraufgeführt wird. Geschildert wird die Dreyfusaffäre im Frankreich des ausgehenden 19. Jahrhunderts. 1894 wurde der jüdische Offizier Alfred Dreyfus in einem juristisch unhaltbaren Verfahren wegen Spionage für das Deutsche Reich verurteilt. Erst zwölf Jahre später wurde er rehabilitiert. Zur hochkarätigen Besetzung des Filmes gehören neben Kortner Grete Mosheim, Heinrich George, Albert und Else Bassermann. Hermann Warm besorgte die Ausstattung des Films, der die Prädikate »künstlerisch, volksbildend« erhält.

G(eorg) W(ilhelm) Pabst
Westfront 1918
Vier von der Infanterie
Der Antikriegsfilm »Westfront 1918. Vier von der Infanterie« von G(eorg) W(ilhelm) Pabst wird am 23. Mai in Berlin uraufgeführt. Im Stil einer Chronik wird sehr realistisch das Schicksal von vier jungen deutschen Soldaten gegen Ende des Ersten Weltkrieges erzählt: Als Teil der letzten Reserven kehren sie nach einigen Ruhetagen in der Etappe in den Grabenkrieg zurück; zwei erwartet dort der Tod, einer wird schwer verletzt, der Leutnant verliert angesichts des Grauens den Verstand. In den Hauptrollen spielen Fritz Kampers, Hans Joachim Moebis, Gustav Diessl und Claus Clausen. Der Theaterkritiker Alfred Kerr urteilt nach der Premiere: »Der Eindruck (dieses Films) übertäubt Wochen, Monate. Man sollte das an jedem Neujahrstag vorführen . . .; in jedem Dorf, in jeder Schule; von Amts wegen, durch Gesetz.«

Josef von Sternberg
Der blaue Engel
Josef von Sternbergs Film »Der blaue Engel«, der am 1. April im Berliner Ufa-Palast am Zoo uraufgeführt wird, begründet den Starruhm von Marlene Dietrich. Emil Jannings spielt in diesem Tonfilm, der nach dem Roman »Professor Unrat« von Heinrich Mann gedreht wurde, einen älteren Lehrer, der sich in Lola-Lola (Marlene Dietrich), Sängerin einer zwielichtigen Bar, verliebt und sie heiratet. Nachdem er immer häufiger von ihr gedemütigt wird, versucht er sie schließlich beim Flirt mit einem anderen (Hans Albers) zu erwürgen. Zurückgekehrt in seine Schule, stirbt er am Katheder. Die Musik zu dem erfolgreichen Film komponiert Friedrich Hollaender. Besonders populär wird das von Marlene Dietrich gesungene Lied »Ich bin von Kopf bis Fuß auf Liebe eingestellt«.
Der Film enthält zahlreiche für die Zeit gewagt freizügige Szenen, z. B. die sadistischen Elemente. Marlene Dietrich wird auf Jahre hinaus mit der Lola gleichgesetzt: Seidenhut, schwarze Strümpfe, Strumpfhalter und teilweise nackte Oberschenkel.

Josef von Sternberg
Marokko
(Morocco)
Marlene Dietrich spielt die weibliche Hauptrolle in Josef von Sternbergs stimmungsvollem Liebesfilm »Marokko«. Geschildert wird die Liebe einer Nachtclubsängerin zu einem Fremdenlegionär (Gary Cooper). Gezielt placierte Licht- und Schatteneffekte unterstreichen die Atmosphäre von leidenschaftlichen Gefühlen, die Sternberg in diesem Tonfilm erfolgreich beschwört.

Spanien

Luis Buñuel
Das goldene Zeitalter
(L'âge d'or)
Gemeinsam mit Salvador Dalí schrieb Luis Buñuel das Drehbuch zu seinem Film »Das goldene Zeitalter«, der wütende Proteste vor allem der Rechtsnationalen hervorruft und am 12. Dezember verboten wird. Auf eine konventionelle Handlung verzichtend, schildert Buñuel das Scheitern einer ungewöhnlichen Liebe an den starren Normen der Gesellschaft. Gegen die gesellschaftlichen »Ordnungsmächte« Kirche, Militär und Familie werden dabei bissige Attacken geritten. Die Hauptrollen spielen Gaston Modot und Lya Lys.

USA

John Murray Anderson
Der König des Jazz
(King of Jazz)
George Gershwin komponierte die Musik des Musicalfilms »King of Jazz« von John Murray Anderson. Wie viele der frühen Musicalfilme setzt auch dieser Streifen das Farbfilmverfahren ein. Den Zuschauern wird ein Potpourri musikalischer Nummern und komischer Einlagen in luxuriöser Ausstattung geboten.

Mervin Le Roy
Der kleine Caesar
(Little Caesar)
Mit Mervin Le Roys »Der kleine Caesar« wird der Beginn der großen Hollywood-Gangsterfilme angesetzt. Geschildert werden Aufstieg und Fall eines Gangsterbosses (Edward G. Robinson), der dem 1930 bereits legendären Bandenchef Al Capone nachgezeichnet ist.

Lewis Milestone
Im Westen nichts Neues
(All Quiet on the Western Front)
»Im Westen nichts Neues« von Lewis Milestone ist die Verfilmung des gleichnamigen Antikriegsromans von Erich Maria Remarque, wobei der Regisseur sich eng an die literarische Vorlage hält. Erzählt wird die Geschichte des jungen Deutschen Paul Bäumler, der wie seine Schulkameraden während des Weltkriegs voller Patriotismus an die Front geht und dort im Grauen des Krieges alle Illusionen von Heldenmut verliert. In den Hauptrollen spielen Lew Ayres, Louis Wolheim und John Wray.

Sportereignisse und -rekorde des Jahres 1930

Die Aufstellung erfaßt Rekorde, Sieger und Meister in wichtigen Sportarten. Aufgenommen wurden nur solche Wettbewerbe, die in den vergangenen Jahren bereits regelmäßig ausgetragen worden sind und ab 1930 kontinuierlich zu den Sportprogrammen gehörten. Sportarten in alphabetischer Reihenfolge.

Automobilsport

Grand-Prix-Rennen			
Großer Preis von (Datum) Kurs/Strecke (Länge)	Sieger (Land)	Marke	Ø km/h
Europa (20. 6.) Spa-Francorchamps (596,56 km)	Louis Chiron (FRA)	Bugatti	115,595
Belgien	ausgetragen als Großer Preis von Europa		
Frankreich (21. 9.) Pau (495,414 km)	Philipp Etancelin (FRA)	Bugatti	145,447
Italien (7. 9.) Monza (240,135 km)	Achille Varzi (ITA)	Maserati	150,595
Monaco (6. 4.) Monte Carlo (318 km)	Rene Dreyfus (FRA)	Bugatti	86,317
Spanien (5. 10.) Lasarte – St. Sebastian (519,54 km)	Achille Varzi (ITA)	Maserati	139,710
Langstreckenrennen			
Kurs/Dauer (Datum)	Sieger (Land)	Marke	Ø km/h
Francorchamps/24 h (5./6. 7.)	Marinoni (ITA)	Alfa Romeo	109,360
Indianapolis/500 ms (30. 5.)	Jim Arnold (USA)	Summers-Miller	161,654
Le Mans/24 h (21./22. 6.)	Wolf Barnato (GBR)/ Gled Kidston (GBR)	Bentley	122,111
Mille Miglia (1638,935 km) (12./13. 4.)	Tazio Nuvolari (ITA)	Alfa Romeo	100,450
Targa Florio/ 540 km (4. 5.)	Achille Varzi (ITA)	Alfa Romeo	78,019
Rallyes			
Monte Carlo	Hector Petit (GBR)	Licorne	

Boxen/Schwergewicht

Ort (Datum)	Weltmeister	Gegner	Ergebnis
New York (12. 6.)	Max Schmeling (GER)	Jack Sharkey (USA)	disq. 4. Runde

Eiskunstlauf

Turnier	Ort	Datum
Weltmeisterschaften	New York	3.–5. 2.
Europameisterschaften	Berlin (Herren)	15./16. 3.
	Wien (Damen/Paare)	25./26. 1.
Deutsche Meisterschaften	Breslau	
Einzel	**Herren**	**Damen**
Weltmeister	Karl Schäfer (AUT)	Sonja Henie (NOR)
Europameister	Karl Schäfer (AUT)	Fritzi Burger (AUT)
Deutsche Meister	Leopold Maier-Labergo (München)	Else Flebbe (Berlin)
Paarlauf		
Weltmeister	Andrée Brunet-Joly/Pierre Brunet-Joly (FRA)	
Europameister	Olga Organista/Szandor Szalay (UNG)	
Deutsche Meister	Ilse Kishauer/Ernst Gaste (Berlin)	

Fußball

Fußball-Weltmeisterschaft (Endrunde vom 13. – 30. Juli in Montevideo/Uruguay)

	Spiel		Ergebnis
Vorrunde, Gruppe 1	Frankreich – Mexiko		4:1 (3:0)
	Argentinien – Frankreich		1:0 (0:0)
	Chile – Mexiko		3:0 (1:0)
	Argentinien – Mexiko		6:3 (3:0)
	Chile – Frankreich		1:0 (0:0)
	Argentinien – Chile		3:1 (2:1)
Vorrunde, Gruppe 1	Mannschaft	Tore	Punkte
	1. Argentinien	10: 4	6:0
	2. Chile	5: 3	4:2
	3. Frankreich	4: 3	2:4
	4. Mexiko	1:13	0:6
	Spiel		Ergebnis
Vorrunde, Gruppe 2	Jugoslawien – Brasilien		2:1 (2:0)
	Jugoslawien – Bolivien		4:0 (1:0)
	Brasilien – Bolivien		4:0 (1:0)
	Mannschaft	Tore	Punkte
	1. Jugoslawien	6:1	4:0
	2. Brasilien	5:2	2:2
	3. Bolivien	0:8	0:4
	Spiel		Ergebnis
Vorrunde, Gruppe 3	Rumänien – Peru		3:1 (1:0)
	Uruguay – Peru		1:0 (0:0)
	Uruguay – Rumänien		4:0 (4:0)
	Mannschaft	Tore	Punkte
	1. Uruguay	5:0	4:0
	2. Rumänien	3:5	2:2
	3. Peru	1:4	0:4
	Spiel		Ergebnis
Vorrunde, Gruppe 4	USA – Belgien		3:0 (2:0)
	USA – Paraguay		4:0 (1:0)
	Paraguay – Belgien		1:0 (1:0)
	Mannschaft	Tore	Punkte
	1. USA	6:0	4:0
	2. Paraguay	1:3	2:2
	3. Belgien	0:4	0:4

Halbfinale		
Tag	Spiel	Ergebnis
26. 7.	Argentinien – USA	6:1 (1:0)
	Argentinien: Botasso, Della Torre, Paternoster, J. Evaristo, Monti (2), Orlandini, Peucelle, Scopelli (2), Stabile (2), Ferreyra, M. Evaristo	
	USA: Douglas, Wood, Moorhouse, Gallagher, Tracey, Auld, Brown, Gonsalvez, Patenaude, Florie (1), McGhee	
27. 7.	Uruguay – Jugoslawien	6:1 (3:1)
	Uruguay: Ballesteros, Nasazzi, Mascheroni, Andrade, Fernandez, Gestido, Dorado, Scarone, Anselmo (2), Cea (3), Iriarte (1)	
	Jugoslawien: Jaksic, Ivkovic, Mihajlovic, Arsenejevic, Stefanovic, Dokic, Tirnanic, Marjanovic, Bek, Vujadinovic, Sekulic (1)	
Endspiel		
Tag	Spiel	Ergebnis
30. 7.	Uruguay – Argentinien	4:2 (1:2)
	Uruguay: Ballesteros, Nasazzi, Mascheroni, Andrade, Fernandez, Gestido, Dorado, Scarone, Castro, Cea, Iriarte	
	Argentinien: Botasso, Della Torre, Paternoster, J. Evaristo, Monti, Suarez, Peucelle, Varallo, Stabile, Ferreyra, M. Evaristo	
	Zuschauer: 70 000. *Schiedsrichter:* Langenus (Belgien). *Tore:* 1:0 Dorado (10.), 1:1 Peucelle (12.), 1:2 Stabile (24.), 2:2 Cea (60.), 3:2 Iriarte (75.), 4:2 Castro (87.)	

Länderspiele	Ergebnis	Ort	Datum
Deutschland (+2, =2, –2)			
Deutschland – Italien	0:2	Frankfurt/M.	2. 3.
Schweiz – Deutschland	0:5	Zürich	4. 5.
Deutschland – England	3:3	Berlin	10. 5.
Dänemark – Deutschland	6:3	Kopenhagen	7. 9.
Deutschland – Ungarn	5:3	Dresden	28. 9.
Deutschland – Norwegen	1:1	Breslau	1. 11.
Österreich (+1, =2, –2)			
Österreich – England	0:0	Wien	
Österreich – Schweden	4:1	Wien	
Tschechoslowakei – Österreich	2:2	Prag	
Ungarn – Österreich	2:1	Budapest	
Österreich – Ungarn	2:3	Wien	
Schweiz (+1, =2, –4)			
Italien – Schweiz	4:2	Rom	9. 2.
Frankreich – Schweiz	3:3	Paris	23. 3.
Schweiz – Ungarn	2:2	Basel	13. 4.
Schweiz – Deutschland	0:5	Zürich	4. 5.
Schweden – Schweiz	1:0	Stockholm	15. 6.
Norwegen – Schweiz	3:0	Oslo	19. 6.
Schweiz – Holland	6:3	Zürich	2. 11.

Landesmeister	
Deutschland	Hertha BSC Berlin – Holstein Kiel 5:4 (Düsseldorf, 22. 6.)
Österreich	Rapid Wien
Schweiz	Servette Genf
Belgien	CS Brügge
Dänemark	Boldklubben 93
England	Sheffield Wednesday
Finnland	IFK Helsinki
Holland	Go Ahead Deventer
Italien	Inter Mailand
Jugoslawien	Concordia Agram
Norwegen	Oern Horten
Polen	Cracovia Krakau
Schottland	Glasgow Rangers
Schweden	IF Hälsingborg
Spanien	AC Bilbao

Landespokal	
Österreich	Vienna Wien – Austria Wien 1:0
Schweiz	Young Boys Bern – FC Aarau 1:0
England	FC Arsenal London – Huddersfield Town 2:0 (26. 4.)
Frankreich	FC Sete – RC France Paris 3:1
Holland	Feyenoord Rotterdam
Schottland	Glasgow Rangers – Partick Thistle 0:0, 2:1
Spanien	AC Bilbao – Real Madrid 3:2

Gewichtheben

Weltrekordhalter (Land)	Dreikampf	Drücken	Reißen	Stoßen
Karl Mörke (GER)	380,0 kg			
Rudolf Schilberg (AUT)		133,0 kg		
Charles Rigoulot (FRA)			126,5 kg	
Saied Nosseir (EGY)				162,5 kg

Leichtathletik

Deutsche Meisterschaften

Disziplin	Sieger (Ort)	Leistung
Männer (Berlin, 2./3. August)		
100 m	Helmut Körnig (Charlottenburg)	10,7
200 m	Helmut Körnig (Charlottenburg)	21,0
400 m	Ferdy Kisters (Düsseldorf)	49,5
800 m	Fredy Müller (Zehlendorf)	1:54,2
1500 m	Helmut Krause (Berlin)	4:03,0
5000 m	Hermann Helber (Stuttgart)	15:21,3
10 000 m	Otto Petri (Hannover)	32:18,6
Marathon	Erich Geisler (Charlottenburg)	2:50:21,2
110 m Hürden	Willi Welscher (Frankfurt)	15,0
400 m Hürden	Willi Schumann (Berlin)	55,7
4 × 100 m	SC Charlottenburg	41,7
4 × 400 m	Hamburger SV	3:20,5
4 × 1500 m	DSV Hannover	16:33,1
Hochsprung	Helmut Rosenthal (Königsberg)	1,885
Stabhochsprung	Gustav Wegner (Halle)	3,94
Weitsprung	Erich Köchermann (Hamburg)	7,41
Kugelstoßen	Hans-Heinrich Sievert (Halle)	15,64
Diskuswurf	Hans Hoffmeister (Münster)	45,10
Hammerwurf	Joseph Mang (Regensburg)	44,59
Speerwurf	Bruno Maeser (Königsberg)	62,94
Zehnkampf	Kurt Weiß (Berlin)	7536,70
50 km Gehen [1)]	Kurt Hähnel (Erfurt)	4:57:17,0
Mannschaft	SC Charlottenburg	
Frauen (Lennep, 2./3. August)		
100 m	Gisela Gelius (München)	12,3
200 m	Detta Lorenz (Frankfurt)	25,1
800 m	Marie Dollinger (Nürnberg)	2:17,8
80 m Hürden	Gerda Pirch (Charlottenburg)	12,3
4 × 100 m	TSV 1860 München	49,1
Hochsprung	Helma Notte (Düsseldorf)	1,52
Weitsprung	Selma Grieme (Bremen)	5,74
Kugelstoßen	Gustel Hermann (Köln)	12,36
Diskuswurf	Grete Heublein (Barmen)	38,11
Speerwurf	Augustine Hargus (Lübeck)	40,22
Schlagballwurf	Else Groth (Heide)	74,27
Fünfkampf	Ellen Braumüller (Berlin)	324

1) Duisburg, 5. 10.

Weltrekorde (Stand: 31. 12. 1930)

Disziplin	Name (Land)	Leistung	Datum	Ort
Männer				
100 m	Percy Williams (CAN)	10,3	9. 8. 1930	Toronto
	Eddie Tolan (USA)*	10,2	1. 7. 1930	Vancouver
200 m (Gerade)	Roland Locke (USA)	20,6	1. 5. 1926	Lincoln
200 m (Kurve)	William Applegarth (GBR)	21,2 y	4. 7. 1914	London
	Helmut Körnig (GER)*	21,0	26. 8. 1929	Bochum
400 m	Emerson Spencer (USA)	47,0	12. 5. 1928	Palo Alto
800 m	Séraphin Martin (FRA)	1:50,6	14. 7. 1928	Paris
1000 m	Jules Ladoumègue (FRA)	2:23,6	19. 10. 1930	Paris
1500 m	Jules Ladoumègue (FRA)	3:49,2	5. 10. 1930	Paris
Meile	Paavo Nurmi (FIN)	4:10,4	23. 8. 1923	Stockholm
3000 m	Paavo Nurmi (FIN)	8:20,4	13. 7. 1926	Stockholm
5000 m	Paavo Nurmi (FIN)	14:28,2	19. 6. 1924	Helsinki
10 000 m	Paavo Nurmi (FIN)	30:06,2	31. 8. 1924	Kuopio
110 m Hürden	Erik Wennström (SWE)	14,4	25. 8. 1929	Stockholm
400 m Hürden	Morgan Taylor (USA)	52,0	4. 7. 1928	Philadelphia
3000 m Hindern.*	Toivo Loukola (FIN)	9:21,8	4. 8. 1928	Amsterdam
4 × 100 m	Deutschland	40,8	2. 9. 1928	Berlin
4 × 400 m	USA	3:14,2	5. 8. 1928	Amsterdam
	USA	3:13,4 y	11. 8. 1928	London
Hochsprung	Harold Osborn (USA)	2,03	27. 5. 1924	Urbana
Stabhochsprung	Lee Barnes (USA)	4,30	28. 4. 1928	Fresno
Weitsprung	Silvio Cator (HAI)	7,93	9. 9. 1928	Paris
Dreisprung	Archibald Winter (AUS)	15,53	12. 7. 1924	Paris
Kugelstoßen	Emil Hirschfeld (GER)	16,04	26. 8. 1928	Bochum
Diskuswurf	Paul Jessup (USA)	51,73	23. 8. 1930	Pittsburgh
Hammerwurf	Patrick Ryan (USA)	57,77	17. 8. 1913	New York
Speerwurf	Matti Järvinen (FIN)	72,93	14. 9. 1930	Viipuri
Zehnkampf	Akilles Järvinen (FIN)	8255,475	19./20. 7. 30	Viipuri
Frauen				
100 m	Myrtle Cook (CAN)	12,0	2. 7. 1928	Halifax
200 m	Kinue Hitomi (JAP)	24,7	19. 5. 1929	Tokio
400 m*	Kinue Hitomi (JAP)	59,0	5. 5. 1928	Miyoshino
800 m	Lina Batschauer-Radke (GER)	2:16,8	2. 8. 1928	Amsterdam
1500 m*	Anna Muschkina (URS)	5:18,2	29. 8. 1927	Moskau
80 m Hürden	Mai Jacobsson (SWE)	12,1	2. 9. 1930	Stockholm
4 × 100 m	Kanada	48,4	5. 8. 1928	Amsterdam
Hochsprung	Carolina Gisolf (HOL)	1,60	18. 7. 1928	Maastricht
	Jean Shiley (USA)*	1,61	19. 4. 1930	Boston
Weitsprung	Kinue Hitomi (JAP)	5,98	20. 5. 1928	Osaka
Kugelstoßen	Grete Heublein (GER)	12,85	21. 7. 1929	Frankfurt/M.
	Tilly Fleischer (GER)*	12,88	14. 8. 1930	Frankfurt/M.
Diskuswurf	Halina Konopacka (POL)	39,62	31. 7. 1928	Amsterdam
Speerwurf	Ellen Braumüller (GER)	40,27	12. 7. 1930	Berlin
	Mildred Didrikson (USA)*	40,62	4. 7. 1930	Dallas
	Else Schumann (GER)*	42,32	8. 9. 1930	Prag
	Anneliese Hargus (GER)*	40,99	8. 9. 1930	Prag
Fünfkampf*	Selma Grieme (GER)	340	12./13. 7. 30	Hamburg

* inoffiziell, offiziell (auch später) nicht anerkannt
y = Yardstrecke: 220 y = 201,17 m; 440 Y = 402,34 m

Deutsche Rekorde (Stand: 31. 12. 1930)

Disziplin	Name (Ort)	Leistung	Datum	Ort
Männer				
100 m	Helmut Körnig (Breslau)	10,4	8. 8. 1926	Leipzig
200 m	Helmut Körnig (Breslau)	20,9	19. 8. 1928	Berlin

Deutsche Rekorde (Fortsetzung)				
Disziplin	Name (Ort)	Leistung	Datum	Ort
400 m	Jochen Büchner (Magdeburg)	47,8	2. 9. 1928	Berlin
800 m	Otto Peltzer (Stettin)	1:51,6	3. 7. 1926	London
1000 m	Otto Peltzer (Stettin)	2:25,8	19. 9. 1927	Paris
1500 m	Otto Peltzer (Stettin)	3:51,0	11. 9. 1926	Berlin
3000 m	Willi Boltze (Hamburg)	8:35,3	11. 9. 1928	Düsseldorf
5000 m	Albert Kilp (Düsseldorf)	15:00,0	20. 7. 1929	Breslau
10 000 m	Otto Petri (Hannover)	31:55,1	12. 7. 1930	Hamburg
110 m Hürden	Heinrich Troßbach (Berlin)	14,9	8. 8. 1926	Berlin
400 m Hürden	Otto Peltzer (Stettin)	54,8	17. 7. 1927	Berlin
4 × 100 m	Nationalstaffel	40,8	3. 6. 1928	Berlin
	SC Charlottenburg	40,8	22. 7. 1929	Breslau
4 × 400 m	Nationalstaffel	3:14,6	15. 7. 1928	Amsterdam
	SC Teutonia Berlin	3:17,2	7. 8. 1928	Köln
Hochsprung	Robert Pasemann (Berlin)	1,923	13. 8. 1911	Braunschweig
Stabhochspr.	Gustav Wegner (Halle)	4,05	28. 6. 1930	Breslau
Weitsprung	Rudolf Dobermann (Köln)	7,645	10. 6. 1928	Jena
Dreisprung	Arthur Holz (Berlin)	14,99	1. 7. 1922	Berlin
Kugelstoßen	Emil Hirschfeld (Allenstein)	16,04	26. 8. 1928	Bochum
Diskuswurf	Hans Hoffmeister (Münster)	48,77	22. 7. 1928	Gelsenkirchen
Hammerwurf	Josef Mang (Regensburg)	46,05	17. 6. 1928	Fürth
Speerwurf	Gottfried Weimann (Leipzig)	66,97	17. 8. 1930	Coburg
Zehnkampf	Kurt Weiß (Berlin)	785	20./21. 7. 29	Breslau
Frauen				
100 m	Lisa Gelius (München)	12,2	17. 8. 1930	Frankenthal
200 m	Marie Dollinger (Nürnberg)	25,7	20. 7. 1930	Nürnberg
800 m	Lina Batschauer-Radke (Karlsruhe)	2:16,8	2. 8. 1928	Amsterdam
1000 m	Lina Radke (Breslau)	3:06,8	25. 8. 1930	Brieg
80 m Hürden	Ruth Becker (Berlin)	12,4	21. 7. 1929	Frankfurt/M.
4 × 100 m	Nationalstaffel	48,9	17. 8. 1929	Düsseldorf
	TSV 1860 München	48,8	20. 7. 1930	Nürnberg
Hochsprung	Inge Braumüller (Berlin)	1,57	6. 8. 1930	Prag
Weitsprung	Selma Grieme (Bremen)	5,74	3. 8. 1930	Lennep
Kugelstoßen	Ellen Braumüller (Berlin)	40,27	12. 7. 1930	Berlin
Diskuswurf	Milly Reuter (Frankfurt)	38,34	22. 8. 1926	Braunschweig
Speerwurf	Augustine Hardus (Lübeck)	38,39	18. 8. 1928	Berlin
Fünfkampf	Selma Grieme (Bremen)	340	12./13. 7. 30	Hamburg

Pferdesport

Disziplin/Turnier	Sieger (Land)	Pferd (Gestüt)	Datum
Galopprennen			
Deutsches Derby	J. Munro (AUS)	Alba	
Großer Preis der Republik	Julius Rastenberger	Graf Isolani	19. 10.
Trabrennen			
Deutsches Derby	J. Mills	Semper idem (Runkel)	
Turniersport			
Springreiten			
Deutsches Derby	H. Frick	Morgenglanz	

Radsport

Disziplin, Ort	Plazierung, Name (Land)	Zeit/ Rückstand
Straßenweltmeisterschaft		
Profis (210 km) Lüttich	1. Alfredo Binda (ITA) 2. Learco Guerra (ITA) 3. Georges Ronsse (BEL)	
Amateure (194 km) Lüttich	1. Guiseppe Mastano (ITA) 2. Gestri 3. Risch	
Rundfahrten (Etappen)		
Tour de France (21) Datum: 2. – 27. 7. Länge: 4818 km 100 Starter, 59 im Ziel	1. André Leducq (FRA) 2. Learco Guerra (ITA) 3. Antonin Magne (FRA)	172:12:10 14:19 16:09
Giro d'Italia (15) Datum: 17. 5. – 8. 6. Länge: 3097 km 115 Starter, 67 im Ziel	1. Luigi Mardisio (ITA) 2. Luigi Giacobbe (ITA) 3. Allegro Grandi (ITA)	115:11:55 0:52 5:53
Deutschland-Rundfahrt (10) Datum: Länge: 2022 km	1. Hermann Buse (GER) 2. Kurt Stöpel (GER) 3. Tietz (GER)	

Schwimmen

Deutsche Meisterschaften (München)		
Disziplin	Sieger (Ort)	Leistung
Männer		
Freistil 100 m	Ernst Derichs (Köln)	1:03,4
Freistil 200 m	Karl Schubert (Breslau)	2:25,0
Freistil 400 m	Kurt Eckstein (Leipzig)	5:29,2
Freistil 1500 m	Werner Neitzel (Göppingen)	22:17,0
Freistil 4 × 100 m	Magdeburg 1896	4:24,0
Freistil 4 × 200 m	Magdburg 1896	10:09,6
Brust 200 m	Eberhard Koppen (Leipzig)	3:00,2
Brust 4 × 200 m	Poseidon Leipzig	12:06,4
Rücken 100 m	Ernst Küppers (Bremen)	1:11,4
Lagenstaffel	Hellas Magdeburg	5:21,8
Stromschwimmen (7500 m)	Bruno Steinhauf (Berlin)	54:30,0
Meeresschwimmen (1500 m)	Bruno Steinhauf (Berlin)	28:11,8
Kunstspringen	Ewald Riebschläger (Zeitz)	193,08
Turmspringen	Heinz Plumanns (Köln)	92,52
Wasserball	Hellas Magdeburg	
Frauen		
Freistil 100 m	Reni Erkens (Oberhausen)	1:18,5
Freistil 3 × 100 m	Blau-Weiß Dresden	4:09,5
Brust 200 m	Lisa Rocke (Magdeburg)	3:19,2
Brust 3 × 200 m	1. Magdeburger Damen-SV	10:17,1
Rücken	Friedel Strubel (Berlin)	1:28,8
Lagenstaffel	Nixe Charlottenburg	6:23,8
Stromschwimmen (7500 m)	Ruth Runzler (Berlin)	56:32,0
Meeresschwimmen (2000 m)	Ruth Runzler (Berlin)	34:21,0
Kunstspringen	Olga Jordan (Nürnberg)	97,78

Weltrekorde (Stand: 31. 12. 1930)				
Disziplin	Name (Land)	Leistung	Datum	Ort
Männer				
Freistil 100 m	Johnny Weissmuller (USA)	57,4	17. 2. 1924	Miami
Freistil 200 m	Johnny Weissmuller (USA)	2:08,0	3. 4. 1927	Ann Arbor
Freistil 400 m	Arne Borg (SWE)	4:50,3	11. 9. 1925	Stockholm
Freistil 800 m	Jean Taris (FRA)	10:19,6	30. 5. 1930	Paris
Freistil 1500 m	Arne Borg (SWE)	19:07,2	2. 9. 1927	Bologna
Freistil 4 × 100 m	Deutschland	4:22,0	15. 7. 1928	Berlin
Freistil 4 × 200 m	USA	9:36,2	11. 8. 1928	Amsterdam
Brust 100 m	Walter Spence (USA)	1:14,0	28. 10. 1927	New York
Brust 200 m	Yoshiyuki Tsuruta (JAP)	2:45,0	27. 7. 1929	Kyoto
Rücken 100 m	George Kojac (USA)	1:08,2	9. 8. 1928	Amsterdam
Rücken 200 m	George Kojac (USA)	2:32,2	16. 6. 1930	New Haven
Frauen				
Freistil 100 m	Helen Madison (USA)	1:08,0	14. 3. 1930	Miami
Freistil 200 m	Helen Madison (USA)	2:34,6	6. 3. 1930	Augustine
Freistil 400 m	Martha Norelius (USA)	5:39,2	27. 8. 1928	Wien
Freistil 800 m	Helen Madison (USA)	11:41,2	6. 7. 1930	Long Beach
Freistil 1500 m	Martha Norelius (USA)	23:44,6	28. 7. 1927	Massapaqua

Disziplin	Name (Land)	Leistung	Datum	Ort
Freistil 4 × 100 m	USA	4:47,6	9. 8. 1928	Amsterdam
Brust 100 m	Lotte Mühe (GER)	1:26,3	9. 6. 1928	Magdeburg
Brust 200 m	Lotte Mühe (GBR)	3:11,2	15. 7. 1928	Berlin
Rücken 100 m	Phyllis Mealing (AUS)	1:20,6	27. 2. 1930	Sydney
Rücken 200 m	Eleanor Holm (USA)	2:58,2	1. 3. 1930	New York

Deutsche Rekorde (Stand: 31. 12. 1939)

Disziplin	Name (Land)	Leistung	Datum	Ort
Männer				
Freistil 100 m	Karl Schubert (Breslau)	1:00,6	4. 11. 1928	Breslau
Freistil 200 m	Herbert Heinrich (Leipzig)	2:19,0	3. 3. 1927	Leipzig
Freistil 400 m	Herbert Heinrich (Leipzig)	5:07,0	30. 5. 1930	Halle
Freistil 800 m	Werner Neitzel (Göppingen)	11:18,0	21. 7. 1929	Göppingen
Freistil 1500 m	Walter Handschuhmacher (Dortmund)	21:39,7	15. 7. 1928	Berlin
Freistil 4 × 100 m	Magdeburg 1896	4:22,0	15. 7. 1928	Berlin
Freistil 4 × 200 m	Magdeburg 1896	10:06,8	13. 7. 1928	Berlin
Brust 100 m	Erich Rademacher (Magdeburg)	1:15,0	22. 3. 1924	München
Brust 200 m	Erich Rademacher (Magdeburg)	2:48,0	20. 3. 1927	Brüssel
Rücken 100 m	Ernst Küppers (Viersen)	1:08,8	19. 11. 1929	Ruhrort
Rücken 200 m	Ernst Küppers (Viersen)	2:39,7	18. 1. 1930	Bremen
Frauen				
Freistil 100 m	Reni Erkens (Oberhausen)	1:13,3	16. 1. 1930	Ruhrort
Freistil 200 m	Reni Erkens (Oberhausen)	2:47,8	17. 1. 1928	Dusiburg
Freistil 400 m	Reni Erkens (Oberhausen)	6:08,0	26. 1. 1928	Duisburg
Freistil 800 m	Reni Erkens (Oberhausen)	14:05,2	18. 8. 1928	Gladbeck
Freistil 1500 m	Dora Schönemann (Dresden)	26:35,2	15. 9. 1930	Dresden
Freistil 4 × 100 m	Hamburger Tb	6:16,5	1926	Köln
Brust 100 m	Lotte Mühe (Hildesheim)	1:26,3	9. 6. 1928	Magdeburg
Brust 200 m	Lotte Mühe (Hildesheim)	3:11,2	15. 7. 1928	Berlin
Rücken 100 m	Elfriede Sasserath (Rheydt)	1:26,2	9. 11. 1930	Duisburg
Rücken 200 m	Inge Wiedemann (Berlin)	3:15,0	9. 3. 1930	Spandau

Tennis

Meisterschaften	Ort	Datum
Wimbledon	London	23. 6.–7. 7.
French Open	Paris	
US Open	Forest Hills (Einzel, Damen-Doppel) Chestnut Hill (Herren-Doppel, Mixed)	

Meisterschaften	Ort	Datum
Australian Open	Melbourne	
Internationale Deutsche	Hamburg	
Daviscup-Endpiel	Paris	

Turnier	Sieger (Land) – Finalgegner (Land)	Ergebnis
Herren		
Wimbledon	Bill Tilden (USA) – Wilmer Allison (USA)	6:3, 9:7, 6:4
French Open	Henri Cochet (FRA) – Bill Tilden (USA)	3:6, 8:6, 6:3, 6:1
US Open	John Doeg (USA) – Francis Shields (USA)	10:8, 1:6, 6:4, 16:14
Australian Open	E. F. Moon (AUS) – Harry Hopman (AUS)	6:3, 6:1, 6:3
Int. Deutsche	Christian Boussus (FRA)	
Davis-Cup	Frankreich – USA 4:1	
Damen		
Wimbledon	Helen Wills-Moody (USA) – Elizabeth Ryan (USA)	6:2, 6:2
French Open	Helen Wills-Moody (USA) – Helen Jacobs (USA)	6:2, 6:1
US Open	Betty Nuthall (USA) – Anna McCune-Harper (USA)	6:4, 6:1
Australian Open	Daphne Akhurst (AUS) – Sylvia Harper (AUS)	10:8, 2:6, 7:5
Int. Deutsche	Cilly Aussem (GER)	
Herren-Doppel		
Wimbledon	Wilmer Allison (USA)/ John Van Ryn (USA) – John H. Doeg (USA)/ George Lott (USA)	6:3, 6:3, 6:2
French Open	Henri Cochet (FRA)/ Jacques Brugnon (FRA) – Harry Hopman (AUS)/ John Willard (AUS)	6:3, 9:7, 6:3
US Open	John H. Doeg (USA)/ George Lott (USA) – Wilmer Allison (USA)/ John Van Ryn (USA)	8:6, 6:3, 4:6, 13:15, 6:4
Australian Open	Jack Crawford (AUS)/ Harry Hopman (AUS) – J. Fitchett/ J. B. Hawkes	8:6, 6:1, 2:6, 6:3
Int. Deutsche	Jack Crawford/E. F. Moon (AUS)	
Damen-Doppel		
Wimbledon	H. Wills-Moody (USA)/ Elizabeth Ryan (USA) – Edith Cross (USA)/ Sarah Palfrey (USA)	6:2, 9:7
French Open	H. Wills-Moody (USA)/ Elizabeth Ryan (USA) – Simone Barbier (FRA)/ Simone Mathieu (FRA)	6:3, 6:1
US Open	Betty Nuthall (USA)/ Sarah Palfrey (USA) – Edith Cross (USA)/ Anna McCune-Harper (USA)	6:2, 6:2
Australian Open	M. Molesworth (AUS)/ Emily Hood (AUS) – Marjorie Cox (Aus)/ Sylvia Harper (AUS)	6:3, 0:6, 7:5
Int. Deutsche	Godfree/Holcraft-Watson	
Mixed		
Wimbledon	Jack Crawford (AUS)/ Elizabeth Ryan (USA) – Daniel Prenn (GER)/ Hilde Krahwinkel (GER)	6:1, 6:3
French Open	Bill Tilden (USA)/ Cilly Aussem (GER) – Henri Cochet (FRA)/ Mrs. F. Whittingstall	6:4, 6:4
US Open	Wilmer Allison (USA)/ Edith Cross (USA) – F. X. Shields (USA)/ M. Morill (USA)	6:4, 6:4
Australian Open	Harry Hopman (AUS)/ Nelly Hall (AUS) – Jack Crawford (AUS)/ Marjorie Cox (AUS)	11:9, 3:6, 6:3
Int. Deutsche	Godfree/Dr. Gregory	

Abkürzung zu den Sportseiten

AFG Afghanistan
ARG Argentinien
AUS Australien
AUT Österreich
BEL Belgien
BOL Bolivien
BRA Brasilien
BUL Bulgarien
BUR Birma
CAB Kambodscha
CAN Kanada
CHI Chile
CHN China
COL Kolumbien
COS Costa Rica
ČSR Tschechoslowakei
CUB Kuba
DAN Dänemark
DOM Dominikanische Republik
ECU Ecuador
EGY Ägypten
ETH Äthiopien
FIN Finnland
FRA Frankreich
GBR Großbritannien
GER Deutschland
GRE Griechenland
GUA Guatemala
HAI Haiti
HOL Holland
HON Honduras
IND Indien
INS Indonesien
IRA Iran
IRK Irak
IRL Irland
ISL Island
ITA Italien
JAP Japan
LIA Liberia
LIB Libanon
LIE Liechtenstein
LUX Luxemburg
MCO Monaco
MEX Mexiko
MON Mongolei
NIC Nicaragua
NOR Norwegen
NSE Neuseeland
PAK Pakistan
PAN Panama
PAR Paraguay
PER Peru
PHI Philippinen
POL Polen
POR Portugal
RUM Rumänien
SAA Saarland
SAF Südafrika
SAL El Salvador
SAN San Marino
SPA Spanien
SUI Schweiz
SWE Schweden
SYR Syrien
THA Thailand
TUR Türkei
UNG Ungarn
URS Sowjetunion
URU Uruguay
USA Vereinigte Staaten von Amerika
VEN Venezuela
YUG Jugoslawien

Nekrolog 1930

Bekannte Persönlichkeiten aus allen Bereichen des gesellschaftlichen Lebens, die im Jahr 1930 gestorben sind, werden – alphabetisch geordnet – in Kurzbiographien dargestellt.

Jeppe Aakjær

dänischer Lyriker und Erzähler (* 10. 9. 1866), Aakjær bei Skive/Jütland, stirbt am 22. April auf Hof Jenle bei Skive.

Aakjær, einer Bauernfamilie entstammend, schilderte in seinen häufig vertonten Gedichten Landschaft und Menschen seiner Heimat, oft in jütländischem Dialekt. Seine Roman (»Die Kinder des Zorns«, 1940) und Erzählungen aus der Welt der Bauern Jütlands sind sozialagitatorisch gefärbt. Aakjær war von 1893 bis 1899 mit der Schriftstellerin Maria Bregendahl verheiratet. Ab 1907 lebt er als Bauer und freier Schriftsteller auf Hof Jenle, der bis zu seinem Tod Schauplatz jütländischer Volksfeste war.

Leopold von Auer

ungarischer Violinist (* 7. 6. 1845, Veszprém), stirbt am 17. Juli in Dresden-Loschwitz.

Auer, Schüler von Joseph Joachim in Hannover, war in Europa und den USA als Violinist und vor allem als Violinlehrer tätig. Zu seinen Schülern zählen u. a. bekannte Musiker wie Samuil Duschkin, Mischa Elman, Jascha Heifetz, Nathan Milstein und Efrem Zimbalist.

Arthur James Earl of Balfour

britischer konservativer Politiker (* 25. 7. 1848, Whittingehame/Lothian), stirbt am 19. März in Woking/County Surrey.

Als Irlandminister von 1887 bis 1890 führte Balfour ein scharfes Polizeiregiment und bekämpfte die Home-Rule-Bewegung. Gleichzeitig versuchte er jedoch, die Not der irischen Bauern durch Erleichterung des Landkaufs zu lindern. In seine Amtszeit als Premierminister (1902–1905) fällt der Abschluß der britisch-französischen Entente cordiale (»herzliches Einvernehmen«), die eine Kehrtwendung in der britischen Außenpolitik markierte. Als Außenminister (1916–1919) gab er 1917 die sog. Balfour Declaration über die Schaffung einer nationalen Heimstätte der Juden in Palästina ab.

Alfred Bluntschli

schweizerischer Baumeister (* 29. 1. 1842, Zürich), stirbt am 27. Juli in Zürich.

Bluntschli, Schüler von Gottfried Semper, errichtete in einem sachlich-zweckbetonten Stil u. a. das Hotel »Frankfurter Hof« in Frankfurt am Main (1875/76), die reformierte Kirche in Zürich-Enge (1892–1894) sowie Schlösser und Villen.

Ludwig Claisen

deutscher Chemiker (* 14. 1. 1851, Köln), stirbt am 5. Januar in Bad Godesberg (Bonn).

Claisen forschte über organische Synthesen und Reaktionen, insbesondere über das Verhalten von Estern organischer Säuren in Gegenwart von Alkalien. Dabei entdeckte er die nach ihm benannte Claisen-Esterkondensation. Nach Claisen benannt ist auch der sog. Claisen-Aufsatz, ein Teil der Destillierapparatur, bzw. der Claisen-Kolben bei der Vakuumdestillation.

Sir Arthur Conal Doyle

britischer Schriftsteller (* 22. 5. 1859, Edingburgh), stirbt am 7. Juli in Crowborough in Sussex.

Doyle schuf die Figuren des Meisterdetektivs Sherlock Holmes und seines Freundes Dr. Watson. In den vier Holmes-Romanen und 56 Holmes-Geschichten, mit denen Doyle Weltruhm erlangte (»Studie in Scharlachrot«, 1887, »Abenteuer des Doktor Holmes«, 1892, »Der Hund von Baskerville«, 1902), schränkte Doyle das Sensationelle der Geschichten ein und verzichtete auf jedes theoretische, einem breiten Publikum weitgehend unverständliche intellektuelle Beiwerk, mit dem z. B. Edgar Allan Poe seine Detektivgeschichten befrachtet hatte. Durch die Fragen und Fehlschlüsse von Holmes' Begleiter Watson wird die intellektuelle Arbeit, die Holmes leistet, ins Dialogische aufgelöst und ist für den Leser leichter nachvollziehbar. Holmes verfolgt fast immer Spuren, die von der Polizei vernachlässigt wurden. Dank seiner scharfen Beobachtungsgabe und seines wissenschaftlich geschulten Verstandes werden Ergebnisse polizeilicher Nachforschungen ergänzt oder vorweggenommen. Seine Geisteskräfte verwendet Holmes darauf, »die Anhaltspunkte zu verfolgen und die Geheimnisse aufzuklären, die von der regulären Polizei als aussichtslos aufgegeben wurden«. Auf Jahrzehnte hinaus wurde Holmes damit richtungweisend für den modernen Detektiv- und Kriminalroman.

Christiaan Eijkman

niederländischer Hygieniker, Medizinnobelpreisträger 1929 (* 11. 8. 1858, Nijker/Geldern), stirbt am 5. November in Utrecht.

Eijkman, Schüler von Robert Koch, von 1888 bis 1896 Direktor des Laboratoriums für Pathologie in Batavia, erkannte als erster die Beriberi-Krankheit als Vitaminmangelerscheinung. Für seine Forschungen erhielt er 1929 zusammen mit Sir Frederick Hopkins den Medizinnobelpreis.

Ernst Fuchs

österreichischer Augenarzt (* 14. 6. 1851, Kritzendorf bei Wien), stirbt am 21. November in Wien.

Fuchs entwickelte neue Augenoperationsmethoden, u. a. bei der Hornhauttransplantation. Er veröffentlichte »Die Ursachen und die Verhütung der Blindheit« (1885) und ein »Lehrbuch der Augenheilkunde« (1889).

Eugen Goldstein

deutscher Physiker (* 5. 9. 1850, Gleiwitz), stirbt am 25. Dezember in Berlin.

Goldstein erforschte die elektrischen Entladungen in verdünnten Gasen. Er führte die Bezeichnung »Kathodenstrahlen« ein und entdeckte 1886 die Kanalstrahlen, das Funkenspektrum einfach ionisierter Atome und das Bandenspektrum des Heliummoleküls.

Allvar Gullstrand

schwedischer Augenheilkundler, Medizinnobelpreisträger 1911 (* 5. 6. 1862, Landskrona), stirbt am 30. August in Stockholm.

Gullstrand führt die nach ihm benannte Gullstrand-Lampe in die augenärztliche Untersuchung ein, eine Spaltlampe zur fokalen Beleuchtung. Für seine Untersuchungen über die Dioptrik (Lichtbrechung) des Auges erhielt er 1911 den Medizinnobelpreis.

Adolf von Harnack

deutscher evangelischer Theologe (* 7. 5. 1851, Dorpat), stirbt am 10. Juni in Heidelberg.

Harnack wollte mit seinem Kulturprotestantismus der Theologie innerhalb der Wissenschaften zu Ansehen verhelfen. So war er beteiligt an der Gründung der Kaiser-Wilhelm-Gesellschaft zur Förderung der Wissenschaften (1911), deren Präsident er bis zu seinem Tod blieb. Er vertrat die Auffassung, daß die Entwicklung des Dogmas vom Evangelium weggeführt habe und deshalb eine Aufgabe des Dogmas nötig sei, um zu einem unmittelbaren Verständnis des Evangeliums zurückzufinden. Sein drittes Anliegen war die soziale Problematik, der er sich u. a. als Mitbegründer des Evangelisch-Sozialen Kongresses (1890) widmete. Sein wichtigstes Werk ist das »Lehrbuch der Dogmengeschichte« (1886–1890).

Julius Hart

deutscher Schriftsteller (* 9. 4. 1859, Münster/Westfalen), stirbt am 7. Juli in Berlin.

Hart veröffentlichte zusammen mit seinem Bruder Heinrich das erfolgreiche naturalistische Literaturorgan »Kritische Waffengänge« (1882–1884). Seine Gedichte sind überwiegend Ausdruck eines Naturpantheismus: »Sansara« (1879), »Homo sum« (1890), »Triumph des Lebens« (1898). Er schrieb ferner Dramen (»Die Schauspielerin«, 1884), Prosa (»Träume der Mittsommernacht«, 1905) und Essays (»Revolution der Ästhetik«, 1909).

Helene Lange

Vorkämpferin der deutschen Frauenbewegung (* 9. 4. 1848, Oldenburg), stirbt am 13. Mai in Berlin.

Helene Lange trat als Vertreterin des gemäßigten bürgerlichen Flügels der Frauenbewegung hervor. Bereits 1887 setzte sie sich für die Verbesserung der Ausbildungsbedingungen für Mädchen und Frauen in Schule und Beruf ein. Die gleichberechtigte Beteiligung der Frau am wissenschaftlichen Unterricht gehört ebenso zu ihrem Forderungskatalog wie die Öffnung der Universitäten für Frauen. Sie war Mitgründerin und ab 1902 Leiterin des Allgemeinen Deutschen Lehrerinnen-Vereins und des Allgemeinen Deutschen Frauenvereins. Als Vorstandsmitglied des Bundes Deutscher Frauenvereine prägte sie die deutsche Frauenbewegung ganz entscheidend.

D(avid) H(erbert) Lawrence

britischer Schriftsteller (* 11. 9. 1885, Eastwood/Nottinghamshire), stirbt am 2. März in Vence bei Nizza.

Die zivilisationskritischen Romane von D. H. Lawrence propagieren den Kampf gegen die erstarrten bürgerlichen Konventionen und fordern die freie Entfaltung der Persönlichkeit auf der Grundlage einer Harmonie von Körper und Geist. Thema vieler seiner Werke ist das Verhältnis von Mann und Frau. Die freizügige Darstellung sexueller Beziehungen machte den von Sigmund Freuds Psychoanalyse beeinflußten Roman »Lady Chatterley« (1928) zu einem Skandalerfolg. Erst 1960 durfte das Werk offiziell in Großbritannien gedruckt werden. Die Vorwürfe der Obszönität, der Verherrlichung des Ehebruchs und der hemmungslosen Zivilisationsfeindlichkeit ließen das Werk schnell zum Bestseller werden. Weitere Romane: »Der weiße Pfau« (1911), »Todgeweihtes Herz« (1912), »Söhne und Liebhaber« (1913), »Der Regenbogen« (1915), »Liebende Frauen« (1920).

Wladimir W. Majakowski

sowjetischer Dichter (* 19. 7. 1893, Bagdadi), scheidet am 14. April durch Freitod aus dem Leben.

Majakowski, der Hauptvertreter des russischen Futurismus, verband in seinem lyrischen und dramatischen Werk moderne poetische Formen und eine kühne Metaphorik mit politisch-revolutionären Aussagen. Vor der Oktoberrevolution kämpfte er mit Versen, Filmdrehbüchern und Plakaten gegen den Zarismus. Nach 1917 unterstützte er als »Trommler der Revolution« den Aufbau des Sozialismus in der UdSSR, z. T. als Agitationsdichter im Dienst des Sowjetstaats. Als Dramatiker deckte er ironisch die Fehlentwicklungen der Bürokratie (»Die Wanze«, 1928; »Das Schwitzbad«, 1930) auf. Da er außerdem mit Gedichten wie »Was ist gut, was ist schlecht« (1925), »Das Feuerpferdchen« (1927) und »Was werde ich?« (1928) geschickt und einfühlsam das kindliche Publikum anzusprechen verstand, gilt er auch als Begründer der sowjetischen Kinderlyrik.

Otto Mueller

deutscher Maler und Grafiker (* 16. 10. 1874, Liebau in Schlesien), stirbt am 24. September in Breslau.

Mueller zählt zu den Hauptvertretern des deutschen Expressionismus. 1910 schloß er sich der Künstlergemeinschaft »Brücke« an, 1919 wurde er Professor an der Akademie in Breslau. Seine großformatigen aquarellierten Zeichnungen zeigen häufig schlanke weibliche Akte (Zigeunerinnen) in lichter, waldiger Umgebung, wobei er grünliche und gelbliche Zwischentöne in einem fast zerfließenden Licht bevorzugte. Auch die 1927 erschienene und berühmt gewordene Folge farbiger Lithographien »Zigeuner-Mappe« widmet sich diesem Thema. Die Nationalsozialisten ächten Mueller als »entarteten« Künstler. 357 seiner Werke werden während der NS-Gewaltherrschaft beschlagnahmt.

Fridtjof Nansen

norwegischer Polarforscher und Diplomat, Friedensnobelpreisträger 1922 (* 10. 10. 1861, Gut Store Frøn/Oslo), stirbt am 13. Mai in Lysaker bei Oslo.

Nach seiner Promotion zum Doktor der Zoologie (1888) durchquerte Nansen im August/September 1888 Grönland von Osten nach Westen, wobei er auf der 560 km langen Schneeschuhwanderung das 3000 m hohe Binneneis überschritt. 1893 ließ er sich mit der vom Eis eingeschlossenen »Fram« von den Neusibirischen Inseln polwärts treiben. Als klar wurde, daß das Eis nicht über den Pol treiben würde, verließ er am 14. März 1895 mit Hjalmar Johansen das Schiff und versuchte, auf dem Eis zum Nordpol vorzudringen. Bei 86° 14' – so weit nördlich war bis dahin noch niemand gelangt – mußten die beiden Forscher wegen Proviantmangels umkehren. Die Fahrt mit der »Fram« zählt zu den wichtigsten Entdeckungsreisen Richtung Nordpol. 1897 wurde Nansen Professor für Zoologie und Meereskunde in Kristiania (Oslo) und unternahm weitere Forschungsreisen.

Nach dem Ersten Weltkrieg leitete Nansen die Heimführung Kriegsgefangener aus Sowjetrußland und organisierte als Hochkommissar des Völkerbunds von 1921 bis 1923 Hilfsaktionen für die Hungernden in Rußland. Hierfür erhielt er 1922 den Friedensnobelpreis. Der auf seine Initiative geschaffene Nansenpaß, ein Reisedokument für staatenlose russische Flüchtlinge, wurde 1922 international anerkannt.

Fritz Pregl

österreichischer Chemiker, Chemienobelpreisträger 1923 (* 3. 9. 1869, Laibach/Ljubljana), stirbt am 13. Dezember in Graz.

Pregl gilt als Schöpfer der quantitativen Mikroanalyse organischer Verbindungen. Mit Hilfe neuer Vorrichtungen und Spezialapparate vervollkommnete Pregl die analytischen Untersuchungen soweit, daß die zur analytischen Untersuchung notwendige Substanz stark verringert werden konnte. Seine Methoden ermöglichten revolutionierende Forschungen auf dem Gebiet des Stoffwechsels und der Hormone. Nach ihm ist auch ein Desinfektionsmittel, die Preglsche Jodlösung, benannt.

Miguel Primo de Rivera y Orbaneja, Marqués de Estella

spanischer General und Politiker (* 8. 1. 1870, Jerz de la Frontera), stirbt am 16. März in Paris.

Primo de Rivera putschte 1923 mit Billigung von König Alfons XIII. gegen die parlamentarische Regierung und errichtete eine Militärdiktatur faschistischer Ausrichtung. 1930 entließ ihn der König unter dem Druck der Öffentlichkeit.

Ilja Jefimowitsch Repin

russischer Maler (* 5. 8. 1844, Tschugujew/Charkow), stirbt am 29. September in Kuokkala (Repino/Gebiet Leningrad).

Repin zählt mit seinen Genreszenen, Historiengemälden und Porträts zu den bedeutendsten Vertreter des russischen Realismus. Sein bekanntestes Werk, »Burlaken an der Wolga« (1870–1873), wurde zum Programmbild der realistischen Künstlergruppe der Peredwischniki, der sich Repin nach einem Parisaufenthalt (1873–1876) anschloß. Weitere Hauptwerke: »Verhaftung eines Agitators auf dem Dord« (1878), »Kreuzprozession« (1880–1883), »Iwan der Schreckliche umfaßt seinen von ihm tödlich verletzten Sohn« (1885), »Die Saporoger Kosaken schreiben an Sultan Mohammed IV. einen Brief« (1891–1896).

Anna Sacher

österreichische Hotelbesitzerin (* 2. 1. 1859, Wien), stirbt am 25. Februar in Wien.

Anna Sacher war Besitzerin des weltberühmten Hotels Sacher hinter der Wiener Oper, einem Treffpunkt des ehemaligen Hochadels und der Diplomatie. Zu den Attraktionen ihres Hotels zählte die von ihrem Mann kreierte Sachertorte.

William Howard Taft

27. US-Präsident von 1909 bis 1913 (* 15. 9. 1857, Cincinnati/Ohio), stirbt am 8. März in Washington.

Taft, zum konservativen Flügel der Republikaner zählend, wurde 1901 der erste Zivilgouverneur der Philippinen (US-Kolonie) und war von 1904 bis 1908 Kriegsminister. Die Zeit seiner Präsidentschaft wird als Zeit der Dollar-Diplomatie und Schutzzollpolitik bezeichnet. Als er 1912 erneut als Präsidentschaftskandidat nominiert wurde, spaltete sich von seiner Partei die Progressive Party unter Theodore Roosevelt ab, was 1913 den Wahlsieg Woodrow Wilsons ermöglichte. In den letzten neun Lebensjahren verfolgte er als Oberster Bundesrichter einen liberal-konservativen Kurs.

Alfred von Tirpitz

deutscher Großadmiral und Politiker (* 19. 3. 1849, Küstrin), stirbt am 6. März in Ebenhausen (Schjäftlarn).

Nachdem von Tirpitz als Marineoffizier von 1877 bis 1888 mit der Entwicklung der Torpedowaffe betraut war, wurde er 1892 zum Stabschef der Marine ernannt. 1896/97 hielt er sich als Chef des Kreuzergeschwaders in Ostasien auf. 1897 wurde er Staatssekretär des Kaiser Wilhelm II. persönlich unterstellten Reichsmarineamts und 1898 zugleich preußischer Marineminister. Durch die Flottengesetze von 1898 und 1900 ist ihm die Rolle des Schöpfers der deutschen Hochseeflotte zugewiesen worden, deren Aufbau der von ihm entwickelte »Risikogedanke« zugrundelag: Eine starke deutsche Flotte würde Großbritannien von einer Intervention abhalten. Während des Ersten Weltkriegs trat er 1916 von seinen Ämtern aus Protest gegen die Einschränkung des U-Boot-Kriegs zurück. 1917 gründete er mit Wolfgang Kapp die rechtsradikale Deutsche Vaterlandspartei. Von 1924 bis 1928 war er DNVP-Abgeordneter des Reichstags.

Maximilian (gen. Max) Valier

deutscher Ingenieur österreichischer Herkunft (* 9. 2. 1895, Bozen), kommt am 17. Mai in Berlin bei Raketenversuchen ums Leben.

Valier zählt zu den Pionieren der Raketentechnik. 1928 konstruierte er ein raketengetriebenes Auto, 1929 erreichte sein von Pulverraketen getriebener, unbemannter Schlitten eine Geschwindigkeit von 380 km/h. Danach experimentierte Valier mit Flüssigkeitsraketen.

Cosima Wagner

deutsche Festspielleiterin (* 24. 12. 1837, Como), stirbt am 1. April in Bayreuth.

Die Tochter des Komponisten Franz Liszt und der Marie Gräfin d'Agoult heiratete 1857 den Pianisten und Dirigenten Hans Guido von Bülow, 1870 den Komponisten Richard Wagner. Aus der zweiten Ehe stammen Eva Wagner, die den britischen Kulturphilosophen und Schriftsteller Houston Stewart Chamberlain heiratete, und der Komponist, Dirigent und Regisseur Siegfried Wagner. Nach dem Tod ihres Mannes (1883) übernahm Cosima Wagner die künstlerische und organisatorische Leitung der Bayreuther Festspiele, die sie bis 1906 innehatte.

Siegfried Wagner

deutscher Komponist, Dirigent und Regisseur (* 6. 6. 1869, Tribschen bei Luzern), stirbt am 4. August in Bayreuth.

Der Sohn des Komponisten Richard Wagner und seiner zweiten Frau Cosima wirkte ab 1896 als Dirigent bei den Bayreuther Festspielen, übernahm 1908 die künstlerische Oberleitung und schuf vielbeachtete Neuinszenierungen. Als Komponist erstrebte er in selbstgedichteten Bühnenwerken aus dem Bereich der deutschen Märchen- und Sagenwelt einen bewußt volkstümlichen Ausdruck, mehr unter dem Einfluß seines Lehrers Engelbert Humperdinck als auf der Linie seines Vaters.

Alfred Wegener

deutscher Geophysiker und Meteorologe (* 1. 11. 1880, Berlin), stirbt Ende November mit seinem Begleiter, dem Eskimo Rasmus Willemsen, auf Grönland.

Wegener stellte die Theorie der Kontinentalverschiebung auf (veröffentlicht 1912), nach der die Kontinente im Verlauf der Erdgeschichte horizontal verschoben wurden. Ursprünglich hat es danach nur einen Urozean und einen zusammenhängenden Urkontinent (Pangäa) gegeben (»Die Entstehung der Kontinente und Ozeane«, 1915). Um seine Theorie zu erhärten, unternahm Wegener zahlreiche Expeditionen, darunter drei nach Grönland (1906–1908, 1912/13 und 1929/30).

Personenregister

Das Personenregister enthält alle in diesem Buch genannten Personen (nicht berücksichtigt sind mythologische Gestalten und fiktive Persönlichkeiten sowie Eintragungen im Anhang mit Ausnahme des Nekrologs). Die Herrscher und Angehörige regierender Häuser mit selben Namen sind alphabetisch nach den Ländern ihrer Herkunft geordnet. Kursive Zahlen verweisen auf Abbildungen.

A

B

C

D

O

P

Q

R

S

T

U

V

W

Y

Z

Sachregister

Das Sachregister enthält Suchwörter zu den in den einzelnen Artikeln behandelten Ereignissen sowie Hinweise auf die im Anhang erfaßten Daten und Entwicklungen. Kalendariumseinträge sind nicht in das Register aufgenommen. Während politische Ereignisse im Ausland unter den betreffenden Ländernamen zu finden sind (Beispiel: »Jahrhundertfeier« unter »Belgien«), wird das politische Geschehen im Deutschen Reich unter den entsprechenden Schlagwörtern erfaßt. Begriffe zu herausragenden Ereignissen des Jahres sind ebenso direkt zu finden (Beispiel: »Londoner Flottenkonferenz« eben dort). Ereignisse und Begriffe, die einem großen Themenbereich (außer Politik) zuzuordnen sind, sind unter einem Oberbegriff aufgelistet (Beispiel: »Luftfahrt« unter »Verkehr«).

A

B

C

D

E

F

G

H

I

J

Texte

Abbildungen

Archiv der Max-Planck-Gesellschaft, Berlin (1); Archiv Setzer-Tschiedel/Walter Tschiedel, Wien (1); Bettmann Archives, New York (4); Daimler-Benz AG, Stuttgart (2); Deutsches Plakatmuseum, Essen (2); S. Fischer-Verlag, Frankfurt (1); Fordwerke, Köln (1); Reinhard Friedrich, Berlin (1); Blanda Gertsch-Leisinger, Wengen (1); Sophie-Renate Gnamm, München (1); Hubert Göbels, Essen (1); Harenberg Kommunikation, Dortmund (568); Institut für Marxismus-Leninismus beim Zentralkomitee der SED, Berlin/Ost (1); Internationaal Instituut voor Sociale Geschiedenis, Amsterdam (1); Keystone Pressedienst, Hamburg (10); Kunstsammlung Nordrhein-Westfalen, Düsseldorf (1); Verlag Langewiesche-Brandt, Ebenhausen b. München (4); Massachusetts Institute of Technology, Cambridge (1); Collection Jean-Loup Passek, Paris (1); Plakat- und Kunstgewerbemuseum Zürich (1); Pressefoto Schirner, Meerbusch (1); Schwaneberger Verlag, München (8); Süddeutscher Verlag/Bilderdienst, München (10); Sune Sundahl, Trosa (1); Tändsticksmuseet, Jönköping (5); Ernst Thormann, Berlin (1); Jörg Weigelt, Hannover (1); WMF-Archiv, Geislingen (1)